U0534496

国家社科基金重大课题攻关项目"地方服务型政府建构路径与对策研究"（09&ZD063）最终成果

本书受江苏省优势学科政治学、江苏省新型城镇化与社会治理协同创新中心的资助

苏州大学人文社科优秀学术专著资助

名校
名城

地方服务型政府
建构路径研究

沈荣华 著

中国社会科学出版社

图书在版编目(CIP)数据

地方服务型政府建构路径研究/沈荣华著.—北京：中国社会科学出版社，2019.11
ISBN 978-7-5203-3867-7

Ⅰ.①地… Ⅱ.①沈… Ⅲ.①地方政府—行政管理—研究—中国 Ⅳ.①D625

中国版本图书馆 CIP 数据核字(2019)第 000559 号

出 版 人	赵剑英	
责任编辑	许　琳	
责任校对	鲁　明	
责任印制	李寡寡	

出　　版	中国社会科学出版社
社　　址	北京鼓楼西大街甲 158 号
邮　　编	100720
网　　址	http：//www.csspw.cn
发 行 部	010-84083685
门 市 部	010-84029450
经　　销	新华书店及其他书店

印刷装订	北京市十月印刷有限公司
版　　次	2019 年 11 月第 1 版
印　　次	2019 年 11 月第 1 次印刷

开　　本	710×1000　1/16
印　　张	28.75
插　　页	2
字　　数	501 千字
定　　价	168.00 元

凡购买中国社会科学出版社图书，如有质量问题请与本社营销中心联系调换
电话：010-84083683
版权所有　侵权必究

目 录

绪论 …………………………………………………………（1）
第一章 地方服务型政府的学理界定 ……………………（24）
    第一节 地方服务型政府的基本内涵 …………………（25）
    第二节 服务型政府的西方学理链接 …………………（39）
    第三节 服务型政府的马克思主义解读 ………………（52）
    第四节 服务型政府的政治学与公共管理学解读 ……（62）
第二章 地方服务型政府实践探索 ………………………（70）
    第一节 地方服务型政府建设实践 ……………………（70）
    第二节 地方服务型政府建设前沿 ……………………（88）
    第三节 地方政府购买公共服务 ………………………（106）
    第四节 地方服务型政府行为探视 ……………………（131）
第三章 地方服务型政府与核心行动者 …………………（141）
    第一节 地方服务型政府建设的制度空间 ……………（141）
    第二节 地方服务型政府建设中的核心行动者 ………（151）
    第三节 地方服务型政府建设主体角色再议 …………（161）
    第四节 西方国家公共服务中的社会参与 ……………（172）
第四章 地方服务型政府与市场关系重塑 ………………（184）
    第一节 地方政府在市场经济中的角色原型 …………（184）
    第二节 地方政府在市场经济中的角色重塑 …………（191）
    第三节 地方政府服务市场化供给的隐忧 ……………（208）
    第四节 地方政府服务市场化供给的路径优化 ………（212）
第五章 地方政府服务机制研究 …………………………（232）
    第一节 地方政府服务机制的主要内涵 ………………（232）
    第二节 地方政府外在服务机制 ………………………（241）
    第三节 地方政府内生服务机制 ………………………（249）

第四节　地方政府与民众互动机制 …………………………（255）
第六章　地方服务型政府网络 ………………………………………（265）
　　第一节　网络困境与地方服务网络 …………………………（265）
　　第二节　地方网格化管理与组团式服务 ……………………（276）
　　第三节　网格化、组团式与服务网络化反思 ………………（287）
第七章　地方服务型政府的责任 ……………………………………（294）
　　第一节　责任体系与地方服务型政府 ………………………（294）
　　第二节　我国地方服务型政府失责的主要表现 ……………（311）
　　第三节　地方服务型政府责任体系完善 ……………………（323）
第八章　地方政府服务质量检验 ……………………………………（340）
　　第一节　地方政府服务真实性与绩效评估 …………………（340）
　　第二节　地方政府服务质量的评价模式与机制 ……………（350）
　　第三节　地方政府服务绩效评估困境及其对策 ……………（361）
　　第四节　台湾地区提升公共服务品质历程 …………………（367）
第九章　地方服务型政府法治保障 …………………………………（379）
　　第一节　地方服务型政府法治化的理性标准 ………………（379）
　　第二节　地方服务型政府法治化现状 ………………………（385）
　　第三节　地方服务型政府法治化路径 ………………………（395）
　　第四节　当下地方服务型政府前沿创新 ……………………（399）
结束语　提升地方政府服务能力的五重逻辑 ………………………（415）
参考文献 ………………………………………………………………（432）
后记 ……………………………………………………………………（456）

绪　　论

在单一制国家，一切政治现象大多首先源自地方，地方是国家繁荣发展的根基。对于我国这样超大型的国家而言，地方服务型政府的建设具有重要意义。党的十八大报告要求"建设职能科学、结构优化、廉洁高效、人民满意的服务型政府"。[①] 这是对全国地方服务型政府建设的结构性要求，是指导地方服务型政府建设的原则性与方向性要求。

习近平总书记在党的十九大报告中明确要求"以人民为中心"，要求"不忘初心，方得始终。中国共产党人的初心和使命，就是为中国人民谋幸福，为中华民族谋复兴。……全党同志一定要永远与人民同呼吸、共命运、心连心，永远把人民对美好生活的向往作为奋斗目标，以永不懈怠的精神状态和一往无前的奋斗姿态，继续朝着实现中华民族伟大复兴的宏伟目标奋勇前进"。[②] 服务型政府无疑是实现中国共产党人初心的策略性与战略性选择。从理念上讲，服务型政府必须始终坚持以人为本，在政府的决策、执行中，始终突出公民的主体性地位；从结构上讲，服务型政府的机构设置、职能变迁都必须围绕着为人民服务的目标；从路径上讲，服务型政府必须将依法行政贯穿在全部政府行为过程之中，保证法治成为服务型政府的内在要求与行为规范。

服务型政府建构是我国行政体制改革的目标之一。地方服务型政府形式丰富多彩，构成地方政府改革的重要组成部分。地方政府的公共服务在探索中不断提升，然而，不足与问题同时并存。当务之急是审视现有的服务架构，进行建构性调整。本书认为，地方服务型政府建构性调整必须从宏观、中观、微观多层次推进。

[①] 《中国共产党第十八次全国代表大会文件汇编》，人民出版社2012年版，第26页。
[②] 《中国共产党第十九次全国代表大会文件汇编》，人民出版社2017年版，第1—2页。

一 研究综述

服务型政府是当下我国学界研究热点。纵览近年来服务型政府研究，大致集中在基本概念、建构方案、存在的问题、对策研究四个方面。笔者在此基础上，提出服务型政府当下研究的八个侧重点，即加强学理研究、明确权能定位、构建责任体系、与区域一体化衔接、探索应急机制、完善公共财政体制、注重法治建设及加强路径探究。

服务型政府是我国20世纪90年代中后期出现的一个概念。由我国个别地方政府和学者提出，多半是从具体措施着手，或与经济体制改革配套。如广东顺德1995年就提出了"六个行政"的理念，即依法行政、规范行政、高效行政、透明行政、服务行政、廉洁行政；开展了"三为服务"，即为改革开放服务、为经济建设服务、为群众服务的活动。2001年以后，在成都、南京、重庆等地陆续有了这方面的实践。中央决策层从2004年开始关注这一命题。2004年温家宝在《提高认识，统一思想，牢固树立和认真落实科学发展观》的讲话中，首次提出"建设服务型政府"的命题。在2005年召开的全国人大十届三次会议上，建设服务型政府被写进了政府工作报告，经全国人大批准而变成国家意志。胡锦涛在2005年多次讲到这个问题，2007年党的十七大报告更是明确提出"加快行政管理体制改革，建设服务型政府"，从而把我国服务型政府的建设提高到体制改革目标的价值层次。

总体来看，理论界的研究成果主要围绕着什么是服务型政府、为什么建设服务型政府、怎样建设服务型政府三大问题展开。

（一）服务型政府的时代背景及内涵界定

服务型政府发展有其特定的时代背景。尽管学界对于服务型政府的概念表述有一定差异，但对于我国建设服务型政府具有历史必然性和紧迫性的认识却高度一致。井敏认为建设服务型政府有经济背景（知识经济取代传统经济居于主导地位）、政治背景（公民的民主诉求越来越高）、文化背景（行政组织内部成员对独立人格的追求）。[①] 胡珊琴认为经济体制转型、政府管理模式转变和社会结构转型是中国建设服务型政府的背景，在这一背景

[①] 井敏：《构建服务型政府：理论与实践》，北京大学出版社2006年版，第152—160页。

下,服务型政府建设具有现实紧迫性。①刘星认为,政府的合理职能及行为方式都源于社会的演变,全球化和知识经济的到来向政府部门提出了新的要求,成为构建服务型政府的现实动力。②李军鹏认为,建设公共服务型政府是全面完善社会主义市场经济体制、适应我国社会现代化和社会发展、全面建设小康社会、构建社会主义和谐社会的必然要求。③南开大学周恩来政府管理学院课题组在综述国内学者相关观点之后,将建设公共服务型政府的动力在宏观上归纳为"一句话四个方面"。"一句话"就是"一个目标,两大驱动",即实现政府转型,将国内政治、经济、社会的全方位持续、协调、快速发展的需要为动力;以全球化给我国政府带来的巨大影响、压力以及政府对本身存在的一些不和现代化适宜状况的自我革命为动力。"四个方面"就是:第一,市场化改革是公共服务的内部需求机制;第二,经济全球化是公共服务的外部需求机制;第三,行政改革是公共服务的形成机制;第四,政府本身对自己存在的不良状况的自我革命以及对人民强烈要求的积极应对是公共服务型政府的内生机制。④燕继荣认为,服务型政府建设依赖于三种力量和机制:中央政府的牵引力、地方政府的内驱力、民众和舆论的外压力,这三种动力机制是促进政府转制的必要条件,如果其中之一付之阙如,服务型政府的建设就会受到阻滞。⑤

"服务型政府"一词最早源自德国行政法学家厄斯特·福斯多夫1938年发表的题为《作为服务主体的行政》一文中。后来,中国台湾地区学者陈新民在《公法学札记》一书的介绍与解读,使"服务型政府"的概念逐渐得以传布。徐邦友1999年说:"我们必定能创建一个与市场经济及现代民主政治相适应的有限服务型政府行政模式"⑥;张康之2000年开始使用"服务型政府"概念。⑦以中国期刊网(CNKI)统计为依据,第一篇以"服务

---

① 胡珊琴:《中国服务型政府建设和西方"新公共服务"二者的背景比较》,《理论观察》2006年第6期。
② 刘星:《服务型政府:理论反思与制度创新》,中国政法大学出版社2006年版,第56—64页。
③ 李军鹏:《公共服务型政府建设指南》,中共党史出版社2005年版,第2—16页。
④ 周恩来政府管理学院课题组:《公共服务型政府建设问题研究分析》,《南开学报》(哲学社会科学版)2005年第5期。
⑤ 燕继荣:《社会管理创新与服务型政府建设》,《行政论坛》2012年第1期。
⑥ 徐邦友:《社会变迁与政府行政模式转型》,《浙江学刊》1999年第5期。
⑦ 张康之:《限制政府规模的理念》,《行政论坛》2000年第4期。

型政府"为主题的论文发表于2001年。此后十多年来,各类期刊发表的篇名含有"服务型政府"的论文已达2000多篇,相关著作近30部。许多学者论述服务型政府大多从自己的学术专长出发,如从政府宗旨角度(高小平)、从政府和社会关系角度(刘熙瑞、姜晓萍、沈荣华)、从政府内外部法治关系角度(姜明安、沈荣华)、从政府职能角度(谢庆奎、迟福林、李军鹏)、从行政方式角度(王永昌、尹戈)、从本质角度认为管理就是服务(朱光磊、孙涛、彭向刚)等。

体育专业、新闻专业、计算机专业的学者也在给服务型政府下定义,管理工程方面的学者还把最新非线性研究的方法论和服务型政府联系起来,总之,观点丰富多彩,目前阐释服务型政府内涵的大致有以下视角。

1. 政府与公民关系视角。忽视或漠视"人民本位"的政府,都不是真正意义上的服务型政府。有学者认为,建设服务型政府的前提是理清政府与公民的关系,即强调人民本位而非政府本位,倡导的价值取向是社会控制政府、国家权力向社会权力转移,这是服务型政府与其他政府模式的根本区别。沈荣华认为,"从观念上讲,服务行政应以社会公众的需求为出发点,确立亲民意识,以社会公众的意志为根本向度。确立责任意识,以责任意识为主要先导,彻底改变过去那种只对上级负责、不对社会公众负责的局面;从功能上讲,服务行政就是要转变政府的角色,使政府成为公共服务的供给者,就是要以出于公心、服从民意、设身处地为人民着想、努力提高服务质量为己任,以社会公众的满意程度为最高标准,而不应该以政府自身的规则为导向;从本质上讲,服务行政应以人民为主体,使政府充分发挥社会公共事务的服务性功能,而不能过分强调维护政治统治的工具性功能,更不能是高高在上的官僚机构和脱离社会的'异己力量'"[①]。刘熙瑞认为:"我们在建设服务型政府时,首先必须重新确定政府与民众的关系,这是我们一切改革的初始点。只有明确主—仆关系,我们所追求的政府模式才是真正意义上的服务型政府模式。"[②] 张恒龙等认为:"服务型政府的重要特征就是要重新界定政府与公民的关系,实现从'政府本位'到'公民本位'的转变。"[③] 服务型政府是以公众为中心,通过政府与公众广泛互动,形成公众

---

① 沈荣华:《论服务行政的法治架构》,《中国行政管理》2004年第1期。
② 刘熙瑞:《切实加强积极服务型政府的研究和建设》,《新视野》2004年第2期。
③ 张恒龙、洪丹丹:《中国建设服务型政府的理论与实践》,《江海学刊》2013年第3期。

广泛参与下的全新的服务型政府职能模式。① 总之，服务型政府的"人民本位"思考，是对"顾客本位"的反思与超越。

2. 政府职能重塑视角。我国政府机构改革和政府职能转变，早期只围绕操作层面进行，导致政府职能不能很好适应社会发展的要求，2003年"SARS"危机中可见一斑。随着改革深入与社会进步，政府应重塑自身的职能结构，即由经济建设型向公共服务型转变。沈荣华认为，职能转变就是从管制命令为主向调节服务为主的转变；②汪来杰认为："构建服务型政府，必须首先明确地方政府的职能定位。相对于中央政府调控—服务型职能定位而言，地方政府职能的服务型定位更加突出，因此，服务型政府的职能定位应是'公共服务型'"；③薄贵利认为，"所谓服务型政府，即在以人为本和执政为民的理念指导下，将公共服务职能上升为政府的核心职能，通过优化政府结构、创新政府机制、规范政府行为、提高政府效能，来不断满足城乡居民日益增长的公共需求的政府"。④楚迤斐认为，"职能转变既是政府对于人类在经过了前工业社会、工业社会的历史之后所迎来的后工业社会的积极回应，又是政府职能结构按照'统治型—管理型—服务型'的内在逻辑必然的进化发展。与前工业社会盛行的'权治'相适应的是'统治型治理范式'，与工业社会盛行的'法治'相适应的是'管理型治理范式'，与后工业社会日渐凸显的'德治'相适应的必然是'服务型治理范式'"。⑤

3. 政府类型历史演进视角。中国转型时期的市场，不是原生态的市场经济，仍然具有计划的色彩，却已经失去了原来计划经济生成的外部条件。这种新的制度安排，使我国在政府治理模式上依然存在着很多冲突和不协调，往往是政府改革无法直接应对市场与社会的需要，因此，往往使政府与社会之间的关系复杂，这对于构建服务型政府来说是一个不小的挑战。⑥张康之认为，"产生于政府之中的行政服务于统治的目的、政府的行政体制结

---

① 朱春奎、李燕：《政府2.0、开放式政府与服务型政府建设》，《上海行政学院学报》2014年第5期。
② 沈荣华：《关于转变政府职能的若干思考》，《政治学研究》1999年第4期。
③ 汪来杰：《论我国服务型地方政府的职能定位》，《社会主义研究》2008年第3期。
④ 薄贵利：《准确理解和深刻认识服务型政府建设》，《行政论坛》2012年第1期。
⑤ 楚迤斐：《政府职能的进化：逻辑与历史统一的维度》，《河南师范大学学报》（哲学社会科学版）2015年第1期。
⑥ 沈荣华、沈志荣：《服务型政府论要》，《行政法学研究》2008年第4期。

构也从属于统治的需要",① 在此基础上提出了统治行政、管理行政、服务行政三个前后递进转变的概念。李传军认为，公共管理本身存在着双重纬度，一方面，仍然有脐带将公共管理模式与母体官僚制政府模式相连；另一方面，作为一种新型的公共管理模式又有着不同于母体的全新的特征，这就是贯穿于公共管理模式的"公共服务'精神"。② 这些学者将政府从统治型向管理型再向服务型的转变视为一种历史趋势，揭示了规律性特征。

4. 政府工作方式转换视角。我国地方服务型政府建设的实践，大都通过提供多种便民服务方式、改善服务态度来体现。例如，设立"政务超市""阳光大厅""一站式服务""行政审批中心"等。沈荣华认为，行政服务中心作为地方政府机制创新的前沿，已经从个别发展到普遍、从形式进入到内容、从自主创新到获得高层认可，成为各地方政府自主创新的抓手与象征，③ 行政服务中心创新主要表现在机制层面，以"一站式"服务形式为平台，以"一条龙"服务为流程，以自身的优质公共服务为动力，以"机制新量"带动"体质存量"变革，在"新量"与"存量"的机制碰撞中触动旧体制内核④；王永昌、曲真儒、尹戈、乔雨等分别撰文认为，这种服务方式的提高、服务态度的改善就是在进行服务型政府的建设。⑤ 笔者以为，行政技术改进和服务流程再造作为工具理性型的机制创新，有助于在空间上拉近政府和公众之间的距离，确实构成地方服务型政府建设的突出亮点。但是，服务形式不能完全取代服务内容及其实质，它本身并不意味着完整意义上的服务型政府。

5. 综合性视角。该视角认为服务型政府是一个复杂事物，如果仅从某个角度来看，很可能只是管中窥豹，遗漏了其他意涵。从管制型政府向服务型政府转变，是当今世界行政改革的一种趋势。我国从为人民服务到服务型

---

① 张康之：《本次机构改革的深层意蕴》，《中国党政干部论坛》2003年第4期。
② 李传军：《管理主义政府模式的终结》，博士学位论文，中国人民大学，2003年。
③ 沈荣华、吕承文：《从服务结构转身看体制改革逻辑——基于吴江行政服务局的考察》，《理论探讨》2012年第3期。
④ 沈荣华、鹿斌：《增量改革与地方政府服务价值拓展》，《理论探讨》2014年第5期。
⑤ 王永昌：《深化行政审批制度改革，建设服务型政府》，《大连干部学刊》2001年第10期；曲真儒、刘淑琴：《关于建设服务型政府的几点思考》，《大连干部学刊》2002年第6期；尹戈、陈先芳、姬兰莹：《建设廉洁、高效的服务型政府》，《中国行政管理》2003年第3期；乔雨：《着力塑造服务型政府》，《求是》2003年第10期。

政府的转变，社会的心理认同是具备的，但是，为了防止昙花一现，必须为服务型政府设置责任体系，其中包括制度性责任、体制性责任和机制性责任，并以市民社会的发育、法治化的建设和以人为本的政绩观为保障。[①] 服务型政府是"在公民本位、社会本位理念指导下，在民主制度框架内，把服务作为社会治理价值体系核心和政府职能结构重心的一种政府模式"。[②] 沈亚平指出，服务型政府建设的发展有其自身的规律，从内在逻辑上对于服务型政府及其建设进行研究，体现为发展的阶段性与连续性的统一，从特点看体现为构建的一致性与差异性的统一，从取向看体现为供给的均等化和多元化的统一。[③]

国内学者在研究服务型政府的概念界定中，常常将"服务型政府"与"公共服务型政府"互换混用，其实，两者还是存在一定的差异的。2014年7月13日，笔者在CNKI中，共搜索到以"公共服务型政府"为题名的376篇论文，不含"公共"仅以"服务型政府"为题名的有3007篇。可见，部分学者对两者不加区别。但是，不少学者对此概念上的差异提出了自己的看法，大致有四种观点：一是认为二者之间是平行的（谢庆奎）;[④] 二是认为二者是等同的关系（程倩）,[⑤] 认为没有本质差异；三是认为公共服务型政府优于服务型政府（王艳）;[⑥] 四是服务型政府优于公共服务型政府。刘熙瑞认为"服务型政府"明确了公民本位和社会本位的限定，也强调了公民意志的基础性地位，"公共服务型政府"只是政府职能重点的调整，并没有明确政府与公民的基本关系。[⑦]

(二) 服务型政府建设的思路与反思

服务型政府建设作为一项系统工程，在建设的基本思路上，学界普遍认为，须循序渐进，有步骤、有重点地推进。中国行政管理学会课题组认为，

---

① 沈荣华、钟伟军:《论服务型政府的责任》,《中国行政管理》2005年第9期。
② 施雪华:《"服务型政府"的基本含义、理论基础和建构条件》,《社会科学》2010年第2期。
③ 沈亚平、王阳亮:《服务型政府建设的逻辑》,《理论探讨》2015年第3期。
④ 谢庆奎:《服务型政府：政府改革的目标选择》,《人民论坛》2006年第5期。
⑤ 程倩:《行进中的服务行政理论——从2001年到2004年我国"服务行政"研究综述》,《中国行政管理》2005年第4期。
⑥ 王艳:《服务型政府的异化与转型：论建立新公共服务型政府》,《云南行政学院学报》2004年第4期。
⑦ 刘熙瑞:《服务型政府三种观点的澄清》,《人民论坛》2006年第5期。

建设公共服务型政府是一个复杂的系统性工程，需要各级政府处理好当前与长远、局部与全局、重点与一般之间的关系，要从国情出发，根据目前经济和社会发展的真实水平，摸索出一条符合自身实际的社会管理和公共服务模式，既不能急于求成，又不能超越现实。[1] 南开大学课题组也认为，我国正处在从传统社会向现代社会转型的历史时期，目前还不具备大规模全面建设严格意义上的公共服务型政府的经济实力和政治、社会、文化条件，但鉴于我国政府所面临的国内外压力和挑战，又不能因此放弃公共服务型政府建设目标。所以，我们只能根据不同地域的综合情况划地区、分步骤、有重点地建设公共服务型政府。[2] 此外，国内学者还从多个角度对服务型政府建设的基本思路进行了探讨。

具体来说，学界关于服务型政府建设的思路概括起来主要有：

1. 理念和文化重塑。沈荣华认为，以人为本理念的确立不仅是党和政府服务宗旨的再次张扬，而且是我国制度建设的逻辑起点，为政府行为模式的确定和制度体系的全面建设奠定了基础。强调以人为本，是对政府与社会之间关系的准确解读，也是校正政府价值定位的新起点；[3] 中国各级政府应积极采取各种措施，重塑政府行政文化，树立以公众需求为中心，以服务公众为使命，以新技术应用提高政府服务质量的理念；[4] 巩建华认为建立服务型政府是政府内在属性的基本要求，建立服务型政府必须树立主权在民、以人为本、顾客至上、有限政府、依法行政、民主开放、高效廉洁、公正平等和诚信守责理念；[5] 李传军认为构建服务型政府必须实现政府观念转型，要变全能行政观念为有限行政观念，变强制行政观念为引导行政观念，变暗箱行政观念为透明行政观念，政绩评估标准应从数量扩张到公众满意；[6] 张乾

---

[1] 中国行政管理学会课题组：《加快我国社会管理和公共服务改革的研究报告》，《中国行政管理》2005 年第 2 期。

[2] 周恩来政府管理学院课题组：《公共服务型政府建设问题研究分析》，《南开学报》（哲学社会科学版）2005 年第 5 期。

[3] 沈荣华、王宇灏：《以人为本：我国政府的价值定位》，《中国行政管理》2008 年第 12 期。

[4] 朱春奎、李燕：《政府 2.0、开放式政府与服务型政府建设》，《上海行政学院学报》2014 年第 3 期。

[5] 巩建华：《建立服务型政府应树立的基本理念》，《行政论坛》2005 年第 1 期。

[6] 李传军：《服务型政府的观念前提》，《江西行政学院学报》2004 年第 2 期。

友、王锋认为,建立信任是服务型政府最为基础性的活动,① 服务型政府需要建立快速信任的机制;② 杨凤春认为,公共服务的公民本位性质,必然会延伸到政府形式和职能领域,从而有助于触发政府的改造。公共服务的实现依赖于公共服务型政府的建设。为此,政府要进行一系列的改革,使政府从过去高高在上的"掌舵"者或寄生者状态,转变为积极回应公民需求的公共服务者,以适应政府与公民关系的转变。③ 总之,在服务型政府建设过程中,需要高度重视公共行政理性化过程中所养成的科学精神,包括公共行政的理性精神、专业精神及客观精神。

2. 职能与结构优化。服务型政府建设与政府职能转变是相辅相成的,只有转变政府职能才能建设好人民满意的服务型政府。④ 地方公共服务结构创新,首先意味着打破地方政府垄断公共服务的格局,进行公营部门的公司化改造与革新,在此基础上进一步引入民间资本,通过竞争机制实现公共服务主体多元化以及公共服务供给的市场化、社会化。政府不再是唯一的公共服务提供者,政府的功能由公共服务的垄断者转变成为公共服务的监督者、促进者和合作者,目的是促进公共福利的增量和优化;⑤ 赵成福认为,建设服务型政府,转变政府职能是核心。政府应着重做好经济调节、市场监督、社会管理和公共服务;⑥ 优化政府组织结构,目前应着力于:探索实行职能有机统一的"大部门"体制。"大部制改革是我国行政管理体制及政治体制建设的重点内容,它注重于机构整合、职能转变、权力制约协调、决策民主、管理科学等多方面,是建设服务型政府的重要途径";⑦ 郭金云认为,构建整体政府管理模式是当前深化公共服务型政府建设的重要方向。其核心内容包括服务行政的价值取向、基于现代性转型的理性思维、灵活性的公共服务战略和计划、整合型的政府职能及其组织结构、协调的公共服务政策、

---

① 张乾友:《临时社会中的政府信任——兼论服务型政府中的信任建构》,《南京农业大学学报》(社会科学版) 2015 年第 2 期。

② 王锋:《服务型政府建设中公共行政的科学精神》,《江苏社会科学》2014 年第 1 期。

③ 杨凤春:《论中国政府的服务性》,《北京行政学院学报》2015 年第 1 期。

④ 沈亚平、李洪佳:《人民满意的服务型政府及其建设路径研究》,《东岳论丛》2014 年第 3 期。

⑤ 沈荣华、汪波:《论地方公共服务的体制创新》,《理论探讨》2004 年第 5 期。

⑥ 赵成福:《社会转型与当代中国服务型政府构建》,《河南师范大学学报》(哲学社会科学版) 2007 年第 1 期。

⑦ 卜勇力:《大部制改革对建设服务型政府的意义》,《人民论坛》2014 年第 17 期。

联合的公共服务供给方法、整合型的公共预算、自我发展的信息系统、具有网络新技能的人才、基于协作的绩效评估以及融合、共享的行政文化；① 楚迤斐认为，服务型政府的内涵在逻辑上包含三重结构体系：客观结构体系，即由体制、组织、机构、资源等要素组成；主观结构体系，即由权力、法律、政策、治理方式等要素组成；价值结构体系，即由意志、责任、人格等要素组成。这三重结构体系的统一体即是服务型政府内涵的规定性。②

3. 管理和服务方式创新。学界的研究主要集中在深化行政审批制度改革、推进政务公开、实现公共服务的市场化、社会化及加强电子政府建设等。③ 沈荣华认为，地方服务型政府的实践尝试以重视工具与形式为主要表现，其价值选择内含于工具运用之中。④ 高海虹指出，服务型政府建设向公共服务供给提出了市场化和社会化的新要求，这都表明公共服务供给将由单一的供给主体转变为包括市场和社会力量等在内的多元化供给主体。多元化的供给主体强调在服务型政府建设进程中政府角色的转变，政府要从市场机制中的"主导者"转变为"指导者"，从公共服务供给的"直接提供者"转变为"规划组织者"，从为民做主的"管理者"转变为为民服务的"服务者"。⑤

4. 运行机制法治化。法治是服务型政府建设的根本保障。唐铁汉、李军鹏认为，要建立健全决策、执行、监督既相协调又适度分离的运行机制，推行政府绩效管理与评估制度，健全政府责任体系，推行以行政首长为重点的行政问责制，完善行政监督机制，形成行政系统内部监督、专门机构监督、新闻舆论监督、人民群众监督相结合的监督体系；⑥ 冯丽娟认为，法治政府的核心要义是树立宪法和法律权威，首先要治理好公权力，把权力关进

---

① 郭金云等：《整体政府：服务型政府建设的治理方向》，《上海行政学院学报》2014年第1期。
② 楚迤斐：《内涵逻辑论域的服务型政府结构体系》，《郑州大学学报》（哲学社会科学版）2015年第3期。
③ 刘树信：《服务型政府：我国政府管理的新范式》，《江西社会主义学院学报》2004年第2期；王丽平、韩艺：《创新政府管理和服务方式的原则和领域》，《中国行政管理》2008年第1期；田家华、王忠：《论公共服务型政府模式的构建》，《湖北社会科学》2004年第11期；钟明：《电子政府：现代公共服务型政府的实现途径》，《中国软科学》2003年第9期。
④ 沈荣华、鹿斌：《我国地方服务型政府的建构与调整》，《上海行政学院学报》2014年第3期。
⑤ 高海虹、邢维恭：《服务型政府建设与公共服务有效供给》，《东岳论丛》2015年第4期。
⑥ 唐铁汉、李军鹏：《加快行政管理体制改革的战略思考》，《国家行政学院学报》2007年第6期。

制度的笼子里。只有真正尊重宪法和法律的权威,才能有依法行政;① 唐琦玉认为,法是人民意志和利益的体现,政府是执法主体。政府依法行政是现代政治文明的重要标志,也是依法治国的重要内容与要求。法治主要体现在两个方面,一是控权,即控制和约束政府手中掌握的公共权力及其运行;二是维权,即维护社会成员特别是公民合法的权利。②

5. 公共财政体制构建。姚大金认为,建立财权事权统一清晰、服务社会公共需要、管理科学规范的公共财政体制,是建设公共服务型政府的重要前提。结合我国实际,应当着重解决好三个问题:一是明确各级政府的财政收支责任,建立清晰的财政事权关系;二是重新界定财政支出范围,深化以服务社会公共需要为目的的财政支出改革;三是加强财政管理,建立科学规范的财政管理制度。③ 李永友基于财政支出结构效率的实证分析认为:(1) 中国服务型政府建设的主观意愿,至少在地方政府层面还不强;(2) 中国软化的财政约束和较低的财政信息披露,对财政支出结构效率改善和公共服务型政府的创建产生了负面影响;(3) 中央政府通过自身财政支出结构调整和执政行为转变,对地方创建服务型政府产生的示范效应较为显著,通过示范效应促动地方政府转变服务职能;(4) 完善财政信息披露机制,提高财政信息透明度,严明财政纪律,硬化预算约束,对推动地方服务型政府建设非常重要。④

6. 地方政府间竞争推动公共服务型政府建设。地方政府竞争是加快服务型政府建设的压力和动力,也提高了地方公共服务质量与效率。地方政府竞争包括要素市场上的竞争和政治市场上的竞争,⑤ 即包括服务市场和服务公民的竞争,尤其以服务市场的竞争最为激烈。沈亚平、卓杰认为,在服务公民的竞争上,主要借助公共服务供给主体多元化,来提高供给能力,通过推进行政服务创新,来打造地方软实力;⑥ 新加坡南洋理工大学南洋公共管

---

① 冯丽娟:《积极稳妥推进行政体制改革》,《山西财经大学学报》2015 年第 1 期。
② 唐琦玉:《建设服务型政府的主要路径论析》,《中州学刊》2015 年第 4 期。
③ 姚大金:《公共服务型政府和公共财政体制》,《云南财贸学院学报》2003 年第 6 期。
④ 李永友:《公共服务型政府建设与财政支出结构效率》,《经济社会体制比较》2011 年第 1 期。
⑤ 冯兴元:《地方政府竞争:理论范式、分析框架与实证研究》,凤凰传媒出版集团 2010 年版,第 43 页。
⑥ 沈亚平、卓杰:《基于服务型政府理念的地方政府竞争力研究》,《内蒙古大学学报》(哲学社会科学版) 2012 年第 2 期。

理研究生院课题组认为，政府大力提供公共服务，提升自身能力，完善服务型政府体系，有利于美化城市形象、提升政府形象和市场条件和优化投资环境、提高当地的综合竞争力。① 总之，地区间竞争是推动地方服务型政府建设的重要原因。

7. 政府绩效评估。开展服务型政府绩效评估是推进服务型政府建设的重要手段，也是引导服务型政府建设的指挥棒。沈荣华认为，服务型政府效能化建构是公共管理发展的基本向度，也是我国政府体制改革的目标。为此，需要由表及里的路径创新，从而把技术性、手段性改革转变为真正为人民服务的体制性改革；② 薛刚等人认为，政府绩效评估对改进服务型政府效能功不可没；③ 卢海燕认为，推进服务型政府绩效评估，应完善服务型政府绩效评估组织机构，建立服务型政府绩效评估的相关制度，包括定期评估制度、公众参与评估制度、评估结果公示制度、绩效评估结果运用制度；④ 彭向刚等人认为，以服务为导向的绩效评估，是推动服务型政府建设的重要杠杆和动力机制。要加强对什么是服务型政府绩效评估、服务型政府与绩效评估的关系、服务型政府绩效评估的价值取向、评估主体和评估内容以及评估模式等问题的深入研究。⑤

(三) 地方服务型政府建构的不足

在地方服务型政府建设中，也存在问题与不足，主要表现在以下四个方面：

第一，地方服务型政府构建的形式主义倾向，表现为服务无心，目标模糊，说得多、做得少，有诚意、成效少。他们本末倒置误解服务，认为是为了社会稳定而提供服务。一些地方政府只惦念着"一票否决制"，他们出于政绩考虑而满足公众要求，为了避免批评而解决民众困难，出于息事宁人而

---

① 新加坡南洋理工大学南洋公共管理研究生院课题组：《完善服务型政府体系，实现全面均衡发展——2012年连氏中国服务型政府调查报告》，《经济研究参考》2013年第10期。

② 沈荣华：《由表及里：地方服务型政府建设向度研究》，《苏州大学学报》（哲学社会科学版）2011年第5期。

③ 薛刚、薄贵利、刘小康、尹艳红：《服务型政府绩效评估结果运用研究：现状、问题与对策》，《国家行政学院学报》2013年第2期。

④ 卢海燕：《我国服务型政府绩效评估的探索——基于F市服务型政府绩效评估的实践》，《行政论坛》2013年第5期。

⑤ 彭向刚、程波辉：《服务型政府绩效评估问题研究述论》，《行政论坛》2012年第1期。

提供服务，认为"水平就是摆平"；他们不明实际，不辨原因，只是为稳定而稳定，认为"稳定就是搞定"；他们以"乌纱帽"为重，将关注民生视为自身政治升迁的敲门砖，由竞相承诺构成隐性竞争，导致服务秩序失范，从而使服务型政府变成又一轮政治竞标赛。"人民是我们的力量，没有人民，我们的各项宣言就无法实现"，[①] 空有"人本"理念，天天高喊"为人民服务"口号，并不等于将服务真正落实到实处。政府的服务不是取决于领导人的"良知"与"觉悟"，不是"贤人政治"之道，更不是个人恩赐。如果颠倒了服务与稳定的关系，误解了服务与政绩的关系，那么，政府即使提供了服务，充其量只是某些领导人急功近利、得过且过的扭曲心态，完全有悖于服务型政府建构的价值。

第二，地方服务型政府建构中的疲软主义倾向，表现为服务无能，有心无为。历史与现实反复告诫，政府的服务不是全能的，但是，不少地方政府似乎仍然沉浸在陈旧的思维定式之中，他们希望将所有的服务都包揽下来，他们完全没有意识到社会组织这支沉寂已久的力量，已经越来越多地参与到对社会、对民众、对公共生活的服务中去。如果地方政府空有公共服务之心，固守大包大揽之志，却不能真正站在广大民众切身利益的立场上，不能将蕴藏着巨大能量的社会组织吸引到公共服务中来，就无法赢得民众的支持和回应，就很可能造成地方政府耗费大量人力、物力、财力，最后只落得"吃力不讨好"的结局。一厢情愿不等于服务，满腔热情也不一定就能服务好。不少地方政府不能正确理解服务型政府的制度内涵，将服务等同于为民做主、将服务解读为善意施舍、将服务误解为责任替代，却不知完全背离了服务型政府的本质。"未来的公共服务将以公民对话协商和公共利益为基础，并与后两者充分结合"，[②] 地方政府只有真诚提供充分的制度空间与宽容的制度环境让社会组织发育成长，诚恳与社会组织对话，设身处地为公众着想，才有真正的公共服务。否则，只能空有美好的"服务"诚意，只是"画饼充饥"而已。

第三，地方服务型政府建构中的技术主义倾向，表现为过度依赖技术，缺乏体制改革的整体性考虑，没有周全的方案与内涵，也没有服务型政府的

---

① [美] 托马斯·杰斐逊：《杰斐逊选集》，朱增文译，商务印书馆1999年版，第41页。
② [美] 珍妮特·V. 登哈特、罗伯特·B. 登哈特：《新公共服务：服务，而不是掌舵》，丁煌译，中国人民大学出版社2004年版，第6—7页。

构建成效。有的地方政府"用新瓶装旧酒",采用运动式的突击,结果"地方与中央脱节""重点与关键环节脱节";有的地方政府还出现了协调失序与监督失控等问题;有的由于服务分类不均,在粗线条的运作中,中断了服务的美好方案;有的地方政府推行以服务为宗旨的财政体制改革,遭遇区域城乡经济与公共服务发展失衡问题的困扰;有的地方政府无法摆脱自身经济基础弱的局限,最终只是在技术翻新,没有带来实质性的变化,终因牵扯到体制问题而休止。[1] 上述地方政府都有服务初衷,然而,都因为只是从变革形式开始,结果直接导致地方服务型政府建设陷入困境,还劣化了政府在民众中的口碑。

第四,地方服务型政府建构中的民粹主义倾向,表现为不分主次、不辨真假、不计成本,唯少数群众意志为重。原意的民粹主义萌芽于19世纪四、五十年代的俄国沙皇统治之下,民粹派思想先驱们在寻找俄国出路中具有积极意义。但是,他们将落后的村民理想化,将民众的理想极端化,唯民众为依靠、唯民众为依据、唯民众为主宰、唯民众为唯一的思想,遭到以列宁为代表的俄国社会民主党人的批判。当下的所谓民粹主义是指在地方服务型政府的建构中,一是表现为服务无度,缺乏分寸,不讲客观条件、不遵循客观规律,只是拿服务做招牌,出风头、求政绩;二是表现为服务无实,将服务异化为迁就,将迁就异化为讨好。有些地方政府只要民众有求,就会违背常规承诺或兑现,不顾民众需求的实际现实与轻重缓急,不顾自身实际能力与整体规划。过度承诺吊高了民众的胃口,使自己处处被动,一旦承诺无法兑现,反而加剧了民众对政府的不满;三是表现为服务迷失,混淆公共性需求和私人性要求的区别,即使面对纯粹私人要求的无理取闹,有的地方政府也会作出非理性的给付,不仅使公共利益受损,还造成政治笑话;四是表现为服务跟风,互相攀比、依样画葫芦。不管实际情况,不明主次先后,忽视服务的秩序性和责任性,曲解中央关注民生的真谛,曲解社会稳定的真谛,同样背离了服务型政府建构的宗旨与目标。

此外,也有一些学者开始反思当前服务型政府建设中的误区和异化现象。梁平等认为,服务型政府建设重视具体操作,忽视制度创新;重视政府为民服务投入,忽视行政成本控制;重视部门内部建设,忽视整体系统合

---

[1] 朱光磊:《我国政府发展研究报告——服务型政府建设》(第2辑),中国人民大学出版社2010年版,第228—306页。

作；重视政府主导，忽视公民参与；重视政府服务市场化，忽视政府服务公正性；单一强化政府服务职能，忽视管理控制职能。① 胡同泽认为服务型政府建设存在八个误区：强调政府是公共产品和公共服务的建设者、建设服务型政府须扩大政府职能、服务型政府须脱离市场、建设服务型政府应重公平而轻效率、服务型政府就是全能政府、服务型政府无须裁减人员与和机构、服务型政府意味着削弱政府权威。② 周庆行等认为，在目的上，一些地方把建设服务型政府作为政绩工程；在观念上，很多地方计划经济思维没有转变；在权力制衡中社会发展不对称；在运作方式上缺乏沟通反馈机制。③ 王艳认为服务型政府建设中存在三种异化形态：一是差别服务，不同服务主体非同等服务享受；二是强制服务，认为只要管好了就是服务好了；三是不对称服务，政府按照自己的想法提供服务与服务方式。④ 胡冰认为我国地方服务型政府建设出现了异化现象和倾向，一是本末倒置，忽略了服务型政府的本质，为服务而服务，搞形式主义；二是掌舵之误，重公共政策制定轻执行落实；三是矫枉过正，强调服务型政府的服务职能，轻视管理职能和监管职责。⑤

（四）服务型政府研究的不足与问题

服务型政府的理论研究取得了明显成就，一定程度上推动和促进了现实中的服务型政府建设，也为后续有关服务型政府的理论研究提供了便利。但是，研究还存在许多不足，主要问题大致有三个方面：

一是概念有待进一步澄清。学界在服务型政府的本质属性上，意见分歧较大，甚至相互对立，存在"一个概念、各自表述"的现象。⑥ 另外，对于服务型政府和公共服务型政府到底是不是同一个问题，论者极少，绝大多数论者将二者混用。笔者认为，观点论述中的分歧，直接造成现实服务型政府

---

① 梁平、李国栋：《论服务型政府建设中的若干误区》，《晋阳学刊》2006年第4期。
② 胡同泽：《走出服务型政府建设中的误区》，《党政干部论坛》2007年第6期。
③ 周庆行、谢飞：《建设公共服务型政府的误区及对策》，《重庆工商大学学报》（社会科学版）2006年第8期。
④ 王艳：《服务型政府的异化与转型—论建立新公共服务型政府》，《云南行政学院学报》2004年第4期。
⑤ 胡冰：《服务型政府异化的学理原因浅析》，《理论参考》2006年第6期。
⑥ 程倩：《行进中的服务行政理论——从2001年到2004年我国"服务行政"研究综述》，《中国行政管理》2005年第4期。

建设中导向模糊、建设路径简单化的倾向。也有学者将服务型政府当成一个筐,什么都往里面装,结果,混淆了服务型政府的基本内涵。

二是服务型政府的内容与形式认识不到位。现在面临的问题是如何对当前学术界理论观点进行评议与筛选,如何将服务型政府的外延与内涵协调,如何将服务不能取代管制、服务不能弱化管制、管制贯彻服务的原则落实,如何将多视角、多方位、多层次研究的热闹场面进化为归纳性、综合性的研究,提炼出服务型政府的指数,特别是将中央期望与人民群众希求契合,将东、中、西地域差异形成的服务质量均衡,从而为服务型政府建设提供理论指导。各地纷纷建立的行政服务中心,在官僚主义严重、职能部门互相扯皮的情况下,人们无不称赞其效率、快捷与便利。但是,推行了十多年,人们越来越发现,其职能转变与体制改革都没有到位,有的地方窗口与原单位关系复杂。

三是服务型政府建构路径的认识有待深化。学者们虽然肯定了各地政府轰轰烈烈的改革场景,但是研究者认为,大多停留在改革表面,没有涉及体制的内核,很大程度上只是在存量基本不变的前提下,作增量的修改。也就是说,大多服务型政府建设表现为技术超过实质、形式掩饰内容、数量覆盖质量,例如各地政府纷纷公布市长电话、市长信箱、万人评议、各种服务承诺等。笔者认为市长电话不等于对话、万人评议不等于公民参与、领导承诺不等于制度建设。如何将市长电话转化为政府与公民的对话、万人评议转化为公民参与、领导承诺转化为制度建设,关键在于将服务型政府建构的自上而下性与社会自主呼声契合,将改革手段的行政性提升到改革规律的探索,打破由内而外的单向性、单一性、行政性、"悬浮性"的路径依赖,转而进入双向性、多元性、丰富性、互动性的轨道,方能由表及里、由浅入深揭示服务型政府的真谛。

(五) 服务型政府研究的侧重点

当下,我国服务型政府的理论研究,正着力在以下八个方面展开。

1. 加强对服务型政府概念的学理研究。仔细剖析服务型政府的具体内涵,从比较研究中准确定位服务型政府的角色,明确我国服务型政府与西方公共服务的区别。我国正处于特殊的转轨时期,笔者从时代条件、历史进程、社会结构、理论与实践的互动模式、政府的组织状况、责任体系、改革的路径与价值指向八个角度,将我国服务型政府与西方公共服务理论作了比较,也从背景、职能、体制、架构、机制、导向六个方面将服务型政府与

"为人民服务"作了比较,①以便在思维的坐标中准确定位服务型政府的内涵。

2. 进一步明确服务型政府的权能定位。目前,我国服务型政府的研究还没有准确阐明服务与管制两种功能的关系、对比度、交叉性、侧重点。倡导服务型政府建设,不是排除管制,也不是仅仅局限于政府给付,更不是全能主义政府的重新回复,而应该更多地从人民的角度去定位服务型政府的角色,更多地从人民的地位去评判服务型政府的权能,更多地将公民社会的成熟作为服务型政府的建设前提,从而研究政府与社会关系的正常化、规范化的途径与机制。当下,加强研究政府供给的形式、方法与对策,加大服务型政府柔性服务,成为学术界的迫切任务。

3. 加强对构建服务型政府责任体系的研究。需要着力解决三大问题:(1) 重申政府的权力就是政府的责任;(2) 改变政府的责任指向,将原来一味向上的负责机制转变为多向负责机制;(3) 明确服务型政府承担责任的逻辑与原委、领域与范围、方式与途径、标准与机制。服务型政府的责任是一个系统,其中包括制度性责任,旨在提高政府的合法性;体制性责任,用以提高政府的合理性;机制性责任,用以提高政府的有效性,随后研究政府及公务员的服务内容、服务水平、服务质量、服务方式、服务流程、服务态度。当下的首要任务是研究责任追究主体、追究方法、追究结果的体系结构,构建追究责任的目标与指标体系,并将现实中"承诺+问责制"的经验从理论上进行总结与推广。

4. 服务型政府建构与区域一体化研究衔接。公共性的地方生产限制了区域公共性的提供,公共性的外溢使区域治理成为必然。当人们需要的公共性超越地方治理的行政边界后,既可能造成公共性的重复生产,也可能造成公共性的减产,而这些正是地方治理公共性分散的典型表现,区域政府间基于合作—收益的正相关性,区域内公共服务合作成为一种必要的解决方案。今后服务型政府研究,应侧重于上下关系与区域合作视角,重构服务型政府绩效的评估指标体系。

5. 探索政府应急性服务机制。我国处于转型期,一方面是社会公共应急服务需求急速增加,另一方面是各级地方政府应急服务供给相对滞后,当

---

① 沈荣华、钟伟军:《中国地方政府体制创新路径研究》,中国社会科学出版社 2009 年版,第 85—92 页。

下主要研究政府应急服务的领导与决策机制、预警与预防机制、行动协调与信息管理机制、社会动员与公共参与机制、控制处理与善后处置机制、监督管理机制以及基础保障与权利救济机制。另外，还应该研究域外地方政府应急服务机制，主要探讨联邦制和单一制下的地方政府应急服务机制，前者如美德俄地方政府的应急服务，后者如英法日地方政府应急服务等。我国台湾地区和香港等城市应急服务机制建设的经验教训，均可纳入借鉴的范围之列。这些研究，可以为我国地方政府应急服务提供成功经验和失败教训。

6. 政府财政体制改革研究。服务型政府建设首先要求理顺地方政府财政体制，建立地方公共财政体制。深入分析和评估我国公共产品的分类、需求与供给，解读地方政府公共财政职能、财政效益、预算管理、投资体制、政府投资范围、政府投资调控体系的现状，深入考察全球化背景下的国际财政关系的路径选择，提出完善我国地方公共财政支出与财政收入结构，分层建立我国地方政府预算绩效管理的战略、策略。当下应注重政府公共财政预决算体制改革：民生为重、公开透明，扭转地方公共财政的支出比重：两降两增、收支平衡，监测地方政府公共财政预算与支出的主体与形式：公民参与、程序完善等。

7. 着重服务型政府的法治化研究。中国经过了 40 年的改革，一定程度上冲击了人治的社会结构，呈现出一种混合型的特征：强力行政与柔性行政并存、人情行政与法治行政并存、等级行政与参与行政并存、身份行政与契约行政并存的状态。服务型政府的法治化研究应将以人为本作为起点，以重构政府职能作为抓手，以规范行政权作为原则，以制约行政权作为使命，以完善服务机制作为责任，不断健全服务型政府合法性的支撑结构，探究服务型政府合法性背后的支撑因素，其中包括价值层面、规范层面、治理绩效层面和民众心理认同层面等，探究实现服务型政府法治化的路径。

8. 服务型政府建设的路径研究。地方政府改革确实取得了很大的成就，民众对政府的认同感不断提升。但是，地方政府体制改革没有取得成绩最大化的效应，究其原因在于路径的部分缺失。所谓路径是指服务型政府建设的途径、形式、机制、策略等内涵的总和。我国服务型政府建设始终具有自上而下的单向性、缺乏主体多元性、缺乏政府内外的整合性、对应性及互动性，因此，服务型政府建设客观存在着动力与对象的同一性、改革成就的表面性等问题。如何建构一个多向性的互动整合架构，促使改革从表象向纵深体制内核推进，实现服务型政府自主创新的多元格局，使政府的服务型功能得到最大效应的发挥，是研究的当务之急。

服务型政府的研究旨在构建政府与民众之间的对等、平等关系导向，政府服务社会是政治宗旨，社会享受政府服务是本质回归，政府离不开社会、社会离不开政府是服务型政府运行的基本逻辑。

二 地方服务型政府建设的基本形态与方式

服务型政府效能化与人本化建构是公共管理发展的基本向度。多年来，我国地方政府体制改革林林总总，丰富多彩，风生水起。但是，由于转型背景的复杂性、体制习惯的顽固性以及传统社会结构的黏合性等因素制约，总体仍停留在表象层面。为此，需要相应支点结构的循序移位，由表及里，实现地方政府体制改革的路径创新。最为重要的是，由渐进性式改革发展到结构性改革，从要素改革转变为全局性改革，由获利性改革转变为补偿性改革，从粗放型改革转变为精细型改革，从而把技术性、手段性改革转变为真正的为人民服务的体制性改革。

转型期的中国地方政府体制改革，面临着急迫的现代化发展任务，各地政府都依托独特的党政结构，致力于经济建设为中心的效能追求。[1] 在此过程中，地方政府有着多元的改革角色呈现，地方党政主政者所领导的改革形态也悬殊不一。对此现象进行理论研判并揭示制约政府体制改革的深层思考，有助于服务型政府建构路径的合理定位。

（一）地方服务型政府建设中曾经出现过的角色类型

改革开放以来，中央政府持续向地方政府进行经济性放权，极大地调动了地方政府致力于经济社会发展建设的积极性。[2] 地方政府改革的角色多样，正是这种放权让利式改革的实践结果。地方政府体制改革的角色表现，可以从常态和非常态两个方面进行探讨。

转型期的我国地方政府，曾经表现出如下颇具差异的 14 种角色：（1）理智型：即地方政府遵从实际，从客观现实条件出发，既充分估量中央政府所提供的政策资源，又务实地设计地方发展规划，因地制宜，循序渐

---

[1] ［美］罗兹曼：《中国的现代化》，"比较现代化"课题组译，江苏人民出版社 2003 年版，第 54 页。

[2] 钱颖一、B. R. Weingast：《中国特色的维护市场的经济联邦制》，参见钱颖一《现代经济学与中国经济改革》，中国人民大学出版社 2003 年版。

进。这种类型的改革,成为现今地方政府改革的主导面相;(2)理想型:指脱离地方实际,以理想化的思维和方式推进当地改革,既不考虑宏观层面国家制度安排的原则精神,又置辖区所处实际区位与发展阶段于不顾,政策超前,设计完美,最终流于形式;(3)理解型:即迁就实际,被现象牵着鼻子走,在决策与执行过程中,或因为过于谨慎而失去自主性,或为某些强势力量所主导而失去主动性,最终导致改革不力、进展缓慢;(4)争取型:指精于讨价还价,在涉及地方发展改革的重大利益上,敢于且善于与上级政府进行权益博弈、善于在有限资源的基础上争取资源最大化,从而为地方发展获得更为有利的制度空间和政策支持。① 这类地方政府多半与地方主政者灵活执政紧密相关;(5)争议型:即由地方党政强势精英主导,致力于大干快变,通过外因内联、上下求索等方式,以效能追求为中心,在经济建设、环境改变等方面敢想、敢干、敢闯,不怕争论,不怕议论,不计评论,一心向前试图获得定论。这类改革一般都有个性化领导的主导,导致法治与民主方面的紧张而遭遇不同的评价;(6)争功型:指具有浓厚 GDP 崇拜情结的地方改革,为增长而增长,为晋升而发展,② 甚至不惜一切代价,不计一切成本,目标在于通过经济的快速发展来证明官员的功绩。说到底,这类改革没有完全代表公益,尤其是在资源节约和环境保护以及分配正义等方面,有可能失去为政的基本底线;(7)争夺型:指对待资源问题上,不论是生产性资源(如各种自然资源和生产要素)还是发展性资源(如各类科技与管理人才的招募),都处于一种争夺状态之中,这类地方政府既可能是有为的政府,也可能是低效的政府;(8)争斗型:指对待权力上,主政者渴望权力而明争暗斗,欲揽权力,甚至僭越权力。③ 这种在对待资源上,主政者更关心的是在既有蛋糕中得利,而不是为社会创造更大份额的蛋糕。④ 这种争斗状态中的所谓改革极易丧失正确的方向,最终利益受损的势必是处

---

① 中央的差异性政策赋予便是地方政府主动博弈争取的结果。参见熊万胜《基层自主性何以可能》,《社会学研究》2010 年第 3 期。
② 张军、周黎安:《为增长而竞争:中国转型发展的政治经济学》,格致出版社 2008 年版,第 1—11 页。
③ 对此现象,奥尔森称之为分利性集团,当此类集团主导地方政策格局时,政府变更多地呈现出掠夺型。参见[美]曼瑟·奥尔森《国家兴衰探源》,吕应中等译,商务印书馆 1993 年版,第 48 页。
④ 周黎安:《晋升博弈中政府官员的激励和合作——兼论我国地方保护主义和重复建设问题长期存在的原因》,《经济研究》2004 年第 6 期。

于相对弱势的民众；(9) 应对型：指地方改革没有章法，既无眼光，也无斗志，工作没有生气，时时以被动等待的方式来面对改革使命；(10) 应急型：即把常态工作当成非常态应急，或将常态工作拖致非常态之下，以非常行为进行强驭。① 这样的地方政府不仅不能依照国家的法律法规和行政程序正常决策和管理，而且有可能对改革形势制造新的不和谐；(11) 应付型：见风使舵的为政者主导地方政务大局，表面上勤政廉政，实则敷衍塞职、无所事事、胸无大志、没有远见，主要精力放在满足上级检查和政绩评定的"业绩"展现；(12) 被动型：这类地方政府既不积极抓住国家的利好政策，又不主动创造机会、落实行动、寻求改革突围，而是"等、靠、要"，往往人疲政荒，改革无法实质性推进；(13) 懒惰型：指根本无心改革，即便遇到有利条件也没有创新热情，坐视良机错失，自甘落后，不为所动，无视人民群众的权益保障和发展，是典型的惰政与懒政；(14) 休闲型：指业已拥有一定发展成绩，其他地方一般已不能望及项背，要想在自己任内再上一个台阶已有难度，于是，不想有所作为，宁愿少干事，甚至不干事，只求不出事。这类地方政府的改革意志趋于衰退与弱化，处于安逸守摊状态。

此外，在非常态下，常常出现体制内解决危机（如重庆出租车罢市问题的解决）以及非制度化解决危机（如贵州瓮安县"6·28"事件等）。由于社会转型是一个全方位的变迁与革新过程，各种不确定性骤增、冲突堆积，从而造成种种社会阵痛。社会转型在不断破坏和抑制着政府能力的生长，同时又有着大量的能力需求，存在着无组织能量的释放，政府能力的提升则意味着对秩序和规范的重新建构。政府能力供给与社会发展的能力需求之间不平衡状况十分明显，因此，为了确保平稳过渡，社会转型阶段的政府改革更需要着力提升应急管理能力。

(二) 地方服务型政府建设的主要方式

总体来看，我国地方政府改革取得了巨大成就，尤其是在经济体制改革，所带来的社会生产力水平、综合国力和人民生活水平的显著提高，为世人注目，这是改革发展的主流。但是，一些倾向性的现象需要指出：(1) 由于社会主义民主与法治尚在发展之中，地方政府改革更多地表现出精英治理，"一把手"现

---

① 客观地讲，在维持稳定成为压倒发展的刚性考核指标的情况下，现今不少地方政府一定程度上都存在着这样的状态。参见清华大学社会学系社会发展研究课题组《走向社会重建之路》，《战略与管理》2010 年第 9、10 合编本。

象还是十分突出，往往一个人就可以改变一种发展思路。我们不怀疑主政者的人民情怀，但是，过多的个人色彩易于为改革留下太大的道德风险和法治成本，不利于可持续发展；（2）由于市场机制不尽完善、社会力量还比较孱弱，在改革中，地方政府既是改革动力又是改革的对象，这使改革陷入悖论之中，即地方政府要不断组织力量来推动对自身的改革，故而导致改革的体制性动力不足；（3）现有的、带有普遍意义的改革节点，主要停留在技术层面，未涉及体制内核，未能对权力关系以及权力与权利关系作出适应性的调整，致使改革没能取得实质性、结构性的突破，往往表现为轰轰烈烈的改革场景却与体制内核的深入呈现出低效甚至无效，这之间的反差值得关注。

1. 万人评议与公共参与。曾经有一段时间，许多地方政府热衷于采用民众评议的方式督促政府勤政廉政，初衷良好。但是，这种大众化政务绩效评判，注重了形式上的广泛性，但参评者的身份缺乏代表性，评判的标准缺乏明确性与针对性，忽视众多部门职能的差异性，表现出评判尺度的同构性，从而使整个评议过程缺乏公开性、程序性，效果缺乏客观性、公正性。[①] 这样的万人评议，显然由于缺乏可靠的制度设计与机制保障，很难说得上是真正有效的公共参与。

2. 领导承诺与制度建设。在政务承诺成为一种时髦的时候，各地方政府及其部门都会对其职责内的工作向社会承诺。但是，经仔细探查可以发现，许多地方的承诺往往是由个人作出，因人而异、因地而异、时过境迁。承诺不等于制度，凡是制度，必须具有稳定性、确定性、规范性、持续性特点。可见，现有的地方政府承诺，大多只是一种姿态，人治色彩太浓，不具备创新的价值内涵。

3. 电话与对话。如今许多地方政府开设领导热线、公布职能分工和干部电话，旨在密切"公仆"与"主人"的联系，方便民众参与监督政府。然而，电话只是一种工具，电话可能通或不通，反映的问题可能处理或被搁置，客观存在随机性与随意性。电话不等于对话，对话是一种平台，是一种对等的机制，是一种制度性的结构。[②] 有问应该有答，有答还可以再反问，

[①] 沈荣华：《我国服务型政府研究揽析》，《行政论坛》2010 年第 4 期。

[②] 哈贝马斯认为，协商民主中得以运行的内核在于对话主体之间具有平等的地位，他称之为"主体间性"。参见童世骏《没有"主体间性"就没有"规则"——论哈贝马斯的规则观》，《复旦学报》（社会科学版）2002 年第 5 期。

本质是体现政府与社会、政府与公民之间建立的是一种平等合作关系。因此，实现双方主体之间的地位对等性、内容回应性、双向互动性、公民参与性，才是对话的本质要求。

4. 行政服务中心与政府职能转变。行政服务中心已在各地普遍建立，起点旨在精简流程、提高效率、服务民众。但是，在审批窗口快速集中的情况下，政府原有的职能部门一个没有减少，相互结构关系与权力关系的体制状况一层没有改变。如果说此项举措实际产生了对民众服务的便利与快捷，只是因为我们原来的行政运行过于呆板、过于官僚、过于低效，现在突破了这一层困境，却将对应的政府职能转变搁浅，许多审批前台发挥的只不过是传达室的作用。① 因此，这类改革只是在旧体制存量基本不变情况下的技术增量改革，还远未上升到政府职能转变的体制层面。

5. 财产申报制度。在廉政建设方面，从 20 世纪末就开始了官员财产申报制度的热议，然而时至今日，仍不尽如人意。究其原因，关键还在于缺乏配套制度的跟进。在整个体制没有根本变化的情况下，一项新设计往往很难有效发挥其预期效应，原因在于它既得不到整个制度体系的支撑，又没有相应的钳制官员举措的支持，更没有从民众中汲取到力量的威力源泉。其结果，这种充满着技术含量的改革，最终几乎成为一种善良的意志与漂亮的摆设。

经过 40 年的改革开放，中国地方政府体制改革正进入"深水区"，并已逼近"新拐点"。② 要想使改革走出困境，就需要人们正视现今改革中的不足，突破人治色彩浓厚的路径依赖，致力于以回应民众和社会需求的公共服务型政府建设，才能在民主法治的轨道上开拓政府发展的新里程。

以习近平同志为核心的党中央领导下，发展理念与发展方式、体制机制、全面法治建设、党对各方面工作的领导以及生态文明建设都发生了深刻变革，开创了一个新时代。党的十九大报告提出，我国社会主要矛盾已经由人民日益增长的物质文化需要同落后的社会生产之间的矛盾，转化为人民日益增长的美好生活需要和不平衡不充分的发展之间的矛盾，这个论断指明了当下服务型政府建设的方向。

---

① 沈荣华：《一站式服务与行政管理体制改革》，《中国行政管理》2006 年第 10 期。
② 吴敬琏：《中国改革进入深水区》，《绿叶》2010 年第 1—2 期。

第一章　地方服务型政府的学理界定

中国特色社会主义进入了新时代，这是党的十九大做出的重大政治判断，明确了我国发展的新的历史方位。新时代概念的提出，基于中国特色社会主义进入新的发展阶段，基于我国社会主要矛盾的新变化，基于我们党的奋斗目标有了新要求，还基于我国面临的国际环境的新形势，基于实现"两个一百年"奋斗目标已经面临新情况新矛盾。这个新时代，是承前启后、继往开来、在新的历史条件下继续夺取中国特色社会主义伟大胜利的时代。党的十九大把新时代与伟大斗争、伟大工程、伟大事业、伟大梦想结合起来，是一个整体性、全局性的理论创新，体现了奋斗目标、实现路径、前进动力的高度统一，体现了历史传承、现实任务、未来方向的高度统一，深刻回答了新时代党的历史使命以及实现党的历史使命的路径，其中建设服务型政府是主要任务之一。地方服务型政府在不同地域的具体行为，是实现新时代党的历史使命的重要组成部分。地方服务型政府的有效性主要表现在地方政府的服务能力与治理质量。当前，持续认真推进地方服务型政府建设，是新时代的要求，是党的要求，是人民的期望。

本书论述地方服务型政府，着重点思考市、县两级地方政府。我国的地方政府是一个复杂而庞大的体系，纵向来看，层层划分；横向来看，形态各异。地方政府是一个大概念，面对中国特定的历史原因和现实条件，我们侧重关注市、县两级政府，其原因有四点：第一，从历史上看，中国的市、县一直是最稳定、变量最小的次省级行政单位，构成中国政府的基础，[1] 一直发挥着至关重要的作用；第二，从现实看，市、县政府是最完整的行政单位，其管辖人口和地域规模，都决定了市、县政府职能的完整性和行为模式的齐全性，它们介于省级政府和乡镇政府之间，承上启下，向上承接地方政

---

[1] Marc Blecher, Vivienne Shue, 1996. *Tethered Deer*: *Government and Economy in a Chinese County*, Stanford, CA: Stanford University Press, p.204.

府的最高级——省级政府,向下面对地方政府的最基层——乡镇政府。更重要的是,市、县政府功能最全、数量最多、分布最广,构成地方政府体系中最重要、最关键的群体;第三,从地位看,市、县两级政府处于政府和社会的交接点,与高层地方政府相比,市、县级政府与微观社会组织的联系更直接、更密切、更广泛,因而在整个政治体系中扮演主要承载者的角色,它不仅全面反映整个政府体系的体制、机制运作状况,还具体记录着各个丰富多彩的地方政府改革中的制度变迁,记载着政府和社会之间互动结构的变革;第四,从功能来讲,乡镇政府重服务而少决策,其职能结构相对突出具体性和单一性特点。省级政府重决策、很少具体行政行为,因而其职能结构相对凸现抽象性和广泛性。市、县级政府不但具有服务功能,也有决策、管理职能,其服务具有决策性、执行性和全面性特点。我们所要构建的地方服务型政府,既要有提供具体服务的功能,也要有决策和管理的空间,上能"顶天",下能"立地",能将管理决策和服务综合运用,通过决策将服务制度化、标准化和常态化,又能真真切切地履行服务职能,转化成一条条生动的规范与条文。市、县级服务型政府最值得关注与研究。

第一节 地方服务型政府的基本内涵

经过数十年的学理探索,服务型政府的基本内涵主要体现在五维视角:第一,政府与公民关系;第二,政府与市场经济关系;第三,政府职能重塑;第四,政府类型历史演变;第五,政府工作方式转变。当下,我国学界对服务型政府的研究,展示了学理视角的广泛性,但对服务型政府核心价值的探讨普遍不足,本书以将地方服务型政府的基本内涵,作为系统研究的第一个突破口。

一 服务型政府内涵的概念性解读

地方政府是服务型政府的具体实施主体,服务是其核心职能,服务性是其本质特征。我们认为,解读地方服务型政府,当从解读其服务职能与服务性特征入手。

"服务"一词最先出现于现代企业之中,"它的中心意思是'为他人做有益的事',由此引申开来,这个词既意味着一般是为他人工作,也意味着是一种职业和态度"。①《新华词典》的解释是"为一定的对象工作"。②《汉语大辞典简编》的解释是:"(1)为社会或他人利益办事;(2)犹任职。"③《经济大辞典》的解释是"服务即劳务"。该辞典解释劳务又称服务,指以劳动的形式而不以实物形式为他人提供某种使用价值的经济过程。④ 随着公共管理中新的管理理念的产生,"服务"这一概念不仅被引入而且已经成为本领域内使用频率最高的词汇之一。由本意出发,"服务"在公共管理学中至少包含以下两个含义:第一,服务是为他人创造价值、获得收益的行为选择,或者说它不是为了自己的利益和个人事项的活动,其价值导向是利他的而非利己;第二,服务既是一种行为过程也要求一定的行为结果,即服务涉及被服务者需求、服务者生产、供给、回应等环节,是以满足被服务者使用价值为目的的过程,其结果形式可以是有形的也可以是无形的。而就服务特征来说,不同于工商管理理论所提出的"无形性、不一致性、不可分割性、无存货性,"⑤ 在公共管理学中,由于服务与政府的结合,使市场中的企业与顾客的关系变为政府与民众的关系,服务的特征不可避免地渗入一定的公共色彩。

  一是被动性。即服务是被服务对象——地方民众所支配的,地方政府在服务关系中处于被动地位。不同于管制型政府的单向服务供给,地方服务型政府的服务行为是以民众接受这种服务为前提的,也就是后者具备了拒绝政府服务的权利和可能。从这个意义上说,地方政府是根据"他人"的要求,即在"他人"的支配下进行恰当的活动,以达到"他人"的目的。

  二是互动性。地方政府的服务性是一种新的关系建构。作为一种行为选择,地方政府在这一过程中需要切实回应民众的要求,以民意为行为导向。而民众能够根据自己的需求提出个性化的服务,以使自身获得物质或精神上的满足。地方政府与民众的行为选择在服务的过程中无缝衔接,形成良性的互动结构。

  三是利益性。马克思认为,"人们奋斗所争取的一切,都同他们的利益

---

① [日]前田勇:《服务学》,杨守廉译,工人出版社1986年版,第6页。
② 《新华词典》,商务印书馆2001年版,第2881页。
③ 《汉语大辞典简编》,汉语大辞典出版社1998年版,第2580页。
④ 《经济大辞典》,团结出版社1994年版,第1510页。
⑤ [美]A.佩恩:《服务营销》,郑薇译,中信出版社1998年版,第9页。

相关"。① 服务的目的是以满足民众的需求为目标,而这种目标往往是以某种利益获得为主要价值判断,既包括经济利益,如资金的获得、物质的使用,也包括精神利益,如心情愉悦、精神享受。相反,如果没有利益内容的承载,服务行为很难得到认同。

从对现有文献研究的揽析中可以发现,对地方政府服务性的理解往往没有与企业服务相比较、区别,只是单纯地从公民社会、政府职能、治理角度定义政府服务,这在一定程度上存在一些价值偏颇。本书认为有必要将政府服务与企业服务进行区分。地方政府服务与企业服务相比,存在四个方面的差别:

1. 在服务目的上,大多学者都认为,地方政府与企业的服务存在差别。地方政府服务的目的是单向度的,即利他的,而企业服务是双向度的,即既利己又利他。而本书认为地方政府服务也是双向度的,即地方政府也有利己取向。一方面,地方政府的利己行为是客观存在的,不应当回避;另一方面,并非所有的地方政府利己行为都是非法的或不合理的。但需要强调的是,地方政府的利己行为与企业的利己行为存在本质差别。第一,企业的目的是首先利己,然后利他,并且即使是利他行为也要以利己主义为价值导向,使自身利益最大化。而地方政府必须是首先利他,为公众服务,利己行为必须是建立在利他行为的基础之上,突出强烈的公共性,如税收的获取是以为民众服务为前提;第二,企业的利己行为结果是以有形的物质利益获取为主要形式,具有直接性,而地方政府的利己行为结果是以无形的精神支持为主要形式,如民众的认同、权威的认可、政策的落实等,虽然也存在一些物质利益的获取,如税收、行政收费等,但是间接性的。

2. 在服务对象上,企业服务主要是以为个人服务为目标,首先是个人得益,具有显著的私人性。而地方政府服务是面向地方民众,使每个人都能获益,并且排除任何一个受益者,其成本都是高昂的,具有明显的普惠性。

3. 在服务内容上,一方面,企业提供的主要是个人物品,具有明显的排他性、竞争性和营利性。而地方政府提供的主要是公共物品,具有明显的非排他性、非竞争性和非营利性。另一方面,由于企业存在着显著的分工分类,其服务内容具有分散性、专业性的特征,而地方政府是一个整体,不分

---

① 《马克思恩格斯全集》第1卷,人民出版社1956年版,第82页。

工、不分类，即使分工也是内部的，因而其服务内容具有综合性、广泛性。

4. 在服务评估上，由于企业的服务主要是以获得利益尤其是经济利益为目标，因而其服务评估可以依据准确的绩效指标进行量化，从而获得对服务结果效益、效能的认知。相对于企业，地方政府的服务供给主要以抽象的、无形的内容为主要形式，如法律制定、政策落实、社会治理等，这就决定了政府服务的评估测量，难以设计出一套可以量化的指标体系，也即是说，缺乏准确的价值判断标准。因此，地方政府的服务往往缺少评估机制的建设，这也为服务失效埋下了隐患。

对于地方政府服务性的释义，除了对其内涵的解析之外，更重要的是对其内在价值变数的考量。国内学者大都认为，服务型政府建构的理论基础来源于民主理论、公民社会理论、新公共管理理论、新公共服务理论等，由此引申出来的地方政府服务性的价值基础，应当是民主、平等、效率等内容。作为现代政府活动的基本性质和行为归宿，公共性应当是其服务性的本质价值。就我国而言，地方政府公共性是从诞生之初起就已具备的应然属性，即始终是以为人民服务为宗旨，只是其实践存在一定的演进历程。在管制型政府模式下，为人民服务仅仅表现为一种政治意志的宣传和价值目标的导向，在实践中没有具体的服务行为来配套。因而，政府公共性一定程度上成为政治理论中的"空中楼阁"。与作为宗旨和价值层面的为人民服务不同，服务型政府是一种行为模式，它表现为形式规范、结构明确、标准清晰、责任到位的一种制度体系，服务型政府意味着为人民服务宗旨的兑现和落实。[①] 因此，从管制型政府到服务型政府的变革，不仅是服务属性的落实，更是公共性价值的真正回归。

值得注意的是，虽然地方政府服务性的本质价值在于公共性的观点已经得到学界的广泛认可，但在当下的地方服务型政府构建中，"服务超载"、承诺过度已经成为一个严峻的实践问题，其根源在于地方政府公共性的过度发挥。同个人理性迷失能够导致集体行动困境一样，公共理性过度同样也能够使集体行动产生困境。第一，地方政府热衷于在"看得见、摸得着"的项目建设上加大执行力度，如基础设施建设、形象工程等，因为这涉及地方核心行动者的考核检查和政绩提升。这些项目虽然在某种程度上有利于民众获益、体现一定的公共性，但服务过度反映的是一种"浮躁行政"态度；

[①] 沈荣华、钟伟军：《论服务型政府的责任》，《中国行政管理》2005年第9期。

第二，在中央"维稳"压力的支配下，服务变味，将服务承诺异化为迁就，将迁就异化为讨好。有些地方政府只要民众中有人开口，就会作出承诺，就会违背常规兑现，不顾民众需求的实际需求与轻重缓急，不顾自身实际能力与整体规划；① 第三，地方政府可能利用公共性过度的掩盖，即通过过度的公共服务供给，来掩饰其他公共领域的服务缺失，如地方政府在城市硬环境建设上的"服务竞赛"，冲淡了民众对城市软环境的关注，这导致地方公共服务体系不均衡、不系统。由此，我们认为，地方服务型政府公共性的发挥应在三个层面上去构建：

一是为民服务。地方政府作为公众集体行动的工具，政府是公共的财产，为民服务是地方政府理所应当的行为选择。构建地方服务型政府，其公共性的发挥不仅是一个价值判断向度，也是由理念诠释向具体实践发展的演进。理念转变，既是将为民服务的公共性价值内化为政府官员头脑中的思想和作为一种公共伦理标准来衡量自身的行为选择，也是将服务理念与公共性价值外化为体制与机制，并将公示制、承诺制、督查制、考核制、淘汰制与服务具体化、规范化相连，以真正落实为人民服务的宗旨。

二是参与服务。"凡生活受到某项决策影响的人，都应该参与那些决策的制定过程。"② 地方服务型政府公共性的发挥，其目的并不是寻求一些由集体行动驱动的快捷的解决办法，而是追求对公共利益的分享和应分担责任的创造。而公共利益和公共责任并不是个体概念，而是天然的具备集体属性的整体概念，它需要利益相关方的共同参与。这就要求地方政府在提供公共服务的过程中，不能依据自己的主观想象来供给，而必须诉诸广泛的公共讨论和参与。

三是有限服务。地方政府的公共服务应该"建立在公民对话和公共利益的基础上并且可以将其与公民对话和公共利益充分结合在一起"③ 的基础上。随着改革开放的深入，民众的多元利益、多元价值、多元需求，很大程度上构成了对地方政府服务的压力。面对公共性过度所引发的服务超载，地

---

① 沈荣华、鹿斌：《我国地方服务型政府的建构与调整》，《上海行政学院学报》2014年第3期。
② [美] 约翰·奈斯比特：《大趋势——改变我们生活的十大新方向》，梅艳译，中国社会科学出版社1984年版，第161页。
③ [美] 珍妮特·V. 登哈特、罗伯特·B. 登哈特：《新公共服务：服务，而不是掌舵》，丁煌译，中国人民大学出版社2004年版，第122页。

方政府必须明确公共性的限度,民众需求增加并不意味着任何需求都要得到政府回应,尤其是特殊个体或群体的要求不能称为公共性需求。"公共性意味着从差异中寻求共同的善",[①] 是"以跨越不同共同体的观点之上的规则、法律、规范和其他协议的形式"[②] 来服从公共利益的行为选择。相对于管制型政府,地方服务型政府不仅具有公共性,也更应具有公共理性,调整地方服务型政府结构,服务内容有限性是调整的力点,它必须明确服务内容与服务范围的合理限度,到底为谁服务、服务什么、服务到何种程度,使社会发展状况与地方政府服务侧重点、梯度层次相匹配。

我们认为,服务型政府是将以人为本作为价值取向、以遵从民意要求实现民众期盼为全部行为宗旨、以规范约束政府的权力内容与权力程序、以公开透明坦诚为服务态度、来展示政府公共性本质的为民提供方便、为民供给帮助、为民谋取福祉、为社会稳定与发展竭尽全力的政府。服务型政府的主体是政府,尤其是各级地方政府,服务对象是全体公民与社会。[③]

二 公共服务、服务型政府与为人民服务

在探讨我国服务型政府的概念时,必须做两个方面的区别:一是我国建设的服务型政府与西方倡导的公共服务的区别;二是我国当下倡导的服务型政府与"为人民服务"的区别。由于制度背景与经济、历史、文化等原因,与西方公共服务理论有很大区别,比较研究,大有裨益。我国的服务型政府建设与西方公共服务理论大致存在六大区别。

第一,基础条件不同。西方公共服务理论的提出,是在法治历史久远的后法治时代,法治几乎成为整个社会的习惯、原则、风格、精神、灵魂,市场经济的发展,自然而然地内生性推动政府角色的相应变换。我国服务型政府建设伴随着法治建设刚刚起步,市场经济采取的是以行政力量推动的嫁接式模式(grafting marketization),计划经济体制遗留下的人治痕迹依然存在。

第二,社会结构不同。西方国家是社会与政府分离的二元结构,发达的市民社会总使政府与社会关系处于互动中,政府的改革往往需要对社会作出回应。我们的社会结构长期处于二元界限模糊的状态,社会组织还不能真正

---

① 詹世友:《公共领域·公共利益·公共性》,《社会科学》2005年第7期。
② Michael Edwards, *Civil Society*, Cambridge: Polity Press, 2004, p. 62.
③ 沈荣华等:《地方政府改革与深化行政管理体制改革》,经济科学出版社2013年版,第86页。

承担起公共事务的责任，社会力量仍然弱小，公民参与性不足，使政府缺乏制约力量，也不利于服务型政府建设。

第三，理论价值不同。西方行政理论经历了频繁的转换，从里格斯行政模式到韦伯的官僚制，再到20世纪70年代以来对官僚行政的三个改造方案，新公共管理、新公共行政、新公共服务理论，都是对官僚制行政的质疑、评判与超越，都体现了理论与政府的互动，这对我国行政改革具有很大的启发性。改革如何贯彻独立明智的理论批判，如何从我国实际出发，而不是一味对现有改革设计的诠释与颂扬，更不是照抄照搬，这会对服务型政府建设增添指导意义。

第四，组织状况不同。西方行政改革从注重组织的精密性、法制，到关注行政过程中的价值与伦理因素，从政府中心到主体多元，从政府功能转变到关注顾客、关注公民，从关注过程到关注结果，都体现了他们对政府角色与组织状况的思考。在我国，三十多年的改革一直在探索，新模式仍未完全建立起来，政府的组织结构仍然处于不确定状态，给我国服务型政府建设带来不确定变数。

第五，责任体系不同。西方公共服务的责任结构发生三方面变化：一是公务人员责任机制的变化，由传统执行决策的机械性转变为执行决策的灵活性，构成公务人员对自身行为与所属机构的行为负责；二是责任导向变化，由过去间接向公众负责转变为直接向公众负责；三是责任范围变化，由关注顾客转向公民，目的是鼓励公民参与。我国服务型政府的责任，基本还是只对上级负责、对首长负责。我国服务型政府必须改变责任指向，更应该侧重对社会负责，对人民负责，并不断提高服务水平、服务质量与服务态度。

第六，改革路径不同。西方公共服务理论强调放松政府管制，主要表现在三方面：一是削减陈旧的规章制度，二是改革预算制度，三是改革人事制度。有的地方政府限期取消文官制度，主张建立以团队为基础的绩效奖励体制、平等雇佣和以结果为本的预算制度。我国改革的主要路径是加强法律规制、严格制约政府的权力、健全法制监督，使政府在监督中完善为人民服务的功能。

服务型政府建设与我国倡导的"为人民服务"也有六点区别。

中国共产党把全心全意为人民服务视为政治宗旨与执政理念，从逻辑上讲，人民是社会主义国家的主人，政治领袖和政府官员都是由人民选举产生的公仆，都应该对人民负责。但是，由于两千多年的皇权专制传统和较长时间的计划经济体制的影响,我们的政府形成了天然代表人民的俗成理念,长期以来较为注重作风建设而忽视制度建设,没有将为人民服务的宗旨制度化和规范化,没有明确为人民服务的责任主体,没有构建为人民服务的操作体系与服务机制,也没有制定为人民服务的质量评判标准,更没有规定为人民服务不到位所应承担的责任体系。因此,在很长一段时间里,政治宗旨一定程度上只是志向的主张,只是鼓舞先进分子付诸行动的理念支撑,而在行政实践中,行政职权和行政职责分离、公共权力滥用、官僚主义盛行、行政效率低下。当时大多数马列主义者及有识之士认为,社会主义是世界上最先进的社会制度,社会主义政府理应对人民承担无限责任,从日常生活的方方面面到社会的各个领域,从衣食住行到每个人的生老病死,社会主义政府完全能够及时、全面地满足所有人的各种需求,并准确为社会提供各方面的服务。一句话,社会主义制度能够解决人类社会的一切问题。现在看来,其中存在着一个认识上的误区,就是将政府职能的全能主义等同于政府为人民服务的责任,将政府与社会的一体化视为社会主义制度的核心。

在新的条件下,计划经济当下的这些误区显得更加明显。因此,我们首先要明确的是,服务型政府模式与全能主义模式下的"为人民服务"不完全相同,服务型政府的提出与建设,是对全能主义模式下"为人民服务"的一种传承与超越。所谓传承,是因为两者都体现了我们党全心全意为人民服务的宗旨,都包含了我们党立国与治国的根本。但是,两者之间也存在着一定的差异。

第一,背景不同。"为人民服务"提出正值计划经济年代,当时,沉浸在获得政权喜悦中的政府,首当其冲是医治战争创伤,面对复杂的国际形势,唯有号召人民勒紧裤带。于是,"为人民服务"实际成为政府在民生层面上的一种应急之举。服务型政府是在改革开放中提出的,面对世界改革潮流,面对法治与民主进程,意识到政权合法性的表现,在于整体国力提升的同时,必须让人民同时享受改革红利,增加公共物品的获得感。

第二,体制不同。"为人民服务"倡导的形式是单向性的,不管是谁,也不管需要不需要,政府都采用统一的方式。服务型政府注重体制创新,开始采用多元方式,将一部分不该用也不必用强制、垄断的方式,转变为非强权性的服务模式,并且越来越注重在了解民众需求与期盼下的有效、有序服务。

第三,职能不同。"为人民服务"处于全能主义模式下,政府无须考虑自己的角色定位，始终是整个社会的核心与主宰，必然事无巨细，样样都管。我国服务型政府建设的首要使命是重新定位政府职能与角色，将无限性转变为有限性，根本任务是逐步为社会提供公共物品与公共服务，但不再是包揽一切，样样都管。

第四，责任不同。"为人民服务"实施的是一种结构简单、单向性的服务机制，唯上负责是重要表现。服务型政府将原来纯粹向上的负责机制，转变为主要对社会负责，对人民负责。强调民众在政府行为过程中的发言权和影响力，因此，政府改善服务质量与态度，成为服务型政府建设的目标。

第五，导向不同。"为人民服务"在实践中，主要表现为价值层面上，党的宗旨因缺乏体制与机制上的落实与保障，使民众越来越质疑宗旨的真切性。服务型政府应该是一种行政模式，它表现为结构明确、形式规范、标准清晰、责任到位的一种制度安排。政府行使权力，回归成为保障人民权利的工具，它使"为人民服务"宗旨全面落实与真正兑现。

地方服务型政府的价值起点不能脱离市场经济推动现代化的进程。现代化就是生活世俗化、政治民主化、社会法治化、经济市场化及公民本位化。市场经济是每个人自主、自尊逐步形成的过程，是自我意识提升、个人主动性、创造性不断激发的过程，是人的主体性、参与性得以凸显的过程。现代化首先是人的现代化，随着市场经济不断发展，原来湮没在政府全能主义之下的公民个体被逐渐唤醒。

服务型政府必须以人为本，尊重"主人"的地位。以人为本的"人"，"是具有独立利益要求和独立意志表达的当家作主的人，而不是任人主宰、只知唯命是从的人；是政府服务的主体，而不是政府统治的对象"。[1] 人民是政府权力的源泉与根本，尊重人的意志，保护人的权利，是党的根本宗旨，也是地方政府角色转换的灵魂。

总之，服务型政府应该是一种行为模式，服务型政府意味着为人民服务的政治宗旨，在体制上与机制上的真正兑现和落实。

三 服务型政府内涵的本质性解读

地方服务型政府的价值起点不能脱离市场经济推动现代化的进程。所谓现代化就是生活的世俗化、政治的民主化、社会的法治化、经济的市场化及

---

[1] 沈荣华：《以人为本：地方政府角色转换的使命》，《理论探讨》2011年第3期。

价值取向的个人本位化。① 现代化首先是人的现代化，是人的公民意识、权利意识和参与意识的提升。随着市场经济的不断发展和不断完善，原来湮没在政府全能主义之下的个人被唤醒。市场经济是推动个人自主、自尊、自我意识形成的过程，是个人的主动性、积极性、创造性等活力得到激发的过程，是个人的独立地位和人格得以确立的过程，是人的主体性、自主性、独立性、利益性和参与性得以凸显的过程。

服务型政府必须以人为本，尊重"主人"的地位。以人为本的"人"，一定是一个具有独立人格的人，是政府权力之本。独立人格激发出的主人翁意识，"是具有独立利益要求和独立意志表达的当家作主的人，而不是任人主宰、只知在命令面前服从的人；是政府服务的主体，而不是政府统治的对象"。② 人民是政府权力的本源、来源与根本。以人为本，就是要正视人民作为政府的"主人"和被服务主体的现实，要求政府对人的尊重和保护置于人的全面发展理念的始终，置于社会制度设计和人民广泛参与的体制全部，也置于为人民服务的各种具体机制的流程之中。尊重人的意志，保护人的权利，这是党的根本宗旨在理念和体制层面的核心，也是地方政府角色转换的灵魂。

公共理性是地方服务型政府的行为标准。公共理性是一个民主国家的基本特征，公共理性的目标是社会正义，公共理性是公民的理性，说是那些能够共享平等公民身份的人的理性。③ 罗尔斯在《公共理性观念再探》中对公共理性进行了进一步的解释，是指各种政治主体（包括公民、各类社团和政府组织等）以公正的理念，自由而平等的身份，在政治社会这样一个持久存在的合作体系之中，对公共事务进行充分合作，以产生公共的、可以预期的共治效果的能力。④ 公共理性表达的是公正理念、合作机制、共赢思维，核心是强调公共权力的合法性与合理性，其价值追求只能以增进公共福利为价值目标。公共理性是一种能力，也是一种道德，一种价值，公共理性

---

① 金耀基：《从传统到现代》，中国人民大学出版社1999年版，第98—104页。
② 沈荣华：《以人为本：地方政府角色转换的使命》，《理论探讨》2011年第3期。
③ ［美］罗尔斯：《政治自由主义》，万俊人译，译林出版社2000年版，第225页。
④ ［美］罗尔斯：《公共理性观念再探》，时和兴译，生活·读书·新知三联书店2000年版，第1—72页。

是道德与理性的有机统一体。①

　　服务型政府必须注入公共理性。从政府理性到公共理性，最根本的是强调公共性，即政府的公共所有属性。公共性意指政府包括其内在要件——公共权力和外显成分——公共职位，都是属于国家主体——社会公众的，即"政府产生、存在的目的是为了公共利益、公共目标、公共服务以及创造具有公益精神的意识形态等"。② 公共性理念是服务型政府建立的价值基础，是人类对公共服务制度设计的一次理性升华。服务型政府的公共性是指政府服务的范围是公共领域；政府服务的内容是提供公共产品；提供公共服务的范围及内容受法律限制。公共领域与私人领域相对，它是"公众发表意见或进行交往的场所"，政府公共权力可以有效行使的范围是政府应该提供制度、秩序及相关服务的公共空间。明确政府服务的范围有利于转变政府职能，将私人领域的事务还给社会和个人，节约公共资源和成本，提高政府工作的专业程度及效率，解决政府错位的问题。公共产品是指由以政府为主的公共管理部门生产的，没有竞争性和排他性，供全社会所有公民共同消费、平等享受的社会产品及服务。政府公共服务的内容是社会公共事务，把握政府服务内容的公共性有利于正确划定政府服务工作界限，防止出现行政权力越位。③

　　地方服务型政府的建构，不是想当然的身份转换，也不是自然而然形成，而是需要注入人们的主观努力，需要明确有关的概念内涵和梳理有关的行为模式，需要法律的有关界定。地方服务型政府的建构，不会一蹴而就，但通过努力，一定能够实现。

　　习近平总书记在党的十九大报告中，指出了构成新时代坚持和发展中国特色社会主义基本方略的十四项要求，其中，第二项强调坚持以人民为中心，第五项强调坚持人民当家作主，第八项强调坚持在发展中保障和改善民生，第九项强调坚持人与自然和谐共生。这就是说，建设服务型政府的核心是为了人民与民生。也就是说，公共性是地方服务型政府建立的价值基础，

---

① 史云贵：《从政府理性到公共理性——构建社会主义和谐社会的理性路径分析》，《社会科学研究》2007年第6期。

② 祝灵君、聂进：《公共性与自利性：一种政府分析视角的再思考》，《社会科学研究》2002年第2期。

③ 沈荣华等：《地方政府改革与深化行政管理体制改革研究》，经济科学出版社2013年版，第91页。

地方服务型政府的公共性意味着服务对象是人民，服务内容是民生。把握服务型政府的公共性，不仅是时代所赋予地方改革者不可推卸的使命，也展现了新时代中国特色社会主义的向度是从国家本位向社会本位转变。

四 服务型政府内涵的外延性解读

政民互动是推进地方服务型政府的结构理性的根本通道。政民互动既是政府以人为本执政理念的生动体现，也是对公民主体性地位的理性尊重。在构建服务型政府的浪潮下，各地方政府在推进政民互动制度化方面多有探索。

政民互动结构包含三个元素：第一，民众是谁？是顾客还是公民？第二，公民怎么回应政府？是主动还是被动？第三，政府怎么面对民众的回应？是制度性的还是意志性的？这就涉及政民意向结构谁主谁次、谁先谁后、谁重谁轻的逻辑关系。

第一，在服务型政府政民意向结构中，民众是公民还是顾客？西方理论界曾经有过一个时髦的观点，那就是政府将公民视为顾客。笔者以为，将公民定位为顾客，将公民仅仅视为被服务者或纯消费者，等于把公众被动化了，实际上就意味着丧失公民的主体性。"这与政府的宗旨是背道而驰的，忽视了当代公共行政最重要的基础，即公民参与"，[1] 还意味着政府与公众处于一种交易过程，双方的互动成了一个讨价还价的过程。盖伊·彼得斯（B. Guy Peters）指出，"把公民贬低为消费者，降低了公民作为与国家相对的权利和合法地位的拥护者的作用。在治理中公民就变成了微不足道的任务"，[2] 这就意味着公民对政府活动，只需单向度的感受而无权过问。公民究竟具有积极的公民资格还是消极的受众资格，正好体现了服务型政府和管制型政府的区别。积极的公民资格将公民参与作为日常政治生活的一部分，是公民自我发展和自我完善的渠道，不管政府是掌舵还是划桨，政府这条船归根到底归民众所有。"政府属于它的公民。当我们将公民置于第一位时，重点不应当放在驾驶或划动政府这条船，而应当放在构建具有完整性和回应

---

[1] 齐明山：《对新公共管理的几点反思》，《北京行政学院学报》2003 年第 5 期。
[2] [美] 盖伊·彼得斯：《政府未来的治理模式》，吴爱明、夏宏图译，中国人民大学出版社 2001 年版，第 51 页。

性的公共机构之上。"① 进一步讲，在政府与公民之间双向互动关系中，公民也是公共管理的主体，具有公共参与资格。服务型政府既然以公民为本位，那么，提供对话制度而不是设置单向被动格局，是服务型政府题中应有之义。

第二，在服务型政府政民意向结构中，民众怎样回应政府？是主动还是被动？公共参与是民主政治的基础性构建，有效参与是民主的五大标准之一。② 未来学家约翰·奈斯比特（John Naisbitt）认为，"在立即可分享信息的时代，代议民主制已过时，参与式民主变得重要"。③ 民众怎么参与？公共参与具有层级性。欧洲非营利组织"区域环境中心"（REC）在《唤醒参与》训练手册中描绘了一个公共参与的层级模型，从低到高依次为：（1）信息告知。即通过信息沟通，维持公民对政策决策的了解，这是最基本的参与层次；（2）公民回馈。即决策者从民众中取得反馈意见来改进方案，如民意调查、意见搜集等，这是一般性的参与层次；（3）咨商层次。即决策者与公民公开、正式对话，讨论评价方案或对利害关系的议题进行界定，如公共会议、开放论坛等，这是协同性的参与层次；（4）共同规划。即将公民参与纳入公共事务规划，主要解决复杂性或争议性议题，如仲裁、调解等，这是平等性的参与层次；（5）公民控制。即公民对公共事务具有一定的界定权，主要是为了解决争议性议题，如地方公民投票，这是最高层级的公民参与。④ 显然，这五个参与层次都能使公民素养得到训练，都能对公民人格有所培养。在政民意向结构中，民众在这五个层次中作为公共服务的主体，既有公民个体知情的过程，也有个体自由与个体自主的过程，也有形成政策共识、提升政策品质的过程，还有渐进的民主生活训练过程，更有提升自治能力与公民素养的过程。这种参与必然是主动而不是被动的，既是民众对权利的享有与公共责任的担当，更是整个公共生活中公共理性的提升。公共理性的环境营造，既能塑造文明、理性的公共精神，也能最终实现公共领域与私人领域的互动和谐的良性共治局面。

---

① [美] 罗伯特·B. 丹哈特、V. 丹妮特·丹哈特：《新公共服务：服务而非掌舵》，刘俊生译，《中国行政管理》2002 年第 10 期。
② [美] 罗伯特·达尔：《论民主》，李伯光、林猛译，商务印书馆 1999 年版，第 43 页。
③ [美] 约翰·奈斯比特：《大趋势》，孙道章等译，中国社会科学出版社 1984 年版，第 161 页。
④ Scott, W. R., *Organizations: Natural and Open Systems*, Prentice Hall: Engle Wood Cliffs, 1991. 转引自王丽莉《服务型政府：从概念到制度设计》，知识产权出版社 2009 年版，第 124 页。

第三，在服务型政府政民意向结构中，政府怎么面对民众的回应？是制度性还是意志性？政府面对民众回应的前提是了解民众的现实状况，政府服务的底线是面对民众需求、回应民众事务、解决民众困难，不是取悦讨好，不能推诿塞责。然而，我国长期的全能主义导致政府责任模糊，责任体量超载，责任规模膨胀，致使相当一部分地方政府行动缓慢、效率极低、病态百出，欠了社会一大笔"呆账""坏账""糊涂账"，成为"肥胖政府""奶妈政府""保姆政府""债务政府"。显然，全能政府是一个伪命题，政府责任从来就不是无限的。由于实际中的全能主义，一方面，政府过度承诺、无限服务，疲于奔命，承诺不兑现，就会搬起石头砸自己的脚，使人民的信任一点点丧失；另一方面，民众需求不平衡，困难者没有得到对症下药的救助，一般民众被消失在政府的视野之外，而闹事者却是会哭的孩子有奶吃，最终形成民众需求无度、民众要求无边的局面。笔者以为，要解决政府公共服务责任有限性与民众需求无限性的矛盾，一厢情愿不等于服务真谛，无限需求不等于民众本意。"未来的公共服务将以公民对话协商和公共利益为基础，并与后两者充分结合。"① 只有通过政府与社会对话，换位思考，以公众的实际需要为标准，才是真正的公共服务。构建地方政府责任与民众满意格局，关键是推进服务制度化，克服"承诺"虚假、避免"承诺"过度，完善两者之间的结构理性。政府不该管的，就不应该承诺；政府应该明天管的，就不该今天承诺；政府应该今天管的，就要制定时间表并公布于众，让大家明白政府服务的具体内容、先后顺序。民众在准确预知与信息对接中才能心里有底、增添信心。服务误点会使人感到不满，服务晚点会使人感到茫然，服务无序会使人感到失望。准确无误的服务时刻表，一方面，规范政府的服务功能，在依法承诺的同时，调整、补充、完善原有的行为，使规范符合实际、代表民意，从而保证政府责任的准确性、正当性、合理性；另一方面，唤醒民众的理性，用民众的理性制约政府的非理性。当民众学会对话而不是对抗时，当服务型政府与民众之间形成信息对称而不是立场对立时，两者之间才能形成完善的政民互动结构，公共服务才能出现崭新的局面。格罗弗·斯塔林（Grover Starling）说："回应是指一个组织对公众提出的政策变

---

① ［美］珍妮特·V. 登哈特、罗伯特·B. 登哈特：《新公共服务：服务，而不是掌舵》，丁煌译，中国人民大学出版社 2004 年版，前言第 9 页。

化这一要求作出迅速的反应,也可以说是超出一般反应的行为。"① 达尔(Robert Alan Dahl)认为,民主的主要性格是政府对公民的偏好实时地、快速地、如实地做出公正的回应。② 安东尼·吉登斯(Anthony Giddens)也曾指出:"政府和国家的自身改革不仅要满足效率的目标,也得对选民做出回应。"③ 回应机制能保证民众利益诉求进入制度性决策流程,从而形成政府的公共服务结构理性。

第二节 服务型政府的西方学理链接

事物的发展往往是通过追寻事件发生的轨迹来对其变迁进行解释,西方公共服务理论的提出与发展,作为特定历史进程的文化遗产,具有一定借鉴意义。系统回顾这段历史,认真追溯西方公共服务理论的起源与进程,对当下我国服务型政府建构、改革与发展,具有理论参考与实践参照价值。

一 西方公共服务的理论起源

首先,是资本主义经济发展的需要。西方公共服务理论的起源与资本主义经济的发展密不可分,可以说,现代资本主义经济的腾飞,催生了现代西方公共服务理论的诞生。英国是全世界最早完成工业革命的国家,也是资本主义经济发展最早的西方国家。随着经济的发展与增量,必然带来外溢性服务需求的历时性呈现,如交通、邮电通信、电力、煤气、自来水等社会公共需求产品,已经成为资本主义经济自身发展必须加以完善的环节。这不仅关系到经济是否可持续性的现实问题,更涉及社会稳定的大事。当然,在这种经济繁荣的背后,各种社会矛盾逐渐凸显,贫富差距不断扩大,少数资本拥有者积聚大量财富显得更加容易,而工人辛勤劳动获得的报酬却越来越少,机器的使用使许多工人的传统技艺变得一钱不值,周期性的经济危机更是把大批工人排挤出劳动力市场之外,这些矛盾加深了英国社会动荡不安的因素。1909 年费边社向政府提出过一个报告,要求政府在教育、就业、医疗、

---

① [美]格罗弗·斯塔林:《公共部门管理》,陈宪等译,上海译文出版社 2003 年版,第 132 页。
② Dahl, R., *Polyarchy: Participation and Opposition*, New Haven: Yale University Press, 1971, p. 1.
③ [英]安东尼·吉登斯:《第三条道路及其批评》,孙相东译,中共中央党校出版社 2002 年版,第 61 页。

养老等方面提供公共服务，根本解决社会性贫困问题。这个建议完全吻合英国工人群众对公共服务制度的最早、最直接的普遍要求。同样，作为一个后起的资本主义的美国，经济的高速发展给美国创造前所未有的巨大社会财富，同时也伴生了许多公共问题，如：环境和卫生、失业和贫困、住房短缺等问题。特别是1929年爆发的经济危机，不仅直接摧毁了美国三分之一的工业生产能力，还造成超过300万的失业人口。这种大规模的经济滑坡以及大规模的人口贫困，迫使政府变革旧的贫困救济法，以新型的政府措施提供公共服务，这就催生了近代意义上的公共服务以及在此基础上的公共服务理论。自此之后，英美等国政府开始介入公共服务领域，并作为一项战略性举措列入国家发展目标，旨在建立所谓"好政府"。

其次，两次世界大战的助推。两次世界大战成为西方公共服务提供模式变革的转折点，尤其是第二次世界大战，使英美各国的公共服务发展趋势出现了明显的加速倾向。在同盟国一方，随着战争进程的逐步深入，资源消耗急剧扩大，经济运转日益紧张，由战争带来的毁坏不仅造成了经济的扭曲，也加深了城市的毁灭。也因为战时需要，大量失业者被吸收到各个行业，失业竟一度消除。不仅如此。各国政府为了提高国人的战斗士气、解决后顾之忧，不仅提高经济运行效率，还大幅度提高社会福利水平，如增加养老金、幼儿孕妇得到免费的牛奶和其他营养品、全部小学生都有免费午餐、用餐费用非常低廉，甚至出现半福利性的餐馆、基本面向普通民众普及医疗服务，等等。而对于上层社会，奢侈消费被明显限制、私人汽车定量用油、政府征收100%的超额利润税、餐厅消费每人不得超过规定限额，甚至连豪宅中使用的铁栅栏也被征为军用。政府还严格限制高级消费品生产，对基本生活用品实行定量供应制，使得最富有的家庭与最贫穷的家庭的生活资料竟然相差无几。1942年英国执政的工党明确向公众承诺：必须提供充分就业机会，必须重建英国使之无愧于曾保卫它的人们，必须组织能保证所有公民得到健康营养和在老年时得到照顾的社会服务制度，要求改变公共服务的供给模式，使所有人都能接触到文化遗产。这是西方国家第一次出现服务型政府的雏形，也是最早的福利国家雏形。战时的特殊背景，社会主义思想竟然在同盟国内部得到现实的体现，英国更是无意中形成了"社会主义"的制度氛围，民众对社会福利的直接体验，影响了英国"二战"后福利国家的建设路向，深刻奠定了西方公共服务模式。

再次，理论发展的适时指引。西方公共服务行为的诞生始终伴随着理论的演绎，从先前的基督教救济思想到市场经济萌芽时期的自由放任主义，再到经济危机之后的凯恩斯主义，以及近现代以来的公共管理思潮和公共服务理论，无不对公共服务改革与发展产生了深远的影响。在 6 世纪前期，西方社会对基督教的虔诚笃信，使得该教义中所包含的救济思想得以广泛传播。这种起源于神的旨意的启示，表现为施舍、行善、对不幸者广施博爱的主张，认为贫困者有权得到帮助，生活富足的人有义务帮助穷人的善举，随着教会势力的提升，不断得以持续与效仿。后来，修道院出现了，这一开始就是作为济贫行善的代理机构，不仅慷慨赠予上门乞讨的人，而且经常带上食物和其他物品到社区分发给穷苦人。它还建立起很多医院，用于向病人提供医疗救助，向流浪者、孤儿、老人和穷人提供住所及其他生活所需。这种从善举动普及发展到济贫组织盛行，到中世纪鼎盛时期，高度发展、有效的贫困救济制度基本形成了，可以说，基督教的救济思想带动了公共服务制度的形成。随后在资本主义经济发展初期，以亚当·斯密为代表的自由主义者所提出的自由放任思想，深刻影响着西方公共服务实践，他们强烈认为要想提升经济效率、避免浪费，必须最大限度地减少政府干预，因此，政府只能扮演"守夜人"的角色。这种过于迷信市场的思想一度占领主流地位，从而导致美国的公共服务滞后于社会成员的公共需求，也滞后于经济社会发展的客观要求，导致公共服务欠账过多，最终，又反过来制约经济的可持续发展。19 世纪末 20 世纪初的几十年经济停滞与徘徊，给公众的生活带来了很大的损害。1929 年经济大萧条之后所引发的理论突破，是以凯恩斯主义占据统领地位，它的主张正好与前者相反，要求政府扩大公共财政支出，补贴公用事业，通过税种设置有目的地进行再分配；要求设置各种社会保障与救济，用以拉动消费；要求大举兴办公共事业项目，以增加投资，增加工人收入。随后新公共管理理论的领军人物奥斯本在其著作《改革政府》一书中，详细而系统地阐述了新公共管理思想。他主要借用市场机制来重塑政府，建立为顾客服务、具有企业家精神的政府，即"把经济资源从生产率和支出较低的地方转移到较高的地方。换言之，企业家运用新的形式创造最大限度的生产率和实效"。① 新公共管理理论实际上是试图把企业经营管理的一些成功方法移植到公共部门管理中来，使政府这类公共组织降低运行成本，将

---

① [美] 戴维·奥斯本、特德·盖布勒：《改革政府——企业家精神如何改革着公共部门》，周敦仁等译，上海译文出版社 2006 年版，第 5 页。

政府原来的划桨职能转变为掌舵，将公共服务职能也划分给其他组织，以便能像私人企业那样，合理利用资源，注重投入产出，提高行政效率。以罗伯特·登哈特（Robert Hart）为代表的一批新公共服务论者，基于对新公共管理理论的反思，重点批判了新公共管理理论中的精髓部分企业家政府理论，更加关注公共性，更加关注民主价值与公共利益，更正面回应现代社会的公共管理与公共实践需要，吸收了传统公共行政理论的合理内容，承接了新公共管理理论对于改进当代公共管理实践的重要价值，摒弃了新公共管理理论特别是企业家政府理论的固有缺陷，重新调整了效率、生产力与民主、社区、公共利益的关系，从而建立起一种以公共服务、公共协商和公共利益为基础的公共行政理论体系。新公共服务理论认为，政府部门，包括行政服务中心的管理者在管理过程中应该坚持一些最基本的价值规范，如人的尊严、信任、归属感等。这些价值规范要求管理者在管理过程中，必须实践其对民主理想的承诺以及对他人的信任。最主要的不在于改变组织性质或者严格监管，而在于通过形塑良好的组织文化，来提升公务人员的公民意识和服务意识。

二 西方公共服务的历史推进

西方现代公共服务理论体系经历了近百年的发展历程，不同国家由于基本国情、经济体制和历史传统的差异，在政策取向、制度设计、具体标准及实施办法等方面都存在不同，但是，其基本逻辑是一致的。以不同阶段的总体目标和核心特征为标准，大致可以划分为自由放任、政府干预、市场化盛行和回归公正这四个阶段。

1. 第一阶段（20世纪30年代之前），公共服务表现为自由放任资源的配置

由于受到以亚当·斯密为代表的自由市场主义理论的深刻影响，资本主义市场经济20世纪30年代之前始终处于自我发展、自我增长、自我完善的阶段。"守夜人"政府的职能主要只有三项："一是保障国家安全，使其免受侵犯；二是保障任何个人安全，使其免受他人侵害；三是建设和维护私人不能有效供给的某些公共设施和公益事业。"[1] 基于这种政府角色的考量，

---

[1] ［英］亚当·斯密：《国民财富的性质和原因的研究》，郭大力、王亚南译，商务印书馆2004年版，第283页。

英美等国公共服务建设中，政府介入的范围十分狭小。在美国，一方面私营部门是服务供给的主体，在公共交通建设方面，1865—1890 年，美国铁路 85%—90% 由私人投资，① 美国交通线路 46% 归私企所有或由私企运营。在公共事业上，1900 年美国私人所有的煤气厂、水厂、发电厂分别为 951 个、1539 个、2572 个，分别占总数的 90%、46%、84%；② 在社会治安上，到 1914 年，仅是提供铁路安全服务的私人保安人员就多达 1.2 万—1.4 万人。③ 另一方面，政府并不直接提供公共服务，美国政府设立的警察、消防、教育、卫生等行政部门，一般不直接参与公共服务的供给，它们的主要职责是为私营部门发放许可证、签发合同、制定价格决策和提供一定的扶持与资助。由政府部门直接供给的公共服务仅限于国防、公立学校、少数的社会救济和公共安全等基本领域。在英国，"二战"之前，政府同样与公共服务之间很少有直接联系，政府既不是服务的直接提供者也很少履行监督的义务，全凭市场自由调节公共服务。英国的地方政府尤其是基层政府，职能非常简单，主要是兴办当地一些简单的公益事业，如维护乡村道路，办理娱乐场所、乡村会堂，进行土地分配，维护战争纪念物，修建浴室、洗衣处、游泳池，取缔妨碍公众的障碍物，征收一定的捐税和租金。④ 尽管进入近代以后英国工商业迅速发展，需要地方与基层政府提供的服务也日益增加，但其职能仍然十分有限。即使是在工商业发达的城市，地方与基层政府的职能也仅限于警务、治安、供水、卫生、照明、养路、教育等方面。

客观地说，政府"守夜人"角色下的公共服务供给模式，有效激发了市场主体参与公共服务的热情和积极性，培育了一批综合实力强、规模大的市场供给主体。但私营部门的逐利性与公共服务的公益性之间的矛盾，使得这一供给模式呈现出鲜明的弊病：当私营部门无利可图时便失去供给的兴趣，而当利润可观时却又蜂拥而至甚至合谋垄断，这造成了公共服务供给的严重失衡。1929 年爆发的西方经济危机所造成的资本主义经济和社会的大萧条，就是最好的佐证。

---

① [美] H.N. 沙伊贝、H.G. 瓦特、H.U. 福克纳：《近百年美国经济史》，彭松建等译，中国社会科学出版社 1983 年版，第 178 页。
② Griffith E S., *A History of American City Government*, New York：Pager Publisher incorporated, 1974, p. 80.
③ 何家宏：《私人侦探与私人保安》，中国人民大学出版社 1990 年版，第 14 页。
④ 项继权：《外国农村基层建制》，华中师范大学出版社 1995 年版，第 34 页。

2. 第二阶段（"二战"之后至 20 世纪 60 年代），公共服务表现为政府干预构建福利型国家

1929—1933 年的资本主义经济危机，彻底瓦解了经济自由和放任主义主张，人们开始认识到单靠市场机制是不可能把经济调节到充分就业水平上的，因此政府职能不能不扩大，由此凯恩斯主义应运而生。简单地说，凯恩斯主义就是基于政府的大规模介入以实现公共服务最佳水平的主张。客观上讲，"二战"对西方国家造成的前所未有的破坏，使得战后重建必然落到政府肩上。于是，政府从"守夜人"转向"供给者"或"管理者"，就成为这一时期最重要的内容。这一时期公共服务主要表现在三个方面：

一是公有化改革。为了获得规模经济，为整个经济发展提供低成本、高质量的基础公共产品和服务，西方各国政府下决心建立国有制企业来垄断这些行业的生产和管理。从 1945 年开始，英国工党政府发动了大规模的国有化运动，先后成立英国欧洲航空公司（1946）、国家煤炭局（1947）、英国交通委员会、英国电力总局（1948）和英国煤气委员会（1949）、大英钢铁公司（1951）等。另外，国有化工业企业占整个英国工业的 20%，国有企业职工人数由 1938 年的 4.9%（95 万人）上升到 1955 年的 14.7%（350 万人），[①] 到 1955 年，国有化企业基本上支配了英国的公共服务部门，担负起相应的公共服务责任。

二是扩大规模。进入 20 世纪特别是 20 世纪 30 年代以后，在经济大萧条和罗斯福新政的背景下，美国公共产品的演进轨迹发生了转变，政府供给的公共产品大规模增长并占据了统治地位，到 20 世纪三四十年代至 70 年代，政府公共产品供给达到了前所未有的水平，不但供给纯公共产品和大部分混合品，而且大规模地供给有益产品或称优效产品。在基础设施方面，"从 1935 年到 1942 年，美国政府共投资约 105 亿美元，建成新桥梁 7.7 万座，新机场 285 个，新道路 66.4 万英里，公共建筑 12.2 万幢，以及一些公园、水库、下水道"；[②] 在教育方面，"1933 年，美国教育支出 22 亿美元，

---

① ［苏联］米列伊科夫斯基等:《第二次世界大战后的英国经济与政治》，叶林、方林译，世界知识出版社 1960 年版，第 198 页。

② Griffith E S., *A History of American City Government*, New York: Pager Publisher incorporated, 1974, pp. 413-414

占 GDP 的 3.8%；1975 年，这组数据则变为：95.8 亿美元，6.1%"。① 政府职能的扩张还体现为政府规模的膨胀和政府雇员人数的增加，如表 1-1 所示，20 世纪 30—70 年代美国政府雇员的增长，无论是绝对数量还是相对数量，都非常迅速。此外，"二战"后，北欧国家也都将占国内生产总值的 60% 用于转移支付，政府提供了大量的公共服务，基本建立了一个共同富裕的社会。

表 1-1　　　　　　　　1929—1993 年美国联邦政府雇员的增长

年份	1929	1933	1939	1949	1960	1970	1980	1989	1993
雇员总数（万人）	8.1	60.4	95.3	210.2	239.9	298.2	287.6	312.4	304.3
雇员占国内劳动力比率	0.38	0.42	0.8	1.18	1.13	1.23	1.2	0.99	1.04

资料来源：[美] 约翰·F. 沃克、哈罗德·G. 瓦特：《美国大政府的兴起》，刘进、毛喻原译，重庆出版社 2001 年版。

三是完善制度。在英国，1946 年通过了《国民保险法》，建立起相对完备的国民保险制度和国民医疗保健制度。国民保险法明确规定，"要建立广泛地国民保险制度，提供失业救济金、退休金、寡妇救济金、监护人津贴及丧葬补助等经济资助"。艾德礼政府的卫生大臣比万推动了英国国民医疗保健制度的建立，他指出，"在任何社会里，如果一个病人由于没有钱就得不到治疗，这样的社会就不能正当地自称为文明的社会。要建立一个健全活拨的社会，必须向人们提供最好的医疗，而这个费用只能由国家来承担"。② 英国真正建立了"从摇篮到坟墓"的社会福利制度，从根本上改变了英国的社会保险制度。它第一次将社会福利保障明确地作为政府应该承担的一项公共服务职能，并且规定了具体的实施标准和细则。在瑞典，至 20 世纪 60 年代末，通过制度改革和创新，全面建成了福利型国家的现代公共服务体制。瑞典在养老金方面，政府先后几次进行了改革，最终确立了由国家基本养老金制度和补充养老金制度构成的养老金制度，其中国家基本养老金是一种普遍型养老金。瑞典在社会救济制度方面，1957 年后相继颁布了《劳工

---

① Total Government Spending in the United States. [2013-09-01]. http://www.usgovernmentspending.com/.

② [英] 比万：《代替恐惧》，李大光译，商务印书馆 1963 年版，第 76 页。

福利法》《工伤安全法》等,规定中央政府承担主要的救济支出,由社会救济的立法工作由社会事务部负责。瑞典在健康保险方面,政府相继出台了新的健康保险法和国民保险法,改革强制性国家保险的管理机构,增加健康保险津贴的种类,提高健康保险日现金津贴的标准,扩大健康保险制度的覆盖范围,建立了强制性的健康保险制度。这一时期,瑞典政府全面加强了政府在公共服务方面的责任和作用,建立了庞大的公共服务部门体系,全面建立和完善了福利型的高福利公共服务制度,成为福利国家的典范。①

3. 第三阶段(20世纪70年代至2007年),公共服务表现为追求产出效率最大化

政府干预型的公共服务供给模式对西方社会发展产生了深远的影响,它保证了民众最基本的生存问题,保证了"二战"后贫困的快速恢复。但是,随着时间的推移,政府垄断下的公共服务举步维艰,一是造成各级政府财政压力过大,大大降低了其他领域的投资规模;二是国有企业效率低下,大多数企业连年亏损;三是政府失灵凸显,造成公共资源大规模浪费;四是经济增长的动力匮乏,经济停滞和通货膨胀加剧。面对如此困境,从20世纪70年代开始,西方国家为提高公共服务效率、提升公共产品质量,普遍推进公共服务市场化改革,到20世纪末,市场化成熟的国家都基本实现了公共服务的市场化。

公共服务市场化改革首先起源于英国,自1979年撒切尔夫人上台,积极推行私营化运动。所谓私有化改革意味着把部分的国有企业资产出售给私人部门,意味着将竞争机制和商业管理技术引入公共部门。具体表现为出售国有资产,放松政策管制,通过特许投标、合同承包来鼓励私人部门提供可市场化的产品或服务。1979年英国出售了由地方政府控制的100多万套公房,1980—1981年将高速公路服务设施卖给以前曾拥有经营特许权的企业,1984年英国电信公司51%的股份向社会公开出售,1986年英国煤气公司出售100%的股份,等等。据统计,从1980年6月到1987年7月,英国有21家国有企业直接将资产出售给私人部门,出售资产达12.5亿英镑。②继撒切尔政府之后的梅杰政府、布莱尔政府都在延续公共服务市场化改革,通过

---

① 栗芳、魏陆:《瑞典社会保障制度》,上海人民出版社2010年版,第22—27页。
② Mattnew Bishop and David Thompson, Privatization in the UK, in V. V. Ramanadham (ed), Privatization: A Global Perspective, Rutledge, 1993, pp. 7-8.

《下一步行动方案》《公民宪章》、为质量而竞争计划、灯塔计划等政策和运动的实施，改进了市场效率和增强了经济的可持续性，从而使得政府为增强供给效能的战略思路适应了市场规律。

在美国，公共产品市场化的改革实践是从地方政府率先开始的，如纽约州，70年代开始就采用与私人公司签约的方法来提高市政府的绩效。但是改革的大范围展开始于20世纪80年代里根执政时期：（1）取消一些不必要的联邦项目，如小企业管理信贷计划、对铁路的补助等；（2）限制一些项目的规模，如医疗照顾、医疗补助、住房补贴等；（3）把一些事业交给私人去办，实行私营化方针；（4）出售联邦政府拥有的不必要资产。进入20世纪90年代，布什政府和克林顿政府延续了市场化改革，特别是林顿政府开始了大规模的"重塑政府运动"，其目标确定为创造一个少花钱多办事的政府。改革的基本内容是精简政府机构、裁减政府雇员、放松管制、引入竞争机制以及推行绩效管理。到20世纪90年代中期，公共产品的市场化供给已经十分普遍，据统计，美国联邦政府平均每年约与6万家企业签订18万份合同，至少有2000亿美元的开支（约占总开支的15%）外包给私营部门。[①] 而美国州和地方政府公共服务合同外包的范围要远远大于联邦政府，联邦政府大都集中在公共工程领域，而8万余个州与地方政府单位通过合同出租的公共服务范围几乎无所不包，如医院、保健、污水处理、路灯维护等等。公共服务领域私人部门的成功进入，不仅扩大了私人部门的参与程度和范围，并且也为提高质量、扩大范围提供了有益的外部环境。

除英美等国之外，新西兰和澳大利亚被誉为新公共管理改革最为迅速、系统、全面和激进的国家。特别是新西兰，它因改革的深度、广度、持续时间和成效被奉为"新公共管理"的典范。20世纪70年代末80年代初，新西兰开始全面的公共服务体制改革，其核心在于引入私人部门的管理方式以及市场机制，改革几乎涉及所有公共部门以及公共部门的组织、过程、角色和文化等方面。具体措施包括结构变革、分权化、商业化、公司化、商业化和私有化等。波斯顿（J. Boston）总结新西兰公共改革的三个基本趋向：一是政府已使许多由公共组织履行的功能商业化；二是只要可能就将商业活动与非商业活动分开，并将交易活动转移到公共公司；三是人力资源管理政策

---

① [美]尼古拉斯·亨利：《公共行政与公共事务》，项龙译，华夏出版社2002年版，第317页。

上的变化（尤其是引入合同制、绩效工资制和新的责任机制等）。[①] 从1990年开始，澳大利亚政府改革也进入到市场化阶段，许多国有企业都进行私有化改革，比如 Bundes 银行、Qantas 航空公司、机场以及澳大利亚铁路公司等。自1992年起，许多公共服务领域开始进行外包。在实行初期，这项改革只在某些州的个别公共服务领域进行简单的购买政策，到了1996年，霍华德政府开始大张旗鼓地推行新自由主义改革，促使公共服务继续市场化、合同化和私有化，并进一步促进了经济私有化。[②]

在亚洲，日本作为西方阵营中的一员，积极跟随西方公共服务改革的步伐，早在80年代就进行过以 "Big Three" 为代表的民营化改革。日本电信电话公司（NTTPC）和日本烟草专卖公司（JTSPC）1985年实现民营化，日本国有铁道公司（JNR）1987年实行民营化。[③] 而90年代末上台的桥本内阁则正式开启日本市场化改革之路。他提出公共服务民营化就是为了削减政府职能和提升效率。要通过变革中央政府的行政职能范围，实现由官向民的转移，最终达到国家职能合理化，公共物品供给效率化。2001年，小泉内阁提出"全方位结构改革"的口号，主张"小政府"政策，认为在能够民营化的领域，政府应该尽量退出，交由民间企业经营，以提高效率。[④] 而从2005年起，"市场化试验"正式展开，小泉内阁对3个领域的8项公共服务作为示范型事业的对象，通过竞标委托给民间经营。2006年以后，政府购买公共服务的范围进一步扩大，增加了统计调查关联的项目、与大学教育相关的项目等。[⑤]

4. 第四阶段（2008年至今），公共服务表现为追求客观理性

公共服务市场化改革带来了繁荣，也凸显了诸多弊端。在2008年爆发的次贷危机中，由私营部门承担的公共服务体系在金融危机的冲击下不堪一击，失业人口不断攀升，公共服务制度濒临崩溃，多年积累的社会保险经费蒸发殆尽。以此为界，西方各国又一次陷入公共服务改革的重大转折时刻。

2008年至今，西方公共服务改革呈现出四个显著的特征：（1）以政府

---

① Kahn, A., *The Economics of Regulation: Principle and Institutions*, Vol. 1, New York: Wiley, Reprint Cambridge, MA: The MIT Press, 1971, p. 6.
② ［澳］杰森·土耳其：《澳大利亚公共服务改革及其对中国的启示》，杨红、许彩利译，《探索》2015年第2期。
③ 周志忍：《当代国外行政改革比较研究》，国家行政学院出版社1999版，第285—294页。
④ 赵旭梅：《日本邮政民营化改革解析》，《现代日本经济》2006年第4期。
⑤ 王德迅：《日本规制改革评析》，《亚非纵横》2008年第2期。

改革为先导。各国极力实施大部制改革，优化政府组织结构。为了适应市场经济发展和社会公共需求增长的需要，西方政府不断改革行政体制，相继实施了大部制改革、决策与执行分开的改革。在加强政府社会管理和公共服务职能的基础上，更加注重人力资本投资职能和充分就业职能，适应经济增长与社会结构变迁的需要。同时，注重划分与配置中央政府与地方政府的公共服务职能与权限，建立合理的政府间关系体系。此外，还十分注重对政府权力的制约和监督，建立了行政权力的制约和监督机制。通过行政体制改革，健全和优化了政府组织结构，提升了政府供给优质高效公共产品和公共服务的能力。(2) 公共服务均等化。一方面，建立一套严格高效的公共服务供给机制。如在美国，进一步完善了基础教育服务、养老保险制度、公共医疗卫生制度。澳大利亚政府通过整合部门资源。为了提供高水平的公共服务，澳大利亚政府建立了较为完善的公共服务体系，同时投入了充足的财政作为保障。政府在教育、医疗卫生、社区服务、住房、应急管理、司法等方面投入了大量资金。另一方面，建立具有均等化作用的转移支付制度。在英国，建立以无条件均等化转移支付为主的财政制度，财政均等化转移支付约占全部转移支付的90%，专项拨款约占10%，无条件均等化转移支付占据主要地位，以此用以平衡地区间提供公共服务财政能力的差异。在加拿大，均等化转移支付、健康和社会服务转移支付、管辖区转移支付共同构成了财政平衡机制。这种均等化转移支付是无条件的，享受此项转移支付的省可以根据需要自行安排支出。(3) 引导非营利组织参与。非营利组织的兴起与发展是一种社会资本，雄厚的社会资本有助于解决社会运行中的难题。作为一个相对独立的公共事务管理参与者，非营利组织在社会管理的一些新兴领域和一些传统上由政府从事活动的领域里常常比政府做得更好更有效，发挥着政府难以起到的作用。这使得非营利组织不仅替政府解决很多社会问题，同时也削减了一部分政府赤字。在美国，2010年以来，非营利组织与政府开始在医疗卫生、教育与社会服务等领域构筑了更为深入的合作关系，在提供公共服务方面逐渐与政府、市场形成鼎足而立的格局，成为支持社会稳定发展，弥补政府和市场失灵的重要社会部门。(4) 设立专业化的公共服务部门。为了更好地、统一地提供基本公共服务，澳大利亚专门设立连接中心（Centrelink）。[1] 这是联邦政府近年来新成立的一个机构，是从家庭与社区服

---

[1] 吴静：《国外行政服务中心建设的经验及其对中国的启示》，《理论与改革》2013年第5期。

务部分离出来的一个直接服务于公民的公共服务机构,其职能就是为全澳洲居民提供更便捷的公共服务。在中央联合部成立以前,澳大利亚居民享有的各种服务,分别由政府不同的机构来提供。比如,政府对盲人提供的特别服务,由健康部门负责;再就业方面服务和培训,由家庭与社区服务部负责等。成立中央联合部旨在把以前分散的政府服务集中起来,旨在体现公共服务"以人为本"的要求,展示澳洲公共服务体系的有效性,从而为保障澳大利亚人人享有均等化的基本公共服务发挥了积极作用。[①]

纵观世界各国尤其发达国家和地区的公共服务建设历程,大致有四方面启示:第一,公共服务改革必须适应市场经济发展的诉求,适时进行组织再造与体制改革,使公共服务体制与经济、社会、政治等内容的变迁有效衔接,从而形成互动共进的局面;第二,民生是发展之本,无论社会发展到何种地步,始终必须以维护民众利益为基本目标。公共服务作为实现服务民生的重要举措,它不仅是社会发展的结果,更是回应民众需求的选择,如何立足于社会需求,如何构建舆情民情联通机制来吸纳民意,对完善公共服务具有导向性作用;第三,推进公共服务改革并非是在政府与市场二者之间进行"单项选择",既不能陷入政府垄断的窠臼,也不能囿于市场崇拜的幻想,而是需要充分发挥各自的优势,努力实现政府与市场的有效协同,这才是发展的根本出路;第四,积极引导社会力量的参与,无论是营利性组织还是非营利性组织,都应在公共服务供给网络中占有重要的地位。这不仅是为了提高供给效率、提升服务质量,更是为社会力量参与公共生活创造有利于民主治理的发展环境,以契合治理现代化建设的主流。

三 西方公共服务理论研究现状

西方学者在"新公共服务"研究方面成果颇丰。戴维·奥斯本和彼德·普拉斯特里克理论方面的研究相对比较成熟,其他相关论著有戴维·奥斯本和特里克盖布勒合著的《改革政府——企业家精神如何改革着公营部门》、戴维·奥斯本和彼德·普拉斯特里克合著的《摒弃官僚制:政府再造的五项战略》、拉塞尔·M.林登的《无缝隙政府:公共部门再造指南》、C.

[①] 孔凡河、赵宏伟:《澳大利亚基本公共服务均等化的实践探索与启示》,《上海党史与党建》2014年第9期。

波立特的《管理主义和公共服务：盎格鲁和美国的经验》、盖伊·彼得斯的《政府未来的治理模式》、罗西瑙的《没有政府的治理》、弗雷德里克森的《公共行政的精神》、文森特·奥斯特罗姆的《美国公共行政的思想危机》、麦克尔·巴泽雷的《突破官僚制：政府管理的新愿景》、登哈特夫妇合著的《新公共服务：服务，而不是掌舵》、罗伯特·B.登哈特的《公共组织理论》、C. Hood 的 "A public Management for all Seasons"、Lester M. Salamon 的 "The Tools of Government: An Introduction to the NewGovernance" 等等。

进入 21 世纪，在西方新公共管理运动和新公共服务理论的推动和指引下，西方各国掀起了一股重新审视政府的运动，其核心内容是政府应该如何更加有效地提供公共服务，可以说，从地方公共服务提供的角度来进行政府研究的潮流方兴未艾。总的来说，西方地方公共服务研究主要侧重在以下几个方面：一是政府提供公共服务的范围。政府究竟应该提供那些公共服务才是科学的，这是政府必须解决的首要问题。"二战"以来，很多国家的政府在福利主义的影响下，承担了大量的服务功能，如警察和消防、街道、人行便道、公共广场、医疗服务、污水处理、供水、社会福利等等，那么在新的条件下，政府继续提供这些公共服务是否合适，许多西方学者对此进行了深入研究。有人认为，政府应该在公共服务某些方面发挥关键性作用，如在美国和英国，政府在这方面的责任显然比其他国家的政府更多，安德鲁在比较各国政府承担的公共服务的基础上，提出了政府承担的地方公共服务的范围，主要包括：战略性规划，例如土地使用政策、地方发展优先次序等；合作计划，主要指政府其他组织的合作；社会性服务，如促进社区的发展；经济服务和公共交通，等等。① 当然，政府承担的公共服务都是依据各国不同的具体情况出发的；二是公共服务的提供方式。政府可以通过多种方式来安排公共服务的生产，一般来说主要有直接生产，政府服务中的大部分一般来说还是由政府机构直接提供的，但这会导致很多问题，如公共雇员的垄断地位可能使公共服务的水平严重下降。因此，许多国家的政府正设法减少政府直接提供的公共服务，更多地引入市场和社会的因素，如签约外包就是一种政府常常采用的方式，通过同私人企业或社会组织签订供给合同的方式来达到有效提供公共服务的目的。还有特许经营，通过发放执照或许可证允许私

---

① Worthington, Andrew C. Can Australian Local Government Play a Meaningful Role in the Development of Social Capital, *Australian Journal of Social Issue*, Vol. 35 Issue4, 2000, pp. 345–361

人企业提供公共服务。另外通过给公民发放代币券，公民凭借它可以用来代替现金从私营或公营的卖主那里购买一定的服务或产品。① 围绕地方公共服务的提供，涉及政府与社区之间的关系、政府与私营企业的关系、政府与非政府组织的关系等等，这些都是西方政府研究的重要内容；三是政府本身的内部再造。为了更好地提供公共服务，各国政府纷纷对自身进行了改革，包括结构模式的改革和政府领导模式的改革，特别是公务员制度的改革，很多国家的政府打破了传统僵化的模式，更多地引入市场竞争的因素，建立更为科学的功绩制和考核晋升制度等，给予公务员更多的权力和责任，等等。

第三节 服务型政府的马克思主义解读

马克思主义认为，人民群众是历史的主体，是历史的创造者。以此为基础，马克思主义经典作家们构建起了政府为民服务的理论，都从不同视角强调无产阶级国家的政府及其公职人员是社会和人民的公仆，要为社会和人民服务，从而构成了地方服务型政府建设的深厚的理论基础。

一 马克思恩格斯的"人民公仆"理论

马克思主义不仅对资产阶级的统治进行了无情的批判，而且还将人民提升到了前所未有的高度，认为："从历史发展的根本动力来考察，只有人民群众才是历史的主体，是历史的创造者"，"一切精神财富得以产生的最终根源，都根植于人民群众的实践"，② 认为："人民的主权不是从国王的主权中派生出来的，相反地，国王的主权倒是以人民的主权为基础的。"③ 因此，当无产阶级掌握政权之后，目标就是建立切实为人民服务的政府。由此可以看出，马克思主义理论是要"把人民从统治社会、压制社会的力量变成社会本身的生命力"，"是人民为着自己的利益重新掌握自己的社会生活"。④ 作为人民利益的代表者，"无产阶级运动是绝大多数人的、为绝大多数人谋

---

① 参见［美］文森特·奥斯特罗姆等《美国地方政府》，井敏等译，北京大学出版社2004年版，第100—106页。
② 《马克思主义哲学》，高等教育出版社、人民出版社2009年版，第219、220页。
③ 《马克思恩格斯全集》第1卷，人民出版社2008年版，第279页。
④ 《马克思恩格斯选集》第2卷，人民出版社1972年版，第413、411页。

利益的独立的运动,马克思主义政党,没有同整个无产阶级的利益不同的利益,共产党人强调和坚持整个无产阶级共同的不分民族的利益,始终代表整个运动的利益"。因此,"共产党人没有任何同整个无产阶级的利益不同的利益","他们为工人阶级的最近的目的和利益而斗争,但是他们在当前的运动中同时代表运动的未来"。① 在《共产党宣言》中,马克思、恩格斯更是开宗明义地指出,"代替那存在着阶级和阶级对立的资产阶级旧社会的,将是这样一个联合体,在那里,每个人的自由发展是一切人的自由发展的条件"。② 这就明确提出了人的自由而全面发展的理论。

马克思、恩格斯在批判地继承了空想社会主义和人类文明的一切成果的基础上,深刻总结巴黎公社革命经验,创立了"人民公仆"理论。马克思认为,巴黎公社无产阶级在获得统治权后,不是简单地掌握现成的国家机器,而是彻底打碎旧的资产阶级国家机器,代之以人民武装和立法机关、行政机关合一的新政权——公社委员会。公社由巴黎各区通过普选选出的市政委员组成,这些委员是负责任的,否则随时可以罢免,其中大多数自然都是工人或公认的工人阶级代表。公社铲除了包括常备军、警察在内的全部压迫机器:常备军被武装的人民所取代;警察不再是中央政府的工具,他们变为公社的负责任的、随时可以罢免的工作人员。③ 正如马克思在《法兰西内战》中指出的:"旧政权的合理职能则从僭越和凌驾于社会之上的当局那里夺取过来,归还社会的负责人的勤务员。"这些勤务员或曰公仆,必须"服务于组织在公社里的人民"。④ 可见,在马克思看来,人民群众是历史的创造者,是社会的主人,党和国家机关及其工作人员必须做人民的公仆,为人民服务。

恩格斯对"人民公仆"理论做了进一步阐述。他深入研究了以往的国家形态后认为,以往国家的特征是国家政权"为了追求自己的特殊利益,从社会的公仆变成了社会的主人"⑤。资产阶级及一切剥削阶级国家的性质,决定其本身就是侵吞民众财富的根源,而管理社会的公职必然成为政府官员

---

① 《马克思恩格斯全集》第1卷,人民出版社2008年版,第264、285页。
② 《马克思恩格斯选集》第1卷,人民出版社1995年版,第273页。
③ 祝全永:《马克思主义政府服务观理论与实践探析》,《湖北社会科学》2008年第3期。
④ 《马克思恩格斯选集》第3卷,人民出版社1995年版,第57页。
⑤ 同上书,第12页。

的"私有物"。"官吏既然掌握着公共权力和征税权,他们就作为社会机关而凌驾于社会之上。"① 于是,社会主人变成了社会公仆。恩格斯指出:"为了防止国家和国家机关由社会公仆变为社会主人——这种现象在至今所有的国家中都是不可避免的——公社采取了两个可靠的办法:第一,把行政、司法和国民教育的一切职位交给由普选选出的人担任,而且规定选举者可以随时撤换被选举者。第二,对所有公务员,不论职位高低,都只付给跟其他工人同样的工资。"② 易言之,一是公社采取选举制和罢免制,从根本上废除职务终身制和世袭制;二是公社公职人员工资待遇实行限额制。恩格斯总结这些措施,旨在强调只有坚持接受人民群众的监督,坚持不搞任何特权,充当社会公仆的公职人员才不会变为社会主人。可见,巴黎公社的制度设计能够保证政府的服务行为遵循公民的意志,同样,"人民公仆"理论对于中国的服务型政府建设具有深刻的指导意义与实践价值。

二 列宁对"人民公仆"理论的实践发展

如果说马克思和恩格斯的"人民公仆"理论主要体现在逻辑推理层面,那么,把"人民公仆"理论进一步发展并在实践中得以贯彻的是列宁。作为世界上第一个社会主义国家的缔造者,列宁从变化的国际形势和俄国当时的实际情况出发,对社会主义国家的人民公仆问题进行了全面而系统的阐发,使"巴黎公社"模式扩大到"苏维埃政权"模式。早在十月革命以前,列宁就提出,"我们这个诞生中的新国家已不是原来意义上的国家",因为这个国家中的"武装队伍就是群众自己,就是全体人民,而不是那些居于人民之上、脱离人民、拥有特权、实际上从不撤换的人"。③ 列宁认为,社会主义革命的目的是消灭剥削制度和剥削阶级,维护无产阶级和广大人民的利益,建立和推行民主制度。列宁指出:"资本主义社会的民主是一种残缺不全的贫乏的和虚伪的民主,是只供富人、只供少数人享受的民主。"④ 为此,他认为在新的国家诞生以后,要依托苏维埃,大力发展社会主义民主,使人民能独立地参加投票和选举,独立地参加日常管理,同时加强监督,抵

---

① 《马克思恩格斯选集》第4卷,人民出版社1995年版,第172页。
② 《马克思恩格斯选集》第3卷,人民出版社1995年版,第12—13页。
③ 《列宁全集》第29卷,人民出版社1985年版,第179页。
④ 《列宁选集》第3卷,人民出版社1995年版,第190页。

制官僚主义，不断锤炼社会公仆的作风，使俄国的一切公职人员都成为优秀的社会公仆。① 总之，社会主义国家的政府必须维护人民的利益，这是列宁为人民服务思想的核心，是对马克思恩格斯"人民公仆"理论的发展。

十月革命胜利以后，苏维埃政权的建立为人民参与国家管理创造了有利的条件。列宁说："建立了劳动者先锋队即大工业无产阶级的最优良的群众组织，这种组织使劳动者先锋队能够领导最广大的被剥削群众，吸收他们参加独立的政治生活，根据他们亲身的体验对他们进行政治教育，从而第一次着手使真正全体人民都学习管理，并且开始管理。"② 列宁强调，苏维埃政权是由人民选举产生的，新的政府机关是人民委托管理社会事务的机关，因而它必须维护人民的利益，服务于人民大众。他还说："苏维埃政权在历史上第一次不仅从各方面为受资本主义压迫的群众的组织提供方便，而且使这种组织成为自下而上、由地方到中央的整个国家机构的持久的和不可缺少的基础。只有这样，才能真正实现大多数人享受的民主制度，使大多数人即劳动者实际参加国家的管理，而不像在最民主的资产阶级共和国那样实际管理国家的主要是资产阶级的代表。"③ 然而，真正实现让人民群众自下而上地参与国家管理需要具备很多条件，当时俄国的经济文化水平和人们的整体素质离人人参加国家管理的要求相去甚远，国家机构、政府机关的工作还不能简化到登记、填表、检查等简单程序，一般工人的素质远不能胜任管理政府的工作。列宁清醒地认识到了这一点，并客观地指出："由于文化水平这样低，苏维埃虽然按党纲规定是通过劳动者来实行管理的机关，而实际上却是通过无产阶级先进阶层来为劳动者实行管理而不是通过劳动群众来实行管理的机关。"④ 只是列宁又强调，苏维埃组织是由人民选举产生的，新的国家机关、政府机关是接受人民委托管理社会公共事务的机关，因而它必须维护人民的利益，服务于人民的利益。"在实际上使被剥削的劳动者能够真正享受文化、文明和民主的福利，这正是苏维埃政权一项最重要的工作，而且今后应当坚定不移地把这项工作继续下去。"⑤

---

① 转引自吴爱明、沈荣华、王立平《服务型政府职能体系》，人民出版社 2009 年版，第 84 页。
② 《列宁选集》第 3 卷，人民出版社 1995 年版，第 504 页。
③ 同上书，第 722 页。
④ 同上书，第 770 页。
⑤ 同上书，第 724 页。

三 中国共产党人"为人民服务"思想的历史推进

"为人民服务"的思想是中国共产党人对马克思主义"人民公仆"理论的中国化落实,是中国共产党一贯的宗旨与指导方针。当然,在不同的历史时期,"为人民服务"的话语表述不同,所包含的理论内涵也不尽相同。

(一) 毛泽东的"全心全意为人民服务"思想

毛泽东同志从人民群众是历史的创造者这一历史唯物主义基本观点出发,在中国革命和建设的实践中,逐步确立和发展了"全心全意为人民服务"的思想。毛泽东认为:"人民,只有人民,才是创造世界历史的动力",[①]并指出:"真正的铜墙铁壁是什么?是群众,是千百万真心实意地拥护革命的群众。这是真正的铜墙铁壁,什么力量也打不破的,完全打不破的。"[②]正是以此为基础,毛泽东逐渐提出为人民服务的思想。1944年9月,毛泽东发表了著名的《为人民服务》的演讲,第一次系统而完整地阐明了为人民服务的思想:"我们这个队伍完全是为着解放人民的,是彻底地为人民的利益工作的。……因为我们是为人民服务的。"[③]同年10月4日,毛泽东在会见新闻、出版工作者时又在"为人民服务"前面加了"全心全意"四个字,认为"为人民服务"不能三心二意、半心半意,必须"全心全意、毫无保留、不打折扣"。[④]在1945年召开的党的七大上,毛泽东对为人民服务的思想作了更深层次的论述,第一次把全心全意为人民服务作为党的三大优良作风之一和党的唯一宗旨写入党章。新中国成立后,毛泽东又在多个场合讲到全心全意为人民服务的思想,使其为人民服务的思想逐渐达到成熟。概括起来,毛泽东"全心全意为人民服务"的思想主要包括三个方面的内涵:

第一,政府在为人民服务中的角色是"人民的勤务员"。在《一九四五年的任务》一文中,毛泽东明确提出:"我们一切工作干部,不论职位高低,都是人民的勤务员,我们所做的一切,都是为人民服务。"[⑤]曾有美国

[①] 《毛泽东选集》第3卷,人民出版社1991年版,第1031页。
[②] 《毛泽东选集》第1卷,人民出版社1991年版,第139页。
[③] 《毛泽东选集》第3卷,人民出版社1991年版,第1004页。
[④] 转引自潘信林《毛泽东政府管理思想与服务型政府建设研究》,湘潭大学出版社2012年版,第255页。
[⑤] 《毛泽东文集》第3卷,人民出版社1996年版,第243页。

记者问毛泽东:"你们办事,是谁给的权力?"毛泽东答道:"人民给的。"①话虽简单但意味深长。照毛泽东的看法,权力是人民赋予的,人民是国家和社会的主人,那么政府及其工作人员自然就是为人民服务的勤务员。

第二,政府为人民服务的内容是为人民谋利益。在领导中国革命和建设过程中,毛泽东一直重视人民利益的获得和满足。早在1934年毛泽东就指出,"我们对于广大群众的切身利益问题,群众的生活问题,就一点也不能疏忽,一点也不能看轻",要"真心实意地为群众谋利益,解决群众的生产和生活问题"。② 1944年。在中央警备团追悼张思德的会议上,毛泽东说:"我们的共产党和共产党所领导的八路军、新四军,是革命的队伍。我们这个队伍完全是为着解放人民的,是彻底地为人民的利益工作的。"③ 1945年,毛泽东在《论联合政府》中指出:"共产党人的一切言论行动,必须以合乎最广大人民群众的最大利益,为最广大人民群众所拥护为最高标准。"④ 中华人民共和国成立以后,毛泽东一如既往地坚持共产党人和各级政府要为实现人民的利益而服务,他认为:"我们的人民政府是真正代表人民利益的政府,是为人民服务的政府",⑤ 政府作用在于实现公民公共利益的表达和满足。他指出,"共产党人必须随时准备坚持真理,因为任何真理都是符合于人民利益的;共产党人必须随时准备修正错误,因为任何错误都是不符合于人民利益的"。⑥ 为此,各级政府和政府工作人员必须做到公正廉洁、因公立法、奉公守法、秉公执法。

第三,政府为人民服务的指向是对人民负责。毛泽东认为,党和政府一方面拥有管理国家事务的权力,另一方面要对人民负责任,这是一个问题相辅相成的两面。1945年,在《论联合政府》中,毛泽东强调:"全心全意地为人民服务,一刻也不脱离群众;一切从人民的利益出发,而不是从个人或小集团的利益出发;向人民负责和向党的领导机关负责的一致性;这些就是我们的出发点。"⑦ 在抗日战争胜利前夕,毛泽东进一步指出,抗战胜利的

---

① 《毛泽东选集》第4卷,人民出版社1991年版,第1128页。
② 《毛泽东选集》第1卷,人民出版社1991年版,第136—138页。
③ 《毛泽东选集》第3卷,人民出版社1991年版,第1004页。
④ 同上书,第1096页。
⑤ 《毛泽东文集》第7卷,人民出版社1999年版,第205页。
⑥ 《毛泽东选集》第3卷,人民出版社1991年版,第1095页。
⑦ 同上书,第1094—1095页。

果实应该属于人民,"我们的责任,是向人民负责。每句话,每个行动,每项政策,都要适合人民的利益,如果有了错误,定要改正,这就叫向人民负责。"① 1962年,在扩大的中央工作会议上,毛泽东讲道:"我们的省委书记,地委书记,县委书记,直到区委书记,企业党委书记,公社党委书记,既然作了第一书记,对于工作中的缺点错误,就要担起责任。"② 他要求各级党委书记对工作中的缺点错误承担责任,其实就是要求党和政府对人民负责任,因为我们党和政府是为人民而工作的。

(二) 中国特色社会主义理论下的"为人民服务"

1. 邓小平的"领导就是服务"思想

1985年5月,邓小平在全国教育工作会议上明确提出了"领导就是服务……各级党政负责同志,要经常深入学校,倾听广大师生的意见和呼声,为他们排忧解难"③ 的政治主张,并且强调领导者必须多干实事,多为人民谋利益,必须改变只靠发指示、说空话过日子的坏作风。这是毛泽东"为人民服务"思想进入20世纪80年代新的诠释和阐发。

邓小平认为,无论政府机关还是公务员,在履行职能过程中都还有许多不尽如人意的地方,如官僚主义、形式主义严重,门难进、脸难看、话难听、事难办,行政审批程序烦琐,推诿扯皮,效率低下;乱收费、乱罚款、乱摊派等现象屡禁不止;不作为、乱作为,办事缺乏透明度,吃拿卡要等不正之风和腐败现象还未从根本上得到廓清;等等。这些问题不解决,人民群众就不会满意,政令就不会畅通,从而也就无法实现民富国强。针对这种情况,邓小平同志强调:"领导就是服务"。

邓小平"领导就是服务"思想的提出是建立在他的人民观基础上的,认为无论在什么年代,也无论在什么情况下,"都要永远站在人民一边,同人民在一起,了解他们的要求,倾听他们的呼声,采取各种办法保护和争取他们的利益",④ 要将"一切有利于实现最广大人民的根本利益"作为一切工作的出发点和落脚点。而满足人民利益的标准要看"人民拥护不拥护""人民高兴不高兴""人民答应不答应"。对此,他作过一个情真意切的注

---

① 《毛泽东选集》第4卷,人民出版社1991年版,第1128页。
② 《毛泽东文集》第8卷,人民出版社1999年版,第296页。
③ 《邓小平文选》第3卷,人民出版社1993年版,第121页。
④ 《邓小平思想年谱》,中央文献出版社1998年版,第173页。

解，他说：" 我是中国人民的儿子。我深情地爱着我的祖国和人民。"① 邓小平对人民充满了深厚的感情，因此他认为只有"领导就是服务"和建立一个为人民服务的政府，才符合人民的意愿。"领导就是服务"不是价值层面的口号，要在各个领域具体化。在行政领域，各级领导机关要增强服务意识，过去"管了很多不该管、管不好、管不了的事"，现在应该减少行政审批，加强宏观调控，要"把权力下放给基层和人民，在农村就是下放给农民"；② 在服务的内容上，要将工作重点放在为社会和人民提供基本的公共产品和公共服务，履行公共管理职能上；在服务的目标上，邓小平强调要把人民生活水平的提高看作是社会主义、共产主义的基本特征，而"社会主义的本质，是解放生产力，发展生产力，消灭剥削，消除两极分化，最终达到共同富裕"。③ 为此可以通过先富带动后富、最终达到共同富裕来实现。

2. 江泽民的"三个代表"思想

随着现代化建设迈入全面建设小康社会时期，国内外形势发生重大变化，这在客观上要求加强党的先进性建设，更好地向人民提供优质的服务。江泽民同志集中全党智慧提出了"三个代表"思想，其本质在于强调执政就是服务。

"我们党所以赢得人民的拥护，是因为我们党在革命、建设、改革的各个历史时期，总是代表着中国先进生产力的发展要求，代表着中国先进文化的前进方向，代表着中国最广大人民的根本利益"，④ "始终做到'三个代表'，是我们党的立党之本、执政之基、力量之源"。⑤ 全心全意为人民服务，立党为公，执政为民，是我们党同一切剥削阶级政党的根本区别。党的十六大将"三个代表"思想正式写入党章，成为党执政为民的指导思想。

"三个代表"思想深刻地阐述了什么是服务、为谁服务和怎样服务等党的执政基本问题。"三个代表"思想进一步实践了毛泽东"全心全意为人民服务"理论与邓小平"领导就是服务"思想。

---

① 《邓小平思想年谱》，中央文献出版社 1998 年版，第 185 页。
② 《邓小平文选》第 3 卷，人民出版社 1993 年版，第 252 页。
③ 同上书，第 373 页。
④ 《江泽民文选》第 3 卷，人民出版社 2006 年版，第 2 页。
⑤ 同上书，第 15 页。

3. 胡锦涛的"以人为本"科学发展观

党的十六大以来,以胡锦涛为总书记的党的第四代中央领导集体准确把握世界发展趋势,在总结我国发展经验的基础上,提出了"以人为本"的科学发展观,为马克思主义执政思想中国化找到了更深刻的理论定位和诠释。

2002年12月,在西柏坡重温毛泽东讲话时,胡锦涛要求全党"心中装着人民群众,始终同人民群众同呼吸、共命运、心连心"。2003年10月,胡锦涛同志在十六届三中全会上首次提出了以人为本的科学发展观。2004年3月,他在中央人口资源环境工作座谈会上讲道,"坚持以人为本,就是要以实现人的全面发展为目标,从人民群众的根本利益出发谋发展、促发展,不断满足人民群众日益增长的物质文化需要,切实保障人民群众的经济、政治和文化权益,让发展的成果惠及全体人民。"[①] 胡锦涛还说:"相信谁、依靠谁、为了谁,是否始终站在最广大人民的立场上,是区分唯物史观和唯心史观的分水岭,也是判断马克思主义政党的试金石","各级领导干部都要牢固树立全心全意为人民服务的思想和真心实意对人民负责的精神,做到心里装着群众,凡事想着群众,工作依靠群众,一切为了群众。要坚持权为民所用、情为民所系、利为民所谋,为群众诚心诚意办实事,尽心竭力解难事,坚持不懈做好事"[②]。可见,重视人民群众利益是"以人为本"科学发展观的出发点和归宿,"以人为本"的科学发展观使为人民服务的思想在新的历史条件下有了更深刻的定位与内涵。

"以人为本"的执政理念是创新政府模式的基础,在"以人为本"理念的指导下,胡锦涛主张政府模式应从管制型转向服务型。2004年2月,总理温家宝在省部级主要领导干部树立和落实科学发展观高级研修班上的讲话中首次提出了"服务型政府"的概念。在2007年党的十七大报告中,胡锦涛进一步指出,"必须坚持以人为本,尊重人民主体地位,发挥人民首创精神,保障人民各项权益,走共同富裕道路,促进人的全面发展,做到发展为了人民、发展依靠人民、发展成果由人民共享",要"加快行政管理体

---

① 胡锦涛:《在中央人口资源环境工作座谈会上的讲话》,《人民日报》2004年4月5日第2版。
② 胡锦涛:《在"三个代表"重要思想理论研讨会上的讲话》,《人民日报》2003年7月2日第1版。

制改革，建设服务型政府"。① 可见，建设服务型政府是"以人为本"的科学发展观在政府治理模式上的延伸，是当前和今后一个时期政府职能转变的要义所在，是推进我国行政管理体制改革的基本方向。

4. 习近平的"执政为民"思想

党的十八大以来，习近平总书记继承和发展了党的"为人民服务"思想，提出了一系列新思想和新观点，逐步形成了中国化的马克思主义人民群众观，并以人民群众观为基础，构建了"执政为民"思想。

在十八届中央政治局常委与中外记者见面时，习近平提出，"人民对美好生活的向往，就是我们的奋斗目标"。② 这就旗帜鲜明地指出中国共产党的历史使命和现实担当就是为人民谋幸福，让人民过上美好生活。随后在参观《复兴之路》展览时提出了"中国梦"思想，其"本质是国家富强、民族振兴、人民幸福"，③ 其中，人民幸福是中国梦的根本价值取向。2013年6月，在中央政治局第七次集体学习时指出，我们要始终坚持人民利益高于一切，紧紧依靠人民，全心全意为人民服务，尊重人民首创精神，最广泛动员和组织人民投身到党领导的伟大事业中来。2014年3月，习近平考察兰考，号召大家学习焦裕禄精神，指出为民服务不能一阵风，虎头蛇尾，不能搞形式主义。要坚持不懈强化宗旨意识，解决好党员、干部是人民公仆的角色定位问题，党员、干部只有为人民服务的责任和义务。此外，习近平还在多种场合下讲道："每个人的力量是有限的，但只要我们万众一心、众志成城，就没有克服不了的困难；每个人的工作时间是有限的，但全心全意为人民服务是无限的。"④ 这既肯定了人民群众在社会发展中的地位和作用，同时也重申了党全心全意为人民服务的宗旨，党必须执政为民。

坚持执政为民，必须加强党的组织建设和作风建设，必须反对形式主义、官僚主义、享乐主义和奢靡之风这"四风"，以保持党的先进性和纯洁性。为此，2013年6月开始，在全党开展了以集中解决"四风"为主要任务的党的

---

① 胡锦涛：《高举中国特色社会主义伟大旗帜　为夺取全面建设小康社会新胜利而奋斗》，《人民日报》2007年10月16日第1版。

② 习近平：《人民对美好生活的向往就是我们的奋斗目标》，《人民日报》2012年11月16日第4版。

③ 《习近平谈治国理政》，外文出版社2014年版，第56页。

④ 习近平：《人民对美好生活的向往就是我们的奋斗目标》，《人民日报》2012年11月16日第4版。

群众路线实践教育活动,这次活动着眼于自我净化、自我完善、自我革新、自我提高,以"照镜子、正衣冠、洗洗澡、治治病"为总要求;2015年4月开始在全党县处级以上干部中开展"三严三实"专题教育活动,2016年2月开始又在全体党员中开展"两学一做"学习教育活动,将加强和改进党的作风建设持续推向深入,其目的是使全党同志牢记并恪守全心全意为人民服务的根本宗旨,以优良作风把人民紧紧凝聚在一起。习近平的"执政为民"思想彰显了中国共产党"全心全意为人民服务"的执政理念,丰富和发展了马克思恩格斯的"人民公仆"理论,创新了马克思主义执政党建设,对于新时期加强和改进党的建设,具有重大的理论创新价值和实践指导意义。

党的十九大明确指出,中国特色社会主义进入了新时代,这个新时代是决胜全面建成小康社会、进而全面建设社会主义现代化强国的时代。全面建设社会主义现代化强国,从2020年到21世纪中叶,我们党要干十件大事,其中,与服务型政府建设直接相关的是始终把人民利益摆在至高无上的地位,带领人民创造美好生活,提高保障和改善民生水平,让改革发展成果更多更公平惠及全体人民,健全人民当家作主制度体系,发展社会主义民主政治。

第四节　服务型政府的政治学与公共管理学解读

从政治学与公共管理学角度解读服务型政府,应该有更专业的理论内涵,主要包括公共性理论、委托代理理论、权利理论与法治理论的深刻解读。

一　公共性理论的价值支撑

公共性是个复杂的概念,不同话语体系的理解有所不同。第一,哲学视角。汉娜·阿伦特是公共性理论的重要人物,她从公共空间的层面阐释了关系的意涵。她认为,公共性投射在公共生活的关联性、公共空间的在场性、公共空间的永恒性三个方面。可见,私人领域与公共领域一直是作为两个不同的、分离的领域而存在的。[①] 哈贝马斯继承了阿伦特的公共性理论,他认为市场经济体制的确立,使私人领域与国家领域相分离,并在这之间形成了第三域,即"公共领域",这是"介于国家与社会之间进行调节的一个

---

① [美]汉娜·阿伦特:《公共领域和私人领域》,载汪晖《文化与公共性》,生活·读书·新知三联书店1998年版,第62页。

领域",是"国家与社会之间充满张力的区域"。[①] 作为一个历史范畴,在不同时代和语境下,公共性的含义会有所不同。哈贝马斯认为,公共性与公众舆论、专制或开明的公共领域等范畴有着紧密关系。因此,"公共性始终都是我们政治制度的一个组织原则"。[②] 第二,行政学视角。在政治行政二分的时代,传统公共行政一反民主传统而追求行政中立。行政学大师德怀特·沃尔认为,行政公共性首先必须具有民主性。他从三个方面阐释了"公共性":(1)"公共性"涉及主权、合法性、公共服务等问题;(2)"公共性"指涉公共职能或公共活动;(3)"公共性"最根本的是指政府公共性。[③] 弗雷德里克森从"公共精神"的视角来理解行政公共性。在弗氏看来,公共行政的精神意味着对于公共服务的召唤以及有效管理公共组织的一种深厚、持久的承诺。[④] 如果说弗氏对行政公共性视野狭窄的话,那么罗森布鲁姆则综合了管理、政治与法律三个视角。罗氏认为,公共行政的公共性体现在四方面:(1)宪法确立公共部门的代表性、责任性、透明性与非营利性;(2)公共行政唯一目的是增进公共利益;(3)非市场化;(4)主权性。人民是主权的代表者,人民是公共行政的所有者。[⑤]

可见公共管理学的公共性就是政府的公共性。政府公共性表明政府产生于人民的委托、授权,政府作为代理人,权力来源于人民,也要服务于人民。政府产生、存在的目的是公共利益、公共目标、公共服务以及创造公共价值。[⑥][⑦] 换言之,政府的产生、目的是为了处理公共事务、回应公共需求、提供公共物品好公共服务、实现公平正义,等等。由于政府的自利性和集团政治的影响,在政策制定和公共资源权威分配中偏离公共性。行政人员是代替我们的农民,公共利益就是他们的特质。因此,政府公共性仰赖公共力量

[①] [德] 哈贝马斯:《公共领域——文化与公共性》,汪晖、陈燕谷译,生活·读书·新知三联书店2005年版,第126页。

[②] [德] 哈贝马斯:《公共领域的结构转型》,曹卫东等译,学林出版社1999年版,第4页。

[③] 蔡立辉:《公共管理:公共性本质与功能目标的内在统一》,《中国人民大学学报》2003年第2期。

[④] [美] 乔治·弗雷德里克森:《公共行政的精神》,张成福等译,中国人民大学出版社2003年版,第13页。

[⑤] [美] 戴维·H. 罗森布鲁姆:《公共行政学:管理、政治和法律的途径》,张成福译,中国人民大学出版社2002年版,第6—15页。

[⑥] 祝灵君、聂进:《公共性与自利性:一种政府分析视角的再思考》,《社会科学研究》2002年第2期。

[⑦] 陈国权、王勤:《论政府公平悖论与社会责任》,《政治学研究》2008年第1期。

和民主政治的驱使，驱使其责任和回应。

服务型政府的理念就是对政府公共性的响应。服务型政府的公共性是指政府服务的范围是公共领域；政府服务的内容是提供公共产品；提供公共服务的范围及内容受法律限制。把握政府的公共性价值有利于正确划定政府服务工作界限，展现政府的本质价值。服务型政府的公共性必然涉及公共利益的实现。作为构建服务型政府的终极目标。国家和政府的制度安排，根本目的在于帮助实现公共利益。如何表达、聚合公共利益，就需要借助适当制度安排，如公民参与，政民互动，等等。既能更准确、更真实地把握民意、回应民意，更有针对性的在服务内容、服务标准、服务时间，又给予公民组织、公民社会自我服务的机会，让其有机会站在服务提供者立场思考什么是公共利益、如何提供公共服务，对于公民理性的生成兴许有所助益。这与新公共服务理论在一定程度上相契合。新公共服务的民主公民权理论强调政府要服务于公民，要追求公共利益，更要将公民至于行政活动的中心，行政行为要估计公民的尊严，关心公民使其产生信任，关心下属使其有归属感信任。新公共服务是建立在公共利益的观念之上的，是建立在公共行政人员为公民服务并确实全心全意为他们服务之上的。[1]

二 委托代理理论的现实要求

委托—代理理论（Theory of Principal—Agent）的核心是解决利益冲突和信息不对称的情况下，委托人如何设计最优契约对代理人进行激励，[2] 即代理问题。在 Wilson[3]、Ross[4]、Mirrless[5]、Holmstrom[6]、Grossman 和 Hart[7]

---

[1] ［美］登哈特：《公共组织理论》，扶松茂等译，中国人民大学出版社 2003 年版，第 5 页。

[2] Sappington, D., Incentives in Principal-Agent Relationships. *Journa lof Economic Perspectives*, 1991 (5): 45-66.

[3] Wilson, R., The Structure of Incentives for Decentralization Under Uncertainty. *La decision*, 1967 (2): 287-307.

[4] Ross, S., The Economic Theory of Agency: The Principal's Problem. *American Economic Review*, 1973 (63): 134-139.

[5] Mirrlees, J. A., *The Theory of Moral Hazard and Unobservable Behavior*, PartI. Mimeo. Oxford, United Kingdom: Nuffield College, Oxford University, 1975.

[6] Holmstrom, B., Moral Hazard and Observability. *Bell Journal of Economics*, 1979, 10 (1): 74-91.

[7] Grossman, S., Hart, O. D., An Analysis of the Principal-Agent Problem. *Econometrica*, 1983, 51 (1): 7-46.

等人的发展下，过去 30 多年，委托代理理论获得了长足的发展。

委托代理理论以两大基本假设为前提。第一，委托人和代理人之间利益存在非一致性。委托人和代理人都是"经济人"，各自有不同的效用函数和最优解，二者之间的利益既可能相容，也可能利益相异。当利益不一致，代理人便可能利用信息优势，牺牲委托人利益，而谋取自身利益。第二，委托人和代理人之间信息不对称。在信息掌握上，隐蔽信息（Hidden information）使得代理人处于信息优势，而委托人处于信息劣势。因此，委托人无法准确或及时掌握代理人的努力水平。①②

委托代理理论的渊源可以追溯到社会契约论。霍布斯认为："为摆脱这种人人为敌、每个人缺乏最低限度的安全感的状态，订立契约、建立国家是无可奈何的选择。只有一条道路——把大家所有的权力和力量付托给某一个人或一个能通过多数的意见把大家的意志化为一个意志的多人组成的集体。"③ 洛克也指出，个人权利构成了一切政治权力的源泉，"政治权力是每个人交给社会的他在自然状态中所有的权力，由社会交给它自己设置的统治者，附以明确的或默许的委托，即规定这种权力应用来为他们谋福利和保护他们的财产"。④ 也即是说，先有了个人权利，后有政治权力。国家和政府所拥有的权力其实是个人权利的部分让渡，这也是政府的起源。卢梭继承了前人的观点，认为人们结成政治社会的目的是获得生活的便利和效率。为了实现结合的目的，"我们每个人都以其自身及其全部的力量共同置于公意的最高指导之下，并且我们在共同体中接纳每一个成员作为全体之不可分割的一部分"，⑤ "并且由于这一结合而使得每一个与全体相联合的个人又不过是在服从其本人，并且仍然像以往一样地自由"。⑥ 由此可以看出，权利委托理论是政府乃至国家起源的重要内容之一。基于该理论的内容，既然政府权力来源于人民让渡，那么政府权力用于为人民服务就是逻辑的必然。

委托人是所有者，代理人是执行者。公共部门的委托代理关系可分为内

---

① 刘有贵、蒋年云：《委托代理理论述评》，《学术界》2006 年第 1 期。
② 江孝感、王伟：《中央与地方政府事权关系的委托—代理模型分析》，《数量经济技术经济研究》2004 年第 4 期。
③ ［英］霍布斯：《利维坦》，黎思复、黎廷弼译，商务印书馆 1985 年版，第 131 页。
④ ［英］洛克：《政府论（下篇）》，赵伯英译，陕西人民出版社 2006 年版，第 202 页。
⑤ ［法］卢梭：《社会契约论》，何兆武译，商务印书馆 2003 年版，第 24 页。
⑥ 同上书，第 18 页。

部、外部两种：内部委托是公民与权力机构的委托代理，即人民委托，政府代理；外部是指中央政府委托，地方政府代理。

第一，公民与权力机构的委托代理。现代社会，人民是国家的主人。在政治活动中，所有人民亲自参与国家事务的管理并不现实，因而委托给政府代理实施。人民将管理国家的具体权力委托给政府，政府代表人民对国家进行治理。[1] 从这个意义上讲，政府官员就是人民的公仆。[2] 既然公共权力来自于人民的授予，其存在的唯一目的就是维护和增添人民的利益。第二，外部是指权力机构委托，官僚机构代理以及上下委托是指中央政府委托，地方政府代理。中国作为一个"行政性一致分权"的国家，中央—地方关系是基于"分工性"而形成的。这种分权是权力的一种委托和代理。也就是说，地方政府实际上是中央政府的派出机构，地方政府的权力是中央政府下放给地方的。[3] 中央集权以及下管一级的干部管理体制，使得上级政府可以通过任命权对下级政府完成职能目标。[4] 在上下委托关系中，中央政府与地方政府具有不同的效用函数。中央政府效用函数主要有三个：一是政治目标，追求政治治理的稳定、持久；二是经济目标，追求财政收入的最大化；三是社会福利目标，提供基本公共服务满足公民需求，包括基础教育、卫生、医疗、社保等。[5] 在中央政府的委托合同中，地方政府承担着中央政府的经济目标和社会福利目标，包括维护地方治安、提供服务以发展地方经济、教育、社会保障、基础设施建设等。然而，这些未必同地方政府自身的激励相容。地方政府效用函数主要是晋升、薪金、津贴、声誉、任免权、机构产出，等等。[6] 为了自身利益，地方政府可能会偏离中央政府的委托合同，而将更多的精力和资源投入到政绩最大化的项目中。[7]

---

[1] 倪星：《公共权力委托—代理视角下的官员腐败研究》，《中山大学学报》（社会科学版）2009年第6期。

[2] 倪星：《论民主政治中的委托—代理关系》，《武汉大学学报》（哲学社会科学版）2002年第6期。

[3] 林尚立：《国内政府间关系》，浙江人民出版社1998年版，第43页。

[4] 周黎安：《中国地方官员的晋升锦标赛模式研究》，《经济研究》2007年第7期。

[5] Ingraham, P. W., Rosenbloom, D. H., Edlund, C. The New Public Personnel and the New Public Service, *Public Administration Review*, 1989, 49（2）：116-126.

[6] Niskanen, W. A., *Bureaucracy and Representative Government*, New Jersey: Transaction Publisher, 2007.

[7] 江依妮、曾明：《中国政府委托代理关系中的代理人危机》，《江西社会科学》2010年第4期。

委托—代理理论可以作为服务型政府构建的理论基础。如上所述，委托代理涉及两个层面：人民—政府；中央—地方。从人民—政府层面来说，人民作为委托人，政府作为代理人，政府是按照人民的要求和意愿履行职能的。按照这个理解，所谓服务型政府，可看作是"是在公民本位、社会本位理念指导下，在整个社会民主秩序的框架下，通过法定的程序，按照公民的意志组建起来的以为公民服务为宗旨并承担着服务责任的政府"。① 政府服务不是并不占据道德高位，而仅仅是尽责而已。服务职责履行得好，是政府责任到位；履行得不好，是政府责任的缺位。由于信息不对称，政府可能会出现道德风险，因此要在制度源头上进行监督。从中央—地方层面来说，中央政府作为委托人，委托地方政府代理公共服务职责。此时，相对人民而言，中央政府是代理人，相对地方政府而言，它又是委托人。代理人和委托人的双重身份，一方面要求中央政府履行好人民委托的责任，另一方面又要求中央政府划分好中央与地方职责，科学合理地委托服务职责给地方政府。然而，由于激励的异质性和信息的不对称性，中央政府可能会出现道德风险，将本应该由自己负责的职责委托给地方，造成"甩包袱"的现象，而地方既无能力，也无激励履行好这类职责。地方政府则可以利用信息优势进行逆向选择。因此，在构建服务型政府的过程中，人民既要监督政府职能的履行，也要在中央与地方职责划分上，做出合理安排。

三 权利理论与法治理论的核心支点

权利理论所强调的权利内容是地方服务型政府建构过程中关键要素。古典自由主义认为，在自然法中，生命、自由和财产的权利是每个人生而就有的、不可剥夺的。这些权利具有超越政治和法律的本质特征，不是政治权威或立法机关赋予的。相反，政府作为人民权利让渡的产物，其主要责任就是保护这些权利不受侵犯。洛克强调权利的自然属性，将其分成了两类，一类是人们在自然状态中享有的三种自然权利，即人人同等地享有生命权、自由权和财产权；另一类是人人基于他所享有的保障一般人类的权利，而享有惩罚罪犯和充当自然法的执行人的权利。罗尔斯在继承古典自由主义权利论的基础上，赋予了其正义性的内容。他认为："社会的每一成员都被认为是具

---

① 刘熙瑞：《服务型政府——经济全球化背景下中国政府改革的目标选择》，《中国行政管理》2007年第7期。

有一种基于正义、或者说基于自然权利的不可侵犯性，这种不可侵犯性甚至是任何别人的福利都不可逾越的。因此，在一个正义的社会里，基本的自由被看做是理所当然的。由正义所保障的权利不受制于政治的交易或社会利益的权衡。"① "我们可以这样表述，在作为公平的正义理论中，权利的概念优先于善的概念。"② 博登海默也赞成这一观点并提出："正义所保障的各种权利，不受政治交易或社会利益的考虑所左右。"③ 而德沃金则提出，在所有个人权利中，最重要的是平等的权利，也就是关怀和尊重的平等权利。因此，"政府必须关怀它所治理的人，也必须尊重他们，政府必须不仅关怀和尊重人民，而且要平等地关怀和尊重人民"④。"政府如果不认真对待各种权利，就不会认真对待法律"。⑤

政府的重要职责之一就是保障公民权利及其实现。服务型政府是与社会民主、公民权利紧密联系在一起的，它主张公民本位、社会本位、权利本位，要求克服官本位、政府本位、权力本位思想对公民权利的僭越。服务型政府强调以人为本，保障和实现公民权利更加责无旁贷。传统管制型政府以管制、管控、计划、调控的方式来处理政民关系，此时，公民权利被政府权力压制，如果说对公民权利有所及，充其量也只是公共权力活动的副产品。在服务型政府的模式下，公民权利是第一位的，政府的中心活动是公民权利。政府的一切公共行为都必须自觉体现公民意志与利益要求，把最广大人民的诉求落到实处，而绝不能只根据自己判断想当然地决定和处理问题。⑥

与权利理论紧密相连的是法治理论，正如庞德所说："我们主要是通过把我们所称的法律权利赋予主张各种利益的人来保障这些利益的"，⑦ 而所谓的那种自然权利或道德权利只有在得到法律的承认和支持之时，才能以最

---

① ［美］罗尔斯：《正义论》，何怀宏译，中国社会科学出版社1988年版，第26页。
② 同上书，第44页。
③ ［美］博登海默：《法律学——法律哲学与法律方法》，邓正来译，中国政法大学出版社1999年版，第51页。
④ ［美］德沃金：《认真对待权利》，信春鹰、吴玉章译，中国大百科全书出版社1998年版，导言第7页。
⑤ 同上书，第90页。
⑥ 刘熙瑞、段龙飞：《服务型政府：本质及其理论基础》，《国家行政学院学报》2004年第5期。
⑦ ［美］罗斯科·庞德：《通过法律的社会控制》，沈宗灵译，商务印书馆2010年版，第47页。

小的代价最大限度地满足社会需求、调整各种利益冲突。就法制理论而言，马克思说："法典就是人民自由的圣经"。① 列宁也曾指出："宪法就是一张写着人民权利的纸"，② 一定要"根据法律来管理国家"。③ 加强地方服务型政府法制建设，其首要条件是要有法可依。针对我国法制土壤贫乏的现状，邓小平在1980年《目前的形势和任务中》指出："我们要在全国坚决实行这些原则：有法必依、违法必究、执法必严，在法律面前人人平等"。④ "不管谁犯了法，都要由公安机关依法侦查，司法机关依法办理，任何人都不许干扰法律的实施，任何犯了法的人都不能逍遥法外"。⑤ 随着社会公共事务的发展以及对法制建设的重视，地方服务型政府建设必须要渗入法制的内容，"公共服务的概念应当逐渐取代主权的概念成为公法的基础"⑥。

法治政府与服务型政府相辅相成。一方面，服务型政府必须是实施法治化的，"政府是处在法律之下，而不是处在法律之上或法律之外。任何组织或者个人都在法律范围之内活动，即使官府也不例外。"⑦ 服务型政府依法成立、依法行事、受法律约束、对法律负责。坚持依法行政，是建设服务型政府的必由之路。另一方面，依法治理是服务型政府的内在要求，⑧ 依法行政是建设服务型政府的前提，是实现服务型政府的手段，⑨ 法治建设是服务型政府的内在要求，服务型政府是法治政府的基本目标。

---

① 《马克思恩格斯全集》第1卷，人民出版社1995年版，第176页。
② 《列宁全集》第9卷，人民出版社1959年版，第448页。
③ 《列宁全集》第10卷，人民出版社1959年版，第353页。
④ 《列宁全集》第3卷，人民出版社1959年版，第171页。
⑤ 同上书，第331—332页。
⑥ ［法］狄骥：《公法的变迁——法律与国家》，郑戈译，辽海出版社1999年版，第40页。
⑦ 龚祥瑞：《比较宪法与行政法》，法律出版社2003年版，第316页。
⑧ 李清伟：《论服务型政府的法治理念与制度构建》，《中国法学》2008年第2期。
⑨ 温国庆：《法治政府与服务型政府关系辨析》，《人民论坛》2014年第34期。

第二章 地方服务型政府实践探索

随着市场经济的不断推进与改革开放的不断深入，人们对政府的期望值不断提高，各地地方政府也日益认识到建设服务型政府是必然趋势。20世纪90年代中期以来，不少地方政府纷纷推动了以建设服务型政府为目标的改革，甚至在各地形成了服务型政府改革的热潮，各地改革实践可以说是丰富多彩、琳琅满目，其中既有弥足珍贵的善政和善治努力，也有催人奋进的探索与尝试。但是，这种改革在很大程度上依然是一种应景式的、局部性、机制性变革，改革主导者在自主创新中，自觉、不自觉地在地方服务型政府建设过程中添加了离散化色彩，附加"盲人摸象"的感觉。[①] 到底应该从什么角度切入、在什么层面上推进服务型，对于大多数地方政府来说，依然是一个迷惑的问题。总体上说，中国地方服务型政府建设可以分为问题导向型、需求导向型、意志导向型。从长远来看，要将改革纳入系统的、全局的轨道，最大化地发挥地方服务型政府体系的积极功能，有效抑制负面影响，关键在于将地方服务型政府建设放在整体性的系统框架中来分析，方能真正实现地方服务型政府的目标。

第一节 地方服务型政府建设实践

1998年以后，伴随着改革开放以来第四次机构改革的启动，"服务行政"的概念被引入行政模式的建构之中。我国服务型政府建设的实践是从地方政府开始的，各地方政府丰富多彩的实践形态展示了我国服务型政府建设的总体进程，构成了整体服务型政府建设的一个缩影。

---

① ［美］托尼·赛奇:《中国地方政府分析：盲人摸象》，邵明阳译，《经济社会体制比较》2006年第4期。

一 中国地方服务型政府建设回眸

生产力的发展是服务型政府推进的根本动力，民众翘首分享改革红利是服务型政府推进的内在动力，社会治理结构变迁是服务型政府构建的直接动力。1978年改革开放以来，经济体制经历着持续的深刻转型，政府体制的深入变革也伴随而至。为了摆脱"全能主义"沉疴，政府必须进一步探索转变职能、理顺关系、精兵简政，目的在于适应新经济环境下的政府角色定位。1992年邓小平南方讲话，进一步推动市场力量与公民社会力量成长。在社会发展和公共服务需求激增的双重压力下，一些嗅觉灵敏的地方政府开始探索新型政府模式，推动政府治理由传统走向现代。一些地方政府率先在提高地区综合竞争力等动力支配下，着手精简行政审批程序以便利吸引更多的外来资金，探寻灵活的投融资体制以壮大地方经济实力，重点把政府许可行为从"审批经济"取向走向"扩充经济"取向，关键举措是实现许可行为透明化、许可流程简优化、许可权力缩小化。这一时期，从中央到地方的政府机构改革，主要目的提高行政效率，为经济增量的改革服务。1993年之后，一些地方政府如成都、南京、上海、大连、焦作、重庆等，借鉴西方新公共管理、新公共服务的理论成果，落实中国共产党全心全意为人民服务的宗旨，开展着手建设以服务为核心的政府，这是中国服务型政府进程的开端。中国服务型政府建设历程，大致可以划分为初创、学习、创导、深化四个阶段。

第一，初创阶段（20世纪90年代末）：点点萌芽如星星之火。

从20世纪90年代中期开始，为数不多的地方政府明确意识到与经济体制改革相配套的历史使命，提出了"服务行政"的概念。这一阶段服务型政府建设的重点是通过政府管理方式创新，实现政府管理规范化，更好地为经济发展和经济体制改革服务。1995年顺德提出了"六个行政"（即依法行政、规范行政、高效行政、透明行政、服务行政、廉洁行政）的理念，开展了"三为服务"（即为改革开放服务、为经济建设服务、为群众服务）活动；同时，在市属机关单位全面推行政府采购制度、收支两条线制度、招投标制度和政务公开制度。同年，作为我国经济改革试验田的深圳，率先将与外商投资审批有关的18个政府部门集中起来，成立"外商投资服务中心"，为特区的招商引资工作提供便捷化的审批服务，这是国内成立最早的专业性联合审批机构，也是我国行政服务中心的雏形。1999年初，浙江省金华市政府设立首个集中办事的大厅，这是全国第一个真正意义上的行政服务中心。该中心本着"服务投资、方便市民、并联审批、全程代理、强化监督"的理念，将行政服务中心纳入集约式行政轨道。它采取"主审负责、一门受理、内部传递、限时办结"的并联审批方式，形成一条龙的服务流程，为集约式行政的发展明确了方向。

总体来看，各地政府虽然没有明确提出"服务型政府"的概念，但是，其服务型政府的内涵已基本勾勒清晰，为后续的深化改革积累了宝贵的经验。

第二，学习阶段（2000—2003年）：各地效仿构成燎原之势。

2001年12月11日，中国加入世界贸易组织，各地政府都不同程度地感受到政府体制已经面临入世挑战。自觉推进政府改革的主要内容是适应世界贸易组织规则，建设社会主义市场经济，深化行政审批制度改革、完善投资软环境等。2002年中共十六大明确提出"深化行政管理体制改革，进一步转变政府职能，改进管理方式，形成行为规范、运转协调、公正透明、廉洁高效的行政管理体制"的重要任务。于是，各地广泛开展各具特色的改革。2000年5月，成都市启动了行政审批制度改革、投融资体制改革和机构改革。为巩固改革成功，适应加入WTO新形势的需要，成都市委市政府提出"提高政府效率，改进政府服务，实现政府工作的标准化，把全心全意为人民服务宗旨具体化"为改革宗旨的"规范化服务型政府"，并于2001年年底委托专家组设计实施方案。① 成都市制定的改革时间表是一年试点、一年推广、一年完成、一年完善，改革内容包括树立"以民为本，以客为尊"的服务理念、规范政府服务流程、规范政府服务标准、构建"顾客导向型"政府、推行规范化服务模式五个方面。② 2001年起，焦作市提出"构建三级服务型政府"构想，构建六大体系：第一，方便快捷的行政服务体系；第二，公共财政服务体系；第三，公共就业服务体系；第四，便民服务体系；第五，司法服务体系；第六，监督投诉体系。2002年，大连市全面推进依法行政，加快服务型政府建设，转变政府职能，提高办事效率，取得明显成效。大连市启动了第二轮行政审批制度改革，将140项审批事项下放给区市县和先导区。大连市行政审批服务中心对外办公，25个部门的186

---

① 姜晓萍：《成都市的"规范化服务型政府"建设》，《中国行政管理》2004年第11期。
② 梁小琴：《成都：倾力营造"比较优势"》，《人民日报》2003年11月1日第1版。

项审批事项进入中心集中办理；完成了市县乡政府机构改革工作，政府工作部门精简24%，内设机构精简21.9%，行政编制精简23.3%，初步形成了与市场经济相适应的政府管理新格局。2003年，南京市政府出台了《市政府关于推进服务型政府建设的实施意见》，提出了"一年构建框架、三年逐步完善、五年全面完成"的计划，将建设目标定位为：以"三个代表"重要思想为指导，以执政为民为宗旨，围绕富民强市、率先基本实现现代化的战略目标，改革创新管理方式和服务手段，降低行政成本，提高行政效率，形成行为规范、运转协调、公正透明、廉洁高效的服务型政府基本框架。

第三，创导阶段（2004—2011年）：中央重视推动全国落实。

2004年2月21日，温家宝在中央党校省部级领导干部"树立和落实科学发展观"专题研究班结业式上，正式提出"建设服务型政府"的口号，并将落实科学发展观与服务型政府建设联系起来，提升了服务型政府构建的政治意义。[①] 2006年10月党的十六届六中全会通过的《关于构建社会主义和谐社会若干重大问题的决定》首次将"建设服务型政府，强化社会管理和公共服务职能"写入党的文件。2007年10月，党的十七大报告进一步明确要求"加快行政管理体制改革，建设服务型政府"。[②] 如果说，国务院总理号召、中央文件颁布、十七大报告之前，各地服务型政府建设还只是停留在地方层面，只是一股自下而上的积极涌动之势，那么，自中央确认之后，开始了自上而下的服务型政府建设热潮。

为推行服务型政府建设，中央政府从2004年开始连续发布9个涉农中央一号文件，对农业农村发展的各个方面作出了全面部署，并特别将农村公路、农村饮水安全、农村沼气、农村医疗卫生服务体系、农村计划生育服务体系以及农村劳动力转移就业等在内的公共服务作为新农村建设的重点工程加以提出。[③] 在行政服务中心建设上，截止到2005年年底，全国已设立省级行政服务中心10个，地市级行政服务中心342个，设立县区级行政服务中心1686个。[④] 可以说，各级政府都对行政服务中心的建设进行了有益的

[①] 高小平：《从服务型政府建设的历程看行政管理体制改革的深化》，《中国发展观察》2008年第6期。

[②] 《胡锦涛文选》第2卷，人民出版社2016年版，第637页。

[③] 《中华人民共和国国民经济和社会发展第十一个五年规划纲要》，http://news.xinhuanet.com/misc/2006-03/16/content_ 4309517.htm。

[④] 高小平：《服务型政府建设下一步怎么走》，《人民论坛》2006年第6期。

探索，形成了一定的规模，为后续发展奠定了基础。据统计，到 2007 年年底，全国已有 20 多个地方政府明确提出了建设服务型政府的目标。到 2009 年底，全国大部分地方政府明确提出了建设服务型政府的目标，不少地方政府制定了具体的实施意见。特别是在应对 2008 年全球金融危机的过程中，我国集中出台实施了一系列政策，如"新医改"方案、新型农村社会养老保险制度，2009 年也因此被誉为"社会政策年"。在此基础上，2010 年出台的"十二五"规划纲要明确将"改善民生，建立健全基本公共服务体系"作为目标，着力提升基本公共服务水平，这标志着服务型政府建设进入一个新阶段。①

第四，深化阶段（2012 年以来）：全面改革推动质量提升。

党的十八大以来，我国服务型政府在原有改革的基础上迈入全面深化改革的阶段。如果说前期还主要偏重于增量，那么，党的十八大召开，引领着新时期服务型政府建设的存量变革。这主要体现在三个方面：一是"国家治理体系和治理能力现代化"的提出为服务型政府建设预设了新的战略目标。2013 年党的十八届三中全会通过的《中共中央关于全面深化改革若干重大问题的决定》首次提出："全面深化改革的总目标是完善和发展中国特色社会主义制度，推进国家治理体系和治理能力现代化。"国家治理体系现代化的核心要旨在于以现代治理理念重构公共权力，实现国家治理的范式转换，中心内容则是行政体系的自我再造，直接目标则是提升政府的治理能力，打造民主、法治、高效的现代行政体系，为国家的"善治"创造条件，努力构建国家治理现代化发展。二是依法治国。党的十八届四中全会指出，"法律是治国之重器，良法是善治之前提"。② 通过以立法权制约政府公权力、以司法权制约行政权、以制度制约权贵、以法治规范政府权力的限度与边界来实现对政府权力的真正约束。2015 年颁布的《关于推行地方各级政府工作部门权力清单制度的指导意见》中就明确指出：推行地方各级政府工作部门权力清单制度，是党中央、国务院部署的重要改革任务，是国家治理体系和治理能力现代化建设的重要举措，对于深化行政体制改革，建设法治政府、创新政府、廉洁政府具有重要意义。值得注意的是，这还是第一次

---

① 郁建兴、高翔：《中国服务型政府建设的基本经验与未来》，《中国行政管理》2012 年第 8 期。
② 《中共中央关于全面推进依法治国若干重大问题的决定》，http://news.xinhuanet.com/2014-10/28/c_1113015330.htm。

明确将权力清单建设上升到法治政府的战略高度。三是加强社会治理创新。由企业、社会组织、公民个人所组成的多元主体已然成为社会治理中不可忽视的重要组成部分。服务型政府建设不仅是对政府自身的关注，更需要实现对社会力量的尊重。苏州市在 2013 年启动"政社互动"计划，扶持公益性、服务性社会组织发展，相继建成 10 家社会组织培育基地。逐步转移了政府各部门职能，探索建立政府购买社会服务、资金补助制度，将服务类等事务有效交由基层自治组织、社会组织承接。广州进一步放宽社会组织准入门槛，简化登记程序，申请成立社会组织，由民政部门直接审查登记。并要求除法律法规规定需要前置审批的以外，对社会组织"松绑"——可直接申请登记，不再寻找业务主管单位做"婆家"。

总之，党的十八大召开以来，服务型政府建设不仅仅是政府机构、政府职能、政府工作方式的局部调整，而是对政府的整体再造，是一场深刻的革命。这就必然会出现矛盾多、难度大等问题，改革的阻力在所难免，不可低估。然而，服务型政府建设只要始终坚持"以人为本""执政为民"的核心理念，认真遵循社会发展客观规律，以构建社会主义和谐社会为战略目标，紧紧与社会主义市场经济体制的完善相适应，密切与社会主义民主政治和法治相协调，始终与社会进步、社会发展相配套，那么，服务型政府必定会积极稳妥地朝着人民满意的目标全面推进。

二 地方服务型政府类型

改革开放以来，各地有意识的服务型政府建设实践可以追溯到广东顺德于 1995 年提出的"六个行政"理念和"三为服务"活动。而"服务型政府"这一概念成为各地地方政府的新的理念并付诸实践则是 20 世纪末 21 世纪初期的时候。当时的背景是中国加入 WTO，对地方政府原有的计划经济管制模式提出了挑战，为了适应新的环境，在中央政府的推动下，地方政府纷纷提出了建设服务型政府的目标。1999 年，金华市建立全国第一个行政服务中心，将服务型政府建设从理念落实到具体实践。此后，大多数省份纷纷建立行政服务中心，各地从自身实际出发，进一步明确提出服务型政府建设的目标。如果说 21 世纪地方服务型政府建设是外部环境转变压力下的被动行为的话，近几年来各地服务型政府的建设则更多的是基于内部经济社会结构转型和公众对政府服务品质需求不断提升环境下的一种主动性的变革，是给予全面建设小康社会，构建社会主义和谐幸福社会的新的要求的体现。

总体来说，地方服务型政府建设的实践可以概括为四种类型：

(一) 工具理性型

地方服务型政府重视工具与形式的改造，其价值内含其中。行政服务中心、服务承诺制、公示制度等主动创新举措，成为地方服务型政府建构中的突出亮点；政务微信与微博、人民论坛、政务信箱等互动形式，扩展了政府与民众的沟通渠道；信访、投诉电话等传统形式，仍然是了解基层、接近民意的途径，对强化地方民众监督地方服务型政府建设，发挥着重要作用。工具理性中的机制创新、方法创新和形式创新，是地方服务型政府建构的外在表现。

(二) 功能理性型

功能理性是实现机制持续良性运行、确保工具理性正常发挥的内在质的保证，功能理性是指明晰的功能划分与完善的功能支撑。深圳的"行政三分"虽然中途夭折，但是，将行政管理职能分成决策、执行和监督三部分，并试图以三者的相辅相成、相互制约、相互协调，来突破集权弊端，具有深刻意义；顺德以梳理党政结构为突破口，重新整合党政功能，体现了基层改革的实际应对性，也展示了基层创新的务实性，这对思考党政交叉、功能重叠的体制性困境大有裨益；随州的部门精简，开创了当时我国地方政府大部制改革的先河，也对地方政府体制改革打开了突破口。地方政府服务功能理性型的推进，是政府体制理性的回归。

(三) 依据理性型

依据理性型是巩固地方政府工具理性与功能理性、思考改革依据完善的一种尝试。"法律并不是为了法律自身而制定的，而是通过法律的执行成为社会的约束，使国家的各个部分各得其所、各尽其职。"[1] 各地改革实践证明，没有法律依据的改革，很容易异化与夭折。各地政府颁布有关法规与规章，如南京市颁布《关于推进服务型政府建设的实施意见》（2003）、吉林省颁布《关于加强服务型政府机关建设的意见》（2005）、深圳市颁布《深圳市行政服务管理规定》（2010）、湖南省颁布《湖南省政府服务规定》（2011），都为我国地方服务型政府建设，提供了样本。这些规范涉及地方政府的服务属性、服务职能、服务范围、服务职责、服务形式、服务程序等，虽然还没有上升到国家意志，但在地方服务型政府建构中提供了前瞻性

---

[1] [英] 洛克：《政府论（下篇）》，赵伯英译，陕西人民出版社2006年版，第253页。

的依据。这为确保地方政府服务正位不错位、服务定位不越位、服务到位不失位提供了借鉴性依据，也为推进地方服务型政府制度化、法治化展示了理性的平台。

(四) 主观意志型

在地方服务型政府建设中，也时常有主要领导人主观意志突出，个人色彩浓重的现象，从而构成与前述三类不同又有交叉与连接的现实。由于种种客观原因，我国地方领导人的主观意志突出，其他领导人往往只是配角。这种现象一度与我国赶超型发展模式暗合，与快速、超常规思路相配，使地方政府主要领导人通过行政指令、凭借个人魅力，影响着地方政府整体进程。他们的价值导向与行为方式，在中央与地方之间、制度刚性与制度弹性之间，构成"因地制宜""从实际出发"进程中的"合理性"，在"经意"与"不经意"中，增加了主观意志与超越制度的大胆性。这是必须重新认识与面对的现实问题与理论问题。

在上述四种类型中，工具理性类型侧重于机制创新，功能理性类型侧重于一定程度的体制创新，依据理性类型侧重于法理性尝试，主观意志性类型侧重于现实性短浅需求。这四类服务型政府在实践中相互交叉、相互耦合，不断变动，很难对号入座，分类只是便于研究。

三 地方服务型政府模式

从地方服务型政府的结构关系来看，有权力规约、民主参与、需求回应、机构再造与技术革新形式。这五种运作形式体现了重点存异与价值差异。

(一) 权力规约式

服务型政府的建设必须建立在权力的有效规范和约束基础之上，确保服务型政府走向制度化、规范化。成都市政府实施"四个规范"的主要内容是：规范行政审批行为、规范行政立法行为、规范行政收费行为、规范行政处罚行为。广州市政府重点在规范城市管理综合执法新体制，同时规制公务员执行公务时的基本准则、工作程序、办事规则、行政纪律、言行标准和行政责任。浙江省富阳市政府的权力清单制度，是地方政府权力规约的尝试。2015年3月24日，中共中央办公厅、国务院办公厅印发的《关于推行地方各级政府工作部门权力清单制度的指导意见》标志着地方政府权力规约进入全新的阶段，为服务型政府建设打下了方向性基础。

（二）民主参与式

公民是政府服务的接受者，也应该是参与者，公民参与是提升政府服务的核心路径。南京市把服务型政府建设的重点放在亲民、富民上。2003 年 2 月 14 日，南京市政府出台了《市政府关于推进服务型政府建设的实施意见》，实行政务公开，保障公民知情权。通过公示和听证制度，吸纳公民参与公共决策。从设立"市长信箱""市民论坛""群众来访接待日"与"党政领导接待日"制度，到信访接待室、电台和电视台的直播室、报社的"读者热线"，通过面对面与市民交流，接受公民监督，赢得公民信任。杭州市 2007 年开始推行的"开放式决策"，第一次在决策层面上提出了系统改革方案，打开会议室大门，开通论坛专题讨论区，邀请市民参与讨论。2007 年，杭州市政府相继下发了《杭州市人民政府关于进一步完善全市经济和社会发展重大事项行政决策规则和程序的通知》等一系列文件，在网上公示征求意见，邀请各媒体参加市政府常务会议并通过政府门户网站直播，实现网民与市长视频互动，而邀请市人大代表和政协委员及市民代表列席会议则已经成为常态。2010 年，杭州市政府的"开放式决策"获第五届"中国地方政府创新奖"。

（三）需求回应式

及时回应服务对象的需求，是服务型政府的重要内容。苏州市服务型政府建设重点放在亲商和亲民两个方面。"亲商"就是对企业等经济实体提供周到、细致的服务；亲民是指对公民提供友善、深入的服务。苏州市政府一方面树立"尊商、引商、留商、便商、安商、富商"理念，另一方面搭建政府资助平台，包括企业融资担保、创业"孵化园"、信息服务、技术服务、人才资源、信用信息查询和小企业服务中心等。近年来，全国各地将推进公共服务均等化视为地方服务型政府的重点内容，努力实现配置公平、发展均衡，努力做到社会保障体系多层次、全覆盖，公用设施布局合理、城乡共享。同时，通过对环境、生活方式、卫生服务进行生物、心理的积极干预，逐步建立起安全的公共卫生环境、可行的社区卫生服务、公平的医疗费用保障制度，积极回应社会的需求。

（四）机构再造式

机构再造是地方服务型政府建设的突破口。随州市以"推行大部门体制"为目标，通过铁腕的方法，使机构、人员、编制实行机构合署、人员合心、工作合拍，初步遏制了机构设置、人员编制的膨胀。2007 年党的十七大以后，随州市的"大部制"改革进一步强化，将职能相同或相近的单位尽量合并设置，将职能衔接较紧的单位采取挂牌设置，将职能交叉的单位，进行压缩和合并。顺德市将党政机构进行统筹考虑，把41个党政机构大刀阔斧地调整到16个部门，打破党政界限，通过党的机关和政府机关的"合署"和"联动"，精简了工作机构，优化了党政关系，提高了行政效率。浙江富阳以"专委会"形式进行组织结构创新，具体做法是"动职能，不动结构"，即部门结构不变，只是在功能上服从"专门委员会"，专委会在设置上是虚设机构，但在协调上拥有实权，以此实现政府职能的有效整合与转变。

（五）技术革新式

把技术与工具上的革新作为服务型政府建设的切入点，特别是将新媒体技术作为服务型政府建设的突破口。2001年，上海市率先提出建立一个高效、精干的服务型政府，以"民有所呼，官有所应；民有所需，官有所为"为宗旨，树立"民生为宗旨、创新为动力、普惠为原则、集成为理念"的电子政务建设基本思路，形成了独具特色的"电子政务"型地方服务型政府模式。主要做法是通过统一协调、资源共享、齐心协力的网络建设，把政府门户网站办成一个可亲、可信、可靠的网上政府，实现全面网上办事。通过几年的努力，上海市已建成以政府门户网站、公务网、政务外网为主体的电子政务基础框架。上海市政府这种以电子政务建设为突破口的服务型政府建设，为其他地方服务型政府建设提供了新的参考。

上述不同模式的地方服务型政府实践，为地方服务型政府的建设积累了经验。但是，都缺乏整体性与全局性视野，优势只表现在某一方面，突破也只表现在某一方面，都把地方服务型政府建设碎片化了。

四 地方服务型政府建设成就

在各地实践中，地方服务型政府建构既有弥足珍贵的成功探索，成绩是主流，主要表现在以下四个方面。

第一，由被动适应转向主动创新。以往地方政府改革的动力往往源于下级服从上级、地方服从中央，源于以GDP为核心的同比数据，源于以地方局部硬件优化的比拼。但是，随着改革的深化，迫使地方政府真切认识到民生无小事的道理，并日益认识到自上而下的管制型、全能式的政府模式已经脱离现实。社会矛盾、群体性事件激增倒逼政府以不得不以公民为导向、以公共服务为导向。党的十六届三中全会第一次提出建设服务型政府的目标，党的十八届三中全会从切实转变政府职能、深化行政体制改革、创新行政管理方式、建设法治型的角度，再次将建设服务型政府提到了一个新的高度。建构服务型政府不仅是出现频率最多的概念之一，还从过去学界的呼吁倒逼政府行为，变为各地政府开始从被动适应转变为积极主动创新，为不断满足民众对公共服务的需求而努力。以行政服务中心的发展为例，从构建一个平台，到逐步以自身行为改变政府形象，乃至推动政府职能有效整合。尽管各地形式不同，但是，在为民众提供全方位、快捷式服务的流程中，竟高度一致地表现为主动、公开、透明、热情。尤其是各地行政服务中心窗口之间的协同活跃，引发了部门之间的大部制探索，一定程度垫补了原来政府部门之间的缝隙，展现出整体性、便捷性、连贯性、统一性特点，有效实现了公共服务的增量与优化。

　　第二，由理念诠释转向具体作为。在我国，作为学理概念的服务型政府最早出现于1998年左右，主要源自西方20世纪80年代以来新公共管理与新公共服务理论的影响。其实，我们党早就把全心全意为人民服务视为政治宗旨与执政理念。问题是，千年的皇权专制传统和文化的惯性影响，致使为人民服务的宗旨一定程度上停留在理念层面，没有将政治宗旨制度化与机制化，也没有制订为人民服务的质量标准，更没有规定服务不到位应承担的责任。当下，在改革推动下，地方政府已经从理念诠释转向具体行动。政府理念转变就是将服务的基本价值内化为政府官员头脑中的思想，这不是一件朝夕之间就能办成的事，需要一个长期普及与深入人心的过程。政府理念转变就是要将自身角色实现从管理者向服务者的身份转型，并在具体环节与节点上寻找突破口，逐步变成可操作的机制与流程，进而演化成公务员的基本职责与考核标准。政府理念转变就是要将服务理念外化为体制与机制，并将公示制、承诺制、督查制、考核制、淘汰制与服务具体化、规范化相连，将行风评议、个人述职、行政问责等环节视为唤起公务员深入基层、深入群众、了解实际、服务民众的制度推力。从实际来看，地方政府在服务型政府建构创新仍然停留在机制创新层面，没有突破工具性的实用主义特征。如何推动服务型政府建构向纵深发展，"既是我国深化行政体制改革的根本方向，也是深化行政体制改革的核心和重点"。①

---

① 薄贵利：《准确理解和深刻认识服务型政府建设》，《行政论坛》2012年第1期。

第三，由形式更新转向内涵创新。地方政府在公共服务供给过程中经历了一个由表及里、由外而内的过程。一般来说，各地构建服务型政府的起始都更多注重外在形式。由于任职短暂以及普遍的追赶心态，地方政府更加愿意短、平、快地出成绩，更愿意从容易被人感知的外部运作入手。如市长热线开通，各级领导的电话号码公布于报端，然而，却忽视了民众的内心感觉，忽视与市民对话的质量。万人评议更多注重了参与人数与覆盖面，却忽视了公众参与的规律。显然，建构服务型政府需要付出学习成本，学习的逻辑通常是由易到难，因而，简单而直接的形式更容易成为人们的首选。但是，随着改革逐渐进入"深水区"，公众日趋理性，社会日趋进步，对政府服务的表层"零敲碎打"越来越不能满足民众的需求，服务型政府的内涵价值与质量要求越来越被提上议事日程。由形式更新转向内涵创新就成为必然趋势，否则，就会落入形式主义窠臼，服务型政府也只是空有其表。越来越多的地方政府日益认识到，依然停留在形式化的阶段是一件劳民伤财的事情，因此，各地服务型政府的建设开始认真设置服务标准、服务责任，开始从内生的价值上重新审视公共服务的形式，强调公正公平的价值彰显，实现服务目标理性化、服务方法规范化、服务环节程序化，服务内容优质化，服务考核公开化。

第四，由主观服务转向客观担当。所谓主观服务是指习惯性地以自我为核心，真诚从主观意志与主观判断出发，单向性地输送服务形式，单方性地确定服务内容，单一性地规定服务标准，结果往往表现为"自以为是、自我欣赏、自娱自乐"，公民只是被动接受服务的对象与欣赏服务的顾客。其实，地方政府服务的真谛是以民为本与实事求是。政府如果只强调自己供给了什么，不在乎公民真正需要什么，只强调自己的真诚程度，忽视了民众的困难程度，那么，即使地方政府提供了服务，民众也不一定见情，不一定会满意，由此导致公共服务供给与需求之间的错位与失衡。这种重给付轻回应、重主观轻客观的单向性服务模式，完全有悖于服务型政府本质。所谓客观担待是指以民众的实际需求为出发点，以资源的现实存量状况为基点，通过与民众互动，了解与辨识民众需求的局部与整体之分、明确与掌握民众困难的眼前与长远之别，来制定公共服务政策、采取公共服务形式、安排公共服务内容。这样的客观担当必然"接近地气""贴近民心"，必然获得民众的认同与回应。地方政府从主观服务向客观担待的转变，是检验究竟以政府为本还是以民众为本的分水岭。要实现这种转变，需要纠正封闭式的政府工作方式，克服自以为是的思维方式，摆脱主观性的领导方式，杜绝强制性的管理方式，在完善政民互动、长效互信的基础上，配套民众参与机制与监督服务机制。可见，地方政府的客观担当是反映民意、关注民生、符合民心的措施配套与制度建构。

五 地方服务型政府建设中的制约因素

(一) 复杂转型背景的制约

政府体制改革的理性态度是，充分考虑地方政府所处背景的客观性与复杂性，我国地方政府体制改革面临的制约性因素有如下几个方面。

1. 普遍的求快心态。作为一个现代化后发国家，无论是民族复兴的需要，还是强化执政党政治合法性的考虑，都决定了改革特点是追赶型、跨越式与非均衡性，其中高效率是发展的重中之重。从中华人民共和国成立初期，到改革开放以来以经济建设为中心的基本路线，无不贯彻一个"快"字。正如阿瑟·刘易斯（William Arthur Lewis）所说，"国家越落后，一个开拓型政府的作用范围就越大"，[①] 这在世界范围内是一个通例。客观地说，求快氛围中的发展，总是难以令政府的有限性与有效性两全，在行政权力强力助推改革的过程中，也就极易失却对权力结构的调整和规范，致使体制改革难以实质性触碰。

2. 求稳的大局要求。大国转型面临的一个重要约束是制度资源极为匮乏，在一个旧规矩已打破而新规矩尚未确立，或虽已确立但尚不能有效运行的情况下，为避免社会震荡，最大价值追求必然是社会的稳定。这就是说，地方政府的体制改革只能是在秩序可控的前提下展开。但是，任何真正的改革都是权力利益关系的再调整和再分配，势必存在权力冲突和利益紧张。出于转型期可能面临的无序乃至动荡的担心，最高决策层就不能不来考虑改革的速度，不能不考虑速度与民众及社会承受度之间的关系。故此，妥善调处改革、发展、稳定的关系，便成为各地主政者必须谨慎考虑的重大问题。在发展至上、稳定第一的双重标准驱动下，本应"壮士断腕"的体制改革，就只能表现为小修小补；在心存私心的主政者领导下，甚至干脆表现为裹足不前。

---

① [美] W. 阿瑟·刘易斯：《经济增长理论》，周师铭译，生活·读书·新知三联书店1990年版，第516—517页。

3. 求利的诱惑与羁绊。改革开放以来,各地政府在计划经济时代下习惯性的理想主义色彩,不断遭遇市场机制的挑战,以往求"好"、求"最"的思路虽然受到一定程度的约束,但其根本的思维定式并没有改变。现实的重大实际状况是,分权式的地方政府改革,使得各地政府成为一定意义上的利益主体,开始寻求地方或区域的本位利益,而地方官员晋升的考核标准则由原有的政治忠诚逐步转变成为经济绩效的权重。[①] 在这样的背景下,在求官、求利的驱使下,压力型体制、运动型机制的效能化治理,[②] 实际地演化成地方政治晋升的锦标赛,在很长的改革阶段、在相当的程度上,对地方政治生态产生了深刻的影响。传统行政命令支配的强势与发展晋升的压力,使地方治理的传统方式在强大惯性的作用下,形成经济问题政治化处理或经济问题行政化解决的路径。即一旦地方政府遇到经济问题,经济手段无法解决时,行政手段和政治手段自然而然成为主要的解决方法。现今,仍有相当的地方政府依旧保留并继承了全能主义的大部分政治资源,相当程度的路径依赖仍约束着地方政府的政策过程,并形成了独特的为竞争而发展的政治经济学逻辑。

(二) 体制机制的惯性抑制

1. "悬浮式"结构。所谓悬浮式结构是指在整个改革过程中,改革的动力机制基本脱离社会领域,处于一种"悬浮"于社会之外的状态。[③] 这种"悬浮"包含两方面的含义:一是改革凌驾于社会之上。改革总体上呈现一种居高临下的特点,改革的过程依靠组织化的力量通过官僚体系自上而下地传递,公民只是改革成果的最终享用者,往往是政府在推行改革,公民只是服从和接受改革,而且往往还只能被动地接受。二是改革游离于社会领域之外。改革与社会呈现出一种"游离"的状态:一方面,地方政府改革通常被局限于政府领域,改革在政府和社会之间存在明显的界限;另一方面,作为重要社会因子的公民和中介性组织基本上被排除在外,由于社会力量缺乏有效的通往改革领域的渠道,无法形成改革的重要参与力量,也无法施加影响力。于是,在改革过程中,改革与社会结构之间产生了某种"悬浮效

---

① Susan H. Whiting, *Power and Wealth in Rural China: The Political Economy of Institution Change*, Cambridge: Cambridge University Press, 2001, pp. 74–108.

② 荣敬本:《从压力型体制向民主合作体制的转变》,中央编译出版社1996年版,第17—27页。

③ 沈荣华:《我国地方政府体制改革路径的反思》,《理论探讨》2009年第4期。

应": 由于缺乏制度性的政府与社会关系的互动机制与制度性的架构, 政府改革常常"飘忽不定"; 由于缺乏制度性的对话框架, 难以契合社会的需求与社会发展的整体趋势, 其结果, 要么改革滞后于社会的需求, 要么超前于社会的发展。这种改革的"悬浮"效应, 说明政府没有做好接纳社会参与准备、没有设计好政府与社会的关系, 从而表现出社会主体地位的缺失与政府角色定位的迷离。

2. 战略与策略不够匹配。国家治理, 尤其是转型中的大国治理, 需要通过构建现代民族民主国家的方式来循序推进。[①] 为降低治理成本、提高社会发展的可预期性, 需要确立长远的治理规则和合作机制, 法治是最优的选择, 故此需要依法治国和依法行政。为增强社会发展的活力、最大限度地激励社会的发展潜能, 就需要地方自主创新, 在遵循原则性前提下的灵活性发展。可见, 法治是战略, 自主创新是策略。它们处于不同的两个层面上, 前者是宏观原则指导, 以价值理念规约实践行动, 后者是微观操作实务, 以具体行动展示法治价值。具体而言, 法治追求规范, 创新追求突破; 法治追求稳定, 创新追求变革; 法治追求秩序, 创新追求秩序的调整与重构。由于是处在两个层面的价值追求, 两者本不应存在矛盾。地方治理中如果妥善处理好这一对战略与策略的关系, 就能开拓法治与改革并举的局面。但是, 由于许多地方政府将法治的战略地位降格为策略, 于是, 同一层次上的法治与创新必然构成实际上的矛盾。现实中, 大量的自主创新鳞次栉比、丰富多彩、五花八门, 其中, 不管是真诚的创新, 还是为创新而创新、甚至是伪创新, 都无不与法治的价值定位与导向产生内在的不合, 以至于我国许多地方的法治建设一直滞后, 成为柔性指标、奢侈品, 或被当作花瓶, 或仅仅停留在口号层面乃至阙如, 这便从根本上制约了体制改革的由浅入深、触及内核的路径保证。

3. 改革机制低效。我国的改革大多由政府命令启动与驱使, 具有显著的单向性特点, 这种自上而下、内部层层责任制的改革路向, 由于缺乏来自社会和民众的真切理解和全力支持, 由于缺乏自下而上与自上而下改革的有效对接, 存在严重的改革动力不足, 其可持续性令人担忧, 从而导致这种外源性改革模式在进入深水区时显现出严重不足。正如杜赞奇所指出的那样,

---

[①] 林尚立:《有效政治与大国成长——对中国三十年政治发展的反思》,《公共行政评论》2008 年第 1 期。

中国改革开放政策实行至今，最迫切要面对的问题是：如何创建出一套新的制度，既能保持地方的活力、规范其越轨行为，但又不会让社会和本地社区付出代价；如何制定出一套法治机制，既能维系地方的社区伦理，又实际可行；如何协调好中央与地方的关系，达致彼此真正的沟通。① 然而，实践中这样的良性格局仍未能出现。另外，改革单纯由政府主导，具有明显的单一性，主要表现在改革内容上对经济增长的极端侧重，而在民主政治、文化繁荣、社会和谐、生态文明建设以及民生幸福等方面，则有相当程度的非均衡性和滞后性。至于在治理绩效考核上的 GDP 指挥棒选择上，更是具有突出的封闭性，很难全面衡量地方的实际改革作为。不断强化的 GDP 崇拜，使得服务效果大打折扣，这不能不说是一个极为值得关注的大问题。

(三) 传统社会结构的影响

中国是一个有着 5000 多年历史的、深受传统经济结构和文化因素影响的"熟人社会"。熟人社会以血缘为中心向外延伸的姻缘、亲缘、学缘、业缘以及地缘等，通过亲疏关系实际消解着制度化治理的秩序设计，② 重人伦关系而轻法治程序，千年流传、变化不大。如今，尽管中国的市场经济体制建设已经铺开多年，并取得举世瞩目的成就，但是，中国仍有 8 亿人口生产、生活在农村，仍然处于小农经济状态之中。虽在很大程度上摆脱了计划经济的束缚，但思维方式与生产生活方式的自给自足，所表现的仍是前现代的种种因素，③ 仍然在相当程度上忽视权利，很难有效适应现代化快速发展的需求。与此紧密相连的是我国市场经济起点低、时间短，启动力量不足，政府主导型、目标追赶型和社会解贫型，导致改革难以获取足额的全面发展能量。

中国文化结构上制约更不言而喻。从古而今的圣人人格，作为一种"理想人"模型以性善论为基础，在官僚体系中表现为主奴双重人格。在这样的文化熏陶下，部分地方政府的主政者，对上级是一种秩序化的服从心理和表功心态，对民众则有着先天的优越性和主宰感。这种双重矛盾的文化心理致使"对上负责"有余，"对下负责"不足，这就是常常出现并非符合民意的"半拉子"改革和所谓的"服务"。

---

① [美] 杜赞奇：《从历史和比较的观点看中国改革》，程美宝译，《开放时代》2009 年第 8 期。
② 马长山：《国家、市民社会与法治》，商务印书馆 2002 年版，第 2—5 页。
③ 黄宗智：《悖论社会与现代传统》，《读书》2005 年第 2 期。

六 经济欠发达地区的公共服务探索

我国还有不少地区处于经济欠发达地区，伊春是其中的一个地级市，位于黑龙江省东北部小兴安岭主脉，与俄罗斯隔江相望。行政区划面积3.3万平方公里，下辖1市1县15个区，17个林业局，有汉、满、回、鄂伦春等28个民族，总人口127万。作为中国最大的森林城市，森林覆被率高达84.5%，拥有亚洲面积最大、保存最完整的顶级天然红松原始林群落及110多种极其珍贵的针阔叶树种。伊春空气清新，环境优美，全年空气质量全部达到国家二级以上标准，空气中负氧离子含量极高，城区内每立方厘米平均2.7万个，森林中超过5万个，高于其他都市的数百倍，享有"中国林都""红松故乡""天然氧吧"等美誉。

伊春的城市发展"因林而生，因林而兴，因林而衰，因林而转，因林而起"。"因林而生"是指伊春自古以来的广袤原始大森林，直到清朝末年，小兴安岭仍是"树木参天，绵绵延续，横亘千里，不知所极"的原始景象；"因林而兴"是指伊春曾因林业生产而有过辉煌历史。前后共为国家提供2.7亿立方米的优质木材，占全国国有林区的1/10。有人比喻说，如果把这些木材装上火车，节节排列，可以从中国最北端的漠河到最南端的三亚；"因林而衰"是指长期超负荷承担国家上缴任务，到20世纪80年代中后期陷入资源危机，全市17个林业局中，12个局无林可采，森林工业系统陷入全面亏损，负债率高达83.5%。十几万产业工人下岗，几十万林区人到关内打工；"因林而转"是指面对困境，伊春坚持"保护与发展并行不悖"理念，全面构建以绿色矿业、森林食品、生态旅游为引擎的"3+X"生态主导型产业体系，以经济转型带动城市发展和民生改善；"因林而起"是指伊春按照绿色、低碳、循环发展理念，建设中国最好生态环境的美好愿景。遵循"林业经济林中发展、林区工业林外发展"的思路，伊春开始走上服务绿色、服务健康、服务民生、服务经济的自强之路。

第一，服务绿色。伊春市坚持引导和鼓励企业依靠先进的工艺和现代化设备，坚定走绿色和可持续发展道路，尽最大努力将原生工业矿石"吃干榨尽"，减少矿山废弃物，提高资源综合利用率；坚持因矿制宜的原则，复绿与复垦相结合，最大限度减少矿山开发建设对自然环境的影响，确保生态安全，经过近几年的努力，已开发的矿山基本实现了绿色矿山的目标。

第二，服务健康。伊春市政府抓住"林中"做文章。伊春的林中有丰富的林下资源、伴生资源、空间资源、环境资源，抓住"生态"独特的品牌优势，依托17.7万公顷可利用林间空地，变"砍山"为"种山"，规模化、产业化、集约化发展林下特色种养业，建设了绿色水稻、蓝莓、食用菌、药材、花卉、红松榛子坚果林、特种养殖7条特色产业带和汇源集团绿色产业谷。目前，绿色水稻种植面积达到58.3万亩。建设了全国最大的蓝莓组培、种植、加工和销售基地，蓝莓小浆果种植面积已达到4.9万亩，蓝莓组培苗木繁育能力达到4000万株。全面推广黑木耳专业化、现代化生产，全市食用菌生产规模达到6.7亿袋。种植人参、五味子、刺五加等道地药材，打造"林都北药"品牌，从传统药物向森林保健食品、生物药品、功能饮品方向扩展。目前，药材种植面积达13.1万亩，林下药材改培完成30.8万亩，采集销售野生药材7892吨。花卉种植主要是沿公路沿线及旅游景点大力发展观赏型、药用型、食用型、色素型花卉，打造集观赏、食用、药用功能为一体的旅游观光长廊。目前，已种植万寿菊等观赏作物1500亩。努力打造中国北方最大的红松榛子坚果产业基地，已营造改培红松果林2.4万亩，完成榛子林平茬27.9万亩，种植欧榛40万株。

第三，服务民生。狠抓了野猪、茸鹿、狐貉、森林鸡和冷水鱼养殖，仅野猪饲养量预计今年将突破6万头。北京汇源集团利用伊春市"三沟一河"，投资75亿元建设的集特色种植、养殖、加工、科研、会展、旅游、养生养老等于一体的综合性园区。伊春的顶层设计就是将"汇源绿谷"打造成"生态硅谷"。伊春在初期的"游击式生产、游牧式生活"方式，致使20世纪70年代前的住房大多是板夹泥和半简易砖木结构住房，居住条件非常简陋，到2007年为止，全市棚户区总量达到1176万平方米、23.2万户。伊春市政府持续不断地坚持棚改造，并视为最大的民生工程，已取得明显成果。职工住房条件基本得到改善，近17万户居民告别"板夹泥"，住上了宽敞明亮的新房。在棚户改造中，伊春累计投入3亿多元，建成1000平方米以上的社区服务中心20个，300平方米以上的综合服务站103个，增加文体活动场所和便民服务设施，受到了群众欢迎。同时重点解决回迁户的就业、就医、就学以及用水、取暖等问题。还一定程度增加职工的财产性收入，2010年回迁户依托房产获得贷款6.3亿元。棚户改造使回迁户每户增加1.2万元收入。几年来，全市围绕棚改共升级改造城区机动车道234万平方米、人行道27万平方米，人均道路面积提高了2.45平方米。实施园林绿化项目20项，绿地率和绿化覆盖率分别达到49.8%和54.4%，人均公共绿地面积达到27.2平方米,新建主题公园广场27个,调整原来不合理的城市功能布局。

第四,服务经济。伊春市科学布局"四主四辅"八大园区。立足区位条件、资源禀赋、产业基础等,围绕资源整合、产业互补、功能分区、要素集约、发展集群,谋划建设了"四主四辅"八大产业园区。按照"适度超前、成片开发、有序推进"的原则,采取财政支持、对上争取、延缓缓建办公楼、压缩弹性支出、市场化运作等方式多方融资。两年来,累计投资11亿元用于园区各项基础设施和配套功能建设。尤其是铁力工业园区累计投资5.68亿元,完成了一期规划2平方公里的"七通一平",创造了园区建设的"铁力速度"。截至目前,全市已有铁力、翠峦、嘉荫三个园区晋升为省级园区。一起步就做到调控有序,控制了无序开发。从严把关破坏环境经济效益差的矿山、无证采矿的矿山、存在安全隐患的矿山、非法盗采的矿山、手续证照不完备不齐全的矿山企业,坚决予以关停取缔,并专门成立矿业公司,有计划、有步骤地对全市的探矿权、采矿权进行整合,按照林地平衡原则以及环保各项指标,对探矿、采矿、开矿行为进行规范管理。

由于客观环境制约,伊春市的人口总量在不断下降,但是,地方政府的公共服务质量与体量都在提升。当然,欠缺是难免的,俗话说巧妇难为无米之炊,这需要伊春整个地区的发展思路进行重新定位,才能跟上全国各地服务型政府的建设步伐。

第二节　地方服务型政府建设前沿

在地方服务型政府建设实践中,行政服务中心可以说是最具体、最普遍、最受欢迎的服务形式。行政服务中心是地方政府为了更便捷向公民提供服务而专门新成立的服务平台,就是将省、市、县一级具有行政审批职能的有关部门集中起来,实行一站式办公、一条龙服务,通过办事流程再造,达到简化审批程序的目的,以解决审批程序繁多、收费不规范、服务质量和水平不高的问题,解决门难进、脸难看、事难办以及不给好处不办事、给了好处乱办事等审批不规范、审批标准不统一等一系列问题。十多年来的实践证明,行政服务中心这一平台在有效便利民众办事、提升政府服务能力、改善政府形象方面起到了积极的作用。在服务社会、服务民众的舞台上,展示了便捷的身段、体现了服务的热情、收获了社会的满意,以至于很多人认为是体制改革的标志与旗帜。

一 行政服务中心建设价值评介

行政服务中心的出现和发展是在传统行政体制改革尚不成熟的情况下，体制之外的"增量"，"存量"之外的"新量"，旨在以微观的技术、形式和机制创新开辟出一条新的改革通道，从而为整体行政体制改革创造条件。行政服务中心一经建立就以其便利、快捷、高效、透明的公共服务供给模式发挥着积极的作用，凸显出诸多正向价值。

（一）行政服务中心建设的正向价值

第一，服务理念人本化。行政服务中心将政府内部的诸多职能部门以驻点对接的形式整合、集中，通过窗口服务提高办事效率和服务质量。这种"现场办公"的形式，打破了传统行政机制下"门难进、人难找、脸难看、话难听、事难办"的不良现象，使行政服务人员与群众直接对话和互动，有效促进政府树立为民服务、以人为本的行政理念，拉动整个行政系统的观念、态度和作风转变。

第二，服务机制优质化。行政服务中心的出现就是因为传统行政体制改革难以取得实质性突破，而从机制改革开辟新路的理性选择，它以实现"一站式""一条龙"服务为基本目标，通过引入质量管理体系、强化监督机制、建立电子政务、再造服务流程等实现机制创新，从而有利于提高服务效率、降低服务成本、增加服务效度和信度，并能够以机制创新倒逼体制改革，为触动存量创造有利条件。

第三，审批权规范化。审批权的优化主要包括集中和整合，这是行政服务中心建设中最关键的一环。集中就意味着需要囊括本地政府绝大多数的审批职能，这既能明晰地方政府审批权能的范围和边界，也能够对权力进行集中监督；整合意味着审批权在集中的基础上重新进行调整和组合，既能将原来相对分散、关系混乱的审批权关系有效厘清，也能按照市场发展需求和群众实际需要，对审批权进行合理设定和配置，促进审批权深入改革。

第四，部门关系明晰化。探索重构部门之间关系，为重新界定政府职能的体量与边界提供试点。以行政服务中心为综合性制度平台，支持和鼓励各公共服务部门进驻，一方面明晰部门窗口与原部门之间的关系，另一方面重新建构各部门窗口之间关系，打破部门利益"柏林墙"，摆脱部门化、碎片化、分散化、差异化的旧体制弊端,从跨窗口合作推进到跨部门协同,体现行政服务中心从机制嬗变走向体制改革的努力。

第五,地方服务型政府构建导向化。行政服务中心虽然仅是行政改革整体内容中的一部分,但作为增量改革的活载体,其改革价值本身已然超越了自身改革的范畴,可以融入构建服务型政府的整体框架之中。更重要的是,行政服务中心以增量改革为路径选择,以机制创新为突破口,通过"增量"促动"存量"变革、以机制创新倒逼体制重构,从而为优化地方政府职能、完善组织结构提供了一个新的路径。

第六,空间体验亲切化。行政服务中心提供了亲切、平等的空间体验。在政府大楼前,武警持枪站岗;在楼内,门卫层层守卫,普通人要想进入并非易事。民众面对那份庄重和威严,或多或少会仰视它,不由产生距离感和压迫感。而行政服务中心的开放式,大大有利于民众自由出入。与政府大楼武警、门卫截然不同的是,咨询台或服务台映入眼帘,不免让人心生暖意,产生平等感和亲切感。服务必须是基于地位平等,行政服务中心将姿态放低,更具有为民服务的主动意涵。虽然仅仅是小小的空间体验,布局办事平台、设计办事流程都显得那么自然,但是折射出来的却是行政服务中心开始尝试真正的以人为本,从公民体验出发、从公民舒适出发,明明白白争得了公民满意。

(二) 行政服务中心建设的价值偏移

在行政服务中心取得积极成效的同时,也出现了不少新的问题。行政服务中心毕竟只是增量改革的载体,主要表现为机制层面,必然受到"体制存量"的种种要素制约,地方政府行政服务中心建设中对于服务型政府深刻内涵的理解不够,同时受到现有体制的约束,致使其价值的不同程度发生偏移。

第一,增量改革的路径异化。地方政府或出于政绩的考虑,或出于思维的简单,往往将关注的重点倾向于"增量"的扩展。如到2011年年底,由省延伸到乡镇,全国行政服务中心已经超过6000多个,体量越来越膨胀。地方政府之所以注重行政服务中心数量、层级与规模的扩展,甚至一些地方出现了高规格、超规格装修的现象。原因主要有两个方面:一是行政服务中心在实践中确实发挥了积极作用,最大限度地满足了民众的眼前需求,也稀释了民众对当地政府诸多行为普遍不满的逆反心理。因此在一些人看来获得了不断扩张的正当性和必要性;二是行政服务中心在架势上满足了地方政府的政绩诉求,这种最易见效、最易出彩,"看得见、摸得着"的行为,对于提升地方政府的考评指数具有实质性意义,这也是地方核心行动者(地方主要领导人)普遍表现出较高政治热情的内在原因。例如江苏省有一个县,总人口只有 37 万人,但新建的行政服务中心总面积竟达 5.5 万平方米,是 2019 年度全国县级行政服务中心面积总量之首。但是,地方政府对"新量"增加的过度热情直接导致了行政服务中心本质内涵的片面化、简单化,淡化了增量改革中自发形成的服务民众的主流导向,从而在实践中形成"华而不实"的创新孤岛,根本无法构成对存量改革的有效倒逼,也无法使"增量"与"存量"之间形成合力,共同推进体制改革的整体深入。

第二,工具理性制约了价值理性。德国著名社会学家马克斯·韦伯(Max Weber)把理性分为工具理性和价值理性。工具理性着重考虑手段对达成目的的有效性和可能性。我国行政服务中心的工具理性主要表现有:(1)增量改革本身只是体制存量派生的一个组织载体,面对日益增加的行政干预与民众诉求,往往满足于服务机制的扩张与更新,却无法超越原有的存量框架,无法触动旧体制核心,尤其是无法摆脱地方核心行动者的个人意志。(2)增量改革缺乏诱致性制度变迁的自身推力,它只是一个典型的工具属性,是生长在原有体制存量边缘的载体与平台,自身最大的功效只能停留在效率、快捷、绩效等形式上,主要满足于执行的最佳方案、最佳手段、最佳时效,却无法直接面对体制。(3)增量改革的运行方式与评价机制往往以办事速度之类的易观察、易测量的"成效"作为实际考量的依据,忽视了行政改革中公平、正义等价值因素,使机制创新难以触动体制存量,从而制约公共服务目的、意义和价值的真正体验与追求。

第三,改革中的机会主义倾向。这里的机会主义倾向主要指地方政府对服务理念、执政理念与改革价值认识不足,只限于技术替代、质量管理、流程再造、电子政务等机制创新,只注重外在形式的建设,而忽略如何真正为民服务的内心认同和目标追求。出现了凌驾于社会之上、游离于社会之外、背离社会发展方向的"悬浮式"改革困境,[①] 主要表现在两个方面:一是在硬件建设上无原则的投入,各地行政服务中心大厅越建越气派,大大超过了国家对政府部门办公楼建设的相关标准;二是对民众需求无原则的承诺,过

---

① 沈荣华:《我国地方政府体制改革路径的反思》,《理论探讨》2009 年第 4 期。

度、过分、过火。过度主要是指服务内容超过了职能边界，过分主要是指服务功能超过了正常的职能范围，过火主要是指服务形式超过了一般的心理追求。过度承诺主要来自于社会舆论和上级领导的压力，表现在理解和执行服务宗旨中呈现极端化倾向，表现出现实的被动性、工作人员的疲惫性以及超越时代的现实性。

第四，增量改革成果的非合理性应用。实践中非合理性倾向主要表现在被利用、被同化、被牵制等不同程度的消极元素蔓延。所谓被利用，就是一些地方政府通过新载体数量的增加来扩大原有组织规模，从而扩大自己的领导权。诺斯说，"如果预期的净收益超过预期的成本，一项制度安排就会被创新"，[1] 行政服务中心创收的民众口碑与地方政绩，构成地方政府的政治收益，远远超过了预期成本，于是，利用民众对增量改革的热情，遮掩并淡化了存量改革的目的；所谓被同化，就是一些地方政府将行政服务中心的成绩视为地方政府收益与地方稳定的资源，增量改革的预期收益越大，给地方带来的实际收益也就越大。日趋倾向稳定的增量改革者，一旦意识到改革会触动其既得利益，那么，增量改革的既得利益者有可能成为改革的阻力，并逐渐被同化为新的"体制存量"的同伴与帮手。传统的行政体制继续沿着既定的方向不断自我强化，并在可预期的未来，尚无新的体制能够替代。行政服务中心无法突破旧体制框架，反而在强大的"制度惯性"面前，越来越呈现出被旧体制同化的可能性。所谓被牵制，就是一些行政服务中心建设受制于原公共服务体系，受制于公共权力的划分，受制于体制改革的进程，从而使行政服务中心增量改革的发展，陷入"牵一发而动全身"的连锁困境。这一困境产生于多年增量改革积累下的局限性，也产生于增量改革所依托的体制背景的滞后性与保守性。现实中的增量改革已到了被自身发展所打断的时候，到了增量改革被逼近质变的临界状态，这集中表现在优质服务形式已经明显要求优质服务的本质回归，要求存量改革跟进增量改革的进步，并将非主流成就上升为主流成效。然而，目前的增量改革被存量改革所牵制，无法突破存量中的固有矛盾与困境，从而造成其自身发展的阻隔，无法彰显增量改革的本质价值。

---

[1] [美] R. 科斯、A. 阿尔钦、D. 诺斯等：《财产权利与制度变迁：产权学派与新制度学派译文集》，刘守英等译，上海人民出版社1994年版，第274页。

二 行政服务中心体制思考

行政服务中心的实践运行机制得到了不断的发展与完善，在为民服务方面扮演着越来越重要的角色，有力地推动着中国特色服务型政府的建设进程。但是不可否认，当前我国行政服务中心的建设依然存在着一些亟须解决的问题，其中主要体现在体制改革与机制改革之间的内在张力问题。行政体制改革的主要价值是政府权力合理性的提升，行政机制创新的主要效应则是政府管理有效性的提高。各地行政服务中心建设的初衷出于体制改革，然而，行政服务中心窗口传递流程之间的公开与协调，窗口与原行政部门之间权力运作与衔接，主要关系到行政效率的提高与服务态度的改善，却不涉及现存整个行政体系的主体格局，也不涉及原行政部门的主体角色，更没有在合理性与效率性之间构成初衷与结果的统一，因此，基本属于机制完善。体制改革的主旨必须考虑体制合理性与制度合法性之间的匹配，其价值就是在制度与权力运行结构中，考虑权力结构的体量大小与组织结构的适应程度，其意义无疑高于并优于单纯的机制与技术创新。这就是说，从一开始，就不应该将"一站式"服务设计成机制层面的创新，而应该结合职能转变和行政改革的进程，赋予其更多的体制改革使命。具体来说，体制和机制之间的张力主要表现在以下几个方面：

第一，关于"一站式"服务的属性与地位问题。当下，人们普遍将"一站式"服务机构作为行政许可的新主体。我们不妨审视其主体资格。《行政许可法》第24条规定，行政机关可以在其法定职权范围内，依照法律、法规、规章的规定，委托其他行政机关实施行政许可。受委托行使行政许可权的其他行政机关，按照委托的范围，有权以委托行政机关的名义行使行政许可权。显而易见的是，"一站式"服务机构不是其他行政机关，而是一种事业编制的组织，有的地方甚至是没有编制的临时组织。于是，"一站式"服务机构的主体资格的合法性就受到质疑。《行政许可法》第25条规定，可以由某一个行政机关集中行使相关行政机关的相关职能，也没有回答类似"一站式"服务机构的合法地位。《国务院批转关于行政审批制度改革工作实施意见的通知》的规定也同样没有正面回答"一站式"服务机构的合法性。如果从制度创新角度或者从存在就是合理的角度来讲，实践已经证明了这种载体的高效性与便民性，但是，这种载体是在沿承现有行政结构体系的前提下的形式创新，它没有触动旧的行政职能结构，也没有触动旧的行政体制弊端。要知道,传统行政体制使行政许可权限横向分工过细、部门职责交叉严重,多头审批现象突出;行政许可纵向分权不明,只有大小之分,没有性质之别,从而显示出严重的多层审批问题;委托行政许可行为不规范,结果导致滋生腐败;行政许可"内部程序外部化"倾向比较严重,导致一个行政机关的多重许可。"一站式"服务方式的创新应该旨在减少多头行政许可,而不应该满足于多头行政许可的集中。

第二,关于"一站式"服务机构的服务职能与边界问题。政府的职能范围应该有多大?弄清这个问题是政府体制创新的前提。从公共行政学理论看来,政府作为公共权力的行使者,必须为公共权力的所有者服务,政府通过提供公共服务来达到为私权服务的目的,而且这种服务决不能损害个人的合法权益。我国目前主流的舆论倾向充分肯定了"一站式"服务的快捷高效,但笔者认为,这种快捷高效也只是相对而言。快捷高效的行政许可虽然便利了行政相对人的申请,也只是对旧体制下官僚主义的否定。"一站式"服务仅仅改变了行政许可权行使的形式,并未触及政府职能的边界,也未触及行政体制的核心,只是一种技术层面上的创新。不仅如此,"一站式"服务方式也疏忽了《行政许可法》的立法目的。行政许可法不仅要求便捷地为民众服务,而且也规范行政许可权实施主体的资格与权限。行政许可制度的改革,不能仅仅满足于行政许可权的高效性,还应该明白政府行政许可权的有限性及其必要的权威性。政府不能继续垄断行政许可权,却也不能放弃应有的权威性。其中二个关键的指数是:如何把民众自己能够审批的事项交还给社会组织,如何通过市场机制有效实现公共服务的增量与优化。当然,由于市场化程度不同,"与西方国家的政府职能调整重在解决如何提高服务质量不同,我国政府职能转变重在解决由谁来承担社会管理和公共服务职能,同时也要提高服务质量"。[①]

第三,"一站式"服务效果的标准与评估问题。规范了政府职能边界,还需要明确客观可行的绩效评估标准。评判服务效果的标准主要有三个:一个是法律标准。作为一种普遍有效的理性规则,法律的确定性和权威性可以使得"一站式"服务在运作时有一个基本的实施标准,从而为服务效果的实现奠定基础。另一个是成本标准。成本标准主要包括经济意义上的成本和政府与公民关系上的成本。经济成本主要考虑资源配置的有

[①] 应松年、杨伟东:《不断把政府职能转变推向深入》,《中国行政管理》2006年第4期。

效性，长期以来，政府管理"只算政治账，不算经济账"，忽视成本核算环节，从而造成政府投入与产出的失调。新公共管理理论主张政府要通过成本—效益的核算与比较，制定公共服务的一般标准，并在此标准体系下，使"一站式"服务达到最优化。政府与公民关系上的成本指的主要是社会管理成本，在新的体制下，政府与公民建立在对话基础上的互动合作，相对于过去政府与公民之间建立在对抗基础上的服从，其社会管理成本显然要低很多。[①] 还有一个是利益标准。公共选择理论认为，"官僚和任何其他人一样，不是受到公共利益的激励，而被认为是受到其利己利益的激励"。[②] 出于这种自利性，传统政府体制中官员之间、部门之间、层级之间的利益关系十分复杂。行政服务中心能够在权力、组织、人员等方面实现改革，就能够有效推动政府内部利益关系的简化和理顺。通过树立为民服务的理念，强化以公共利益作为政府行为的根本目标，将官员"追求个人利益的行为保持在共同利益界限内"，[③] 并在权力调整、组织优化、人员精简的过程中重新架构人员之间、部门之间的利益关系，消除原有的利益隔阂，实现公共利益增值。

第四，现有机制与过去计划体制遗留之间的关系问题。在行政服务中心体制完善的进程中，需要重视和解决的关键问题是如何摆脱对原有体制的依赖，也即所谓的路径依赖。正如诺斯（Douglass C. North）所言"人们过去的选择决定了他们现在可能的选择"。[④] "路径依赖"类似于物理学中的"惯性"，一旦进入某一路径，无论是好、是坏，就可能对这种路径产生依赖。关于自我增强机制（self-reinforcing mechanisms）和路径依赖的研究，最早是由阿瑟（W. Brian Arthur）针对技术演变过程提出的。阿瑟总结出四种自我强化机制：（1）巨大的启动或固定成本，这意味着增加产量能降低单位成本；（2）学习效应，能改进产品，或在产品的受欢迎程度增加时能

---

① 沈荣华、杨国栋：《论"一站式"服务方式与行政体制改革》，《中国行政管理》2006年第10期。
② ［澳］欧文·E. 休斯：《公共管理导论》，彭和平译，中国人民大学出版社2001年版，第13页。
③ ［美］詹姆斯·布坎南：《自由、市场与国家》，平新乔、莫扶民译，生活·读书·新知三联书店1989年版，第53页。
④ ［美］道格拉斯·C. 诺斯：《经济史中的结构与变迁》，陈郁、罗华平译，生活·读书·新知三联书店1991年版，第1—2页。

降低成本；（3）协调效应，这有利于与其他采取类似行动的经济主体合作；（4）适应性期望，产品在市场上受欢迎程度的增加，将能增强人们有关该产品将更受欢迎的信念。[①] 诺斯把前人关于技术演变过程中的自我强化现象的论证推广到制度变迁方面并提出了制度变迁的路径依赖理论。

在行政服务中心建设中克服路径依赖的弊端需要从两个方面入手：一方面是继续创造新量，通过改革体量的增长开辟出新的制度发展之路，摆脱对旧体制的依赖。而创造新量的关键就是推进制度创新，一是完善法律制度，从法律上规定和保障公共行政服务中心的合法地位和职能权限，并且要随着时代发展的要求不断完善和认真执行《行政许可法》，贯彻落实依法行政；二是建立明确的公共服务责任制度，强调"为人民服务就要为人民负责"的理念，将责任的追究落实到个体和机构，为权力的运作提供必要的保障；三是继续加强机制创新，通过引入质量管理、流程再造、信息公开等内容，加强机制创新的力度和深度，保证行政服务中心运转协调、规范。另一方面是触动存量，用新量中的积极因素推进旧体制中消极因素。首先，触动存量的前提是获得上层的认可。行政服务中心的出现是地方政府自觉创新的行为，它虽然能够获得地方民众的认可，体现合理性的内容，但却缺乏合法性的基础，从而无法承担将机制改革转化为正式体制的重任。因此，行政服务中心建设必须进入上级政府和中央政府的视野，实现从局部到整体、从地方到全国、从试验到推广的全局意义上的发展，以获得法理性的认同，为从机制到体制变革积蓄能量。其次，窗口设置带动组织结构扁平化建设。行政服务中心是多元窗口集中整合的综合性平台，它将原先分散在各个职能部门的行政审批权或许可权集中到一个组织中，从而实现组织管理幅度的扩大和组织层级的减少，推进组织扁平化进程。更重要的是，以窗口与原职能部门之间关系调整为桥梁，以权力重新划分和整合为核心，行政服务中心扁平化趋势能够有效推动原政府部门的机构重组，组建专业化、规模化的职能部门，提高政府的整体效应，最终实现组织整体扁平化的建设。再次，流程再造触动权力结构调整。行政体制改革的关键在于推进政府职能转变，而流程再造则是当前体制创新的基本选择。它明确了政府职能定位，通过业务流程重组

---

① [美]道格拉斯·C.诺斯：《制度、制度变迁与经济绩效》，杭行译，格致出版社、上海三联书店、上海人民出版社2008年版，第129页。

来界定权责隶属。① 行政服务中心以流程再造为重点，依据业务办理过程中的需要，保证窗口设置中的充分授权，从而在权力体量、边界上与原职能部门厘清界线，并且在跨窗口协作过程中，依据权属性质差异，明晰窗口之间的合作关系，使其能够在"一站式"服务流程中合理定位，从而以机制为突破口真正触动权力结构的优化调整。

三 行政服务中心机制修缮②

目前，行政服务中心的窗口设置及其运作的效益有限，其意义似乎不会导致由机制创新向体制改革转变的质的飞跃。然而，阻力较小的机制创新却催生了行政生态的深刻变化，它甚至以整体的形态表现出对体制改革的影响与诉求。在此，我们试图从经济、社会、政治、法治、管理等方面，分析行政服务中心机制修缮与体制改革之间的关系。

1. 经济因素。我国行政服务中心建设存在三种经济性通病：第一，相当一部分地方出于局部利益的需要，以便利的行政优势吸引外来投资。往往为了提升经济总量，在便捷中自愿降低了审批门槛，从而导致行政服务中心成为地方保护主义的工具；第二，增加了政府的运行成本。行政服务中心作为一个新设平台，不管其本身如何有效、有序，客观存在的两个审批主体、两套审批体系，它无法排除政府旧审批体系的照常运转，这就客观导致行政成本的大大增加；第三，行政服务中心营造了公开与透明，但是，两套体系运转中客观存在着制度空间与衔接缝隙，局部的有序无法完全杜绝新旧系统之间滋生腐败的可能。

2. 社会因素。行政服务中心的有效性之所以获得民众与社会的普遍认同，根本原因在于对比度的起点过低。旧体制造成的"门难进，人难找，脸难看，话难听，事难办"的衙门作风，使人们对官僚主义深恶痛绝。相比而言，行政服务中心从形式上解决了多头审批、循环审批、诸侯审批、"黑箱"审批等问题，人们满意了办事的便利与便捷。但是，这种满意主要表现为对效率的层面，并没有关注到权力结构之间是否合理，也没有关注到与市场经济发展是否配套，更没有考虑到如何将以部门为中心的服务模式向

---

① 申振东：《以政府流程再造推进地方政府行政体制创新》，《中国党政干部论坛》2008 年第 7 期。
② 沈荣华、王荣庆：《从机制到体制：地方政府创新逻辑——以行政服务中心为例》，《行政论坛》2012 年第 4 期。

以公众为中心的服务模式转变。① 显然，社会结构的演变趋势倒逼着行政服务中心尚未解决的体制元素。

3. 政治因素。行政服务中心的政治因素主要表现在三个方面。第一，行政服务中心的服务制度化回答了政府权力的来源与本质属性。在这个平台上，服务的主动性取代了被动性、服务的开放性取代封闭性，并在向申请者追问效果满意度、流程健全度、精神饱满度、规范到位度中理顺了政民联系，回归为人民服务的宗旨；第二，行政服务中心的窗口设置数量质疑了政府权力的体量与边界。在这个平台上，各地审批窗口或多或少，数量不一。这既是对地方政府审批制度的被动接受与承认，也是构成对地方政府职能转变的疑惑与挑战；第三，行政服务中心的窗口功能专属化，挑动了原行政部门的审批权限的重新界定与变化。从发展的趋势看，原职能部门的审批权流向窗口会越来越完整与充分，但是，问题在于如果职能部门的审批权全部流入窗口，那么，原行政审批部门将成为什么角色？还有没有必要继续存在？以什么方式与内涵存在？一系列具体问题将提上议事日程。

4. 法治因素。行政服务中心的法治因素直接源自《行政许可法》。该法第 26 条规定："行政许可需要行政机关内设多个机构办理的，该行政机关应当确定一个机构统一受理行政许可申请，统一送达行政许可决定。"这是一个行政部门可以设立一个窗口的法律依据。该法 26 条还规定："行政许可依法由地方人民政府两个以上部门分别实施的，本级人民政府可以确定一个部门受理行政许可申请，并转告有关部门分别提出意见后统一办理，或者组织有关部门联合办理、集中办理。"这是多个行政部门可以设立一个综合窗口的法律依据。显然，行政服务中心具有主体合法性地位。但是，《行政许可法》没有回答各级地方政府审批职能的总量，也没有回答同级地方政府审批职能是否应该统一还是允许差异；更没有回答窗口与职能部门的权力关系。显然，法律不等于法治，《行政许可法》赋予了行政服务中心设置窗口的依据，但是，缺乏配套的规范，也没有直面改革现实中的具体问题，更没有提供实践的系统规范。实践挑战了法律规范的滞后，各地行政服务中心公开、透明的流程，普遍应用全程记录、监察监视、审批结果的公开形式，不仅表达了为民众服务的初衷与立场，还构建了法治的基本环境，更在一定

---

① 邓雪琳：《整体政府与我国行政服务中心建设研究——以广东省中山市为例》，《财经问题研究》2010 年第 8 期。

程度上形成法大于权、法高于权的态势，从某种程度上讲，实践已经将法治因素植入了行政服务中心的创新之中。

5. 管理因素。有效的管理主要取决于三个变量，即耦合的有效性、运行的同向性以及信息传递的畅通性。耦合的有效性就是相互配套的有机性，取决于统一系统中各个环节链接的合理度；运行的同向性就是高效、灵活，取决于价值理性与工具理性之间的重叠度；信息传递的通畅性就是不允许信息阻隔或拖延，取决于政府与社会互动的通畅度。行政服务中心不仅集中了上述三个管理元素，还在自身内部的组织结构扁平化与对公众服务的组织文化塑造上独具匠心。各地行政服务中心不仅基本具备审批环节的有效衔接、运行机制的高效便捷、信息传递的畅通无阻的优势，同时还涵盖了结构扁平化、行为公开化、服务制度化三大创新因素，因此，行政服务中心机制修缮中已经展示了体制改革的端倪。而行政服务中心管理流程的改变，更凸显了机制创新拷问体制改革的逻辑。[①]

四 行政服务中心结构再造[②]

行政服务中心机制嬗变中到底蕴含了多少体制改革元素？笔者认为，当地政府的审批职能能不能全部集中在行政服务大厅、如何明确窗口与原行政部门之间的权力结构关系、如何设置服务大厅窗口之间的协作关系、如何将整个行政审批流程置于全局性的监督之下，就是行政服务中心面对的体制问题。其中，行政职能转变是关键，价值核心就是杜绝行政职能"越位""错位""缺位"。

第一，将当地政府的审批职能全部集中到行政服务大厅，就是为了解决政府审批权的体量与职能边界问题。行政服务中心的窗口到底设多少，不应该标准多元化，与行政机构改革同步就是设置多少窗口的唯一标准。政府的审批权限到底应该多大，不仅直接关系到政府职能的定位，更关系到政府与社会的关系。应该归政府审批的事，就必须由政府集中管好。当然，行政审批职能范围的准确定位，从完善进程来看应该是一个变数，这就需要一张时间表，根据客观实际来确定。原则上可以按照这样的逻辑：

---

① 沈荣华、王荣庆：《从机制到体制：地方政府创新逻辑——以行政服务中心为例》，《行政论坛》2012年第4期。

② 同上。

一是根据市场经济的发展态势。市场自己能够把关的,政府就不要插手;市场自己不能把关的,就由政府审批;二是根据社会发展的客观规律。社会自己无法审理的事项就由政府审批,当社会自己可以审理,就从政府审批职能中退出来交回社会管理;三是根据文化与政治领域的改革状况,这是从更为宏观的角度去审视政府的审批职能。政府不该管、管不好的事完全移交给市场与社会,不仅可以节约行政成本,还可以促使市场成熟、社会进步、提升社会的自主能力与公共管理能力。因此,行政服务中心审批窗口数越明确,就越能说明政府审批职能的准确,就越能倒逼行政机构的改革,进而从行政组织架构角度倒逼行政体制改革。当然,这张时间表是否准确、这班改革的列车是否准点,关键取决于公民的自觉度、市场的自发度与社会的自治度,还取决于地方政府能否审时度势,正确面对自己的眼前利益与历史使命。

第二,如何明确划分窗口与原行政部门之间的审批权限,就是解决行政权力结构关系中的交叉与纠缠。行政服务中心的转身,使现实中的三大运行模式归并为一。窗口没有审批功能的"收发室"现象已经成为过去或者必将成为过去;窗口拥有一定审批功能的"分工制"在行政服务局中,已经面临危机,迟早要被窗口拥有完全的审批功能所代替。问题就在于,窗口功能的这种转变,将会使原行政审批部门的职能空壳化,而机关本身却依然存在。如何面对原行政审批部门,是体制改革面临的瓶颈。笔者以为,解决原行政审批部门空壳化,不仅为了减少扯皮、节约行政成本,还在于重组与完善行政系统,以适应不断发展的社会与不断成熟的市场。问题是,从撤销原审批部门中的审批机构到将原审批部门整体建制撤销的行政重组,它首先涉及原审批部门的权力与利益。目前体制改革的最大障碍就是"政府部门权力和利益格局",因为,政府有谋求私利的冲动。[①] 用什么方法来遏制这种冲动,除了需要政府对改革逻辑的准确把握以外,尤其需要民众的参与觉悟与改革决心,这需要一个艰苦的缓冲过程。我们不妨也设定一张推进日程表,具体把握三方面变数:一是原行政审批部门的属性。是继续保留行政机关性质、还是转变成事业单位或者成为社会中间组织;二是原审批部门的职能转换。是充当保障审批公正、有效的技术检验者、还是担任协助审批透明、公开的监督者;三是及时出台相关法律,以规范的形式保护原审批部门

---

① 赵义:《政府如何不谋私》,《南方窗》2012年第3期。

人员的待遇与福利，以法律的权威巩固机构改革的成果。除此之外，还需要有三方面力量的契合。一是地方党组织积极支持并鼓励地方政府改革的定力、魄力与推力；二是指导原审批部门工作人员正确面对改革走向，依靠并激励他们的明智、理智与睿智；三是社会力量的支持，形成全社会的改革锐气、正气与志气。如果原审批部门的角色重构到位，机构改革的成果必将以大踏步地气势推进行政体制改革。

第三，如何设置服务大厅窗口之间的协作与配合，这个问题看似机制性完善，实是行政体制内核，其中涉及三个方面的关系：一是行政服务中心成为政府审批权的集中地，不仅仅是将分散审批变成集中审批，更重要的是如何评判审批权力结构；二是行政服务中心的核心起点就是公共服务，这是必须始终坚持、丝毫不能背弃的价值导向，因而需要解决审批与服务的关系；三是在法律不足的情况下，如何从机制嬗变到体制改革进路中积累合法性能量，并赋予改革的法治设想，使这个新的行政平台与社会发展相匹配，从而探索改革与法治的关系。从服务大厅窗口之间的协作关系引发出的三点思考，使我们意识到，行政服务中心已经成为新一轮行政改革的前兆与缩印，几乎涉及行政体制改革的核心内涵。现成的局部实践是将职能相近的窗口合并成一个综合窗口，实现"服务大厅大部制"，由"多手"审批转变为"一手"审批。那么，职能不相近、不相关的窗口是不是也要合并？大部制改革的真实内涵是什么？笔者以为，"服务大厅大部制"一方面为了简约审批主体结构，摒除机构之间的互相扯皮；另一方面旨在精练审批主体体量，消除"人浮于事、机构臃肿、人员膨胀"的官僚主义通病，再者就是精确审批主体体能，将原来各行政部门转移出来的审批权力合理重组，使之有效、高效，从而提升审批主体的合法性地位。可见，展示体制改革深刻底蕴的"服务大厅大部制"，不仅体现审批权力的准确性与相应权力的集合性，还从透明、公开、有序中进一步展示了政府职能的正位。"服务大厅大部制"的价值在于制度设计者的艺术性与社会发展的紧迫性无缝对接，在于制度执行者的责任性与为人民服务主旨性的本质相连，还在于通过制度申请者的参与热情与高度认同，保障新一轮体制改革的合理延续。

第四，如何制约行政权，这将是行政体制改革的终极目标之一。要实现监督的有效性，必须整合监督主体之间的力量。笔者以为，整合四方面的力量，可以构筑起有效的监督法网。一是地方党组织监督的全面性与权威性，二是服务对象监督的直接性与敏锐性，三是原审批机关中相关机构与人员监督的专业性与熟练性，四是行政系统中原监督机关的专职性与法制性。行政服务中心作为行政审批的集中平台，社会主体应该有自由、充分的评判权利。但是，现实中，公民或企业来到服务大厅，目的是想尽快获得审批，至于窗口接受申请以后如何运作、如何流转、如何把握审批条件与标准，当事人无从知道，往往处于被动、等待的状态。由于公众参与不够，使行政服务中心的实际运行与设计初衷往往脱节，甚至直接导致公共服务导向的偏离与变异。当然，单靠审批对象的监督是不够的，还必须将原行政审批部门中机构撤销、人员分流中产生的专业性监督力量整合进来。由于他们与行政审批有职能与业务的关联，因而具有专业性的监督功能。上述四方面力量构成体制内与体制外的监督合力，并全部纳入法制轨道，从而建构一种明确、完善的行政责任制度，防范改革形式主义、改革片面主义与改革人治主义倾向，通过法治权威来巩固改革成果。

党的十八届三中全会通过的《中共中央关于全面深化改革若干重大问题的决定》指出，进一步简政放权，深化行政审批制度改革，最大限度减少中央政府对微观事务的管理，市场机制能有效调节的经济活动，一律取消审批，对保留的行政审批事项要规范管理、提高效率；直接面向基层、量大面广、由地方管理更方便有效的经济社会事项，一律下放地方和基层管理。按照这一思路，从行政服务中心改革的进路中，可以推演出我国行政管理体制改革的新格局：第一，行政服务中心统一改组为行政审批局，集中地方政府的所有审批职能，成为一个专门负责市场准入的、有责有权的专职审批机关。第二，地方党组织的专门机构以及原行政审批部门中的其他机构与分流人员，加上原行政监督机关，合并成一个与行政审批相配套的综合监督机关。社会主体，尤其是由行政审批申请者构成外围的监督者。第三，另行组建"综合执法服务局"。这是一个专门负责维护市场秩序、实施违法处罚、提供公共服务的执行机关，其中，将所有执行与服务职能归并成若干个单方向、宽口径的专职执行机关。执行机关不再包含决策职能，主要是为了割断执行中的本位考量与利益诱惑，保障政府的公共性，保证执法行为更符合人民的利益与需求。第四，另行组建"综合决策局"。将决策职能内设成若干个单方向、宽口径的专职决策机关，决策机构不包含执行职能，以保证决策更科学，更专业，更加符合公益。这样，将形成综合决策、集中审批、综合执法（运行、处罚）、全面监督的地方行政管理新格局,如图 2-1 所示。

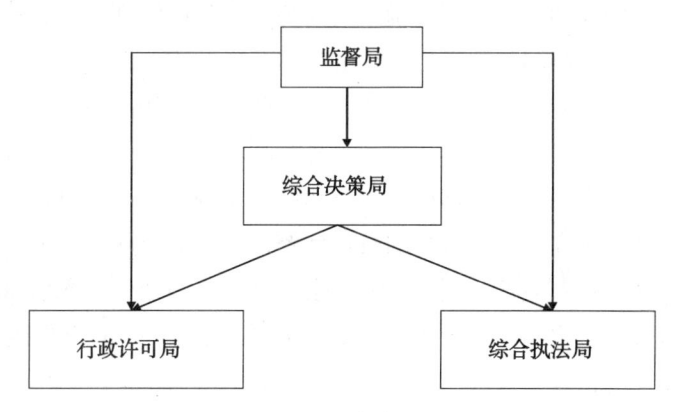

图 2-1 行政服务中心新格局

行政服务中心的流程再造是众所周知的,其窗口之间的运行关系却不为大家所关注。从形式上看,窗口是部门的前移,从权力内容上讲,窗口就是部门。但是,在行政服务中心的平台上,窗口与部门之间的结构关系发生了微妙的变化,其一,窗口比部门的权力关系简单,其功能的单一性,使得与其他窗口之间的协同显得更为顺畅;其二,窗口比部门的流程透明,其运作的公开性,使得与其他窗口之间的连接显得更为有效;其三,窗口比部门的姿态低调,其行为的服务性,使得与其他窗口之间的信息共享显得更为迫切。窗口之间的顺畅协同、连接有效的共同愿景与作风,保证了信息共享的稳定性。组织之间关系越紧密、越稳定,协作的意愿就越诚挚,协作的效果就越显著、越和谐。行政服务中心初步实现的跨部门政务协同,为建设整体政府提供了一个结构性的试验场。具体表现为:第一,部门之间的利益关系共建。政府部门虽然是公共部门,但也有自利性,也会计算利益得失,不同部门之间的利益关系是政府部门壁垒的最重要原因。"政务协同的信任关系建立最终取决于协同主体间利益的同构性,只有利益需求一致,才能形成协同的发展目标并产生协同行为。"[①] 在行政服务中心,从现有的架构与表现形式看,一定程度上已经打破了政府部门的既定利益结构。各地行政服务中心虽然审批职能集中的质与量都不尽相同,但是,却在尽可能集中和尽可能重组。集中是对旧职能的重构,重组是对旧职能的解构,无论是重构还是解

---

① 欧黎明、朱秦:《社会协同治理:信任关系与平台建设》,《中国行政管理》2009 年第 5 期。

构，都必定有利于从部门利益性到部门无私利性的回归。如果再实现从无私利性到利益共同性的追求，这就构成政府公共性价值的升华，通过部门之间的信任自觉，保障协同与共享自觉性的整体政府生成。第二，部门之间身份关系的认同。相互对等的身份关系是部门之间和谐交往的前提，身份关系内含了参与者的情感认同、价值同构、目标分享与善意认同、能力认同等。身份信任作为一种道德意识，具有自我强化的积累倾向，跨部门政务协同参与者之间的信任度越高，信息共享的数量和跨部门政务协同的质量就会同步提升。显然，无论在熟人社会还是生人社会，个人之间因长期交往而自然产生的情感因素融入，很容易形成信赖和依赖关系。部门与部门之间的关系也有同样的逻辑，哪怕是一次成功的合作，也会有效释放出继续合作的意愿与倾向，如果愉快合作得以重复，跨部门政务协同参与者无疑会加深只有坚持合作才可以实现帕累托最优的信念。这种信任投入，可以大大降低信息搜寻和信息辨识的交易成本，并使信息共享变得自觉、自愿、自律。行政服务中心窗口之间的信息共享，以及一次又一次合作成功的愉快积累中建立的情感认同，必然使政务协同变得自然而然、真心实意。第三，部门之间的法律关系构建。部门之间的法律关系是部门之间政务协同的刚性保障。情感可以分有理性情感和非理性情感，非理性的情感只会对信任构成破坏，情感终究不能代替制度。制度作为一种社会规则，具有合法性与合理性的本质内涵，可以有效抵挡非理性因素，也可以降低情感风险，给政务协同带来稳定的预期。在行政服务中心，目前保障信任的制度主要有《中华人民共和国电子签名法》《中华人民共和国政府信息公开条例》《电子政务法》《电子政务技术法》《电子行政法》《电子政务监督法》《电子公文法》《电子政务信息安全法》《个人数据保护法》等法律正在加紧制定中。为了降低窗口之间协同的不确定性，防止滥用信任而损害公共利益，可以进一步考虑对窗口与窗口之间协同流程的监督。笔者设想，如果行政服务中心设置一套类似淘宝网买家对卖家的评分制度系统，那么，窗口协同就能变得更加制度化。如：第一步，A与B共享信息，B收到信息之后通过一个评分系统对A行为的有效性评分，用积分来积累信誉等级。同理，A也可以向B进行打分；第二步，以一定的信誉积分兑换评分部门同等价值的政务信息，从而敦促部门审慎行事，并构成信息共享部门的公平公正；第三步，由行政服务中心的监督部门对A、B的信誉等级进行评比，然后按标准进行合理奖惩。以此构成一个上下、左右的监督制度网，以最大限度提高跨部门政务协同与信息共享的水平与质量。

除了以上几种制度的建设以外,还需要其他机制配套。交易理论告诉我们,激励机制可以对跨部门政务协同发挥关键作用。对于官员而言,行政激励的效果要比经济激励更有效。因此,纳入官员政绩考核机制,会大大提高跨部门政务协同的主体动力与积极性。另外,跨部门政务协同中的信息供给方与信息受益方之间应该签订协议,设立信息补偿条款,或由政府财政统一补贴。除此之外,还需要添进协调机制来增强整体性治理的凝聚力,放大协同效应。

行政服务中心从机制创新到体制改革的层级演变,蕴含了量变到质变的重要机理与基本元素,它的意义不仅在于提高行政效率,改善政府与公民关系,提升政府的服务形象,而且为我国整体政府建设提供了一个良好的试验样本,它在地方政府职能总量限定、行政权力结构关系清晰、政府宗旨实现的体制建设中功不可没,尽管还步履跟跄软弱、创新零零碎碎、角色忍辱负重,还没有形成完整的体系设计,还残留着孤岛般的机制优势中的整体体制性困境,但是,以"整体政府"替代"碎片化"政府,将成为我国新一轮行政体制改革的策略目标。它将从明确主体地位的合理性开始,引领我国服务型政府职能重构与结构重组的合法性步伐;它将从规范主体行为的程序性开始,描绘我国整体政府的实体性构建与规划性前景。行政服务中心将从整合碎片化管理的机制性演变中,打破条块分割,澄清职能模糊,破解体制困境,在跨职能的团队合作、矩形式的项目合作代替"碎片化"结构进程中形成新的"联合岬"(joined-up-ness)。[1]

我国的改革开放一直遵循着"摸着石头过河"的思路,步步稳妥、循序渐进尤为重要。这种整体理论不足却稳中求进的策略,使全局性意义的体制改革虽然无法形成自觉逻辑,却蕴含了无数局部性变革的不断积累,改革存量自下而上不断扩大,其中,行政服务中心就蕴含着量变到质变的重要机理与基本元素。个案解剖使我们预感到,行政服务中心的机制修缮与体制创新萌动,将引发体制改革的大格局转变。当然,这需要高层政府的认定与宏观把握,更需要广大人民群众的理解与深度参与。

---

[1] 蔡立辉:《电子政务应用中的信息资源共享机制研究》,人民出版社2012年版,第162页。

第三节 地方政府购买公共服务

公共服务市场化是20世纪80年代以来世界各国政府改革的一个趋势，是行政体制改革的重要主题。作为公共服务市场化重要内容之一的政府购买机制，从本质上来说，即是在公共服务领域引入市场竞争机制，并以此来打破政府垄断，充分发挥市场优化资源配置的作用，达到提高和改善公共服务的效率和质量的目的。随着社会主义市场经济的不断发展和完善，市场和社会在公共服务中扮演着越来越重要的角色，政府向社会购买公共服务成为我国服务型政府建设中的新的重要内容。

一 政府购买服务的内涵及价值延伸

政府购买就是政府（公共部门）与市场、企业、有资质的社会组织等公共服务供给主体订立合同或协议，由政府出资，将涉及公共服务的具体事项承包给私人部门的行为。也就是政府通过市场机制，用财政资金向社会、社会组织与个人购买公共需求性的产品、服务或公共设施，以满足使用者服务需求的一种制度安排和实施机制。

（一）政府购买的含义及购买内容

政府购买虽然在理论上已逐渐成熟、在实践上也广泛推进，目前，国内外对政府购买（Government Purchase）的内涵界定，主要集中在谁来承接以及怎么承接的问题。萨瓦斯（E. S. Saves）认为，政府购买公共服务是公共服务合同外包（Contracting Out），即政府通过与企业或社会组织签订承包合同的形式来提供公共服务；[1] 王浦劬等认为，"政府购买是指政府将原来直接提供的公共服务事项，通过直接拨款或公开招标的方式，交给有资质的社会服务机构来完成，最后根据择定者或者中标者所提供的公共服务的数量和质量，来支付服务费用"。[2] 也就是说，政府购买是根据政府购买目录，通过公开招标、邀请招标、竞争性谈判、单一来源采购等方式，将公共服务外

---

[1] ［美］萨瓦斯：《民营化与公私部门的伙伴关系》，周志忍译，中国人民大学出版社2003年版，第129页。

[2] 王浦劬、［美］莱斯特·M.萨拉蒙：《政府向社会组织购买公共服务研究》，北京大学出版社2010年版，第3页。

包给有资质的事业单位和社会组织,并由政府根据合同约定向其支付费用,用以达到缓解政府压力、提高公共服务质量和供给效率的一种制度安排。

从总体上看,我国政府购买公共服务的主要内容一般包括三个方面,一是社区服务,如养老、社会救助、助残、职业介绍、技能培训、公益服务、法律救助等;二是行政服务,如行业调查、统计分析、资质认定、项目评估、业务咨询、技术服务等;三是行政事务,如社会组织特定咨询、现场勘查、年检预审、日常管理、再就业教育培训、婚介机构的管理、家政收养的评估、民办学校的委托管理、退伍军人的就业安置、市政管理等。从个案来看,以 SZ 市为例,其政府购买内容主要分为三大类:货物类、工程类和服务类。货物类主要包括:电脑及办公、家具、医疗、机电、交通工具及特种车辆等;工程类主要包括:市政、交通、水利、电力、电信、绿化工程、装修工程和修缮工程等;服务类主要包括:大型会展的承办、资产及其他评估服务、工程监理服务、物业管理、园林绿化管理服务、环境保洁、绩效评价、工程造价评审等。由此可以看出,政府购买的内容丰富而繁杂,涉及公共生活的方方面面。需要强调的是,其内容并非是一成不变,需要随着经济社会的发展和民众需求的提高不断扩大购买的力度和种类,以满足更高标准的公共生活需求。同样,购买内容也要依据政府职能转变的进程,减少一部分内容,将该做的事做好、不该做的事下放,以实现转型升级。

政府购买是市场机制在公共服务领域的应用,它的实践方式与一般意义上的购买关系具有相同之处,但因政府角色的特殊性,因而在公共领域的购买实践具有差异性。目前,政府购买方式主要有定向委托、公开招标、平等询价、指定购买等。首先,定向委托即是指由政府委托某指定公共服务提供者为其生产公共产品或提供公共服务,并按市场价格支付一定的款项。定向委托相比于其他购买方式而言,其购买对象较为明确,这是因为这些对象一方面在公共服务的生产上可能获得了政府的授权,另一方面也可能在产品或服务质量上存在较大优势。其次,依据《中华人民共和国招标投标法》第二章第十条的规定,公开招标是指招标人以招标公告的方式邀请不特定的法人或者其他组织投标。政府作为招标人,在公开媒介上以招标公告的方式邀请不特定的法人或其他组织参与投标,并在符合条件的投标人中择优选择中标人的一种实践方式。公开招标的关键在于招标过程的信息公开、流程明确和运作透明。可以说,公开招标不仅是政府购买最为普遍的应用方式,也是最能体现政务公开、民主参与价值的方式。再次,平等询价是指根据公共需求,政府从符合相应资格条件的服务提供者中确定不少于三家的供应者并向其发出询价单让其报价获得准确的价格信息,从而保证准确控制支出额度、节省资金、降低成本。一般而言,可以通过电话询价、上网查询、市场调查、厂家报价等方式尽可能多地获取购买产品的价格信息。最后,指定购买是指政府通过授权特定的服务提供者从事某些产品的生产或某种服务提供的实践方式。相比而言,指定购买与定向委托存在着较大差别。在时间上,前者属于长期购买关系,后者可以长期也可以短期;在权限上,前者的授权程度更为明显,而后者可以是因为授权而定向,也可以是因为质量而选择;在关系上,前者仅仅是一种购买关系,公共服务依然需要政府提供,而后者不仅包括单纯的购买关系,也可以由政府出资,提供者直接服务,对政府而言此时就是一种间接服务。

(二) 政府购买的公共性取向

所谓购买,即是一种商品等价交换的过程。在一般意义上,购买行为是一种最典型、最普遍的市场行为。由于受到新公共管理理论的影响,现代政府改革的市场化倾向更加显著,因而相当一部分市场机制被引入政府改革领域,使公共行为也增添了许多市场色彩。购买行为在成本、效率、多元性方面的优势与政府体制改革相契合,成为转变政府职能的重要载体,这是市场机制与政府改革有机结合的典范。但是,由于政府与其他市场中的购买者存在着本质上的差异,具有显著地公共性价值导向,因而政府购买行为不仅要遵循市场规则,更要以公共性为根本价值取向,追求公共利益。

从根本上说,公共性不是一个自然现象,而是一种社会建构,它与公共领域密切相连,地方政府的公共性特征尤为显著。政府的公共性,意指其内在要件——公共权力和外显成分——公共职位,都是属于国家主体——社会公众的,即政府产生、存在的目的都是公共利益、公共目标、公共服务以及创造具有公益精神的意识形态等。[1] 可以说,公共性价值是地方服务型政府建设的价值基础,是人类对公共服务制度设计的理性升华。地方服务型政府的公共性表现为服务内容是提供公共产品,提供公共服务的范围及内容受法律规范。把握政府的公共性价值有利于正确划定政府服务界限,展现政府的

---

[1] 祝灵君、聂进:《公共性与自利性:一种政府分析视角的再思考》,《社会科学研究》2002年第2期。

本质价值。①

政府购买的价值定位必须横跨"公共"与"市场"两个领域，这在传统视野上相互分离甚至相互矛盾的领域，需要在政府购买中有机结合。笔者认为，政府购买要解决这一问题，必须要以公共性价值为导向，以市场机制为手段，并以追求公共利益为最终目标。公共性作为价值理念需要以公共利益为实践载体，同样，作为一种市场机制，也要以实现公共利益为根本导向。在实践中，政府购买是一种双向互动的行为选择，因而涉及多方主体的共同行为偏好，是一种集体行动。但是，依据集体行动理论，"个人理性在很大程度上易于导致集体行动的困境"，② 也即是说个人都是以实现自身利益最大化为根本目的。从这个意义上说，政府购买中，政府虽然作为公共主体，但自利性是客观存在的，其他服务主体同样如此。可见，政府购买在一定程度上存在着失败的风险。要克服集体行动困境、确保公共利益、规范政府购买行为必须抑制个人理性，这可以从制度建构上考虑，但归根结底要将公共理性作为实践路径的价值核心。公共理性不同于公共性，它是一个社会政治生活的价值规范与价值约束，其最基本的任务是为现代公共生活及其参与者提供一个基本合理的行为规范和价值尺度。在实践中，公共理性是现代民主社会发展所需要的协商民主和公共治理，即对公共事务的平等协作、合作共治、程序参与、权力共享、利益均衡与协调发展。以公共理性来抑制个人理性以实现政府购买存在有着深刻而现实的合理性，抑制个人理性并不意味着抹杀和消解，而是对个人理性和集体理性的准确定位，是要在公共性引导的前提下，在满足个人理性的基础上，实现共同行动。

具体来说，政府购买公共服务中的公共性可以基于三点考虑：第一，从政府购买的动机看，政府购买的公共服务必须具有公共性，是为了满足公共利益。也就是说，政府购买对象是基于政府的服务职能，而绝非处于部门利益、私人利益；第二，从政府购买的对象看，政府购买的公共服务必须是基于社会的普遍性需求。只有普遍性才具有公共性，特殊性需求往往具有私人性。政府不能针对个别人、个别地区进行公共服务特殊供给，不然就会造成服务过度、政府超载和财政压力；第三，从经费的支付看，必须符合公共财

---

① 沈荣华等：《地方政府改革与深化行政管理体制改革研究》，经济科学出版社 2013 年版，第 91 页。

② ［美］曼瑟尔·奥尔森：《集体行动的逻辑》，陈郁译，上海人民出版社 2011 年版，第 37 页。

政的要求。① 政府购买公共服务的出发点之一就是借助社会机制缓解财政压力，前提是服务项目确实列入公共财政支出，否则，该服务则暂不能由政府购买，而应该供给通过市场来供给。

(三) 政府购买的价值延伸

购买行为本身仅是一个简单的物品等价交换的过程，但以政府为核心的，包括社会组织、企业、市场等多元主体参与的政府购买，则增添了复杂的实践意义。政府购买作为行政体制改革的重要内容，全程体现出现代政府发展的诸多要素。

第一，职能转变。政府购买机制的引入，在一定程度上承认了公共服务供给主体的多元化，公共服务需要政府与他们合作完成。政府购买并非是简单的机制创新，而是提出了全能政府转向有限政府的重大命题，这就涉及到为谁服务、服务什么、怎么服务的问题。政府购买必须适时进行政府职能转变，政府职能转变需要从两个方面把握：第一，从政府发展进程的纵向角度来讲，有的职能是暂时的（譬如落后地区和特定发展阶段的政府招商引资），有的是持久的（如社会管理与公共服务）；第二，从横向平行的角度讲，政府职能有些要淡化，有的要延续，有的要强化，有的要新生，有的要消亡。从逻辑上讲，市场发育到一定程度的时候，政府直接介入微观经济的职能就必须大力淡化，更多的是要依靠宏观调控来达成治理目标。政府职能转变与政府购买公共服务存在着互补性。一方面，政府购买公共服务是政府职能转变的承接方式，前者是后者的具体实施机制；另一方面，在政府职能转变中，政府购买公共服务才得以可能。只有政府将部分职能下放给事业单位，或者流转给社会组织，后者才能染指，否则，所有的公共服务一直由政府独家供给，何需购买？

第二，公民参与。我国长久的国家支配社会的历史格局中，没有给公民和社会留下太多的空间。社会主义基本制度的建立，从宪法上对公民权利予以了主体性的规定，但公民权利的实际享有与运行则仍需要进一步完善。从权利的角度来看，政府购买机制的建立，是政府从自我本位向权利本位发展的重要转折，其运行过程蕴含着对公民地位的重视和认可。政府购买是政府与社会主体互动的行为过程，公民参与其中不仅有利于破除强势政府对民众

---

① 项显生：《我国政府购买公共服务边界问题研究》，《中国行政管理》2015 年第 6 期。

主体权利的僭越，以保障政府与民众对话机制的构建，也有利于建立起长期稳定的政治秩序。此外，以社会权利制约公权力，实质上就是以权利制约公权力，这是效果最好、成本最低的监督方式。政府购买过程即是通过公民参与监督政府公共服务行为的过程，"一个更具有参与性精神的社会将是一个更为安全的社会"[1]。在政府购买公共服务的过程中，公众点菜、社会做菜、政府买单。在"点菜""做菜"和"买单"这组买卖关系中，"菜单"是公众和政府共同商定的，"口味"要根据公众的要求，"味道"由公众参与评判。"做菜"的可以参与分一杯羹，给自己增加展示的平台、锻炼的机会与提升的空间，"买单"的可以根据公众的反馈情况，决定合同关系的存续、结束，达到监督供给方的目的。

第三，契约精神。在计划经济体制下，支付与社会关系彼此隔离，契约精神得不到完全的体现，因而难以形成社会共识和凝聚力，导致平台建设缺乏动力和精神支撑。市场经济就是一种契约经济，政府购买作为市场机制的引入，必然是对契约精神最好的发挥。在购买关系中，"契约代替了层级，从政策到执行的权威链不再存在，取而代之的是契约，契约把政策的制定者和政策的产出分离开来。高层官员不能对契约方下达命令"[2]。契约精神在政府购买中的体现有利于破除命令—服从模式，建构平等互惠的现代关系结构，并在相互订立、履行契约的过程中，增强信任、平等、规则等价值观念，为公共事务治理创造良好的精神环境。

第四，社会组织发展。社会组织发育与成熟是实现善治的根本要件，在我国，社会组织发展一直以来受到国家主义、权力本位思想的束缚，处于一个较为羸弱的地位。但是，政府购买机制的创新为社会组织的发展提供了契机，在资金上，购买过程本质上就是一个价值分配的过程，这种价值主要体现为资金。就目前来看，依靠社会组织自身的"造血"功能难以维持正常的运转，还需要政府购买予以"输血"；在能力上，不论是政府的直接购买还是社会组织依申请的购买，都需要通过激烈的竞争才能获得，这就迫使社会组织努力提高自身的竞争能力，以获得产品或服务上的优势来赢得政府订

---

[1] Murray Scot Tanner, "China Rethinks Unrest", *The Washington Quarterly* 3, 2007. Oil, Jean, "Fiscal Reform and the Economic Foundation of Local State Corporatism in China", *World Politics*, 1992, 45 (1).

[2] [美] 乔治·弗雷德里克森：《公共行政的精神》，张成福译，中国人民大学出版社2003年版，第75页。

单。在这种"非此即彼"的市场环境中,社会组织可以获得自发的、主动的成长;在关系上,社会组织是政府购买服务的重要对象之一,在这种长期的互动过程中,逐渐转变权力至上的思想,摆脱依附地位,使社会组织在平等互利、合作共享的原则下,增强自身的独立性,使政府与社会关系回归正常化。

二 我国地方政府购买服务的进程及瓶颈

自20世纪末政府购买制度引入我国以来,许多地方都进行了积极的尝试。1994年起我国政府开始实行政府采购改革,历经二十年的发展,采购规模从2000年的328亿元增加到2013年的16381.1亿元,政府采购规模占全国财政支出和GDP的比重分别为11.7%和2.9%,实际采购金额与采购预算18268.1亿元相比,节约资金1887亿元,节约率为10.3%。[①]

(一)我国政府购买的历程进程

政府购买公共服务作为政府采购的一部分,尽管各地区政府购买公共服务的起步和发展速度不一致,依然可以划分为三个历史阶段。

第一,萌芽阶段(1994—2000年)。我国最早的政府购买公共服务探索,是1994年的罗湖环卫服务外包。1994年年末,深圳罗湖区向香港学习,将政府购买公共服务的做法引入自身的城市管理中来,打破原有的城市环境卫生服务体制和供需格局,引导环卫工人组建环卫公司,政府再通过市场向有资质的环卫公司购买城市公共卫生服务,此举取得了很好的效果。1995年,上海浦东新区政府尝试购买公共服务新模式,上海基督教青年会接受浦东区政府委托,由青年会来管理社区活动中心"罗山会馆"。这次尝试突破了传统依靠政府自投、自建、自管的模式,这也是政府向社会组织购买公共服务的最早探索。1998年深圳市推广罗湖模式,将全市的公共绿地管养工作委托给专业的绿化管理公司。通过市场运作,政府既节省了财政开支,又提高了工作效率。政府由花钱养人养设备,改为监督园林绿化公司的服务质量。2000年上海卢湾区民政局购买价值30万元的社区养老服务项目,一定程度缓解了孤寡老人的养老问题,取得了很好的社会效果。

第二,试点阶段(2001—2007年)。2002年,浦东新区民政部门经国务院批准,成为政府购买公共服务的改革试点城市。2003年年初,《中华人

[①] http://www.gov.cn/xinwen/2014-07/15/content_2717620.htm.

民共和国政府采购法》（下文简称为《政府采购法》）正式实施。遗憾的是该法没有及时将"政府购买公共服务"列入其中，但是政府采购行为与政府购买公共服务之间，存在一定的相似之处，于是，参照该法，就成为多数试点城市购买公共服务的普遍做法。南京市鼓楼区2003年开始推出政府购买服务与社会组织主办的"居家养老服务网"工程，"心贴心社区服务中心"的服务员为独居老人提供居家服务。2004年2月，在上海市政府的主导下，三家民办非企业性质的社会组织——"自强社会服务总社""新航社区服务总站""阳光社区青少年事务中心"正式挂牌建立。上海的禁毒、社区矫正、社区青少年事务的管理工作，将通过政府购买服务的机制，由三家社团来承担。无锡市从2005年开始，先后对全市市政设施养护、污水处理、路灯设施维护、环卫清扫保洁、水资源监测、社会办养老机构、城区绿化养护、文化、旅游、结核病防治等十多项公共事业，由政府直接管理转为政府购买公共服务实践。2007年，江西省政府向有资质的社会组织购买了30余项公共服务，并进一步尝试政府购买公共服务的新形式，如发放公共服务代金券和优惠券等，居民持不同形式的公共服务"代金券"，可以在签约的社区卫生服务机构免费享受医疗服务。

第三，扩展阶段（2008—2011年）。全国各大城市争相创新政府购买尝试，进入了全面发展阶段，政府购买不断走向成熟和稳定。2008年，深圳市组织了全市性的行政机构和社会组织之间的双向洽谈会，有意向的行政机构与社会服务组织签订了意向书。2009年，天津经济技术开发区管委会组建了泰达社会服务中心，多家社会组织进驻该中心，管委会通过购买社区服务、签订外包合同等形式，向中心内的社会组织购买公共服务。[①] 同年，2009年，财政部、国家发展改革委、商务部等9部委联合下发了《关于鼓励政府和企业发包促进我国服务外包产业发展的指导意见》，以指导各地政府购买发展。2010年，北京市财政部门拟定了1亿多元的公共服务购买计划，将向社会组织购买300余项服务，并创新公共服务提供方式，把社会组织公益行动纳入公共服务领域，给予一定的资助。而河南省提出了"政府购买、服务同质、合同管理、乡村一体、绩效支付"的基本公共卫生服务提供模式。政府与医疗机构签订公共服务合同，依据医院所完成的工作量和

---

① 袁晓峰：《泰达社工模式叫响全国》，http：//sgxh. Mac. Gov. cn/article/yjdt/201112/20111200-248734. Shtml，2011-12-25。

服务评估结果，按患者的人数，给予每人15元的补贴。这种凭合同服务、按绩效支付的"河南模式"，可谓政府购买公共服务实践道路上的一种新尝试。2011年，北京市政府表示将继续利用社会建设专项资金，向社会组织购买5个方面、40个类别，合计300个公共服务项目，涵盖社会基本公共服务、社区便民服务、社会公益服务、社会管理服务以及社会建设决策研究信息咨询服务等多种服务内容。

第四，深化阶段（2012年至今）。随着党的十八大的召开，"深入推进政企分开、政资分开、政事分开、政社分开，建设职能科学、结构优化、廉洁高效、人民满意的服务型政府。推动政府职能向创造良好发展环境、提供优质公共服务、维护社会公平正义转变"，政府购买必须随经济社会发展和行政体制改革的推进而深入发展。2012年，政府在购买公共服务中投入的资金量、设立购买项目的数量，以及参与购买的社会组织数量都有了历史性突破。据调查，上海、南京、无锡、广州、深圳、中山、佛山等省市相继扩大了政府购买公共服务的规模和范围，并且制定了相关的政府性文件，规范政府购买公共服务活动。2013年9月26日由国务院办公厅发布的《关于政府向社会力量购买服务的指导意见》对购买主体、承接主体、购买内容、购买机制、资金管理和绩效管理等进行了说明，但仍有待于对其内容进一步细化后才能付诸实施。2014年12月，财政部印发了《政府购买服务管理办法（暂行）》通知，规定遵循以下基本原则、购买主体和承接主体、购买内容及指导目录、购买方式及程序、预算及财务管理、绩效和监督管理等，标志着我国政府购买服务进入了新的阶段。

从我国政府购买的发展历程来看，起步虽然较晚，但发展十分迅速。短短的二十多年时间，规模已经增长了50倍。中国也可能成为全球公共采购交易中心。但是，我国政府购买依然存在着诸多问题，这是亟待解决的问题。

（二）我国地方政府购买服务的困境

1. 暗箱操作破坏竞争机制。在购买公共服务过程中，一些政府部门不是通过公开招标的方式选择公共服务承接者，而是通过私下协商，将政府购买公共服务给予熟人，结果双方相互勾结虚报预算，在购买服务中拿回扣。比如将公共服务项目发包给下属企事业单位、"官办"社会组织，美其名曰购买公共服务，实则换汤不换药，养人又养事。这样的行为，让公共服务"卖"得不清不楚，"买"得不干不净，利用"购买"资金包揽"三公消费",成为其主管部门的"提款机""招待所",成为新的贪污腐败形式。就目前来看,暗箱操作主要体现在以下三个方面:一是在传统治理模式中,全面沿袭官僚组织的权力运行模式,使公共服务也表现出一定的封闭性,这不仅是行为习惯,也能带来寻租空间;二是竞争机制产生于市场经济,但是,从根本上来说,我国的市场经济不是出于自发逻辑,而是政府主导的,这就使我国市场经济尚未成熟,存在着诸多天生的缺陷,特别是浓厚的权力色彩和政治属性,使竞争机制难以正常发育,相反,其中的等级性和压制性,对自由、平等产生抵触,因而政府购买服务也难以注入竞争机制;三是由于权力的强势地位,使得内部监督与外部监督都软弱无力,这就使滥用权力畅行无阻。政府购买过程涉及大量的资金运用,但凡权力与金钱的结合,往往就是天生的罪恶。于是,寻租行为、非法交易、暗箱操作等腐败行为比比皆是、大行其道。

2. 政府购买与民众需求不配套。政府购买过程主要涉及两个主体：一是政府,二是服务生产者,政府购买的服务产品最终是要为民众服务的。因此,对政府购买起决定性作用的不应该是政府自身,也不应该是服务生产者,而是民众,政府购买要始终贯彻"民众满意不满意、民众高兴不高兴、民众答应不答应"的根本标准。就目前来看,政府购买的力度与财政支出规模十分庞大,但是,购买的公共产品不一定都能获得民众的满意。或者民众有需求的服务内容政府拖延供给甚至不供给,形成政府购买与民众需求相互脱节的现象,甚至政府购买连民众浑然不知,没有顾客导向,没有顾客体验与消费者参与,没有体现公众意志。按理说,公众是公共服务产品的消费者,倘若公众参与缺位,政府购买公共服务自然会"食不对味"。实践中也就不难理解为何"今年送戏下乡,明年送图书入户"的事例比比皆是[1]。根据一项社区电话调查显示,上海 19.02% 的被访者认为最大的社区烦恼是"公共服务不到位"[2]。政府购买公共服务"不接地气"造成资源浪费。

近年来,很多地方加大完善了公共文化服务的力度,但是,也有部分地区遭遇"有戏没人看""场馆没人去"的尴尬。在南方某城市,位于市中心

---

[1] 项显生：《论我国政府购买公共服务主体制度》,《法律科学》(西北政法大学学报) 2014 年第 5 期。

[2] 刘力源：《政府购买服务应尊重公民选择权》,http://news.163.com/11/0314/09/6V3J9SVI000-14AED.html。

的美术馆建成多年,却由于展品太过"小众",一直鲜受关注,一些市民甚至不知道只需凭身份证就可入场,于是,一方面演出团体不断制造资源浪费,另一方面基层民众面临持续性的文化荒漠。一位从事芭蕾舞剧编排的业内人士表示,很多政府直属的演出团体每年斥资数十万、上百万元打造各式舞剧,数十名演职人员排练数月,结果除了参加评奖之外,节目在公开巡演时几乎没人看,剧院排场也少。在不少文化部门的通报中,往往把建成的场馆数量和活动次数作为"政绩",而对于演出的质量很少用心。一些农村的村活动室里摆放着崭新的《论语》、《庄子》,农民看不懂,也无人引导阅读,农民最希望阅读的与农务相关书籍却很少。即便如此,这些购买的书籍无人阅读,还是作为当地的政绩上报,造成公共文化服务虚假与资源浪费。为此,2015年5月11日,国务院办公厅转发文化部等部门《关于做好政府向社会力量购买公共文化服务工作的意见》,文件指出:政府购买公共文化服务要以满足人民群众基本公共文化需求为目标,突出公共性和公益性,不断创新政府向社会力量购买公共文化服务模式,建立"自下而上、以需定供"的互动式、菜单式服务方式,推动公共文化服务供给与人民群众文化需求有效对接。

3. 政府陋习将购买服务变为指定供给。政府购买是一种典型的市场规则引入,其核心要素是强调自由竞争的发挥。但是,在实际运行中,很多产品成为政府购买的指定用品,指定用酒、用车、用烟、用料等,大多数政府购买的程序是指定而不是公开招标竞争[1],王浦劬称之为"非独立非竞争性"模式,敬乂嘉、Savas 称之为"国家依附型"模式,[2] 还有"纵向一体化"倾向[3]、"体制嵌入"[4]、"内卷化"[5] 等说法。指定购买是政府陋习,根

---

[1] 苏明、贾西津、孙洁、韩俊魁:《中国政府购买公共服务研究》,《财政研究》2010 年第 1 期;周俊、沈永东:《政府购买行业协会服务中的非竞争性及其管理》,《中国行政管理》2012 年第 12 期。

[2] Jing Y J, Chen B, "Is Competitive Contracting Really Competitive? Exploring Government-Nonprofit Collaboration in China", *International Public Management Journal*, 2012, 15 (4).

[3] 邓金霞:《地方政府购买公共服务"纵向一体化"倾向的逻辑——权力关系的视角》,《行政论坛》2012 年第 5 期。

[4] 王志华:《论政府向社会组织购买公共服务的体制嵌入》,《求索》2012 年第 2 期。

[5] 李春霞、巩在暖、吴长青:《体制嵌入、组织回应与公共服务的内卷化——对北京市政府购买社会组织服务的经验研究》,《贵州社会科学》2012 年第 12 期。

本特征是承接并生产公共服务行政化倾向。简单来讲,就是在公共服务购买中,政府的路径依赖思维,倾向于选择本部门所属或者"体制内"的企事业单位、群众团体或其他社会组织来承接相关的公共服务,这些"二政府"或"次级政府"的社会组织,本身的习惯性依赖,缺乏独立性,他们提供的公共产品,相当一部分质量低劣、价格却奇高。

不可否认,指定供给存在一定的合理性,政府将一些商品作为公共服务指定用品,一般往往是市场中的名牌产品,在质量上口碑较好,通过政府购买,应该更有利于服务质量的提升。但是,由于评估机制和制度保障不完善,相当一部分指定用品在采购渠道上,存在严重的弊端。第一,某种商品作为政府指定用品,往往就平添一种特殊的政治资源和称号,在市场竞争中拥有绝对优势。为了获得这种资源,一些产品生产者都会采取加盟的办法,为此需要支付高额的加盟费,也就是所谓的租金,这就造成政府购买中的腐败。第二,一旦成为指定供给的产品,其产品的生产与服务就必须依据政府的要求,这种限制很有可能削弱其自主开发新产品的能力,也会影响产品的未来发展空间。因此,从市场发展的规律看,政府指定供给对产品生产者可能带来消极作用。第三,以权钱交易、寻租等非法手段获得指定供给资格的生产者,由于产品的生产与服务过度依赖于政府,这就使政府购买政策的波动直接决定生产者效益的好坏。从市场角度来讲,这部分生产商并非真正意义上的市场参与者,也不是经济学上的企业,甚至构成对正常市场秩序的扰乱。

4. 社会组织不成熟无法承接公共服务。政府购买公共服务产品的对象包括社会组织、公共机构和企业三个主体。其中公共机构无须赘言,企业数量庞大、发展迅速,相比之下,社会组织最为羸弱。在家国一体化的历史进程中,社会组织的发展空间向来有限,目前仍然不成熟。一般来说,竞争是政府购买公共服务的前提,承接主体数量足够多、能力足够强是政府购买公共服务的基础。当下,虽然社会组织总量已有巨大提升,但仍然没有形成有效的竞争格局。当前我国每万人拥有社会组织的数量仅为 3.7 个,与发达国家存在巨大差距。2010 年,在广州市举办的公共服务购买洽谈会上,拥有 1400 万人口的广州市却只有 34 家社工服务机构出席。而在我国香港地区,人口不超过 700 万,却有 10000 家社会组织。[1] 从能力来看,我国当前向社

---

[1] 许彬彬:《政府购买公共服务为何磕磕绊绊》,http://www.Nfyk.com/nfdc/ShowArticle.asp?ArticleID= 2817。

会组织公共购买服务的领域仍然以养老、社会服务以及承接政府部门部分职能转变为主,在公共卫生、教育文体、基础设施建设等主导型公共服务领域尚不多见,表现出信息仍然不透明。同时我国的社会组织普遍存在信息不透明的情况,信息披露缺乏主动性,导致社区公众不了解组织的相关信息与项目结果。据民政部调查,国内75%的慈善组织信息不透明,接受调查的公众近90%对慈善信息公开不满意。而一个"不透明"的社会组织是无法获得社区民众的支持和信赖的,从而也无法进行合理科学的评估。[1] 在政府购买规模日益庞大、社会组织仍然羸弱的矛盾情况下,学界与实务界都大力倡导社会组织要承接大量的公共服务,期望发挥公共服务社会化优势。这种"扭曲的承认不仅表现为缺乏应有的尊重,它还能造成可怕的创伤,使受害者背负着致命的自我仇恨"。[2] 也就是说,社会组织不仅难以承接公共服务,而且这种巨大的压力更成为其发展成长的阻碍。因此,我们需要充分认清社会组织的客观情况,在此基础上脚踏实地的推动社会组织的发展,这一方面需要政府的大力支持,另一方面也需要其自身的成长发育。通过内外相结合的发展战略,使其能够逐渐承接公共服务职能。

三 地方政府购买服务困境的原因分析

如前所述,我国政府购买机制经历了多年的改革与优化,已经逐渐能够适应当下发展的需求。但是,我们也看到,政府购买在优化的进程中面临着多方面的困境和问题,原因既有理念误区,也有行动困境,既有过程无序,也有结构不当,而最根本的原因在于法治赤字。这些因素严重阻碍我国政府购买的深入优化。因此,正确认识并准确分析问题产生的原因,是破解现有难题的前提。

(一)理念束缚:全能模式服务理念误导

我国政府始终把全心全意为人民服务视为政治宗旨与行政理念,因此,从逻辑上讲,人民是社会主义国家的主人,政治领袖和政府官员都是由人民选举产生的公仆,都应该对人民负责。但是,由于两千多年的皇权专制传统和较长时间的计划经济体制的影响,政府形成了天然代表人民的俗成理念,并在全能主义模式的治理结构下,将服务全能化、封闭化、垄断化,陷入了

---

[1] 李莉、刘晓燕:《"协同治理"视角下的社会组织公共服务供给》,《城市观察》2012年第2期。
[2] [加拿大]查尔斯·泰勒:《承认的政治》,汪晖译,上海三联书店1998年版,第291页。

理念误区。

1. 导向误区。全能模式下的服务理念其价值依归是维持政局的稳定，巩固不变的统治地位。在从战争时期向和平时期转变的过渡时期，国家依然面对着内外动荡的危险。面对这些困境，国家首先需要保证自身的政权稳定，而稳定的关键是安抚受到战争创伤的广大百姓。因此，我们的党和政府及时提出为人民服务的理念具有伟大的意义。但是，随着我国逐渐由战争转向建设，服务理念却没有及时转变，作为一种"稳定器"的政治宣传依然占据主导地位。对于怎么服务、服务什么、服务对象等基本问题依然被忽视。

2. 职能误区。全能主义模式下的服务理念走向了一个理解的极端。它根本不需要考虑政府自身角色定位问题，政府是整个社会的核心、毋庸置疑的领导者。因此，事无巨细，样样都管，形成了"从摇篮到坟墓"的全民福利体系。但是，这种服务水平是极其低下的，是一种绝对平均主义模式，与西方的福利国家不同。从民众的角度来说，政府职能的全面覆盖使其误认为公共服务只能由政府提供，并不与自身相关，因而对公共服务过程的参与性和认知性大大降低。在这种政府与民众双向失衡的条件下，作为一种互动形式的政府购买不可能出现。

3. 价值误区。在很长一段时间里，服务理念在一定程度上只是志向的主张，只是鼓舞先进分子付诸行动的理念支撑，而在行政实践中，行政职权和行政职责分离、公共权力滥用、官僚主义盛行、行政效率低下。当时大多数马列主义者及有识之士认为，社会主义是世界上最先进的社会制度，社会主义政府理应对人民承担无限责任，从日常生活的方方面面到生产的各个领域，从衣食住行到每个人的生老病死，社会主义政府完全能够及时、全面地把握所有人的各种需求，并能够准确为社会提供各方面的服务。这种价值误区注重作风建设而忽视制度建设，没有将为人民服务的宗旨制度化和规范化，没有明确为人民服务的责任主体，没有构建为人民服务的操作体系与服务机制，也没有制定为人民服务的质量评判标准，更没有规定为人民服务不到位所应承担的责任。

4. 结构误区。全能主义模式下的公共服务是一种结构简单、唯上负责的结构。它将政府视为唯一的管理者，社会其他成员都是被动的管理对象。政府不该管的事也要干预、政府该管的事更要掌握，在政府与人民之间形成简单的命令与服从关系。在这种结构中，政府对民众主体的排斥和对全面干预的强调，使政府购买完全不具备施行的条件，所有的服务都是采取直接供给的形式。

总之，全能模式下的服务理念存在着诸多弊端，必须作出改变。当下，服务不仅是一种理念，更应该是一种行为模式，它表现为形式规范、结构明确、标准清晰、责任到位的一种制度体系。

(二) 价值迷失：多元主体集体行动困境

政府购买的过程是一种双向互动的行为选择。除了政府之外，还涉及社会组织、企业和市场等多元主体的集体行动问题。但由于受到个人理性、参与渠道和协同惰性的影响，政府购买的多元主体集体行动常常陷入困境。

第一，个人理性制约。根据集体行动理论，个人理性是集体行动的逻辑起点，在这种理性的支配下，个人参与集体行动并不符合收益最大化的原则，因为一方面由于集体物品的排他性和非竞争性，"搭便车"行为时常存在；另一方面是由于在较大规模的集团中，某个个人对集团的影响微乎其微。[1] 因此，个人理性在很大程度上易于导致集体行动的困境。可见，个人理性，无论是奥尔森所指的完全理性还是奥斯特罗姆认为的非完全理性，都是造成集体行动困境的原因。现阶段，我国市场经济虽然有所发展但尚不成熟，行为活动对经济利益、物质需求十分突出，公共性价值取向还不明显，造成个人对于自身利益的满足成为现实的、习惯的选择。因而，在政府购买的参与中，个人往往忽视公共性塑造而仅仅衡量自身利益得失以做出理性的行为选择。可见，市场经济越不成熟，个人行为选择中的公共性价值取向越模糊，而个人理性越明显，政府购买困境越容易产生。因此，不成熟市场环境中个人理性的凸显，需要通过培育公共理性和加快制度建构予以制约。

第二，参与渠道不畅。协商民主理论认为，"凡生活受到某项决策影响的人，都应该参与那些决策的制定过程"。[2] 而实现这一过程的关键在于参与渠道的完善和畅通。但在实际中，社会主体参与渠道建设存在着严重的萎缩。一是参与机制只重形式不重实质。在已建立的参与方式中，如信访制度、监督听证会、民众评议会等，仅仅是民主政治发展中被迫出现的一个"噱头"，缺乏相应的法律支撑、政府认可和制度规范，因而无法适应社会

---

[1] [美] 曼瑟尔·奥尔森：《集体行动的逻辑》，陈郁译，上海人民出版社2011年版，第37页。

[2] [美] 约翰·奈斯比特：《大趋势——改变我们生活的十大新方向》，梅艳译，中国社会科学出版社1984年版，第161页。

参与的要求；二是参与过程不透明。政府在购买行为中始终扮演着主导角色，以至于权力的闭合性和排斥性自然地内嵌于参与程序，导致整个过程无法深入，难以触及购买行为的核心领域，因而对公共权力无法形成制约、对个人权利无法有效维护；三是参与监督缺失。政府购买是直接涉及金钱交易的行为，而政府作为公共权力的掌握者，一旦监督缺失，权钱交易、官商勾结必然成为产生腐败的深厚土壤。现阶段，在政府购买的过程中，有关监督和评估的机制尚不成熟，对寻租行为、暗箱操作的控制还存在薄弱环节，这不仅有利于腐败的产生，而且非法的参与也会极大地冲击正式参与者的信心和意愿。因此，这也成为参与失败的重要原因。

第三，协同惰性依旧。所谓协同惰性是指"协同行为并未取得任何比较显著的成果、取得成果的效率过于低下或者为取得成功所付出的代价过大"。① 具体来说，政府购买关系中的协同惰性可以从以下几个方面分析：（1）目标。明确任何协同的目标均很重要，因为在实践中就目标达成共识并不是一件容易的事情。② 政府、社会组织、企业和市场都有各自的利益倾向、政治诉求，其目标选择存在着显著地统一与分散的矛盾。（2）信任。政府购买是一种契约行为，签订契约的双方需要以信任为根本基础。但实践中各主体政治诉求的核心在于对权力和控制的追逐，而这很可能会破坏参与者间的信任。③ 况且，契约的履行意味着一方对另一方的选择性冒险，其失败的成本非常之高。因此，这在实际中也是相当困难的。（3）成员关系。就目前来看，政府与其他社会主体的关系并不完善，存在着模糊性和多变性的特征。所谓模糊性指的是购买各方对彼此之间的了解十分有限，这与社会的整体封闭性有关。而多变性指的是政府购买的参与方常常会发生变化，因而关系结构并不确定，在不同的服务中会有多种参与方。

（三）机制缺憾：购买服务运作过程不透明

政府购买公共服务不仅是一个简单的商品交易过程，而且是涉及竞争机制、公开机制、财政支出机制、问责机制和评估机制等一系列运作程序的复

---

① Huxham Chris, S Vanern, *Managing to Collaborate: the theory and practice of collaborative advantage*, Rutledge: Abingdon, 2005, p. xi.

② Huxham Chris, "Theorizing Collaborative Practice", *Public Management* Review, 2003, 5 (3): 401–422.

③ Huxham Chris, S Vangen, *Mmanaging to Collaborate: the theory and practice of collaborative advantage*, Rutledge: Abingdon, 2005, p. 155.

杂过程。就目前来看，政府购买行为在实践中所存在的诸多弊端，与这些机制建立缺憾有着重要的联系。

1. 竞争机制。所谓竞争机制即是一种在市场经济条件下参与者的自由选择过程。而在公共服务领域引入竞争是为降低服务成本、增加服务选择、吸引民间资本等，以充分发挥市场化的优势。由于我国市场经济整体发展的不成熟，竞争机制同样存在诸多问题，而这些问题的关键在于缺乏相应的竞争性规则和制度。政府购买中引入竞争，允许社会多元服务主体自由参与，也为政府提供更多的自由选择机会，以体现生动活泼的治理环境。但是，竞争自由并非是绝对的，而是需要一定的规则约束的相对自由。在实践中，类似于西方公共服务市场化改革中出台的《公共服务法案》《自由竞争法》等法律文本相对缺乏，使竞争自由不得不陷入无序的"自由"。

2. 公开机制。向人民公开是政府机制创新的路径，也是构建服务型政府体现以人为本的终极价值。在政府购买中，公开机制的建立是前提。因为通过信息公开，相关的公共服务提供主体才能准确地了解到政府所需要的基本信息，如服务或产品的数量、质量、标准、价格、受用主体、供给时间等。但在实际中，公开机制常常被忽视，政府一方为了在购买中获得一定的私利，要么公开部分信息，要么不公开信息，将自由参与的购买过程异化为暗箱操作、权力寻租的腐败行为，整个购买过程成为政府与特定的供给者之间的"独角戏"。虽然我国早在 2007 年就制定并颁布了《政府信息公开条例》，但这仅是一个宏观上的规则，对具体的政府购买行为适用性很小，因而，需要尽快出台更为具体和更具操作性的信息公开规则。

3. 支出机制。政府购买直接涉及政府的财政支出机制，这不仅是购买行为的保障，也是整个过程中的关键环节。实际中，政府的财政支出具有一定的倾向性和不稳定性，而造成这一问题的根源在于支出方向始终受到地方核心行动者的偏好影响。财政支出方向的不确定使得公共服务的提供主体无法准确判断政府公共服务的方向，也就难以对生产作出有效的调整，最终与社会需求存在着脱节的可能。

4. 问责机制。政府购买虽然是市场机制的创新，但也涉及公共权力的运用，因而一定要与责任追求相关联。因为"责任是任何治理过程的基础"。[①]

---

① Dwivedi O P, "Ethics and Values of Public Responsibility and Accountability", *International Journal of Administrative Sciences*, 1985 (4): 63-64.

但问责机制的缺失使得购买过程中的责任划分和追求存在很大的障碍。如购买过程涉及双方行为，特别是对政府来说，一旦产生责任问题，往往会将责任推卸给公共服务生产方，指责其服务或产品的质量问题，而对自身的公共权力应用过程视而不见。这样一种责任结果显然有失偏颇，这就需要通过合同内容予以明确。《政府采购法》第13条明确指出："各级人民政府财政部门是负责政府采购监督管理的部门，依法履行对政府采购活动的监督管理职责；各级人民政府其他有关部门依法履行与政府采购活动有关的监督管理职责。"[①] 但这也是目前唯一的一部对政府购买服务做出监管规定的法律，而且对监管的方式、内容与原则都没有做出进一步的规定。

5. 评估机制。政府购买绩效评估的关键在于建立系统的、完善的指标体系，特别是应当建立"软"指标和"硬"指标相结合的评价体系。但在实践中，指标建立存在着"该软不软、该硬不硬"的问题。软指标应当合理运用人的知识、经验进行判断和主观评估，但地方核心行动者的主观臆断往往成为政府购买内容的决定性因素，造成许多的购买内容与实际需求相脱节。而以统计数据为基础的硬指标往往存在着假、乱、错的可能，使评估结果与实际情况相距甚远，量化指标成为评估部门的数字游戏。

当前，一个操作性问题是缺乏专业的、规范的评估机制，缺乏专业的、权威的第三方评估。政府购买公共服务的绩效评估是一项专业性很强的工作，但是目前的评估机构缺乏专业性技术人员，评价能力有限。由于评估机构人员专业性与能力的限制，难以实现客观评估，往往导致在第三方的评估实践中，很少有服务项目被评为不合格，也很少出现终止合同或社会组织被惩罚的情况。[②] 另外，评估对象也具有片面性。在政府购买公共服务的供应链条中，政府与承接者同等重要，都需要被评估。但是，现实的情形往往是政府组织机构和人员着重对承接者的绩效评估，缺失对相关政府部门进行评估，难以摆脱政府既当"裁判员"又当"运动员"的嫌疑，评估过程的客观性和评估结果的科学性令人忧思。[③] 同时，在评估方式上也十分落后。由

---

① 萧华强：《图解知识六法政府采购法》，新学林出版有限公司2009年版，第15页。
② 肖小霞、张兴杰：《社工机构的生成路径与运作困境分析》，《江海学刊》2012年第5期。
③ 许小玲：《政府购买服务：现状、问题与前景——基于内地社会组织的实证研究》，《思想战线》2012年第2期。

于政府购买公共服务的指定情况较为普遍，公共服务实际上最终由内部组织承接，因此，政府购买中科层指挥体系依然盛行。为了简便，这类评估主要以听取汇报和检查为主，甚至存在自己评估自己、上级评估下级的情况，不免具有主观性，难免出现"外行领导内行"的现象，评估缺乏公信力。① 最后，评估缺乏社会参与。以居家养老服务的评估为例。既缺乏人大代表、专家学者等权威性、专业性人员的身影，也缺乏社会公众的参与，而老年人自身缺乏对服务效果评估的能力，由此在很大程度上影响评估结果的客观性和公正性。②

总之，竞争机制、公开机制、支出机制、问责机制和评估机制所存在的诸多问题，都成为阻碍政府购买正常运行和发展的因素，需要在以后的实践中予以重视和解决。

(四) 体制僵化：公共权力配置结构不当

公共权力配置是行政体制运行和改革的核心内容，结构理性下的权力配置可以为地方政府的行为提供理性预期。但从实践来看，造成政府购买存在诸多弊端的根本性因素在于公共权力配置结构不当。这可以从两个方面考虑：一是内部结构，二是外部结构。权力内部结构配置不当的关键在于分权机制难以有效建立。在一个深受威权主义影响的国家，其权力的集中不仅表现在中央集权，也表现在政府内部的集权。具体来说，在政府购买公共服务的权力运用中，购买权往往集中于某个部门，如事权集中于采购部门，财权集中于财政部门。不可否认，这种权力的集中有利于政府购买行为的统一性和规范性，但是，相对分散的购买权力使得重复购买、重叠购买、随意购买等弊端常常出现。换句话说，政府购买出现了行动不协调、不衔接的局面。在这种购买集权的配置结构下，对权力的监督和评估可能存在一定的闭合性，某些掌权的部门权力过大，不利于权力在阳光下运行。正如国内学者所言："假定政府是一种必要的恶，绝对的权力趋向于绝对的腐败，所以要分权，将权力分化为几种形式，相互制约，以使政府不能为非。"③ 在外部结

---

① 邰鹏峰：《政府购买公共服务的评估困境破解——基于内地评估实践的研究》，《学习与实践》2013年第8期。
② 包国宪、刘红芹：《政府购买居家养老服务的绩效评价研究》，《广东社会科学》2012年第2期。
③ 孔繁斌：《公共性的再生产——多中心治理的合作机制建构》，江苏人民出版社2008年版，第75页。

构上，随着市场经济和公民社会的发展，公共服务供给开始打破由政府垄断的局面，市场、社会组织、企业等社会主体开始进入改革领域。但是，权力的相对集中不仅排斥了社会主体对公共服务市场化的参与，而且使政府自身的职能边界无限扩展，机构臃肿、人员膨胀等弊端难以克服。就政府购买而言，由于权力的相对集中，作为一种双向互动关系的购买过程就存在着失衡的可能。特别是在订立购买合同的时候，政府的强势必然造成某些合同条款的不合理甚至非法。如在利益划分上，容易向权力强势的一方倾斜。此外，在合同执行的过程中，政府往往也容易对服务供给者的行为进行不合理制约，限制其正常的生产过程。这些都不利于政府购买过程的顺利进行。

从更为深入的结果来看，权力配置结构不当直接造成了权力与权利关系的紧张。随着市场经济的发展，政府应当将公民社会的发育视为政治发展的战略，视为市场经济发展中的必然现象，视为改革开放的一个战略性成果。政府与社会、权力与权利总是一对互为依靠对象、互为依存条件、互为发展依赖的组合。政府的发展离开了社会就变得没有任何意义，社会的成熟离开了政府的理智就会危机四伏。但是，权力配置结构不当不仅使政府管了许多不该管的事和管不好的事，造成了机构臃肿、人员膨胀的弊端。也使得政府进一步忽视公民权利的存在和公民社会的发展，从传统行政模式遗留下来的政群紧张关系在现阶段依然难以缓解。权利与权力关系的紧张是一个社会不成熟的重要标志，虽然这对关系只涉及权力与权利两个要素，但是其背后所承载的政治价值和实践操作却影响深远。因此，政府购买中的权力结构配置需要内嵌于民主政治发展的整体框架内，在新时期有所改善和发展。

（五）法治赤字：政府购买规范性不足

"法治赤字"是对法治资源、法治基础、法治动力、法治成效不足的一种归纳性讽喻。从我国政府购买公共服务的法治现状来看，第一，国家层面的立法赤字。我国现行适用于政府购买公共服务的基本法律，是2003年颁布实施的《中华人民共和国政府采购法》，这是目前我国唯一与政府购买公共服务相关的法律。该法规定，"政府采购，是指各级国家机关、事业单位和团体组织，使用财政性资金采购依法制定的集中采购目录以内的或者采购限额标准以上的货物、工程或服务的行为"，并采取排除法方式，该法所指的"服务，是指除货物和工程以外的其他政府采购对象"。从这一排除性界定来看，并未清晰界定政府购买公共服务的内容与标准。虽然2010年的《政府采购法实施条例（征求意见稿）》对政府购买范围做了补充界定，但也仅限于"各类专业服务、信息网络开发服务、金融保险服务、运输服务以及维修维护服务等",采购范围仍然没有包括受益者为公众的社会公共服务。国家层面的立法滞后导致各地在开展政府购买公共服务时,大都出台了地方性法规或规章来进行指导。第二,地方性法规或规章的法律效力低。为了推进政府购买公共服务,很多地方都出台了相关的地方性法规,如北京、上海、广东、杭州、成都等,如表2-1所示。但是,从法律效力来看,这些规范性文件都属于地方性法规,只是一种"非正式制度",离严格意义上的"法"还有一定距离。地方性法规或规章往往缺少指导性、缺少可操作性。如购买指南对购买内容的规范,除了购买内容的项目名称外,大都缺少对项目操作与评估标准的具体量化、服务内容的具体介绍、服务覆盖人群的具体描述,且对购买领域和项目的分类过于简单,实施办法过于原则,禁止事项过于抽象,等等。结果不仅因文件的法律效力低,不能有效调整购买行为,反而引发地方政府购买的随意性,导致权力寻租现象的发生,造成公共资源的极度浪费。[①] 地方政府通过各自指定的政府购买公共服务的指导性意见或实施及考核评估办法,甚至用红头文件来推进工作。[②] 虽然以红头文件、指导意见等非规范性形式规范购买公共服务在探索初期具有合理性,但"从长远来看,应当修改《政府采购法》,确立起为政府购买公共服务的基本法,同时,建构并完善政府购买公共服务的法律体系"。[③]

表2-1　　中央和地方出台的政府向社会组织购买公共服务相关规定

颁布年份	颁布单位	文件名称或购买安排
2009年12月	成都市政府	《成都市人民政府关于建立政府购买社会组织服务制度的意见》
2010年11月	杭州市政府	《杭州市人民政府关于政府购买社会组织服务的指导意见》
2010年3月	深圳市政府	《深圳市推进政府职能和工作事项转移委托工作实施方案》
2011年4月	上海市委、市政府	《关于进一步加强本市社会组织建设的指导意见》
2012年3月	中央政府	《中央财政支持社会组织参与社会服务项目公告》

[①] 肖光坤:《拓展政府购买公共服务范围的法治化思考》,《行政与法》2015年第5期。
[②] 张梦婉:《政府购买公共服务法理基础的重构——以公民权利为中心》,《天府新论》2015年第1期。
[③] 李海平:《政府购买公共服务法律规制的问题与对策——以深圳市政府购买社工服务为例》,《国家行政学院学报》2012年第5期。

续表

颁布年份	颁布单位	文件名称或购买安排
2012年11月	中央政府	民政部、财政部联合发布《关于政府购买社会工作服务的指导意见》
2012年5月	广东省政府	《广东省推进政府向社会组织购买服务工作暂行办法》
2013年	北京市政府	安排8000万元市社会建设专项资金向社会组织购买500个公共服务项目
2013年9月	中央政府	《国务院办公厅关于政府向社会力量购买服务的指导意见》
2013年11月	中共中央	《中共中央关于全面深化改革若干重大问题的决定》

资料来源：苗红培：《政府与社会组织关系重构——基于政府购买公共服务的分析》，《广东社会科学》2015年第3期。

四 日本政府购买公共服务的某种借鉴

政府购买公共服务制度对于改善公共服务供给的效率和质量，推动政府职能转型以及促进政府—社会协作都具有重要的意义。日本政府在与社会协作解决社会服务均等化问题中，运用购买公共服务扩大供给的实践方面进行了许多有益的尝试，形成了较为完善的制度，因此，日本政府购买公共服务制度对于我国构建服务型政府，实现政府治理体系现代化和治理能力现代化将具有重要的借鉴意义。

（一）日本政府—社会协作模式的社会服务供给机制

制度供给源于规制改革。日本政府购买公共服务制度是规制改革的一个重要组成部分，服务于规制改革的总目标。规制改革的总目标与基本公共服务的约束线是同步的，目的是在经济和制度两个层面提高基本公共服务均等化水平："在经济领域，导入、加强竞争机制，以此来降低产品价格、提高资源分配效率及生产效率、促进技术创新、扩大服务项目，最终推动经济增长；在社会领域，寻求必要的、最小规模下的适宜社会性规制。"[1] 政府购买公共服务既涉及社会领域，又涉及经济领域，通过政府购买公共服务，建立了一种新型的政府和社会的协作关系，加强市场主导、转变政府职能，实现政府公共服务供给新模式。具体做法包括营造法律体系、专设监督机构、健全社会组织发展体制。

---

[1] 韩丽荣、盛金、高瑜彬：《日本政府购买公共服务制度评析》，《现代日本经济》2013年第2期。

第一，营造完善的法律体系。"日本政府购买公共服务，有一系列国内国际相关法律法规为依据，如会计法、预算决算与账目公开条例、合同式商业交易法规等国内法律，同时日本是 WTO《政府采购协议》的签字国之一，政府购买公共服务的活动都遵守了该项协议的要求。"[①] 除此之外，日本政府购买公共服务还有专门的法律依据，即 2006 年制定的《关于导入竞争机制改革公共服务的法律》政府购买公共服务的活动与政府采购的其他活动有着本质的区别。政府购买活动包括货物、工程项目、服务等内容，在购买的服务中，既包括为政府自身提供的服务，又包括为公共利益提供的服务。依靠政府采购的一般法律法规难以满足专门购买公共服务活动的需要。日本《关于导入竞争机制改革公共服务的法律》为政府购买公共服务提供了方针和指引，使得日本政府购买公共服务的活动建立在坚实的法律基础之上。

第二，专设公开透明的监督机构。为了保证公共服务供给的透明、中立及客观和公正，日本专门设立了官民竞标监理委员会，政府购买公共服务的活动都要通过委员会组织实施和监督管理。委员会成员都是来自民间的企业家、经济学家等，他们负责审查供应商的资格，确定参加竞标者，确定中标的供应商。在整个采购过程中，日本政府采取公开发布信息的程序。在日本，获取政府采购信息有四种渠道：参加说明会、查询招标公告、查阅官报和上网查询。国内外供应商每年年初可以参加日本政府外务省集中组织的会议，以获得政府的有关采购信息；采购单位在采购前五十天公布招标信息以供外界查询；日本政府用英文和日文摘要的方式在官报上刊登招标信息和评标结果；日本政府还开设了如日本贸易振兴会等政府采购网站向外界机构公布相关信息。

第三，健全社会组织良性发展体制。在日本社会组织的收入来源中，政府资助是最大的资助来源，社会组织的资金有一半左右来自政府资助，政府资助显著地推动社会组织发展。在政府最依赖社会组织提供公共出资服务的地区，社会组织的数量最大；相反在政府最少利用社会组织的地方，社会组织发展程度也最低。社会组织良性发展制度体现为两大方面：一方面，完善促进社会组织发育发展制度，包括改革双重管理制度、登记

[①] 韩丽荣、盛金、高瑜彬：《日本政府购买公共服务制度评析》，《现代日本经济》2013 年第 2 期。

制度等，放宽对社会组织的严格控制，实行直接登记制度，使社会组织获得合法地位，促使其快速发展。另一方面，完善对社会组织的行为进行约束和规范的制度。放宽对社会组织的管理，并不意味着放任社会组织的行为，日本的很多经验已表明，缺乏有效的行为约束规则，社会组织很容易偏离原来宗旨而干坏事。但对于行为不良的社会组织又不能通过领导意愿和行政命令进行惩处，而要学会利用规则和制度来防止社会组织干坏事。这就需要建立健全信息反馈制度、监督评估制度、惩罚退出制度等约束和规范社会组织行为的制度。

(二) 日本政府—社会协作服务模式中的公共财政分配机制

财政分权理论的传统观点认为，财政分权可以鼓励政府间财政竞争，促使地方政府更为关注本地区居民偏好，从而有利于改善地方公共服务提供效率，促进社会福利水平的提高。财政对公共服务供给的方式是扩大规模和增加投资，但这只是提高公共服务总量的问题，对于政府—社会协作模式是可以通过对扩大政府购买的数量和规模上来达到的。日本政府—社会协作模式对于基本公共服务的分配上，通过财政的地区平衡分配以及地区上的社会服务项目进行平衡分配，在建立了完善的购买服务制度之后，财政的均等化分配也需要社会组织的跟进，毕竟财政最终的分配还是体现在对各个社会项目的分配上。一方面，转移支付的内在机制设计有助于公共服务均等化；另一方面，转移支付通过促进地区内部各个社会服务项目的均衡增长，客观上有助于公共服务均等化的实现。[1] 日本政府的这一公共财政分配机制主要表现在如下几个方面：

1. 完善配套的公共财政法律法规体系。日本设立地方支付税，以《地方交付税法》为依据筹集和分配资金，支付税的总额根据所得税、法人税、酒税、烟税和消费税的固定比例自动分配；支付税在地方政府之间的分配数额是根据一定的标准、公式和程序计算得出的。国库支出金中的各类转移支付也以相关的法律，如《义务教育法》《农业基本建设法》《土地改良法》《生活保障法》等为依据。尤其是对地方交付税的分配，中央政府每年要制定相关的分配政策和公布各地方的分配额，并不断提高分配的合理性和科学性。各种转移支付的分配也是遵循"因素法""成本效益法"，考虑到相关

---

[1] 刘德吉：《公共服务均等化的理念、制度因素及实现路径：文献综述》，《上海经济研究》2008年第4期。

因素，进行科学的定量、定性分析，并经过严格的管理和审批程序，最后定下来的。所以接受转移支付的辖区都在同样的公式下得到中央的拨款，所有测算公式都是公开运作的，公式设计比较科学合理，保证了实施过程中有章可循，大大减少了转移支付的盲目性、随意性，避免了中央政府与地方政府之间经常性的讨价还价，具有很高的透明度、公正性和可预见性。各地方政府不仅知道本地将得到多少转移支付资金，而且了解其他地区得到了多少转移支付资金，这样可以减少盲目的互相攀比。

2. 转移支付以公共服务的均等化为目的。日本实施转移支付的目标主要是使各地方政府在基本公共服务能力方面达到均衡，也就是也达到基本公共服务的均等化。转移支付支出主要用于公共基础设施、教育。在协调地区政策、调剂收入差异方面，中央政府对地方政府的补助金主要在于帮助收入水平相对较低的地方，通过修建基础设施、增加教育投入，来达到使各地居民都可以享用到同样或相近水平的公共产品和服务，而不是把款项用于生产经营领域，即转移支付具有明显的非生产性特征。这与我国传统体制下将补助资金大量用于生产经营活动形成强烈的反差。应该说将补助金主要用于基础设施建设或社会保障是转移支付制度本身的客观要求。

3. 转移支付以平衡社会组织来寻求政府—社会的协作为途径。公共服务的市场化并不意味着政府作用的可有可无，恰恰相反，政府的调节和规制作用不可或缺。在政府公共服务供给的多种方式（如重新划定行政区域、实行不同的区域经济发展战略、地区间的财力转移、对不同地区上缴财政收入实行差别策略等）中，政府间转移支付具有便于校正辖区间公共品的外溢现象、能更好体现中央政府的宏观意图与偏好、均等化效果更为直接、实施阻力相对较小等独特优势，因而是实现公共服务均等化的最主要、最有效的方式。公共财政转移支付中不仅仅要强调政府的主动性，而且更要关注转移支付在财政分配中促成的政府—社会协作机制。日本政府通过平衡老、少、边、穷地区的财政分配从而平衡了地区在社会服务中的投入，各地区在平衡的财政分配的基础上又进而通过政府购买的形式在社会组织中进行分配，政府与社会组织通过购买服务的形式形成了持续性合作关系，最终实现基本公共服务均等化。因此，政府购买在第一层，转移支付在第二层。

4. 营造控制性分权结构。"日本是单一制国家，拥有中央、都道府县（相当于我国的省、自治区和直辖市）和市町村（相当于我国的市、县)三级政府,截至 2006 年,日本都道府县数为 47 个,市町村①数为 1822 个。"② 日本在明治维新时期仿效德国模式建立了高度集中的财政制度,这一制度在二战期间进一步加强。二战后,美国在日本地方政府层面推行直选改革,基本实现了地方财政自治。但是,1949 年占领期结束后,日本中央政府重新集中了许多政府职能,重新引入了许多控制机制,从而在中央政府和地方政府之间实现了"控制型分权"。从财政上说,日本中央政府控制了地方预算、地方税率和税基、地方借款及巨大的财政转移支付。虽然日本地方政府领导实行公选,但日本《地方政府法》明确了地方政府的代理代表职能,从而有效地保证了地方政府领导对中央政府政令的执行。

中日两国同为单一制国家,中央与地方的分权同为中央控制型分权,这是两国实现经济快速增长的重要原因之一。作为控制型分权的结果,中央政府与地方各级政府间不可能实现财政联邦主义所强调的各级政府间清晰明了的职能分立,因此,体现在财政支出责任上就是重叠与分担,体现在财政收入来源上则是中央政府对地方政府实施巨额的财政转移支付。日本在此基础上探索形成了财政合作管理联邦主义,较为有效地解决了财力与事权的对应问题。中国基本公共服务差距悬殊的背后实际上是财力与事权的不对称,通过财政的分配寻求社会力量的介入,便化解了地方事权的过重职责。日本的财政合作寻求政府—社会管理模式可以作为我国构建新型政府公共服务体系的有益借鉴。

第四节 地方服务型政府行为探视

地方服务型政府的各种具体行为,都不同程度应对经济发展任务,其使

---

① 市町村是日本的"基础地方公共团体"的总称,包括"市""町"和"村",和"广域地方公共团体"都道府县相对。在日本,"市"与我国同样,是"城市"这一类地方政府的简称。但日本的市是狭域市,除了政令指定都市可以分区以外,不辖下级政区。"町"相当于我国的"镇";"村"类似我国的"乡",但在体制、法律地位上则略有不同。市、町、村和东京都的特别区四者之间,地位相互平等,没有隶属和领导或"指导"关系。
② 在 1999 年时日本有市町村 3229 个,但是近年来,日本政府推进了市町村合并以加强行政管理,从而使日本的市町村在 2006 年时减少到 1822 个,截至 2010 年 3 月 31 日,日本全国共有 786 个市,757 个町和 184 个村。市町村总数为 1727 个,加上东京都的 23 个特别区,共计 1750 个基础地方公共团体。

命感与紧迫感，为压力型行为方式增添了合理性与适时性，并凸显出场景式治理的正向价值。场景式治理与运动式治理是两个不同的概念。场景式治理方式是一种由来已久的工作方式，即通过相关部门组织集体参观学习、集体观摩或现场巡视，来展示某项政策执行的价值现状，或推广某项经验的现场办公。这种现场集体观摩在人民公社时期习以为常，在"四清"运动中也司空见惯，"文化大革命"中更是铺天盖地。因此，人们往往将场景式治理与运动式治理混淆。在此，有必要论证场景式治理方式的实践意义，正视场景式治理方式的不足，从制度角度探寻场景式治理的完善之道。

一 场景式与运动式概念及其特征

所谓场景式治理，"顾名思义就是指地方政府相关人员集体进入到需要了解和需要解决的问题现场，通过真实的场景直观，了解情况，发现问题，交流看法，从而达到现场督促改进、现场研究对策的一种治理方式"，[①] 简单地讲，就是指现场集体观摩。即由相关部门组织特定人员，到指定的现场参观，当场明确成就、当场发现问题，现场召开办公会议，即时研究改进工作或推广经验的对策。这种形式的核心要点是，在考察现场中直面改革实况实景，直观问题解决实情实例，换句话说，就是通过将办公地点从会场转移到现场，通过近距离观察、了解、交流、询问与对话，从实景中领会领导的立意与要求，从场景中感受激励与警示，从实践中领受教育与启发。场景式治理的特征主要体现在五个方面。

第一，计划性。场景式治理往往需要对现场考察观摩的时间、地点、人员、进程、结果等诸多方面进行事先安排，以便使观摩进程准备充分、前后衔接、高效进行。现场观摩的目的是显示考察计划的实用性、推广价值的必要性以及付诸实施的紧迫性，就是借用实践中的实物、实景、实事，或展示其高效率与高效能，从而启发观摩者的积极性与热情；或展示其低效率与低效能，从而敲打观摩者的滞后性与惰性。

第二，统筹性。场景式治理一般都要经过缜密的安排、周到的布置，包括领导理念、角色到位、团队划分、分工负责、线路安排、材料准备、后勤保障等各项工作。不仅如此，还需要观摩督察场点所在部门或单位的积极配合，确保观摩内容准确、真实、全面，确保观摩信息畅通、对称，从而使观

[①] 沈荣华：《昆明样本：地方治理创新与思考》，清华大学出版社2013年版，第93页。

摩活动前后连贯、行动协调、多方兼顾、井然有序，有效达到预期目的。

第三，连贯性。场景式治理需要由一系列相互联系、相互配套、相互补充、相互印证的现场活动、参观考察和具体会议组成。通过系列活动的连续展开，使观摩者从身临其境中体验整个项目的流程全貌，从整个流程中观察其成功与缺陷、经验与教训。观摩是一种多元叠加的活动系统，如果观摩活动过于单一，就会使观摩活动形式化，将系统行为孤立化，从而使观摩者产生虚假与作秀的感觉，使事与愿违。

第四，对比性。场景式治理还可以通过同类的项目比较，以直观的形式让观摩者分出上下高低。这类现场对比显然比会议汇报要明晰客观，比数字游戏要准确真实，一定程度上可以避免弄虚作假、避重就轻。例如有的地市党政工作会议期间的观摩，需要对辖下10多个县（市）区和多个开发区进行观摩比较，3天时间、千里行程，由于对比的指数明确、现场观摩与工作汇报相结合，因而效果往往也不错。①

第五，参与性。场景式治理的关键在于脱离了办公室工作的局限性和封闭性，拓展了政府工作的公开性与广阔性，将政府行为向社会延伸，以敞开的流程拷问政府的传统行为模式，以直观的成效"倒逼"政府的执行力提升。这种公开、直观的现场观摩，理应使民众的知情权变得顺理成章，参与权变得简便容易，监督权也变得有形有效，这无疑对改善政府与民众关系具有积极意义。

场景式治理方式盛行于计划经济年代，带有明显的政府强制和权力导向，也带有计划经济色彩。按理说，改革开放后人们对此应该讳莫如深。然而，意想不到的是，场景式治理依然是地方服务型政府建构中的常见方式，还保持着较强的生命力。当然，也有人对此不以为然，认为这种运动式治理方式，不适合市场经济年代。

何谓"运动式"？平心而论，这早已是一个声名狼藉的概念。在日常生活中，常见诸报端的所谓"集中整治""专项治理""××战役"等词也许早已给运动式下了直观的注释。从学理上讲，运动式治理是指为解决某一领域内的突出问题，通过集中优势人力、物力，实施有组织、有目的、有规模的一种突击性治理方式。在过去整治秩序、扫黄打非等治理中，"大会战"式的运动式治理盛行，也一度成绩辉煌。往往在贯彻某条指示、执行某项政策

---

① 参见沈荣华《昆明样本：地方治理创新与思考》，清华大学出版社2013年版，第94页。

中、轻车熟路、信手拈来，形成治理依赖症。运动式治理一定程度上能够在整肃社会流弊、震慑刑事犯罪、维护社会秩序中提高政府执行力，但是，由于这种治理方式呈现出极强的"时效性"特征，往往被认为是矛盾累积到一定阶段或是局势恶化到一定程度时所采取的应急方式，其最大的特征是短期性、反复性及政府主导性。[①] 这种治理展现的是一种"宽猛相济"与意志主导的人治精神，其代价是长效法治的流失与可持续发展的间断。运动式治理具有如下五方面特点：

第一，决策主观性。运动式治理的依据是掌权者的意志，什么时候采用突击、什么情况下采用急风暴雨、什么条件下需要动员群众，都是领导者说了算。对问题判断的所谓严重性、时机把握的所谓准确性、确定规模大小的所谓阵势性，都一概体现了决策者的主观性，一般人无法问津，也无从问津。

第二，启动秘密性。运动式治理的方式往往是启动前的几个小时或者几天向有关人员宣布，相关人员获得这个信息后再进行秘密准备，不得张扬、不得泄露。即使需要群众配合，事先也不可能透露风声，群众只能以虔诚的姿态等待命令，不知道接下来自己要去哪里、干什么、怎么干、干到什么程度。

第三，实施剧烈性。运动式治理的实施靠的是巨大声势、铺天盖地。往往围绕一个主题与一个目标，动用一切可以动用的力量与设备，形成一个立体式、广泛性、多功能交叉重叠的架势，从报纸到电视广播、从单位到个人、从巡逻放哨到警车鸣叫，造成人人关注、人人紧张、人人自危、人人顺从的局面。

第四，效力短暂性。运动式治理中的权力威慑，往往将违法堆积如山、问题积重难返之际视为暴风骤雨方式的实施之机。因此，快速、集中、强力是法宝，直接性、突然性、短暂性是典型。正常治理应该是一种持之以恒的、有规则依据的依法治理，贵在持续、贵在秩序。暴风骤雨式的短暂治理的深层代价是长效性治理的软化与苍白，给法治建设带来灾难。

第五，进程周期性。运动式治理往往表现为轰轰烈烈与偃旗息鼓的衔接与交替。在大多数情况下，轰轰烈烈之后就是一个相当阶段的偃旗息鼓，一

---

① 冯志峰：《中国政治发展：从运动中的民主到民主中的运动——一项对110次中国运动式治理的研究报告》，《甘肃理论学刊》2010年第1期。

张一弛、定期不定期地发动，使运动形成一定的周期性，运动来了，不该管的也管，运动过了，该管的也不管。于是，人们普遍"觉悟"到，只要躲过运动严打，违法可以继续照样，只要运动风头一过，治理的真刀真枪就会烟消云散。运动式治理暗含的"规律"，给正常的治理留下可怕的空洞。

二 场景式与运动式比较

场景式治理与运动式治理都是在中国特定体制和历史文化背景下形成的治理形式，二者既存在共性特征，也存在个性差异。共性特征主要体现在三个方面：

第一，属性相同。场景式治理与运动式治理都属于政治运动。日本学者绵贯让治认为，政治运动是"为实现思想、行动和社会关系中的变化，而在某种程度上有计划地作出努力，随之在某种程度上进行持续的、有组织的集体行为"。[①] 王蔚认为，政治运动可以被认为是"包括执政党在内的多元政治主体为了实现某种政治目的所发动、参与的具有明确的目的性、严密的计划性和组织性，有着大规模群众参与的政治活动或政治行为"。[②] 场景式治理和运动式治理都属于领导集权推动、广大群众被动的行为，都具有主体多元、集体行为、政治目的、计划性、组织性、权威性等元素。

第二，机制相同。无论是场景式治理还是运动式治理，都是针对某些急需解决的问题，采用自上而下的动员机制，借用权力势能，通过级别传递与区位划分，进行权威动员和集中整治。具体表现在地方政府、专门机构与其他相关的组织、公民个人热情、积极参与，都以专门机构与相关部门为牵头，以其他相关组织与公民个人共同参与、彼此联结、互相支撑为协同，形成治理依赖政府、运行依赖权力、效果依赖权威的运行机制。

第三，导向相同。场景式治理与运动式治理都是以效率为导向。两者都是在强力的保障下，迅速解决地方治理中的棘手问题，都在一定程度上集中精力解决一般情况下难以统筹、难以治理的重要问题，都在快捷中体现效率优势，在集中、迅速、有力中体现价值导向。由于导向相对单一，因此，往往与系统性、结构性、有序性、合理性存在一定差距。

场景式治理和运动式治理之间的个性差异，主要表现在三个方面：

[①] [日]神岛二郎等：《日本政治学动向》，马斌等译，商务印书馆1983年版，第38页。
[②] 王蔚：《现代化视野中的当代中国政治运动研究》，中国社会科学出版社2010年版，第75页。

一是治理的对象不一样。运动式治理的对象具有突击性表征,它主要解决社会重点、难点、焦点问题,如不大张旗鼓地出手,就很难推动对这一类问题的解决,或者如不迅速解决就容易引发连锁反应,进而威胁社会秩序与稳定。因此,一次性、突击性、短期性是其明显特征。而场景式治理对象具有突出性表征,它主要体现在地方治理中对某一个具体环节与具体问题的重视与强调,通过特定场景展示问题的状态、表达成就的经验、警示差错的教训,使每一个与会者明确责任,增强意识、使命感,从而推进整体任务的完成。

二是治理的体制不一样。运动式治理出于社会现实中某些严重问题所迫,脱离了常规体制而采取的紧急性行动、应急性举措,往往通过权威力量,迅速扫清障碍、马上解决问题。当障碍基本扫清、问题表面基本解决时,应急性行为便告一段落,原有的管理体制与管理状态全部恢复原状。运动式治理往往是常规治理中的非常规行为,它是常规体制推进中的弥补与矫正,本质上属于被动性行为。而场景式治理则是在原有体制下自觉开展的强化行为,是与主流计划相互联系、相互配套、相互印证的特定场景展现,使人在身临其境的观察中获得某种强化了的信息,它是常规体制中的实证运用与强化展示,本质上属于主动性行为。

三是治理的价值不一样。运动式治理的暴风骤雨方式为的是贯彻领导者的意志,借强制力和威慑力实现快速、集中、有力解决社会问题与摆脱困境。因此,运动式治理往往不计经济成本、不考虑法治要素,却十分在意眼前成绩的数据化、形式化。而场景式治理的价值取向是通过现场、现景,让与会者获得客观、真实的信息,指导相关工作的有序开展,通过彼此交流、互动,督促有关人员明确整体计划意图。场景式治理也会不计经济成本,为的是借眼前的数据与形式作为推力,力求提升执行力,以保证整个工作或项目顺利进行。

场景式治理脱胎于运动式治理,盛行于市场经济背景下的改革开放中,其原因是多方面的。政府必须依然是社会的主导,地方政府能力的强弱直接关系到当地社会发展的主流品质,地方政府执行力的强弱直接关系到当地社会发展速度的快慢,因此,地方政府始终处于发展与改革的浪潮之巅,而公民发育成长滞缓却导致权利与利益的呼声不断升级,民主与法治进程还刚刚起步,还有待提速增量,于是,这些态势与结构必然催生地方政府有所大作为的使命,地方政府的场景式治理必然凸显出合理性的正向价值。

第一，直接促进地方政府执行力提升。通过现场督察观摩，短时期内集中治官治吏，使过去僵化、迟钝、推诿、懒散难以为继，近乎跨越式地实现了行政效率的大幅度提升有利于克服体制弊端、解开疑难杂症。发展就是不断解决问题，将难点问题摆在现场观摩者面前，以众人的智慧与经验破解难题，有利于工作的顺利开展，明显有助于提升地方政府执行力。

第二，急剧扭转地方政府工作作风。场景式治理几乎成为检验工作实效的最直接、最直观、最透明的考核方式，在实景实物面前，后进者直接感到压力，先进者直观明确前面还有榜样，进步的压力必然形成对传统官僚习气的冲击，这在我国地方政府权力普遍约束软化的情况下，场景式治理不失为一种有效的监督途径。俗语说得好，"是骡子是马拉出来遛遛"。场景式治理营造了一种环境氛围，工作不实必将招人诟病，表面文章无疑立马露馅，数据化的政绩水分失去市场，从而一定程度提高了地方政府的实干作风。

第三，逐渐引领政府行为公开。由于场景式治理主要在现场，这就有利于引领地方政府行为真实、客观、直接地向社会公开，提高政府的透明度和责任感。通过现场观摩实际展示了各家实貌与家底，让观摩者感到了一种坦然，家家都有亮点，家家都有"软肋"，谁的路子正，谁的路子虚，一目了然、心中有数。从中也受到启发，家底不需藏着掖着，关键是如何针对自己实情，思考符合自己实际的发展道路。不仅如此。通过现场，还可以将政府的行为进一步向群众公开。

第四，基本形成压力式激励机制。场景式治理显然是一种压力，试想如果不认真、不严肃对待日常工作，被观摩时就必然忐忑不安，因为强大的观摩团轻而易举就能发现问题，其后果就是问责。对于观摩团来说，现场考察必然反思自身不足。发展得好的，会面对观摩项目感受到了尾追者的压力，发展不足的，会明晰奖惩和问责的威力。场景式治理的现场观摩激励机制的配套，直接给地方政府与每一位行政人员施加了向上的压力。

三 场景式治理模式反思

在现行体制下，由于经济赶超的压力，我国地方政府总体上处于干后知困、困知不足、不足乃求发展的逻辑之中。这种压力式治理显然是一种知难而进的姿态。无论从现实的逻辑还是从制度的逻辑来说，压力式地方治理在我国当前经济发展阶段都具有某种客观性和适时性。对于后发国家来说，如何有效、充分地运用行政权力优势，推动力量的协调和资源的征用，以支持现代化进程,① 显得尤为重要。毫无疑问,当下我国地方场景式治理体现了相对优势,但是,其消极作用也是显而易见的。

其一,过于依赖组织权威。场景式治理也是自上而下的权威动员与集中整治,对组织权威的势能和强制有一种习惯性的依赖。从场景式治理的整个过程来看,它的启动、运行、结果都以政府为主导,参与主体范围、观摩地点安排、现场监督检查等也是由政府决定,因而体现了很强的权力垄断性和组织权威性。作为地方治理的"有形之手",组织权威已然是地方政府推动经济发展的有力工具,却也是公民参与的最大障碍,由于目前现场观摩基本上局限于官员和政府体系内部,群众犹如隔岸观火,言论空间被挤压,造成地方政府场景式治理的"自以为是""自我欣赏""自娱自乐"。

其二,有效性空间仍然有限。场景式治理实现了从办公室、会议室到现场的空间跨越,实现了治理空间的扩展和开放。但是,由于场景式治理中的时间安排、选择对象、结果跟踪等环节存在缺陷,导致治理空间依然有限。从进程安排上看,场景式治理一般都是在地方政府会议期间,抽出2—3天的议程进行观摩。短短的观摩时间要考察整个县、市项目或工作进展是不现实的,于是,只能挑选比较具有代表性的对象,这就使治理空间受到限制;从治理对象上看,场景式治理的对象一般都是"点",侧重关注管理中的具体环节,冷淡了整体的治理,造成"点"与"面"的脱节,影响整体的协调和秩序;从结果跟踪来看,场景式治理的重要性在于现场办公,一旦离开现场,也就意味着场景式治理的结束。于是,当有关人员离开现场乃至现场撤离之后,跟踪监督效果可能大半已减。

其三,治理成本过高。场景式治理过程中需要多元主体的参与,因而会呈现出一个比较庞大的观摩团体,这个团队可以是几十人、几百人,甚至是上千人,浩浩荡荡的观摩队伍,首先,时间是一个问题。假设有几百人的观摩团队,第一辆车到观摩地点与最后一车抵到少说也要十分钟。于是,就形成两难:要么缩短观摩时间,要么减少间隔时间,两者无论怎么抓紧都凸显了时间成本;其次,场所是个问题。供观摩的场地与现场交流场所大多不可能有相匹配的容量,如果流水线的参观,各人观察的部位、内容必然存在差异与不均等,这就构成机会成本;最后,后勤也有问题。偌大的团队必然造

---

① [美] 罗兹曼:《中国的现代化》,"比较现代化"课题组译,格致出版社、上海三联书店、江苏人民出版社2003年版,第54页。

成车辆、食宿、材料、会务等后勤保障增加压力,直接造成场景式治理的物质成本。这些成本不仅给地方财政增加负担,也容易引起民众抱怨,从而影响政府的形象。

场景式治理作为一种流行的治理方式,有必要对其进行合理改造,摈弃其消极因素,最大限度地发挥其优势,对策主要有两大方面。一方面,以制度建设为切入点,完善场景式治理的合理性框架,进一步挖掘其合法性元素和基础。这就需要制定相关法律和制度,赋予场景式治理各环节以刚性的规定和规范;需要对参与者明确授予和准确划分各自权力、权利、职责等基本要素,理顺各环节之间的顺序、衔接和步骤,避免彼此之间的关系混乱和封闭;也需要将现场观摩控制在一定的范围之内,明确时间限制、地点安排、经费预算等基本要件,避免行政资源过度浪费。另外,还需要通过法律制度制约和规范地方政府权力,尤其要严格界定现场治理过程中政府指导、政府规划,避免将柔性行为异化成刚性命令。在此基础上完善问责机制与问责程序,做到责任分解细致化、责任监督无缝化、问责主体权威化、问责保障制度化,构建与压力型体制相适应的"压力式"问责机制。

另一方面,要以民众参与为着力点,增强场景式治理的社会化色彩,扭转对组织权威的习惯性依赖。具体表现为鼓励与推动民众有序参与,其中需要明确参与者的权利和义务,加大对公民政治素质、民主知识、法制理念的培育,提高公民政治参与与政治判断的能力;适当增加有利于民众参与的程序,如听证会、报告会、讨论会等,广泛吸纳民意,让民众与场景式治理之间从隔岸观火到深入其境;扩展参与者规模,保障每个参与者的知情权、参与权、监督权的平等实现,最大化发挥场景式治理的公开性价值。同时,要注意在吸纳多元主体参与的分类选择,将管理相关者、当地当事熟悉者以及相关专家学者分别区分权重,注重参与者的代表性。当然,基于治理成本的考量,参与者并不是越多越好,由于场景式治理中政府工作头绪万千,有必要借助专家、学者的专业性知识进行针对性的审视。总之,场景式治理需要制度化和民主化改造,使它成为地方治理中提升地方政府执行力的理性工具。

治理总是在动态中进步,形式也能推动体制改革。在社会结构必将发生很大变迁的将来,地方治理如何摆脱组织权威的习惯性依赖,如何在政府强力中添加刹车机制,如何利用敞开式治理形式扩展政府的公开领域,如何在现场中荡涤 GDP 神话,如何在实景实物中唤回对生态环境的敬重,如何通过多元互动来提高政府执政能力,真正践行为民众服务的宗旨,创造性地将合理、适时的场景式治理中注入合法性元素,这是我们地方服务型政府建构中必须面对与反思的。

第三章　地方服务型政府与核心行动者

地方服务型政府建构过程，实质上是地方政府权力规范、职能转变、服务供给等行为选择的规范性过程，行为的合法性与合理性主要仰赖于制度供给。当我们正处制度建构过程时，客观上必然存在不少制度空间，如果政府的全部举止都必须寻找制度依据，也许可能会陷于空想，抑或无所作为。于是，现实中，各地主要领导者的领导理念、领导魄力、领导眼光、领导才能、领导艺术在特定的时空阶段发挥了巨大作用。这是制度不足情况下的一笔时代财产，也是值得深思的一种时代现象。

党的十八大以来，历史性成就与历史性变革一浪推动一浪。以习近平同志为核心的党中央举旗定向、运筹帷幄、审时度势，顺应了实践要求与人民的愿望，以巨大的勇气与强烈的责任担当，理清了长期没有明确的难题，发展理念与发展方式发生了深刻变革、体制机制发生了深刻变革、全面法治建设发生深刻变革、党对各方面工作的领导发生深刻变革、生态文明建设发生深刻变革，从而开创了一个新时代。

当下，我们站在新时代的高度，回首过往短暂历史中出现的小浪花，力图视角更广阔，分析更深刻，思考更全面。

第一节　地方服务型政府建设的制度空间

诺斯认为："制度是一个社会的博弈规则，或者更规范的说，它们是一些人为设计的、型塑人们互动关系的约束。"[1] 在探讨地方服务型政府建构的过程中，制度建构是其必须要回答的问题。因此，从价值维度、工具维度两个视角进行剖析，在理论和实践上对地方服务型政府的制度建构进行深入

---

[1] [美] 道格拉斯·诺斯：《制度、制度变迁与经济绩效》，杭行译，格致出版社、上海三联书店、上海人民出版社2008年版，第3页。

的认知和分析。

一 地方服务型政府建构中的制度纬度

转型期的地方服务型政府建设，应该以制度为依据，通过地方政府的主观能动性与创造性以及地方民众的积极性和参与性来推进。清晰的概念在一定程度上能带动研究的逻辑性，地方服务型政府的研究离不开对"制度"概念的深入解读和辨析。

研究制度首先必须考察制度生存的环境。当下，我国地方服务型政府建设正处于一个复杂的环境中。第一，在历史上，民主传统与法治环境存在着严重的制度性缺失，以致当下地方政府改革面临着双重任务。既要与市场体系发育水平相适应，又要与实现法治、民主制度实践相衔接；第二，在文化上，长期的"官本位"导向与奴化心态，使当下地方政府体制改革缺乏内生性的驱动源，地方政府既是改革的动力，同时又是改革的对象；第三，在结构上，地方服从中央的总体结构，使地方政府的自主性空间有限，同时又承担着自主创新的使命；第四，在方略上，我国改革基本处于经验不足、理论不足、整体思路不足的状态，致使地方政府改革呈现出纷繁复杂的形态。我国渐进式改革在触碰深水区时的"投鼠忌器"，也促使地方政府不得不在法治建设中举步维艰，在制度完善中理清头绪。

所谓制度，就是赖以指导整个社会有效运转的规范资源与方式的总和。广义的制度指整个制度体系（包括有形的国家法律规范和无形的社会习俗等）；狭义的制度指某一种涉及微观行动者的具体规定，"就是在各种政治经济单元之中构造着人际关系的正式规则、惯例，受到遵从的程序和标准的操作规程"，[1] 制度既可以作为一种政治系统运行的环境背景，也可以被当作是一种推动政治系统运行及变革的规范要素。它的基本功能是决定特定场域内参与者的身份、偏好与策略选择。

就目前而言，地方制度性资源丰富多彩，可谓正式制度与非正式制度、制度优化与制度滞后同时并存。这种制度之间的缝隙，既塑造了地方政府的创造性，也给地方政府和民众提供了行动的自主性。其中，"四项基本原则"以坚持不动摇的刚性形态，准确表述了国家与人民的意志，为地方政府及民

---

[1] Goodin Robert E., Klingemann Hans-Dieter, *A New Handbook of Political Science*. Oxford University Press, 1998, pp.133–135.

众规定了行动的方向。转型时期非正式制度也同时存在，20 世纪 80 年代以来西方学者认为中国是分权的权威主义体制，[①] 认为中国的干部可以根据自己的意愿有选择地执行对自己有利的政策。[②] 笔者以为，所谓非正式制度是指改革过程中没有经过权力机关的批准程序、没有得到立法机关正式颁布的地方性文件，是各地政府探索性的规定与试点性的经验积累。地方治理中的非正式制度主要指制度探索中的体制空间，主要表现为机制弹性与自由裁量空间。

需要指出的是，研究制度空间，尤其需要关注中央与地方关系。1958 年和 1970 年，我国分别进行过两次放权，试图同时发挥中央与地方两个积极性。毛泽东曾直白地说："中央集权多了，我就下放一点；地方分权多了，我就收上来一点。"[③] 这是一种以人为意志为主导的放权模式，在特有的条块分割体制下，"条的分散性"和"块的分散性"[④] 同时存在，"条""块"之间权力配置的模糊性，构成了地方与中央的博弈格局。改革开放以来，行政放权依然在政策治国的轨道上摇摆。每当中央宏观调控时，往往会根据形势的判断与主要社会问题的现状出台主导性的政策，至于地方如何调整，主要取决于各地的领会和把握，其中就具有相当的自由裁量空间。用足政策、截留权力被普遍视为政策性机遇，谁掌握了政策机遇，谁就等于获得了发展契机，机遇就是空间。近年来，中央开始加大对"条"的管理，很多财权、事权收归省管，但是由于路径依赖，地方仍然可以盘活制度空间。前些年安徽芜湖市土地储备中心状告安徽省"发改委"就是最好的例证。[⑤] 这种新旧制度混合中出现的弹性，是导致新旧制度冲突，甚至出现制度"真空"的主要原因。

---

① ［德］托马斯·海贝勒：《关于中国模式若干问题的研究》，《当代世界与社会主义》2005 年第 5 期。
② Lianjiang Li, Kevin J. O'Brien, *Selective Policy Implementation in Rural China*, Comparative Politics, 1999 (31): 167-186.
③ 赵震江：《分权制度与分权理论》，四川人民出版社 1988 年版，第 204 页。
④ 林尚立：《权力与体制：中国政治发展的现实逻辑》，《学术月刊》2001 年第 5 期。
⑤ 2008 年安徽芜湖国土局把芜湖市镜湖区中江商场附近 16.5 亩的土地售给芜湖汇锦置业公司，而芜湖土地储备中心却承担拆迁任务。其中商户倪家因为补偿问题商议无果，在律师建议下申请安徽发改委进行行政复议，安徽发改委在 2010 年 2 月做出"行政越权"批复，撤销芜湖发改委的立项批文。为此芜湖土地储备中心把安徽发改委告上法庭，形成"官告官"的奇案。在此，芜湖土地储备中心与芜湖建投公司是两块牌子一套班子，而芜湖建投公司是芜湖市人民政府领导的国有独资公司。详见许浩《芜湖土地储备中心职能变形记》，《中国经营报》2010 年 7 月 24 日。

转型时期非正式制度也同时具有相当的负向价值。第一，权力与资本的连接在市场经济条件下得到强化，体制的逻辑制约着改革的逻辑，① 地方人大与党委主要领导人"一肩挑"与党政"双跨"现象，透露出权力监督的有效性相当有限，"对上对下都负责"的体制尝试仍然不尽理想；第二，中央政府的主导性与调控性，在地方治理中得到了同构性的位移与重复，② 政治单一制和经济联邦主义的二元化试探，③ 是赋予地方政府能动性的关键。当政府本身也成为一种资源性和规则性安排的时候，④ 体制中的"上下两个积极性"作为一种非制度化的制度策略，⑤ 从根本上决定着地方政府对上级政府的理性程度；第三，法治正在努力建设中，但又与人治惯性混杂胶合。在地方公共服务供给中，往往又将法治的战略地位降为策略功能，使法治与改革时时呈现出矛盾的面相。由于客观上法治与信仰双重乏力，于是，关系成为主要的交往机制与交换资源，呈现出强大的俘获力，成为地方治理中的渊薮；第四，市场空间仍然偏于狭小、分工程度偏低，因此，经济主体人格化、跨越市场和跨越地区之间的外部性、行政依附性等现象，仍然显现出泛滥的状态。

总之，无论新制度还是旧制度、正式制度还是非正式制度，其内在客观存在着缝隙与距离，这就决定了制度空间的不确定性。因此，"规则和行为人的行为之间的互动变得更容易理解"，⑥ 制度不仅规定了行动者应该做的，还给行动者在特定制度环境下留下了特有的角色空间。制度的分布、变迁与运行，并非平面的、单向度的，而是具有时空的重叠性、结构的复杂性与实践的多变性。当制度体系作为资源与规则嵌入主体的行动结构中时，地方政府对制度空间的理解能力，便成为影响地方经济、社会发展最值得关注的能

---

① 本说法受景跃进演讲的启发。参见景跃进《如何认识中国政治？》，载"选举与治理"，http：//www.chinaelections.org/newsinfo.asp? newsid=189452。
② 朱光磊：《"职责同构"批判》，《北京大学学报》（哲学社会科学版）2005年第1期。
③ 杨光斌：《我国现行中央—地方关系下的社会公正问题与治理》，《社会科学研究》2007年第3期。
④ 陈振明：《中国地方政府改革与治理的研究纲要》，《厦门大学学报》（哲学社会科学版）2007年第6期。
⑤ 朱力：《当代中国的中央与地方关系》，《中国社会科学》2004年第2期。
⑥ [美]道格拉斯·诺斯：《制度、制度变迁与经济绩效》，杭行译，格致出版社、上海三联书店、上海人民出版社2008年版，第152页。

动因素。也就是说，制度不仅影响到地方政府的基本偏好，而且还影响到地方政府对自我角色的塑造。人们只有有效认识事物发展的客观规律，才可以促使制度的日趋完善。

二 地方服务型政府建构中的工具维度

制度的贯彻需要各种方法与工具相配套，地方服务型政府的建构，除了制度理性，还需要工具理性，两者相辅相成，缺一不可。从操作层面思考地方服务型政府建构的工具理性，实践证明其意义非同小可。

1. 形式的合理性。在制度创新的形式上，发达国家政府公共服务改革表明，公共服务的供给可以有多个主体、多种途径、多个手段，可以是政府机关，也可以是私人企业和非营利组织，可以通过合同承包形式，也可以通过合作的形式，并在实践中创造了民营化、政府付费、合同外包、特许经营、凭单制、分散决策、放松管制、产权交易、内部市场、全面质量管理、目标管理、绩效管理、标杆管理、流程再造、招标投标、遏制垄断、引入内部竞争等多种有效形式，这些形式在我国各地的制度创新实践中都有不同程度的采纳和借鉴。当然，也有一些地方政府限于习惯思维，墨守成规，仍然采用计划经体制条件下的单一、传统、教条式的方式进行。皮埃尔·卡蓝默（Pierre Calame）指出："一个强加于人、凌驾于社会之上能够实现发展的国家形象正在消失，取而代之的是采取一种更加客观的观念来审视公共行动、统合各种社会力量的条件。因此，国家和其他行动者的合作伙伴关系具有压倒一切的重要性。"[①] 总之，公共服务供给的制度工具并非是一成不变的，而是要在变动的条件下进行一定程度上的创新，以彰显合理性。在地方服务型政府模式的公共服务提供中，由于政府与公民、政府与市场、国家与社会之间不再是简单的命令与服从关系，而是一种沟通、协商关系，形成互动之势，这种互动不仅是双向而且是多向互动。基于公共服务中政民关系的变动，制度工具的形式就需要随之而发生改变，以适应实践发展的要求，从而与合理性价值相契合。

2. 参与的渐进性。在现代社会，仅仅依靠政府的力量已经不能满足所有的公共服务需求，必须创造新的治理模式，而这种新模式的核心就是吸纳

---

① [法] 皮埃尔·卡蓝默：《破碎的民主——试论治理的革命》，高凌瀚译，上海三联书店 2005 年版，第 56 页。

公民参与。正如赫尔德（David Held）所言："只有公民有机会直接参与地方层次的决策，才能实现对日常生活过程的真正控制，公私之间的联系由此将得到较好的理解。"[①] 因此，我国历次的政府改革始终将支持和鼓励公民积极地参与公共政策制定或公共服务供给作为重要的内容。随着市场经济的发展，社会对公共服务的需求日益增长，建构地方政府与公民共同供给的合作模式，增强公共服务的民主化进程得以迅速发展。但是，一方面，由于参与机制缺乏使得公民在体制之内找不到实现自我权利的途径，就往往将借助于体制之外的途径实现利益愿望，使制度之外的正激励代替了制度之内的负激励；另一方面，由于公民自身民主知识贫乏、法治意识淡薄、对政治参与目的、责任和程序缺乏了解，最终导致公民的无序参与，因而，参与制度的建立需要具备渐进性的特征。首先是提升整个公共生活的公共理性，特别是强调权力的公共性和公民的主体性，以培育出与参与制度相适应的政治文化；其次是搭建参与平台，特别是创新贴近群众、贴近实际的参与渠道，形成政民互动的有效机制；再次是加强制度建设，以制度的刚性保证参与的稳定性和有效性，以消除制度外激励的影响。需要强调的是，公民参与的渐进性不是制度构建的目的，仅仅是适应当下政治条件的过渡手段，参与渐进性的特征最终是需要转向充分性、有效性和常规性。

3. 评价的有效性。主要是指地方政府绩效评估的有效性。在传统政府模式中，绩效评估主要是指效率衡量，即投入与产出之比，是以低成本、高产出作为其主要价值取向。经济总量、经济增长速度、投资规模、通胀率等传统指标是进行评估的重要依据。随着对地方政府公共性的认识逐渐加深，有学者认为"把效率和经济作为公共行政的指导方针是有必要的，但仅此是不够的，必须加上社会公平作为公共行政的第三大理论支柱，使公共行政能够回应公民的需要"。[②] 相比之效率，在地方服务型政府构建中，绩效评估是一个综合性的范畴，其主要价值不仅是在经济意义，更在于其政治意义、伦理意义、生态意义。在地方政府绩效评估指标体系中，需要解决好公共利益的界定、效率与绩效的界定、政府的价值选择与公民利益需求的协调等问题。近年来，随着地方政府公共服务力度的加大和公民参与公共生活热

---

① ［英］戴维·赫尔德：《民主的模式》，燕继荣译，中央编译出版社1998年版，第339页。

② ［美］乔治·弗里德里克森：《公共行政的精神》，张成福等译，中国人民大学出版社2003年版，第88页。

情的提高，公众与政府之间形成了前所未有的联系。在这一过程中，公共利益成为绩效评估的核心要素，这就使评估过程更注重为公众提供公共基础设施、秩序维护等公共产品和公共服务。对于评估结果的形式，既可以在经济范畴上实现量化，也可以通过社会调查、民意测验等方法，了解社会公众对政府服务的满意程度，最终以此作为对政府绩效评价的双重依据。

4. 承诺的有限性。在当前地方服务型政府建设热潮中，一方面，地方政府基于压力型体制下政绩心理的路径依赖；另一方面，地方政府出于对社会稳定的不恰当理解，往往会导致两个问题，需要格外注意。第一，主观色彩太重。有些地方政府往往在热忱之余，缺乏对民众实际需求的了解，想当然地设计与实施一些服务内容，民众并不领情。第二，承诺异化为迁就。有些地方政府只要是公众中有人开口，就会作出应对承诺，不顾民众需求的普遍性与轻重缓急，也不顾自身实际能力与规划设计。这种过度承诺不仅吊高了民众的胃口，还造成承诺与实际的脱节，一旦承诺不能兑现，反而加剧公众对地方政府的不满。因此，地方政府应该对社会需求和自身服务责任进行分析了解，以分清轻重缓急、明确主次先后，讲究服务的秩序性。具体来说，避免地方政府过度承诺，一是明确地方政府的职能边界，即不该管的，就不应该承诺；应该是政府明天的任务，就不该今天去完成；即使今天应该管的，也应该制定时间表，更要公布时刻表；二是提高承诺的制度化水平，即把问责制与承诺结合在一起，把它转化为可操作的具体流程，有内容规定、有过程设定、有中间检查、有后果追究；三是完善政民互动结构。总之，地方政府明确自己是公仆而不是"恩赐者"，明确自己是诚意表达而不是意志强加，明确自己是履行责任而不是权力显示。因此，地方政府的服务绝不是仅仅为了维稳。

5. 问责的具体性。"一切有权力的人都容易滥用权力，这是万古不易的一条经验。有权力的人们使用权力一直遇到有界限的地方才休止。"[1] 可见"责任是任何治理过程的基础。治理过程的有效性取决于官方人士如何对自己履行宪政职责和法律职责的方式负责。因此，处于民主政体根基上的正是对公共责任的要求"。[2] 因此，责任体系是地方政府治理结构中的重要环节。

---

[1] ［法］孟德斯鸠：《论法的精神（上册）》，张雁深译，商务印书馆1961年版，第154页。
[2] Dwived O P, *Ethics and Values of Public Responsibility and Accountability*, International Journal of Administrative Sciences, 1985（4）: 63-64.

在传统的政府模式中，责任体系虽然在一定程度上建立起来，但在实际运行中并未发挥"兜底"性作用，究其原因，关键在于责任体系过于宽泛，从这个角度来看，构建地方服务型政府的关键内容在于问责的具体性。问责具体性的凸显首先在于责任类型的划分，包括制度性责任（政治性责任、行政性责任）即明晰地方政府应当承担政治逻辑和制度框架上的积极意义的责任；体制性责任，涉及如何确定地方政府责任的合理范围问题；机制性责任，指地方政府承担责任的可操作性问题。其次，问责具体性要求制度性责任实现从全能责任到有限责任、从过程责任到结果责任、从政治责任到市场责任的转变。最后，问责制度化建设是体现具体性的核心，一是要发展异体问责制，建立问责权网状交叉问责循环系统；二是加强地方政府问责立法，健全问责制法律依据；三是党政问责同步协调，重点建构与健全党内问责制，以党内问责带动党外问责；四是加强公民意识教育，强化公民在地方政府问责制中的参与权；五是强化舆论界，尤其是强化网络在地方政府问责制中的救济与跟踪功能。党的十八大强调要实现地方政府责任体系重构与行政问责制度化，更好地为地方政府设置边界，约束权力行使，这不仅不会阻碍公共服务的供给，更有利于服务合法性、合理性构建。

三 地方服务型政府拓展中的绩效纬度

现有的制度体系赋予了地方核心行动者足够的自由裁量空间，如何有效地利用这种空间在推动地方经济社会发展的同时，规避可能因为"打擦边球"而带来的风险，是地方核心行动者应该面对的重要问题。由于现有的制度对于地方核心行动者的行动空间的边界确定存在着模糊性，一方面有利于地方核心行动者依照本土的实际灵活地安排行为方式和制度创新，最大化地拓展原有的制度空间。但另一方面，也使地方核心行动者对于正式制度与非正式制度之间的界限难以把握，容易在权力运行中"不经意"地越轨，从这一角度来说，制度空间是一把"双刃剑"。

（一）制度变迁

一般来讲，制度能够约束行动者，正式制度与非正式制度的作用过程，就是塑造行动者角色、价值、利益与行为的过程，与此同时，需要重视核心行动者行为所引发的制度变迁及其现实影响。

中国现代化发展的诸多社会元素尚未根本成型，当下呈现的是传统结构与现代结构重叠、明规则与潜规则共存、民众意愿与明智决策的关联度偏低、社会自治程度整体不高、自主能力较弱的这样一种状态，于是，地方核心行动者自然而然要承担引发制度变迁的功效。现实中制度变迁的场景就是正式制度、非正式制度与行动者自主创新的相嵌式过程，这是一种制度主体化与主体制度化的双向作用格局。行动者对制度的影响、改造与利用，既包括制度创新也包括制度消减，它是一个行动主体意志渗入的过程，地方核心行动者引发制度变迁究竟是正向还是负向，关键取决于行动者的价值导向是否正确、目标选择是否清晰、变革力度是否到位。制度变迁既可能是理性计算与博弈的结果，也可能是规则创新与秩序维系的渐进累积。在转型期，制度延续、制度创设、制度淘汰与制度混合，是制度变迁的基本方面。当地方核心行动者遵循现有制度体系就可以保障地方治理效益时，制度就会在顺应惯性或强化惯性下延续。当制度变迁导致原有制度的部分替代时，就会出现制度更新与机制更新行为，如"一站式服务"技术的应用以及干部任前公示、公推公选机制的引入等。

在转型期，当新机制尚未设立、旧机制运转低效或无效，就可能会带来制度缺失、制度真空，甚至制度冲突。在旧制度残存、新制度出台以及外部制度借用的叠加中，完全有可能出现具体制度之间的地域性、时空性的不对称。各种制度性激励与约束并存，本身就会形成矛盾格局。制度运行中的这种"混乱"，将会导致不同地方核心行动者产生不同的行动价值，这正是核心行动者需要理性选择制度空间的机遇与挑战。

我国作为后发现代化国家，在制度运行的结果上往往表现为极强的紧迫感，赶超往往是举国上下的一致呼声，这就为"有所成就"的增长主义非均衡发展构造历史的必然性，并会在相当长时期内成为地方核心行动者的共同心理。但是，求稳的制度性效应又始终决定着制度运行的根本导向，于是，求"快"、求"好"、求"稳"的重叠性心理纠结，必然导致地方政府治理的负荷超载倾向。地方核心行动者之间的竞争，又在事实上形成一种结构性的负荷超载局面，导致制度效应的含混性、冲突性与作用的交叉，进而构成地方核心行动者任期内经济绩效行政化、强政化重叠交叉、难分难舍的普遍困境之源。

（二）双重绩效

我国的发展速度是迅猛的，世界上许多国家的学者都不解其中原因，都希望探究其中的奥秘。坦率地说，中国的奇迹来源于地方，地方绩效源自于地方核心行动者主导的效率主义秩序模式，也就是说，"中国模式"的微观基础，存在于地方核心行动者所支配的治理结构中。无论是风生水起的多元化地方改革"模式"，还是默默无闻的地方治理一般状态，在发展的道路上，几乎都千遍一律地表现为经济建设的高度热忱、同质要素的热情投入以及全员性动员的一致性特征。

从发展的结果看，现有的治理模式具有显著的治理绩效导向。具体说来，40年的经济建设保持了40多年的持续增长，每年年均增率为10%，2010年中国GDP总量位列世界第二，成为世界第二经济大国，这一切成就都离不开各地方政府对于经济效率的充分体验和高度投入。基础设施显著改善，人均收入大幅提高，教育文化卫生等基本公共服务和社会保障获得较快发展，国家的生产力水平、综合国力以及人民生活水平等取得举世瞩目的成就。一个经济繁荣、社会发展、民生逐步改善的大国屹立于世界的东方。在分析我国奇迹、思索"中国模式"的现象中，必须给地方治理在整个国家发展中的贡献以合理、积极的评价。对于世界而言，只有一个"中国故事"，对于中国而言，活跃着许多"地方故事"，其中，显然因为来自地方治理结构的强大推动功效，对于其中自主性与创造性的价值，应该给以更多的理解和引导。同样，对于来自地方核心行动者能动性与积极性的价值发挥，应该给予更多的尊重与肯定。

需要注意的是，相伴成就而来的是地方核心行动者在积极拓展制度空间的过程中，也存在一系列悖论，主要表现为效率与公平的紧张。满足现代化发展的效率需求，一度在中国语境中都具有正义性。但是，这种效率依重的理解被简化为经济高速增长，而发展的成本概念、与公众成果共享的民本理念、对环境保护责任的社会理念都遭到了相当的忽视，从而导致市场分割、重复建设、过度投资、恶性竞争、宏观调控失灵，还导致政府公信失灵、司法公正不足、社会分配不公、城乡发展失衡、地区进步失均，更导致生态压力巨大、腐败压力增大，以及经济与政治、文化和社会之间的发展严重不协调。转型期的地方种种压抑，清晰地表现为绩效考虑的单一性、经济增长的绝对性、政策导向的功利性、执行策略的机会性、评估权重的政绩性，从而使相当一部分地方核心行动者成为"非常睿智的CEO"和"有才华的经理人及管理人"，[①]地方与国家也都随之承载着显性成就与隐性风险的双重影响。

---

① [美] 奈斯比特：《中国模式和中国未来趋势》，载"环球网"，2010年12月9日。

双重绩效的出现，其原因虽然具有一定的结构性，但是，地方核心行动者如果有良好的公共德性，即使在制度空间下，其行为的规约性仍然是有节制的，其行为的公共利益最大化倾向也可能有保障的，正是这些正向效应构成我国改革开放取得巨大经济奇迹的一个重要因素。然而，不容忽视的另一情形是，也存在改革的异化，即短期政绩最大化、职能错位现象。为了获得优胜与晋升，为了求得任期内政绩最大化，这就催生了地方系列短期行为，乃至严重损害规范性和程序性的行为无序。部分地方核心行动者在大量自由裁量权的行使下，偏离公共利益，引发严重的权力腐败。

如何认识转型期中我国地方核心行动者的行为异化与制度能力短缺？一方面，从制度变迁看，改革开放以来的制度弹性，使地方核心行动者获得了较大的行动空间，由于权力缺乏相应的制约，致使他们追求短期政绩最大化与裁量权自主化成为可能。另一方面，从法治要求看，我国现今的法治能量仍无法有效抵挡无孔不入的传统"人治"惯性与潜规则。地方核心行动者的内心焦虑与发展的热情融入自主行为、压力型体制、"政治锦标赛"机制，并构成密切结合，强化了"硬发展"的种种趋势，从而使各地改革难免打上个人烙印。

第二节 地方服务型政府建设中的核心行动者

随着市场经济和社会事务的不断发展，公共空间逐渐扩大，由此而产生的对公共服务的需求也相应增多。同时，由于公共管理复杂性的增强以及公共危机事件时有发生，"无论是国家、市场还是被许多人寄予厚望的公民社会都无法单独承担应对风险的重任"。[1] 相较于传统的地方政府治理模式，地方服务型政府的最大优势在于打破了地方政府单一治理的模式，将社会力量、市场等多元主体吸纳进来，形成了协同互动的主体结构。

一 核心行动者的角色价值[2]

在中国，原本没有地方核心行动者这一提法，地方政府就是中央政府的派出机关，地方主要领导人就是上级机关的代言人。改革开放以来，伴随着

---

[1] 杨雪冬：《全球化、风险社会与复合治理》，《马克思主义与现实》2004年第4期。
[2] 沈荣华：《地方治理中的核心行动者》，《学习与探索》2013年第12期。

部分财权和事权下放的分权化进程,地方核心行动者的角色、功能及其价值开始展现出来。当下,地方核心行动者主要指地方党委一把手,特指某一个特定区域内推动治理创新与制度变迁的主要负责人与领导人,是地方利益的代言人和推动地方经济社会发展的主导力量。笔者认为,随着民主政治的发展,地方核心行动者的个体作用将逐渐被地方党委与地方政府领导班子的集体行动团体所取代,最后,党委、政府、人大、政协四套班子都将成为地方核心行动者,整体引领人民走上民主政治的道路,与之相匹配的是地方主体性民主将实现个体—集体—群体—全体的进化轨迹。

中国改革开放的历程证明,中国发展模式的主要特点是快速,其关键是各级地方政府的强势,主要策略是自上而下的行政推动。从总体上看,现有的地方治理中,地方核心行动者发挥了关键性作用,他们通过指令号召、魅力感染、风格鼓舞乃至奖罚鞭策等方式,推动着地方治理系统整体功能的发挥与创新。地方核心行动者的行为逻辑的核心是使地方利益最大化,因而他们主动、积极地推进地区制度变迁与地方治理,提升制度环境与收益预期,这不仅刺激了整个区域获取常规的、存量收益的热情与兴趣,而且鼓励地方政府以超常规的方式创造增量收益。因此,充分发掘制度弹性与制度空间所给予的思考余地,就成为地方核心行动者理智关注制度空隙、巧妙寻找生长缝隙的能动创新激情。在中央鼓励地方"因地制宜""从实际出发"的导向下,制度创新的质与量既受制于地方核心行动者对制度的驾驭能力、理解能力和拓展能力,更受制于其对强大体系资源和合法运营资源的整合能力。地方核心行动者往往采取自主行动嵌入制度的策略,主要涵盖目标设置、资源调整、机会选择与实施路径。目标设置是指地方核心行动者获取制度认同,由于在转型期这种目标设置在现实中具有随机性,因而地方核心行动者对目标设置的积极性普遍很高;资源调整是指弹性改革权下的体制资源、市场资源、知识资源与心理资源的整合,其中,"体制是最重要的政治资源",[①] 市场资源是重要平台,知识资源是导引性资源的源泉,心理资源是预期性效果的动力,是地方核心行动者普遍受到民众拥戴的深刻原因;机会选择就是敢于竞争的策略与获取上级认同的策略。总之,策略性嵌入赋予了地方核心行动者足够的自由裁量空间,适逢现存制度边界一定的模糊性,就大大增加了

---

① 王沪宁、陈明明:《调整中的中央与地方关系:政治资源的开发与维护》,《探索与争鸣》1995年第3期。

地方核心行动者"不经意"越轨的可能性。

在现实中，人们往往关注少数地方核心行动者以权谋私、贪赃枉法、偏离公共利益等引发权力腐败的行为，本书不讨论这些少数违法、违纪的地方核心行动者，这些是受党纪国法处置的对象。本书研究的地方核心行动者实际上是具有反思能力和主体能动性的混合角色，[1] 他们既可能是"经济理性人""政治交易人"，更可能是有效兼容自益行为与公益行为的务实者，虽然他们的素质能力和治理风格迥异，但造就了地方治理的千姿百态。他们的治理行动有理性的、相对理性的和感性的，行动目标有清晰的、相对清晰的和模糊的，行动策略是优化的而非最优与拙劣的。其中，相当一部分地方核心行动者依靠政治智慧、事业执着、能力胆识，以一种奋发向上的精神开拓创新、不断进取，为地方发展做出了不可磨灭的贡献，因而普遍受到当地人民的爱戴与尊敬。这一类核心行动者是真正的改革者，他们有魄力、有能力、有魅力，为改革竭尽全力。他们集策略的选择性与实践的能动性于一身，赋予制度以生命，试图突破制度变迁中制度模糊所带来的困境，同时又"倒逼"制度的完善；他们具有一定程度的利益超然性、一定强度的意志独立性和一定限度的行为自由性特征；他们在意识形态领域所表现的政治敏锐，在政策过程所表现的政治智慧，在经济发展中所表现的高度一致的政治策略，构成了转型期地方核心行动者推动地方治理的内在性资源。

中国的奇迹源于地方，地方创新看地方核心行动者能量，地方核心行动者能力越强、驾驭制度的水平越高，其所获得的制度性资源就越充分，突破规则约束的可能性就越大，地方治理的价值整合和效益获取程度也就越高；反之，则困难重重、创新步履维艰。

中国地方治理处于复杂的格局之中。一方面，地方政府职能转变尚未与市场体系发育水平相适应，导致改革缺乏内生的动力源泉，改革战略涉及地方政府必须担当改革的动力；另一方面，在新旧体制嬗变中，地方政府现有的体制本身就是改革的对象，双重使命，孰轻孰重，始终是地方治理的一大根本的目标与方向，因而必须明确为什么改革、怎么改和改什么，如何实现人民根本利益不动摇。然而，现实中不少地方政府把稳定视为搞定、把水平视为摆平、把没事视为本事，从而颠倒了民生与稳定的关系，把"保民生

---

[1] IMMERGUT E, "The Theoretical Core of the New Institutionalism", *Politics & Society*, 1998, 26 (1): 5-34.

促稳定"误解成"保民生为稳定"。双重目标,孰轻孰重,始终是地方政府的价值两难,这些纠结与两难清晰地表现为经济增长绝对性、绩效考核单一性、发展偏好功利性、执行策略机会性的特点,驱使相当一部分地方核心行动者成为"非常睿智的 CEO"和"有才华的经理人及管理人"。[①] 由于政府优于社会、权力优于权利的局面在中国一时难以改变,因而制约了民主与效率的平衡、制度与权威的统一,强势利益集团与社会弱势群体之间不仅资源占有不成比例,而且利益表达渠道差异悬殊,加之国内公共参与平台依然匮乏,致使民众对地方政府的影响力和改造力十分有限,法律与制度对地方核心行动者的制约力也相对较弱。这就需要从根本上改革传统的国家控制模式,抛弃传统的依靠资源垄断与行政手段的强制控制模式,在法律规范下实现地方政府自律与他律的有机结合。然而,这无疑是一个相当长的过程,单纯指责地方核心行动者也许无济于事,因为任何一个国家的地方治理,都内嵌于本国的经济、社会和文化的结构之中,抽离治理所处的外部生态环境,单纯用线性的思维方式审视治理形式是没有任何意义的,更何况我们的改革需要将体制改革与法治、民主建设一起作为奋斗目标。这与西方行政体制改革有着明显的不同,其目标只是针对体制中的不合理部分。

于是,关于如何实现目标,直接面临如下路径选择:是遵照人类历史的发展规律、从社会肌体内部寻找发展动力,还是从外部现成的制度中照抄照搬?从社会肌体内部寻找发展动力的模式显然是一个缓慢的、按部就班的漫长过程,这与我们急切的心情是不相称的。世界历史的进程已经反复证明,照抄照搬外部制度的方法是最不切合实际的,无论从理论上还是实践上我们都已经明确了一个道理:只有立足于中国实际寻找动力源泉才是正确的。

40年改革开放旨在建构一种既有内在活力,又有相对稳定秩序的生存、生产、生活环境。地方核心行动者在有效推动地方治理及制度创新中,往往在法治资源不足的前提下采取高压策略,在市场经济条件不完善的基础上采用行政方式,在民主制度不健全的前提下采用强硬手段,这几乎成为地方核心行动者直面客观大背景、冷静回应小环境谋发展的一种应然选择,谁在其位往往都如此谋政。但从本质上讲,这并没有脱离基本国

---

① 《大趋势》作者做客环球网谈中国未来趋势,http://world.huanqiu.com/roll/2010-12/13328453.html。

情和人民的普遍期望，不失其理性成分，在特定时期具有特定的时代价值。笔者认为，在一个纷繁复杂的变革时期，要准确解读一个改革者，用理想主义与现实主义都可能会有失偏颇。道理很简单，用目标的理性去衡量现实行为是否理性是非理性的；同样，用实践中的现实性去评判目标是否理性，也是非理性的。

二　地方核心行动者异化的可能性

地方核心行动者在治理中获得了很大的行动空间，在这个空间内，地方核心行动者的积极性得到极大的释放，这也是改革以来我国取得巨大经济奇迹的一个重要因素。但是，与此同时，短期政绩最大化，职能错位及类苏丹化现象的出现，需要我们给予高度关注。

（一）追求短期政绩最大化

改革以来，中央对地方政府核心行动者的考核标准由过去的政治忠诚和政治素质过渡为经济增长和提高人民生活水平，把核心行动者的利益与地方经济发展紧密相连。而地方经济增长无疑是最根本的。为了在激烈的政治晋升中胜出，地方核心行动者的政绩效用目标，必然是一种本届政府或个人任期内的政绩最大化。而这无疑催生了政府行为的"届别机会主义"[①]倾向。短期政绩最大化在一定程度上就是经济指标增长速度的最大化，为此，地方核心行动者会充分利用制度空间的弹性，动用一切手段，集中一切资源，追求主要经济指标的增长。而追求经济增长必须最大限度获取地方资源，因为没有较强的经济实力，资本密集型政绩工程就难以实施，也不可能出台各种扶植企业的优惠政策。这样地方核心行动者就必须关注地方政府的财政能力，而1994年财税改革使财权大量上收，地方财源减少。为扩大地方可支配财政收入的一个必然的选择就是扩大预算外收入，即使这种行为会导致粗放式增长、产业雷同、资源大量消耗抑或生态环境的恶化。而各地方核心行动者在20世纪90年代关注企业改制，进行甩包袱式民营化及当前各经营城市的土地财政都是为此目的。

地方核心行动者追求其短期政绩最大化的另一个恶果，就是利用政治动

[①] 主要表现为两个方面：一是拒绝履行上届政府的政策责任即"新官不理旧官事"。二是追求短期政绩，乱上项目，乱铺摊子，大肆透支下届政府的财力，形成一届政府一套政策、一任领导一个思路，相互之间各行其是现象。

员机制,① 进而导致常规行政效率低下。地方核心行动者在确认某项工作对地方经济发展及其政绩有重要作用后,就会将其上升到政治高度,通过自上而下的政治动员,集中人力、物力进行突击性实施。这种"只要结果不计成本"与"只要结果不问过程"的政治动员机制,一般都会在短期取得显著的效果。但是这种政治动员机制短期内的高效率,往往以损害政府行为的规范性和程序性为代价的,会给常规行政带来低效,而常规行政的低效积累的问题,反过来会进一步强化地方核心行动者借助政治动员机制来"集中政治"。这主要表现在很多地方政府对招商的重视,以招商是"第一政治""第一政绩",各部门、各单位都有招商任务的"全民招商",为此常规行政工作被推到一边。

(二) 地方政府职能错位

地方政府作为中央政府在地方的代表和地方利益的代言人,其需要承担的职能是多样的,其中重要的一项是提供符合本地实际的公共产品和服务。然而,地方核心行动者在履行职能过程中,会自然地把职能分为刚性职责和一般职责。所谓刚性职责通常是一些重要经济增长量化指标,地方核心行动者会用尽手段来加以完成。而对于一般职责,由于其在地方核心行动者考核指标中所占的权重相对较低,或者难以量化,故而很难得到重视。由此导致的结果是地方核心行动者都以经济发展作为第一职能或核心职能,忽视提供公共产品的职能。同时,由于公共产品都具有投资较高、短期难以产出政绩及存在"溢出效应",所以地方核心行动者对公共产品提供普遍激励不足,甚至挪用教育、卫生等经费用于发展经济。地方政府职能的不确定性和不规范性是转型期中国政府管理体制面临的一个突出问题。即使地方核心行动者对市场经济条件下的政府职能有了清醒和正确的认识,如果履行这些职能缺乏足够的激励机制,其同样缺乏必要的积极性。换言之,地方政府做什么、不做什么,以及做什么事真心实意、做什么事敷衍了事,在很大程度上取决于地方核心行动者对自身利益的权衡,取决于其有多大的行动空间。

(三) 类苏丹化现象②

所谓类苏丹化现象就是指退化了的世袭家长制权威现象,表现为任人唯

---

① 政治动员是在国家利益民族利益人民利益的名义下,运用思想舆论和宣传教育等政治社会化手段调动民众对执政者及其决策的认同、支持和配合,从而加强政治体系的施政能量,促进决策的贯彻执行。参见胡伟《政府过程》,浙江人民出版社1998年版,第312页。

② 沈荣华:《地方治理中的核心行动者》,《学习与探索》2013年第12期。

亲、个人独大、本位决策,甚至黑社会化,巧立名目,谋取私利,危害人民,极大地损害了我国地方政府的形象和公信力。长期以来,我国形成一种类似行政承包的体制,地方党委的角色至关重要,如果定位扭曲,就会演变为既高于政府又替代政府本身的格局,在客观上形成了党委在地方统摄一切的权力格局。从客观上看,执政党的内部组织结构本身就是一个行政化的组织体系,党组织直接控制整个国家各种权力资源的配置,党组织的指令具有高于或者等同行政指令的权威效应。地方党委可以轻易地将自己的意志贯穿于政府行为过程之中,将自己的意志转化为政府的行政目标,实现政治过程的行政化。另外,从外部的权力结构来看,地方党委不仅是自己组织的领导者,而且还是人大、政府、政协、社会组织等各种政治与行政力量的整合者,一旦自己确定的政府行政目标难以通过正常行政程序实现,或者可能面临人大、政协、社会组织等方面的制约,往往可以运用政党的政治动员机制,实现行政过程的政治化。于是,作为地方党组织主要领导人的地方核心行动者,其意愿在地方畅行无阻,几乎不受任何限制。更有甚者,少数地方核心领导者利用其极大的行动空间,在地方以自己为主体,以公安司法系统和黑恶势力为左右手,形成一个庞大的庇护网,谋取私利,现在查处的腐败案都是典型代表。

三 地方核心行动者走向理性的制度思考[①]

地方核心行动者的个体价值毕竟是有限的,个体能动主导整体发展的逻辑也是值得反思的,个人优势必须让位于制度优势。实现地方治理优化需要把握两大关键环节:

第一,塑造整体社会主体优势来完善地方治理。[②]

在地方治理中,首先涉及一个最基本的变量结构,那就是个人与制度的关系,其科学性与合理性程度决定了地方治理的内在机制以及最终治理完善的基本脉络与主线流向。在这里,作为地方核心行动者的党委主要领导人的

[①] 沈荣华:《地方治理中的核心行动者》,《学习与探索》2013年第12期。
[②] 这是作者在指导博士生写作时的一个观点,其立意是从个体到集体、再到群体、直到整体的民主进程,是实现中国民主的可行性路径。参见周定财《地方治理中主体性民主的形式、价值与发展》,《中共福建省委党校学报》2013年第5期。把这个观点延伸至此,旨在表达地方治理从个体优势到整体优势的推进走向。

个体意识、自主能力与实践经验,对地方治理的方式选择、力度把握与绩效定位有着密切的关系。各地区在治理方式上都渗入了核心行动者的个人烙印,并构成了中国地方治理丰富多彩的景象,所谓"能人政治""压力式治理""铁腕治理""精英决策",在地方治理中独领风骚。其中,"能人政治"弥补了特定时期的制度之缺,"压力式治理"体现了转型期重压之下的奋发作为,"铁腕式治理"展现了特定时期追求高效的旧模式延续,"精英决策"凸显了社会群体尚未成熟之际政治精英不可替代的历史性价值。地方核心行动者所表现出来的正向性价值、局部性作用与无奈性功效,都对地方治理产生过作用,地方治理离不开地方核心行动者。但是,从历史发展的角度来看,个体的价值是微不足道的,转型时期的地方治理经历了制度空间与地方核心行动者自主性行为的相嵌,经历了林林总总的理性与非理性、理智与非理智的交叉,需要进一步的制度创新与制度完善,重点是地方核心行动者自身行为的规范化、制度化与法治化。

地方治理中的制度建设,需要把核心行动者的自主性与能动性有序、有效地纳入制度化轨道之中,同时,通过强化和优化民意导向的治理结构,不断提升公共管理的服务性与公共理性。"制度比人强,制度比技术强。"[1] 随着改革的深入,精英本身的权力如何规范必将提上议事日程。民意约束和规范精英权能方面的制度如何建设,这是能否避免地方治理转型昙花一现的关键。如何定位地方核心行动者在改革中的自主权,如何建立更加科学合理的风险保障机制,以避免地方治理"人走茶凉""人走楼空"的现象,这需要从制度层面认真反思。实践中,这些精英主导治理的依赖症已经制约中国地方治理民主化、法治化进程,必须予以制度性纠正。

第二,将个体优势扩大到集体优势、再推进到群体优势、直到实现整体优势。

所谓个体优势扩大到集体优势、再推进到群体优势、直到整体优势的进程,实质上是完成地方治理优化过程的三部曲。当下是第一步,即经过地方核心行动者的表率,使常委会集体民主成为推进党内民主的起点,其间需要克服家长制和个人专断,回归民主集中制原则,避免党委"一把手"智力过剩、精力过剩、权力过盛造成民主集中制的抑制与虚化,从而形成党委班子的集体性优势。第二步,从党委班子做起,推进政府、人大、政协主要领

---

[1] 王运宝:《对话仇和》,《决策》2010年第9期。

导人与其领导班子之间的集体民主，其间要排除各自主体之间地位模糊与角色错位的弊端，回归人大权威、党委领导、政府执政、司法公正、政协参政的政治结构，避免党权角色混淆、党政关系模糊、司法公正缺失、政协参政虚化，使政治组织结构之间形成完善的群体性优势。第三步，通过市场经济的发展，推动党内民主、政府民主、司法公正公平、政协参政民主的示范与表率，唤醒公众参与；从人民性与人民主权至上性出发，通过人民参与的整体性、系统性、全程性，从各个环节、各个层面、各个领域将民众诉求与民众意志有效纳入决策层面，确保公共权力服从、服务于公民权利，从而体现出包括全体公民在内的整体性主体优势。三部曲应该全程贯穿对公权力的规范与约束，使地方治理中核心行动者能动走向"人民的统治"，①"造就一个更加开放、更具参与型和更少威权的社会过程"。②

邓小平指出："领导制度、组织制度问题更带有根本性、全局性、稳定性和长期性。"③ 制度具有机体特征，无论新制度还是旧制度，其内在组成部分理应是整体布局、紧密相连、密不可分的。但是，制度都是具有空隙的，因而实践中的制度空间往往具有不确定性，这就使"规则和行为人的行为之间的互动变得更容易理解"，④ 制度不仅要规定什么是行动者应该做的，还要指明行动者在特定的制度环境下各自的角色。也就是说，制度不仅应该影响行动者的基本偏好，而且应该影响行动者对自我身份的认同。人们的认知只有在不断的充实下，才能有效认识事务发展的客观规律，才能够促使制度日趋完善，这就是新制度主义一直强调把制度塑造成"一种关键性、干预性变量"⑤ 的一个原因。

后序改革该如何进一步正确引导与规范地方自主创新，如何进一步准确界定中央权威与地方政府角色的关系，关键是将地方核心行动者的创新能量、自主能动性与卓越能力纳入制度范畴，将他们的正向能量上升到制度规

---

① [美] 罗伯特·达尔：《论民主》，李柏光、林猛译，商务印书馆1999年版，第43页。
② [埃] 布特罗斯·加利布：《联合国与民主化》，参见刘军宁《民主与民主化》，商务印书馆1999年版，第305页。
③ 《邓小平文选》第2卷，人民出版社1993年版，第333页。
④ [美] 道格拉斯·诺斯：《制度、制度变迁与经济绩效》，杭行译，格致出版社、上海三联书店、上海人民出版社2008年版，第152页。
⑤ Ander L, *New Institutionalism: Theory and Analysis*, Toronto: University of Toronto Press, 2005, p. 222.

范，将他们的负面影响转入制度防范，防止地方核心行动者左右制度、高居于制度之上的局面再生。从社会发展规律来看，要使人的能动作用对整体发展产生不随主观意志变化而变化的持续性影响，关键要具备三个决定性条件：第一，以国家发展战略的正确性与明确性铸就中央权威与集权的适度性；第二，以政策策略的客观性与科学性建构决策与执行之间的衔接性；第三，将人的主观能动性纳入规范和制度的框架之中，形成理解与执行之间的透彻性。只有具备了这三个条件，才能使地方核心行动者的个体能动转换成连续的制度能动，才能逐步实现地方治理规范化与制度化，切实推动中国民主和法治走向成熟。

习近平同志在论述焦裕禄式的优秀领导人时指出，"当好县委书记，必须始终做到心中有党……必须始终做到心中有民……必须始终做到心中有责……必须始终做到心中有戒"。[①] 一把手领导心中有党，就是理想信念坚定，真正做到对马克思主义虔诚而执着、致信而深厚。不论在何时何地都能增强党性立场和政治意识，经得起风浪、严守纪律，在政治方向、政治立场、政治言论、政治行为方面守住规矩，自觉坚持党的领导、自觉与党中央保持一致、自觉维护中央权威；一把手领导心中有民，就是要先天下之忧而忧，后天下之乐而乐，做到不谋私利、克己奉公。坚持正确的政绩观，做到"民之所好好之，民之所恶恶之"，[②] 自觉从人民利益出发，而不是为了树立个人形象、华而不实、劳民伤财；一把手领导心中有责，就是有担当，不能只想当官不想办事，只想揽权不想担责，只想出彩不想出力，只想出力不想后果。就是尽心尽责干事，对定下来的工作部署，要一抓到底、善始善终，坚决防止走过场。面对突出矛盾要主动解决而不是回避推卸，对突发事件要临危不惧、沉着冷静、敢于负责，关键时刻要亲临现场、靠前指挥、高端处理；一把手领导心中有戒，就是依法用权、秉公用权、廉洁用权，做到法定职权必须为，法无授权不可为，保持如临深渊、如履薄冰的谨慎，做到心有所畏、言有所戒、行有所止，正确面对公与私、情与法、利与义的关系。习近平同志针对县委书记一职，提纲挈领地要求：第一，必须始终做到心中有党；第二，必须始终做到心中有民；第三，必须始终做到心中有责；第四，

---

① 《习近平谈治国理政》第二卷，外文出版社2017年版，第141—147页。
② 见《礼记·大学》。

必须始终做到心中有戒,[1] 这是对地方核心行动者的殷切期望,也是必须做到的职务要求。

第三节　地方服务型政府建设主体角色再议

在传统政府模式中,由于政府的垄断地位,社会主体一直处于被压制的状态,既没有获得足够的重视也没有能够自我成长的空间。随着市场经济的发展,公共空间逐步形成,被压制许久的社会力量"蓄势待发"。以社会组织、公民个人为参与者的社会主体积极参与公共事务的治理,形成一股能够与地方政府平等协作的新力量。审视现实,社会主体的成长毕竟只是近些年的事,它既存在积极作用,同样也面临着诸多困境,使其在实践参与中"步履蹒跚"。

一　社会主体的价值

第一,公共空间的扩展。公共空间的形成为社会主体的外部培育和自身发育提供了广阔的空间,同样,社会主体的成长也推动了公共空间的扩张。社会主体作为基层力量的代表,汇聚了多元化的社会需求、个性化的行为选择、大众化的利益导向,因而对公共空间的扩张、丰富起到了最直接的作用。具体来说,主要表现在两个方面:一方面,公共领域是社会与国家相分离的产物,是"介于国家与社会之间进行调节的一个领域",也是"充满张力的区域"。[2] 随着市场经济的深入发展,由社会主体而产生的各种公共事务不断增加,更重要的是,由于多元化、个性化等内生价值的存在,公共事务之间并没有多大的耦合性,反而存在着较大的分歧或矛盾。这种张力既增加了地方政府和社会主体解决问题的难度,也在一定程度上扩展了公共空间的范围,具有积极作用。另一方面,表现在公共事务的复杂性。一是公众关心的问题数量增多。用经济学术语来说,由于人口的规模和集中程度增加,个人行动的外部性也增加了,而且对外部性的感

---

[1] 《习近平谈治国理政》第二卷,外文出版社2017年版,第141—149页。
[2] [德] 哈贝马斯:《公共领域:文化与公共性》,汪晖、陈燕谷译,上海三联书店2005年版,第126页。

觉也增加了，关心的问题也随之增加。① 二是公众关心的问题质量提高。如环境恶化、生态破坏、能源危机、国际毒品交易、国际恐怖主义活动、核武器扩散等重大而复杂的技术性问题、公私部门之间的问题以及公共事务国际化问题等。公共事务在数量和质量上的发展，使得多样利益、多层需求和多元价值既融合又对立，不仅加剧自身复杂性的深化，更进一步促使相匹配的各种要素、资源、关系的横向扩展和纵向延伸，最终实现公共空间的扩展。

第二，公民属性的确立。社会主体培育和发育中所要求的主体独立性和平等性开启了民众重新认识自我的闸门，而公共空间的扩展为社会成员属性的培育和确立提供了广阔的发展空间。在这两者的共同作用下，民众的社会属性从三个层面实现了根本性转变，其一，身份由市民向公民转变。面对复杂的公共事务，民众逐渐认识到仅仅依赖地方政府的单一力量难以有效应对，因而有必要自发组成社会组织或团体进行自我管理和自我服务，一方面能够满足多元化、个性化的需求，另一方面也能够通过聚合的力量扩大个体的话语权，同地方政府共享公共权力，以对政治权利的享有实现由市民向公民的过渡。正如有的学者所言："公民身份问题从本质上讲在于如何保证每个人被作为完整而平等的社会成员来对待，要保证这种意义上的成员资格，就必须不断增加公民权利。"② 其二，人格由依附向独立转变。社会主体在政治过程中的参与行为不仅是权利义务的落实，更是公民人格从国家集体人格中剥离出来的过程。坚持"以人为本"是建设政治文明的核心理念，这在人格表现上必然是一种独立人格。在这样的精神理念指引下，具有公民人格与身份的社会成员已经不仅仅去追求个人经济利益的最大化，也不再局限于成为市场的主体，而是在此基础上，寻求政治、社会、文化等领域的主体地位，并且在履行和享有公民权利以及承担相应义务的同时，将自己的公民身份与社会和政治共同体相联系，成为公民意识和公民文化的实际载体。其三，地位由服从向平等转变。"平等的参与过程能培养出有教养的、积极的和有道德的公民。通过这种治理和管理的方法，我们不仅创造出公共政策，

---

① [美] 盖伊·彼得斯：《官僚政治》，聂露等译，中国人民大学出版社 2006 年版，第 16—19 页。
② [美] T. H. 马歇尔：《公民身份与社会阶层》，转引自许纪霖《共和、社群与公民》，江苏人民出版社 2004 年版，第 238 页。

而且还塑造了我们自己。"① 在持续性和广泛性的参与中，公民逐渐认识到自身主体地位和主人翁身份的价值和作用，因而不断地提出对政治权利的诉求。而政府也重新认识和思考公民的人性和人权问题，进而在地方治理中抛弃原有的单一性和垄断性模式，创造出更能体现平等、自由和正义理念的施政形式，更加注重对公民权利的保护和人格的尊重，以适应社会主体崛起的要求。

第三，互动治理的推进。社会主体对地方公共事务的参与直接推动了互动治理的发展，使地方政府必须要重视和顺应多元治理结构的发展趋势。政民互动既是地方政府以人为本执政理念的生动体现，又是对公民权利主体性的理性尊重，而互动关系的制度化则是提升公共服务效能、增强公共服务回应性的基础。在构建地方服务型政府的浪潮下，各地方政府在推进政民互动、实现公民参与制度化方面多有探索。（1）促进社会组织培育的机制和政策建设，通过社会组织孵化基地建设，给予其资金、技术、人员、场地等条件的支持，以弥补基层社会管理中发展缺位，增强其参与社会治理的能力；（2）地方政府元治理责任的承担机制建设，形成以地方政府为主导的各协同治理主体间独立与合作并存的状态，所谓独立即是指各组织间具体服务、运作、管理等环节互不干涉、自由发挥，所谓合作即是指在某些公共服务项目上可以通过政府购买、委托代理、协作共治等手段实现公共服务目标；（3）地方政府与其他协同治理主体间的动态协作、激励与保障机制建设，保证协作治理的正常进行。互动治理的实质在于提升地方公共服务的公共性，这表达的是社会普遍善的理念，倡导的是社会合作，运行的是共赢思维，发展的是公共治理的逻辑，彰显的是以人为本和科学发展的精神；其核心是强调公共权力的合法性与发展利益的协调性，最终目标是实现公共领域与私人领域的互动和谐与协作共治。在实践中，公共性是现代民主社会发展所需要的协商民主和公共治理，即对公共事务的平等协作、合作共治、程序参与、权力共享、利益均衡与协调发展。因此，积极培育社会主体，着力打造价值理念、制度机制和政策行为等方面的现代性，对地方治理极为重要。

---

① ［美］乔治·弗雷德里克森：《公共行政的精神》，张成福译，中国人民大学出版社 2003 年版，第 101 页。

二 社会主体参与优势及其不足[①]

地方服务型政府建设离不开政社互动,这就意味着地方服务型政府既要有所作为,又要有所不为。所谓有所作为,就是要履行政府责任,积极回应社会需求;所谓有所不为,就是向社会放权。

第一,地方政府履行政府责任,积极回应社会需求。政府面对民众回应的前提是了解民众的现实状况,政府服务的底线是面对民众需求、回应民众事务、解决民众困难,不是取悦讨好,不能推诿塞责。笔者以为,要解决政府公共服务责任有限性与民众需求无限性的矛盾,一厢情愿不等于服务真谛,无限需求不等于民众本意。"未来的公共服务将以公民对话协商和公共利益为基础,并与后两者充分结合。"[②] 只有通过政府与社会对话,换位思考,以公众的实际需要为标准,才是真正的公共服务。构建地方政府责任与民众满意格局,关键是推进服务制度化,克服"承诺"虚假、避免"承诺"过度,营造两者之间的结构理性。政府不该管的,就不应该承诺;政府应该明天管的,就不该今天承诺;政府应该今天管的,就要制定时间表并公布于众,让大家明白政府服务的具体内容、先后顺序。民众在准确预知与信息对接中才能心里有底、增添信心。服务误点会使人感到不满,服务晚点会使人感到茫然,服务失信会使人感到失望。准确无误的服务时刻表,一方面规范政府的服务功能,在依法承诺的同时,调整、补充、完善原有的行为,使规范符合实际、代表民意,从而保证政府责任的准确性、正当性、合理性;另一方面唤醒民众的理性,用民众的理性制约政府的非理性。当民众学会对话而不是选择对抗时,当服务型政府与民众之间形成信息对称而不是立场对立时,两者之间才能形成完善的政民互动结构,公共服务才能出现崭新的局面。

第二,地方政府减少行政审批,向社会放权。政府应该履行哪些职能,不应该履行哪些职能?弗里德曼(Milton Friedman)认为,在自由社会中,政府只需履行四项职能:(1)保护社会,使其不受其他主体侵犯;(2)设

[①] 沈荣华:《论服务型政府的结构理性》,《行政论坛》2014年第5期;沈荣华:《提升地方治理能力的三重逻辑》,《中共福建省委党校学报》2015年第1期。

[②] [美]珍妮特·登哈特、罗伯特·登哈特:《新公共服务:服务,而不是掌舵》,丁煌译,中国人民大学出版社2004年版,前言第9页。

立严正的司法机关,尽可能保护社会上每一个人不受任何其他人的侵害或压迫;(3)建设并维持某些公共事业及某些公共设施;(4)保护那些被认为不能"负责的"社会成员。① 除此之外,政府无须问津,否则,就是权力对私域和私权的侵犯。在有限政府理念下,伴随着法治建设与市场经济完善,政府大包大揽的做法早已不合时宜,政府还权于市场、还权于社会的呼声越来越高。问题是,转变政府职能并不是做简单的加法和减法,也不是简单地弱化或取消政府某项管理职能,而是强化中有选择、弱化中有保留、转化中有过程。从目前来看,要着重强化政府的社会管理和公共服务职能,弱化政府的微观经济管理职能,逐步转化社会能够自主解决、市场能够自发调节的职能。在我国《国务院机构改革和职能转变方案》的通知中粗略地列出了一张时间表,2013年、2014年和2015年分别完成29项、28项和11项机构改革和职能转变的任务。在《国务院关于取消和下放一批行政审批项目的决定》中则对具体的行政审批项目列出了清单,要取消和下放64项行政审批项目和18个子项,同时建议取消和下放6项依据有关法律设立的行政审批项目。

除了政府职能转变以外,引入其他社会主体进行公共管理是公共管理主体结构理性的核心内容,具体要求为:充分发挥社会组织承接政府职能转移的桥梁作用。将政府原来的经济职能交由市场完成,将部分社会服务职能逐步由社会组织承接,一下子来不及转移的,由政府购买公共服务。《国务院办公厅关于政府向社会力量购买服务的指导意见》明确要求在公共服务领域加大政府购买服务的力度。在《意见》中还分别对购买主体、承接主体、购买内容、购买机制、资金管理、绩效管理等做了明确的规定。政府整合社会资源,社会组织承接政府职能转移,既可增强社会组织活力,又可提高公共服务水平和效率;培育和发展社会中介组织,以胜任承接政府职能转移的重任。逐步使"国家与社会范式"代替"整体性同质化"思维,国家承认社会组织的相对独立性并提供制度保障,那么,国家和社会之间是可以存在良性互动的。② 其中,互动的轴心是人,是对人的利益和地位的判断,是对人的生存环境与发展走向的思考,更是对人性的尊重与对人格的呵护,这是

---

① [美]米尔顿·弗里德曼、罗斯·弗里德曼:《自由选择:个人申明》,胡骑等译,商务印书馆1982年版,第14—15页。
② 邓正来:《市民社会理论的研究》,中国政法大学出版社2002年版,第190页。

处理政府与市民社会关系的基本方向。

第三,构建政社协同治理体系。治理体系现代化,必须在政府与社会的动态均衡发展中协作性治理。库珀等认为,协作性治理包括协商、公民社会、信息交换、选举和对抗五种公民参与途径和提升政府合法性,加强政府回应性,壮大公民能力,重拾政府公信力,强化公民效力和提高政府对公民的信任六大协作性变量。[①] 可见,公民参与是地方治理的重要内容之一,协作性治理的核心必须以公民参与为中心。广泛的政治参与以及不同意见之间的争论,不仅不会造成国家权力的削弱,反而有助于产生"一个更有活力、也更为强大的中央集权国家"。归根结底,政治参与有助于国家有效性加强。因此,从公民参与出发,通过寻找共同目标和利益交点,搭建信任机制并作出行政安排,有助于唤起公民协同治理欲望,提升地方政府治理效力。以苏州太仓市"政社互动"为例。[②] 太仓的政社互动是政府自我约束权力,探索基层自治和政社互动协同治理的有益尝试,取得了很大成效。其主要内容包括:[③]

第一,还权于基层自治组织。2009年5月12日,太仓出台了《关于建立政府行政管理与基层群众自治互动衔接机制的意见》,决定在全国率先试行"政社互动"管理新模式。主要是增强基层自治,提高政府依法行政工作水平和实施互动衔接。2010年3月继续发力,出台了《基层群众自治组织协助政府工作事项》和《基层群众自治组织依法履行职责事项》两份清单,清理出行政权力限制事项清单27项。进一步,拓宽公民民主参与渠道。太仓市积极保障公众参与基层民主的做法包括:在民主选举方面,全面落实直接选举制度;在民主参与程序方面,推行村民小组代表会议制度、社区观察员制度和村务公开制度等;在民主决策方面,推行了民主决策日制度和双向评估制度,逐步以"双向评估"取代"单边考核",使行政管理与群众自治在双向评估的过程中实现了互动。

第二,向基层购买服务。太仓的做法是"权随责走","费随事转",建

[①] Cooper L, Bryer A, Meek W, *Citizen-Centered Collaborative Public Management*, Public Administration Review, Vol. 66, 2006, pp. 79-80.

[②] 具体可参见桂萍、黄学贤《论服务型政府语境下的"政社互动"——以"太仓模式"为例》,《云南行政学院学报》2013年第4期;乔耀章《社会治理不仅仅是政府或社会的事——来自太仓市"政社互动"先行实践的启示》,《理论探讨》2014年第6期。

[③] 江苏太仓政社互动实践,http://www.lwgcw.com/NewsShow.aspx?newsId=32673。

立了公共服务新机制。厘清政府政府与村（居）民自治组织的权力边界后，太仓通过购买基层公共服务来加强政民互动。例如，2011年，城乡镇政府支付近50万元经费，向社区志愿者购买第六次全国人口普查的服务，工作成效很显著。

第三，探索城乡治理新结构。太仓的"政社互动"，建立了社区、社会组织、社工和志愿者"三社联动"社区服务运行机制，进一步探索了政府行政管理与基层群众自治有效衔接和良性互动，使政府与基层自治组织的关系从"领导"变成了"指导"、从"单向"变成了"双向"，构建了城乡新型治理结构，有效形成了基层社会管理的合力，为创新基层社会管理开辟了新途径。

客观地讲，太仓市"政社互动"本质上是遏制行政权力恣意，尝试通过政府与社会平等协商、包容互助、和平共处，达到提高政府回应性和基层自治性的目的。通过社会自治系统有序参与公共政策制定、参与服务提供、参与社会治理，推动政社合作的协同式治理，是走向治理3.0版本的有益尝试。在"政社互动"中，国家与社会关系进入了一个重塑过程之中，政治控制的放松，使得与国家权力相对的社会权力有了成长的制度空间，国家与社会正在寻求一种新的结构平衡关系。[①]

社会主体虽然经过多年的发展已经颇具规模，并且在公共服务供给中的积极作用日益凸显，但由于我国长期以来一直缺少民主与法制的土壤，使得支持社会主体培育和发育的条件先天性不足，从而严重制约其参与过程的深入发展。

第一，公民主体性缺失。所谓公民主体性，即指公民对其政治社会主人地位的充分理解和对拥有的政治权利的理性认识，并且能够在具体的公共生活中以独立、负责任的态度来行使其权力。政治哲学家威尔·金里卡（Will Kymlicha）指出："现代民主制的健康和稳定发展不仅依赖于基本制度正义，而且依赖于民主制下的公民的素质和态度"，"现在已经清楚的是，旨在平衡个人利益的程序性的制度机制是不够的；还需要有一定水准的公民品德和公共精神"。[②] 由于我国市场经济、政治资源、文化建设相对落后，导致民

---

① 周庆智：《基层治理：一个现代性的讨论》，《华中师范大学学报》（人文社会科学版）2014年第5期。

② [加] 威尔·金里卡：《当代政治哲学》，刘莘译，上海三联书店2004年版，第512页。

众在不成熟的社会环境中缺乏必要的物质基础和精神支撑，使其公民主体性迟迟难以培育。具体来说，主要表现在两个方面：一方面，公民社会发展所需要的主体条件不足。计划经济向商品经济的发展，完成了由臣民身份向市民身份转变的第一次跨越。而由商品经济转变为社会主义市场经济体制阶段，应该实现市民身份向公民身份转变以及市民社会向为公民社会转变的第二次跨越。但在实际中，这一应然过程十分缓慢而艰难。市场经济发展的不成熟使得第二次跨越无法给予市民足够的物质条件和精神条件，进而使市民只能片面追求经济利益，以实现自我利益最大化为目标，根本无暇顾及政治权利和社会权利方面的价值和作用；另一方面，公民社会、社会组织发展所需要的平台建设滞后。其一，我国的市场经济是由政府主导，因此，绝大部分资源由政府控制，这就造成个人和社会资源的困乏，进而使得平台建设所需的资源大部分来源于政府投入。面对复杂的社会事务，政府的资源分配本身就很紧张，投入到培育组织建设上的资源更是得不到有效保障。其二，市场经济从某种意义上说是一种契约经济，展现的是现代契约精神。但在现阶段，公民关系彼此隔离、各自为战，契约精神得不到完全体现，因而难以形成社会共识和凝聚力，导致平台建设缺乏动力和精神支撑。其三，现有平台运行混乱。社会组织在我国属于新兴的组织方式，在外部环境不足、内部制度不健全的情况下，加之缺少人才、资金、管理经验的投入，因此，已有的平台建设处境艰难，只能是勉强维持，难以发挥应有的作用。

第二，社会主体地位偏离。以政府为权力核心的传统思维模式所具有的历史性、长期性和稳固性特征，在面对新体制、新事物、新理念的冲击时，依然能够借助思维和制度惯性存在下去。因此，这就必然决定了对社会主体的错位定位。具体表现在：首先，政府扩权，干预市场。我国的市场经济体制确立并不是自发形成的，是由政府以权力为后盾、以政策为支撑人为培育而成。而社会主体的成长是伴随着市场经济的发展，地方政府对市场的干预必然也渗透着对社会的干预，国家空间、集体空间、公共空间和私人空间的无序混合，只能形成国家对个人的渗透、政治对经济的侵占、权力对权利的控制，这种"超空间"结构必然使社会主体的地位难以获得应有的重视。其次，公民身份转型受阻。地方政府的权力垄断制约了公民参与公共事物治理，削弱其权利行使和在公共决策中的影响力；地方政府权力对公共空间和私人空间的侵袭，使得国家与社会相结合，压缩公民自主活动的空间，泯灭公民的人格独立性；地方政府与公民在权力占有中的失衡，直接导致政府与公民地位不平等，面对强势的行政权，公民只能选择服从或绝对服从。这种"扭曲的承认不仅表现为缺乏应有的尊重，它还能造成可怕的创伤，使受害者背负着致命的自我仇恨"。① 最后，社会组织发展困难。地方政府一方面对社会组织发展不予以持续的、稳定的政策或资金支持，并在公共领域中对其活动空间严格限制和审查，人为设置组织发展的门槛；另一方面将现有社会组织行政化，通过对其资金、人才和制度上的投入和控制，实现组织部门化、行政化，使其带有强烈的官办色彩，成为政府行政权力的衍生物，和政府部门的附属品，从而丧失其原有的独立性和自主性。②

第三，参与渠道的制度性萎缩。"行政官员必须努力扩大公民直接参与治理的机会，以便公民培养那种作为良好行政信条的信任之最终基础的有用智慧。"③ 而这种机会的提供关键在于参与渠道的完善和畅通。但在实际中，社会主体参与渠道建设存在严重的制度性萎缩，社会参与机制尚不完善。一是参与形式"华而不实"。在已建立的参与方式中，如信访制度、监督听证会、民众评议会等，仅仅是民主政治发展中被迫出现的一个"噱头"，缺乏相应的法律支撑、政府认可和制度规范，因而无法适应社会参与的要求；二是参与过程"浮光掠影"。主要是指社会参与治理的程序严重不足，导致参与过程无法深入，难以触及公共服务的核心领域，譬如，在立法参与或决策听证以及公推公选等过程中，参与者的意愿还难以得到切实体现，参与权的保障和救济仍然存在种种不足，以至于各种"参与难""难参与"和"象征性参与"现象还客观存在；三是政府控制参与导向。权力垄断使得参与形式、参与规模、参与程度等都由政府设计和决定，社会在参与公共服务的过程中，不得不服从地方政府安排，这不仅直接削弱社会主体对权利行使的效果，而且将独立的外部力量变成地方政府的附属物。正如登哈特所言："公务员，尤其是政府官员与其他公共管理者，在道德上有责任要尽可能地扩大对政治过程的公共参与边界。"④ 从这个角度讲，不断发展和完善公共主体、公共程序与公共救济的法律法规，进一步拓展参与渠道，通畅参与机制，完

---

① [加拿大]查尔斯·泰勒：《承认的政治》，汪晖译，上海三联书店1998年版，第291页。
② 陈振明：《公共管理学》，中国人民大学出版社2009年版，第422页。
③ Gary Wesley, James Wolf, *Refounding Democratic Public Administration*, Thousand Oaks, CA: Sage, 1996, p. 315.
④ [美]珍妮特·V.登哈特、罗伯特·B.登哈特：《新公共服务：服务，而不是掌舵》，丁煌译，中国人民大学出版社2004年版，第41页。

善参与制度，为民众提供"敢参与""能参与""会参与"且"参与好"的制度空间，对于保障参与权力、激发参与热情、提升参与效能不无裨益。

三　地方服务型政府建构中的主体角色

现阶段，在地方服务型政府构建中形成了地方核心行动者、地方政府和社会主体三者共存的主体结构关系。这虽然在很大程度上打破了传统的政府单一治理模式，但在实践中，三者之间由于存在着种种因素的制约，并没有形成有效的衔接，仍处于"各自为战""单打独斗"的状态。因此，有必要反思当下主体结构关系，建立彼此互动的格局，形成地方核心行动者——地方政府——社会主体三者互动的协同结构。

第一，地方核心行动者主导的局限性。作为世界最大规模的后发国家，中国自古以来就是一个权威相对集中的国度。在中国的社会主义制度体系中，地方核心行动者的权威是中国改革开放以来经济社会高速发展最重要的内在元素。因此，在现有的制度体系以及社会结构中，发挥权力精英的能动性，是中国治理转型最现实、最理性的选择。地方核心行动者往往有更大的权力和能力，一般都集立法者与执法者、市场经营者与市场监督者、规则维护者与改革创新者于一身，是地方治理绩效的关键因素。作为政治精英的地方核心行动者的意识、能力和性格特征往往决定着地方治理改革的方向、途径和具体的行动。可见，地方核心行动者的作用是显而易见、毋庸置疑的。但一个很现实的问题是，单靠地方核心行动者推动改革与创新是不全面的，由于地方核心行动者过于强势，民众对其影响力和改造力相当有限，法律法规及制度对地方核心行动者的制约也相当有限。首先，改革是在高度依赖于超凡权威的轨道上运行，这在一定程度上导致了制度替代和市场替代，因而会持续强化个人权威和扩张，权威替代而不是权威引导的调控态势将长期存在，使得权力逻辑对资本与社会的作用远远超越了应有的范围，权力的公正取向、资本的效率取向与社会的自治取向之间，就有可能将最靠谱的社会稳定结构损坏，进而有可能动摇执政的有效秩序。其次，由于党政力量的直接市场介入，每处市场秩序总会随着新一届"一把手"领导人的发展思路变化而有所变化，这样的变化几乎是绝对的、普遍的，这样的不变几乎是相对的、个别的。每一届地方"一把手"领导人既不会为上一届政府治理的失误买单，也不会给上一届政府治理的成绩添花，这就使培育独立市场主体、降低交易成本、规范市场运作的目标往往面临多方约束。再次，核心行动者所主导的民主进程，从根本上讲是一种满足于权力有效性的效用结构，在公众介入政策过程影响力有限的情况下，发展还难以真正跟着民意走，既对上负责又对下负责的机制一时难以真正确立起来。因此，地方核心行动者的个人优势最终要让位于制度的优越性，也就是要走向行为的制度化。这就需要在制度刚性的他律与公共道德的自律有机结合基础上实现治理变革，把地方核心行动者的自主能动性最大可能地纳入到制度化渠道中来。

第二，主体结构关系的路径依赖。客观地讲，现阶段所形成的地方核心行动者、地方政府和社会主体所组成的主体结构关系在一定程度上有助于公共服务多元供给模式的发展。各地在发展协同供给和推进民主化的过程中所采取的一系列新举措颇有成效，但其关键仍是权力主导或控制，并没有摆脱传统政府模式的窠臼，总体上仍是限定在一个局部改造和技术更新的层面。究其原因，主要是在于改革仍然运行在高度依赖于超凡权威的轨道上。譬如，由于党政力量的直接市场介入，导致有效的产权界定变得困难；同样，培育独立市场主体、降低交易成本、规范市场运作的努力，可能并没有在总量统计上那样炫目。由于粗放经营获利的持续存在，环境保护和生态文明建设就可能面临多方约束。这些问题，是转型期地方改革服务改革中所面临的共同性问题，并非某个地方所独有，只是可能因为个性化官员个性执政而更加引起关注。对地方权威的依赖，在一定程度上会形成显著地制度替代和市场替代，并可能会持续强化个人权威和扩张，导致权力关系以及权力与权利关系的调整面临困难。这既与后发国家中经济快速发展的旺盛需求相关，又与公共服务权能配置的某种闭合性相连，更与具体政策的调整滞后于公众吁求不无关系。因此，当权威未能有序纳入民意主控的程序设计时，制度创新便可能成为原有权威因素强化的助推，形成制度"内卷化"[①] 并进入不断自我强化的状态，进而出现收益递减的非预期状况。这样，表层的主体结构关系改革越强化，就越有可能导致一些深层次问题更难得到实质触碰与有序解决。因此，尝试关系解"锁"，就必须插入实体民主的"钥匙"，有规划地对工具理性导向的主体关系进行结构性的改造。从这个角度讲，突破对权威依赖的路径选择，关键在于主体结构关系调整的深入，要通过强化权利地位推行实体民主，建构关系内容的多元化、平等化和制度化。

第三，协同优势理论下的协同风险。众所周知，地方核心行动者、地方

---

① ［美］杜赞奇：《文化、权力与国家》，王福明译，江苏人民出版社1996年版，第66—67页。

政府和社会主体关系结构的必然取向是协同关系，这不仅是地方治理体制改革的诉求，更是与政治民主进程相契合。根据协同优势理论，协同关系的建构的确对完善公共服务体系起着极为重要的作用。因为协同治理能够产生某种创造性的结果，而这一结果是各参与方凭借一己之力所无法实现的。在有些时候，协同实现的目标已经超出了各参与方组织目标的层面，而是达到了更高的社会层面。[①] 但同样，协同优势理论也指出，协同也存在着惰性的可能。所谓协同惰性是指，"协同行为并未取得任何比较显著的成果、取得成果的效率过于低下或者为取得成功所付出的代价过大"。[②] 这就是说，协同关系结构并不是十全十美的，也存在着协同惰性的可能，这就需要深化改革，降低失败的风险。

第四节　西方国家公共服务中的社会参与

第二次世界大战后，西方国家公共服务供给模式几经变革。英国从战后初期的国有化供给模式，到撒切尔夫人掀起的私有化改革，再到布莱尔的强调公私合作的"第三条道路"变革。德国公共服务还注的社会自治的能量，这些做法具有一定的借鉴意义。

一　英国公共医疗服务实行政府主导下的全民参与

英国是世界上少数几个实行免费医疗制度的国家之一，其国民医疗服务NHS（National Health Service）是世界上最大的公共基金医疗服务。NHS的所有经费来源于国家税收，其运营由英国卫生部监管。这是一种典型的政府主导型模式。凡英国居民，包括在英国合法居住的外国人，都可以享受国家的免费医疗服务。国家单一付费，几乎全部由国家税收支付。国家拥有具有独立地位的医院，私人医院一般仅对具有私人保险的病人提供医疗服务。大部分医院归国家所有，几乎所有的医护人员都是国家的雇员。英国也有一个相对小的医疗保险市场，为数不多的医院为持有这些保险的个人提供医疗服

[①] Huxham Chris, *Pursuing Collaborative Advantage*, Journal of Operational Research Society, 1993, 44(6): 599-611.

[②] Huxham Chris and S Vanern, *Managing to Collaborate: the theory and practice of collaborative advantage*, Rutledge: Abingdon, 2005, p. xi.

务。所有居民接受平等的医疗卫生服务，通过政府直接提供服务而得到保障。英国的健康服务体系几乎全部由累进所得税支持。该体系强调预防，尤其是与母婴有关的事项。由于实际上几乎所有的医生都是拿政府工资的雇员，国家控制开支要比在松弛的市场环境容易得多。英国健康服务的业绩在2000年世界卫生组织对全世界191个国家中排名第18位，在支付费用方面的平等项得分尤其高。

英国于1948年7月5日建立了国家健康服务体系，向所有需要医疗服务的人提供综合服务。1948—1982年，英国以管理结构为中心，对国家健康服务体系的雏形不断地进行了微调。随着1979年撒切尔夫人上台和财政压力的出现，英国开始了激进的医疗卫生制度改革。国家健康服务体系改革的建议首见于1989年出版的白皮书《一切为了病人》（*Secretary of State for Health and others*），在1990年通过的《国家健康服务社区管理法案》（NHS Community Care Act）的名义下成为法律条款。白皮书的最大改革亮点在于政府预算管理被合同承包代替，用来支付医院服务费用。合同承包的一个重要目标是分开医院服务的购买和提供（"内部市场"）。在白皮书中，政府宣布国家健康服务体系的基本原则将被保留。卫生医疗资金将继续主要由税收提供，不会增加病人负担。

布莱尔工党在1997年的当选开启了卫生改革的新篇章。1997年12月，"新国家健康服务体系"（The New NHS）发布。新国家健康服务体系有六个基本原则：更新国家健康服务体系，使之真正为国家服务；让提供符合国家标准的健康服务成为地方的责任；使国家健康服务体系与其他部门合作；通过更严格的绩效考核、减少官僚行为，以促进效率；把重点放在改善服务质量上来，保证所有的病人获得最好的医疗服务；重建公众对国家健康服务体系的信任。新国家健康服务体系中突出的一点就是一个"新"字，它的主要目标是实现国家健康服务体系的现代化。"凡是管用的都可以"（What counts is what works），这有点儿像我们的"猫论"。白皮书承诺保留"医院服务的计划与提供的分离"，把操作层面的管理责任下放给NHS托拉斯，优先保证基本医疗服务。尽管筹款将被取消，可是将通过一种基本医疗服务集团（PCGS）把筹款的原则扩展到所有家庭医生和社区护士。市场化改革将被终止，以促进协作与伙伴关系。撒切尔夫人政府的卫生医疗改革仅仅是利用市场改进国家医疗服务体系的绩效，而布莱尔的新国家医疗服务体系却拥有多种不同的机制以提高效率，加强反应机制为了发展"一个国家的国家健康服务体系",中央政府在健康服务体系中的作用有所回归,政府在这其中的服务作用更进一步强化。建立基本医疗服务集团是布莱尔政府卫生医疗改革的基石。

2010年,卡梅伦联合政府提出了一个由两部分内容组成的国家健康服务体系改革计划。第一部分是,通过让私人部门和自愿部门(即非盈利组织)的医疗服务提供者可以接受更多的NHS病人,引入更多的选择与竞争。改革的另一个主要内容,涉及NHS内部二级服务(secondary care)谁来管理的问题。政府想把这一责任在2013年下放给家庭医生小组,取消供应过程中的官僚管理层。如果说,撒切尔夫人的改革主要在于精简甚至削弱政府主导的健康服务体系,1997年之后布莱尔、布朗工党政府则把这一制度推向新的发展阶段。1997年12月"新国家健康服务体系"发表后的十多年,英国模式再次成为全世界羡慕的榜样。尽管当前的卡梅伦保守党和自民党联合政府也在进行各方面的改革,甚至面对经济萧条大幅度削减政府开支,但对备受英国民众喜爱的NHS还是没敢下手过重。而这一时期的医疗服务改革的最大亮点在于政府监管体系的完善。

第一,行业监管机构。医疗服务审计和监督委员会接管了健康促进委员会的所有职责。首先是对NHS机构进行医疗管理质量方面的审查,每四年进行一次;其次是在部长要求下,对NHS服务中存在的严重问题进行深入调查;再次是执行一些全国性的医疗服务审查,如审查NHS机构对于国家临床卓越研究院设定的质量标准的执行情况;最后是向NHS机构提供医疗管理方面的建议和指导方案。此外,它还负责国家保健标准委员会中的私人医疗服务监管,负责NHS审计委员会中的绩效审计以及原先由卫生部负责的一些职责。

第二,社会保健监督委员会接管了以下职责:国家保健标准委员会中的私人社会保健监管;医疗服务督察员的职责;审计委员会中的社会保健绩效审计;卫生部和审计委员会的绩效评估统计和星级评比。该机构成立目的是促进NHS医疗服务质量的全面改善,因此,它的事权范围非常广泛,各监管活动之间往往没有内在的联系。例如,该机构下辖的国家病人评估小组主要负责减少医疗服务的等待时间,下设的医疗服务重新设计及合作项目主要是为了促进团队服务质量的提高,下设的全国领导中心则主要关注医疗卫生部门领导和管理层的发展,下设的临床管理小组主要关注临床管理的培训和发展,下设的人力资源改革项目则是为了指导人力资源发展。虽然现代化机构的很多功能与监管机构类似，但由于它缺乏独立性和中立第三方的地位，因此它并不是纯粹意义上的监管机构。

第三，国家临床卓越研究院建立于1999年4月，是NHS的组织，设在伦敦和曼彻斯特。NICE实行董事会管理，董事会由卫生国务秘书任命。从创建至今，英国政府赋予NICE独特的卫生权利，经由NICE评估通过的新技术，可以直接进入NHS卫生服务提供体系，不需经其他部门审批。NICE的全年预算为6000万英镑，有近500名正式雇员，同时有覆盖全国的近2000名专家队伍，其中包括医生、护士、卫生经济学家、临床流行病学家、统计师和非卫生专业人员（包括病人代表）。英国政府创建NICE的目的是评估卫生技术医疗市场准入和提供临床诊治指南，以确保为病人提供最高标准的临床治疗服务，同时向政府和公众提供具有临床效果和成本效果的卫生服务信息。NICE制定指南，设定质量标准，管理国家数据库，为NHS、当地权威部门和其他组织提供指南。主要承担两方面任务：一是对现有及新出现的医疗技术进行评估，指导NHS机构、病人、医师合理地使用这些医疗技术；二是针对一些重要的保健领域和病人群体推荐临床治疗指导方案。但是，国家临床卓越研究院不参与实地检查，也没有权力采取强制执行措施，检查和强制执行的权力由卫生部和地方卫生局负责。

第四，英国卫生部担负着中央政府的医疗和公共卫生职能，负责协调与监督英格兰和威尔士地区的地方卫生服务。2003—2004年，卫生部进行了机构和人员重组，目前，卫生部拥有6位部长和2245名员工以及3个执行代理机构。通过这次调整，绩效管理职能从卫生部转移到了社会护理监督委员会和医疗服务委员会。现在，卫生部主要负责提高国民的健康水平，为NHS和社会护理服务组织提供战略性指导。卫生部的具体职责包括：（1）明确医疗和社会护理服务的发展方向；（2）设定医疗和社会护理服务的标准并监督其执行；（3）确保NHS和社会护理组织拥有必需的资源；（4）确保病人和公众能够就其所使用的医疗和社会护理服务进行选择。卫生部并不直接管理NHS或提供社会护理服务，而是通过与医疗和社会护理组织等独立机构以及其他公共和私人部门的组织合作，提供医疗和社会护理服务。从中可以看出，卫生部的政策制定功能要强于其监管职能，但不可否认，卫生部在制定医疗服务监管规则方面仍在发挥着重要作用。

二 英国社区服务中的足球俱乐部社会参与的历史传承

早在20世纪七八十年代，随着现代工业社会的推进，英国社会在繁荣的背后也潜藏着深厚的社会危机和种族矛盾，这一时期，在伦敦、伯明翰、利兹、曼彻斯特和利物浦等城市相继爆发了一系列的严重的骚乱。这些骚乱根源于众多贫苦种族社区居民难以维系自己的生活。英国政府针对这一社会现实采取了一系列的社会容纳行动。其中一个重要内容就是"行动体育"项目，通过各种形式鼓励不同种族、阶层人士参加体育活动，来改变贫穷地区的状况。而足球俱乐部在这项行动中被认为起到了至关重要的作用，因为这些俱乐部与社区居民之间有着最为强烈的心理联系，通过俱乐部的行动可以鼓励贫穷地区的球迷积极地参与到体育活动中，从而促进改变现状。

作为世界上商业化运作最为成功的足球联赛体系，英国足球通过比赛日、电视转播和赞助等渠道每年获得不菲的收入，英超和英冠分别是世界第一大联赛和欧洲第八大联赛。不过在历史上与社区起源和发展有着亲密关系的英国足球俱乐部并非仅仅是利润最大化的追求者，他们同时还承担着维持和发展社区公共服务的责任。从历史上看英国俱乐部在诞生之际就自发具有明显的服务社区的公共性。在经过100多年的发展后，他们在社区发展服务的投入上具有了更加明显的组织性和时代特点，在统一的框架下俱乐部积极地参与到解决健康、教育、种族和文化融合等一系列社区问题中。

现代社会的英国社区面临着一系列的问题，少年犯罪、贫穷、流浪者、健康问题、儿童培养、种族融合、吸毒和教育等都是现代社区面临和关注的焦点。而这些问题由于政府效率和能力的不足，并没有得到很好的解决。在最近的十几年中，作为在英国体育处于核心地位的足球俱乐部越来越多地参与到解决这些社区问题的行动上来。将社区公共服务作为一种企业社会责任来对待。英超、英冠、英甲等级别联赛，以及苏格兰联赛俱乐部都广泛的进行了社区公共服务活动。以英超俱乐部为例，2010—2011年，英超所有俱乐部都不同程度地通过自己的行动来帮助社区解决当前的问题（见表3-1）。作为两大英超豪门的切尔西和阿森纳是举行社区体育活动最多的俱乐部，分别达到44项和34项。而曼城和曼联俱乐部的排名也在20家球会中居于上游。财力不佳的西汉姆、维甘、伯明翰和斯托克城则排名末尾。不过需要注意的是有些俱乐部虽然在官方网站上只是介绍了很少的服务项目，但是这些公布的项目中含有很多的分项目。例如英国历史上最著名俱乐部之一的利物浦虽然仅仅有9项活动，但是通过分项目，该俱乐部成为英国最为活跃的社区服务活动提供者。

表 3-1　　　英超俱乐部 2010—2011 年社区公共服务活动情况

排名	俱乐部	公共服务数量	排名	俱乐部	公共服务数量
1	切尔西	44	11	埃弗顿	16
2	阿森纳	34	12	纽卡斯尔	15
3	西布罗姆维奇	34	13	阿斯顿维拉	13
4	托特纳姆	31	14	博尔顿	11
5	富勒姆	24	15	布莱克浦	9
6	桑德兰	21	16	利物浦	9
7	布莱克本	20	17	西汉姆联队	7
8	曼联	19	18	维甘	5
9	曼城	18	19	伯明翰	4
10	狼队	18	20	斯托克城	3

在各级联盟的统一指导下，俱乐部的公共服务活动基本上都围绕着目前英国的社会热点进行，Walker 和 Parent 对体育俱乐部的社会回报活动进行了分类，根据这样的分类标准，英国俱乐部公共效益活动可以分为7类。一是教育活动。该活动主要针对青少年技能掌握和不良行为预防。在 2010—2011 赛季，仅英超就有 112 项该类项目得到启动。主要针对小学和初中学生，这些活动有些在课堂内进行，有些在课堂外进行，更有一些是在俱乐部的球场内进行。如阿森纳组织的"双俱乐部"活动，该项目致力于帮助孩子在课堂外参加各种活动。二是体育项目。俱乐部通过向社区居民开放他们的设施，传授体育知识和组织各种体育活动来增加社区人群的融合性。例如曼联俱乐部从 1992 年就开始推出的"社区足球"项目。每周六曼联俱乐部的青年教练都会针对 6—14 岁的社区儿童进行教练活动，每次活动仅象征性的收费 4 英镑。三是社会容纳项目。针对现代英国社区多民族和多种族的特点，各家俱乐部还采取专门的社会容纳项目来促进社区关系的融合发展。切尔西俱乐部，他们通过多种社会容纳活动对失足青少年、吸毒者、枪支非法携带者以及失业者进行引导，帮助他们重新融入社区的群体中。四是文化融合项目。文化融合项目与社会容纳项目有着相同的目标，只不过文化融合项

目针对的对象是社区中的外籍人士。例如阿森纳俱乐部进行的宗教交流项目，通过让有着不同信仰背景的孩子们相互接触和交往实现文化上和心理上的融合。五是家庭项目。以家庭为单位参加各种知识性的小比赛，在每次小比赛结束后，参与的家庭将从图书馆选择一本在下次比赛前必须阅读的书。而且在比赛间歇期，俱乐部还会让利物浦球员参与到这项活动中。六是健康项目。通过消除一些对健康有害的因素，俱乐部帮助社区居民减少疾病威胁，享受更健康的生活方式。如曼联俱乐部成立了一支20人的健康师团队活跃在社区，帮助人们学习和掌握更加有效的生活和锻炼方式。七是慈善项目。英国足球俱乐部参与慈善事业有着很长的历史，英格兰足球总会社区盾（前称慈善盾）比赛就是很好的例子，作为具有悠久历史的慈善比赛，所有门票收入全作慈善用途，捐款对象由对赛双方指定，1974—2000年共得善款超过500万英镑。

表 3-2　　　　　2010—2011 年部分英超俱乐部社区公共服务活动

俱乐部	公共服务活动
曼城	"商业曼城"（教育活动项目，帮助青年人了解一个职业俱乐部的管理模式，使他们更全面的理解职业足球）；"曼彻斯特动起来"（健康促进项目，鼓励曼彻斯特居民每天积极参与体育活动）
纽卡斯尔	"守门员中心"（体育参与项目，为7～14岁的孩子提供守门员训练活动）；"商业学院"（教育活动项目，帮助孩子提高技能，同时提高孩子们对足球的热爱）
桑德兰	"足球学习"（教育活动项目，邀请教师参观球场，并进行实践教学合作）；"完全足球"（教育活动项目，加深参与者对足球道德和价值的认识，帮助他们更深刻的认识足球）
西汉姆联队	"亚洲足球"（文化融合项目，通过足球活动帮助亚洲人融入当地社区，促进社会和谐）
利物浦	"红色生命"（健康促进项目，通过现役队长杰拉德视频宣传和其他活动鼓励大家关注饮食和营养，了解毒品和酒精的危害和提高心理幸福感）
阿斯顿维拉	"和谐维拉"（文化融合项目，通过足球促进种族平等和文化多样性）；"KICKZ"（社会容纳项目，减少13—18岁青少年反社会行为）

三　德国公共服务中地方政府作用

德国地方政府在覆盖全国的公共服务体系里扮演了主导性角色，发挥了核心支柱作用。第一，他们注重地方政府机构的整合，主要是进行基层乡镇合并。在原西德地区，市镇总数由改革前的 24200 多个减少到 8500 多个，减少约 65%。整合的主要目标是在地方政府自治的基础上增强地方政府的行政能力，提高地方自治政府提供公共服务和社会管理的能力。显而易见，政府机构组织进行整合的终极目标应当是更好地发挥政府的作用，促进民众利益的最大化。比如在北威州建立一个工业设施需要 89 个管理机构的批准。[①] 尽管官僚制机构组织具有诸多优势，但伴随经济社会的快速发展及时代变迁，其弊端已逐渐显现，德国政府正是意识到了这一点，很快就以提升政府服务能力为目标的机构组织整合来适应国家整体的政治要求和民众需求。

第二，注重政府信息公开立法。注重政府信息公开立法。德国作为世界上法制较为完善的国家之一，在《基本法》（2007 年 1 月版）第 5 条第 1 款和第 17 条中明确了政府义务和公民权利，也从根本上构成了德国政府信息公开制度的基本宪法依据。从整体而言，德国在政府信息公开方面的立法起步较早，主要法律法规包括如下三部：（1）《联邦州行政管理法》（LVG），1976 年 4 月 1 日联邦议会正式表决通过（后经 8 次修订），是德国联邦体制内调整联邦州各级政府及州政府与联邦政府相互关系的重要法律，这是德国第一次用联邦法的形式明确政府信息公开义务；（2）《联邦环境信息法》（UIG）。该法于 1994 年 7 月 8 日正式生效，确保了公民在向相关政府机构索取环保相关信息时的知情权，明确了相关机构公开环保信息的义务；[②]（3）《信息自由法》（IFG）。该法于 2006 年 1 月 1 日起生效，将公民对政府信息普遍知情权由环境领域拓展到各个方面，是一部对政府信息公开具有指导性意义的联邦法。

第三，注重政府采购监督管理。从某种程度而言，规范政府采购行为是服务型政府建设水平的一个重要衡量标准。德国政府采购法律体系亦是在发展中逐步完善的，德国政府采购原来由《预算法》调整，但缺陷是投标人的投诉权得不到足够的保障，同时遭到欧盟和美国的反对。基于此两方面的压力，德国内阁通过了《政府采购更新法》（1999 年 1 月 1 日生效）。从监管层面看，德国审计署是政府采购监管机构，不隶属政府，只对议会直接负责，有 5 位法官，有权直接签署逮捕令。审计署对所有的官方账务都有审查

---

① Peter Gutjahr-Loser, Staatsinfarkt, Hamburg, 1998, S. 29ff., hier126.
② 王立栋、张银花：《德国政府信息公开立法与实践》，商务部网站，2007 年 11 月 9 日。

权，惯用突击审查或抽查的工作方式，也根据需要对要害环节进行完整审计。政府采购的质量、规格、数量、价格、效果、程序等各方面资料都要报审计署审计，并随时接受其核查。

第四，注重电子政府网络建设。德国是开发政府网站较早的国家。为提升政府公共管理效能，到2005年年底，德国政府实现了联邦政府所有服务全部上网。德国政府网站真正为公众提供了方便。德国建立政府网站的初衷之一就是让百姓在网上就能了解如何同政府打交道。政府网站把所管辖的内容按字母从A到Z顺序排列。只要百姓点击关键词，就可知道解决有关问题的方法。如果还需要去政府部门，网站一定会告诉你有关部门的办公时间、地点和电话；如果需要填写表格，网站上即可下载；如果需要付费（如补交税款），则可通过银行网上划账方式进行。

第五，注重会组织在公共服务中的力量发挥。目前，德国州和地方政府的公共服务机构有以下四种模式：（1）政府主导、非市场化运作的机构。类似于我国的事业单位，没有脱离行政部门，不是独立法人；（2）政府主导、市场化运作的机构。类似于我国的企业化运作的事业单位，不是独立法人；（3）地方自由企业。政府全资的企业，不是独立法人；（4）公司。股份、两合等形式的公司制企业，独立法人。政府可能仍拥有一定比例的股份。近年来，公共服务机构公司化、市场化，也就是"去行政化"的趋势越来越明显。即在上述四种模式中，第一种模式的比重在减少，而第二、三、四种模式的比重在增加。比如，有研究表明，1998年，全德国仅有1%的政府公共服务任务采取第二种模式，现在这一比例已经超过10%。[①]

特别是非营利组织在大部分社会服务中起主导作用，除医疗服务外，非营利组织所提供的服务占服务总量的60%以上。商业提供的服务居于第二位。德国地方政府虽然也会参与提供一些公共服务，但主要是以监管者的角色来保障居民获得平等的享受资格和服务标准。

四 德国公共服务中的地方自治

德国之所以形成当今的公共服务格局与其历史发展密切相关。德国经济和社会治理强调的一个核心准则是自治。自治准则是基于辅助性这一法律原则而建立起来的。所谓辅助性原则，是指所有事务都在尽可能低的组织层级

---

① 刘志昌：《德国公共服务体制及其启示》，《湖北社会科学》2012年第8期。

中来解决。早在1808年，普鲁士政府以及德国南部一些州采用了地方自治的管理模式。自治准则除了在德国行政体系内三个层级（即联邦、州以及地方）中广泛使用之外，也在政府与社会组织合作中得以应用。

按照自治准则，德国在提供公共服务时强调广泛的社会参与。参与公共服务的组织负责管理其所提供的公共服务的具体事务，而政府则主要负责制定法律框架和对服务质量进行监管。德国的社会法典里也明确鼓励非营利机构参与提供公共服务。自治准则下地方政府对两类公共服务进行了区分：一类是志愿性质的服务，比如博物馆、公共澡堂以及剧场的服务；另一类是强制性的服务，如婴幼儿设施、青少年教育、房屋津贴等。强制性服务是全国统一的，具有相同的服务标准。

自治原则的优点在于在地方属地范围内更易于解决大部分事务。因为地方官员和市民更了解当地实际情况，更易于参与决策，实施决策，也易于找到解决问题的办法。其弱点在于，自治会带来意想不到的后果，这些后果主要体现在府际关系和公共服务的质量上，如自治机构可能会被某些势力所主导，最终导致经费用于其他目的而忽略提供公共服务等。

表3-3　德国公共服务的主要提供方及其在各类服务中所占比例

	总计	非营利组织		企业		政府	
	床位/座位	床位/座位	百分比	床位/座位	百分比	床位/座位	百分比
医疗	502029	172219	34%	87041	17%	242769	48%
养老	723249	448000	62%	225558	31%	49691	7%
幼婴	1178909	776193	66%	5115	0	397601	34%
儿童之家	63191	52224	83%	2367	4%	8600	14%

资料来源：数据来源于2011年出版的德国联邦政府健康报告（Betten in Krankenhäusern und Vorsorge-oder Rehabilitationseinrichtungen）。

表3-4　德国非营利组织在各类公共服务中的服务能力

领域	设施数量（个）	床位（个）	全体员工（人）	兼职员工（人）
医疗保健	8462	21703	222435	152451
青年培训	38092	2032790	146028	179955
家庭救助	7201	60448	16029	45470
养老	16524	548072	15275	246164
助残	15365	493708	125815	165492
弱势群体救助	7782	60449	13765	13936
公共服务培训设施	1638	234593	25625	22279

续表

领域	设施数量（个）	床位（个）	全体员工（人）	兼职员工（人）
其他	7329	51935	6086	7559
总计	102393	3699025	708523	833306

资料来源：2008年联邦志愿者福利协会工作组统计报告 Statistical Report of the Federal Work group of the voluntary welfare associations 2008。

应当说，非营利组织在德国提供公共服务过程中起到了非常重要的作用。在德国，共计有大约150万人参与到非营利组织中提供各类公共服务。德国在联邦层面早就建立了用于协调全国公共服务领域非营利组织的六个伞形组织。这些伞形组织主要起源于政治团体、社会运动以及宗教群体等。在这六个伞形组织中，三个宗教性质的组织和一个政治类组织主要通过其共同意识形态团结起来，与其自身的宗教组织或党派组织紧密相连。而红十字会和福利均等化协会并非以意识形态为基础而存在。福利均等化协会整合了很多起源于各地的众多非营利组织。他们并非完全按照严格的政治和宗教逻辑来开展服务，而更为强调提供公共服务的效率。组织间定期分享提供服务过程中所积累的经验、共享服务中取得的专业和法律创新信息。就经费来源而言，联邦政府仅提供公共服务经费的基础部分，其他经费主要来源于地方税收和转移支付，比如某一服务机构的一个床位费用由政府财政支持一部分，还需要被服务者支付一部分。同时，还有其他经费来源于捐助、基金会或者会员费等。其中，德国为确保经费上能提供全国统一标准的基本公共服务所做的努力尤其值得我们学习。为避免各地之间产生太大的服务差异，德国联邦法律（宪法和行政法）采取措施确保地方政府能够实施平等的生存条件。这些条件主要涵盖基本公共服务，如婴幼教育和养老等社会服务、公路铁路等基础设施、工作机会、生态与文化设施。德国宪法第106章也明确规定了预留一定的资金用于政府间再分配。这种再分配不仅仅是在中央政府和地方政府间展开，也涵盖了地方政府之间的横向再分配。在横向再分配中，德国的财政均等化转移支付政策考虑了各州和各地方政府税收和经济发展水平的差异，通过地方政府间横向的财政转移支付来确保各地都有足够的财力提供基本公共服务。除了财政上的转移支付之外，各地方政府的行政首长和地方议长通过一些遵照私法注册的协会来交流成功经验。同时这些由地方结成的联盟也会与联邦政府进行协商，促使联邦政府为地方公共服务提供更多的资金。

其实，非营利组织并非仅仅参与慈善活动，同时也参与地方政府核准的公共服务。德国为非营利组织参与提供公共服务设定了准入条件和标准。德国的社会法典对非营利组织参与提供公共服务做了四点规定：第一，具备提供相关社会服务的必要能力和设施；第二，确保资金的使用效率；第三，拥有当地地方政府所不具备的资金或者技术资产；第四，确保所提供的公共服务符合德国宪法准则。这些法律条款在很长一段时间内为地方政府委托非营利组织提供公共服务提供了服务标准和服务效率上的指导意见。当前广泛应用的措施主要包括：地方政府对非营利机构的服务资质认定；合同中有明确条款对服务质量作出规定；服务机构的自我监督等。除此之外，在雇佣与教育培训上也发挥着重要的作用。社会服务是社会保障体系中劳动密集型的一部分。这些服务的提供者主要是大量的全职和兼职专业人员。德国大约有500万志愿者（约占德国志愿者总数的10%）从事与此相关的服务。所有全职和兼职的从业人员需要在取得资质后才能参与提供相关服务。不具备资质的员工只能通过协助有资质的员工来开展业务。如果非营利组织雇佣未经培训的员工提供公共服务，一经发现，员工的上级主管将会为此承担责任。

总之，德国公共服务的这些优势和经验是与德国的地方自治传统和其联邦体制紧密相关。德国具有良好的地方自治传统，市民社会发育较早，黑格尔、马克思等提出的市民社会思想和理论即植根于德国的市民社会实践。同时，德国作为联邦制国家，中央政府与地方政府间并不是简单的直接领导与被领导的关系，因此，避免了官僚制所存在的层级性弊端。可以说，德国的自治型公共服务体制，特别是重视发挥社会组织在其中的积极作用，对于当下的中国而言，具有明显的借鉴意义。

第四章 地方服务型政府与市场关系重塑

市场只是人类实现目标的手段而不是目的本身，政府与市场理应各自分工、各司其职、相得益彰。当下，随着政府职能逐步转变，大量公共服务职能开始流向市场和社会，政府保留的基本公共服务职能也正在以市场化、社会化的方式供给。如何推进公共服务市场化，这是一个必须正视、必须解决的问题。党的十九大报告指出，"加快完善社会主义市场经济体制"，明确"必须以完善产权制度和要素市场化配置为重点，实现产权有效激励、要素自由流动、价格反应灵活、竞争公平有序、企业优胜劣汰"，这是在党的十八届三中全会提出"市场在资源配置中起决定性作用和更好发挥政府作用"基础上，进一步深化认识社会主义市场经济规律，进一步坚定社会主义市场经济改革方向，再一次明确当下处理政府与市场关系的原则。

第一节 地方政府在市场经济中的角色原型

自亚当·斯密（Adam Smith）以来，政府干预一直被喻为一只"看得见的手"，与市场这只"看不见的手"相对应。但是，"看得见的手"既可以是一只大手，覆盖整个社会的经济活动；也可以是一只小手，对经济运行予以恰如其分地引导和调节。在市场经济条件下，要有效地发挥市场在资源配置中的决定性作用，需要确立地方政府的适当角色，厘清地方政府与市场各自的治理边界。

一 政府与市场关系的演进

政府与市场的关系一直处于连续的、动态的变动之中。这既是政府与市场博弈关系的反映，也是人类政策偏好的不同选择。正如美国政治学家查尔斯·林德布洛姆（Charles E. Lindblom）所言，撇开专横残暴的政府与主张自由的政府之间的区别不说，一个政府同另一个政府的最大不同，在于市场取代政府或政府取代市场的程度。①

19世纪30年代以前，属于完全自由市场经济阶段。在亚当·斯密等自由主义大师的鼓吹下，人们迷恋市场，对市场的自发调节功能推崇备至，主张市场机制的自由运行，而政府只需扮演"守夜人"的角色。政府不要直接干预经济，而应采取放任的经济政策，政府只需提供国防、警察和某些公共物品就已足够。这一阶段唱的是市场的独角戏，市场是绝对的主角，政府充其量只是小小的配角，甚至只是客串。

第二次世界经济危机至20世纪70年代的石油危机期间，前后大概40年，结合凯恩斯主义（Keynesianism）的理念，主流意识主张政府干预与市场竞争并重。1929年的经济危机彻底暴露了市场的缺陷，打破了市场神话。在危机面前，市场机制彻底失灵，这警示人们任由市场调解、缺乏政府干预的模式已经走到尽头了。在凯恩斯主义的指引下，为弥补市场失灵，政府加大了对市场的干预，政府的经济功能从弱变强、由小变大，而市场的作用范围被压缩。政府的边界逐渐向原来的市场领域渗透。政府与市场是一种"同场角逐"的关系。

20世纪70—90年代，新自由主义复兴。在这一段时间，石油危机使许多西方资本主义国家出现"滞胀"。以弗里德曼（Milton Friedman）为首的新自由主义反对政府干预、主张恢复市场的主导作用，把政府干预限制在合理的范围内。市场作为最佳资源配置的方式再度升温，政府则退出竞争性领域。政府与市场形成新的"互补和组合"关系。

20世纪90年代至今，人们开始反思新自由主义。时至今日，这场肇始于美国，几乎席卷全球的金融危机对世界经济的影响仍未消弭，世界经济仍处于恢复中。这不得不令人反思市场的缺陷，认为金融危机的发生与政府缺乏有效监管密不可分，要求政府干预。美国、欧盟、中国等都全力进行救市，连番出台刺激经济的措施，中国政府更是推出了4万亿的救市计划。随着政府对市场的再度干预，市场秩序得以维持，市场活力得以再现，市场经济得以恢复。"政府与市场间似乎是一种'拯救'与'被拯救'的关系。"

从政府与市场关系的演进中可以看出，政府与市场总是呈"拉锯式"的反复运动，当政府或市场失灵时，总是需要另一方的强势回归来予以消

---

① ［美］查尔斯·林德布洛姆：《政府与市场：世界的政治—经济制度》，王逸舟译，上海三联书店、上海人民出版社1994年版，第1页。

解。市场失灵需要政府干预来弥补，政府失灵同样需要市场机制来弥补。政府失灵与市场失灵的不可避免性以及政府与市场的互补性成为政府与市场协同的现实根源。据此，我们可以得出如下结论：政府与市场的协同，既存有内在的原生性，也存有历史的客观性。① 所以，沃尔夫（Charles Wolf）才说："市场与政府间的选择是复杂的，而且，通常并不仅仅是这两个方面，因为这不是纯粹在市场与政府间的选择，而经常是在这两者的不同组合间的选择以及资源配置的各种方式的不同程度上的选择。"② 总之，政府与市场之间的关系一开始是万能市场，无须政府；然后是政府替代市场；接着又是市场补充政府；现在是市场与政府协同；理性回归后是政府补充市场。回归后的状态表现为三个方面：一是市场的成熟，政府逐渐退出，让渡更多的市场空间；二是政府职能逐渐转变，市场可以承接部分政府职能；三是政府运用市场机制来履行职能。

二 政府与市场关系的实质

从上述讨论中可以看出，对政府与市场关系的讨论大多从经济角度入手。但政府与市场不仅是纯经济学意义上的关联，同样也反映了政治学领域的丰富内涵。③ 经济关系是政府与市场关系的表征，政治关系才是政府与市场关系的本质。从政治学意义上分析政府与市场关系，可以更加深入地揭示二者的本质。

首先，政府与市场关系首先是政治与经济关系的一种体现。古典自由主义主张政府收缩，认为政府与市场近乎是两条平行线，不存在交集，严格地说是鲜有交集。他们害怕政府对经济的干预变成掠夺之手而非扶助之手，主张政府管得越少越好，市场空间越大越好。萨拜因就说，"认为经济与政治是相互独立或者只是通过个人心理间接相关的说法，成为早期自由主义观点最为明显的要素之一。"④ 但实际上，那种认为政府与市场缺乏交集，而且交集越少越好的想法是不切实际的。从理论上讲，马克思早就论述过政治与

---

① 张宇：《政府与市场的协同关系及其实现路径探究》，《求实》2013年第8期。
② ［美］查尔斯·林德布洛姆：《政府与市场：世界的政治—经济制度》，王逸舟译，上海三联书店、上海人民出版社1994年版，第158页。
③ 张宇：《政府与市场的协同关系及其实现路径探究》，《求实》2013年第8期。
④ ［美］乔治·萨拜因：《政治学说史（下册）》，邓正来译，商务印书馆1986年版，第758页。

经济的互动关系：经济基础决定上层建筑，当生产力发展到一定程度，经济制度的某些细小差异在某个关键节点上必然要求政治制度变迁以适应新的经济环境；上层建筑具有相对的独立性，但对经济发展必然具有一定的作用力。从实践上说，政府权力也从未退出过经济领域，相反，一直以来，政府行为带有相当的经济考虑，经济行为也充斥着政治意蕴，毫不夸张地说，"经济有可能也是一种政治行为，只是寻求以特殊的方式实行"[①] 罢了。由是观之，政治与经济历来就是社会制度的两个侧面，政府与市场则是对政治与经济的一个诠释维度。

其次，政府与市场关系是国家与社会关系的本质反映。虽然社会是自我发育的，国家是有意建构的，但它们却是人类生活于其中的两个最基本的组织体系，两者必然会发生一定的关系。国家产生于社会，但又凌驾于社会之上甚至取代社会，这是人类社会的基本格局。通常情况下，国家总是存在扩张的本能，表现出对社会的控制冲动。依据控制程度的强弱，国家与社会间的关系模式大致有如下四种：强国家—强社会、强国家—弱社会、弱国家—弱社会、弱国家—强社会。国家与社会的关系投射在政府与市场的关系上，大致也表现为四种模式：强政府—强市场、强政府—弱市场、弱政府—弱市场、弱政府—强市场。虽然政府与市场关系模式不一定完全同国家与社会关系模式一一对应，但至少在一定程度上是对国家与社会关系的一种本质反映。

最后，政府与市场关系是国家权力与个人权利关系的外显。个人权利是至高无上的，神圣不可侵犯。国家权力的使用和限制必须以维护个人权利为出发点和落脚点。为了防范国家权力对个人权利的任何侵犯，必须用制度框架设计一套制度铁笼将国家权力约束起来。就政府与市场的关系来讲，市场属于私域的范畴，是人与人自由交易的平台，反映私人的经济关系。在市场中，个人的权利、自由、承诺与交易往往又是极为脆弱的，因此需要政府的适当介入，需要政府对市场的规制与调控。政府在公域范围内行使职权，保障市场运行的畅通。但是政府往往缺乏约束机制，缺乏自律性，一旦介入往往一发不可收拾，容易带来政府对市场的挤占，甚至替代，造成政企不分。政府与市场的矛盾关系恰恰是国家权力与个人权利不对等性的外显。

---

① ［美］查尔斯·林德布洛姆：《政府与市场：世界的政治—经济制度》，王逸舟译，上海三联书店、上海人民出版社1994年版，第9页。

三 地方政府在后发国家市场经济中的优势

依照后发优势的相关理论，后发国家和地区的一个重要特征就是国家权威的相对集中，这对于一般地方治理角度来讲，可能是一个令人担忧的事情，但是，这对于经济绩效主义价值导向的国家来说反而是一种"优势"。充分发挥体制中地方政府的作用，不仅能够在路径依赖的机制下推动地方发展迅速拐进快车道，而且可能避免急速地方治理转型中亨廷顿所说的公民"参与超载"所导致的不稳定。作为世界最大规模的后发国家，中国自古以来就是一个权威相对集中的国度。在中国的社会主义制度体系中，党和政府的权威是中国改革开放以来经济社会高速发展最重要的内在元素，走向现代化的多中心的治理模式是中国改革的必然走向。但是，在现有的制度体系以及社会结构中，发挥地方政府的能动性，是中国治理转型最现实、最理性的选择。因此，在推进地方治理转型的具体路径方面，发挥地方政府的自身优势，是现代中国特色社会主义制度体系下地方治理转型的一个重要路径。

值得注意的是，地方政府权力边界的有效确立，是发挥地方政府自身优势的关键。正如邓小平同志所说："我们的各级领导机关，都管了很多不该管、管不好、管不了的事。"[1] 在构建地方服务型政府的进程中，到底该管什么，即地方政府公共服务权力的范围有多大？明确这一点不仅是地方服务型政府体制创新的前提，更涉及深层的政府与社会、政府与市场、政府与企业、政府与公民的关系问题。如果政府公共服务职能没有明确界定，就会造成政府与市场、企业以及公民的关系无法厘清，从而会导致地方政府管了很多不该管的事、行使很多不应由政府行使的权力。由此可见，"权力边界问题已成为我国政治体制改革、社会体制改革、行政体制改革、经济体制改革四大改革的交汇点与中枢环节，对整个经济社会发展具有决定性影响"。[2]

从整体来看，厘定地方服务型政府的权力边界原则上可以按照这样的逻辑：一是根据法律规定。法律明文规定的可以做、要做好，没有规定的不可做、不可违。例如现在正在推进的权力清单和负面清单；二是根据市场经济的发展态势。市场自己能够把关的，政府就不要插手，市场自己不能把关的，就由政府审批；三是根据社会发展的客观规律。社会自己无法审理的事

---

[1] 《邓小平文选》第二卷，人民出版社1993年版，第286页。
[2] 李军鹏：《厘清权力的边界》，《南风窗》2012年第6期。

项就由政府审批,当社会自己可以审理,政府就从审批职能中退出来交回社会管理。因此,地方服务型政府的权力边界应从三个指标上去界定。

首先,权力边界的规范性指标。"如果统治权集中于一个单一的权力中心,那么政治就变成一个决定谁可以运用这种权力以及谁拥有这一职位的简单问题。一旦实施法律和规则的能力变成政府官员的一种收入来源,则争夺和保持权力就至关重要了。"① 因此,权力需要刚性的规定,以明确行使的范围。目前,规范性文件主要包括法律、国务院部门规章、地方性法规、地方性规章以及一般的政策文件等。作为最具合法性、规范性和强制性的意志载体,这些文件形式为权力边界提供了明确的规范性指标。以行政许可权力为例,它是指行政主体应行政相对人的申请,通过颁发许可证、执照等形式,依法赋予申请人从事某种活动的法律资格或实施某种行为的法律权利的具体行政行为。行政许可是把"双刃剑",需要克服其消极作用,发挥积极作用。根据《行政许可法》的相关规定,在行使主体上,行政许可权只能由拥有相关权力的行政部门作出,如工商部门、土地部门、税务部门等,非经法律规定其他部门一概不能行使;在权力范围上,只有那些关系到国家、社会和个人利益的特殊危险性行为或经营活动,关系到公民、法人的生命、财产、自由、健康利益的特殊职业和专门行业才能够设置行政许可制度。如食品、药品生产,环境污染,刻铸印字业,爆破物品与危险化学品的生产、销售、运输等领域;在依据来源上,行政许可设定权的依据只能是法律、法规,规章一律没有行政许可的设定权;在权力行使程序上,主要包括受理申请、审查(核实)、决定、变更或中止或废止或撤销、救济等五个步骤;在权力救济上,依据相关规定作出物质上或是精神上的补偿。在权力边界的规范性指标中,最为关键的内容是关于自由裁量权的规定。该项权力是在两个或更多的可选择项之间作出选择的权力,其中每一个可选择项都是合法的。因而,它具有较大的弹性和应用空间。依据这种权力特征,规范性文件在指标设定上需要给予一定的刚性的标准,如在行政处罚的额度上,需要明确罚款的上限和下限,在行政审批的期限上,需要明确批复的最长时限。通过"以刚克柔"的形式对行政裁量权予以界定。

其次,权力边界的利益性指标。斯密认为:"每一个人,在他不违反正

---

① [美]迈克尔·D.麦金尼斯:《多中心治道与发展》,王文章译,上海三联书店 2000 年版,第 20—21 页。

义的法律时,都应听其完全自由,让他采用自己的方法,追求自己的利益,以其劳动及资本和其他人或其他阶级相竞争。"[1] 换言之,随着市场经济的逐步发展,经济事务变得越来越繁杂,依赖于地方政府解决全部市场问题已经愈发困难,并且政府干预不可避免地要破坏市场规则,阻碍个人利益的最大化。因此,地方服务型政府在建设中需要破除"全能主义"的旧思想,以利益性指标为界线划分权力,与市场相互分离,将政府不该管、管不好的一些经济事务移交给市场,增加市场经济的自由度。利益性指标主要包括:第一,资本界线——政资分开。权力与资本必须要分开,否则一定会成为孕育腐败的最佳土壤。地方政府有关国有资产的管理,特别是在发行股票(配股、增发新股、转让股权、派送红利、转增股本、股权回购)、发行债券、注册资本,企业的合并、托管、收购、兼并、分立以及风险投资等过程中,需要避免寻租行为的产生,可以委托具有经营资产能力的社会投资机构管理,加强制度规范、制约和监督领导。第二,营利界线——政企分开。权力具有无偿性,因而涉及营利的领域地方政府应当主动退出。现阶段,政企分开的主要标准有:政府与企业社会职能的分开、企业所有权与经营权的分开;国有资产营利职能与行政职能的分开、营利性生产和公益性生产分开等。而在具体做法上,需要解除政府主管部门与直属企业的行政隶属关系,撤并行政性公司,取消行政级别划分,同时大力发展社会中介组织,加强和改善市场监管方式,将工作的重心转移到经济行为的后置程序上。第三,公私界线——政民分开。市场经济的发展不仅是经济总量的上升,也是公民个人意识的觉醒。既包括对自身行为的选择,也包括对个人利益最大化的追求。公共利益与个人利益存在巨大差别,地方政府的权力显然以追求公共利益为价值导向,而个人利益是私人空间中的重要内容之一,权力不仅需要予以肯定和保护,更不能进行随意干涉。因此,以公私界线为标准,划分权力的边界,不仅是时代发展的要求,也是市场经济成熟的表现。

最后,权力边界的权利性指标。随着我国国家与社会二元模式的逐步瓦解,社会力量迅速发展并不断壮大,由此而出现的多元行动主体积极而广泛的参与到社会治理中来。同时,公共事务所呈现出来的不确定性与复杂性日益加剧,"任何一个行动者,不论是公共的还是私人的,都没有解决复杂多

---

[1] [英] 亚当·斯密:《国民财富的性质和原因研究(上册)》,郭大力、王亚南译,商务印书馆1997年版,第27页。

样、不断变动的问题所需要的所有知识和信息；没有一个行动者有足够的能力有效地利用所需的工具；没有一个行动者有充分的行动潜力单独地主导一个特定的政府管理模式"。[①] 因此，地方政府与多元社会力量的协同行动趋势逐渐加强。在公共事务的协同治理中所涉及的一个关键问题就是权力与权利的关系问题，这也成为划分二者界线的重要依据。确立权力与权利形成一种既独立又衔接的关系，需要设定一些明确的指标。第一，权利内容指标，即凡是法律赋予公民或社会组织的权利，地方政府一概不能侵犯。如在政治权利方面，参与权、结社权、言论自由权；在文化利方面，公民接受义务教育的权利、享受医疗卫生服务的权利等；在社会权利方面，休息权、最低物质生活保障权等。第二，应用范围指标。权力行使的范围主要存在于公共领域，要解决公共事务，如医疗卫生、教育科技、城市建设等，而不能涉足私人领域；权利的行使范围既可以存在于公共领域，也可以存在于个人领域。前者是宪法的基本原则，后者是个人和社会发展的理所应当。第三，政治过程指标。在权利行使的过程中，特别是在公民或社会组织的政治参与中，权力主要是起到"兜底"的作用，包括价值引导、检查监督、财政支撑、制度建构等。权利行为选择的自由性、自愿性、个性不受权力的干涉。

总之，地方服务型政府的重要内容之一即是有限政府的建构，而这其中的核心点在于地方政府权力边界的划分。通过规范性指标、利益性指标、权利性指标三重标准的界定，使地方服务型政府做到法律规定的坚决办好、市场能够解决的领域不涉足、社会和公民个人能够解决的领域不插手。这不仅可以节约行政成本，还可以促使法律完善、市场成熟、社会进步、公民发育，从而提升地方政府的服务能力与公共管理能力。

第二节　地方政府在市场经济中的角色重塑

党的十八届三中全会指出，"经济体制改革是全面深化改革的重点，使市场在资源配置中起决定性作用和更好发挥政府作用"。这是处理市场和政府关系在一般资源配置的指导性依据，但不特指公共资源的配置。政

[①] Christopher Hood, "Paradoxes of Public-sector Managerialism, Old Public Management and Public Service Bargains", *International Pubic Management Journal*, 2002, 3, (1): 1-22.

府并不是外在于市场,而是市场的一个内在变量,政府行为必须与市场机制保持协调,政府的比较优势在于其公共性的主产品——公平的公共服务,市场的比较优势在于其私利性的副产品——高效的私人服务。政府与市场之间从来就不可能如此驯顺与理性,不是政府权力挤压市场空间,就是政府责任转嫁给市场主体,前者表现为政府全能、市场孱弱,后者表现为市场万能、政府责任缺失。服务型政府与市场对接,前提是厘清政府与市场的功能界限,界定两者的权能范围,寻找两者之间的动态平衡,构筑政府与市场之间的协同关系。

一 市场失灵与政府失灵

市场经济的实践业已证明,市场机制这只"看不见的手"是最有效的资源配置工具,它能够以最快捷的速度、最低廉的费用、最简单的形式把资源配置的信息传递给利益相关的主体。但是,市场再伟大,也绝不是万能的。现实告诉我们,市场的作用终究有一定的边界,一旦超越这些边界,市场就会失灵。

现实的市场经济与完全竞争市场的偏离导致市场效率打折。具体来说,市场失灵主要表现在以下几个方面:第一,市场不能自行提供公共物品。公共物品具有非排他性和非竞争性。非竞争性是指使用者对某种物品的消费并不减少该物品对其他使用者的供应;非排他性是指由于技术上的原因,或由于排除成本太高,把任何一个消费者排除在该物品的消费群体之外是不可能的。因此,对公共物品进行收费是不经济的或不可能的,私人企业一般没有供给的积极性。第二,市场不能完全解决外部性问题。外部性也称外部效应,包括正效应和负效应。外部效应可导致市场在配置资源时产生偏差。当存在正效应时,通常表现为生产不足;反之,则表现为生产过度。第三,自然垄断的存在。有些经济活动有明显的规模经济效益,其产品或服务的单位成本会随着产出的增加而大幅度下降,因而自由竞争往往导致垄断,难以真正实现资源的优化配置,最终损害社会福利。第四,信息不完全。市场主体不可能掌握涉及交易的所有信息,因此有可能作出错误决策;由于所掌握的信息往往互相之间不对称,从而产生道德风险或逆向选择。第五,个人自由与社会原则的冲突。市场经济是自由经济,任何市场主体都有经济决策自由,而不受其他人的强制。但个人的价值取向和偏好与社会原则会产生矛盾，市场无法自行解决这些冲突。①

市场并不是万能的，它无法解决公共问题，因此需要政府的介入。由于信息不对称，政府无法准确预知社会需要什么、需要的数量、需要的时刻以及不同人群的不同需要，因此，在很多物品面前，政府空有权威而无所适从。政府的作用只是补充市场，绝非替代市场。②诺斯深刻地指出，政府是具有暴力优势的组织，③它的职责在于提供公共安全、社会秩序和公共服务。而在亚当·斯密看来，政府只需履行三项最基本的职能，其他无须过问。第一，保护社会，使其不受其他独立社会的侵犯。第二，设立严正的司法机关，尽可能保护社会上所有人，使不受任何其他人的侵害或压迫。第三，建设并维持某些公共事业及某些公共设施。④

在治理视野下，政府的职能是掌舵而非划桨。"直接提供服务就是划桨，可政府并不擅长于划桨。"⑤"划桨"是指政府具体的执行活动，直接提供公共服务就是政府在划桨。想要划好桨并不容易。无数政府失灵表明，政府亲自划桨只能吃力不讨好。除非政府具有超强大的动力，否则这条航船就难以乘风破浪。当掌舵和划桨不分时，政府同时扮演着公共服务的提供者、安排者和生产者三重角色。试图让政府既划桨又掌舵是不切合实际的。"任何想要把治理和'实干'大规模地联系在一起的做法只会严重削弱决策的能力"，⑥即会削弱政府的"掌舵"能力。我们需要的是"一个能够治理和实行治理的政府"。⑦在现代化体系中，掌舵就是治理。"掌舵"是政府进行公共服务的决策和制度创新活动。"政府本质上是一个安排者或者提供者，是一种社会工具"，其主要职能是"决定什么应该通过集体去做，为谁而

---

① 陈广胜：《走向善治——中国地方政府的模式创新》，浙江大学出版社2007年版，第159—160页。
② 世界银行：《1997年世界发展报告：变革世界中的政府》，蔡秋生译，中国财政经济出版社1997年版，第18页。
③ [美]道格拉斯·诺斯：《经济史中的结构与变迁》，陈郁，罗华平译，上海三联书店、上海人民出版社1994年版，第21页。
④ [英]亚当·斯密：《国民财富的性质和原因的研究（下卷）》，郭大力，王亚南译，商务印书馆2004年版，第253页。
⑤ [美]戴维·奥斯本、特德·盖布勒：《改革政府——企业精神如何改革着公营部门》，周敦仁等译，上海译文出版社1996年版，第1页。
⑥ 同上书，第7页。
⑦ 同上书，第25页。

做，做到什么程度或什么水平，怎样付费等问题"。① 简言之，政府掌舵优于政府划桨。政府既没必要也没有能力事必躬亲，倒不如回归"掌舵"，进行政府职能转变，将市场调节的职能切实转移给市场，让市场去"划桨"。如果政府可以只掌舵，那么就不划桨；如果政府可以少划桨，那么就多掌舵；如果政府必须划桨，那么划桨只是暂时，划桨的同时也不能丢失掌舵。要将掌舵和划桨分开，有所为有所不为，才能更好地履行政府的本分。因此，政府当务之急是界定政府和市场的边界，并制定相关的法律、法规，提供安全可靠的产权保障和公正的市场环境，为市场运行提供制度保障。

市场失灵并非政府干预的充分条件。长期以来，市场失灵成为政府干预的正当理由，政府也似乎习惯于干预失灵的市场，其实，市场失灵并不必然要求政府干预。长期以来人们惯用的这个观念，起码存在三个误区：一是忽视了政府干预对私人市场发展的影响；二是把市场失灵看成静态结果而非动态结果；三是未能预见政府干预市场容易演化成政府垄断、政府代替市场的恶果。市场确实常常会失灵，政府其实也会失灵，没有任何证据显示政府机制与市场机制哪个更完美。沃尔夫说："企求一个合适的非市场机制去避免非市场缺陷并不比创造一个完整的、合适的市场以克服市场缺陷的前景好多少。换言之，在市场'看不见的手'无法使私人的不良行为变为符合公共利益行为的地方，可能也很难构造看得见的手去实现这一任务。"② "一旦政府代替了市场，它们就不愿意退出，或者说政治上也不允许其退出。"③ 政府权力的强制性和服务的公共性决定了一旦政府失灵，影响面和破坏性会更大。政府如何引导市场，关键是如何在政府能力所及的条件下，既用足市场，又能充分发挥政府的有效性。因此，要改变政府干预的惯性思维和惯用手段，跳出路径依赖是寻找政府干预市场的前提。

二 对政府中心主义的批判

政府中心主义导致政府职能不断膨胀，禁锢了市场的活力，束缚了社会

---

① [美] E. S. 萨瓦斯：《民营化与公私部门的伙伴关系》，周志忍译，中国人民大学出版社 2002 年版，第 68 页。

② [美] 查尔斯·沃尔夫：《市场或政府：权衡两种不完善的选择》，谢旭译，中国发展出版社 1994 年版，第 34 页。

③ [美] 维托·坦茨：《政府与市场——变革中的政府职能》，王宇译，商务印书馆 2014 年版，前言第 3 页。

的手脚。在公共服务领域,政府集生产者、供给者双重角色于一身,事必躬亲,却事倍功半。政府一旦力不从心,承诺失约,必然是怨言四起。这都是由于传统政府单向性、单一性公共服务模式陷入三重认识误区的缘故。

第一,混淆了基本公共服务职责与公共服务职能的关系。公共服务职责与公共服务职能是否完全相同,是否可以简单画等号?一般来说,政府的公共性和服务性决定了其公共服务职责,但是,服务职责并不等同于服务职能。职责是指政府职权范围内应该承担的责任,主要回答哪些事必须为,如果不为就要受到处罚,并导致追究。职能是指政府职权的范围,回答哪些事你可以为,如果不为就要受到质疑,并导致改革。换句话说,职能侧重于政府的能力,职责侧重于政府的责任,能力涵盖着责任,责任并不等同能力。公共服务是政府的法定职责,凡是承诺的服务职责必须兑现,评议服务职责主要以结果为导向。公共服务是政府的职能范围,凡是政府职能范围内的事都涉及能力问题,评议服务能力更注重结构性与过程性要素。公众关心政府的公共服务,主要验证政府服务职责履行的结果,而不是政府服务职能履行的结构与过程。公共服务职能并不等同于公共服务职责,履行服务职责必须到位,但是由谁承担服务职能却可以探讨,换言之,公共服务的生产者和供给者可以分离。政府的服务职责责无旁贷,政府服务职能却不一定都要亲力亲为,有的需要自己提供,有的可以借助他人之手。如果公共服务职责可以借助市场化、社会化方式,而且可能效率更高、质量更好,那么,何乐而不为呢?

第二,混淆了公共服务供给职能与生产职能的关系。政府既充当供给者,又充当生产者,就等于坠入全能主义的泥潭。这种错误认识基于两重逻辑,一是权力逻辑,二是成本逻辑。权力逻辑误以为管的越多的政府就是越好的政府,误将管得多少等同于权力的多少,害怕管少了就是权少,权威地位就会动摇,其实这是一种不成熟和不自信。成本逻辑想当然地认为公共服务供给无利可图,市场必定不会热心,只能由政府承担。这里,涉及三个方面的问题需要进一步厘清。其一,把公共服务的无利问题绝对化。实际上,并不是所有公共服务都只支出不收益,随着科技的进步,社会上公共服务获利的现象比比皆是。例如,与人体机能高度同构的康复运动器械越来越具有适度竞争性能,对于需要服务的人群实现适当收费,接受者并无任何异议;其二,将政府服务零成本问题表面化。政府机制与市场机制最大的区别不在于收不收费,而在于收费的直接性与间接性。市场机制直接向消费者收费,

"一手交钱一手交货"是市场法则,成本十分明显地由具体消费者承担。政府机制间接向消费者收费,政府通过直接向纳税人收税,服务成本先由所有公民垫付,然后,再分配给需要服务的群体享受。维托·坦茨指出:"对于缴纳的税收(成本)与得到的服务(收益)之间存在着怎样的关联,大多数公民却并不了解,一些人误以为,这些公共服务是'免费'的,或者是'零成本'的。"[①] 显然,政府提供公共服务也是需要成本的。既然政府和市场供给服务都需要成本,那么,成本就可以成为公共服务提供职能与生产职能适度分离的依据。如果市场生产公共服务成本比政府的低,引导市场机制生产公共服务的合理性就不言而喻。实践已经反复证明,政府生产公共服务不仅需要成本,而且往往因缺乏控制成本的动力机制而导致成本高昂;其三,对有失公平的担心简单化。政府向所有人收税,结果并不是所有纳税人都能获得均等公共服务,更何况并不是所有纳税人都对公共服务需求一致,事实上,往往缴税少的人比缴税多的人需求公共服务更多,往往税负低的人向市场购买服务的能力更低。政府公共服务的同质性,根本无法应对社会需求的异质性,"用同一张答卷应对所有考试"显失公平,多中心供给的公共服务可能更接近公平。在基本公共服务中,政府机制在本质上扮演服务提供者或服务安排者的角色,主要"决定什么应该通过集体去做,为谁而做,做到什么程度或什么水平,怎样付费等问题",[②] 而不是事必躬亲。一般来说,"只要市场可以提供的公共产品和公共服务,如果有购买者愿意购买,不付费者则不能享有,那么,这些职能可以由私人生产商提供"。[③]

第三,公共服务市场化机制不是政府"责任真空"。在现实中,确实存在一些假借市场化之手"撂担子"或"甩包袱"现象,有意无意将政府责任市场化。詹姆斯·森德奎斯特(James Sundquist)早已关注到"推卸责任的民营化",他提出了"真民营化"(true privatization)和"假民营化"(false privatization)的概念区分。认为"真民营化"不可能导致政府

---

① [美] 维托·坦茨:《政府与市场——变革中的政府职能》,王宇译,商务印书馆2014年版,第15页。

② [美] E. S. 萨瓦斯:《民营化与公私部门的伙伴关系》,周志忍译,中国人民大学出版社2002年版,第69页。

③ [美] 戴维·奥斯本、彼德·普拉斯特里克:《政府改革手册:战略与工具》,谭功荣、刘霞译,中国人民大学出版社2004年版,第111页。

责任转移,更不可能导致政府角色消失,"假民营化"就是政府推诿职责①。前面笔者强调了公共服务市场化的可能性,这里我们强调,公共责任不能市场化的必要性。这就需要甄别政府责任市场化和服务供给市场化的差异。前者是将政府公共服务的分内职责推向市场,是推卸责任、撇清责任;后者是指政府将推行公共服务的供给过程推向市场,这是坚守基本责任的基础上扩大责任承担范围。公共服务市场化不是将事权他移,更不是甩包袱。市场化的真谛是政府为公共服务供给提供市场化机制,直接与间接提供基本公共服务是政府的责任,政府即使不直接供给公共服务,政府还必须坚持监管职责。我国公共服务市场化过程中出现的政府卸责,除了是政府丢失服务责任,还包括政府丢失监管责任。一句话,不论公共服务由谁生产,政府履行公共服务全程监管是不可推卸的责任,这个责任包括对生产者的公共服务成本、服务数量、服务质量、服务进度、服务效果的严格监管。

三 现代市场经济发展的本质诉求

市场经济是以市场为基础的资源配置方式和经济运行调节方式,它以自由、竞争、平等、独立的参与过程为特点。它与其他经济形态存在两大不同:一是它排斥政府的直接控制,以供求规律为基础的价格机制和竞争机制支撑市场的良性运转;二是它以平等、独立的公民为参与主体,在公平与自愿的基础上实现商品交换。因此,市场经济是建立在各经济主体之间具有自主性和平等性并且承认其个性的基础之上,是包含多元利益、多元价值、多元目标、多元需求的经济形态,可以说,多元性是市场经济内在发展逻辑的必然结果。从这个角度讲,市场经济就是多元经济。这种以多元性为核心特征的经济模式在与公共领域相结合的进程中又衍生出诸多相应的内生价值。

第一,促进公共空间扩展。市场经济多元性所衍生出的内生价值首先体现在促进公共空间扩展,主要表现在两个方面。一方面,公共领域是社会与国家相分离的产物,是"介于国家与社会之间进行调节的一个领域",也是

---

① Sundquist, James, *Privatization: No Panacea for What Ails Government. Brooks, H., Liebman, L., Schelling C. S. New Opportunities for Meet Social Needs.* Cambridge: Ballinger, 1984, pp. 303-318.

"充满张力的区域"。① 随着市场经济的深入发展，社会与国家分离的趋势并不是二者之间完全相离，而是在厘清彼此界限的基础上实现共有空间、共享利益、共同资源的有机整合，促进公共空间扩展；另一方面，表现在公共事务的复杂性。具体原因有两个方面，一是公众关心的问题数量增多。用经济学术语来说，由于人口的规模和集中程度增加，个人行动的外部性也增加了，而且对外部性的感觉也增加了，关心的问题也随之增加。② 二是公众关心的问题质量提高。如环境恶化、生态破坏、能源危机、国际毒品交易、国际恐怖主义活动、核武器扩散等重大而复杂的技术性问题、公私部门之间的问题以及公共事务国际化问题等。公共事务在数量和质量上的发展，使得多样利益、多层需求和多元价值既融合又对立，不仅加剧自身复杂性的深化，更进一步促使相匹配的各种要素、资源、关系的横向扩展和纵向延伸，最终实现公共空间的扩展。

第二，推动公民属性确立。市场经济多元性所要求的主体独立性和平等性开启了民众重新认识自我的闸门，而公共空间的扩展为社会成员属性的培育和确立提供了广阔的发展空间。在这两者的共同作用下，民众的社会属性从三个层面实现了根本性转变，其一，身份由市民向公民转变。这一转变的基本特征在于，面对市场经济的多元和公共事务的复杂，民众逐渐认识到仅仅依赖地方政府的单一力量难以有效应对，因而有必要自发组成社会组织进行自我管理和自我服务，同地方政府共享公共权力、共担公共责任、共用公共资源，以处理公共事务、提供公共服务。而其本质特征在于民众在关注经济利益的同时，更加强烈要求政治上的权利行使和义务履行，从而以政治力量的获取保证经济利益的实现。通过经济利益对政治权利的支撑，政治权利对经济利益的保护这样相互依赖、相互衔接的关系，巩固自身的主体地位。其二，人格由依附向独立转变。"人格是一种社会规定，一个特定的历史时期必然会拥有属于这个历史时期的并得到广泛认同的人格。"③ 在市场经济条件下，私有制的确立使得公民人格能够从国家集体人格中剥离出来，赋予个性化、独立化的特征，使公民以独立的价值取向、行为选择、情感表达参

---

① [德] 哈贝马斯：《公共领域、文化与公共性》，汪晖、陈燕谷译，上海三联书店2005年版，第126页。
② [美] 盖伊·彼得斯：《官僚政治》，聂露等译，中国人民大学出版社2006年版，第16—19页。
③ 张康之：《公共管理伦理学》，中国人民大学出版社2009年版，第329页。

与到公共活动或政治活动中来,从而迫使地方政府在行政实践中必须以尊重公民人格为前提和基础,维护社会既多元又独立的利益需求。其三,地位由服从向平等转变。市场经济以多元性为核心,以契约关系为桥梁,而订立契约又是以双方地位的平等为前提条件,因此,市场经济的内生价值促进了公民之间、公民与地方政府之间地位相对平等的实现,构建了不同主体之间平等交流的渠道。

第三,迫使行政理念转变。作为地方政府执法对象的社会民众,在身份、人格、地位三个方面的转变迫使地方政府逐渐意识到传统的行政理念已经相对滞后,无法应对市场经济条件下出现的新情况、新任务。因而,行政理念作为政府改革主观上的指导方针,必须根据市场的变迁而做出与之相匹配的调整,从具体实际中寻求理念的突破与创新,以遵循市场发展的规律、紧跟社会变迁的步伐。就如毛泽东同志曾指出的:"人们要想得到工作的胜利即得到预想的结果,一定要使自己的思想合于客观外界的规律性,如果不合,就会在实践中失败。"[①] 市场经济中公民属性的确立促进地方政府对自身角色有了正确而深入的认识。在角色扮演上,明确自己不再是统治者而是管理者,不再是管制者而是服务者,不再是垄断者而是实践民意者。在政民关系上,地方政府与公民的关系结构不再是以命令服从为形式的单向联系、不再是以直接依附为特征的单一模式,而要在相互尊重人格、遵循平等原则的基础上,遵照不同意志、吸纳彼此意见、依据各自意愿共同行事,以增进公共利益的实现。在对公民态度上,抛弃了传统理念中等级色彩、政府本位浓厚的落后思想,重新思考人性的本质,在追求平等、尊重人格、重视人权进程中,实现"人"本性的复归,最终促进人的全面发展。

市场经济内生价值的三个方面是依次相接、层层递进的关系。公共空间的扩展为公民属性确立提供了充足而必要的外部条件,而公民属性的确立为行政理念的转变创造了社会主体因素,而行政理念作为行政改革的先导性条件和主观性因素,为地方政府服务市场化供给的改革奠定了思想基础。

四 公共服务市场化的发生机制与扩散机制

实践已经反复证明,政府不足以独自提供公共服务,必须与市场结合。1997年世界银行报告认为,绝大多数成功的发展范例,都是政府与市场形

[①] 《毛泽东选集》第1卷,人民出版社1991年版,第284页。

成合作关系,从而纠正市场失灵而不是取代市场。公共服务市场化就是政府与市场协同的供给模式。

第一,资源依赖:公共服务市场化的发生机制。资源依赖理论(Resource Dependence Theory)的核心关切是组织与环境的互动关系,认为环境对组织起着制约、塑造、渗透和革新的作用。资源依赖理论的基本假设是,资源是组织生存的关键,任何组织都不可能自给自足,必须在环境中进行交换,以获取生存资源。[①] 这就是说:(1)资源对组织生存最重要;(2)组织无法自给生存资源;(3)组织之间必须交换资源;(4)资源存量及交换变量决定组织的生存能力。资源的存量与变量是不平等的,资源不平等性决定了相互依赖的不对称性。如何判定一个组织对另一组织的依赖程度?一般取决于三个决定性因素:需要交换的资源对组织的重要程度;替代性资源可获得的可能程度;组织对资源的利用程度。例如,A组织对某项资源渴求且只能向B购买,同时A对该项资源利用率不高,那么,A对B的依赖程度就非常高,除非B的价码触及A的生存底线,否则A只能满足B的要求。即使交换过程中存在着不对等的关系,只要交换是互惠互利的,交换就会持续进行。

公共服务市场化之所以具有可能性,前提是政府与市场相互依赖。一般来说,政府对市场存在依赖,主要体现在三个方面:一是巩固政府生存地位。政府提供公共服务义不容辞,是政府的合法性根基,是政府生存的关键。因此,不论是独自提供,还是通过市场化、社会化等方式协同供给,政府都要竭尽全力;二是缓解政府财政压力。尼斯坎南认为官僚制最大的特点是预算效用最大化。[②] 既然政府无法依靠一己之力提供公共服务,就不妨从市场购买。因此,明智的政府必须依赖市场,供需缺口越大,政府对市场的依赖越强;三是弥补政府"短板"。政府不擅长提供某些公共服务,政府不擅长之处往往市场擅长,如一些专业技术服务、市场调查、软件开发与维护、医疗教育、法律服务等领域。政府无法有效提供某些公共服务,政府低效之处往往是市场有效之处,如养老、济弱、救病、助残、扶幼等领域;政

---

① Pfeffer J, Salancik G, *The External Control of Organizations*: *A Resource Dependence Perspective*, California: Stanford University Press, 2003, p. 2.

② [美]威廉姆·尼斯坎南:《官僚制与公共经济学》,王浦劬译,中国青年出版社2004年版,第35页。

府提供某些公共服务可能成本高昂，政府高成本之处往往市场更经济，如社区服务、养老服务、就业培训等方面；政府的这些"短板"往往构成对市场的高度依赖，正是这种依赖，才使公共服务市场化凸显化解政府危机之功效。同样逻辑，市场对政府也存在依赖，主要体现在三个方面：一是有利可图。市场竞争日趋激烈，降低了企业的盈利能力，企业不得不寻找新的盈利点。只要政府的一些公共服务项目面广量大而显露出可观的利益，就必然成为市场争夺的目标；二是拓展市场。随着技术进步，政府很多公共服务能够进行排他收费，这就给企业盈利提供了可能，从而成为市场拓展的目标。即使某些领域市场前景不明朗，由于企业对政府制高点看好，某些企业也愿意尝试，如果成功，它就等于垄断了话语权，这是市场求之不得的；三是获取政治资源。市场经营不但受市场规律制约，而且很大程度上还受政策影响。企业参与公共服务，这种准政治倾向可能在注册、许可、政策扶持、领导重视等方面获得便利，意外获得政策性光环，有利于对抗市场的不确定性，资源依赖催生公共服务市场化。

第二，模仿机制：公共服务市场化的扩散机制。模仿机制让公共服务市场化成为可复制、可推广的"苗圃"，而不是孤芳自赏的"盆景"。为何公共服务市场化能够成为政府部门同质化的选择？社会学制度主义代表人物沃尔特·鲍威尔和保罗·迪马吉奥认为组织同质化有三个发生机制：强制机制、模仿机制和社会规范机制，[①] 其中模仿机制最能有效解释公共服务市场化扩散。新制度主义认为，组织能够进行理性选择，"组织几乎是纯粹功利性的"，[②] 政府部门就是能够理性选择公共服务供给模式的组织。在理性选择的过程中，模仿机制在两个方面发生关键作用。一是国内政府模仿国外政府的做法。一般来说，崇洋媚外的心理让我们轻易认为国外的做法总是先进的、可取的，公共服务市场化也不例外；二是国内政府部门趋之若鹜地模仿国内率先"吃螃蟹者"，公共服务市场化为什么一时间纷纷出台，模仿是重要动力。模仿机制蕴含着三层驱动因素来保障政策扩散，一是政府跟风驱动。地方政府制度创新层出不穷、一拨接一拨，有可能导致创新疲乏主义。

[①] [美] 沃尔特·鲍威尔、保罗·迪马吉奥：《组织分析的新制度主义》，姚伟译，上海人民出版社 2008 年版，第 72 页。

[②] [美] 盖伊·彼得斯：《政治科学中的制度理论："新制度主义"》，王向民、段红伟译，上海世纪出版集团 2011 年版，第 111 页。

跟风模仿是地方政府的惯习，也可以列为组织非理性行为，但以不落他人之后为底线，却是理性的，从这个层面上讲，公共服务市场化似乎含有各级政府被创新压力"牵着牛鼻子走"的意蕴；二是合法化驱动。既然其他政府部门都在采取市场化手段提供公共服务，如果这一方式有效，那么本部门也能收益，如果无效，法不责众。这种对上负责与东张西望心态使得模仿几乎成为普遍的选择，公共服务市场化的"复制"和"粘贴"一般没有风险；三是诱致性制度变迁。制度模仿往往具有成本优势，因为模仿他人做法是最经济的办法。由于政府部门科层结构高度相似与组织结构高度耦合，不但可以降低制度模仿过程中的摩擦和排斥，而且可以提高成功率，实现制度创新的整体收益最大化。模仿机制使公共服务市场化得以扩散。

五 公共服务市场化的功效

公共服务领域引入市场竞争机制，能涤荡政府惰性，提升公共服务水平，其功效主要有五个方面：第一，节约公共服务成本。公共服务市场化接纳其他主体参与，必将带进市场效应，注重成本核算，企业往往比政府更有动力合理安排规模，追求供需平衡，因此，企业成本普遍低于政府成本，公共服务市场化使政府也必须接受这个规律。第二，规范公共服务质量。政府垄断容易漠视服务质量，企业必须将产品质量与服务质量视为生命力，企业用心经营是内在本质要求，也是赢得消费者（政府和民众）认可与回头消费的唯一资本。公共服务引入市场竞争机制，能成为政府改进公共服务的动力与压力。第三，增强公共服务灵活性。市场具有最灵敏的嗅觉，能敏锐感知公众需求的变化，提升公共服务灵活性是市场的天性，想顾客之所想，急顾客之所急，实现公共服务个性化、人性化、便捷化。第四，共同承担治理责任。一个成熟社会的最重要标志是吸引和整合各种社会资源协同治理，公共服务最理想的供给模式应该是政府、市场、社会和个人共同参与。政府的角色是市场、社会和个人能力不及之处，实行兜底服务。政府与市场合作，意味着市场从纯粹私人物品提供者转变为公共服务提供者，市场参与的成熟度可以倒逼政府职能转变；公共服务市场化并不是政府转让服务责任，政府的责任必须坚守，只是转移服务机制。当然，必须警惕服务市场化异化为责任市场化。第五，提高政府现代治理能力。现代治理体系要求政府与公民分工合作，实现公共服务多元合作、多元供给。市场参与到公共服务中，使政府也获得市场意识、公民意识和参与意识的训练，社会组织也能在政府的觉悟中健康发育。市场、社会和公民的成熟，是完善现代治理体系、提高现代治理能力的根本元素。

六　政府与市场经济优势互动的平衡基点

政府与市场各具比较优势，可以互补。市场的优势在于竞争，市场得以正常运行，得益于供求机制、竞争机制、价格机制、风险机制和利益机制的共同作用。其中，竞争机制是迄今为止最有效的资源配置手段。马克思说，市场上"不承认任何别的权威，只承认竞争的权威"[1]。政府的优势在于掌舵而非划桨，"政府并不擅长于划桨"，[2]试图让政府既划桨又掌舵是不切合实际的。我们需要的是"一个能够治理和实行治理的政府"。[3] 在现代化体系中，掌舵就是治理。无数政府失灵的现象表明，政府亲自划桨只能吃力不讨好。除非政府具有超强大的动力，否则这条航船就难以乘风破浪。如果政府可以只掌舵，那么就不要去划桨；如果政府可以少划桨，那么就多掌舵；如果政府必须划桨，那么划桨只是暂时，划桨的同时也不能丢失掌舵。

处理好政府与市场的关系，是市场经济体制改革的核心问题。从表面来看，政府与市场是对立的，似乎政府权限扩大，市场空间必然缩小，政府退出，市场必然推进。其实，这个认识是浮表的。"一个政府同另一个政府之间的最大不同，在于市场取代政府或政府取代市场的程度"，[4] 政府与市场功能发挥的好坏并不取决于它们的空间大小，而是取决于它们的有效程度。实际上，政府和市场之间一直有边界、有分工，也有交集、有相容，这个交集与相容，要求政府与市场优势互补，而不是势不两立。市场"决定性作用"是有特定区位的，主要表现在资源配置领域，并不表现在所有领域。而且，市场的决定性作用必须依赖政府的有效作为，而不是以弱化甚至取消政府有效作用为前提，因而政府与市场之间只能各司其职、优势互补。

政府与市场相辅相成，两者之间是"非零和博弈"的关系，呈现一种互补合作的态势，而不是"非此即彼""此消彼长"的对抗性关系。十八届

---

[1] 马克思：《资本论》第1卷，人民出版社1972年版，第394页。
[2] [美] 戴维·奥斯本、特德·盖布勒：《改革政府——企业精神如何改革着公营部门》，周敦仁等译，上海译文出版社1996年版，第1页。
[3] 同上书，第25页。
[4] [美] 查尔斯·林德布洛姆：《政府与市场：世界的政治—经济制度》，王逸舟译，上海三联书店1992年版，译者前言第1页。

三中全会通过的《中共中央关于全面深化改革若干重大问题的决定》指出，"使市场在资源配置中起决定性作用和更好发挥政府作用"。可见，市场的"决定性作用"是有限度的，市场在资源配置中起决定性作用，但并不是起全部作用。发挥市场机制绝对不是必须弱化甚至取消政府的作用，也不是政府管得越少越好，主张大市场、小政府、私有化是未来的方向，但绝不意味着这就是正确的处理好了政府与市场之间的关系。政府与市场之间的关系必须是和谐的，相辅相成的。

表面来看，政府和市场是对立的，它们之间有明确的边界，尊重市场的规律就必须尊重私人生产者和消费者的权益，否则就会破坏市场的规律，压抑市场的活力。从这个角度出发，政府管得越少越好，政府对经济的干预是不必要的、有害的。然而，这只是一种肤浅的认识。政府不是管得越少越好，而是必须积极有为。政府是作为市场的前置条件——做好制度安排，也是市场的后置因素——解决纠纷而存在的，也是必须存在的。发展中国家市场经济的落后和不成熟，不仅表现在市场作用比较弱，市场体系不健全，市场秩序混乱，价格信号扭曲等，也表现在政府的作用比较弱，政府无能，法制松弛，腐败盛行等，这样的市场经济必然是缺乏效率的。政府的强弱已成为决定一个国家国际地位和国际竞争力的决定性因素，"大市场、小政府"的自由主义理想早已成为历史遗迹。[①]

改革的重头戏是转变政府职能，但不能只关心职能转变，而不关心职能转变后的去向、职能转变的方式，以及职能转变后政府该如何履行好监管职能。如果转变政府职能仅仅只是将事权下移给下级政府，或外移给市场，就如释重负，那就大错特错了。市场化不是甩包袱，更不是推卸责任。其实，市场化了，政府的担子一点都没有减轻，仍要承担买单和监管职能。换言之，民营化不等于政府卸下包袱，撒手不管，而是意味着对政府要提高管理能力。恰如桑德奎斯特所说："民营化不是应对政府无效力的特效药，只有有力且有效的政府，才能使民营化政策见效。"[②] 市场化手段是服务于公共服务的，而不是代替市场，更不是政府卸责，政府仍有监管职责。

---

① 张宇：《市场有效，党政有为，根基牢固——正确认识社会主义市场经济中政府和市场的关系》，《红旗文稿》2014 年第 8 期。

② Sundquist J, *Privatization no Panacea for What Ails Government*, *Public-Private Partnership: New Opportunities for Meeting Social Needs*, Cambridge: Nallinger Publishing Company, 1984, pp. 303-318.

公共服务是政府基本职责，市场化的目的是增加公共服务项目，提高效率，改善服务质量，而不是推卸责任。"私有化本身不是一个终点。私有化应当被看作是提高效率的手段而不是削弱或破坏政府地位的途径。在有些情形下，私有化也许是最好的选择，但是在另一些情况下，对公共部门进行改革也许反而是更好的选择。"① 我们要对政府责任进行归位。

一是要处理好"放"与"管"的关系。"放"是为了放活，是为了更好地履行政府服务职责，绝不是转移政府责任，转移的只是具体事务的直接承办权和部分管理权，公共服务的根本责任还是应由政府承担。放权而不卸责是责任政府的表现。"管"不是管死，而是要做好必要的监管职能。私营部门潜在的"掠夺性"往往导致市场的无序竞争，需要由政府来建立行业管制机构，制定管制制度，以保证市场竞争的有序进行。在公共服务市场化中，管制是永存的，管制是为了更好的服务。

二是要明确政府的职责。首先，要明确政府定位。公共服务市场化要求政府退出某些公共服务的直接生产，但这并不意味政府可以将责任推卸给生产者。公共服务市场化的本质要求是，不管谁提供、如何提供，政府都是最终的责任人。政府始终需要对公共服务市场化的过程及结果负责。公共服务市场化只是改变了公共服务的运作者，没有改变政府的职责。其次，要明确政府工作。公共服务市场化以后，政府的职能重心由"划桨"转变为"掌舵"，包括公正地选择最合格的市场主体，并对它的工作实行监督。② 政府还需确定公共服务提供的目标，为公共服务买单，并对结果进行监督和评估。只有这样才能避免政府有意或无意卸责，才能实现政府责任回归。最后，要加强政府监管，做好的监督者和调控者。政府责任是一个关系到政府威信、政府根基的问题，公共服务市场化中的政府责任也不例外。因此，要加强对政府的监督，规范其公共服务市场化行为，才能使其回归责任本位。

罗森布鲁姆说，"平衡各种矛盾和冲突是公共行政艺术的精髓所在"；③施蒂格利茨说："不要把市场与政府对峙起来，而应该是在二者之间保持恰

---

① ［德］魏伯乐、［美］奥兰·杨、［瑞士］马塞厄斯·芬格：《私有化的局限》，王小卫、周缨译，上海三联书店、上海人民出版社2006年版，第545页。
② 王薇：《公共服务市场化过程中的政府责任研究》，《中国矿业大学学报》（社会科学版）2012年第1期。
③ ［美］戴维·罗森布鲁姆、罗伯特·克拉夫丘克：《公共行政学：管理、政治和法律的途径》，张成福译，中国人民大学出版社2002年版，第3页。

到好处的平衡。"① 笔者以为，寻找政府与市场的平衡基点，要考虑以下几方面因素：

首先，依法界定政府与市场的角色。政府应该是制定规则的主角，主要出定力，市场应该是竞争与效益的场所，主要出活力，使政府和市场明晰各自的职能和作用。国务院《关于促进市场公平竞争维护市场正常秩序的若干意见》从改革市场准入制度、打破地区封锁和行业垄断、完善市场退出机制等方面，就完善市场监管体系、促进市场公平竞争作出全面部署，这些是政府掌舵的具体体现。在这些规则的规制下，除了市场准入负面清单之外，法无禁止皆可为，各类市场主体皆可依法平等进入，构成市场展现活力的广阔平台。政府与市场边界划分的原则是：只要个人、社会、市场能做好的，政府就不插手，即使政府能做得更好也不多嘴；只要个人、社会、市场不能做好的，政府要兜底，履行底线责任；个人、社会、市场能够做但暂时还做得不够好的，政府要扶助与帮助他们做好，归根结底还让他们自己做，而不是代替，不是越俎代庖。

其次，政府尊重市场规律和秩序。政府行为本身也要遵循市场规律。市场经济最基本的规律是价值规律，它通过竞争机制、供求机制、价格机制、风险机制和利益机制来配置资源、调节生产。其一，政府与市场并手推动经济发展。经济增长需要调整产业结构和鼓励技术创新，这不能只靠市场，还需要国家的产业政策来引导和国家的激励创新的体制和机制。其二，在克服市场失灵方面，政府作用要尊重市场决定的方向。市场的利益导向带来经济高效的同时也造成分配不公，由此产生贫富分化。正如斯蒂格利茨（Joseph E. Stiglitz）所说："已为共知的市场经济最黑暗的一面就是大量的并且日益加剧的不平等，他使得美国的社会结构和经济的可持续受到了挑战：富人变得愈富，而其他人却面临着与美国梦不相称的困苦。"② 政府有责任维护社会公平正义，以体现社会主义的人民性。政府在保证市场配置资源效率的前提下最常用的收入再分配手段就是财政转移支付。其三，政府要尊重市场规律，利用市场机制来提供公共服务。提供公共服务是政府不容推卸的职责，

---

① ［美］约瑟夫·施蒂格利茨：《社会主义向何处去：经济体制转型的理论与证据》，周立群、韩亮、于文波译，吉林人民出版社1998年版，第303页。
② ［美］约瑟夫·斯蒂格利茨：《不平等的代价》，张子源译，机械工业出版社2013年版，第3页。

但这并不意味着需要政府直接生产。按照生产者和供给者可以分离的市场原则,政府通过向私人部门购买某些服务,可能能使公共服务更为有效、更有质量。第四,在维持市场秩序方面,政府要加强社会信用体系建设。社会信用体系建设涉及两个方面:一方面是制度性信用,即通过各种法定的和非法定的方式建立健全征信体系,通过法律手段严厉打击欺诈等失信行为;另一方面是道德性信用,即褒扬诚信、鞭挞失信,形成全社会共同遵守的道德观和价值观。这两方面相辅相成,克服机会主义行为,使诚信成为自觉的行为,自觉地遵从市场秩序。[1]

最后,审慎推进公共服务市场化。公共服务可以市场化,但必须是有限的。合理把握公共服务市场化的限度,大致有以下四点原则:(1)市场化的对象是服务内容,市场化的原则是保留公共责任。市场化决不意味着政府责任的完全让渡,服务能够外包,责任却不能外包,政府的责任是保留核心职能和监管职能,因此,公共服务的市场化仅仅是有限的市场化。客观地讲,我国市场机制还很不完善,承接政府转移公共服务的能力还十分有限,这就决定了在一段时间内,政府仍将占据公共服务的主导地位。公共服务市场化仅仅是政府责任履行方式的市场化,而绝不是政府责任本身的市场化,完全市场化就是"甩包袱"。(2)要把握市场化的"度"。政府公共服务要确保公共性,有些领域可以市场化,有些则不能市场化。市场化不是万应灵药,不能包治百病,不能把市场化理想化、绝对化,要为一部分公共服务设置"自留地",政府保留独自供给的权力,这是政府的责任。目前,我国有些公共服务领域已经过度市场化了,如幼儿园变成了"药儿园"、如"看病难、看病贵"等,这是过度的表现。(3)做好回购公共服务的预案。在发达国家的一些领域已经出现逆市场化的趋势,他们称之为撤包(insourcing)、"撤回合同"(reverse contracting)、"收回外包"(contracting back in)等。在美国,政府将以前外包了的公共服务收回("撤包")而重新由政府提供,已经蔚然成风[2]。据 Hefetz 和 Warner 的统计显示,1992—

---

[1] 洪银兴:《关键是厘清市场与政府作用的边界——市场对资源配置起决定性作用后政府作用的转型》,《红旗文稿》2014 年第 3 期。

[2] Warner M E, Hefetz A, *Insourcing and Outsourcing*: *The Dynamics of Privatization among U. S. Municipalities* 2002—2007. Journal of the American Planning Association, 2012, 78 (2): 313-327.

1997年，撤包占所有服务提供的11%，新合同外包占18%，前者占后者的60%；1997—2002年，这一形势大逆转了，撤包的比例上升为18%，而新外包的比例则下降为12%，前者为后者的150%。[①] 在我国，公交车民营化失败后政府重新接受的教训也是一个典型的案例。（4）公共服务市场化要服务于政府职能转变。无论市场化的限度在哪，也无论限度怎么变化，政府职能转移的趋势是不变的。政府要放弃全能政府的理念，改变大包大揽的做法，就要从公共服务的"生产者"转变为"合作者""促进者"和"发包人"，来敦促政府职能转变。

第三节　地方政府服务市场化供给的隐忧

公共服务市场化提供了选择和供给的互动优势，但是，公共服务市场化并非是一剂万应灵药，因为市场机制中的市场存在失灵，公共服务中的碎片化存在失误，公共服务主导中的政府空心化存在失控，公共服务民营化中的拓展也存在失序。这些分别对政府合法性与公共服务合理性构成挑战。

一　需求方缺陷

政府这个最大的买家往往真诚有余而精明不足，具体表现为：（1）政府往往无法明确界定产品、不能准确定义公共服务。公共服务市场化的前提是政府清楚自己要买什么，政府所需要的产品包罗万象，孰主孰次、孰先孰后、孰轻孰重，在购买中往往顾此失彼，难以确定自己究竟如何购买、购买什么。（2）政府需求庞大却不确定。政府购买公共服务是一个系统工程，操作程序比较复杂，必须要经过研究、论证、招标、采购、发放过程。但是选择本身有很多变量，公共服务项目的临时性和变动性，很难迅速进入政府采购清单，难以形成政府刚性购买关系。（3）政府无力甄别所有卖家的家底。政府可以掌握卖家的背景与规模，却很难掌握卖家的诚信与实力，再加上一部分专业性很强的购买服务，政府缺少甄辨卖家资质、判断产品好坏、质量高低的专业知识与能力，在政府购买关系中往往构成风险。（4）黑箱操作。在公共服务市场购买中，在项目论证、招标、采购、发放过程的每一

---

① Hefetz A, Warner M E, *Beyond the Market vs. Planning Dichotomy*: *Understanding Privatisation and its Reverse in US Cities*. Local Government Studies，2007，33（4）：1-22.

个环节，都有可能存在不透明、不精准的情景，在转包、回扣、流标等方面隐藏暗箱操作的隐患。但凡暗箱操作就是意味着没有标准、没有竞争、没有监督。而且，现实中暗箱操作一时还难以绝灭，其中既有传统惯性影响，也有因制度不健全而造成的缝隙扩张，其结果必然是经济受损失，市场竞争遭扭曲，还会付出政治代价。

二 供给方缺陷

要寻找公共服务市场化最合格的供应商，通常不是一件容易的事情。唐纳德·凯特尔认为，供给方存在明显缺陷，"一个市场是否为政府想购买的物品和服务而存在；卖方之间为了政府业务而展开竞争的水平；外部因素的性质或负效应"，[①] 具体表现为三大类：（1）市场缺失。公共产品的非营利性决定了政府有时购买的大宗物品和服务根本就没有预先存在的市场，比如航天器等。（2）市场竞争幻象。市场的有效性来自竞争的自由程度与真实程度，竞争的动力在于营利。但是，公共服务市场化的特性在于其公共性、低营利性与专一性，可能会影响并决定卖方之间的竞争水平，比如公共交通等，如果没有政府补贴，卖方难以为继。比如监狱管理中的低营利性，如果没有法律支撑，卖方谁敢染指。比如为政府"量身定做"的专一性，根本没有市场气息，明确是为政府，未必与市场需要关联，像这类项目，一旦失去政府订单，卖方将难以生存。这些现象构成市场幻想，很难构成公共服务市场化优势。民营化大师萨瓦斯针对马萨诸塞州精神健康服务外包所进行的一项调查发现，由州政府发出的每一份投标建议书，平均只收到1.7个回复。而在2/3的"竞争性"投标合同中，只有一个商家作出了回应，另外15%的合同也只有两个商家作出了回应。其他服务领域也大致如此。[②] 他感慨道："竞争处方许诺了诸多美妙的效果，因而显得魅力无穷，但竞争面纱背后的东西，我们只了解一小部分。"[③] 中国政府购买也有类似情景。一项研究证实，政府购买具有明显的"内部化"特征，[④] 竞争性不强、独立性偏

[①] ［美］唐纳德·凯特尔：《权力共享：公共治理与私人市场》，孙迎春译，北京大学出版社2009年版，第25页。

[②] 同上书，第138页。

[③] 同上书，第166页。

[④] 王浦劬、［美］莱斯特·M. 萨拉蒙等：《政府向社会组织购买公共服务研究》，北京大学出版社2010年版，第37页。

低。竞争不能告诉政府应该买什么，也无法防止利益冲突问题，不能告诉政府到底买到什么样的东西。① (3) 卖方的价格同盟。由于公共服务市场缺少卖方竞争，难以形成竞争局面，难免导致寡头垄断，形成价格同盟。一旦政府面对的是价格统一战线，政府的选择将变得更加迷失与茫然，最终因照顾卖家利益，而牺牲整体公共利益。

三 碎片化隐患

在政府单中心供给体制下，公共服务往往涉及多个部门协调供给的难题。如今，市场供应商的加入，逐渐形成政府与供应商协同供给格局，此时，协调供给的难题将更加突出。假设有政府Ⅰ和政府Ⅱ通过 A 和 B 路径，分别提供公民 X 两种不同的公共服务 Y 和 Z。公共服务市场化后，供给路径由原来的 A 和 B 增加到 A、B、C、D、E、F，路径的增加固然提供了政府和公民更多选择的机会，但是，如何在政府Ⅰ、政府Ⅱ、供应商 1、供应商 2 和公民 X 之间进行协调？最终结果也许无法发挥联合优势，甚至连各自优势都被协调成本冲淡、抵消甚至吞噬，这就陷入了公共服务碎片化的供给困境。其中政府部门也许还不至于无利不起早，但是对于企业来讲，利益是第一目标，有利可图才会抢着干，无利可图可能没人干，这就是碎片化隐患带来的服务新难题。当然，政府部门之间的互相推诿与扯皮一时还难避免，如果旧体制积疾未改，新体制困境干扰叠加，那时，且不说公共服务市场化，就是政企关系又将面临新矛盾，良好愿望也许会遇到严峻挑战。

四 空心化挑战

随着公共服务市场化的扩展，公共服务供给者中的私人企业将占有越来越多的份额，政府有可能越来越多地依靠甚至依赖私人企业的外包合同，这在扩展并完善公共服务主体结构的同时，似乎也在不断削弱政府的权威性和独立性。批评者认为"公民纳税与享受服务之间的联系变得日益脆弱。"② 公共服务市场化可能会对政府构成威胁，随着越来越多的公共服务被外包出

---

① [美] 唐纳德·凯特尔：《权力共享：公共治理与私人市场》，孙迎春译，北京大学出版社 2009 年版，第 160—161 页。
② [美] 莱斯特·M. 萨拉蒙：《新政府治理和公共行为的工具：对中国的启示》，李婧、孙迎春译，《中国行政管理》2009 年第 11 期。

去，将遭遇私人资本增值动机支配下的私人垄断、降低服务质量、抛弃部分顾客的行为风险，并可能在其他主体提供过多公共服务时，政府面临"空心化国家"（hollow state）现象，[1] 这将削弱政府的合法性，影响社会的公正性，动摇民众对政府的支持。

五 逆民营化担忧

在英国、澳大利亚、新西兰、美国等西方民营化改革的前沿阵地，普遍都出现了逆民营化或民营化回潮的现象。[2] 所谓逆民营化就是政府将以前外包了的公共服务项目收回，重新由政府自己提供。据海费茨（Hefetz）和华纳（Warner）的统计显示，1992—1997 年，撤包占所有服务的 11%，新合同外包占 18%，前者占后者的 60%；1997—2002 年，撤包的比例上升为 18%，而新外包的比例则下降为 12%，前者为后者的 150%。[3] 在我国，诸多城市公交民营化失败的案例历历在目，政府不得不重新收回外包出去的公交系统，教训十分深刻。其内在规律性要求我们理性看待市场化的合理性以及局限性。

然而，即使面对公共服务市场的隐忧，政府对公共服务市场化仍表现出过分的热情。其实，公共服务市场化只是现代治理工具，原意是引入竞争机制来缓解政府财政压力，实践中却将功效放大了，政府青睐并迅速风靡。一方面，公共服务市场化被过度使用，市场化成了政府懈怠责任的借口；另一方面，公共服务市场化并未取得预期收益，而且对其潜在风险知之甚少。Bredgaard 和 Larsen 通过检验澳大利亚、荷兰和丹麦三国的公共服务市场化案例，证明事实就是如此。[4] 我们非但缺乏经验证实市场化能够降低成本和提高效率，而且市场化一旦陷入非理性，会异化成盲目性，不仅欲速则不达，而且还会成事不足败事有余。

市场化是改革的手段，不是改革的目的。问题是我们表现出来的改革激

---

[1] 王雁红：《公共服务合同外包：一个研究综述》，《天府新论》2012 年第 2 期。

[2] Waener M E, "The Future of Local Government: 21st Century Challenges", *Public Administration Review*, 2010, 70 (6): 145-147.

[3] Hefetz A, Waener M E, "Beyond the Market vs. Planning Dichotomy: Understanding Privatisation and its Reverse in US Cities", *Local Government Studies*, 2007, 33 (4): 1-22.

[4] Bredgaard T, Larsen F, "Quasi-markets in Employment Policy in Australia, the Netherlands and Denmark: Do They Deliver On Promises?", *Social Policy and Society*, 2008, 76 (3): 456-472.

情却挤压了认知理性，人们似乎患上了改革依赖症，误将改革当做灵丹妙药，怀着改革崇拜的激情鼓吹市场化，犯了市场主义的错误。政府更是表现出盲目性，缺乏对公共服务市场化的整体认知与全景规划，缺乏将解决方案与解决目标紧密匹配，民营化成了适用于所有情境的魔力药方。① 错将市场化万能化，更是错将市场化政绩化，似乎一旦市场化了，中国所有问题都会药到病除。

第四节　地方政府服务市场化供给的路径优化

通过对市场经济条件下政府与市场关系的分析可以看出，地方政府服务市场化策略的选择并不是简简单单地修补，而是要深入改革的内核，在理念、制度、角色和职能方面予以加强，构建起较为完善的政府购买制度，以有利推动我国公共服务市场化改革的发展。

一　强化公共服务市场化的政府责任

公共服务市场化虽然存在隐忧，但不必因噎废食。市场不是侍女可以任人摆布，市场不是神仙可以救苦救难，市场也不是魔鬼可以灭绝人性。市场就是一种有内在规律的机制，也是一个形式上公平、公正的平台。政府在公共服务市场化中关键不能丢失自己的服务责任，要分清政府与市场的责任界限，坚守自己的基本责任，在市场化中认识市场，学习市场理性，掌握市场规律。

第一，明确政府的基本责任。公共服务不是政府人性化的表达，也不是政府人格化的善意，更不是政府对公民的施舍和恩惠，而是政府必须承担的责任，责无旁贷。政府存在的唯一目的就是提供公共服务，政府的服务不走形式，不留死角，不打折扣。公共服务市场化就是公共服务机制市场化，机制市场化允许服务主体变更与转移，赞成多元主体共同参与。公共服务市场化不是政府责任市场化，不可能导致政府责任转移，不可能导致政府角色消失，更不可能是政府撂担子、甩包袱。政府的责任是坚定不移地供给公共服务，不折不扣保留公共服务的核心职能与协调任务，严格死守公共服务

---

① ［美］唐纳德·凯特尔：《权力共享：公共治理与私人市场》，孙迎春译，北京大学出版社 2009 年版，第 31 页。

底线。

第二，转变政府旧观念。公共服务市场化意味着政府职能的转变。政府职能转变，首先转变一切政府说了算的观念。长期以来，官本位意识弥漫，其实，政府不是解决问题的主宰，政府强势主导一切的观点必须摒弃；其次要放弃政府垄断服务的观念。在现代社会中，公民社会与市场必须和国家一起扮演公共服务角色，权力分割是为公共服务供给分解边界。因此，公公伙伴关系、公私伙伴关系都应该地位平等、权利对等。政府应改变高高在上、指手画脚、盛气凌人的姿态，同其他公共服务供给主体平等对话、共同协商、协同合作；再次，转变政府和市场二元对立的观念。政府和市场之间不是零和博弈的对抗关系，而是互补合作关系。在很多领域，既不能完全依赖政府，也不是完全依靠市场，而是需要政府和市场之间的对话关系、伙伴关系，这是公共服务市场化构建、进步与成熟的前提条件；最后，转变社会组织给政府"添乱"的观念。由于长期政府独大、权力独享，必然不能正视社会组织，不愿看到社会组织诞生与成长，担心社会组织"添乱"、削弱政府权威，自然而然将社会组织视为竞争对手。这种潜意识使政府长期处于孤芳自赏的孤立困境，无法使社会组织放开手脚、参与公共事务。显然，只有消除政府"添乱"的观念，社会组织才有自由成长的制度空间。

第三，梳理政府与市场的责任界限。政府应该保留哪些职能，刚性承担哪些责任？政府应该从哪些职能退出的领域继续担任监管责任？市场应该在哪些管理领域推进，同时承担相应的社会责任？责任划分构成处理好政府与市场关系的核心。比较优势原则、优势互补原则、成本优势原则和量力而行原则是解决这个核心问题的助手。所谓比较优势就是指市场的相对竞争优势，竞争机制是迄今为止最具效率的配置手段，市场上"不承认任何别的权威，只承认竞争的权威"。[①] 政府的优势在于掌舵，负责宪法规定与强制权力相关的事项，承担职能转移后的监管责任；所谓优势互补就是指政府在公共服务中处于主角，市场处于配角，配角主要弥补主角的缺陷。市场的弥补不是可有可无，而是互补优势，当然也不是在政府的法定领域内取代政府、喧宾夺主；所谓成本优势就是将成本计量作为公共服务的"分水岭"，成本优势旨在保证公共服务低付出高产出，公共服务市场化必须学会计算成本，即使在政府的基本公共服务领域，也应该精打细算；所谓市场优先就是

---

① 马克思：《资本论》第1卷，人民出版社1972年版，第394页。

要求政府逐步学会向市场放权，让市场积累公共服务的经验，在公共服务市场化中有所作为，这是大势所趋。

第四，把握社会的真实需求。一厢情愿不是公共服务的真谛，无限需求不能视为民众的理性本意，完全不必有求必应。政府超出职能的回应，属于服务"超载"、职能失当。政府做出了超越自己职能的服务，只会降低服务质量、影响服务效率，甚至还会挑战政府的合法性权威。政府应将社会需求的多元性与真实性紧密结合，明确紧迫需求与需求弹性之间的张力，努力排除虚假需求、过度需求与无理需求，严格为社会的真实需求服务。要把握社会需求的真实度，就必须深入社会基层、接触社会地气，不能只给"会哭的孩子"喂奶，否则会刺激虚假需求，平添无理要求，最终造成政府应接不暇，顾此失彼。对于社会需求的多元性，政府要学会用多元性的服务来应对，公共服务市场化化就是服务供给机制多元化的开始。对于把握社会紧迫需求与需求弹性之间的度，最好的办法就是制定不同的服务时间表。对于高度紧迫的需求，急事急办、即事即办，不能耽搁；对于一般紧迫的需求，能快则快，不能快则说明理由，作出最后时间点的承诺；对于有弹性的需要，要通过协商，明确服务内容、顺序与完成的时间。承诺不管先后，兑现不管快慢，都是政府的责任，也是公民获得服务的凭证。

第五，以公平为标尺。公共服务必须坚守公平正义的底线，公共服务市场化初衷是为了提高公共服务效率，减轻政府负担，但是，效率不是公共服务的最高价值追求，公平正义才是公共服务的目标。过分强调效率、效能，会损害公平与正义，最终抵消政府的合法性。公共服务以公平为标尺，还必须避免与防范一包了之，一甩了之的可能，公共服务无论如何市场化，政府都不能游离于责任之外。政府坚守基本公共服务职能，坚持政府应有的责任，扩大市场服务边界，这是公共服务市场化最公平的内涵。

二 掌握公共服务市场化的规律

厘清政府与市场关系，规范政府主导性作用；政府与市场谁都不必在公共服务中"孤军奋战"，协同是理性的选择；资源依赖催生公共服务市场化，模仿机制推进公共服务市场化；公共服务市场化纳入市场轨道，效率毋庸置疑，但必须把握限度；政府能否成为精明买家，不仅关系到公共服务市场化推进的效率性，还有助于保证公共性与公平性，这就是公共服务市场化的规律。具体把握以下8个方面。

第一，公共服务中的市场本质。市场是一个平台，有机遇有风险，也蕴含着人格平等、行为自由、尊重个人意志的本质内涵。在市场交换中，人的主体性主要体现人格的主体性，得到平等的承认与接待，它表现为主体的能动性、主导性、创造性和意志性。经济活力归根结底来自人的主体性的活力，主体性丧失就意味着经济活力的枯竭。人格主体性平等的关键是法律主体资格的平等，这需要法治的保障与维护。我国宪法规定的"中华人民共和国公民在法律面前一律平等"，权威地宣示了无论人的经济收入、身份地位、职业性别、教育程度差别多大，其法律主体资格一律平等。在公共服务的市场机制面前，政府、市场、社会组织之间也一概平等，任何合作与协同都只能建立在平等原则的基础上。

第二，以顾客为导向。市场以顾客为最宝贵的资源，任何个人都是自己需求的判断者。从顾客需求入手改善公共服务，就是要求倾听顾客的意见，尤其要及时收集与反馈顾客的抱怨，在具体服务中扭转顾客对的成见，重现顾客的满意度提升。政府在其中起引领、表率作用，政府要主动公开服务状况，让顾客及时掌握信息，通过双方之间的信息互动及情感交流，了解政府作为的效果与不作为的原因，从中认同政府服务的努力，提升对政府的理性认识，收获顾客的凝聚力和信任度。另外，公共服务市场化也需要对"顾客"进行市场细分，人们需求种类越来越多样，需求层次越来越高，越来越需求结构合理化。公共服务市场化要以顾客需求偏好为起点，以价值主张作为切入点，"目的是创造目标细分市场的客户忠诚度和满意度，"[1]并帮助我们思考适宜的"市场模式"。公共服务市场化化一定要考虑到公共服务的便利性、公众服务体验的真切性，从多渠道将公共服务送到公众的心坎里。

第三，以竞争为动力。竞争性是公共服务市场化的核心内涵。公共服务市场化的一个重要立意就是要政府也引入竞争机制，以前的问题"不在于公营对私营，而在于竞争对垄断"。[2] 假设有政府Ⅰ和政府Ⅱ分别为公民X提供两份不同的公共服务。在政府单一供给模式下，政府Ⅰ和政府Ⅱ分别对应A、B两条供给渠道，由于服务的异质性，A、B之间没有可比性。在公

---

[1] [英] 查兰·沃尔奇：《关键管理指标》，何瑛、汪玉梅、龙成凤译，经济管理出版社2005年版，第117—118页。

[2] [美] 戴维·奥斯本、特德·盖布勒：《改革政府——企业家精神如何改革着公营部门》，周敦仁等译，上海译文出版社1996年版，第54页。

共服务市场化模式下,增加了供应商一和供应商二,此时,公民 X 获得的供给渠道增加了 C、D、E、F 四条。此时,对于同一项公共服务,政府Ⅰ具备 D、E 两个选择,政府Ⅱ同样也具备 C、F 两个选择。政府和公民的选择余地都增加了,同时还具备了可比性。政府Ⅰ可以在 D、E 做选择,还可以通过公民 X 的反馈评估 D 和 E 的服务效果。政府Ⅱ亦同样如是。显然,"采取市场机制和承包的方式常常可以大大改善服务的提供"。① 公共服务市场化的推进的难点是从试点创新提升到政府的常态治理,这取决于政府能否深刻认识公共服务市场化规律。

第四,政府在主导中主动承担责任。市场化意味着政府职能必须做出重大变革,政府在公共服务市场化中的主导地位,主要旨在推进公共服务市场化的制度建设。这个制度的核心是政府只将推行公共服务的供给过程推向市场,而不是将政府公共服务的责任推向市场,一个将所有服务都承包出去的政府就是一个惰性的、不能履行其职能的政府。② 政府不管直接提供还是间接提供基本公共服务,都是政府的责任,政府即使不直接提供,还必须坚持监管职责。不论公共服务由谁提供,政府履行公共服务全程监管是不可推卸的责任,承担主导性责任。公共服务市场化要求政府与其他主体跨部门协同供给,"我们不需要什么大政府或者小政府,我们需要一个更好的政府治理"。③

第五,公共部门自我改革。"在一些情况下,市场化也许是最好的选择,但是在另外一些情况下,对公共部门进行改革也许反而是更好的选择",④ 这是公共服务市场化适应新情况的需要。事业单位也是公共服务市场化的主力,如何改革事业单位的监管模式,深圳市作出了很好的尝试。深圳市政府于 2006 年 7 月迈出了事业单位改革的第一步,旨在解决公共需求快速增长与公共产品供给严重不足的矛盾。他们将事业单位划分为监督管理

---

① 世界银行:《1997 年世界发展报告:变革世界中的政府》,蔡秋生译,中国财政经济出版社 1997 年版,第 80 页。

② [美] 罗纳德·奥克森:《治理地方公共经济》,万鹏飞译,北京大学出版社 2005 年版,第 44 页。

③ [美] 戴维·奥斯本、特德·盖布勒:《改革政府——企业家精神如何改革着公营部门》,周敦仁等译,上海译文出版社 1996 年版,第 20 页。

④ [德] 魏伯乐、[美] 奥兰·杨、[瑞士] 马塞厄斯·芬格:《私有化的局限》,周缨、王小卫译,上海人民出版社 2006 年版,第 545 页。

类、经营服务类和公共服务类三大类，进行了转制、整合与撤销，并将518家削减保留为339家。2007年9月，深圳市出台了《深圳市市属事业单位财政经费供给方式改革方案》，实行"以事定费"，即提供多少公共服务，就拨多少经费。① 此举倒逼公共部门把钱用在刀刃上。深圳市的这两项制度从职能转变与财政体制合力角度，推动了公共部门的自我改革，这是其他公共部门自我改革的样本。

第六，公共服务市场化的规制性。公共服务市场化的前提是政府与市场相互依赖。政府与市场都并不万能，都客观存在"短板"，政府与市场之间必然存在双向依赖，这种依赖催生公共服务市场化。模仿机制最能有效解释公共服务市场化扩散。政府在理性选择公共服务供给模式的过程中，模仿机制蕴涵着推广并完善制度的牵动力。公共服务市场化规制性首先针对适度排他性的公共物品，其中有强非竞争性和弱非排他性的服务，如电信、铁路等传统垄断性服务，也有弱非竞争性和强非排他性的服务，如文体事业、社会保障等。这些适度排他性的公共物品通过政府引导，培育竞争机制，实行公共服务市场化运作；其次针对公共服务市场化程序的规范与确定，主要有准确定义公共服务需求的产品、数量、质量、规格等细节，公开招标；对公共服务合同进行严格监督；引入第三方进行评估等。

第七，政府监管和公民监督相结合。加强政府监管是基础性把关，在公共服务市场化中要将政策制定、服务提供和服务监管职能分离，尤其是那些不容易衡量和测定的公共服务项目，合同签订后仍存在漏洞与欺骗可能性的，政府更要强化合同管理力度。强化公共服务问责机制是重点性，对于可量化的公共服务，可以通过绩效指标与合约条款来约束伙伴关系，对于难以量化的公共服务，尽可能多渠道、多方位的公民感受嵌入，真正落实公民监督。凸显消费者监督门槛是关键，消费者对服务质量最敏感、也最有发言权，消费者用脚投票的监督最真实、最有效，也最能凸显消费者的人格地位。政府通过消费者的动态投票，了解消费者偏好，提高公共服务市场化的质量，英国教育券就是成功案例。在公众动态投票基础上，加大公众参与公共服务的绩效评估，并以公众的反馈敦促服务提供者提高效率和质量。

第八，以法治保障为根基。十八届四中全会以依法治国为主题，强调

---

① "养事不养人"深圳事业单位将告别"按人头拨款"，http：//news.xinhuanet.com/newscenter/2007-09/05/content_ 6667213.htm。

"法律是治国之重器，良法是善治之前提"。公共服务市场化基本遵循市场规则，因此法治是内在的本质要求，否则就背离市场化本质。国外公共服务市场化往往遵循"制度先于改革"的原则，以法律制度保障公共服务市场化规范。1706—1707年英格兰成立"收费公路信托"，1773年英格兰颁布了《公路收费法案》，① 将公路收费严格规制在法律的框架内。我国目前尚未出台公共服务市场化的基本法律，2004年出台的《市政公用事业特许经营管理办法》和《国务院办公厅关于政府向社会力量购买服务的指导意见》这两个文件还无力支撑一个大国的公共服务市场化改革平台，需要尽快出台"政府购买公共服务法"，完善市场化的法律制度体系，这是规范公共服务市场化、营造良好市场化环境的必备前提。

三 重塑地方政府与市场关系的结构理性

十八届三中全会强调："经济体制改革是全面深化改革的重点，核心问题是处理好政府和市场的关系，使市场在资源配置中起决定性作用和更好发挥政府作用。"同时，全会还指出，"建设统一开放、竞争有序的市场体系，是使市场在资源配置中起决定性作用的基础"。从"基础性作用"到"决定性作用"，一词之差，凸显了党的认识新高。市场经济的"基础性作用"意味着政府仍然扮演重要角色，"决定性作用"则意味着政府仅仅是弥补市场失灵的角色，凡是市场能发挥作用的领域政府全身退出，不该管的微观经济活动坚决不管，该管的公共领域坚决管好。从今以后，在经济生活中实行市场主导下的政府有效性，而不是政府主导下的市场有限性，这是一个具有里程碑意义的转变，要真正实现这一目标，关键是规范政府的职能。

有人说，中国40年经济增长奇迹，就在于政府主导的高速增长体制。有人针对地方政府"公司化"，通过对县域正在发生的大规模城市化项目经营现象的考察，提出"行政—政治—公司"三位一体统合治理分析框架，肯定了地方政府的作用。② 实践中，地方政府扮演着资源配置者的角色，几轮改革却基本没有实质性转变，其难点是转变政府职能基本采用了政治动员式的甚至是运动式的策略，而没有以法律的形式界定政府与市场的边界，没

---

① ［英］达霖·格里姆赛、［澳］莫文·刘易斯：《公私合作伙伴关系：基础设施供给和项目融资的全球革命》，济邦咨询公司译，中国人民大学出版社2008年版，第41—44页。
② 折晓叶：《县域政府治理模式的新变化》，《中国社会科学》2014年第1期。

有用市场规则来思考政府的越位、缺位和错位。党的十八届四中全会突出强调依法治国以及市场决定性作用，两者叠加给转变政府职能提供了新的契机。第一，确立市场主体的法人地位，凸显主体人格的独立与主体意志的尊严，保障市场交易的自由与平等；第二，规制政府对市场干预的边界，推进资源性产品价格市场化改革，由市场最终决定，让环境成本落实到企业成本之中；第三，提供交易各方共同遵循的规则，确立了诚信价值，为资源流动注入润滑剂；第四，明确"法无规定即自由"的市场经济法则，在推行"负面清单"基础上，推动行政审批制度的深入改革；第五，消除市场壁垒，杜绝行业垄断，形成公平竞争格局，促成市场主体追求技术进步、产品创新的活力与动力；第六，推动地方政府由管制型向公共服务型的角色回归。过去围绕 GDP 做足了文章，成为地方政府广泛、深度干预市场的根源。地方政府 GDP 竞争性不变，市场经济就不会成熟，地方政府职能转变就不能到位，政府在市场中真正的角色就不能发挥作用。

考察地方政府在市场经济发展中的作用，除了准确解读政府与市场的界限，还必须明确地方政府与市场经济发展的适应性逻辑。以往分析政府与市场关系，往往从政府系统内部的角度切入，关注中央政府放权，关注地方政府扩权，总是将转变政府职能寄希望于政府的自我克制、自我完善。唯独没有分析政府如何适应市场发展，政府职能转变的空间如何与市场运行推进的空间相应对、相匹配。笔者以为，在定位市场的决定性作用下的地方政府角色相配，需要从以下四个方面着手考虑。

第一，依法界定政府与市场的"边界效应"。政府和市场能不能有效运作，关键取决于政府职能的明确界定，重点是约束政府停不下来的手。政府与市场的边界关键取决于政府的角色定位，政府角色"越位"或"缺位"是市场秩序混乱的根源。[1] 市场经济本质上是法治经济，重构政府与市场的关系，"不是把市场与政府对峙起来，而是在二者之间保持恰到好处的平衡"，[2] 让政府出定力、市场出活力，使政府和市场既明晰各自的职能和作用，在法治的基础上建构政府有效性与市场有效性的共生关系、分工互补关系，而不是政府与市场的对立与分离。

---

[1] 纪宝成：《转型经济条件下的市场秩序研究》，中国人民大学出版社 2003 年版，第 144 页。
[2] ［美］约瑟夫·斯蒂格利茨：《社会主义向何处去：经济体制转型的理论与证据》，周立群、韩亮、于文波译，吉林人民出版社 1998 年版，第 303 页。

第二，依法明确市场的"加法效应"。市场在资源配置中的决定性作用就是要给市场做"加法"，激活市场，使市场有为、有效。"加法效应"遵循的是法无禁止即自由的原则，这需要地方政府在宪法和法律允许的范围内，结合本地具体情况，通过负面清单，提高市场主体的主动性与能动性，真正做到"海阔凭鱼跃，天高任鸟飞"。

第三，依法明晰政府经济职能的"减法效应"。市场的"加法效应"必须有政府的"减法效应"跟进。政府该管的必须管好，政府不该管的必须放手，还权于市场。2013年3月17日，李克强总理承诺在本届政府任期内，把现有1700多项行政审批事项削减1/3以上。在《国务院关于取消和下放一批行政审批项目的决定》中对具体行政审批项目列出清单。2014年2月7日国务院批准《注册资本登记制度改革方案》，强调改革工商登记制度，推进工商注册制度便利化，放松市场主体准入管制，从而打通了羁绊企业的"最后一公里"切入口。

第四，依法规定政府公共服务的"加法效用"。政府放权不是一放了之，而是转而加强市场监管和公共服务。波兰尼的"双向运动"理论揭示，在关注市场高效性的同时，不能忽视市场的不足，市场的正常运转需要政府的适度干预。[①] 在减少政府对微观经济活动直接干预后，有可能出现市场竞争的无序化和异化，因此，增加政府对市场的监管、增加安全有效的产权保护措施、增加公平竞争的市场环境保护制度，完全符合市场公平竞争秩序的规律。除此以外，还需要增加政府公共服务、加快政府转型。以往的政府职能模式，有青木昌彦提出的"市场增进型政府"、奥尔森提出的"市场强化型政府"、查默斯·约翰逊提出的"发展型政府"，都把政府作为推动经济发展的主体力量，并以经济增长来增进政治合法性。我国现阶段的主要任务是从政府主导发展逐渐转变为政府主导服务。

当然，界定政府与市场关系，不能理想化与简单化，也不是单纯去政府化。当下，地方政府退出市场需要一个过程，在地方政府退出资源配置主体角色的宏观定位过程中，还必须在策略上继续介入市场经济。中国国家治理能力现代化之路，就是一个顶层设计与泥泞前行相结合的过程。[②] 由于长期

[①] [英]卡尔·波兰尼：《大转型：我们时代的政治与经济起源》，冯刚、刘阳译，浙江人民出版社2007年版，第136页。

[②] 薛澜：《顶层设计与泥泞前行：中国国家治理现代化之路》，《公共管理学报》2014年第4期。

与市场相互嵌入，地方政府与市场难舍难分、你中有我、我中有你，一旦断然强行分离，即使不会"伤筋动骨"，也会"藕断丝连"，引发双方都无法承受之痛。就目前操作层面来讲，要建构地方政府与市场经济的适度关系，可先借助地方财政能力来提升地方政府治理能力，政府由替代市场转向保护市场，在此基础上，逐步弱化地方政府对经济的直接介入和不当干预，逐步由市场填补和替代原本政府伸手之处，方能避免地方的抵触或反弹。

四 国外公共服务市场化启示

公共服务市场化是美国公共服务模式的最大特点。公共服务市场化是指政府"筹集各种资源，通过民主政治程序设定社会需要的优先目标。与此同时，又利用私营部门所长，组织商品和劳务的生产。也就是政府通过政治过程作出决策，确定公共服务的供给数量和质量标准，然后以市场机制为杠杆，通过多种方式调动私营部门、非营利部门等组织的参与，在竞争中完成公共服务的供给。目的是在政府部门不放弃公共责任的前提下，通过引进市场机制，打破公共服务的行政垄断，允许多个公共服务提供者，挖掘社会可利用资源来提高政府提供公共服务的能力"。[1] 20 世纪 80 年代以来，美国公共服务领域引入市场机制，以解决政府在公共服务领域的投入不足、经营不善、效益低下、资源浪费等问题。

（一）公共服务的市场化形式多样化

合同出租是指政府以合同形式直接购买私人或非营利部门生产的某种服务。在该模式的运行流程中，政府首先确定公共服务的数量与质量标准然后对外向有资质的私营部门招标承包，中标的承包商需按照合同生产公共服务，政府则使用纳税人的钱购买。其本质是政府将原先垄断的公共产品的生产权与提供权向私人部门转让。在合同承包出去之前，政府在制定合约方面掌握主动权，但是合同成立后，承包商可以在合同允许的范围内配置资源，虽然政府可以根据合同对私有部门进行监督与规约，但是也无法完全保证公共产品的公正高效地提供，仍然存在一定的局限性。但是这种政府对承包商的合同管理代替原来行政组织内部的层层分派，有利于精简行政机构，部分程度上缓解了原来科层制的臃肿与繁复的弊端。在美国，合同出租广泛地存在于环境保护、公共工程、监狱管理、道路交通等方面。

---

[1] 陈振海、杨恺杰：《美国公共服务的市场化改革》，《党政论坛》2004 年第 3 期。

用者付费即政府对使用非完全公共产品的消费者收取费用的改革措施。不消费者不付费,多消费者多付费。这一方面遏制了搭便车的行为,消费者不会过度消费公共服务造成浪费;另一方面在消费者享有充分选择权的情况下,会对公共服务的提供者施加压力,良性的竞争有利于提高公共服务的质量。用者付费制度的范围包括公用事业、垃圾收集、娱乐设施、公园、住宅服务等。

公私合作是指政府无须出资购买私营部门生产的服务,而是政府借助社会资源,通过政府特许等其他形式把中标者吸引到公共服务供给中来,同时准允其有投资收益权。政府与私人部门合作共同生产公共服务,双方分享利益的同时共同承担责任。此种模式因政府无须付费,且授予中标企业一定时期的经营权,所以公私合作的模式在公益性强且资金需求量大的交通、污水处理、自来水供应等公共基础设施方面得到广泛运用。

(二) 公共服务分权化

公共服务分权化即主张地方政府在公共服务的生产和提供中扮演更多的角色。中央政府能够促进资源配置的有效性和分配的公平性,尤其是解决分配上的不平等和地方政府之间的竞争与摩擦问题。但是,除了一些有益于全体国民的公共产品应由中央政府提供,另有一些公共产品只是惠及某一阶层或是某些人,按照受益原则需由地方政府部分承担。从伦理的角度讲,为了保护个人的充分自由,政府的权力应当最大限度分散,而且因为管辖范围越小的政府单位,其决策结果与合理的决策越接近。因而,小规模的政府单位所做出的决策比大规模的政府单位所做出的决策往往更有效率。美国实行联邦制,行政上配置为联邦、州和地方(郡、市、镇、学区、特区等)三级,各级之间虽有层次之分但关系上是平等的,事权配置严格按照美国宪法,即凡是法律没有规定属于联邦政府的权力都属于州政府,十分明确。但是这也并非意味着联邦政府的事权一成不变,随着社会历史环境的变化也会调整。州政府主要负责联邦事权以外的州管辖范围的事务,即提供本地受益的公共服务项目。然而美国各地经济规模、人口和面积差异较大,州政府可以依据法律程序建立地方政府,将许多公共服务的事权移交给地方政府行使并保留对其监督权,在不违背州法律的前提下地方政府可以行使自治权。它们负责狭小地域范围之内的事务如街道的路面政治和路灯照明,保证供水、提供警察和消防服务、垃圾处理,等等。但是近些年来不少领域出现联邦政府、州政府与地方政府权限交叉重叠的地方,各级政府往往采用合作方式并非是自上而下的强迫方式。

公共服务分权化的优点在于与中央政府集中提供公共服务相比，向地方分权可以更好地选择适合地方的服务计划，根据各地偏好的不同提供不同的具体服务。而且，由于赋予地方政府一定的自主权，提倡非集中式的提供公共服务可以促使政府探索如何更好提供公共服务的有关机制，有利于各级地方政府主动性和创造性的发挥。同时，公民的用脚投票引发的不同地方政府之间的横向竞争也有利于公共服务质量的普遍提高。

(三) 公共服务社会化

公共服务的社会化是指对于一些社会需求较强的公共服务项目，政府鼓励各种非营利组织和社会公众参与生产与提供。在福利国家时代，"大政府"决定着公民的喜好、公共服务的种类与数量，管理社会的方方面面。但是应认识到大政府并不一定是一个强而有力的高效政府，相反由于承担过多的职能而不能实现有效的治理。一个小而强的政府才是解决问题的路径。"美国建立的是一套有限的政府制度，在历史上就限制了国家活动的范围。但在这个范围内，国家制定及实施法律和政策的能力非常之强。"[1] 政府应当由唯一的公共服务提供者转向为社会主体释放活力、提供制度的保障者，并赋予公民作为公共服务的消费者应享有参与权和话语权，这将形成政府为主导各种社会主体共同参与公共服务供给格局，同时也扭转了政府在公共服务提供过程中承担全部责任的局面。政府公众与非营利部门的参与意味着政府与社会关系、政府与公民个体关系的重新定位，政府不再是纯粹的管理者更是服务者与被监督者。主要有两种形式：

1. 非营利组织供给

非营利组织的兴起与发展是一种社会资本，雄厚的社会资本有助于解决社会运行中的难题。作为一个相对独立的公共事务管理参与者，非营利组织在社会管理的一些新兴领域和一些传统上由政府从事活动的领域里常常比政府做得更好更有效，发挥着政府难以起到的作用。这使得非营利组织不仅替政府解决很多社会问题，同时它的高效能也削减了政府赤字。在美国，20世纪80年代初期开始，非营利组织与政府开始在医疗看护、教育与社会服务等领域开展了合作关系，在提供公共服务方面逐渐与政府、市场形成鼎足

---

[1] [美] 弗朗西斯·福山：《国家构建》，黄胜强、许铭原译，中国社会科学出版社 2007 年版，第 6 页。

而立的格局，成为支持社会稳定发展，弥补政府和市场失灵的重要社会部门。

非营利组织在提供公共服务方面发挥作用并非一蹴而就，也经过了较长的探索时期。在第三方治理理论出现之前，福利国家主义认为公共服务应由政府主导提供，并没有认识到非营利部门的巨大潜力。而非营利部门自身则对于与政府的合作持消极态度，认为依赖于政府的支持会扭曲非营利机构的使命，对其组织的独立性、目标以及喜好的运作方式存在严重威胁。后来出现的第三方治理理论则对国家与非营利部门各自的优缺点做出明确分析，并提出非营利部门也存在志愿失灵，而并非仅仅存在市场失灵与政府失灵。志愿部门并非是对国家与政府的替代，更加强调的是二者之间的合作与伙伴关系。但是也应当认识到，在这一过程中政府的作用不容忽视，如果在政府的缺席下非营利部门的大肆扩张，只会削弱国家的信任度，由此导致不公平、良莠不齐的现象产生。

2. 社区供给

社会公共生活中的公众有着丰富的人格与多样化的需求，政府的集体供给难以兼顾个人需求的差异性。公众参与公共服务的供给，通过社区来满足自己需要的公共利益，其成本的补偿完全通过自愿或社区委员会其他依据民意的方式征收。这种方式把公共服务的提供范围缩小到一个以生活或工作为纽带联系的小集团中，它更容易获得有效率的生产，也更容易将消费者的偏好与生产的数量和种类联系起来。在缺少足够的政府资金与技术来提供各种公共服务、民众对庞大的官僚体系普遍不信任与抵触的困境下，社区供给对迫在眉睫的问题作出了有效的回应。在美国式的政治逻辑里，国家与个体、公共部门与私人部门之间存在着根深蒂固的冲突，这背后的优势在于它在国家的正式界限外，使得人们在追求公共目标时依然享有根据自己目标改善自己生活的权利，保留私人行动的空间。然而这种观点的缺陷在于忽略了国家对于个体发展的积极意义。如果个体不能接受良好的教育、医疗服务等基本的社会保障就无法追寻真正的个人自由与良善生活。个体不能离开国家，国家的公共服务提供对于个人发展必不可少。社区供给模式使得个人积极融入到公共生活中，较好地协调了传统的公共与私人的冲突。

20世纪60年代到70年代，美国兴起"社区警务"这一以"治本为主，治标为辅"的警务发展战略。传统的专业化警务战略主要强调警察在接到报警电话后对案件的高效反应，依靠警察和装备的现代化提高工作效率，忽视建立良好的警民互动，使得警察疲惫不堪而效果甚微。面对这一情况，一些研究者将重点从警察的专业性转移到改善警民关系，发动群众广泛参与，利用社区资源共同预防犯罪，从而安全隐患大大减少。在警察与社区成员和当地政府之间的合作过程中，原来社区居民只是被动的公共服务消费者，此战略对居民的主动参与并努力改善社区公共安全服务产生了正向的激励，使居民成为主动的消费者，公共安全的维护便有了事半功倍的效果。

社区供给公共服务优点主要体现在一是可以满足一些没有组织或问题较特殊人群的需要，二是这种服务具有很强的创新力，因为它贴近公众更为真实的了解公众的需求。但是缺点也是不容忽视的。由于缺乏专业知识和相关技能的训练可能会带来服务的质量问题，而且因为社区供给的公共服务有限，规模较小可能会使成本过高，等等。

美国的公共服务坚持以市场为导向，引进竞争和激励机制，以劳动者对生产的贡献程度保障其生活。美国的公共服务强调个人自助，以社会保险为例，其资金来源只是依靠被保人及其雇主以社会保障形式缴纳的保险费，国家和一般税收只用于社会救助方面的支出。[1]

五　地方政府介入市场经济的制度理性

地方政府介入市场经济的制度理性，主要表现在合理定位政府自身角色，有序推动政府职能转变，提升政府适应市场经济的能力，以及建构培育社会主体的制度平台。

第一，合理定位政府角色，提升服务质量和效益。随着市场经济的飞速发展，服务供应链逐渐完善，社会分工更加明显，人们逐渐意识到，政府不再是公共服务的唯一角色，市场、社会组织、企业等也可以加入其中，并能够发挥更大的作用。面对公共服务市场化的浪潮，需要对公共服务中的政府角色重新定位，以适应当下的发展趋势。

政府购买作为公共服务市场化改革的重要内容，政府在其中的角色应当实现生产者与提供者的分离。所谓生产者，即是生产公共服务或产品的对象，就目前来看，以社会组织和企业为代表的广大社会主体已经能够承担此角色，并更具优势。而提供者即是政府，通过给予生产者一定的财政补助或资金运作，购买服务或产品，再提供给社会民众。政府购买中所实现的生产

---

[1] 顾丽梅：《英、美、新加坡公共服务模式比较研究——理论、模式及其变迁》，《浙江学刊》2008年第5期。

者与提供者分离,一方面有利于减轻政府公共服务的负担,打破全能主义模式下政府垄断服务职能的不当结构,使其能够将释放出来的职能转移到更具宏观性和保障性的领域上来,达到政府精简的目的;另一方面有利于吸纳社会主体参与公共服务过程,这不仅是公共服务市场化改革的本质要求,也是政治民主化发展的根本体现。当然,政府购买中的角色分离并非是绝对的,在诸如涉及国家安全、自然垄断性领域(邮政网络服务、电力部门的输电网系统、铁道部门)、纯福利性公用事业领域(科研成果产业化、基础教育)等方面,政府仍必须同时扮演生产者和提供者的角色。

从更深的角度来看,政府购买中角色扮演的分离或结合涉及的一个关键性问题即是服务效益提升。换句话说,该政府服务的、能够服务好的事应由政府生产和提供,而社会生产成本更低,更具有优势的服务就可以通过政府购买来实现。公共服务市场化改革所追求的目标不仅是公共价值的实现,更体现对效率和效益目标的重视。效益是比效率更为广泛的概念,是一个综合性的范畴,其主要价值不仅是在经济意义,更在于其政治意义和生态意义。在政治意义上,政府购买能够将社会主体生产的服务或产品回归于社会,政府仅仅是一个中间传递角色,相比而言,社会主体更了解社会需求,生产出来的服务也更符合民众的需要,有利于实现民众满意不满意、民众答应不答应的根本标准。在生态意义上,政府购买的意义主要体现在两个方面,一是通过政府购买,政府的内部环境能够改善,特别是在结构调整、职能转变、理念树立等方面有效提升;二是社会主体所提供的公共服务,尤其在赢得民众口碑、保护环境等方面更具积极的外部效应。因此,政府购买从实践意义的角度来看,是对经济意义、政治意义和生态意义的综合性体现。

第二,有序推动体制改革,促进政府职能转变。党的十八大明确指出:"深化行政体制改革。行政体制改革是推动上层建筑适应经济基础的必然要求。要按照建立中国特色社会主义行政体制目标,深入推进政企分开、政资分开、政事分开、政社分开,建设职能科学、结构优化、廉洁高效、人民满意的服务型政府。推动政府职能向创造良好发展环境、提供优质公共服务、维护社会公平正义转变。"因此,促进政府购买发展的核心在于有序推动体制改革,而改革的关键是转变政府职能。

政府购买从严格意义上来说是一种机制创新,是公共服务市场化改革的重要工具。但是,政府购买机制创新中却蕴含了诸多的体制改革要素,成为助推体制萌动的重要载体。笔者认为,从机制创新推向体制完善的关键在于转变政府职能，即哪些职能需要取消，哪些职能可以下放给社会，哪些职能可以整合，哪些职能应当保留并予以加强。其一，政府购买在一定程度上意味着政府对某些服务职能的放弃，只有取消一些职能，才能给其他公共服务主体提供发展的空间，政府才能存在购买的必要。当然，并非所有的职能都应当取消，只有市场主体能够自主决定的、市场竞争机制能够自行调节的、行政组织或中介机构能够自律管理的事项，才可以交由市场或社会组织承担。而对于某些基础性职能，如市场监管、基本公共服务供给等必须保留，"因为政府是必需的，没有政府只有很少一部分人有望继续生存，而且只能生活在一种可怜的贫困状态中"①。其二，职能转变的重要内容之一即是职能下放，在政府购买中，相比于政府直接供给而言，社会主体的公共服务生产直接面向基层和群众，在适应社会需求的准确性和符合民众满意程度上显然更具优势。而且根据就近管理、便民服务的原则，由社会主体生产一些服务或产品更为方便有效。值得注意的是，职能下放与职能取消存在一定的相似之处，但在根本上的差别在于职能下放并不意味着责任也下放，政府依然需要承担相应的责任事项。作为公共权力的行使主体，"责任是权力的孪生物，是权力的当然结果和必要补充，凡权力行使的地方就有责任"。② 从这个意义上讲，在政府购买中，政府应当承担主要的公共责任。其三，就目前来看，政府购买的权力分散于各个职能部门之中，在具体实践中，每个部门都会从各自的需要和利益出发购买公共服务，这就导致了重复购买、无序购买的乱象。因此，职能转变需要对部门的购买权力进行整合。要在坚持精简、统一、效能的原则上，对于需保留的、工作内容相同或相似、多环节反复核准审查的事项，要进行精简归并，优化配置。特别是整合上级部门的监督管理和协调评估职能，以有利于对各个部门购买过程和行为的监督协调工作，保证政府购买的整体运行有序、有效。其四，职能转变不仅是要做"减法"，也要做"加法"，即对于需要加强的职能予以重视。公共权力具有合法的权威性，其基础功能在于维护社会的稳定和经济的持续发展。因而，政府需要在实践中持续加强市场监管方面的规范管理和监督指导，加强购买过程中竞争行为、招投标行为、合同履行、责任承担等方面的监管。以权力

---

① ［英］罗素：《权力论》，吴友三译，东方出版社1988年版，第164页。
② ［法］H.法约尔：《工业管理和一般管理》，周安华等译，中国社会科学出版社1982年版，第24页。

的刚性保证购买过程的合法性、合理性。但值得注意的是，即使是在刚性的监管中也要注重人本理念的贯彻，需要对民众人格的尊重和权利的保护，并通过设立救济渠道给予其应有的表达和申诉权利。

第三，积极培育社会主体，加强制度建构。社会主体包括社会组织、企业、市场等，它是市场经济发展的必然产物，也是联结公民与政府两极的中介。在西方，"结社主义被视为一种文明生活的制度"，[①] "作为社会团体，协会要求得到的是自身的自治，并且力图建成这样一种政治共同体，在这一共同体中，结社者不应受到行政权力的压制"。[②] 就政府购买而言，社会主体所发挥的功能不仅是在政治上的诉求，更是参与公共服务市场化的重要主体。在购买的双向互动过程中，政府作为一方，而另一方就是社会主体。因此，完善政府购买机制，不仅是政府自身的发展，也是对社会主体的重视。当下，我国市场经济尚未成熟，社会主体自身发展的环境和资源依旧缺失，因而，其发展需要政府的干预，通过提供包括资金、人才、场地、渠道在内的各种资源以推动社会主体发展。当然，在这诸多的资源中，政府的制度供给是培育社会主体最为重要的内容。

转型期的政府购买发展，有关社会主体内容的制度性资源丰富多彩，可谓中央制度与地方制度、法律规范与政策意见同时并存。如财政部于1999年颁布《政府采购管理暂行办法》和《政府采购合同监督暂行办法》；2000年颁布的《招标投标法》；2003年实施的《政府采购法》；2006年中国财政部、国家发改委、卫生部联合下发财社61号文《关于城市社区卫生服务补助政策的意见》；2007年，国办发36号文《关于加快推进行业协会商会改革和发展的若干意见》；2009年，民政部颁布《关于促进民办社会工作机构发展的通知》等。在地方上，2005年，无锡市委下发《关于政府购买公共服务的指导意见（施行）》；2006年，宁波市财政局下发《关于大力推进公共服务实行政府采购的工作意见》和北京市海淀区出台《关于政府购买公共服务的指导意见（试行）》；深圳市宝安区2008年出台《推进政府购买公共服务改革工作方案的通知》和宁波市海曙区《关于在社会工作领域开展政府购买公共服务的实施意见》；2010年长沙市政协举行《关于建立和

---

① ［意］萨尔·马斯泰罗内：《欧洲民主史》，黄华光译，社会科学文献出版社1998年版，第123页。
② 同上书，第132页。

完善我市政府购买公共服务机制的建议》；等等。

  从整体来看，这些制度规范在很大程度上确保了我国政府购买中社会主体的长期发展。但是，随着经济体制改革的不断深入和社会主体的日益成长，后续的制度建构需要在以下几个方面加强：一是社会主体角色定位，需要在法律上明确社会主体在政府购买过程中的平等地位，并赋予其应有的权责，以有效参与购买过程；二是加强对社会主体的监管，通过立法、建章等形式明确规定关于社会组织、企业和其他组织等的登记注册、支持和扶持、监督和规范等方面的办法，明确公共产权的边界和处置办法；三是丰富政府购买的社会参与渠道，如招投标制度、民营化、公私合营、凭单制等，以利于增添社会主体参与的形式；四是建立信息公开机制，不仅是要促进政府购买过程的公开，也要推动社会主体运作和参与的公开，特别是在参与过程和执行购买合同的过程中，也要对其资金使用、工作进度、结果目标等予以公开；五是加强社会主体中的党建工作，特别是在企业和社会组织中建立党组织或党小组，以加强思想指导和组织领导。

  第四，训练政府成为精明买家。政府到底是诚实的供给者还是精明的买家？2013年9月，《国务院办公厅关于政府向社会力量购买服务的指导意见》正式出台，标志着政府购买服务已经从地方经验上升到国家政策。随后，党的十八届三中全会提出："推广政府购买服务，凡属事务性管理服务，原则上都要引入竞争机制，通过合同、委托等方式向社会购买。"问题是，在公共服务市场化大趋势下，政府如何做一个精明的买家，政府是否精明，决定着公共服务市场化推进的有效性与可持续性。

  何谓精明的买家？菲利普·库珀说，合同管理是现代公共政策和公共行政的一个不争事实，合同的数量在增长，合同的规模在变大，但事实上缺乏有效的合同管理能力。[①] 萨瓦斯认为，在合同承包中，政府的理想角色是：确认需求、精明购买、评估服务、有效征税、谨慎支出、适时支付。[②] 政府作为精明的买家，必须准确掌握买什么、去哪买，买多少，如何货比三家、如何讨价还价、如何评估质量、如何评价卖家、如何维权等元素，如果这些

[①] [美] 菲利普·库珀：《合同制治理——公共管理者面临的挑战与机遇》，竺乾威、卢毅、陈卓霞译，复旦大学出版社2007年版，第183页。

[②] [美] E.S.萨瓦斯：《民营化与公私部门的伙伴关系》，周志忍译，中国人民大学出版社2002年版，第73页。

元素不清楚,那么,政府就不是精明的买家。政府精明不精明,直接关系到公共服务的成本支出和质量高低。

现在的政府精明吗?公共服务市场化给政府提出四方面挑战:第一,政府在多大程度上依赖市场,如果依赖程度高,公共服务市场化失灵的概率也高,政府成为精明买家的压力也就越大;第二,政府有多大的合同管理能力?如果政府合同管理能力达不到市场竞争水平,公共服务的质量就会下降,成本却会上升;① 第三,政府的精明主要表现在什么环节?纳尔逊将商品或服务分为"查验品"(search goods)和"体验品"(experience goods)两大类。前者质量辨识容易,可以先查验质量后购买,如水果和服装等;后者质量辨识很难,只能在消费的过程中来体验其质量,如汽车、外科手术等。② 政府购买社会服务是更复杂的体验品,因为购买者是政府,体验者是公民。如果政府事先没有服务的完备知识,即使在公民体验后,政府也很难事后真实掌握公民的感受。政府精明不精明主要体现在对合同与产品的鉴别能力;第四,政府不精明的结果是被"牵着鼻子走"。政府购买的很多专业性公共服务,往往无法掌握核心数据和成本信息,在专业机构面前,往往是买正确容易买便宜难,最终总是花冤枉钱。

政府如何做一个精明买家?首先必须洞悉市场行情。政府自己一般不熟悉市场,能不能善于雇佣专业人士是关键。专业人士了解市场信息,能不能真心帮助政府谈判又是关键。在正常情况下,合作者往往较多,竞争往往激烈,能不能充分利用买方市场优势给代理人一定压力,迫使代理人以更低的成本提供优质公共服务更是关键。这三个关键告诉我们,政府与代理人之间的关系是一门有学问的艺术,政府既要给他们明确的规范要求,又要留有合理的利润空间,否则,就会由于代理人的漫不经心而导致政府精明不能持续。其次,提高合同管理能力。"市场化意味着政府管理的重大变革,对变革过程的驾驭和管理至关重要",③ 在公共服务市场化中,承包商作为服务代理人,缺乏履行公共服务的责任心,也缺乏提高公共服务质量的动力,本

---

① [美] 唐纳德·凯特尔:《权力共享:公共治理与私人市场》,孙迎春译,北京大学出版社2009年版,第13页。

② [德] 柯武刚、史漫飞:《制度经济学:社会秩序与公共政策》,韩朝华译,商务印书馆2000年版,第279—280页。

③ 周志忍:《认识市场化改革的新视角》,《中国行政管理》2009年第3期。

身具有技术上的优势与机制上的缺陷。政府作为委托人，必须通过合同质量的源头治理，实现对公共服务生产过程的有效监管。政府不能只关注重大的公共政策，不关注具体的合同管理细节，否则，往往会因为忽视了这些"鸡毛蒜皮的小事"而错失精明治理良机。菲利普·库珀（Philip Coope）认为，政府治理模式已经从权威政策治理转向合同制治理，公共服务的质量取决于合同管理的质量。具体来说，包括项目拟定、招投标、合同谈判、合同起草、合同订立、合同执行、合同监管、合同评估、合同终止或续签。政府要成为精明的买家，需要从两方面提升合同管理能力，一是从垂直视角强化公共合同管理的基础：即构建多元价值的强大制度、法律基础、制度支持、积极的态度、专家治理、官员参与；二是从水平方向改进公共合同管理的程序、市场分析能力、成本会计、有效预算、合同管理培训；[1] 最后是扶持卖家成长。竞争是市场化的核心，但是，竞争只是理想情形，越来越多的研究表明公共服务市场化竞争不足。[2] 缺乏竞争不仅在中国存在，市场化发达的美国也是常见的困扰。民营化大师萨瓦斯针对马萨诸塞州精神健康服务承包所进行的一项调查发现，州政府发出的每一份投标建议书，平均收到的回复只有1.7个。在2/3的"竞争性"投标合同中，只有一个商家做出了回应，另外15%的合同也只有两个商家做出了回应。其他服务领域也大致如此。[3] 在竞争的平台上，如果因为合作者不多或者合作者不合格，导致供应商独家垄断，这是令人担忧的局面。政府要积极扶持卖方成长，营造竞争局面。在我国，政府要加大宣传、财政和政策扶持的力度，明确给予承诺来吸引参与者，保证他们合理获利。通过一个个成功案例，释放政府真心合作的信号，增加社会与政府合作的信心和胆量，同时，政府也要以包容心态对待失败，不必过于苛责，这样，更有利于逐步健全公共服务市场化竞争平台。

---

[1] ［美］菲利普·库珀:《合同制治理——公共管理者面临的挑战与机遇》，竺乾威、卢毅、陈卓霞译，复旦大学出版社2007年版，第183—193页。

[2] Jing Y J, Chen B, *Is Competitive Contracting Really Competitive? Exploring Government-Nonprofit Collaboration in China*, International Public Management Journal, 2012, 15 (4): 405-428.

[3] ［美］唐纳德·凯特尔:《权力共享：公共治理与私人市场》，孙迎春译，北京大学出版社2009年版，第138页。

第五章 地方政府服务机制研究

党的十九大报告指出,"必须坚持和完善中国特色社会主义制度,不断推进国家治理体系和治理能力现代化,坚决破除一切不合时宜的思想观念和体制机制弊端"。① 地方服务型政府的成效与运行机制直接相关,配备最为契合的各种良性运行机制,是地方服务型政府建设的重要条件之一。机制完善是一种重塑,不是简单修补,也不能一蹴而就,需要一个过程。就我国改革实践来看,要遵循从机制完善到体制改革的渐进式路径。地方政府服务机制完善,就是注重地方政府服务质量提升,促成地方政府体制改革到位。

第一节 地方政府服务机制的主要内涵

地方政府公共服务的供给是一个涉及方方面面的、立体而复杂的系统,这一系统总体上可以分为两个部分,一是外部系统,二是内部系统。外部系统包括公众对公共服务的偏好、经济社会环境的变化和专家社会团体等力量,而内部系统涉及的主要是政府内部的决策、协调和落实等一系列过程。如何把内外部不同的因素有效地调动、整合起来,并发挥最佳效应,不断提升地方政府公共服务的质量,需要建立各种有效的机制。如果说地方政府公共服务是一台复杂的机器的话,那么这些机制就是连接各部件的发条。

一 机制缺失与地方服务型政府建设困境

"机制"一词,最早源于希腊文,原指机器的构造和动作原理。在《辞海》中,被解释为有机体的构造、功能和各器官间的相互关系。在政治学语境下,机制主要是指运作的方式和方法,它的构建是一项复杂的系统工程,与各项体制、制度的构建紧密相连。在任何一个系统中,机制都起着基础性

---

① 《中国共产党第十九次全国代表大会文件汇编》,人民出版社2017年版,第17页。

的、执行性的作用,离开了实施机制,那么任何制度就形同虚设。[①] 而服务机制是指以公共服务的服务者、接受者以及服务价值、服务内容等为主要要素构成的一系列互为条件、互为目的、相互作用的公共服务有机体的服务供给与接收的方式和过程。在构建地方服务型政府的过程中,机制建设就是为了实现公共服务的目标而运作,因此,服务机制必须与传统模式中的管制机制相区别,否则,理念不同、导向不同,必然机制不同,牛头不对马嘴,必然无益于地方服务型政府,也无益于地方政府改革。服务机制是以公共性为价值导向,以服务性为价值内容,以为民服务为最终目的,在正常情况下,这种机制可以使地方社会的公共服务系统接近于一个自适应系统——在外部条件发生不确定变化时,能自动迅速应对并调整既定策略和措施,以实现公共服务目的。

服务型政府在学界成为一个概念已经有十多年的历史,但作为口号和目标在地方政府实践中已耳熟能详。对于中国地方政府而言,为人民服务是优良传统,一直保持着。但是,实践中往往难以让普通老百姓满意。究其原因,可以从宏观性的制度结构、中观性的体制架构与微观性的机制运行中寻找原因。在中国特定的制度体系下,这一问题总是与整体的制度框架联系在一起,与过去的计划经济体制惯性联系在一起,更与当前地方政府的考核制度和人事任命体制联系在一起。在过去很长一段时间,一些地方政府认为经济发展的"硬指标"是第一位,社会发展的"软指标"则是第二位的。由于地方政府职能在市场经济发展过程中还没有真正转变过来,在现有的考核制度体系下,地方政府在很长的时间内并没有把公共服务的提供作为政府职能的重点来看待,从而导致公共服务的供给总体上严重不足,集中表现在义务教育、公共卫生、社会保障等公共产品短缺、公共服务水平不高;而在另一些人看来,我国公共服务的缺失与特殊的城乡二元结构有着密切的联系。不少研究显示,目前我国城乡、地区、群体之间在公共服务水平方面的差距非常明显,特别是在教育、医疗、社会保障等领域尤为突出。[②] 尤其是农村

[①] 卢现祥:《西方新制度经济学》,中国发展出版社1996年版,第61页。
[②] 这方面的研究非常多,如陈潭、罗新云:《体制偏差、城乡失衡与教育资源公平配置》,《公共管理学报》2008年第2期;高彦彦、周勤、郑江淮:《为什么中国农村公共品供给不足?》,《中国农村观察》2012年第6期;王春福:《公民身份与城市外来人口公共服务的供给》,《浙江社会科学》2010年第11期。

和偏远地区的基本公共服务更为不足,不能充分满足地方民众的基本生存和发展需要。这些问题是制约服务型政府建设宏观的制度性和结构性问题,需要在制度改革和相关的体制完善进程中慢慢得到解决,注定是一个漫长的过程。

目前,服务型政府建设的领域在不断追加与扩大,但是,与广大群众日益增长的需求之间总是存在明显差距,这在很大程度上是由于相应的机制没有跟上。服务型政府的建设需要地方政府更新理念、转变职能,树立起服务型政府的建设目标,把政府职能转移到弥补市场失灵也就是提供公共物品上来,通过预算体系改革,特别是发挥地方人大在预算方面的约束功能,使得地方政府把公共支出的重心朝市场机制无法调节或不便调节的公共服务领域倾斜,更多地用于扶持社会发展领域中的薄弱环节,加大对社会弱势群体救助、社会保障、公共卫生、基础教育、职业培训等体现社会基本公平正义和与人民群众切身利益直接相关领域的投入力度,让普通民众共享改革发展成果。尤其是需要积极建立更加公平的投入体系,在资源配置方面更好地实现城乡之间的均等化。而所有的这些具体目标的达成,都必须建立在行之有效的相关机制的基础上。这些机制总体上可以分为外在机制和内生机制两种类型。所谓外在机制主要包括监督约束机制、激励机制和竞争机制等,而内生机制主要包括民主公开的决策机制、行之有效的执行机制、科学民主的评价机制和密切配合的部门协同机制。任何机制的缺失或失灵都可能导致服务型政府建设的困境。而当前一些地方政府在公共服务供给方面不尽如人意,应该说主要是这些机制的建设环节出了问题。现有的宏观性的制度和结构依然为机制建设提供了越来越大的空间和潜力。

近年来,各地政府从机制创新入手,积极探索出了丰富多彩的实践方式,取得了显著的效果,这正好是对服务型政府建设中机制重要价值的最好注脚。

二 地方政府服务机制完善的基本标准

标准化是工业时代的产物,"主要是对科学、技术、与经济领域内重复应用的问题给出解决办法的活动,其目的在于获得最佳秩序"。[1] 从本质上

---

[1] 胡税根、黄天柱:《政府管理与公共服务标准化创新研究》,浙江大学出版社2013年版,第10页。

来说,"标准化是一种简单化,是社会自觉努力的结果,标准化活动是克服过去形成的社会习惯的一种活动"。[①] 在一般意义上,标准化包括了制定、发布与实施标准的过程。服务型机制是一种公共服务施行的手段和方式,它不同于体制改革的全面性、政治性特征,具有显著地技术性的内容。因此,对其进行评估最关键的在于标准化建立。众所周知,无论是在实践中还是在理论上,标准化的建立往往倾向于制定出一系列复杂的指标体系,也是将标准化等同于定量化。因为数据资料容易收集,操作性较强,并且也利于直观认识。但是,公共领域的标准化建立需要与其他领域相区别,公共服务本身带有强烈的公共色彩和抽象特征,因而,服务型机制的标准化内容应当兼顾定量和定性两个指标体系。具体来说主要包括三个方面:价值指标、工具指标和行为指标。

(一) 价值标准:公共性确立

服务型机制是由地方核心行动者、地方政府和社会主体实施公共服务行为的过程和方式,三者都是地方公共权力的享有者,也是公共责任的承担者。从这个角度上看,他们具有显著的公共性特征。公共性价值是一个社会政治生活的价值规范与价值约束范畴,其最基本的任务是为现代公共生活及其参与者提供一个基本合理的行为规范和价值尺度。因此,公共性应当成为服务型机制的价值标准。作为一种价值取向,它是抽象的、模糊的定性标准,直接以此来进行评估难以操作。因而,公共性标准应当以公共利益为载体,通过对其实现程度的测量去评估公共性的体现程度。正如科克伦(Cochran)指出:"公共利益应成为评估具体公共政策的一个道德标准和政治秩序应该追求的一个目标。"[②] 至于公共利益的测量既可以通过服务接受者的满意度、认同度等问卷形式得出,也可以通过公共物品的数量和质量等实际内容获取。以公共性为内容的价值标准是其他标准内容的基础和导向,不仅应当予以重视,更应当加以强化。

(二) 工具标准:适应性选择

服务型机制作为一种方式或手段,对公共服务供给的有效运行提供必不

---

① [日]松浦四郎:《工业标准化原理》,熊国风、薄国华译,技术标准出版社1981年版,第4页。

② Clarke Cochran. Political Science and the Public Interest, Journal of Politics, 1974, 36 (2): 327-355.

可少的支撑。因此，服务型机制需要优化和加强，但这并不是机制构建的全部内容。这里所要强调的是其工具标准，即适应性选择。换句话说，服务型机制相比于传统机制虽然具有显著的先进性和优越性，但其并非是万能的，也存在着一定的适用范围，针对不同的公共服务内容要选用不同的服务机制，再说机制本身的适用程度也存在差别。以参与机制为例，随着公民、社会组织等社会主体逐渐崛起，参与公共服务已经成为不可逆转的发展趋势。参与机制的建立不仅是对这一趋势的有效回应，也是国家民主政治发展的重要标志。但参与机制在公共服务中的应用也存在限度，特别是在涉及国防安全、国家机密等特殊领域上需要排除外部力量的介入。与此类似，公开机制也存在一定的公开范围和不公开范围，这需要法律规范予以确定；而竞争机制则在基础设施建设、行政审批权运用等领域存在失灵。因此，服务型机制需要根据具体的公共服务领域而选择适用的方式和程度，否则就会适得其反。

（三）行为标准：程序性健全

经过多年的实践与探索，服务型机制所包含的内容丰富多彩，如上文论述的协商机制、竞争机制、公开机制、参与机制、绩效评估机制、监督机制、问责机制等，并且其形式还会随着地方服务型政府改革的不断深入而进一步创新拓展。多样的服务型机制一方面能够给予公共服务行为更为可靠的支撑和更加完善的运作，但另一方面也带来机制的整合与衔接的问题。因此，需要设立服务型机制的行为标准，将多样的手段和方式有效整合，形成一个前后有序、保障有力的公共服务程序。就所提及的这些机制来看，公开机制应当处于公共服务过程的最前沿，通过信息公开为其他机制的推进奠定基础；竞争机制、协商机制和参与机制是一种程序性运作手段，应当贯穿于整个公共服务的过程；绩效评估机制、监督机制和问责机制处于公共服务的后置阶段，为整个服务过程提供保障。将这些机制有效衔接既是公共服务行为选择的需要，也是完善地方服务型政府构建的重要内容。

服务型机制标准建立是规范公共服务行为的必然选择。它为服务手段的应用和选择提供了一个具体的尺度。在具体的建设中应当注意以下几个问题：

第一，需求性与应对性匹配。最简单地讲，服务就是为需求者提供需要的物品、劳务与精神安慰，也就是说，真正的服务必须针对需求者的内心呼唤,应对需求者个性的特殊。服务者会不会去了解、如何了解、了解什么,就决定了服务能不能应对其需求、实现其需求,甚至是满足其需求,从而产生良好的服务效果。但是,现在的实际情况往往是,服务者对服务的前提疏忽了,忽视了需求者的实际情况,疏忽了服务愿望是不是能够实现的机制。我们常常看到某某地方政府如何关心弱势群体,如何为社会底层增加福利,我们往往听到的是这些地方政府的自我陶醉,报道多是政府付出多少、百姓受益多少,却很少听到这些被服务的群众的心声,很少能听到群众的不同评价,是满意还是不满意,谁也不知道,也不需要知道,于是,这个倾听意见反馈的机制被疏忽了,形成了需求性与对应性的脱节,服务效果必然是事倍功半。苏州市某社区按照市政府的安排,凡满70周岁的老年人,每人每月增加200元生活补贴。钱发下去了,竟没有一个老人在社区谈起此事。社区主任感到纳闷,这怎么也应该感谢市政府的关心啊。难能可贵的是这个社区主任主动征求这些老人意见,得到的答复是令人惊讶的:"不知道市政府多给钱""什么时候开始增加的""钱都直接打到卡上,谁也没有注意"。这个社区主任在了解到老人的实际需求后,通过一个程序将每人200元汇集到社区的一个新设账户上,然后将钱花在聘请大学生走进孤独老人家庭的费用上。每个大学生每次家访花费50元,一月进四次,每次一小时,超时不限。这些老人太需要有人来跟他(她)聊天了,而大学生的年轻与活力很容易感染老人。很快社区活动室就热闹了,老人们一致感谢社区,感谢苏州市政府,感谢共产党,这就是需求性与应对性匹配的服务机制产生的成效。

第二,静态性和动态性契合。服务型机制的标准在一定程度上来说即是一种规范和原则,对服务主体的行为选择具有很大的影响。因此,它同法律、法规、制度等一样,要具有一定的稳定性,不得随意变动。否则,公共服务体系内部的稳定结构和最佳秩序将遭到破坏,这势必会影响公共服务的正常开展。同时,标准也要具有一定的动态性,随着社会经济的发展,民众的需求也会有新的变化,标准建立需要有一定的敏感性,能够与社会发展的步伐相适应。当然,把握标准的静态性和动态性不是相互矛盾的,而是辩证统一的。从时间点上看,它是静态的,因为社会发展在某一个阶段是相对稳定的,不是突发式的变化,需要一个过程。从时间轴上看,它是动态的,社会变化需要在一个长期的发展中产生,标准更新也是随着这一步伐而前进。

一般地方政府的服务首先表现为制定一个文件，公之于众，在规定时间内没有太大的意见，接下来就是实行，往往缺乏具体、细致的征求意见过程，这是属于动静互动机制的缺失。一项制度的制定与实施，如果在制定前后缺乏多方征求意见，其实施服务的效果必然是有限的。

第三，多样性和统一性适度。市场经济塑造了民众多样性的需求，与此相适应也就形成了多样性的服务型机制。从这一角度出发，作为服务行为的规范和原则，服务标准的制定同样需要多样性的展现。面对多样性的服务领域、服务对象、服务方式、服务内容，多样性不仅是标准实际应用的关键因素，也是能够在公共服务供给中尊重服务对象个性的重要体现。但需要注意的是，公共服务职能的发挥并不是由单一的主体来完成，而是需要多元主体的相互配合、协同。因此，有必要将服务型机制的标准统一化，将权能相互重叠、交叉的主体相衔接，以构建起互动有序、结构有利、协同有效的服务型机制标准体系。只有统一性的建立才能有效保证服务主体在统一的行为结构中共同行动，提供更好的服务。我们不妨继续前面的个案。那个社区有200多个老人，社区将老人分为四类，一以孤独为主，二以病痛为主，三以贫困为主，四老人无忧无痛不缺钱。社区对症下药，对孤单老人给予聊天，对病痛老人上门送医，对贫困老人秉承救急不救穷的原则，适时解决实际问题，对健康富裕的老人以组织短距离旅游为主，老人各得其所，其乐融融。

第四，简单性和复杂性相应。标准即是一种简化，"是对特定的行为或物品详细规范的过程，其规范的结果，即代码、规则、指南等"，[1] 因而，在服务型机制的标准制定中，在兼顾定性标准的基础上，尽量向定量标准的制定倾斜。相比而言，定量标准是以数据、代码、图标等容易测量的要素所组成，在技术条件的支持下容易获得，也易于分析和理解。但是，简单化也要有一定的限度，并不是标准越简单越好，也不是所有的服务行为都能够进行简单化处理。简单化一方面具有操作性的优势，但另一方面也有可能造成分析对象的失真。公共服务是一个复杂的过程，所包含的内容既有量化的数据，更有价值的渗入。简单量化的数据仅仅客观的描述，无法反映公共服务中感情、价值等因素。因此对标准的判定必须要走

---

[1] Henk J. de vries., Standardization-A Business Approach to the Role of National Standardization Organization, Dordrecht: Kluwer Academic Publishers, 1999, pp. 13-51.

出简单性的误区,对公共服务复杂性有所认知。苏州工业园区为加强社区养老服务,在每个社区建设布局了一个社区日间照料中心或配餐点的工作,可谓用心良苦。但从社区工作人员反馈得知,居民却并不满意。特别在动迁社区,面向失地农民中的老年人,规定每人付 3 元钱,社区每人每顿补贴 3—4 元,便可享受一顿午餐(搭配一荤一素标准),按理应该受到欢迎。但是,结果有人嫌贵,有人嫌饭菜不可口,有人嫌菜量太少,不够吃。形式上看是众口难调,实际上是不愿接受这样的服务。社区领导开始感到诧异,后来分析发现确实存在这样的原因:一是居民的心态,现在,大多数不上班的老人习惯将中午随便打发,等家人晚上相聚再弥补中午的马虎,总感觉在家就是轻松自在;二是怕麻烦,从家到社区总会有一段距离,遇到刮风下雨,更是不愿意多走几步路来改善中午的伙食;三是饭菜质量、数量上没有选择余地,老人们不在乎这点改善。显然,在老人接受服务意愿缺失的情况下,把复杂的问题简单化处理,"一刀切"式的养老服务模式,效果十分有限。

再以苏州市古城区"改厕"工程为例。[①] 20 世纪 80 年代中期,在 14.2 平方公里的苏州古城内,约有 10 万户居民日常生活以"三桶一炉"(马桶、浴桶、吊桶和煤炉)为伴。为改善这一状况,苏州通过实施古城街坊解危安居、老住宅小区综合改造等工程,先后消灭了 8 万多只马桶,但受条件限制,2018 年尚有 2000 多户居民使用着马桶,这些居民的住所多为地势低洼的零星楼,基础设施"欠账"严重,普遍存在房屋结构陈旧、污水管网不通等"症结"。这项面广量大的民生工程,涉及 13 个街道,54 个社区。为让 2 千余户居民都能甩掉马桶,工程采取了"个案改造""项目征收"两种方式进行。在"个案改造"中,针对施工场地狭小、污水排放困难、房屋结构陈旧承重不足等难题,改厕办一户一案,破解了一个个技术难点。一方面,改厕工程与其他工程相结合。在深入调研的基础上,"改厕"目标明确:坚持"政府主导、管网先行、居民配合、政策引导,分类实施、改造到户,标本兼治、改造彻底"的原则,做到"五个结合",即"改厕"工程要与解决住房困难相结合,切实改善老城区居民基本生活条件;与危旧房改造相结合,使人民群众住得更放心、更

---

① 《苏州"改厕"工程 3 年投入 23 亿元,广惠民生保护古城》,《苏州日报》2013 年 12 月 29 日。

舒心；与疏解居住密度相结合，有效优化老城区人口布局；与历史文化传承相结合，全面体现古城风貌与现代文明的完美融合；与水环境综合整治相结合，再现古城小桥流水人家的生活景象，全面改善城区居民生活设施与环境，全面提升城市品质和古城保护水平。另一方面，对于零星楼，针对每家每户的特殊性，采取"个案改造"。有一栋老居民楼，楼上"改厕"，污水管要从头顶过，楼下人家就是不答应。社区工作人员一天两次上门沟通，经过工作人员反复测量，调整卫生间的安装位置，重新规划污水管道的走向，既确保居民使用方便，又绕开了有争议的区域。双方都表示认可后，才确定施工方案。

对不具备"改厕"条件的居民户，则采用片区"项目征收"搬迁的方法解决。苏州市政府针对居住面积过于狭小的（私房每户建筑面积40平方米以下，公房每户使用面积30平方米以下）、低保、重残等有特殊困难的、文保、控制与保护性建筑的、涉及落实政策发还房屋，属于非原租户的、承租人另有住房，目前空置或转租直管公房的居民家庭可以搬迁。

第五，公共性和技术性的兼顾。标准产生于工业社会，在一开始主要是对企业、工厂的生产行为进行规范，因而其具有显著的技术性特点。当标准的优势逐渐被人们所认知，并引入其他领域中时，它的特征不能仅仅局限于技术性，需要有一定的延伸。服务型机制的标准建立存在于公共领域中，因而其必然要具有一定的公共性色彩，并且公共性在某种程度上应当成为标准的核心价值。在公共服务供给中，服务优劣的关键并不在于服务数量的多少、服务质量的高低、服务方式的新旧，而是对服务对象，即社会民众的尊重和重视，这也是服务主体，特别是地方政府发挥公共性价值的归宿。当然，技术性标准在此也同样重要，有利于对服务型机制的具体操作规范进行评估。因此，服务型机制的标准建立需要兼顾公共性和技术性的双重指标。当下，各地社区都在推进"智慧社区"建设工程，在引入现代互联网和通信技术改进社区服务流程的同时，必须充分考虑到社区服务对象的认知度和可接受度。因此，在推进"智慧社区"硬件设施建设的同时，也要做好配套和培训、宣传工作，从技术层面惠及广大社区居民。否则，"智慧社区"花费不少，却可能流于形式，甚至可能造成社区服务的"数字鸿沟"，使得社区服务的技术化和公共性相脱节。

另以东莞市图书馆 I 图书馆集群网络管理系统整合图书资源为例。① 近年来，东莞市委、市政府提出了实施新的文化发展战略，并兴建了东莞图书馆新馆。东莞图书馆新馆在资金、设备、人员、技术、资源等各方面优势十分明显。相比之下，基层图书馆事业发展普遍存在藏书数量少、技术设备差、服务能力低等问题，乡镇群众跑市里去借书显然不太现实。如何整合市域内各图书馆资源，实现文献资源通借通还的大流通？图书馆集群网络管理系统解决了这一问题。技术上，东莞的总分馆服务体系有如下主要特点：各分馆同一平台，所有馆藏均可以参与通借通还的文献大流通，各类读者的借书权限与各类文献的外借规则可根据各馆的需要通过系统参数灵活配置；以东莞图书馆为中心馆的同时，设虎门分馆、长安分馆为分中心馆，数据集中存放在中心馆或分中心馆，一般分馆只需配备 PC 机上网便可使用业务系统，无须昂贵的服务器和高级系统管理人才。目前，以该系统为支撑，东莞已建起由一个城市中心馆、36 个分馆、102 个图书流动车服务站组成的图书馆总分馆服务体系。该系统还延伸出 24 小时开放自助服务。为适合城市的发展和读者需要，2005 年 9 月该馆推出 24 小时开放服务理念，建成我国第一个自助图书馆，向东莞图书馆和所有分馆的读者开放。2007 年该自助图书馆接待读者 6.3 万人次，年借还图书达 68 万册次，相当于东莞图书馆总借还书量的 3.7%。2007 年 12 月，又成功地将国内第一台图书馆自助服务站（简称图书馆 ATM）推出使用。图书馆 ATM 是一个带操作面板的智能书架，可设置在城市任何需要的地方，能将读者所借的书自动送出或将读者归还的书自动上架。这种新颖的图书馆借还设备一亮相就吸引了广大读者，平均每月的借还量 1000 余册次。

第二节　地方政府外在服务机制

服务型政府是宏观（政府的服务价值与理念）、中观（政府的职能定位）、微观（政府的运行机制）三个层面的统一。在我国地方服务型政府建设的过程中，关于服务理念重塑、行政职能转变、行政管理体制改革、公共财政体制、社会管理体制、绩效管理体制、大部门体制、公共政治体制等理

---

① 参见杜燕翔《技术+管理：东莞构建图书馆公共服务体系的实施战略》，《图书情报工作》2009 年第 1 期。

念和体制层面的问题涉及较多,① 却较少涉及服务型政府的运行机制问题。服务型政府的运行机制是否行之有效,对于确保地方政府服务职能的充分发挥,并最终建成服务型政府具有十分重要的意义。

当下应从外在机制、内生机制和与服务对接机制三个方面进行改革和创新。地方政府公共服务的外在机制,是指来自地方政府外部的、对地方政府的服务行为具有约束性的相关机制。这里主要包括：监督机制、竞争机制和绩效评价机制。

一 约束监督机制

充分发挥社会各方面力量,加强对地方政府提供公共服务的监督,是保证地方政府服务行为的外在机制。目前出现的地方政府公共服务不到位、监督责任未能充分落实等问题,就是因为在实际工作中没有做到依法发挥人大、政协、政党、司法机关、媒体、社会团体及公众的监督作用。不受限制的政府往往具有权力行使的任意性,干预社会生活的无边界性,对权力行使结果的不负责任性,以及对公众生活和公共利益的严重危害性。正因为如此,威尔逊（Thomas W. Wilson）指出:"和立法同等重要的事,是对政府的严密监督。"② 发展中国家在经济加速发展过程中普遍腐败蔓延,关键是缺乏有效的监督机制。在西方的政府改革中,针对官僚机构内无进取动力、外无有效监督主体的问题,新公共管理理论认为:一方面,在政府部门中引入"企业家精神",改变官僚机构自身的内部环境;另一方面,通过设立其

---

① 这方面的研究成果有：陈振明：《深化行政体制改革 加快服务型政府建设——中国政府改革与治理的新趋势透视》（《福建行政学院学报》2008年第4期）；席丹：《论建立公共服务型政府管理新体制》[《华中科技大学学报》（社会科学版）2002年第5期]；姚大金：《公共服务型政府和公共财政体制》（《云南财贸学院学报》2003年第6期）；郁建兴、吴玉霞：《社会管理体制创新与服务型政府建设》（《当代中国政治研究报告》2009年）；薄贵利：《建设服务型政府必须深化行政体制改革》（《国家行政学院学报》2011年第1期）；汪玉凯：《加快行政管理体制改革与建设服务型政府》（《国家教育行政学院学报》2008年第4期）；薄贵利：《构建服务型政府绩效管理体制》（《中国行政管理》2012年第10期）；高小平：《创新行政管理体制和机制 建设服务型政府》（《中国行政管理》2008年第S1期）；李军鹏：《以体制改革为突破口加快服务型政府建设》（《中国党政干部论坛》2010年第7期）；薄贵利：《公共政治体制是建设服务型政府的政治保障》（《新视野》2014年第3期）等。
② ［美］威尔逊：《国会政体：美国政治研究》,熊希龄、吕德本译,商务印书馆1982年版,第164页。

他监督主体以使政府能够得到来自外部的监督和指导。有效的约束监督机制，"有助于确定项目执行人员、官员以及其他利益相关者是否按照立法者、管理机构和专家组所制定的标准和程序开展行动"，① 可以保证地方政府更好地为社会提供公共产品和公共服务，可以有效防止权力的滥用和腐败现象的发生，也有利于提高行政机关的工作效率。

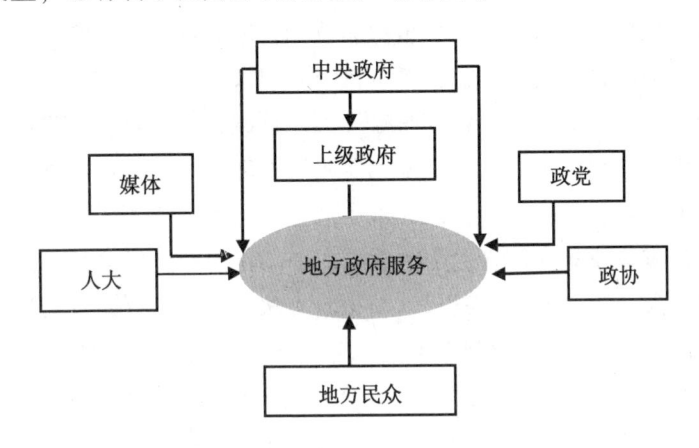

目前，对地方政府进行约束监督的主体有人大、政协、执政党、司法机关、媒体、社会团体及公众等。从理论上来说，在这种监督体系中，不管是地方政府公共服务的目标设定、服务决策、公共服务供给过程和结果都能够得到监督。但是，在实践中这些监督主体由于受到种种因素的制约，都不同程度地存在着监督无力、监督无效、监督滞后、监督不到位等情况。例如，来自于党内、司法部门以及社会舆论、社会组织等方面的监督，主要是根据检举、举报等开展相关调查，然后进行追究和惩治。这就造成了政府监督的滞后性，这种滞后性，往往是在问题发生后，已经对人民和国家的利益造成了损害，才对事件进行调查、对责任人进行惩治，而不是把问题解决在萌芽状态。在公众监督方面，缺乏社会公众进行政府监督的直接渠道与途径，是目前存在的一个突出问题。因为公众的监督权主要由人民代表代为行使，但是这种方式难以直接地、全面地反映公民的意见。一方面是由于人民与代表之间缺乏沟通，人民难以向代表表达自己的意见和诉求，而代表也不能全面地了解广大人民群众的想法；另一方面是由于人大代表本身与政府之间沟通

---

① [美] 威廉·N. 邓恩：《公共政策分析导论》，谢明译，中国人民大学出版社 2002 年版，第363 页。

渠道过于单一,往往只通过人大或其常委会会议来沟通,使其不能及时向政府机关反映群众意见。再加之人大监督本身也存在体制障碍和法律障碍,使其对政府的监督难以落到实处。①

建立有效的地方服务型政府的约束监督机制,需要不断完善监督体系,形成全方位、多层次、高效率的监督体系。既要健全人大监督、政党监督、司法监督、社会舆论监督、社会组织监督和公民监督等外部监督体系,也要完善政府内部的自我监督,将二者有机结合起来。尤其是需要加强对公共服务供给中的重点领域,如教育、医疗等民生领域和重点环节的监督,包括加强对领导机关和领导干部,特别是主要领导干部的监督,强化执法监督,坚决遏制损害群众利益的行为,保证地方政府高效率地为社会提供公共服务。有效的监督应该建立在信息透明的基础之上。目前。世界上已有几十个国家制定了信息公开法,如美国就有《情报自由法》《阳光下的政府法》《电子情报自由法》等。我国应尽快出台行政监督和信息公开的相关立法,包括制定《行政监督法》《新闻法》《政府信息公开法》《舆论监督法》等。另外,如何更好地发挥新闻舆论监督的作用同样是一个重要的问题。新闻媒体是党和人民的喉舌,可以发挥主渠道的信息传递作用,具有公开、迅速、信息量大、影响面广、冲击力强、效果显著等特点。舆论监督在现代社会中越来越重要,它虽然不直接产生法律效力,但其社会影响力之巨大,是其他监督手段无法比拟的。它对克服官僚主义和腐败现象,改进政府工作,增进行政管理透明度,提高行政效率,增强人民的监督意识,具有显著的导向作用。西方学者已将它视为制约立法、行政、司法的"第四种权力"。

二 竞争选择机制

在公共服务领域引入竞争机制,运用市场的力量来改造政府绩效,是世界各国政府在进行政府改革中采取的方式。竞争机制是指在一些公共服务领域允许私营企业进入,打破政府垄断的局面,通过实行合同外包、特许经营、购买服务等方式,运用市场的力量来提升地方政府提供公共产品和公共服务的效率。在传统的管制型政府模式下,由地方政府独自提供公共服务,由此造成了行动迟缓、效率低下、回应性差、官僚主义盛行、公共服务质量低劣等弊端,究其根本原因就在于政府对公共服务的垄断。地

---

① 齐冬梅:《服务型政府监督机制构建的新视角》,《唯实》2009年第4期。

方政府垄断公共服务生产将不可避免导致公共资源配置的低效率和高成本。作为对传统管制型政府模式的超越，服务型政府应在最大程度上克服管制型政府所带来的上述弊端，这是服务型政府的根本要求和体现。而解决这些弊端的根本出路是要打破政府的垄断，在公共服务供给中引入竞争机制，竞争机制的引入有助于实现公共服务供需的均衡和公共资源配置的帕累托最优。因为"机械的效率是有限的，而竞争的效率则是无限的"，"哪里有竞争，哪里就会取得较好的结果，增强成本意识，提供优质服务"。① 建立竞争机制，就是要在公共服务提供中给公民创造自由选择的机会，如果选择变成了强制，那么公众与公务员之间的关系就会发生根本性转变，公务员也就不再是公仆了。② 同时，这也是违背现代民主原则的，因为"民主的核心是自由选择"③。正如 Niskanen 所说："政府服务常常被认为昂贵而质量低下，其原因在于缺乏竞争，因为政府机构缺乏动力改进工作，从而造成了继续随意地提供服务。"④ 所以我国政府应该借鉴西方的经验，逐步把公共服务推向市场，在公共服务的供给过程中引入充分的竞争机制，创设公共服务中的"鲶鱼效应"，用市场竞争的作用来改善公共服务的质量，提高公共部门的绩效。

地方政府公共服务中引入竞争机制，主要考虑三个方面。一是政府内部的竞争。在政府同类部门中政府雇员以及为政府服务的机构，如印刷、会计、采办、通讯数据处理、车队、修理等之间开展竞争，可以使客户获得更多的自由选择空间，最终能调动起服务部门为赢得"顾客"而展开竞争的积极性。二是政府与私营部门的竞争。在一些由政府垄断的服务中，如交通、教育、铁路运输、电信、邮政、水电、燃气供应等引入竞争机制，打破政府提供公共服务的垄断格局，建立并发展多元化主体共同参与的充分竞争局面，迫使服务质量的提高以及经济效益和社会效益的改善。三是私营部门之间的竞争。把一些政府可以撒手不管的服务，诸如清除垃圾、城市环卫、

---

① [美] 戴维·奥斯本、特德·盖布勒：《改革政府：企业家精神如何改革着公营部门》，周敦仁等译，上海译文出版社 1996 年版，第 5、122 页。

② [美] E. S. 萨瓦斯：《民营化与公私部门的伙伴关系》，周志忍译，中国人民大学出版社 2002 年版，第 125 页。

③ [美] 科恩：《论民主》，聂崇信、朱秀贤译，商务印书馆 1988 年版，第 39 页。

④ William Niskanen, *Bureaucracy and Representative Government*, Chicargo: Aldine/Atherton, 1971, p. 124.

医疗卫生、职业培训等通过招投标、拍卖、挂牌等方式出租或承包给私营部门，实行"有偿服务"，由市场来完成，可减轻政府负担，以便政府更好地"掌舵"。[①] 所以，在服务型政府建设中亟待引入"企业家精神"，把部分公共服务推向市场，或是在政府内部引入竞争机制，营造内部市场，从而在公共物品的供给中形成公对公、公对私和私对私的竞争格局，达到利用市场竞争的力量驱动公共服务的目的，因为"公共服务供给的成功与否不在于公共还是私有，而取决于公共服务供给中的垄断与竞争"。[②] 尤其是采用民营化的方式让更多的企业主体参与到公共服务的过程中来，这种民营化的方式主要有合同外包、特许经营、租赁、政府补助、凭单制和法令委托等。萨瓦斯对不同的外包形式的优缺点进行了比较，见表5-1。

表 5-1　　　　　　公共服务民营化不同形式的优缺点比较

方式	优点	缺点
合同外包	提高生产率；节约成本、透明	可能招致工人的反对
场域特许使用	利于吸引民间知识、技术和资本、节约成本	可能招致工人的反对
租赁式特许	利于吸引民间知识和技术；节约成本	可能招致工人的反对
补助	比较直接由政府供应成本低	需要持续政府投入；过程不透明
凭单制	给接受者更多选择自由；节约资金；没有腐败	需要政府持续投入
法令委托	把所有成本转嫁给民营部门	把所有成本转嫁给民营部门；掩盖了政府角色

资料来源：句华：《公共服务中的市场机制：理论、方式与技术》，北京大学出版社2002年版，第50—51页。

随着市场化进程的加快，我国地方政府中的某些部门、领域、方面已尝试引入市场竞争机制，如政府采购制度、公共工程的招标投标、土地的有偿使用、营业执照的拍卖，公共服务如环保、治安、公交的委托承包以及自然垄断行业的开放竞争等都是将市场机制引入公共部门的具体体现；同时，目标管理、绩效评价、全面质量管理、合同聘任制等一类的工商管理技术以及

[①] 洪威雷、黄华：《服务行政——21世纪中国行政管理的方向选择》，《湖北大学学报》（哲学社会科学版）2001年第2期。

[②] D. Smith, "Crisis Management in the Public Sector: Lessons from the Prison Service", see J. Wilson & P. Hinton, *Public Services and the 1990s*, Eastham: Tudor, 1993.

社区治理、个人与家庭一类的社会化手段也逐步在公共部门的管理中推行。随着行政审批制度改革的逐步推进,以及服务政府型建设目标的提出,为政府公共服务中引入市场竞争机制提出了新要求。需要进一步引入市场竞争机制,形成公共部门内部、公共部门与私人部门以及私人部门之间的竞争格局,并尝试将不同的市场化服务方式合理组合与选择,以充分发挥市场竞争机制在政府公共服务方式变革与创新中的重要作用,提高政府公共服务能力,从而实现高效率地提供公共服务。

三 绩效评价机制

构建公共服务型政府,政府绩效评估是强有力的工具。通过绩效评估的计划、监控、测量、激励约束和优化资源配置功能,可以有效改进政府管理,达到善治的目的,因此绩效评价机制构成地方服务型政府建设的又一内生机制。建立科学的政府绩效评估机制,按照评估程序对政府绩效进行科学的评估,依据评估结果改进政府工作、改善政府预算、提升政府绩效,这是当代国际上很多国家通行的做法。在福建省厦门市兴起的政府绩效评价,被誉为我国"21世纪行政发展的新亮点"。[①] 建立绩效评价机制有利于发现政府工作中的缺陷和不足,引导和规范政府行政行为,促进政府职能的转变,提高政府的行政效能和服务质量,增强公众对政府的认同和信任,促进经济社会的全面协调和可持续发展。

我国的政府绩效评估还处于自发、半自发状态,在实际运行过程中存在着诸多缺憾与不足,主要表现在:[②] 第一,制度不完善,法治化程度不高。我国现行政府绩效评估还处于较为后进状态缺乏评估主体的制度建构,要么只强调上级行政机关对下级行政机关的内部评估,评估主体只是行政机关自己;要么只强调外部评估,所有公众都可以作为评估主体。整个评估体系没有法治化,容易走向形式化。第二,评估指标缺乏科学性和客观性。我国地方政府绩效评估指标缺乏科学性,过度强调 GDP 增长率,有"重经济指标、轻公共服务"的不良倾向,不能全面考核政府行使其他职能的绩效;评估

[①] 郑云峰、卓越:《21世纪行政发展的新亮点——福建省厦门市思明区开展公共部门绩效评估的探索》,《中国行政管理》2003年第2期。

[②] 沈荣华等:《地方政府改革与深化行政管理体制改革研究》,经济科学出版社2013年版,第265—269页。

内容存在片面性甚至误导性，没有真正起到引导政府工作向科学化、理性化方向发展的作用。第三，评估主体单一与评估过程封闭。我国政府的绩效评价基本上是由上级甚至是自身来承担的，缺乏广大民众的有效参与，从而导致政府绩效评价的监督作用大打折扣，成为封闭的、"悬浮式"的政府自我评估与反馈。因而各级地方政府领导就会为上级"服务"，而不为广大人民群众服务。特别是第三方评估即由专家学者组成的专门评估机构的评估更处于不成熟阶段，使政府绩效评估的客观性、公正性、准确性有待强化。第四，评估方法单一，缺乏可持续性。近年来我国的绩效评估中，公众缺乏必要的评估知识和经验，缺乏必要的采集政府绩效信息的渠道和能力，缺乏必要的法律知识、政策水平和公共责任意识。在评估方法上也大多采取"运动式""评比式""突击式"评估，因此在政府行为标准规范、服务标准规范还不健全的情况下，这种评估就有可能偏离政府绩效的真实水平，从而造成较大的评估误差，甚至偏离政府绩效评估的目的。通常来说，科学、民主和客观的公共服务绩效评价应该结合公众满意度和实际供给效应两个方面，也就是所谓的双元综合评估方法，如图5-1所示。

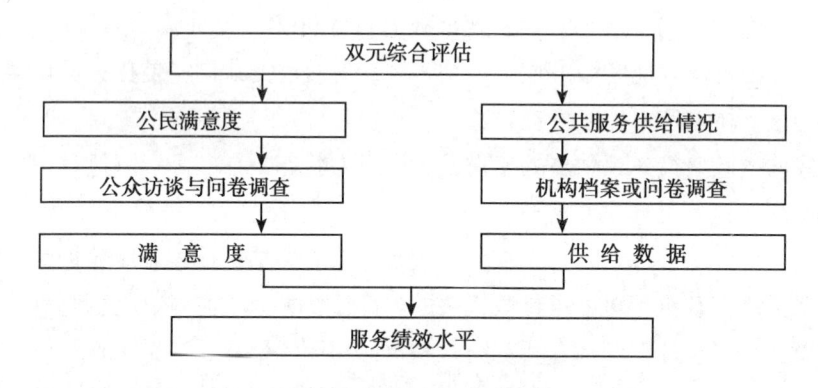

图 5-1　公共服务双元综合评估方式

资料来源：陈振明等：《公共服务绩效评价的指标体系建构与应用分析》，《理论探讨》2009年第5期。

要建立起适合地方经济社会发展的政府绩效评价机制，就应当着眼于转变观念、消除体制障碍，"彻底改变对领导干部的政绩考核机制，改变单纯以经济增长指标为导向的考核标准，取而代之以地方政府提供的公共服务、公共产品的质量、公众满意度、人民是否得到实惠等作为衡量和考核标准，进而从根本上纠正地方政府博弈行为的出发点。"[1] 这是推进政府绩效评估完善并发挥其作用的有效途径。构建科学的政府绩效评价体系。在构建评估指标体系时，既要考虑行为的经济效益和社会效益，也要考虑其短期效应和长期效应、直接效应和间接效应；要建立定性与定量相结合、统一性指标与部门和岗位等特殊性指标相结合的多层次的绩效评估体系；要充分听取各方面专家和社会公众的意见，要避免出现绩效评估指标对被评估者产生逆向激励效应。[2] 积极营造政府绩效评估有效施行的环境条件。逐步克服制约我国开展政府绩效评估的体制性障碍，就是要采取相应的配套措施来促进政府绩效评估发挥积极作用，防治政府绩效评估措施本身的局限性。选择多层次、多元化的评估主体，推进政府绩效评价的社会化。通常包括独立第三方评价和委托第三方评估。由于其具有的独立性、专业性，评估结果易于得到各方面的认可。"大多数评估专家赞同评估由组织中负责项目的最高层委托和支持，为了制衡起见，由外部机构或是第三方来进行评估也是可取的。"[3] 因此，评估主体的组成应是多层次、多渠道的，可以成立由政府官员、社会组织代表、企业代表、人大代表、政协委员、专家学者、社区居民代表组成的综合性的政府服务绩效评估委员会，负责指标制定、信息收集整理、评估和鉴定以及综合协调等工作，以确保评估工作的客观、公正、公平、效率。

第三节 地方政府内生服务机制

地方政府要保证为社会服务的有效性、高效性，除了要建立外在的制度和强制性的约束机制以外，还需要在内部建立有利于服务型政府构建的相关机制，这些机制主要有公共决策机制、执行机制、绩效评价机制和部门间的协调配合机制。

---

[1] 中央财经大学课题组：《中央政府与地方政府责任划分与支出分配研究》，《经济体制改革》2006年第6期。

[2] 沈荣华等：《地方政府改革与深化行政管理体制改革研究》，经济科学出版社2013年版，第267页。

[3] [美] 尼古拉斯·亨利：《公共行政与公共事务》，张昕等译，中国人民大学出版社2002年版，第320页。

一 科学决策机制

地方政府决策机制是否科学,直接关系到中央政府制定的政策能否在地方得到有效落实,关系到地方经济社会能否健康快速发展,关系到群众利益能否得到根本实现,因此科学决策是服务型政府建设的重要前提。我国现行地方政府的决策体制和决策模式是在计划经济体制基础上形成和发展起来的,因而在当前改革和完善服务型政府决策机制工作中仍然存在一些问题和不足:一是一些地方政府对完善决策机制的认识不到位。有的轻视决策,认为改革和完善政府决策机制是中央或省一级的事情,在市县一级地方政府并不重要,"上级怎么说,下级怎么做";有的盲目自信,认为凭自己的经验就能够决策;有的排斥决策,认为政府决策机制完善后,决策程序烦琐,不便于自己根据本地、本部门和小集团利益进行决策。二是一些地方政府决策仍有较大随意性。由于决策缺乏监督,特别是监督缺乏"刚性",决策失误没有责任追究,决策者基本不承担决策风险,"拍脑袋决策、拍胸脯保证、拍屁股走人"的"三拍"现象在一些地方和部门仍然不同程度地存在,如一些市县和乡镇在招商引资过程中,有的领导不做深入细致的可行性分析和论证就作出决策,结果导致"项目竣工之日就是停产倒闭之时"的局面。三是一些地方政府决策缺乏连续性。政府决策的效益评估和跟踪反馈制度不够落实,加之政绩考评指标体系不够科学,造成政府决策往往会因决策主体的变化而变化,因决策主体注意力的改变和个人的好恶而改变,导致政府决策不能一以贯之。少数"新官上任",急功近利,为了追求个人政绩,热衷于搞一些"显性政绩"和"短平快"项目,不管过去决策是否正确,一律"新官不理旧事",另起炉灶,造成重复建设和资源的极大浪费。①

一个科学民主的公共决策机制包括四大系统:信息支持系统、专家咨询系统、公众参与协商系统、领导决断系统,四个部分缺一不可。因而,当前完善地方政府的公共决策机制必须从上述四个方面着手:第一,建立行政信息搜集机制。信息量的大小、及时与否、准确与否,会直接影响到地方政府决策的质量。要着力提高现有信息机构及其工作人员的专业化水平;要拓宽信息搜集的渠道,多通过信访、电话、电视、网络通信技术和专业的政府信息机构广泛搜集信息;要把调查研究作为政府决策的一个必经程序规定下

---

① 俞桂海:《构建公共服务型地方政府管理机制创新研究》,《行政与法》2009年第2期。

来,通过座谈会、研讨会和深入基层等形式掌握实情,进行科学决策,凡是未经调查研究,对决策信息掌握不真、不深、不全的,都不能形成决策意见;要对搜集来的信息进行科学处理,去粗取精、去伪存真、由此及彼、由表及里,并将处理后的信息及时传达给相关部门。第二,建立专家咨询与评估机制。现代社会决策的领域和范围日益扩大,内容日益复杂。在这些新情况面前,要做到运筹帷幄,决胜千里,决策者需要学会"借力借智",要运用前期预测、效益评估、公开招标、比选择优等科学的决策方法,确保政府决策理念的先进性、导向的正确性、操作的可行性。第三,参与机制。参与是科学民主决策的重要保障。要通过决策听证和公示制度,采用互联网、新闻媒体、公众评议卡、调研问卷、热线电话、领导接待日等方式,建立社情民情反映制度,建立决策议题的民意征集制度和决策成效的民调制度与评估制度等,决策之前要深入了解民情、民意,决策内容要充分反映民智,以此形成政府与公民社会的良性互动,保障行政决策的科学化、民主化。第四,建立和完善重大事项集体决策制度和决策责任追究制度。尤其是对一些地方领导不经过民主科学程序,拍脑袋以公共服务的名义建立的各种"形象工程"。建立重大事项集体决策制度,就要建立一套能够确保政府决策依法科学进行的制度,包括科学性论证和合法性论证、可行性论证和不可行性论证等,积极试行"一把手"末位发言和无记名投票等决策方式,真正赋予每个决策成员以民主决策权利。建立决策责任追究制度,可以从外部给决策者以一定的压力,防止行政决策中的"跟着感觉走"现象,一旦决策失误,可以按照相关制度规定追究相关决策者的责任。

二 有效执行机制

执行是指在目标的确立与适应于取得这些目标的行动之间的一种相互作用的过程。[1] 随着西方"政府再造"运动的兴起和我国社会主义市场经济体制的逐步完善,执行问题越来越受到各级政府部门的重视,"执行力"一词也从西方企业界延伸到我国政府部门。2006年"政府执行力"被写进了政府工作报告并逐渐形成"政府执行力是政府工作的生命力"的论断。政府执行力建设已成为当前各级政府加强自身建设的重要组成部分和政府改革的

---

[1] Jeffrey L. Pressman and Aaron B. Widavsky, Implementation (2nd., ed) . Berkeley: University of California Press, 1979, pp. XX—XXI.

主要方向。执行机制作为政府执行法律法规、方针政策、规划计划、政策政令的机制载体,往往决定了政策执行的效果。没有健全、有效的执行机制,再合理的政策目标也只能束之高阁,永远不能付诸实施。可以说,"服务型政府的构建、政府服务职能的履行依赖于政府完善而高效的执行机制。因此,一方面,在全球化、信息化和知识化条件下,适时调整政府的执行方式,引入市场机制、全面质量管理、电子化等方式,实现政府执行的高效性;另一方面,以政府职能转变为契机,理顺政策制定与执行的关系"。[①]

当前,在地方政府的行政实践中,尽管行政机关及其工作人员日益重视依法执行,但不可否认,地方政府的某些工作人员,在执行过程中遇到问题时,首先想到的是领导怎么说的,如何批示的,领导的意图是什么,怎样按领导的脸色行事,这实际上是一种人治,政府执行行为的随意性和无序性较大。地方政府的某些领导人法治意识不强的问题也十分突出,在执行决策和政策时热衷于作批示,开协调会,搞大规模的政治宣传和动员,以至于政府执行部门象征性地执行,有选择性地执行,超越权限去执行以及违反法律程序去执行决策、政策和法律等不依法执行现象时有发生。这些现象的发生与我们整个国家的法制建设不健全,有着密切的关联。例如,我国行政管理某些领域的某些行为目前仍处于无法可依状态。特别是政府中规范政府行为、约束公务人员管理行为的法规条例还不健全,甚至有不少领域仍是空白。有一些领域虽有行政法律法规,但行政法律法规之间相互抵触。如下级立法机关超越权限立法,往往造成与上级政府机关的行政法规条例相互矛盾;政府各部门制定的部门规章,由于某些部门职能相互交叉加之在立法时各自强调自己的利益,在审批、罚款、检查等权限上经常纠缠不清。[②] 由此导致地方政府的执行力低下。

完善地方政府的执行机制,首先,要优化政府的组织结构。为了提升政府执行力,必须尽可能地减少政策执行的层级,精简冗员,尤其可以考虑在同级政府内压缩组织层次。同时,还要合理设置横向的组织结构,规范政府各职能部门的资源配置。其次,要建立高效的政府运行机制。一是要构建有效的执行流程,形成合理有序的执行步骤,避免执行偏差或执行失范;二是

---

① 王卓君:《政府公共服务职能与服务型政府》,广东人民出版社2009年版,第130页。
② 沈荣华、钟伟军:《中国地方政府体制创新路径研究》,中国社会科学出版社2009年版,第175页。

要增加政府政策执行的透明度,重视政策执行的信息反馈;三是要建立政府组织上下级之间和组织内外之间良好的沟通机制,减少政策执行过程中的内耗。

大量事实表明,在现代治理中,只有让公民充分参与到地方政府政策执行的各个环节中,疏通反馈渠道,倾听民意,才能获得人民对政策发自内心的服从、遵守、认同和支持,政策才能得到有效的执行。[1] 现阶段应从三方面完善民主参与机制:[2] 一是公民参与执行计划。通过公民参与执行计划的制定,有利于提高公民对公共政策执行的关切度,为优化政策执行计划提供智力源泉。如通过建立政策执行计划的听证制度、电视电话会议和电子行政等制度,有利于公民意愿和实际情况的充分表达,这就大大降低了政策执行的盲目性和随意性,使政策执行计划更具有实际的可操作性和可行性。二是公民参与执行监督。在市场经济条件下,要更多地通过行政契约来对政府等公共政策执行主体进行制约。行政契约就是政策执行主体通过与目标群体签订契约,以明确双方的权利和义务。这将有助于改变政府既当"运动员"又当"裁判员"的双重混合角色,实现公民与政府委托—代理关系和服务与被服务的良性运作。行政契约既有民事行为中的契约精神,又有公共政策执行的行政性质,充分体现了民事自治和公民自主参与精神与主体意识。如在干部人事制度上实行公开招聘、任前公示、提拔试用、合同聘用等制度,这些行政契约的建立与完善将有助于实现民主行政、依法行政,有力地防止政策执行的偏差。三是公民参与执行评估。公民参与执行评估有利于公共政策执行信息的及时反馈和公开,防止公共政策执行评估的"暗箱操作"和扭曲变形,防止政策执行结果的浮夸与失真,也有利于加强公共政策执行主体的责任追究的力度和行为监控强度,防止不良结果的继续恶化。公民参与执行评估主要体现为公民参与政策执行结果的考核制和执行人员的业绩评价的民主投票制,以及建立健全政策执行的社会评价机制,保证对政策执行评估的公开、公正和高效,为公共政策评估提供真实的原始材料。

---

[1] 宁国良:《论公共政策执行机制问题》,《求索》2004年第6期。
[2] 沈荣华、钟伟军:《中国地方政府体制创新路径研究》,中国社会科学出版社2009年版,第176—177页。

三 部门协调机制

公共服务可以说涉及各级政府的各个部门之间的关系，需要各部门之间密切配合，协调行动。党的十七大报告指出，要"加大机构整合力度，探索实行职能有机统一的大部门体制，健全部门间协调配合机制"。这样，实行大部门体制和健全部门间协调配合机制被作为一个问题的两个方面提了出来，两者相辅相成，缺一不可。相较于大部制而言，健全部门间的协调配合机制更利于有效解决政府内部各职能部门相互间职能的交叉重叠，可以最大限度地避免政府职能交叉和多头管理。英国政府 1999 年发表《政府现代化白皮书》，主张建立协同政府，其核心就是通过加强部门间的协调，"确保政策制定的高度协调和具有战略性"。

建立健全部门之间的协调机制，是建设服务型政府的重要基础。西方传统的官僚制存在着"鸽笼式"专业化部门分割，[①] 与此相类似的是，我国地方政府同样存在着部门分割现象，然而，我国政府部门的这种分割很大程度上不是因为技术、职能和专业的不同而造成的，而是我国特殊的自上而下单向式的权力模式的结果，是唯上不唯下的地方政府行为方式引起的，地方政府往往被分割成相对独立的"条条"，就像一张无形的网束缚着地方政府的整合功能和整体效能的有效发挥。部门割据、职能交叉、权责冲突、相互推诿扯皮、恶性争利、各自为政等，将会导致服务壁垒和服务的"碎片化"现象，使部门服务无法实现联动。建设服务型政府既要改变过去政府部门过多、分工过细、效率低下等弊端，使政府组成部门控制在适当的、合理的范围内，又要在对政府职能和机构进行重组的同时进行创新，促进部门之间的协调与合作。[②] 因此，要通过树立协同意识，建立跨部门的设计、实施和评价机制，避免部门化可能导致的碎片化、相互掣肘和割裂，从而减少重复投资建设，加强部门之间的协调配合，实现信息和资源共享，从"一盘散沙"形成全国"一盘棋"的局面，通力合作推进部门政府服务的整体协调，有助于提高主导部门的领导力和决策力。参与协作的各部门领导应该积极推动跨部门合作的政策与服务，创建一种致力于跨部门合作的文化；要根据跨部

---

① [美]戴维·奥斯本、特德·盖布勒：《改革政府——企业精神如何改革着公营部门》，周敦仁等译，上海译文出版社 1996 年版，序言第 2 页。
② 裴蓓：《建设服务型政府路径探析》，《理论导刊》2007 年第 8 期。

门合作目标和单纯部门目标的完成情况来评判和奖励领导的绩效；应通过磋商找出改进政策制定的有效方法，促进科学民主决策的实现。也需要提高跨部门合作的能力和技能。"应该在政府内、外进行更多的人员流动和内部调换，以求获得必要的技能和能力。还可以利用录用和晋升的机会招收拥有跨部门合作技能的人才或培养具有潜质的人才。同时，更多的公务员应该在真正的伙伴关系合作中，实际锻炼处理各种利益冲突的能力，体验各种复杂的报告程序。"① 同时重视审计和外部监督审查。因为跨部门合作要牵涉到各种复杂的关系和责任序列，从本质上讲，这种合作的风险也更大，所以要特别强调部门和机构的外部审查监督。但是，为了将审计和监察制度阻碍跨部门合作的非激励因素降到最低点，应该根据实际情况持续改变促进跨部门政策的监督审查程序，在人大建立更多的跨部门合作委员会。② 在部门间的协调配合方面，美国政府建立的跨部门合作机制是值得我们借鉴的。该合作机制属于政府部门年度绩效计划的组成部分，主要包括跨部门关系确认（明确跨部门的相关机构、共同目标和各自贡献）、领导和协调机制、信息共享机制和合作的激励机制等要素。为此，我国政府也可以在绩效评估或年度考核中纳入跨部门合作情况，以推进政府部门间协调配合机制的建立。

大部制的改革以及近年来各地以权力清单建设为契机的部门关系的重新梳理，是部门间协调的很好尝试。

第四节 地方政府与民众互动机制

地方服务型政府要更好地为本地区的经济社会发展和民众服务，除了进行外在和内在的双重机制再造与完善以外，还需要政府在积极推进政务公开的基础上，加强与社会的协作，积极回应公民需求，完善公民参与机制，以实现地方政府与服务对象的"无缝"对接。

一 政务公开机制

政务公开是指"为推进社会主义民主政治发展，实现公民政治权利，而将做出的决策过程、执行过程及其后果公之于众，以便社会其他成员进行

---

① 孙迎春：《国外政府跨部门合作机制的探索与研究》，《中国行政管理》2010年第7期。
② 同上。

参与、监督的过程"。① 民主社会的发展要求政府实行政务公开、建立政务公开机制。列宁曾经指出："公开……是一把利剑，它自己可以治疗它所带来的创伤。"② 政务公开理念要求政府将公共服务的依据、内容、过程和结果向社会公开，让公民知悉；要求政府在观念层面要破除恩赐观念和秘密行政观念，树立人民是国家主人，政府是人民仆人的理念，仆人只有为主人服务好才能取得其统治的合法性。概言之，实行政务公开是公众监督政府、参与政府决策与管理的前提，"是建设透明政府、阳光政府的实现路径和重要手段，政务公开可以使各级政府工作人员安神正心，可以使人民知情放心"。③ 在传统管理型政府行政方式下，重要特征就是暗箱行政、信息不公开、信息不对称和政务不透明，它不仅造成了极高的交易成本，还为政府官员的"寻租"提供了大量的机会。建设服务型政府的重要内涵之一就是强调公民的知情权、表达权、参与权和监督权，破除政府与其服务对象之间的信息不对称。

服务型政府背景下地方政府政务公开的具体内容包括：（1）决策公开。所谓决策公开就是要严格执行集体讨论制度和全体成员讨论制度，在民主与法制的基础上实行决策民主化、公开化；就是要在决策前或决策过程中，把准备决策或正在决策的事项向人民群众公开，以征求群众的意见，让人民群众参与决策；就是要在决策后，将决策的最终情况向人民群众公开，让人民群众知情，便于群众监督实施。（2）办事制度公开。主要是指政府的办事依据公开和办事条件公开，这样可以增加公民对政府的信任度。（3）办事程序公开。办事的程序包括工作程序、办事的方式、步骤、顺序、渠道等。它还包括办事的时间与空间条件，这些程序的公布于众，便于公民对政府活动的参与。（4）办事结果公开。把事关人民切身利益的事项的最后结果（包括执行结果、奖惩结果以及监督处置结果等）都向社会公开，这样有利于公民对政府的有效监督。（5）监督措施公开。监督措施的公开是政务公开的一个重要内容，也是办事制度公开的一个重要保证。其中公开行政人员的身份，要求行政人员一律佩戴有本人照片、姓名、职务、单位的牌证上

---

① 姬国海：《关于我国政务公开的内涵界定》，《东北师范大学学报》（哲学社会科学版）2002年第5期。
② 《列宁全集》第19卷，人民出版社1957年版，第25页。
③ 沈荣华：《中国地方政府学》，社会科学文献出版社2006年版，第232—233页。

岗，当地监察部门设立举报中心，在相关地方统一设置了检举箱等各种形式，便于人民参与监督。

当前，在构建服务型政府的进程中，政府服务的公开性要逐渐脱离政策层面而向制度设计层面转变，远离政府服务的随意性，促进政府服务的规范性，只有政府服务走向制度层面才能使政府服务公开具有长期性、持续性和稳定性。第一，要进一步完善政务公开的政策法规体系，建立具有回应性的政务公开机制。西方国家为了防止权力错位，把政务公开作为根本性的措施之一，美国于1976年制定了《阳光下的政府法》，近些年，韩国、日本也纷纷制定关于政务公开的有关法律，指望以此来遏止政坛权钱交易等腐败现象。2008年我国《政府信息公开条例》的颁布使政务公开走向法治化，目前需要加强执行和监督力度，促进该法规的落实，同时需要制定相关实施细则和配套法规。第二，创新政务公开模式，扩大政务公开的范围与路径，形成以政务服务中心为载体的综合性政民互动平台。要进一步扩大政务公开的范围，规范公开的内容和形式，使政务公开真正成为各级行政机关施政的一项基本制度。政府要主动、定期向社会公开信息，政府所有的办事程序都要向公民公开，并以简单明了的形式向公民发布，对重大事项的执行结果无论好坏都必须通过一定的渠道向社会公开。第三，健全监督体系，完善责任追究和法律救济制度，建立科学客观的政务公开考核评估机制，从根本上解决政务公开的动力机制。要强化政务公开监督机制，构建多主体、多渠道、多层次的监督网络；要把政务公开与实施行政许可法、财政体制改革、投资体制改革、人事制度改革、招投标制度改革和扩大基层民主结合起来，整体推进，形成综合效应。

二 政社协作机制

地方服务型政府建设是公共事业，需要形成政府与社会的良性互动与协作，方能取得实效。构建地方政府与社会的协作机制主要涉及三方面内容：

一是着力提升公民主体性。地方服务型政府建设，核心的问题是解决政府权力与社会权利的关系问题。要实现以权力制约权力以及以社会权利制约政府权力、确保政府权能与责任彼此匹配，进而发展成真切面对民众、真实面对社会的负责任的公共行政，就必须有赖于公民社会的发育和成熟，其关键在于公民主体性的成长。所谓公民主体性，即指公民对其政治社会主人地位的充分理解和对拥有的政治权利的理性认识，并且能够在具体的公共生活中以独立、负责任的态度来行使其权力。当然，公民的主体性地位，需要在获得明确法定程序和公共认可的公平规则之下得以实现，这就意味着不仅要有公信力的制度来保障和发展公民权，而且还需要公民群体具有良性的公民资格感与公民人格感，具有公共理性精神。正如政治哲学家威尔·金里卡（Will Kymlicha）所指出的，"现代民主制的健康和稳定发展不仅依赖于基本制度正义，而且依赖于民主制下的公民的素质和态度"，"现在已经清楚的是，旨在平衡个人利益的程序性的制度机制是不够的；还需要有一定水准的公民品德和公共精神"。① 因此，必须革新公民政治文化，培养公民主体意识、政治感情和效能感，造就现代化的、民主参与型的公民政治文化，塑造具有现代民主意识、积极参与精神、法律意识以及参与能力的新型公民。

二是公民参与意识与责任的强化。任何权利的行使都是与相当的责任相联系，作为公民资格的重要成分，② 参与责任与参与权利相伴相随。在转型期，地方服务型政府的建设不能缺少广大民众的参与，有效的公共参与意味着不仅有公民参与数量的增加，更要有参与质量的提升。服务型政府建设过程不应该是孤立于社会需求的"自斟自饮""独角戏"，也不应该是高居于社会之上的"悬浮性"，③ 而应该是国家与社会、政府与市场，尤其是政府与公民的有序互动和良性合作的过程。任何缺乏民意基础的所谓革新，都可能昙花一现。公民社会参与责任的有机楔入，不仅仅意味着社会主体的在场，更在于它可以全过程监督、敦促政府以回应公民、回应社会为出发点和着力点的兑现与完善。因此，推进地方服务型政府建设，就不仅需要强化民众参与中对自己所作所为（如对暴力对抗、非法侵损他人和社会合法权益等非制度化行为后果）的后果承担责任，更应对其制度化参与中的附从、随意、无作为等懈怠行为承担责任。可见，参与责任应该是一个兼具道德责任和法律责任的责任重合。转型期，培养和发展这种具有健全权利义务意识，尤其是提升与健全参与责任意识，对于地方服务型政府建设获得持续的公共理念和行为支持至关重要。

三是参与渠道的制度性拓展。从政治发展的角度看，政治过程的民主化

---

① ［加拿大］威尔·金里卡：《当代政治哲学》，刘莘译，上海三联书店2004年版，第512页。
② ［美］托马斯·雅诺斯基：《公民与文明社会》，柯雄译，辽宁教育出版社2000年版，第11页。
③ 沈荣华、钟伟军：《中国地方政府体制创新路径研究》，中国社会科学出版社2009年版，第42—44页。

是一个不可避免的趋势,在现实政治实践中,通过公开征集意见、决策听证、公推公选等公民参与途径为管理民主的发展创造了机会。然而,民众参与的咨询色彩仍旧浓厚,协商民主的价值仍体现得不够充分。譬如,在立法参与或决策听证,以及公推公选等过程中,参与者的意愿还难以得到切实体现,参与权的保障和救济仍然存在种种不足,以至于各种"参与难""难参与"和"象征性参与"现象还客观存在。从这个角度讲,不断发展和完善公共主体、公共程序与公共救济的法律法规,进一步拓展参与渠道,通畅参与机制,完善参与制度,为民众提供"敢参与""能参与""会参与"且"参与好"的制度空间,对于保障参与权力、激发参与热情、提升参与效能不无裨益。这样的努力,实际上是地方服务型政府建设取之不尽、用之不竭的力量源泉,大大有利于促进由"政府为改革而改革"转向"政府与社会合作驱动"的政府改革。坚持这种"两条腿走路"的改革,是提高改革针对性和实效性的重要保障和有力支撑。

三 政府回应机制

"回应"一词是对某种行为、愿望、思想相应的反应与回馈。政府回应(government responsiveness)又称政府反映性,它有政府应答、反应的意思,"就是现代政府公共管理的过程中,对公众的需要和所提出的问题做出积极敏感的反应和回复的过程"。[1] 政府回应机制是指政府在进行社会管理、提供公共服务的过程中,对公众的需求和提出的问题做出积极负责的反应和回复的行为与过程。美国行政管理学者格罗弗·斯塔林(Grover Starling)曾指出:"公共管理的责任的基本理念之一就是回应。回应意味着政府对民众对于政策变革的接纳和对民众要求做出的反应,并采取积极措施解决问题。"[2] 有学者指出,"在一个注重公众和社会需求,并要求公民参与公共政策制定的服务型政府中,政府公仆身份的确认最重要的是不再用政府的主观意愿去代替公众的实际需求,而是使政府服务的根据来源于公众的需求,并对其及时作出回应"。[3] 概言之,政府的"回应性"是"以人为本"的题中应有之义,意味着政府对公众的期待和要求作出及时、负责、高效的反应,

---

[1] 何祖坤:《关注政府回应》,《中国行政管理》2000年第7期。
[2] [美] 格罗弗·斯塔林:《公共部门管理》,陈宪等译,上海译文出版社2003年版,第132页。
[3] 王丽莉:《服务型政府:从概念到制度设计》,知识产权出版社2009年版,第119页。

将公众普遍关注的社会生活问题确立为政府着重要解决的政策问题,使政策问题充分体现民意;"回应性"又是地方政府公共性的重要保障,意味着政策方案必须考虑普通民众特别是弱势群体的利益。

回应性与服务型政府具有内在的契合性。"服务型政府要实现其服务宗旨并承担服务责任首先要能清楚了解公民社会的需求,而回应则是连接需求和服务之间的传导机制。如果缺乏公众回应,民众无法有效表达他们的需求,政府也难以有针对性地提供公共服务,服务型政府的服务宗旨也就不能在实践运行过程中得到体现。"① 服务型政府的本质是根据民众需求提供公共服务,要求政府提供公共服务的方式应该是迅速、高效和公正的,而政府提供公共服务是否迅速、高效和公正的基础却在于政府是否具有高效的政府回应机制,没有一个高效的政府回应机制,民众的需求无法有效传递给政府,政府也就无法有效满足民众的需求。② 这就是说,"政府如果只强调自己供给了什么,不在乎公民真正需要什么,只强调自己的真诚程度,忽视了民众的困难程度,那么,即使地方政府提供了服务,民众也不一定见情,不一定会满意,由此导致公共服务供给与需求之间的错位与失衡。这种重给付轻回应、重主观轻客观的单向性服务模式,完全有悖于服务型政府本质"。③

一般而言,政府对社会的回应主要包含三个方面,即职能性回应、责任性回应和前瞻性回应。在这三个方面中,政府的职能性回应是一种被动回应,它是政府被动处理日常职能范围内的事务而产生的回应;责任性回应主要是政府积极承担与其权力相符的责任,对民众的诉求做出积极的回应,以及在解决社会产生的新闻时与民众互动性回应;前瞻性回应主要是政府在制定社会规划、制定长远政策、指导社会发展时产生的回应。④ 当前我国仍是一种半封闭的行政模式,政府政策的制定与执行更多的是由领导决定,缺乏民众的参与机制,政府回应仍以被动的职能性回应为主,缺乏责任性回应和前瞻性回应。此外,从近年来群体事件频发、干群矛盾紧张、社会问题加剧的现状来看,我国现行的政府管理模式尤其是在处理社会利益诉求时政府的

---

① 黄国琴:《服务型政府回应性的构建途径——兼对两种范式的回应模式述评》,《中共贵州省委党校学报》2012年第4期。
② 陈国权等:《责任政府:从权力本位到责任本位》,浙江大学出版社2009年版,第85页。
③ 沈荣华、鹿斌:《我国地方服务型政府的建构与调整》,《上海行政学院学报》2014年第3期。
④ 陈国权等:《责任政府:从权力本位到责任本位》,浙江大学出版社2009年版,第83页。

回应性方面还存在诸多问题，这主要表现为沟通单向性、回应被动性、方式单一性、反馈滞后性、责任模糊性、回复随意性等。这种被动和消极的政府回应不仅严重影响地方政府的公众形象，也将造成公众对地方政府的不信任及政民关系的不和谐。

美国著名政治学家罗伯特·塔克（Robert C. Tucker）指出："无论何种政府制度，只有在人民被说服了以后，只有在领导向人民讲明了所处的艰难境况，而且只有在某项政策可能提供有效回应的情况下，他们通常才会给予这项政策以积极的支持。"① 可见，政府对公民需求和社会问题的有效回应是正确处理社会矛盾、构建服务型政府的重要前提和保障。当前，应着力完善服务型政府的回应机制。第一，提升地方政府工作人员的回应意识与回应能力。要针对公务员自身制定相应的培训规划，改变过去思维中存在的"不出事"逻辑，② 遇到问题时采用的捂、盖、打、压等方式，从"不回应"转向"要回应"，从被动回应转向主动回应，从消极回应转向积极回应，从延迟回应转向及时回应，从部分回应转向全面回应，从"拍胸脯式"回应转向务实性回应，同时提升自身回应公众诉求的能力。第二，要建立有效回应公众诉求的制度平台。要将传统的回应载体（如领导接待日、新闻发布会、现场办公会、听证会、基层走访调研等）和现代新型的回应载体（如政府上网工程、政务微博、政务微信、市民论坛、民主恳谈会、社区服务平台等）有机结合起来，多形式、多渠道回应公众意愿与诉求，以满足不同社会群体对政府的要求。第三，在具备多种有效的回应载体的基础上，形成一套以公众为导向的政府回应流程和回应机制，并且通过各种民主与公众参与的形式实现公共利益的表达与聚合，促进政府与公众的互动。在政府回应的过程中，政府不仅要重视对公众所提问题和需求的反应，而且要重视对公众评价的有效反馈，重视反馈后的工作绩效评价，不断改进工作中的缺点和失误，以保证政府回应的真实有效性。具体的回应流程见图5-2。

---

① ［美］罗伯特·塔克：《政治领导论》，丛郁译，南京大学出版社1988年版，第61页。
② "不出事"逻辑，即遇事不讲原则的策略主义和有问题消极不作为的"捂盖子"之举，其核心表现就是消极和不作为。见贺雪峰、刘岳《基层治理中的"不出事逻辑"》，《学术研究》2010年第6期；钟伟军《地方政府在社会管理中的"不出事"逻辑：一个分析框架》，《浙江社会科学》2011年第9期。

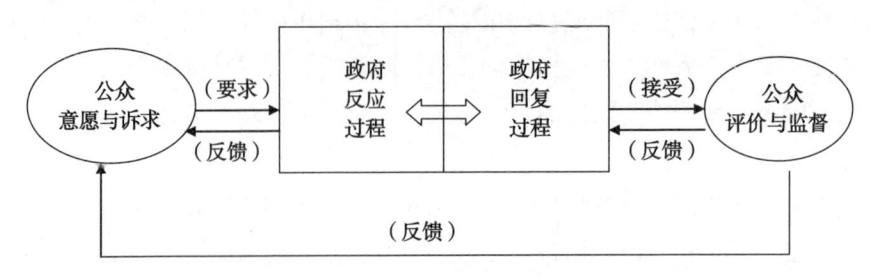

图 5-2 政府回应公众需求图

四 公民参与机制

政民互动既是政府以人为本执政理念的生动体现，又是对公民权利主体性的理性尊重，公民参与机制的建构是政府提升服务效能、增强服务回应性的基础。从一定程度上说，中国服务型政府建设中存在的主要问题多多少少都与公民有效参与不足有关，没有公民的有效参与，政府的公共服务体系建设就无的放矢。在构建服务型政府的浪潮下，各地方政府在推进政民互动、实现公民参与制度化方面多有探索。比较典型的如万人评议、领导承诺、公布电话、政务微博等。但问题在于，如何保证这种参与的公开性与平等性，如何考察公民参与公共事务的治理效果，这都需要建立一种真正的以责任政府为主导，以政府和民众共同搭建的平台为中介，以民众自治为基础，以民众的积极参与为动力而形成的政府和民众之间有效互动的、持久稳定的治理机制。

第一，搭建公民参与平台，增强政府透明性与回应性。方便公民参与的形式并不等于公民就能够真正参与到地方服务型政府建设中来。在构建我国地方服务型政府过程中，尚未形成公共服务的多元社会参与机制，缺乏参与平台，使得民意无从充分表达，因此需要搭建一个制度化的公民参与平台，把涉及公民自身相关权利利益的诉求与政府部门互动，建设成为公民意见表达、参与管理、监督政府等有机结合体。在这一互动平台上，允许公民意见的正常表达，并且有负责的联系交流，能够对问题的解决产生实质的、程序性的影响，这个意义就非同寻常。在丹麦近年来所进行的公共管理改革过程中，公共服务的使用者可以通过选举委员会广泛地参与到行政过程中去，通过对行政决策施加影响、对行政过程进行监督，与公共部门展开合作，提高了公共部门的行政绩效,满足了公民对公共产品的需求。① 这可以在我国建设服务型政府的过程中参考借鉴。

第二,把公民参与与政府绩效评估有机结合。政民互动、公民参与的目标终归是要提高政府服务的效率与效能。而政府服务的优劣好坏,要以老百姓的实际感受为标准,并以此种标准作为对政府公共管理绩效的要求。因此,要将公民参与与政府内部的绩效评估、专业机构的政府绩效评估以及行政监督活动结合起来。甚至可以考虑在政府自我绩效评估的过程中,设定公民参与这一必经环节或必备内容,以增强政府绩效评估的有效性和合理性,减除其间的不合理性。

第三,把公民参与与政府问责有效连接。对于老百姓所关心、所焦虑的事情、所质疑的事情,政府有责任、有义务做出回应。同时,建立联动机制,对于政府工作的失误、差错、问题等要依法进行问责,将公民参与作为体制改革的内生动力,通过"机制+问责",展开制度性的改革建设。

第四,完善公民参与的程序和方式。事实证明,公众的积极参与有利于提高公共服务领域的资源配置效率。我们认为,强化参与程序至关重要,对于参与的公众而言,从哪里获取参与信息?以哪种方式连接参与?参与的方式是会议还是个别交谈、是分散的还是集中的、是现场参与还是等候评判?抑或是几者的结合?为此,需要设计出公民参与的具体程序与具体方法,才能提高参与实效。

第五,提高公民的参与能力。列宁曾经明确指出:"文盲是站在政治之外的,必须先教他们识字。不识字就不可能有政治,不识字只能有流言蜚语、传闻偏见,而没有政治。"② 政府机关本身就应当是公民能够参与的公共机构,在这种参与中才能培养公民资格,政府官员在治理过程中,最重要的责任就是为公民参与主动提供方便。

党的十九大报告指出,要"加强协商民主制度建设,形成完整的制度程序和参与实践,保证人民在日常政治生活中有广泛持续深入参与的权

---

① Carsten Grave & Peter Kragh Jesperson, New Public Management and its Critics: Alternative Roads to Flexible Service Delivery to Sitizens? in Luc Rouban, Citizen and The New Governance: Beyond New Public Management, Amsterdam: IOS Press, 1999, p. 153.

② 《列宁全集》第 33 卷,人民出版社 1987 年版,第 59 页。

利"。① 这就明确告诉我们,需要完善公共参与的程序建设,通过参与适量的民主选举、公共决策等参政、议政、投票、论辩、听证、监督等活动,增强公民对政府的信任,同时也提高政府领导人的威信、增强公共政策的针对性和可操作性,优化政府治理效能。通过渐进的民主生活训练,着力营造理性的公共生活环境,帮助公民、公民社会和政府客观、公正、平和地看待利益、行使权力,从而塑造文明的公共生活。因此,积极培育现代公民具有独立的公民人格和自主的公民精神、大力发展公民社会、完善公民参与机制,是现代服务型政府的题中应有之义。

---

① 《中国共产党第十九次全国代表大会文件汇编》,人民出版社 2017 年版,第 30 页。

第六章　地方服务型政府网络

习近平同志指出，网络是一个新型的、前沿的"社会信息大平台，亿万网民在上面获得信息、交流信息，这会对他们的求知途径、思维方式、价值观念产生重要影响，特别是会对他们对国家、对社会、对工作、对人生的看法产生重要影响"。[①] 许多新情况、新问题，因网而生、因网而增；许多信息、许多事件，因网而快速传播、因网而无事生非。如何做好网上的正面宣传、创新网上的正面引导、发挥网上的正向能量，是互联网管理的重要使命，这需要政府系统建构一套行之有效的网络制度。有效的网络治理不仅依赖于官僚人员或技术人员，而是更多地内嵌于多元的社会结构网络当中。[②] 地方服务型政府建设的一个重要任务就是让具有服务供给能力的主体和公共服务的接受者最大限度地纳入到服务网络中去，把公民、社区组织、邻里联合会等力量引入到这种服务网络中来，并构建与之相适应的参与和互动网络。当前，中国地方服务型政府建设的困境在于，一些地方政府与基层社会之间呈现出脱节状态，基层治理网络一定程度上受到削弱与断裂，网络建设成为地方服务型政府推进的一个必须认真对待的问题。

第一节　网络困境与地方服务网络

网络是理解地方服务型特殊而又重要的视角，是连接国家与基层、政府与民众的重要纽带，更是政府实施管理和服务供给的中介，也是基层民众有效参与的桥梁。随着经济社会的发展，治理变化日新月异，具体治理模式也呈现出明显区隔。在封建社会的传统乡村，支配基层治理是以血缘、地缘和

[①] 《习近平谈治国理政》第二卷，外文出版社 2017 年版，第 335 页。
[②] ［美］B. 盖伊·彼得斯：《政府未来的治理模式》，吴爱明译，中国人民大学出版社 2001 年版，第 82—83 页。

情感为纽带的"文化网络";中华人民共和国成立以后,这种"文化网络"转变为权威性的组织网络;改革开放以来,基层社会的治理网络呈现出消解趋势;当下互联网在很大程度影响了地方治理的有效性,重建有效的治理网络,已是不可回避的当务之急。

一 基层治理的文化网络

在传统中国,乡村社会更多的是一种基于密切交往和情感联系的共同体,"是由无数私人关系搭成的网络。这网络的每一个结都附着一种道德要素"。① 杜赞奇看来,中国传统乡村社会是由"权力的文化网络"(culture nexus of power)所支配的共同体,其中的"文化"指各种关系与组织中的象征与规范,这些象征与规范包含着宗教信仰、相互感情、亲戚纽带以及参加组织的众人所承认并受其约束的是非标准。这种象征性价值赋予文化网络一种受人尊敬的权威,它反过来又激发人们的社会责任感、荣誉感,从而促使人们在文化网络中追求领导地位。② 一般来说,这种文化网络中扮演核心角色的,往往是传统道德与象征资本化身的地方乡绅,因为地方乡绅身上集合了地方文化网络中最为重要的象征资本,他们的地位、职能和角色往往取决于三大要素:财富、学位及其身份。其学位就是功名,获得功名的方式一般有两种,一种是纳捐,就是向政府购买(如监生等),另一种是通过科举考试,前者必须拥有财富,后者必须有足够的闲暇接受相应的科举教育;身份一般是指公共身份,即代表所在地一方的利益,并表现出维护、争取及强化所在地一方共同利益的姿态,使地方民众有信任感、归依感,从而拥戴、支持他们(指地方绅士)。要获得这种身份的最好方式就是参与地方公共事务,如承担一些公益活动、排解纠纷、兴修公共工程,有时还有组织团练和征税等。地方绅士在文化上的领袖作用,往往通过弘扬儒学、倡导社会有益的价值观念以及这些观念的物质表现,诸如维护寺院、学校和贡院等。③ 有人曾以福建为例,发现闽北地区的许多桥田、渡田、渠田、陂田、祠田、仓

---

① 费孝通:《乡土中国 生育制度》,北京大学出版社2004年版,第36页。

② [美] 杜赞奇:《文化、权力与国家:1900—1942年的华北农村》,王福明译,江苏人民出版社2004年版,第14页。

③ Chung-li Chang, *Chinese Gentry*: *Studies on Their Role in Nineteenth-Century Chinese Society*, Seattle and London: University of Washington Press, 1970, p. 51.

田、学田、义田等公产，都肇始于明代后期，大量公共事务都是在地方乡绅负责组织和领导下进行的。[1] 地方乡绅基于传统的文化网络治理，构成了中国传统社会中独特的治理特征，地方乡绅成为国家权力与乡村社会之间的连接点，一头连接着国家正式的权威网络体系，另一头连接着乡土社会的人脉地基。

进一步讲，这些能够连接国家权力与乡土社会的独特角色，大多是退休官员（官绅）或者有功名者（学绅），他们享有国家授予的某些经济、社会与法律的特权。特别是有些"官绅"拥有豁免当地司法管辖的特权，不受常规司法程序的约束，可以免除徒刑下的刑罚。[2] 更重要的是，地方乡绅由于非常了解国家权力体系以及地方政治的运行模式与潜在规则，往往他们在与国家权力打交道的时候显得游刃有余，从而给地方带来其他精英难以给予的某些独特好处。乡绅或立足于地方，或退休后（也有的是被罢黜）回归故里，这种身份的独特性使他们往往同时扮演三种角色：一是服务于地方社区利益，二是服务于国家权力，三是服务于乡绅家庭自身利益。[3] 地方乡绅服务于地方社区利益是源自其有实力能有效周旋于地方社会与国家之间，从而在普通老百姓的圈子中，被视为社群或公众的首领，他们解决纠纷、组织募捐活动、主导地方防备，也发挥其他种类的领导作用，因此赢得尊重和追从。甚至人们在冤情时还希望士绅为他们申冤昭雪，在灾荒时希望给人们提供救济；另一个圈子的地方官中，由于在家乡具有相当的威信，往往能够对地方官员的决策施加影响，促使官员创制、修改或撤销某个决定或行动。[4] 一般情况下，地方官员在做出重要的决策和行动时，都会与绅士集团交流和沟通，那些不能与当地绅士建立合作关系的官员，不但可能推行决策困难，还可能因受到地方绅士在朝中代言人的攻击而失掉职位。所谓服务于国家权力的角色，一是指地方乡绅常常都会有意识地协助国家从地方"汲取"剩余资源，如税收征集、组织劳役等；二是指他们暗中扮演着地方官员的"耳目"，提供关于本地居民的有关信息，并负责地方秩序和治安等职责；

---

[1] 郑振满：《明后期福建地方行政的演变》，《中国史研究》1998年第1期。
[2] 瞿同祖：《清代地方政府》，范忠信、晏锋译，法律出版社2003年版，第295页。
[3] Vivienne Shue, *The Reach of the State: Sketches of the Chinese Body Politic*, Stanford: Stanford University Press, 1988, p.96. 原文中乡绅的三种角色顺序分别为服务于国家利益的角色、服务于家庭自身利益的角色和服务于地方社区利益的角色。
[4] 瞿同祖：《清代地方政府》，范忠信、晏锋译，法律出版社2003年版，第297—298页。

三是扮演地方教化的基本角色,承担着在地方宣扬代表官方意识形态的儒家道德规范,为国家权力统治的合法性进行道德价值上的灌输与示范。所谓服务于家庭自身利益的角色往往是在扮演前两种角色的前提下实现的,并必须控制在适度的范围之内,一旦这种角色过头,其性质就发生变化,人们就会称其为"劣绅"。

在传统中国,通过地方乡绅这种地方精英作为中介,使得在专制统治下本来分裂的国家权威与地方普通大众之间,有了较好的联结。正如费孝通所言,在传统中国,存在着两种权力结构,一种是上层的中央政府,另一种是底层的由乡绅所领导的地方治理单位。以乡绅为核心的文化网络看似无形,却是理解传统中国基层治理最为重要的密码,从而保证国家以一种独特的方式实现对基层社会的有效治理。当然,这并不意味着国家权力与这种文化网络之间总是和谐的,事实上,二者之间经常出现紧张,甚至也会出现激烈的对抗,或者是国家权威过大侵入地方社会网络,或者是地方社会试图挣脱国家权威的统治。这种现象在中国历史上,时有之,却不是常态。

二 基层治理的组织网络

近代以来,中国农村的这种文化网络由于受到内外双重危机而日益瓦解,地方乡绅也逐渐向恶霸劣绅方向转变。中国共产党从革命一开始,就把重建乡村权威视为一项重要的任务,所不同的是,中国共产党把乡村权威重建在组织的基础上,这种组织建构包括行政机构、党务机构、生产组织机构和农民群众组织相连的渠道。[①] 在行政机构方面,1927年广州起义之后,中国共产党就提出了建立"苏维埃政权"的思想,1931年11月通过了《中华苏维埃地方政府的暂行组织条例》。该《条例》根据马克思巴黎公社的政权组织形式,规定中华苏维埃政权的组织形式是"议行合一制",同时确立了省、县、区、乡四级。到解放战争时期,中国共产党在各大解放区都建立了大区、省、行政公署、县、区、乡镇6个行政层级。乡镇作为基层正式权力机关,设正、副镇长各一名、政务委员5—9名,均由选举产生。1949年至1958年,是农村基层政权组织"管理式"模式的发展期,以土地改革和阶级划分为特征;1958年至1978年,是农村基层政权组织高度动员的社会运

[①] 毛丹:《一个村落共同体的变迁——关于尖山下村单位化的观察与阐释》,学林出版社2000年版,第40页。

动时期，以全能型的人民公社制度为特征。为了强化农村基层政权组织建设，内务部要求基层政府设立正规的下属工作委员会，对生产合作、文教卫生、治安保卫、人民武装、民政、钱粮、调节等方面进行全面管理。1958年12月"三级所有、队为基础"的人民公社制度正式在全国范围内建立，其实质是国家对乡村社会的全面整合与控制。在党务机构建设方面，在农村建立党组织自与国民党斗争时期已经开始，斗争的结果使党组织向社会的基层纵深发展，在新解放区全面建立党的机构，是1949年全国胜利之后。

土地改革后，国家通过合作化运动对农村进行社会主义改革，其重要任务就是将农民组织起来，由此党的组织开始从乡镇向村庄延伸。1954年5月，中共中央农村工作部和中央作的《关于第二次全国农村工作会议的报告》指出，新区有相当一部分乡村没有中共党员的支部，这种党员过少的乡，均应在社会主义改造运动中积极发展党员，建立支部。随着合作社的建立和发展，合作社和行政村均建立了党的组织。通过在农村建立党的组织，动员农民入党，从而将分散的农民组织起来，成为政党组织网络中的成员；无政治的农民具有了政治意识，动员到党的目标之下，由此从根本上改造着农村社会；[①] 在农民群众组织方面，中国共产党最早在农村建立起来的基层政权组织是农民协会，其主要攻击的目标是土豪劣绅，不法地主，旁及各种宗法的思想和制度，城里的贪官污吏，乡村的恶劣习惯。另外，中国共产党在农村还有共青团、妇代会、民兵、农会等群众性团体组织也相继建立，逐渐形成了一套完整的基层政权组织体系。

通过对农村的组织化改造，传统农村中的文化网络完全被组织网络所代替，传统农村社会游离于国家权力网络之外的格局完全被改变，村庄被"嵌入"到党和国家的权力网络之中，国家权力机构形式只到乡镇一级，但是，组织权威已经下伸到"自然村"，使得乡村的社会生活军事化、经济生活行政化、精神生活一统化。费正清说："……国民党只建立起一个徒有其表的小王朝，中国共产党却把它的权威渗入了每一支稻穗。"[②] 再加上农村户籍制度、生育制度与劳动工资制度，农民被有效地固定在居住地和集体组织中。与国家政治结构有着密切联系的、由贫农中年轻的政治积极分子组成的、新的农村领导机构取代了绅士的权力，权力的组织网络成为支配农村社

---

① 徐勇：《"政党下乡"：现代国家对乡土的整合》，《学术月刊》2007年第8期。
② [美] 费正清：《中国：传统与变迁》，张沛译，世界知识出版社2002年版，第622页。

会的核心纽带。

作为农村集体化最高形式的人民公社,其政社合一体制生成的基础主要有三个方面:一是经济上的集体化,通过把农民手中的土地收归集体,构成人民公社政社合一体制的经济基础;二是政治上的党政合一,党组织下沉,是人民公社政社合一体制的政治基础;三是文化上的心理崇拜,阶级斗争扩大化,是人民公社政社合一体制的社会基础。人民公社通过对经济制度和意识形态的改造,确立了政权组织在乡村社会的绝对权威,极大地加强了国家的动员能力。王乐夫把人民公社概括为六大特征:[①] 一是集权体制下的党和党的领导。二是集权体制下的依附于党委的政府组织,公社运作的模式是"党委决策,政府实施"。政府依附于党委,实际上只是党委的一个办事机构。政府的依附特征恰好保证了公社的集权。三是集权体制下的干部。公社集权制度的维系依靠一大批服从公社权威、执行公社意志的干部,换句话说,忠诚的干部队伍是集权体制存在的必要前提,是集权制度的有机组成部分。四是集权体制下的市场控制。人民公社时期乡村市场受到严格控制,政府留给农民的"空间"仅仅有无门面的自由市场。五是村队模式中的产权制度。生产队是人民公社的基础,它掌握着所辖范围内的土地所有权,它因而能够组织生产、交换和分配,成为一个"基本核算单位"。党的"路线、方针、政策"都要贯彻到生产队,公社设计者的宏图大志或者美好理想最终都须落实到生产队。六是社队模式下的生产队是一个特殊群体,公社中的"村落"不再是单家独户进行农业生产的松散社区,而是一个共同生产、独立核算的组织。

三 网络困境与再网络化

组织网络的高度整合,使经济社会面临着前所未有的困境,[②] 经过"文化大革命"的折腾,20世纪70年代末期改革就成为一种必然的选择,试图重建和规范新的治理网络,主要是厘清基层社会的汲取网络、政治网络和社

[①] 王乐夫:《告别理想——人民公社制度研究》,上海人民出版社2005年版,第237—277页。

[②] 这些困境包括:农业合作化过程中包产到户不断兴起,尽管不断遭受打压,但始终暗流涌动。而直到"文化大革命"运动结束,昔日的革命主义热情再也无法掩饰农村令人震撼的破败:农村严重缺粮,日常用品严重匮乏,农民对人民公社日益绝望,大批农民乞丐逃离家园涌入城市,等等。参见凌志军《历史不再徘徊——人民公社在中国的兴起和失败》,湖北人民出版社2008年版,第74—84页。

会网络。

汲取网络功能主要指通过释放经济主体活力,建立正式的税收体系。20世纪80年代,中国农村普遍实行了农业的家庭联产承包责任制,其结果是生产队失去了组织农民的职能,公社失去了自身存在的基础,公社被取消后,乡镇恢复成为国家最低级的行政机构。政社分开的实质在于,政府管理体制与经济组织管理体制的分离,转变农村社会管理体制,就是将农村经济管理的权限下放到集体组织,由村民委员会承担,这就一定程度突出了基层自治性组织在农村社会管理中的地位,由此,农民集体利益也开始凸现出来了。正是由于国家放权,才有了农民集体的地位及利益,才有了农业生产管理及收益分配的格局的随之变化,这就意味着代表国家权力的基层政府开始逐步收缩其权力的触角,有意识地从农村社会撤出,"还权于社会","社会国家化"的局面有所松动与改变。[①]

自从建立了制度化的农业税收体系以后,国家逐渐强化了其在农村汲取方面的法律功能,强化了农业条例税中对纳税人、征税范围、农业收入的计算、税率、优惠减免及征收管理等方面的明确规定,并授权省、自治区、直辖市人民委员会根据各地具体情况确定农业税实施办法。1983年11月国务院制定颁发了《关于对农林特产收入征收农业税的若干规定》,对有关农林特产税的征收问题做了一个统一的规定。1985年11月,国务院批转了财政部《关于农业税改为按粮食"倒三七"比例价折征代金问题的请求》并发出通知予以执行,从此,农业税改为折征代金,并由乡政府组织征收,此举是农业税由实物税向货币税的过渡。从1994年起全国实施新税制改革,国务院发布了《国务院关于对农业特产收入征收农业税的规定》,同时废止了1983年实行的《关于对农林特产收入征收农业税的若干规定》,这样就使得农业特产税逐渐从农业税中分离出来。所谓农业特产税,主要是国家对从事园艺作物收入(包括水果、菜、桑、花卉、苗木、药材)、林木收入、水产收入以及其他相关农林特产收入的农民征收的一种农业税,税率为5%—10%。2003年3月27日发布的《国务院关于全面推进农村税费改革试点工

[①] 但也有学者认为,"乡政村治"模式的推行与发展是20世纪初以来国家权力向农村渗透的继续,乡镇相对较小的辖区划分、"五大班子"的普遍建立、"条条"的制度设计、机关工作人员的迅速膨胀等都体现了新形势下国家权力在农村的大幅度强化。参见王铭铭《国家与社会关系史视野中的中国乡镇政府》,《中国社会科学季刊》1998年秋季卷。

作的意见》中,要求各地区应结合实际,逐步缩小农业特产税征收范围,降低税率,为2003—2004年取消这一税种创造条件,每年全国农户可以减少50亿元的农业特种税收负担。2004年起逐步降低了农业税税率并逐渐取消了农业税。

从主要通过权力网络汲取农业资源,到主要依照法律征收农业税,再到完全取消农业税,实际上意味着国家与乡村社会关系的深刻转型。社会转型同时带来了新问题,原来维系基层政权汲取网络的消解,就是意味着基层政府与社会治理关系网络的松懈。农村税费改革后,农村的乱收费、乱集资、乱摊派得到了有效制止,农民负担减轻了,但是乡镇财政的收入却大幅度减少,特别是经济欠发达或以农业为主要产业的县乡来说,更是如此,几乎减少了70%的乡镇财政收入,乡镇财政出现了前所未有的困难,一定程度上降低了乡镇政府公共物品的供给能力。农村公共产品主要指农村范围内,为农民、农村、农业生产提供的公益性物品或服务,主要包括农村基础设施、农村义务教育、计划生育、社会治安服务等。中华人民共和国成立以来我国实行以城市为中心的发展战略,城市居民所享受的基础教育、基础设施、医疗卫生等公共产品则由财政预算安排,而农村公共产品主要通过国家下达的"三提五统"制度来解决,即授权乡镇政府对本辖区内计划生育、义务教育、优抚、民兵训练等几项公共事业所需的费用,在全乡镇统筹解决。这"三提五统"虽有国家财政转移支付,但并不能解决乡镇财政缺口。实际上,除了沿海经济发达地区有一定的财力支撑税费改革后农村公共产品的供给外,其他地方的乡镇政府很难为农民、农村提供必要的公共产品。乡镇政府的社会汲取能力下降,导致其社会服务能力、社会规范与社会控制能力弱化。与此同时,村级收入也大幅度下降,村级组织的公共服务能力受到很大限制,村庄秩序维持一度出现空白甚至真空,改变了村级组织作为农村土地集体所有者的地位,并一定程度削弱了村民委员会的自治地位。

改革开放以来,越来越重视规范党政组织和权力的活动方式。党的十一届三中全会以前,中国政治体系存在着结构性弊病。1980年邓小平在《党和国家领导制度的改革》的讲话中指出:过去"在加强党的一元化领导的口号下,不适当地、不加分析地把一切权力集中于党委,党委的权力又往往集中于几个书记,特别是集中于第一书记……党的一元化领导,往往因此而变成了个人领导。""权力过分集中于个人或少数人手里,多数办事的人无权决定,少数有权的人负担过重,必然造成官僚主义,必然要犯各种错误，必然要损害各级党和政府的民主生活、集体领导、民主集中制、个人分工负责等等。"[①] 为了适应市场改革的需要，第一，需要规范党同地方权力机关的关系，更好地发挥人民代表大会的作用。中共中央先后发布有关文件，要求各级党委要坚决杜绝以党的名义发布法律性文件的做法，充分发挥国家权力机关的立法和监督职能，支持人大及其常委会依法行使职权，明确指出党的主张不是国家法律，党的意见只有经过全国人民代表大会或全国人大常委会的审议通过，才能成为国家法律。第二，规范党同国家行政机关的关系，从制度上解决地方党政职能分开的问题，正确处理好党的领导与行政工作的关系。并规定凡属地方政府职权范围内的工作，都由各级地方政府讨论、决定和发布文件，不再由党中央和地方各级党委发指示、作决定，以建立从国务院到地方各级政府，从上到下的强有力的工作系统。撤除了党政合署办公的状况，精简党的工作机构，不再设立与地方行政机关相对应的工作部门，减少对行政工作不必要的干扰。各级党的组织把大量的日常行政工作交还政府和业务部门承担，党的领导机关除了掌握方针政策和决定重要干部的任免使用外，以主要精力搞好党的自身建设，做好思想政治工作。党通过国家权力机关向政府机关选派政府领导人，并通过他们在政府机构中的积极工作加强和体现党的领导。第三，规范党同司法机关的关系，改革党对司法机关的领导方式。为了维护社会主义法制，1979 年，中共中央在《关于坚决保证刑法、刑事诉讼法切实实施的指示》中规定：各级党委要保证法律的切实实施，充分发挥司法机关的作用，切实保证人民检察院独立行使检察权，人民法院独立行使审判权，使之不受其他行政机关、团体和个人的干涉。地方党委与司法机关各有专责，不能互相代替，不应相互混淆。

  所有这一切都试图重建更加规范化的治理网络，以实现对基层有效的治理。但"上有政策、下有对策"，一部分地方政府出于所谓"理性人"考虑，时常会对中央政策进行选择性治理，许多干部尽职尽责，却干的是不受民众欢迎的事情，对于那些受民众欢迎的事情却置若罔闻，导致国家政策在地方的变异。一些基层政府出现与民争利的现象，部分基层党组织的服务能力和水平明显不符合新环境的要求，服务型基层党组织中存在的服务观念淡薄、服务能力低下和服务机制缺位是值得关注的三大问题。有效规范各级地

[①] 《邓小平文选》第二卷，人民出版社 1993 年版，第 341—342 页。

方政府的权力，仅仅依靠正式的权威制度体系显然是不够的，如何把地方的权力网络更好地嵌入地方的社会网络，通过基层的治理网络建设建立更加有效的约束机制似乎更加重要。

社会自治网络的建设是改革开放以来地方基层治理网络建设的一个新的尝试。在村庄一级的基层管理网络应采取何种形式，是一个颇为重要而又充满争议的问题。问题的核心是如何在国家权力撤出农村后，能够确保必要的权威，以家庭分散经营为核心的土地政策，使得农民与原有的集体组织之间的依赖关系大为淡化，这是否可能导致潜在的对国家权力的离散化倾向，国家已经明显意识到这种矛盾与困境。1980年，广西河池地区宜山县（现为宜州市）、罗城县农民自发组织起来进行自我管理的"村民委员会"为解决这一困境提供了新的启示和解决之道。之后，河北、四川等省农村也出现了类似的群众性组织，并且越来越向经济、政治、文化等方面扩展，在时任全国人大常委会副委员长彭真的大力推动下，村委会作为农村基础新的组织形式得到国家的正式承认，并在全国推行。1982年修订的《宪法》将其定义为"基层群众性自治组织"，其主要功能是"办理本居住地区的公共事务和公益事业，调解民间纠纷，协助维护社会治安，并且向人民政府反馈群众的意见、要求和提出建议"。从中不难看出，村委会被赋予了之前国家正式权力在农村的某些功能，并且成为联系农民与国家之间的纽带。1987年11月人大常委会通过的《村民委员会组织法（试行）》就是对这种争议的回应。[1] 对村委会的地位和性质做了进一步的确立，从中可以看出，村委会既不是与国家权力完全区隔的自治组织，也不是原来意义上国家控制之下的行政化细胞，而是介于二者之间的一种准行政性组织。随着1998年《村民委员会组织法》的正式实施，村委会的这种地位得到了最终的确认。这种特殊组织内含两种不同的网络逻辑，一是自上而下的权威网络，二是自下而上的自治网络。这两种不同逻辑的网络在实践中常常存在内在紧张关系，一些地方随着农村人口向城镇的流动，空心化问题越来越严重，一些地方的村民自治网络几乎名存实亡，一些地方宗族势力、黑社会渗入已经变得面目全非。

在城市，随着市场经济的发展以及各项制度改革的不断深入，作为过去

---

[1] O'Brien, Kevin and Lianjiang Li, "Accommodating 'Democracy' in a One-Party State: Introducing Village Elections in China", *The China Quarterly*, 2000 (6): 465-489.

城市基层社会权威组织网络的单位制开始进入历史博物馆。单位制，曾经是一个具有正式社会功能的工作、生活共同体（a work/living community with a formal social function）①，单位体制在社会动员、政权巩固以及国家建设方面都发挥了重要功能，在城市形成了一种较为固定的、具有某种心理优势的认同，并形成了一种以权威控制为核心的利益整合网络。体制改革彻底改变了人们对单位的依附关系，加上流动人口等新的因素，使得原有的城市基层社会的治理网络日渐式微。20世纪80年代以来，城市社区作为一个新的治理网络的概念开始出现在民政部有关文件中，以社区服务、社区建设、社区自治等为内容的城市治理革新，也取得了一些积极的成果。很显然，在单位制解体、原有利益整合机制失效的背景下，社区担负起重建城市基层共同体以及基层社会治理的重任。社区作为现代城市社会中新的治理模式和利益整合网络日益受到关注，并被寄予厚望。但是，实践中，社区建设似乎并没有达到利益和谐以及共同体重构的目标，相反，利益冲突却以不同的形式表现出来，有时甚至非常激烈。为什么会导致这样的结果？因为社区作为一种新的"非国家空间"（non-state sphere）形式，更多的只是停留在想象的层面。事实上，国家权力通过街道、居委会和党的组织对城市社区进行有效的渗透，这在很大程度上决定了城市社区内部的利益关系和权力关系，很大程度上影响了社区内部利益协调机制的有效性。目前城市社区的利益整合在很大程度上依然停留在汤巴（Tomba）所描述的是一种封闭空间而非人际互动网络为基础的利益聚合机制。② 从理论上来说，物业公司、业委会与居委会都是社区居民的服务组织与直接代表者，在利益协调方面应该是能够得到居民比较高的认同，但实际并不是如此。事实上，不管是物业公司、业委会还是居委会，都没能有效地与社区的利益格局契合在一起。物业公司由于其产生的程序以及行为模式，与很多居民的期望存在着很大的差距，导致一部分居民心理排斥；业主与业委会通常被认为两者具有高度的利益相关性，然而，大多居民对业委会普遍缺乏热情；而居委会更多的时候被视为政府在社区的"腿"，其主要职责是行政性的管理以及为弱势家庭提供基本的公共服务，与社区很多居民依然处以一种二元的区隔状态。

---

① 赵炬明：《精英主义与单位制度》，《北京大学教育评论》2006年第1期。

② Tomba, Luigi, "Residential Space and Collective Interest Formation in Beijing's Housing Disputes", *The China Quarterly*, 2005, 184 (184): 934-951.

治理网络一定程度上决定治理绩效，无论是实现国家对社会的管理，还是公共服务的递送，都必须依赖能抵达每个公民的微观组织作为中介和渠道，地方政府在公共服务供给中的有效性，同样有赖于治理网络的重建，犹如通讯网络中从电信运营商机房接入用户手中的"最后一公里"（Last Mile），直接决定了社会管理的成败。[①] 于是，再网络化，也就是如何依照新的经济社会结构特点，重新整合现有的网络体系，建设新的治理网络，对于地方服务型政府的建设具有重要意义。这种再网络化并不是回到过去的权威式的组织网络，而是社会治理网络的再组织与整合。

第二节 地方网格化管理与组团式服务

"网格化管理、组团式服务"是地方政府对公共服务网络化的一种尝试，最早起源于浙江舟山市。2007年年底，舟山市普陀区桃花镇200多名机关、社区干部和教师、医生、民警等，分成40个网格管理服务小组，进村入户走访群众，了解民情，倾听民声，从而开启了网格化管理的序幕。这是一种基层行政管理新模式，就是通过对基层社区组织、党的基层组织和社会性组织与信息通讯网络技术有机整合，构建新环境下基层治理的网络体系，并通过这一网络体系实现对基层更加精细化的服务和精致化的管理。舟山市这一创新受到了浙江省政府的肯定，2009年开始，浙江在全省全面推广"网格化管理、组团式服务"模式，其他省市也相继不断推开，各县市纷纷出台推行"网格化管理、组团式服务"的实施意见，成立了以县市委书记挂帅的领导小组，到了2012年，各县市又出台了关于深入推进"网格化管理、组团式服务"的实施意见等相关文件，"网格化管理、组团式服务"得到进一步推进。

一 行政规划细分管理服务单元

"网格化管理、组团式服务"就是在不改变现有的行政规划和层级的前提下，把原有的乡镇（街道）、社区（村）划分成若干个单元网格，通过整合基层各类组织资源，也就是党的基层组织、社区自治组织

[①] 张秀兰、徐晓新：《社区：微观组织建设与社会管理——后单位制时代的社会政策视角》，《清华大学学报》（哲学社会科学版）2012年第1期。

和社会志愿组织等,建立更加统一和整齐的基层治理网络。通过治理网络的具体单元划分,形成一种网格,在每一个网格建立专门的管理服务团队,点对点,面对面管理和服务,对应每个网格组建相应的管理服务团队,全面承担网格内联系群众、掌握民情、改善民生、解决矛盾、维护稳定、促进发展等职责,并以这些专门的管理和服务团队为结点,建立一张横向到边,纵向到底,相互链接的治理体系,运用现代数字技术搭建信息化管理服务平台,为群众提供更为直接、高效的服务,提高社会管理的科学化、精细化水平。按照"两级主体、三级管理、四级网格"的运行机制和"属地管理、优势互补、服务便捷、相对稳定"的原则,确定县、乡镇(开发区)两级工作责任主体,强化县、乡镇(开发区)、村(社区)三级党组织管理职能,建立县—乡镇(开发区)—村(社区)—网格等党员全员参与的四级网格。在充分考虑地理、经济、人文布局的前提下,按照尊重传统、着眼发展、便于管理、全面覆盖和保持管理对象整体性的原则和要求,科学合理划分管理服务责任网格。在农村,原则上,以自然村落、片组或一定数量的住户为基本单元划分网格,在城市,基本以居民小区、住宅楼为基本单元划分网格,住户数量可适当扩大。农村和城市社区辖区内的机关、企事业单位归入相关网格。在工业园区、科技园区、部分城郊接合部和流动人口数量较多且集中居住地区等特定区域,可建立若干专属网格;流动人口数量较少或分散居住的,可纳入当地常住人口管理服务网格。通常来说,网格的范围大小不搞一刀切,农村一般以自然村或相对集中居住区域为基础,社区以小区、楼幢、巷弄为基础,以"管理服务团队+党小组"联系100—150户群众为一个网格,同时明确每名党员责任区,联系服务包干到户。在县的层面,县设总网格(一级网格),乡镇、开发区建二级网格,一级网格由县委书记和县长负责,二级网格由乡镇(开发区)领导,一般来说,书记、镇长为总负责人,行政村(社区)为三级,三级网格乡镇(开放区)主要领导(包括副镇长、副书记、人大正副主任、政协正副主席、人武部长、组织员和党委委员等),通常是每个乡镇领导负责一个村(社区)片组网格,四级网格为基本住户。

"组团式服务"旨在组织专门的团队来为民众提供更加全面和有针对性的服务,所谓组团就是把现有的基层技术人员和地方干部以及其他地方的精英人士更好地组织起来,成为一个相对相互配合,有着内在组织联系和具有特定服务对象的团队。立足基层实际，分级、分类组建管理服务团队，最大限度地整合和利用各方面资源，满足群众个性化、多样化需求，这可以说是"网格化管理、组团式服务"最大的亮点和令人期待的地方。尤其是对于基层群众中一些基础性的需求，如医疗和教育等，其满足或解决的程度如何，在很大程度上决定了这一模式的最终绩效和持续性。一般的做法就是对应每一网格，整合乡镇（街道）、社区（村）干部以及行政管理部门在基层的工作力量，组建管理服务团队，每个管理服务团队以乡镇（街道）、社区（村）干部、辖区民警、党小组长为骨干，充分吸收渔农科技人员、医生、教师、渔农村老党员、老干部、联户党员、义工等力量加入，一般每个团队配备5—7名成员，同时吸收社会组织和热心群众参与。根据组建层次、参加人员和服务内容的不同，建立基本服务和专家服务等类型的服务团队。服务团队一般分为两类：一类是基本服务团队，一般由村（社区）内在责任区民警、水电、医疗、教育、生产等方面的专业人员，乡土实用人才或具有一技之长的人员组成的基本服务团队参加，主要负责对责任网格进行经常性的联系服务，重点做好公共服务工作；另一类是专家服务团队，主要由医务人员，教育工作者，水电工，农业、水产、畜牧等专业技术人员组成，为群众提供专业和特色服务。按照"1个领导小组+N个专业团队"模式，形成网格服务团队延伸到户、专业服务团队延伸到村和义工服务团队延伸到社区的服务格局。同时组建管理服务团队，其组长具体负责组织好团队的日常联系服务、搜集信息、反馈情况等工作。在每一片组网格都有一支人数不等的基本服务团队，每一个单元网格都有一支管理服务团队。当然这些不同团队的人员之间是存在着重叠的。通过组建具体的服务团队，试图打破过去的乡镇（街道）干部和基层行政事业单位人员主要是条块分割、以条为主、各自为战的局面，而转变为以块为主，通过分片包干责任，对所联系网格"包管理、包服务、包教育"，以组团成员的多元化且相对完整的特点以更好更及时地回应基层民众的需求。而在不少地方，每个网格还组建了和睦家园理事会，其职责是协调做好网格内的矛盾化解，政策法规宣传，民主监督，等等。这种服务网络和服务团队情况如图6-1所示。

```
┌─────────────────────────┐       ┌──────────────┐       ┌──────────────────────┐
│ 网格化管理、组团         │       │    总网格    │       │ 专家服务团队：1支33人 │
│ 式服务工作领导小         ├───────┤  总负责人    ├───────┤ 管理服务团队：89支532 │
│ 组                       │       │（镇书记、镇长）│      │ 人                   │
└─────────────────────────┘       └──────┬───────┘       └──────────────────────┘
```

| 副镇长 | 副书记 | 人大主任 | 政协主席 | 人武部长 | 组织员 |

| 片组网格
(下风村)
单元网格：3
居民小组：16
户数：422
人数：1529 | 片组网格
(和亭村)
单元网格：5
居民小组：21
户数：560
人数：2041 | 片组网格
(刘溪村)
单元网格：3
居民小组：16
户数：377
人数：1233 | 片组网格
(审墩村)
单元网格：4
居民小组：25
户数：492
人数：1577 | 片组网格
(新乡村)
单元网格：4
居民小组：11
户数：410
人数：1427 | 片组网格
(沈家村)
单元网格：3
居民小组：12
户数：398
人数：1588 |

| 服务管理团：
3个/25人
基本服务团：
1个/22人
和睦家园理事会：
1个/18人 | 服务管理团：
5个/34人
基本服务团：
1个/22人
和睦家园理事会：
1个/21人 | 服务管理团：
3个/24人
基本服务团：
1个/24人
和睦家园理事会：
1个/16人 | 服务管理团：
4个/24人
基本服务团：
1个/24人
和睦家园理事会：
1个/10人 | 服务管理团：
4个/30人
基本服务团：
1个30人
和睦家园理事会：
1个/14人 | 服务管理团：
3个/15人
基本服务团：
1个/15人
和睦家园理事会：
1个/12人 |

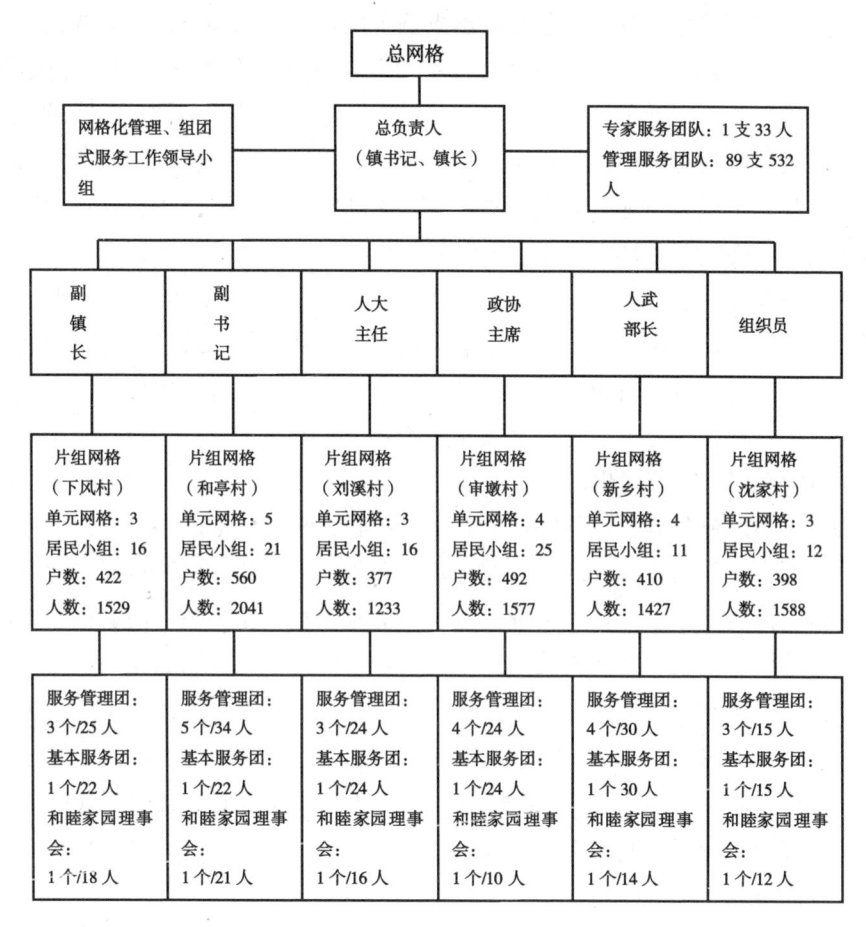

图 6-1　镇一级的服务网络结构简图（部分）

二　单元网格强化基层党组织服务能力

在我国，基层党组织是基层管理中最主要的领导力量，基层党组织直接面对各行各业普通的党员和群众，对基层情况有着最为直接、最为真切的感受，在基层民意探测、民意表达和整合方面有着先天的优势，对于促进社会的稳定有着非常重要的作用。目前，中国共产党有400多万个基层党组织，党的基层组织是党在社会基层组织中的战斗堡垒，是党的全部工作和战斗力的基础，是整个党组织在社会中的神经末梢，基层党组织有着自身独特的维系稳定和实现和谐的优势。可以毫不夸张地说，基层党组织的角色、功能和行为从根本决定了基层社会管理的状况。在基层，如果撇开基层党组织来谈论社会管理创新是一件难以想象和本末倒置的行为,基层党组织是为人民服务宗旨最为直接的实践者和体现者,密切联系群众,全心全意为人民服务,才能让基层党组织扎根于社会之中,才能为基层社会的各种利益矛盾的疏导清理道路,基层党组织要在社会管理中扮演更加重要和积极的角色。实践证明,基层党组织与当地群众走得越近、联系越紧密、服务意识越强、服务能力越高,在面临各种冲突和矛盾的时候就越能得心应手。相反,如果基层党组织高高在上,凌驾于群众之上,一味强调对群众的支配与管理而不是服务,就可能与群众越离越远,党的工作就很难得到群众的理解与支持,在处理基层复杂的矛盾中就越容易处于被动。基层党组织只有扎根群众之中,时时处处把群众放在心上,这样基层才能始终坚如磐石。

"网格化管理、组团式服务"为了发挥基层党组织的组织优势,以党的基层组织为网络基础,以党的基层网络为核心,整合其他网络资源,以实现资源的更为有效的集中管理和更为有效的服务。为了达成这种目标,地方根据网格设置情况,以网格为基础,适当调整村、社区党组织下面的党小组设置,尽量做到把同一网格内的联户党员编入一个党小组,明确党小组长。党小组长一般由党员创业中心户或"双带双创"能力强的党员担任,没有合适人选的,可以适当扩大网格区划或是由村(社区)两委会成员兼任,党员人数较多的还可以设党小组副组长。为了更好地发挥基层党组织在网格化管理和组团式服务中的功能角色,一些地方还推行"1(区域党组织)+1(单建党组织)+N(红色驿站)"的党建模式。所谓区域党组织就是围绕工业园区、农村社区、农业园区、商圈市场和行业产业等五大区块建立区域化党组织,负责指导推进区域内党建工作,建立党建工作站,重点抓好区域内未建党组织单位党建工作。建立红色驿站,为区域内党员提供服务。同时按照党员数量相当、地狱相邻、志趣相投、行业相近的原则,划分单位型、楼栋型、志趣型、流动型、商务型、物业型等类型,实现区域内党组织管理网格化。

为了实现基层党组织网格化服务能力的有机整合,不少地方推行"一网格+一党支部(党小组)"模式,把党支部(党小组)建在网格上,通过这种方式实现党组织和党员与普通群众的融合,引领社会管理创新。党员"双带双创"(争创"创业创新型村级班子"和党员干部"带头创业发展、带领群众致富")中建立起党员创业服务中心户,也就是村里通过勤劳致富,具有技术专长,先富裕起来的党员,应该发挥模范先锋作用,带领党员和普通民众更好地实现发展。将威信高、群众基础好、致富能力强的党员设为创业中心户，每名"党员创业中心户"免费为联系的农户提供市场信息、种植技术技能、生产销售及项目合作等服务。通过党员创业中心户带领普通党员，普通党员带领普通群众的模式实现共同富裕。在过去，这种党员创业中心户与普通党员以及普通群众之间主要是依照并"双向选择、居住相近、行业相近"原则，把从事相同产业的群众和党员吸纳进来，根据双方实际状况，确定帮带方式，因此，不可避免地存在跨村组和支部界限的情况。以网格为基础，把同一网格内的联户党员编入一个党小组，进一步明确每名党员所联系的群众，党小组全体成员和管理服务团队作为一个整体在一个网格内开展服务。不管是服务团还是服务管理团的核心基本上都是基层党员，基层党组织始终是网格化管理和组团式服务网络中的基本结点，普通党员则是这一网络中的基本细胞和活动单元。

另外，为了更好地实现基层党组织在网格化管理、组团式服务中的领导功能，县市积极推进党员服务中心的建设，逐步推动村（社区）、企业建立党员服务中心（站、点），并基本实现了党员服务中心（站、点）在村（社区）一级全覆盖。

三 信息化平台推动服务高效

把现代的信息技术有效地融入基层服务网络之中是"网格化管理、组团式服务"的重要内容之一，即通过建立深入到每一网格的信息网络触角，实现相关信息的有效把握并及时做出反应。市一级网格化管理和信息技术的有机融合，以市信息中心的信息平台为依托，充分利用市属各部门的局域网和数据库，建立综合性、集成式、共享性的"网格化管理、组团式服务"信息管理系统，将信息网络连通到县（区）、乡镇（街道）和每一个社区（村）。信息管理系统包括服务对象基础信息、短信互动、服务办事、工作交流和系统管理五个基本模块，具有数据查询统计、信息互动、工作交流、网上办事等功能。同时建立门户网站，居民可以通过门户网站进行实名注册，向所在网格发起诉求，系统将自动转入内网进行处理。群众诉求通过短信、电话、网站或走访收集后输入信息系统，系统立即自动受理，并在系统内根据内容分类和流转程序传递给全市各级、各职能部门，由相关单位负责限时办理，做到了一口受理、一网协同、实时监控、双向考核，从而使各级各部门为群众服务的每一个环节都留有印记，并提出要实现群众反映的问题件件有回音、事事有落实。除此之外，舟山还建立了专门的"网格化管理、组团式服务"短信特服平台，网格服务团队通过该平台向居民发送社区活动、天气预警、就业服务等信息，居民也可以通过编辑短信发送到 10639393，提交自身诉求。

按照统一规划、分步实施原则，以县党政信息网为基础，整合利用本级机关部门和乡镇的局域网和数据库，建成了一个综合性、集成式、互动式的管理服务信息平台。信息管理平台终端覆盖到村（社区），实现信息共享、管理高效、服务有序、覆盖全面的目标。为了更好地通过信息化的手段实现对基层的治理，第一时间了解基层的各种信息，不少地方还建立了一支以农村指导员、大学生村干部和社区工作者为主体的信息员服务队伍，信息员的责任就是及时做好信息平台管理维护及信息输入、反馈工作。特别是对于网格和基层社区中个性化信息需要动态化维护，单元网格的责任人员的主要任务：一是经常走访网格内的家庭和企事业单位，掌握本网格内每一住户的家庭成员、经济状况、实际困难；二是掌握本网格内企事业单位的基本情况、职工状况、生产经营状况；三是掌握本网格内社会稳定、安全生产、社情民情、群体需求、重点对象等方面的信息；四是了解影响社会稳定的不安定因素信息，如邻里矛盾纠纷、上访人员的动向、群体性事件苗头等；五是居民个性化需求、弱势群体帮扶信息。通过定期对相关信息进行整理、上报，片组网格及时对上报的信息进行梳理、汇总、分类，上报，并录入到网格化管理信息平台数据库。而镇一级的网格责任人员对于上报上来的各类信息同样会进行梳理、汇总和上报，并将相关信息录入到网格化管理信息平台数据库。图 6-2 对这一信息处理过程进行了简单的介绍。

除此之外，地方政府还大力推进"12345"等民生服务平台建设，各地政府将多条服务热线全部整合到一个号码，实行 24 小时全天接听，受理市民通过电话、网络、短信、传真等渠道反映的问题。这一热线涉及政府公共管理、公共服务方面的咨询、求助、投诉和建议等多方面，整合本级政务服务和公共管理有关部门单位的服务热线，将原来在各部门接听的对外服务电话如县妇联"12338"、县药监局"96317"等统一纳入"12345"热线进行受理。以更好地整合热线资源，建设大热线，不仅有利于方便群众办事，还有利于节约公共资源，对转变机关作风、提高办事效率同样有积极意义。当然，这一热线如何更好地与网格化管理、组团式服务有机对接依然是一个需要继续思考与完善的问题。另外，一些地方还通过村社 QQ 群、网络微博、手机短信、电子信箱等信息平台，不断增强网格管理和服务中的互动功能和

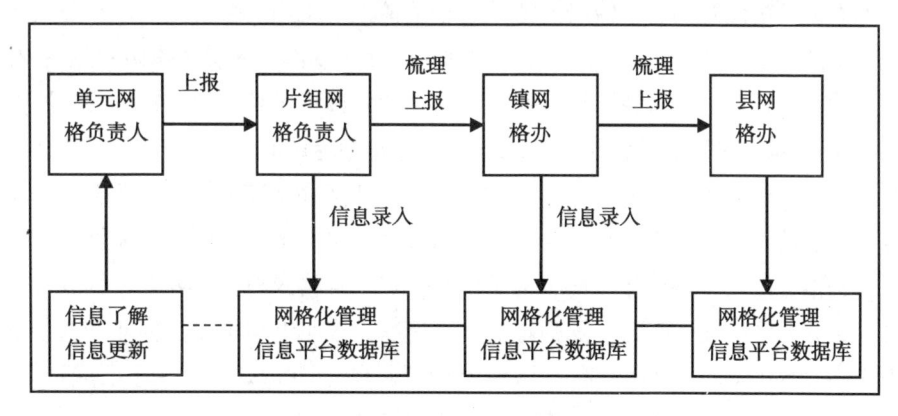

```
单元网格负责人 --上报--> 片组网格负责人 --梳理上报--> 镇网格办 --梳理上报--> 县网格办
                            |信息录入                    |信息录入                    |
                            ↓                            ↓                            ↓
信息了解信息更新 ---         网格化管理信息平台数据库    网格化管理信息平台数据库    网格化管理信息平台数据库
```

图6-2　X县网格信息处理过程简图

快速反应能力，及时搜集社情民意，为了适应电子化、网络化办公的趋势，更好地提高信息管理平台的使用效率，地方政府不断拓展延伸平台的信息采集、数据统计、短信互动、网上办事、情况查询、工作交流等功能，促进信息平台与电子政务更好地对接，实现管理信息与服务共享，以及时高效地解决群众反映的问题。除了硬件建设外，对于制度化的信息管理程序也进行了相关的规范，出台了相关的制度文件，规范网上办事流程，建立健全网格问题网上登记、报送、分析、汇总、分流和处理机制，发达的信息网络和管理服务网络及时将基层群众诉求传递给有关职能部门，限时办结，切实提高为民办事效率。

四　机制建设推动服务网络整合

网格的划分以及硬件建设，在很大程度上依然是基层治理的一种形式，这种网络和硬件是否能真正发挥功能，要取决于内部的运行机制。各地网格化管理、组团式服务都普遍建立了一整套环环相扣的机制体系，这些机制主要包括以下几个方面：

（一）服务民情采集机制

民情采集是网格化管理、组团式服务最为重要的功能之一。依照规定，对网格党小组长及服务团队成员设岗定责，网格服务团队必须要向网格内群众发放便民联系卡，便民联系卡统一制作，包括以下几项基本的内容：网格服务管理团队人员构成和基本情况、具体的联系方式、服务内容等，以方便群众沟通联系。规定组织网格管理服务团队每年不少于若干次深入网格进行走访服务，全面掌握社情民意动态,做好上情下达和下情上传工作。网格党小组长负责各组成员的召集,并建立经常性的走村(社区)入户机制。通过"夜访农户"、社区"进百家门、知百家情、解百家难"活动了解民情民意。通常每个网格服务团队每月都要对责任网格内的重点和困难对象集中走访1次,而每名组员每年一般上门走访群众不少于3—5次。网格党小组、服务团队需要定期召开会议,相互交流走访服务情况、经验和体会,做到信息互通。而对于了解和采集到的信息,网格责任人员必须以"户"为单位及时登录网格内户主姓名、家庭成员情况、家庭经济状况、家庭实际困难等基本情况,按照综治维稳、创业帮扶、重点疾病、困难救助、外出经商等分类建立专题台账,并做好《记录手册》记载。对收集的户主信息及时进行跟踪巡访,掌握需要服务的重点对象和服务内容,迅速快捷开展上门服务,并做好反馈意见记录。

(二)服务民情分析机制

依照网格化管理的制度规定,各乡镇(开发区)、村(社区)两级在服务团队和联户党员深入走访群众、广泛了解基层民众信息的基础上,需要建立民情民意研判和解难机制。民意研判的主要形式是召开会议,会议频率各乡镇不完全相同。一般而言,网格服务团队每周一次,村、社区党组织每半月一次,镇党委每月一次,县每季度1次。民意研判的内容主要是梳理分析网格服务民情,提出整改方案,落实整改措施,切实解决群众关心的热点难点问题。会议分别由村、社区和领导小组办公室组织,村、社区组织参加人员是辖区内的网格组长、指导员和网格党小组长。镇组织参加人员是村、社区主要负责人、各网格组长和受邀请的网格专业服务团队相关组长。相关问题的处理,均应记录到记录簿上,以备查询。根据会议确定的事项,分层分类提交镇党政联席会议,或分解至各办或职能部门落实解决。

(三)服务情况反馈机制

一些地方建立了"15分钟党员服务圈"、党员"一员双岗"和为民办事全程代理等做法,更好地发挥了组织网格服务团队的专长和优势,一般采取集中性服务和经常性服务相结合的办法,为基层民众提供政策、技术、信息、文化等各类服务。对于民众的需求和了解到的情况,能办的事当即办理,不能办理的事立即向村汇报,做到急事急办,特事特办。通过移交给有关部门办理或进行跟踪,及时将反馈意见告知当事人。能在本网格内自行解决的事情,立即由小组成员将处理结果告知反映人。区域性问题由网格党小组长直接提交村协调解决,并督促尽快办结,再将办理结果告知反映人。各网格党小组和服务团队、村（社区）党组织、乡镇（开发区）党委要在梳理汇总后，定期将"网格化管理、组团式服务"工作开展情况及需上级协调解决的困难和问题，逐级予以上报。对于基层上报的各种问题和情况，上级政府一般都会比较重视，都会落实专人抓紧办理，并及时将办理结果、意见等告知基层单位，再由网格党小组或服务团队告知当事人。地方网格化管理、组团式服务中的服务反馈机制参见图6-3。

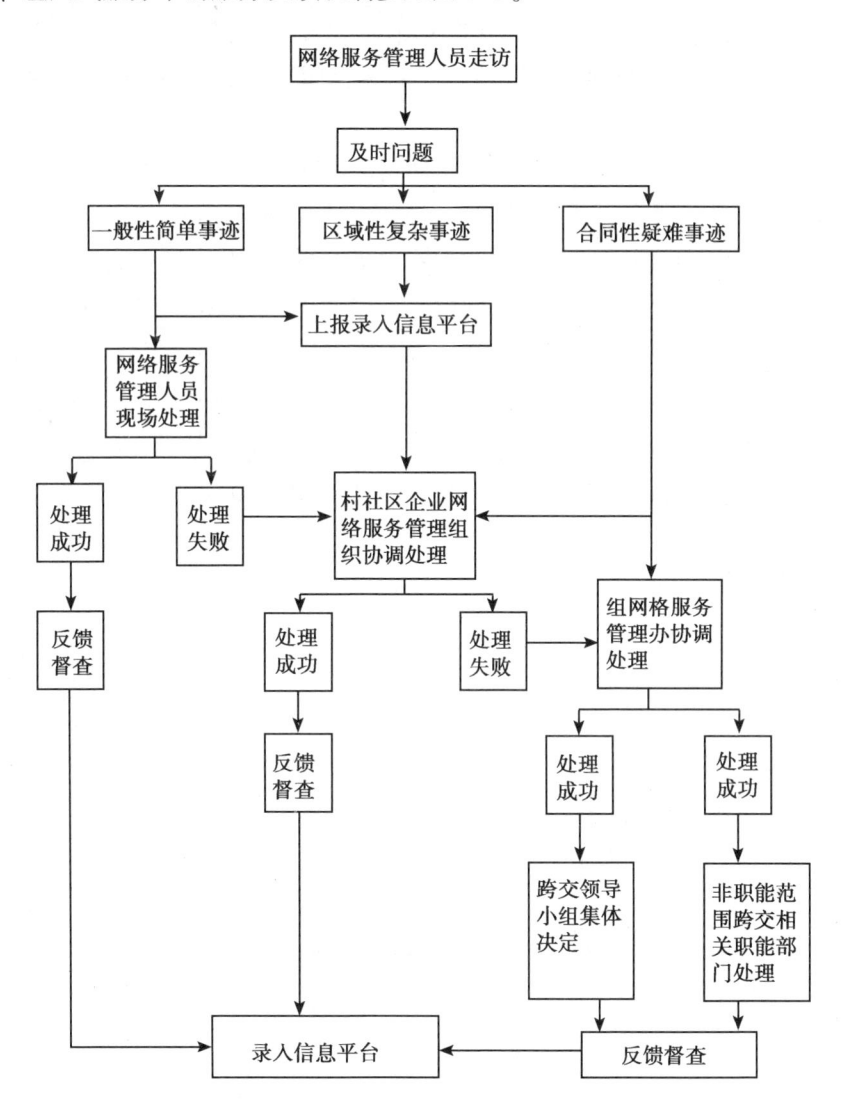

图6-3 网格化管理、组团式服务中的服务反馈机制简图

在乡镇，每季度镇"网格化管理、组团式服务"领导小组办公室还会开展一次督察回访活动，及时反馈督察回访结果。各村、社区积极查找督察回访中发现的问题，并加以改正，提高工作时效性，同时把情况传达到各服务团队和网格党小组，使工作职责层层落实，以增强发现问题的敏锐性，提高处理问题的主动性。对于发现的问题，一些县市还建立了限时结办制度，在网格化管理过程中发现的一般性的矛盾、诉求问题的办结和答复时间为7个工作日；较复杂的矛盾题、诉求问题的办结或答复时间为15个工作日；重大疑难性矛盾或问题要求在30个工作日内办结或缓解性处理。

除此之外，一些地方还建立了定期宣讲制度，宣讲工作由联系各网格的镇机关干部、村（居）两委成员和网格服务团队成员具体实施，采用集中宣讲、上门宣讲、定点宣讲等多种形式，要求注重质量、注重效果。宣讲内容主要包括对镇党委政府各阶段的中心工作进行通报、时事形势分析、支农惠农、经济发展、计生文卫、法律法规、实用技能等方面宣传教育，特别注重对群众反映的热点难点问题进行政策解答和处理办法说明。而台账制度更是网格化管理中的一个重要部分，建立并健全本网格的管理服务台账，对服务对象的基本情况、联系服务时间、反映的有关问题、解决问题的建议措施、办理结果等内容，都必须做好详细的台账，并定期做好整理归档工作。另外，各网格也需要建立《走访记录台账》和《网格任务办理台账》，等等。

网格化管理、组团式服务总体上应该值得肯定。通过网格直接联结服务对象，使它的触角延伸到了基层，做到了"纵向到底"，从而在组织体系上解决了基层管理与服务中"主体缺位"和"管理真空"等问题。网格化管理结构既可理解为自上而下的运行，也可以理解为自下而上的推进，因为基层网格团队担负着向网格内公众提供服务，或在无法解决网格内问题的情况下向上反映情况的使命。在现实的管理中，这两者实现了双向互动，弥补了原有自上而下结构的不足。这一结构同时在横向上也把职能和部门打通，做到了"横向到边"服务团队。[①] 尤其是在一些地方，网格化管理、组团式服

[①] 竺乾威：《公共服务的流程再造：从"无缝隙政府"到"网格化管理"》，《公共行政评论》2012年第2期。

务和乡镇机关干部"驻村联组包户"① 以及"一线工作法"有机地结合在一起，有效地推动了干部资源与村情匹配最佳化、工作效益与帮扶效应最大化，通过主动下沉到基层，主动了解民意需求，掌握民情，倾听民意，解决基层最为关心、最直接和最现实的问题无疑有非常积极的意义，政府人员自己的定位是"身子沉下去，情况摸上来，工作出实招，问题快解决，形象树起来"，排查了基层诸多不稳定因素，对于维护社会和谐稳定做出了贡献。

第三节 网格化、组团式与服务网络化反思

网格化管理、组团式服务的初衷是试图通过基层社会公共服务的再网络化，使基层村社治理细胞更好地纳入全覆盖的公共服务网络之中来，彻底改变地方公共服务供给过程中结构松散和游离的状态，并把党的基层组织以及地方基层的政府机关干部更好地整合进来，以便责任清晰、边界明确。网格化为各方社会力量提供了参与到服务的新平台，这种基于较小地域内的社区化聚集，为公共服务"精耕细作"的实现提供了可能。以组团的方式提供的服务，也有利于多元资源的整合，打破了过去僵化的职能型"因事设岗、照章办事"的陋习，为基层民众提供更加有效率和针对性的服务。但是，初衷目标不一定在实践中能够全部实现。如果地方政府能够依照本地实际来思考社会治理形式，体现基层社会经济结构形态的内在规约性，那肯定无可非议，但是，这种形式如果通过自上而下层层推动，那么，问题由此而生。从社会治理的视角反观网格化管理、组团式服务，以下几个方面值得思考。

一 网络内卷化困境

"内卷化"的概念早期由美国人类学家吉尔茨（Chifford Geertz）提出，用来描述一种社会或文化模式在某一发展阶段达到一种确定的形式后，停滞不前或无法转化为另一种高级模式的现象，既没有办法稳定下来，也没有办法使自己转变到新的形态，只是不断使内部变得更加复杂。此后，美国学者

---

① 所谓"驻村联组包户"就是根据各村的工作量，结合乡镇机关干部分管工作和专长，将所有干部有针对性的派驻到各村，确保每个村都有1名班子成员任联系领导、1名中层干部任组长和2名以上机关干部任组员的联村队伍。

黄宗智借用了这一概念来分析中国经济的变迁，他认为，在20世纪80年代以前漫长的历史时期，中国的农业经济是典型的没有发展的模式，通过对有限土地上投入大量劳动力，来获得总产量增长的方式，这种边际效益递减、没有发展的增长现象就是"内卷化"。他认为，"可能通过充分地利用家庭劳动力而带来较高的家庭收入。甚至可能通过每个劳动力每年工作更多天数而带来每个劳动力较高的年收入。但是这并不意味着单位工作日生产率和收益的发展，后者通常惟有通过劳动组织的改良、技术的进步或更多的单位劳动力资本投入才可能实现。内卷化解释了没有发展的增长这一悖论现象"。①杜赞奇大胆地借用了这一概念来分析国家政权中的内卷化问题，引起了学界的广泛关注。他认为，在国家权力建设中，同样存在着"内卷化"现象，并提出了国家政权内卷化的概念。他认为"政权内卷化"与"农业内卷化"的主要相似之处在于：没有实际发展的增长（即效益并未提高）；固定方式（如"赢利型国家经纪"）的再生和勉强维持。其不同之处在于，正规化和合理化的机构与内卷化力量常处于冲突之中；功能障碍与内卷化过程同时出现。这一概念对于分析中国基层治理有一定价值，中国基层政府在机制上陷入了这样一种路径锁定的"内卷化"状态。②上级政府的改革指令，往往被置换为运动化的形式走过场；新的制度安排，往往被弃置，很难落到实处，从而进入了"锁定"的状态，形成了特定的路径依赖。政府运转的固定方式，在不断重复再生、勉强维持，导致了政府机构的功能障碍，这种内卷化成为基层政府变革的羁绊。③

在网格化管理、组团式服务实践同样存在这种"内卷化"的现象。从改革的目标来说，基层社会治理创新应该是更充分善用社会资源，更好地吸纳地方公众参与到管理中来，形成政府、社会与市场等多元协同、互为补充和合作的新型治理机制。网格化管理、组团式服务本应该整合这些资源，形成更加有效的多元互动网络，以弥补基层社会一度出现的断裂困境。但是，这种期待并没有在多大程度上实现，反而存在某些较为明显的走回头路的倾向，呈现出"内卷化"困境：第一，从目的来说，不少基层政府主要把网

---

① ［美］黄宗智：《长江三角洲小农家庭与乡村发展》，中华书局2000年版，第426—428页。
② ［美］杜赞奇：《文化、权力与国家——1900—1942年的华北农村》，王福明译，江苏人民出版社1996年版，第68页。
③ 赵树凯：《乡镇治理与政府制度化》，商务印书馆2010年版，第292页。

格化管理、组团式服务视为基层管控的手段和工具，通过严密的责任单元和细致的管理体系以及高效的技术手段，实现对基层不稳定因素的监督管控，及早发现问题、及早介入解决。在一些地方，网格化几乎成为防控体系的代名词；许多地方社区推行"片长-楼栋长"制，就是借"网格化"的合法性资源，重新改造和包装防控体系，而服务内容则在防控中消解。长期形成的管控式社会管理思维，在经济社会结构发生很大变化的今天，不一定就是最好的方式。这就需要反思基层网格化管理、组团式服务的方向，是提供有效服务，还是便于防控。第二，从形态来说，网格化管理、组团式服务采用的是自上而下的权威组织体系，直接效果就是把基层社会的治理资源全部纳入组织网络体系，从而实际上构建了基层治理的单一中心化结构，这是路径依赖，还是新瓶装旧酒。第三，从机制来说，强有力的考核问责机制是网格化管理、组团式服务的主要措施与主要考核办法，并作为领导班子和领导干部任期考核、经济社会发展目标考核和稳定综治考核、相关人员考核奖惩、提拔任用的重要依据。

表 6-1　　　　　　　X 县 W 乡第三级网格基本情况一览表

网格名称	联系小组	户数	人口数	带队领导	联村干部	网格负责人	网格管理员
第一网格	会南、会北、庄南、庄北、苦丁角	130	509	沈国宝（镇党委组织委员）	沈国宝（镇党委组织委员）	朱居铭（村支部副书记）	徐永明（村委委员）、何慧先（村委委员）、朱会民（小组组长）、李根发（村民代表）
第二网格	马三桥、刘四桥、王家桥、北风、张家里	157	510		朱方（镇安监中心副主任）	和小唐（村支部委员）	李根发（村委委员）、徐月求（小组组长）朱子林（村民代表）、何水福（个体户）
第三网格	东里、北里、沈家里	90	511		刘菊丰（镇民政办主任）	钱艾红（村支部书记）	钱永地（村委委员）、姚日松（小组组长）、钱向明（小组组长）、嵇松福（个体户）
第四网格	高家里、王家坝、长里郎、北舍	124	512		孙建国（镇农村公路管理处）	姚须发（村委委员）	姚样出（小组组长）、姚一平（小组组长）、姚里福（村民代表）、沈见明（个体户）

客观上讲，随着经济市场化进程的强劲推进，公民社会快速成长。但是，网格化管理、组团式服务在实质上并没有与经济社会演变相适应，不管是目标还是组织形态抑或运行方式，在很大程度上都停留在原有的模式上，

呈现出明显的"内卷化"的特征。从县乡权力配置可以发现，政府体制的基本格局仍然带有浓厚的自上而下的权威色彩。

二 网络化与基层党组织能力提升

基层党组织的领导能力，在很大程度上决定着网格化管理、组团式服务的效能。在许多地方，不能说没有服务愿望与服务意识，但是，在一些基层党组织，存在着"空心化"现象。所谓空心化，就是一些基层党组织形式存在，而内在功能严重流失。这主要是因为这些基层党组织没有把当地的精英人才吸引进来，缺乏一支服务意识强、服务能力过硬的高素质党员队伍。一些地方基层党组织疏于对所属党员（有的地方流动党员占多数）的规范管理，基层党代会流于形式，甚至基层党委也成为空架子，连基本党务工作人员都很难找到；一些基层党组织处理群众工作的整体能力大为下降，无法组织党员的群众工作，无法通过动员所属党员来发挥基层支部的集体行动能力，以致基层党组织的基本功能流失，甚至失效；一些基层党组织脱离社会、脱离群众、脱离普通党员，无法体现服务民众的职能，一些基层党组织面对群众在生产或生活方面遇到的问题，能躲就躲，能拖就拖，能敷衍就敷衍，群众对党的基层组织失去了信心，直接导致一部分基层党组织与群众关系疏远和紧张，导致了一部分基层党组织在基层社会治理中处于可有可无的"边缘化"状态。

以 X 县的 D 镇为例，全镇共有 17 个行政村，村支部和村委会共有人员 114 人，其中 30% 左右为村支部和村委会交叉任职，绝大多数为党员。具体组成情况如表 6-2 所示。从性别、年龄、文化程度和党龄四个角度来看，D 镇的基层党组织总体上的能力和素质是不错的，特别是从文化程度上看，D 镇的村两委成员中大专以上的比例高达 46%。但是，其中 30 岁以下的比例明显太低，只占 10%，呈现出青黄不接的问题。当然，这不能完全反映 D 镇基层党组织的能力和素质问题。如果进一步放大到各自然村小组组长构成状况，相关情况也许会更加清楚。在 D 镇的 17 个行政村中，共有 1208 名党员，其中只有 80 名党员担任小组组长，占小组长人数的 7%，93% 的小组组长是非党员，其中有几个行政村中的小组长的党员数为 0。无论是性别比例、年龄情况还是文化程度，各小组长队伍中的比例都严重失衡。由于小组长不像村两委成员一样能够拿一定数额的报酬，也不具有正式的身份，基本上是一件"苦差事"，因此，年轻、有能力的党员并不愿意承担这一"吃力不讨好"的角色，这说明农村基层党组织在激发党员的服务性和奉献精神方面差距很大。在网格化管理、组团式服务中，如何让更多的普通党员更好地参与进来，这是一个需要认真对待的问题。

表6-2　　　　　X县D镇村两委成员及小组组长情况一览表

	性别		年龄			文化程度			党员比例	
	男	女	50岁及以上	31—49岁	30岁以下	大专以上	高中	初中及以下	党员比例	非党员比例
两委成员	69.5%	30.5%	33%	57%	10%	46%	37%	17%	77.5%	23.5%
小组组长	100%	0%	97%	3%	0%	0%	0.07%	99.03%	7%	93%

三　网络化与民间资源激活

有效地激发民间资源，让更多的中介性组织和普通民众更好地参与到公共服务供给过程中来，是网格化管理、组团式服务区别于过去管控式社会管理模式的真正使命。但是，这一环节在各地社会治理实践中最为薄弱，在很多地方，民间资源的激活总体上依然通过团委组织推动，以志愿者队伍的建设为核心，并试图建立与网格化管理、组团式服务相契合的志愿者服务体系。很显然，这种以组织化为核心的志愿服务队伍建设存在着明显的问题，那就是依靠组织化的权威来支撑的志愿者服务不可避免地存在着被动、僵化和短期性的问题。志愿者服务强调的是公民和团体组织主动性的参与，通过公共精神、公共责任的培育而激发公民的参与意识。正如联合国前秘书长科菲·安南曾为非政府组织开展的志愿服务所作出的定义那样：志愿组织成员利用自己的时间、自己的技能、自己的资源、自己的善心为邻居、社区、社会提供非营利、非职业化援助的行为。[①] 这种以党团组织为核心的志愿者服务体系的维系是通过组织化的考核来进行的，县团委为此制定了志愿服务工作专项考核体系，尽管这有助于为志愿服务提供经常性以及组织化的保障，但是从价值逻辑上来说，这种权威性的组织模式与志愿者的内在理念有着明显的冲突。

为了更加有效地激发民间资源，一些地方也注重培育社会化的服务团

[①] 转引自李茂平、阮东彪《志愿服务在公民道德养成中的作用》，《吉首大学学报》（社会科学版）2011年第1期。

队,试图打破志愿服务工作仅以党团青年为主体、以各级团组织为主导的局面,注意加强对从人员招募到开展活动的具有社会化运作模式的团队培育工作,加强社会化服务团队在人、财、物等方面的社会化资源整合。如以社会化劝募的形式,以团委拨一点、社会捐一点、志愿者自筹一点等手段,在全市建立了首家志愿者管理中心,并把志愿服务拓展到了"网格化管理、组团式服务"社区志愿服务。但是,问题在于,这种社会化的服务团队如何保持可持续性的运行,如果缺乏志愿者资源供给的长效机制,以及缺乏专业化的技能培训,这种社会化的志愿服务同样不可避免地出现各种问题。从长远来看,进行网格化管理中把这一管理与公民社会的建设结合起来,不断提高和扩大尤其是基层的自治性管理,变政府管理为自我管理。网格化管理的着眼点应该向这一方向努力。[①] 通过有效地培育地方公民的公共精神,激发公民的参与热情,让更多的组织和个人自愿地加入到基层社会的治理中来,是一个必然的趋势,但是问题在于,如何根据本地的实际,建立有效的机制激发这种精神和热情是一个需要不断探索的过程。

总体来说,从管理的角度来说,"网格化管理、组团式服务"建立了更加明确的公共服务责任体系和更加清晰的责任边界,对于公共服务的效能会有明显的提升,但是如何防范这种管理的扭曲以及一些基层管理人员的工具化行为取向是一个核心的问题;从服务的角度来说,"网格化管理、组团式服务"对于更加精细化的服务提供同样是值得肯定的,但如何确保服务的价值被边缘化,以及如何确保服务机制的可持续性同样需要建立更加完善的机制体系,从而更好地体现其中的服务主题。另外,如何避免滥用"网格化管理、组团式服务"也是一个值得警惕的问题,一些地方借网格化管理之名,在社区、楼宇中划定 5 户或 10 户为网格单元,任命"格长",搞连带担保责任。这种做法在实践中,或流于形式,产生不了什么实际效果,或过度管控,侵占私人空间。[②] 有的地方只要遇到问题,不管是否合适,包括教育、安监、消防、司法等问题,首先想到的就是网格化管理、组团式服务,网格化管理不能成为"万金油"。

从宏观的视角看,网络空间是亿万民众共同的精神家园,习近平同志指

---

① 竺乾威:《公共服务的流程再造:从"无缝隙政府"到"网格化管理"》,《公共行政评论》2012 年第 2 期。

② 龚维斌:《当前社会管理中的六个误区》,《学习时报》2012 年 10 月 15 日第 4 版。

出,"网络空间天朗气清、生态良好,符合人们利益。网络空间乌烟瘴气、生态恶化,不符合人们利益。……我们要本着对社会负责、对人民负责的态度,依法加强网络空间治理,加强网络内容建设,做好网上正面宣传,培育积极健康、向上向善的网络文化,用社会主义核心价值观和人类优秀文明成果滋养人心、滋养社会,做到正能量充沛、主旋律高昂,为广大网民特别是青少年营造一个风清气正的网络空间",[①] 这是地方服务型政府努力的方向。

[①] 《习近平谈治国理政》第二卷,外文出版社2017年版,第336—337页。

第七章 地方服务型政府的责任

建设地方服务型政府的一个主要内容，就是建设一个敢于承担责任、履行责任的政府。这需要明确地方服务型政府的责任体系，即地方服务型政府要承担什么责任、这些责任的内涵、责任目标与责任认定体系以及地方服务型政府责任追究的体系结构等问题。学术界尚未给出一个令人信服的答案，在实践中，还没有找到统一、圆满的结论。党的十八大强调对地方政府责任体系重构，主要在于更好地设置地方政府的权力边界。党的十九大报告要求"深化机构和行政体制改革。统筹考虑各类机构设置，科学配置党政部门及内设机构权力、明确职责"，[①] 这是对地方服务型政府建设的重要指引。习近平同志还强调"实施方案要抓到位，实施行动要抓到位，监督检查要抓到位，改革成果要抓到位，宣传引导要抓到位"，[②] 这是地方服务型政府建设责任的全面要求。

第一节 责任体系与地方服务型政府

"责任"在汉语中是一个多义词，从现代社会发展的眼光看，"责任"具有三重含义：一是使人担当起某种职务和职责，二是分内应做之事，三是做不好分内应做的事而应承担的过失。[③] 本书所论述的"责任"主要是指后两种。"体系"是相互联系、相互作用的若干要素之间的关系组合，体系提供的是整体视角。在关注局部的同时，还要照顾到各部分之间的相互关系，在兼顾全局的同时，还要照顾到个体与局部之间的相互关系，体系是内各环

---

① 习近平：《决胜全面建成小康社会 夺取新时代中国特色社会主义伟大胜利——在中国共产党第十九次全国代表大会上的报告》，人民出版社2017年版，第39页。
② 《习近平谈治国理政》第二卷，外文出版社2017年版，第97页。
③ 《汉语大词典》，汉语大词典出版社1992年版，第91页。

节、各部分与外部诸因素相互联系、相互影响、相互制约的统一体。

地方服务型政府责任的核心问题：一是明晰地方服务型政府的份内之事，又如何由法制规定。份内之事可以理解为法定的义务，也即地方服务型政府应该承担的职责。市场和社会无法承担的事务，或如果由市场和社会承担将导致低效率或无效率的领域，就是地方服务型政府应该承担的职责之所在，这是积极意义上的责任；二是明晰地方服务型政府不履行法定义务应该承担的后果，以及通过建立有效机制确保对上述后果的承担，这是消极意义上的责任。显然，地方服务型政府责任既包括积极意义上的责任，也包括消极意义上的责任。

一 地方服务型政府责任体系的主要内涵

地方服务型政府责任体系主要包括制度性责任、体制性责任和机制性责任。其中，前两种责任重在明晰并定位地方服务型政府积极意义上的责任，后一责任重在明确并追究地方服务型政府消极意义上的责任。

（一）制度性责任

制度性责任是指明晰地方服务型政府应当承担政治逻辑和制度框架上的积极意义的责任，包括政治性责任与行政性责任。前者是地方服务型政府承担的外部责任，后者是地方服务型政府承担的内部责任。

1. 地方服务型政府承担的政治性责任

政治性责任是与政治合法性来源紧密相连的概念，"政治责任与公共权力相关，是公共权力的被委托者对委托者的责任"，[①] 政府及公务员作为权力的被委托人在获取公共权力的同时，也意味着承担相应的责任。这种责任总体的原则是公共权力行使必须是出于更好地实现和维护公共利益，必须严格恪守授权范围。政治责任意味着政府及掌握和行使公共权力的人员对其自身合法性源泉即公众的公共利益的尊重，体现了公共权力的委托者与行使者之间的责任关系和约束方式。政府的责任首先表现为政府对国家权力主体的公民或代议机构负责。这种责任实质是"公仆的责任"，体现出来的政治逻辑是人民主权思想。

在中国，地方服务型政府的主要官员是由地方人民代表大会选举产生的。因此，地方服务型政府必须符合地方人民的意志，必须对人民负责。我

[①] 张贤明：《政治责任的逻辑与实现》，《政治学研究》2003年第4期。

国地方服务型政府的最高权力机关为各级地方人大,是地方民意的代议机关,各级地方政府都由本级人大产生,因此,向本级人大负责是地方服务型政府最基本的政治责任,即地方服务型政府的宪政责任。它的含义就是地方人大及其常务委员会是地方服务型政府的雇主或者委托人,地方服务型政府则是地方人大及其常委会的雇员或者代理人,由于代理人的利益考虑与委托人的利益考虑在边际受损率上存在一定的差距,这时,为保证代理人为委托人工作,就有必要建立一种静态的责任结构以及相应的动态监督结构,从而使代理人的边际受损率最大可能地逼近委托人的边际受损率,从而制约代理人不负责任行为的发生。也就是说,地方服务型政府的所作所为必须合乎人民的利益、权利和福利,其决策必须合乎人民的意志和利益。这一责任结构是由宪政体制决定的,也是由人民主权原理决定的。

2. 地方服务型政府承担的行政性责任

行政性责任在西方又称为官僚责任或管理责任。政治性责任是指由选举产生的政府对选民的责任;行政性责任则主要表明官僚制组织的管理责任。政府一般官员不直接向公民负责,只是机械地执行来自政治领导人的决策,其责任形式主要表现为公务员通过各个部门的等级结构,在技术上对政治领导人负责并最终体现对人民负责,这是西方政府中行政性责任的典型。

行政性责任来源于法律、组织机构、社会对政府与公务员的角色期待。这里包含两层含义:一是从职权关系上来说,是一种直接的职责关系。地方政府对中央政府负责,下级政府对上级政府负责,是最基本的纵向行政责任关系,行政首长和行政下级之间实际上存在一种双向责任关系。各级政府以及政府各级部门一旦确立行政职务关系,政府机关及其公务人员都应遵守法定的权限。二是从行使过程来说,一方面,公务员对民众负责,表现为洞察、理解和权衡他们的喜好、要求和利益现状,满足民众不断变化的需求,提供民众期望的公共产品。客观责任不仅包括这些客观的付出,还包括及时把握公众偏好,以最有效的方式提供所需的服务的责任,为社会成员提供公共服务时,必须符合体现公共资源利用的有效性与合理性。另一方面,政府机关和公务人员执行公务,除司法人员依法审查的诉讼案不受上级的干涉外,一切行政机关和行政人员对上级的命令有忠实服从的义务和责任。在执行职务的过程中有保守秘密的责任和义务。行政机关及其公务人员的行为自当符合法定的目的,不滥用职权,不容假借权力,以图本身的利益或图利他人，行政机关和公职人员自当合理行使裁量权，避免行政失当。[①]

作为单一制、超大型国家，中国各地情况千差万别，设立各级地方政府，实际上就是为了使管理国家和服务民众更加有效，从这种意义上说，建设地方服务型政府可以节约中央政府直接管理的成本。地方政府向中央政府负责，下级政府对上级政府负责，这是中国政府责任体系的基本结构，实践已经证明，只有这样才能保证中国政令统一，上传下达。地方官员是地方公众的公仆、地方利益的代表者，地方服务型政府必须体现为人民服务的宗旨，向地方公众负责，提供公众满意的服务。因此，接受公众的监督是地方服务型政府责任体系中非常重要的内容。上述两个方面的统一，也是地方服务型政府承担政治责任与行政责任的统一。

(二) 体制性责任

地方服务型政府的体制性责任，就是如何确定地方服务型政府责任的合理范围问题。长期的行政管理实践说明，政府的能力是有限的，政府无法有效地提供全部的私人物品，不可能承担提供公共物品的无限责任，也不可能承担全部公共服务的无限责任。按照传统观点，公共服务的非排他性和非竞争性特点，决定了依靠市场提供公共服务不能产生令人满意的效果。作为市场主体的私营部门不愿意提供该类服务的原因，是他们往往从追求利润最大化的角度出发。而人的理性也会导致"搭便车"现象，引起所谓的"公用地悲剧"，[②] 最终导致公共服务供给严重不足，于是政府就代替市场，成为公共服务的唯一提供主体。

然而，20世纪70年代以来，传统由地方政府垄断提供地方公共物品的责任模式受到了强烈的质疑，提出了"多中心"的地方治理模式。该模式是一种直接对立于一元或单中心权威秩序的思维，它意味着地方政府为了有效地进行公共事务管理和提供公共服务，实现持续发展的绩效目标，规范社会中独立多样化的行为主体要素，其中包括个人、商业组织、公民组织、政党组织、利益团体、政府组织等，以一定的行动规则，通过相互博弈、相互调适、共同参与、协商合作等互动关系，形成地方公共管理制度或组织模式。[③] 随着市场经济的不断发展以及第三部门和公民社会的逐步兴起，中国

[①] 李军鹏：《责任政府与政府问责制》，人民出版社2009年版，第131页。
[②] 毛寿龙：《有限政府的经济分析》，上海三联书店2000年版，第156页。
[③] 孙柏瑛：《当代地方治理：面向21世纪的挑战》，中国人民大学出版社2004年版，第79页。

地方政府承担地方公共物品提供的无限责任状况必将得到逐步改变，市场和社会在其中将扮演越来越重要的角色。

需要指出的是，公共服务的"多中心供给"或者说市场化供给并非意味着地方政府供给责任的弱化，相反，地方服务型政府是公共服务供给市场化建设中的关键角色之一，地方服务型政府的充分履责是市场化得以成功的重要保障。从某种角度而言，公共服务供给的市场化模式，意味着政府职责结构的调整、履行职责方式的转变，并不表示该职责的减轻、转移或消失。也就是说"政府移交的是服务项目的提供，而不是服务责任"。[①]

(三) 机制性责任

地方服务型政府的机制性责任是指地方服务型政府承担责任的可操作性问题，即明确和追究地方服务型政府责任的过程与方式。建立地方服务型政府的机制性责任异常重要，因为任何公共权力如果不给其设置"分内之事"的责任，它就容易失去方向，乃至不知所措；但是，如果不对其设置和追究"没有做好分内之事就须承担的不利后果"，它也同样容易失去控制。

完善地方政府的机制性责任意义重大，原因有二：

第一，官员与公众之间往往在公共服务方面存在着信息不对称，公众难以获得公共服务方面的全部真实信息，而官员却可能以隐蔽的方式异化公共权力。因此，对官员抱有警惕心理并建立究责机制便显得十分重要。

在公共选择理论学派看来，官员与所有普通人一样，都是个人利益最大化的追求者，构成其个人利益的主要因素有权力、金钱、地位和特权，具体而言，不外乎薪金、职务津贴、社会名望、权力、人事权、较大的影响力、轻松的工作负担等。[②] 斯蒂格勒深刻指出："一个理性的人必然受到对其行动有影响的刺激机制的支配。无论他自己的个人欲望是什么，如果某种活动将带来惩罚，他必然会取消这种活动；如果能带来较大利益，将会吸引他趋于这种活动。胡萝卜和棍棒对科学家和政治学家的支配作用与对驴子的支配作用是一样的。"[③] 亚里士多德更是直接指出，"人类的私心不会因为公有制

[①] [美] 戴维·奥斯本、特德·盖布勒：《改革政府：企业家精神如何改革着公营部门》，周敦仁等译，上海译文出版社1996年版，第32页。

[②] 沈荣华、钟伟军：《中国地方政府体制创新路径研究》，中国社会科学出版社2009年版，第167页。

[③] 转引自 [澳] 欧文·休斯《公共管理导论》，彭和平等译，中国人民大学出版社2001年版，第13页。

的建立而随之消灭",认为"人们关怀着自己的所有,而忽视公共的事物;对于公共的一切,他至多只留心到其中对于他个人多少有些相关的事物"。①

政府与民争利,甚至暴虐民众的情形,使实现权利与权力和谐共处的任务被提到了人们面前。事实上,来自不法个人的强制固然可怕,而来自公共权力组织的强制则更为可怕。因此,必须为国家权力的使用设置一道合法边界,即将其严格限定在"它被要求制止私人采取强制行为的场合"。② 基于此,休斯指出:任何政府都要建立一套责任机制。……对任何主张民主的社会来讲,责任机制都是基本要素,这句话反过来说可能更有说服力。

第二,仅仅为地方政府设定第一性义务并寄希望地方政府出于对分内之事的高度认可而自觉尊重、遵守第一性义务,③ 是不能持久运行的。事实上,任何一个社会都无法假定任何人在任何时候都自愿自觉地遵守法律规定的"分内之事"。上述内在守法从广度上和深度上都不具有全面的覆盖性。只有制度化的外在守法才具有同等的、全面的、刚性的覆盖面。一言以蔽之,外在守法具有刚性制约性。法律制度一旦被制定,就成为一种外在于所有人的客观存在。人们可以不赞同它,但是不可以反抗它。因为它以强大的物化力量为后盾与支撑,违抗和破坏它的结果将不只是舆论谴责,更是物质利益、自由,甚至生命的被剥夺。通过完善地方政府的机制性责任,对政府公权力予以否定意义上的制约,具有正当性与必然性。

从逻辑上分析,地方服务型政府的机制性责任有两个层面的内涵:

一方面,建立和完善地方服务型政府应当承担的消极意义上的责任体系,使得地方服务型政府错误行为都有相应的不利后果如影相随。具体到当下,地方服务型政府应当承担的不利后果主要包括:其一,人民群众追究地方政府侵权法律责任的罚则包括两个方面的内容:(1)地方政府承担撤销错误决策行为和错误执行行为的不利后果(如果是地方政府不应当作为而滥作为,"撤销"意味着恢复原状;如果是地方政府应当作为而没有作为,"撤销"意味着改正错误,积极作为);(2)地方政府承担侵权损害赔偿责

---

① [古希腊]亚里士多德:《政治学》,吴寿彭译,商务印书馆1985年版,第275页。
② [英]哈耶克:《自由秩序原理(上)》,邓正来译,生活·读书·新知三联书店1997年版,第17页。
③ "内在守法"指社会成员自觉认同各种制度,并把遵守制度内化为一种道德义务;它与"外在守法"相对应。后者指社会成员迫于外在惩戒的威慑而服从制度。在法治社会中,外在守法是普遍守法得以实现的根本依靠;相较内在守法,它具有不言而喻的优先性。

任；如果构成刑事犯罪，同时需要承担刑事责任。其二，代议机关追究地方政府错误行为的罚则：（1）撤销地方政府不适当的决定和命令；（2）罢免地方政府相关人员的公职。其三，执政党追究地方政府中党员和党组织违纪责任的罚则：（1）对党员的纪律处分种类：警告、严重警告、撤销党内职务、留党察看、开除党籍；（2）对严重违犯党纪的党组织的纪律处理措施：改组、解散。其四，地方政府内部追究行政责任的罚则：（1）上级行政机关撤销下级行政机关不适当的决定和命令；（2）行政机关对相关公务人员承担行政责任的罚则：警告、记过、记大过、降级、撤职、开除。[①]

值得注意的是，建立和完善地方政府应当承担的消极意义上的责任体系，需要遵循以下两个原则：其一，责罚法定原则。是指地方政府因为不当履行第一性义务后，具体承担何种"第二性义务"不仅应该由法律明确规定，而且要符合法治精神。责罚法定原则反对罚则模糊，更反对将罚诫的类型与程度全部交由问责权行使主体自由裁量。意大利刑法学家贝卡利亚（Beccaria，Marchese di）就此指出："只有法律才能为犯罪规定刑罚……超越法律限度的刑罚就不再是一种正义的刑罚。"[②] 其二，责罚相适应原则。特指违法的社会危害是违法和惩罚的公用"标尺"，因此犯罪的社会危害性就顺理成章地成了犯罪与相应刑罚是否均衡或相适应的标准。"公众所关心的不仅是不要发生犯罪，而且还关心犯罪对社会造成的危害尽量少些。因而，犯罪对公共利益的危害越大，促使人们犯罪的力量越强，制止人们犯罪的手段就应该越强有力。这就需要刑罚与犯罪相对称。"[③] 责罚相适应原则对构建地方政府机制性责任有着重要意义。如果罚则过度小于错误行为的危害，地方政府便有可能随意超越"分内之事"的界限，从而造成机制性责任的式微；如果罚则过度大于错误行为的危害，则不利于保护地方政府的正当权利。

另一方面，建立和健全追究地方服务型政府不利后果的问责机制，以使得地方服务型政府应当承担的各种不利后果能够得到及时、全面、准确的"兑现"。在当代中国，这种问责机制主要包括人民群众对地方政府的问责、地方代议机关对地方政府的问责、执政党对地方政府的问责以及地方政府内

---

① 参见《中华人民共和国公务员法》第56条规定。
② [意] 贝卡里亚：《论犯罪与刑罚》，黄风译，中国大百科全书出版社1993年版，第221页。
③ 同上书，第223页。

部自上而下的问责。

二 地方服务型政府责任体系的基本特点

地方服务型政府问责体系是一个既独立又开放的系统，包括宏观层次的制度性责任、中观层次的体制性责任以及微观层次的机制性责任。每一类责任都有一个明确的责任领域和监督对象，共同形成对地方服务型政府的监督问责体系。其特点主要表现为：

（一）责任体系法治性

法治即"法律之治"。首先，法治是一种方略，法律具有超越任何权力的至高无上的绝对权威，即使是政府的自由裁量权也不能凌驾于上；任何公民都必须服从法律。其次，法治是一种治国的基本原则。法治是一种调整社会关系的规则，其基本含义在于依法办事。法治是规范社会主体的普遍原则，不仅针对一般社会成员，尤其更侧重制约和规范政府官员。最后，法治是一种良好的秩序。法律秩序意味着社会生活的基本方面已经法律化和制度化，社会成员和社会组织都有明确的权利和义务，每个法律主体都忠实地履行法定义务，积极而正确地行使和维护法定权利。因此，法治性是地方服务型政府责任体系的首要原则。

首先，法律至上。法律至上是指法律具有绝对权威，在地方服务型政府责任体系中处于最高地位，没有任何人和组织可以凌驾于法律之上。法律是否至上是区分法治与非法治的分水岭。法律不仅具有国家强制性，还具有稳定性、精确性和科学性。如果依靠地方政府领导人的才智和经验来构建责任体系，则会有巨大的风险性，稍有不慎，就会使地方政府处于法律监督之外，造成政府权力对公民权利的侵害。

法律至上一方面是指在整个地方服务型政府责任体系中，只有法律才能成为最高权威，地方服务型政府责任体系的运转当然要以法律为依据；另一方面是指地方服务型政府责任体系的作用范围，即该责任体系对体系构建者本身也是有限制作用的，地方政府部门及其工作人员都依法受到责任体系的监督，任何越位、缺位与错位的行为都要受到责任体系的问责，问责的范围、限度、程序、结果都要按规定执行。

其次，保障权利。保障公民权利是地方服务型政府责任体系的重要目标之一，也是现代法治的重要目的。第一，地方服务型政府的制度性责任来源于对公民权利的保障。虽然地方政府的权力是基于中央政府授予，并作为中央政府的代理人来为地区内的公民服务，但是基于地方政府行使权力的性质，其归根结底是来自公民权利的委托，因此，地方服务型政府责任体系理应以保障公民权利为重要目标。第二，地方政府的体制性责任来源于满足公民公共服务需求的义务。为公民提供优质的公共服务是地方服务型政府的本质要求。随着经济体制改革的深入，市场主体日益活跃，公民社会得到了一定程度的发展。传统的以地方政府为单一主体的公共服务供给模式面临着困境，越来越多的市场主体与社会组织参与到了公共服务供给之中。在此种背景之下，更应以地方服务型政府责任体系为依托，来规范地方政府的公共服务供给行为，满足公民的公共服务需求。第三，地方服务型政府的机制性责任源于对公民权利和利益受损的保障。一方面，地方服务型政府的不作为虽然不会直接侵犯公民权利，但这无疑意味着政府责任的缺失，而地方政府责任的缺位，则会导致公民福利的间接受损。另一方面，地方服务型政府的错位与越位不仅造成社会资源的浪费，更为重要的是直接侵犯了公民的合法权利。基于公民权利与政府权力的不对等性，地方服务型政府责任体系理应为公民提供维权的渠道与途径，从而在制约地方政府权力的同时，保障公民依法监督地方政府的权利，确保将地方服务型政府有效纳入公民监督的能力范围之内。

最后，制约权力。制约权力是地方服务型政府责任体系的本质要求。权力具有内在的扩张性。孟德斯鸠早就指出："一切有权力的人都容易滥用权力，这是万古不易的一条经验。有权力的人们使用权力一直到遇有界限的地方才休止。"① 因此，孟德斯鸠主张分权与制衡，使权力法律化、制度化、组织化。汉密尔顿坚持孟德斯鸠的观点，认为没有分权就没有自由。"防止把某些权力逐渐集中于一部门的最可靠办法，就是给予各部门的主管人抵制其他部门侵犯的必要法定手段和个人的主动。……野心必须用野心来对抗。"② 因此必须将地方政府权力的运作纳入地方服务型政府责任体系的监督之中，纳入法律设定的轨道之中。地方服务型政府责任体系的一个主要功能就在于约束政府权力，规范政府行为，明确政府责任。因此，地方党委、民主党派、新闻媒体、社会组织、市场主体、公民等都是地方服务型政府责任体系的重要主体，是监督地方政府行为、制约地方政府权力的主要力量。

---

① ［法］孟德斯鸠：《论法的精神（上册）》，张雁深译，商务印书馆1978年版，第154页。
② ［美］汉密尔顿等：《联邦党人文集》，程逢如等译，商务印书馆1980年版，第264页。

(二) 责任体系网络性

地方服务型政府责任体系的网络性主要表现为两方面，一是监督主体间关系的网络化，二是监督手段的网络化。首先，从某种角度而言，地方服务型政府责任体系是一个网络化的关系结构。在这一结构之中，不同的监督主体处于不同的结点，承担着不同的职责，扮演着不同的角色并发挥不同的功能。关系结构形塑了监督主体的角色。"人们期望某个人扮演某种角色，是通过他或她与其他人的关系而确认的"，"一个角色就是一种规则化的行为模式，它是通过人们自己的和他人的期望和行动而建立起来的"。① 描述了地方服务型政府责任体系的结构也就是明确了各监督主体的角色，而角色的确立则意味着其应具有相应的功能。这一关系结构的特征表现在，一方面，监督主体的多元化。地方服务型政府责任体系既包括地方党委，也包括市场主体，还包括第三部门等其他社会组织。根据相应的行为规则，各种或公或私的主体在其所处层面都可以对地方政府进行监督。另一方面，责任体系的扁平化。地方服务型政府责任体系之中的政府部门与其他主体实际上是处于互动之中，这种互动关系打破了传统的"虚监""弱监"现象，政府从社会之上的政府，转变为社会之中的政府。在特定范围内，地方政府与其他监督主体处于一种交互的、循环的责任体系之中，从而将地方政府的每一项权力、每一种行为都纳入网络结构的监督之中。

其次，监督手段的网络化。互联网特别是移动互联网的发展不仅促进了各监督主体的有效参与，更实现对地方政府随时随地的监督。第一，网络的透明性使得地方政府无处隐藏。一方面，网络的匿名性激起了监督主体的监督热情，因为在这样一个开放的虚拟环境中，地方政府的权威大大降低，对于体制外的监督主体而言，将有效降低其行使监督权利的风险，这使得地方政府处于一个被监督的圈子之中；另一方面，相对于地方政府而言，在网络环境下，各监督主体实际上处于各个隐秘的监督节点上，这使得地方政府的每一项决策、每一个行为都处于"聚光灯"之下，无形之中提高了监督的透明性。第二，网络信息传播的实时性使得地方政府面临现场监督。网络特别是移动互联网的发展，使得信息的实时共享成为可能。而智能手机的普及以及移动社交平台如微博、微信的发展，使得信息

---

① [美] 加布里埃尔·A. 阿尔蒙德等：《比较政治学——体系、过程和政策》，曹沛霖等译，东方出版社2007年版，第56页。

的实时传播更加便利。这既提高了监督的有效性,又使得地方政府时时刻刻处于被监督的现场,规范其权力的行使。第三,网络提高了监督主体的参与性,使得地方政府面临全民监督。在网络空间里,公民意愿的自由表达有效提高了对地方政府监督的参与性。公民通过网络 BBS 发帖、媒体新闻附后跟帖讨论、博客撰写揭露真相甚至是实施"人肉搜索"抓出幕后元凶并发起号召对丑恶现象的揭露,已经被称为互联网上的草根革命,极大地激发了现代公共治理中的公民参与意识。在移动互联网时代,地方政府面临全民监督将成为一种常态。第四,网络监督话语权的有效性使得地方政府无法怠慢。"话语权在制定各种社会行动规则、参与社会行动中都发挥着重要的作用。随着互联网的迅速普及,话语权冲破了传统的限制,在网络这一崭新平台上获得空前的展示空间,与传统话语权相比,网络话语权具有自身的特征。"[①] 在移动互联网环境之下,公民的个体话语权被聚焦放大,形成一股强有力的舆论聚焦,对地方政府的监督过程产生积极主动的影响,通过舆论的放大效应,地方服务型政府责任体系的功能进一步得到强化,使得地方政府面对监督时无法怠慢。

(三) 责任体系导向性

结果导向是落实和追究地方服务型政府责任的基础,也是地方服务型政府责任体系的核心目标。在各地服务型政府的建设过程中,普遍都提出了对政府部门承担责任的认定与追究,为此也开展了系统的政府责任评估。然而,问题在于,一方面,责任认定的结果不公开,认定程序具有封闭性。例如,目前有的地方政府存在政府权力部门化、部门权力个人化、个人权力合法化等畸形现象,个别干部对规则的遵守趋利避害,对自己有利的就评估,不利的就不评估。另一方面,责任的落实与反馈缺失,导致问责体系流于形式。梳理近年来被问责官员复出现象,其复出逻辑可见一斑:出事——免职/撤职——冷却——悄然复出——舆论质疑——回应合规——不了了之。无论是省部级以上官员还是省部级以下官员,概莫能外。例如,省部级以上官员,如 2005 年因松花江污染事件引咎辞职的原国家环保总局局长解振华、2008 年因三鹿奶粉事件引咎辞职的原国家质检总局局长李长江等,后均复出担任不同职务;因胶济铁路脱轨事故被免职的原济南铁路局局长陈功,复出后担任铁道部安全总监,以及阜阳假奶粉事件和山西黑砖窑事件中的一批

---

① 厉有国:《网络话语权对行政问责制建设的意义分析》,《求实》2009 年第 1 期。

被问责官员等,均以不同方式复出。

因此,地方服务型政府责任体系的结果导向性尤显重要。结果导向就是要建设有使命感的政府,谋求以结果为导向的控制机制。一方面,结果导向强调问责的实际效果,以便改善地方政府的管理绩效;另一方面,结果导向能够引领地方政府的行为,形塑其公共性价值取向,从而体现出地方政府的责任性与回应性。同时,结果导向的地方服务型政府责任体系是要构筑一套合理高效的责任追究制度,形成针对监督对象的外在压力氛围,促使管理者处于责任自律状态,从外在体制压力的维度,引导道德自律,实现个体行为的约束以及组织的健全管理。构建地方服务型政府责任体系的目的之一就是通过对责任后果的追究与反馈,要让地方官员树立责任意识,不断警醒自身行为,从而确立"自愿服从"的状态。这就要求地方服务型政府责任体系的实现路径,在确立外在制度约束的基础上,更要突出制度认同与道德内化作用,时刻提醒公务员在履行服务型政府相关职责之初就明晰自身职责,促使行政人员形成相应的心理防线,使外在约束制度真正内化为行政人员认真行使职责的道德力量,强化其内心认可程度,促使行政人员积极地履行相应职责,从而推动服务型政府问责体系目标的实现。[1]

三 地方服务型政府责任体系的基本结构

地方服务型政府责任体系建构的关键在于体系中内含的制度激励,也就是如何既确保各监督主体对地方政府履责监督的有效性,又能够调动地方政府主动承担责任、规范行使权力的积极性,同时避免各相关责任主体的推诿性。

所谓制度激励[2]是指体系之中的相关责任者在特定制度环境下的偏好选择与制度本身的价值导向相一致,即便是这一偏好选择不会给相关责任者带来任何收益甚至是与其自身利益相反时也是如此。制度激励问题实际上是一个制度如何影响相关责任者行为的问题,毕竟制度是通过影响相关责任者的行为才产生作用的。

---

[1] 文宏:《构建我国服务型政府问责体系的相关前提》,《社会科学家》2011年第9期。
[2] 这里的激励既包括对责任体系内各相关主体施加物质奖励也包括精神奖励(如晋升、荣誉的获得等)还包括相关责任主体因不作为或乱作为而受到的惩罚。这也就解释了在某些情况下相关责任主体行为偏好的选择主要是基于避免受到惩罚。

首先，制度通过形塑相关责任者的偏好来影响地方服务型政府责任体系内各利益主体的行为选择。事实上，责任体系内的各相关主体的偏好终归是内生于制度之中的，责任体系中各行为主体所表现出来的行为偏好终归是制度诱发导致的，是处于混合制度激励中行为主体策略性选择的逻辑结果，深深地打上了制度的烙印。通过建立符合客观实际的制度来形塑责任体系中多元主体的行为偏好是落实地方服务型政府责任体系的重要基础。其次，制度可以改变相关责任者偏好选择的次序从而激励其优先考虑某些偏好。"次序之所以重要，是由于它决定着行动的先后，行动的主体和时机，甚至决定策略的选择。"① 在地方服务型政府责任体系之中，各行为主体面对不同的制度激励所做的偏好次序的选择，直接影响到责任体系运转的最终结果。地方政府对"权力与责任"的理解直接决定了地方政府履责的积极性，而特定的制度环境则为这种"权力与责任"提供了具体的内涵，为地方政府与相关责任主体间的关系提供注脚。最后，制度通过限制地方政府行为选择的空间、增加监督主体对未来行为稳定性的预期，激励各责任主体开展合作，减少搭便车行为。制度的一项重要功能是"给人类相互关系带来秩序和可预测性"。② 借助于制度规范，各责任主体可以稳定地预见到其他成员在地方服务型政府责任体系中将会采取的行为，从而减少行为的不确定因素，增加合作意愿。

然而，相关责任者行为的偏好是基于复杂的制度体系之下而非单项制度的真空之中。单项制度的激励导向并不意味着制度体系的激励导向，任何制度激励功能的发挥都是基于一定的制度体系之内的，既是体系内责任者基于对不同制度激励的理解而选择不同偏好的逻辑结果，同时也是体系内不同的制度激励对责任者偏好形塑的逻辑结果。因此，责任者是处于混合的制度激励体系之中的，系统性是混合制度体系的典型特征。这主要包括三个方面：第一，一个社会中的各单项制度构成一个有机整体，并且处于相互联系的系统之中，任一项单项制度的建立和实施，都会受到其他各单项制度影响；第二，在制度体系内部，各单项制度构成了一个多层次的系统结构，各制度子系统及各子系统中的各项制度安排依据某种功能而连接在一起并形成某结构，在这一特定结构中，各单项制度从不同角度约束行动者的行为选择；第

---

① 何俊志等：《新制度主义政治学译文精选》，天津人民出版社 2007 年版，第 127 页。
② 何显民：《市场化进程中的地方政府行为逻辑》，人民出版社 2008 年版，第 69 页。

三，在既定约束条件下，制度功能的发挥取决于制度系统整体的耦合度，即制度系统的协调程度和制度结构的合理组织程度。"只有当各种各样的规则形成一个恰当的和谐整体时，它们才能有效地造就秩序，并抑制侵蚀可预见性和信心的任意机会主义行为。"①

但是，制度体系之中的单项制度激励并非必然一致，根据相关责任者在混合制度激励体系中偏好选择的侧重点不同，可以将制度激励体系分为一般制度激励体系和特殊制度激励体系。所谓一般制度激励体系，是指在不违背制度底线的前提下能够给相关责任者的偏好选择提供一定空间的制度体系。如改革开放以来我国确立的以经济发展为中心的制度激励使得 GDP 成为地方政府政绩的评判标准，只要能做到经济总量增长，地方政府还是具有较大的空间选择余地。所谓特殊制度激励体系，是指以实现某一制度目标为根本的制度体系，在该体系下，责任者必须以实现特定制度目标为一切行为选择的依归。事实上，无论是一般制度激励体系还是特殊制度激励体系都是以实现特定价值目标为目的的，而制度目标的实现与否在很大程度上受到两种激励体系间关系的影响。当一般制度激励体系和特殊制度激励体系的激励导向在方向上相同时，则意味着各制度间能够形成一个和谐的整体，并且能有效地实现秩序、形成目标一致的公共政策并且实现既定的组织目标。当一般制度激励体系和特殊制度激励体系的激励导向在方向上相反时，往往就会出现制度激励不相容问题。所谓制度激励不相容就是指特定制度体系中的不同制度间的激励导向相互冲突以至于使责任者在复杂的制度环境下遵循特定制度规则行事所表现出来的行为悖论。而解决不相容制度激励的有效路径就是建立相容性制度激励体系。

制度激励体系的影响是通过对责任者不同角色实现的，"角色定位就是根据角色期待的职能要求，找准自己与职能相一致的职权与责任，在特定的激励机制和约束机制下，履行与自己职能、职权、职责相应的具体行为"。②角色定位受到了行为者所身处其中的网络关系的影响，即地方政府、市场主体、社会组织和公民个体间的角色定位受到了地方服务型政府责任体系的影响，而地方服务型政府责任体系的构建又受到了法律体系、地方政府与地方

---

① [德] 柯武刚、史漫飞：《制度经济学——社会秩序与公共政策》，韩朝华译，商务印书馆2003年版，第164页。
② 沈志荣、沈荣华：《以人为本：地方政府角色转换的使命》，《理论探讨》2011年第3期。

党委、地方政府与市场主体以及地方政府与公民社会间关系形塑，也就是说，地方服务型政府责任体系就建立在现有的政治制度、经济体制、社会机制与法律体系的基础之上的。

地方服务型政府责任体系本质上是基于问责权行使主体因为法律规定的问责内容而发生，并追究问责对象相应责任的法律关系。因此，可以根据重构问责权行使主体、问责对象以及问责内容，构建地方服务型政府责任体系结构。通过建立问责权网状交叉问责循环系统，规范问责权，依法问责，防范问责权不作为或错误作为，来构建地方服务型政府责任体系。

问责权是追究问责对象的一种公共权力，这里重点分析问责网状交叉循环系统，对于推动问责权的价值。从逻辑上说，只有依法履行自己问责权的规制义务，问责对象才能得到持续、有效、牢靠的控制，从而"聚精会神搞建设、一心一意谋发展"。然而，单线条式问责制不是天使，往往反使问责流于形式，有可能无法正确履行自己的管制义务。换言之，单线条式问责有可能不作为，导致问责对象并未得到真正监督，单线条式问责也可能滥作为，导致问责对象无所作为、战战兢兢。显然，问责不论不作为或滥作为，都应该依法承担相应的法律后果，即问责权也应该被"问责"。换言之，任何政治公权力都不能暴露在无法制约的真空中。问责权被"问责"只能理解为问责权相互交叉问责，建立一个问责权网状交叉问责循环系统，因为单线条式的问责体系使得最后一个问责权不受刚性制约。

问责权网状交叉问责循环系统不仅使问责权法治化有了本体论根据，还使问责权由此成为国家权力系统中的动力核心或者总枢纽。也就是说，如果上述网状循环系统获得构建，问责权法治化就得到了保证，进而问责对象法治化也就获得了恒久动力；再而社会私权利的法治化也就获得了制度保障。问责权法治化某种程度上是自在自为的，而问责对象法治化与社会私权利法治化是需要问责权法治化来推动的。因此，核心的任务在于问责权的真正法治化。抓住了问责权法治化，特别是抓住了建立问责权网状交叉问责循环系统，也就抓住了构建地方服务型政府责任体系的根本（见图7-1）。

网状交叉问责循环系统的建立还意味着民主社会的到来。因为人民问责权是问责权中极为重要的一种，只有人民问责权活跃起来，网状循环系统才会生生不息地运行下去。相反，人民问责权的式微往往宣告了这个循环系统的破产。结果，地方政府内部的党政问责权作为尚方宝剑一枝独大，它马上就暴露出权力的固有缺陷。许多时候，它会和管理权同流合污，管理权失去

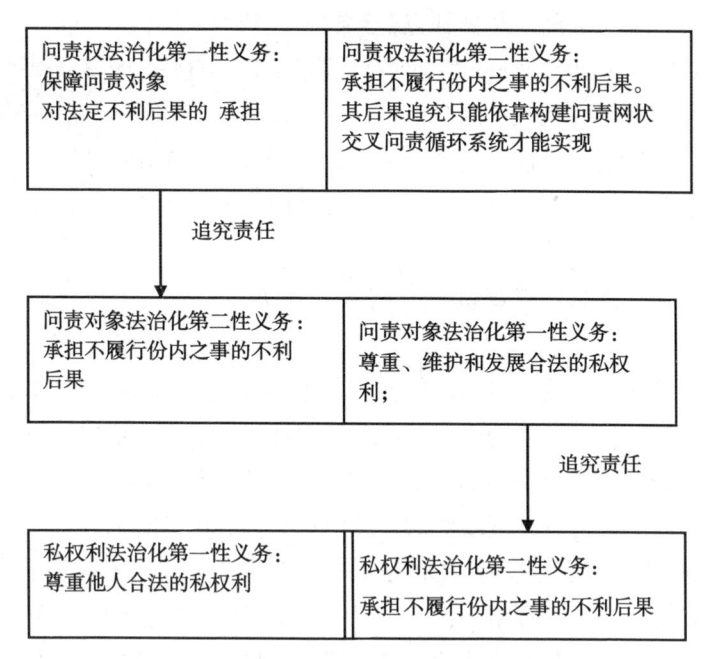

```
┌─────────────────────────┐  ┌─────────────────────────┐
│问责权法治化第一性义务：  │  │问责权法治化第二性义务：  │
│保障问责对象             │  │承担不履行份内之事的不利后果。│
│对法定不利后果的 承担     │  │其后果追究只能依靠构建问责网状│
│                         │  │交叉问责循环系统才能实现  │
└─────────────────────────┘  └─────────────────────────┘
            │ 追究责任
            ▼
┌─────────────────────────┐  ┌─────────────────────────┐
│问责对象法治化第二性义务：│  │问责对象法治化第一性义务：│
│承担不履行份内之事的不利  │  │尊重、维护和发展合法的私权│
│后果                     │  │利；                     │
└─────────────────────────┘  └─────────────────────────┘
                                        │ 追究责任
                                        ▼
┌─────────────────────────┐  ┌─────────────────────────┐
│私权利法治化第一性义务：  │  │私权利法治化第二性义务：  │
│尊重他人合法的私权利     │  │承担不履行份内之事的不利后果│
└─────────────────────────┘  └─────────────────────────┘
```

图 7-1　法治社会中问责权的基本地位与作用

了控制便如出笼猛虎肆意伤害人民。少些时候，它可能在民本思想和道德感的驱使下剑指地方政府管理权滥用，造福人民，但这种情况对于人民来说几乎可遇不可求。我们希望地方政府的各种问责权在理想的逻辑上能够形成四个问责循环，以此构建地方服务型政府责任体系。

第一条循环链条：人民"问责"代议机关——代议机关"问责"人民。

一直以来，政府改革总是政府拿自己的职能开刀，总在尽力寻找权力边界，很是难能可贵。但是，自己治疗自己总有缺憾与局限，如至今没有进一步界定政府作为性权力不作为违法、政府不作为性权力作为违法的内容与相应措施。坦率地说，界定政府权力谱系应该是代议机关的使命，无须政府越俎代庖，政府也无法真正完成这个使命。政府只需有作为义务的尽心尽责，避免懒政、庸政；政府有不作为责任的，必须谨守规则，避免乱政、滥政。代议机关有权力、有责任密切关注政府的作为义务而不作为、不作为义务而作为的责任。代议机关如果审视眼光不聚焦，人民代表有权在专门会议上追究代议机关的监督缺位责任；如果人民代表对政府权力边界的监督不关注、不用心、不尽力，代议机关有权以"问责权行使主体"的资格，对人民代表实施"问责"，伴以告诫、公示失职记录等监督环节，这是在人民代表资格撤销之前的监督提前与监督补充，旨在唤起其他人民代表的参政责任与参政热情；代议机关如果通过行使决策权侵犯了人民合法权利，人民应当通过各种法定途径追究代议机关的政治责任和法律责任。如果人民没有及时、有效地行使对政府的问责权，代议机关便有可能进一步滥用政府决策权，侵损人民的合法权益，从而以特殊意义上的"问责权行使主体"对人民实施"问责"。

第二条循环链条：代议机关"问责"地方政府——上级政府问责下级政府。

下级政府作为直接面对人民群众的一级政府，目前主要得到来自上级政府的问责，这种自上而下的监督，主要局限在行政系统内部，代议机关的有效问责大致处于隔靴抓痒状态。代议机关如何追究一级政府的违约法律责任，上级政府如何追究下级政府的违约法律责任，两者如何相辅相成、协同配合，构成联合的问责权行使主体，这是一个重要的政治体制改革使命。这种联合需要设计主次问责结构，完善灵活应对机制、主次配合机制、双管并行机制，从而使一级政府的违约全方位置于新型问责链条之中，从而形成代议机关和上级政府相互协同、相互配合的问责格局。当然，一级政府也有权拷问代议机关的问责责任，定期质询代议机关反应迟钝、决策迟缓、监督无序的政治责任。进而推动上级政府对下级政府问责的有效性、促使代议机关对一级地方政府问责的权威性，由此构成良性循环系统。

第三条循环链条：社会组织问责地方政府——地方政府"问责"社会组织。

地方政府如果以自己的部分决策行为和执行行为侵害了社会组织与民众的合法权利，社会组织与民众应该根据"谁侵权谁担责"的原则通过行政诉讼、行政复议、上访申诉等方式追究行政机关的侵权法律责任。如果社会组织与民众疏于、怠于这种有序问责，地方政府就有可能变本加厉，进一步滥用政府管理权。

当下，一部分社会组织已经开始承接地方政府一定的公共管理职能，并已经发挥相当的治理功效。问题是，大多数社会组织承接的政府职能，往往是那些政府执行有难度的，或者是没有多大获利的，或者是政府自己无力承担的。而且，权力移交大多没有规范，没有配套制度，尤其严重的是，政府移交权力的信息资源共享有限，社会组织角色转换的心理准备与组织准备有限。显然，随着地方政府权力移交的铺开，必然出现另一方面的问题，突出表现为三个关系的模糊：一是政府移交权力，如果不当移交、虚假移交，地方政府应该如何承担相应的责任；二是地方政府移交权力，如果明里移交、暗中阻碍，从而侵害社会组织承接的合法权益，或者地方政府放松甚至放弃对社会组织的监管，那么，社会组织如何追究政府的责任、如何保护自己的合法权益；三是社会组织如果忘却承接政府职能的公共性与服务性，无视职能承接的有限性、责任性，甚至表现出管理任性、滥用权力、无法无天，那么，如何追究社会组织违法的责任，如何追究地方政府监管失责，如何追究社会组织犯法的刑事责任？这些模糊关系必须清晰。

第四条循环链条：执政党问责代议机关和行政机关。

中国共产党的领导地位与领导能力，早已经受了历史与现实的考验，奠定了中国共产党对代议机关问责的权威。代议机关从制度上保证党的领导、党组织从法治上强化对代议机关的"问责"。地方政府体制改革凭借什么依据继续推进、地方政府如何在代议机关规范下，重组权力、分流权力、移交权力，这些代议机关责无旁贷。如果代议机关放弃或者疏于完善法律依据、放弃或者滞后决策与监督职能，代议机关中的党组织可以通过调查、质询、听取工作报告等方式，来追究代议机关的无序作为、疏怠行为、软弱作为。如果发现代表质询代议机关对地方政府改革提案，有不同意、不满意，党组织有权过问，并关注事后对提案的处置；如果发现代议机关中有人违法违纪，党组织有权指派专门机关追查，并关注事后对违法违纪的处置；如果代表大会或者代表会议没有通过代议机关的工作报告，那么，代议机关有关负责人应该引咎辞职，或者遭受罢免，以避免代议机关决策与责任的割裂。

这四个问责循环组合在一起，构成网状交叉监督体系与循环监督组合，旨在保证各个监督主体恪遵职守，保证问责的整体效应与法治轨道。如图7-2所示。

不过，上述问责的前提是每一种问责权无论在规定性方面还是在制约性方面都有充分保障，否则，一旦某一链条出现断裂，整个问责权网状循环系统的运转都可能受到毁灭性打击。

第二节 我国地方服务型政府失责的主要表现

经过40年的改革与发展，在中国特色的监督体系的基础上，地方服务型政府责任体系基本趋于完整，责任主体、责任客体、问责方式、责任领域

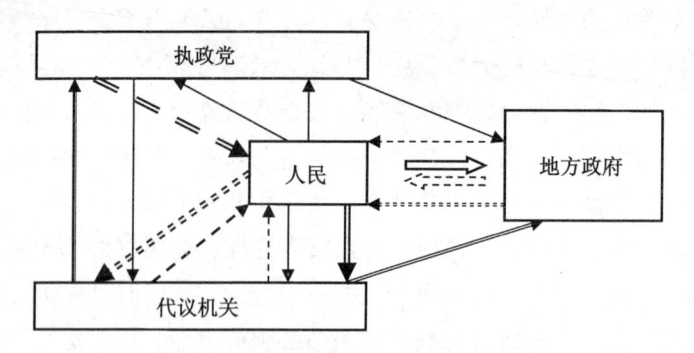

图 7-2　问责权网状交叉问责循环系统

说明：1. 各类实线代表一般意义上的问责；各类虚线代表相应权力主体对人民实施特殊意义上的"问责"。2. 限于图标局限，地方政府内部的行政问责（同体问责）没有显示出来。3. 每一组自循环系统独立发生作用，并与其他自循环系统构成整体性的交叉问责循环系统。

范围等要素大致上形成了完整的链条。但是，也应看到，当下地方政府责任失范现象依然严重。

一　地方服务型政府承担责任形式化

从根本上讲，政府承担责任是指政府向人民承担责任。一方面，人民通过纳税购买政府提供的公共物品，政府全心全意为人民服务是政府的分内之事，如果政府不能完成分内之事，人民当然可以追究政府的违约责任；也就是说，人民具有问责政府的法定主体资格。另一方面，人民是政府所提供公共物品的直接享受者，只有人民才最了解自己的需要，也只有人民才最有资格评判政府所提供的公共物品是否真正满足自己的需求。总之，人民最拥有向政府追究责任的实质性条件。地方政府向其他部门承担的责任都是向人民承担责任的具体化、外延化以及程序化。由于诸多原因所致，地方政府向人民承担的责任有流于形式的危险。

第一，具体人民主权式微与抽象人民主权过于笼统，导致地方政府向人民承担的积极意义上的责任具有任意性，向人民承担的消极意义上的责任较为欠缺。

人民主权可以从抽象和具体两个维度来理解。[①] 其一，抽象人民主权是

---

① 张凤阳：《政治哲学关键词》，江苏人民出版社 2006 年版，第 61 页。

指具有理想色彩的整体性的人民拥有主权,重在回答国家权力的终极来源。它具有形而上的价值诉求,适合意识形态化的宣传与论战。这种人民主权虽然备受推崇,但它仅仅是对政府权力来源的政治合法性解释,而不是实施国家权力配置的一种具体规划。卢梭对抽象人民主权做了划时代的回答。他认为抽象人民主权是完美无缺的"公意",是不可分割的有机整体,是不可挑战的最高权力。其二,具体人民主权是指具有可计算意义上的人民(或民众团体)所拥有的主权,重在回答国家权力的具体规划。这种具体人民主权"形而下"地思考:在可计算的意义上,究竟多少人才足以构成人民。从政治实践而言,人民只能按照多数原则来把握。

  另外,在政治实践中,如果具体人民主权不发达,会造成一些政治精英以抽象的人民主权的名义实施自己的意志,造成事实上的"少数人统治",结果,政府向人民承担的积极意义上的责任成为政府的自说自话,表现为很大的随意性。政治精英一旦"挟"抽象人民主权发号施令,① 这种涂抹上"真理"与"人民"色彩的命令是无法抗拒的,从而让少数人专断的精英治理具有了"正当性"。(有学者将这种情形概括为与"虚君"现象相对立的"虚民"现象,这是极为精辟的②)。在人类社会历史上,精英治理不仅是一个应然判断,也是一个实然状态。前者决定了"真理往往掌握在少数人手里",从而服从抽象人民主权和公意,就是服从政治精英;后者则决定了"少数人"通过体制力量拥有强大的话语霸权。结果,抽象人民主权和"真理引导人民"的社会治理就演化成柏拉图所描述的领袖意志。在此情况下,政治精英完全根据自己的判读向人民履行自己的"分内之事",即根据自己的主观理解为人民提供所谓的公共物品。如果人民认为政治精英所提供的公共物品并非自己真正所需,政治精英会推断人民群众由于认知和立场的局限性,不能把握和认清自己的根本需求。显然,这种政治逻辑使得各级政府向人民承担的积极意义上的责任具有随意性和主观性。

  上述政治逻辑与当下中国政治实践是吻合的。在中国,一个重要的理论预设就是各级政府具有先进性,进而预设政府完全能够及时、全面地把握所

---

① 钱钟书曾精彩的描述这种抽象人民主权被政治精英占有的现象:"近来觉得……'还政于民'等佳话,只是语言幻成的空花泡影,名说交付出去,其实只仿佛魔术家玩的飞刀,放手而并没有脱手。"参见钱钟书《围城》,人民文学出版社 2005 年版,序第 1 页。
② 邵建:《民主与专制的百年迷途》,《炎黄春秋》2009 年第 9 期。

有人的各种各样需求,并能够提供有效的服务。由此,全能性和权威性成为各级政府的实质内涵。为了能够承担这种无限责任,政府的体制就必然是一元化的、集权的,政府集政治、经济、安全、福利等所有职能于一身就成为题中应有之义。伴随着这种全社会的公共化改造与同构,私人领域淹没在公共领域之中,市场与社会被同化于国家之中,从而实现了整个社会结构的单一化与纯粹化,形成了公与私的复合,国家与社会高度合一的特有现象。在这种公共化程度高度弥漫的体制下,政府的职能渗透在社会生活的方方面面,从而形成政府对全部社会生活的垄断与控制。国家与社会高度合一的对应物是"单位制"的泛化,单位作为国家政治组织的"延伸体"、国家与社会高度合一的中介物而茁壮成长。国家通过"单位"实行社会配给,结果,一方面,由于各级政府根本无法准确把握社会的各种需求,造成需求与"服务"的严重扭曲。然而,主观的正当性使得政府的决策制度严重缺乏纠错能力,反而增强了坚持错误的能力。另一方面,具体人民主权式微、抽象人民主权笼统导致当代中国镜像论代议制盛行,委托代理代议制匮乏,人民缺乏有效渠道追究政府的否定性责任。

委托代理论代议制下,人民通过选票将自己的政治权力委托给各级人大代表,人大代表则以人民的代理人对各级政府予以规制和问责。在这种情况下,各级政府尽心尽力为人民服务,并承担服务不力的否定性责任就不仅仅是一种政治理念,而是一种切切实实的制度化运作。如果"人民代表"不被视为人民的受托人,而是以普通群众的"替身"模样,代表的业余化和代表人数众多,于是"人民代表"成为见证真理、公意、抽象人民主权政治合法性的荣誉,而非参政议政和予以问责的职责。[①] 显然,地方政府对人民的消极意义上的责任事实上已经被架空,人民无法通过有效渠道去追究地方政府的各种违约责任与侵权责任。再加上上述地方政府承担积极意义上责任的随意性,人民对地方政府责任流于形式只能望洋兴叹。结果,地方政府向人民承担的消极意义上的责任只能成为地方政府的一种道德自觉,抑或是一种迫于"水能载舟,亦能覆舟"民本主义压力下的政治自醒。尽管中国共产党很早就把全心全意为人民服务视为自己的宗旨,但是,由于具体人民主权的不发达,在很长时间里,为人民服务、对人民负责基本上只流于形式上的价值理念。

---

① 王怡:《议会主权与代议士的专职化》,北大法律信息网,2003年7月12日。

第二，地方政府承担责任形式化的另一个原因在于地方政府职能划分不明确，责任主体不清晰。由于我国仍然是一种权力高度集中的体制，党政关系错综复杂，有权无责、有责无权、职能交叉重叠的现象相当普遍，党政之间、不同层级之间、正副职之间权责区分不清。公务员构成结构及分类体系不清，岗位设置及其职责规定不明，各系统各层级官员之任职尚无规范的法律形式的职位说明书，也没有建立起配套的官员绩效评估制度，因此权责区分缺乏透明合理的判断依据。当前我国问责对象不清主要表现为：一是中央政府与地方政府的职权范围不清，我国目前的法律没有对中央政府与地方政府职权关系做明确规定。中央在向地方放权的过程中，在范围上也没有做明确的规定，造成了中央与地方责权不一；二是部门权力边界模糊，由于我国政府职能转变尚未全面到位，部门权力大交叉，出现问题时，推诿扯皮、推脱责任时有发生；三是行政首长负责制与集体决策民主集中制交叉导致的职责不清。我国宪法规定政府机关实行行政首长负责制，行政首长拥有所辖公共事务的自由裁量权和最后决定权。同时，党内法规又规定了重大决策必须遵循民主集中制的原则，采用合议的集体决策方式来决定。这两种决策方式的同时存在导致了重大事故发生时，行政首长可能以集体决策的名义推卸责任。

二 地方服务型政府责任导向单一化

各级地方政府的执行权和执行内容，一方面来源于同级人民代表大会授予，另一方面来源于上级行政机关的授予。《地方各级人民代表大会和地方各级人民政府组织法》第五十五条在规定地方各级行政机关对本级人民代表大会负责并报告工作的同时，还规定地方各级行政机关对上一级国家行政机关负责并报告工作。

这就出现一个问题：同一个地方行政机关如何既对本级人民代表大会负责，又对上级行政机关负责的关系，这个问题集中体现为如何处理好"条条"与"块块"的问题。行政机关中的"条条"是指"不同层级的地方政府之间上下贯通的职能部门或机构，也包括部门、机构与直属的企事业单位"。[①] 而"块块"是指"每一级地方政府内部按照管理内容划分的不同部

---

① 谢庆奎：《中国地方政府体制概论》，中国广播电视出版社1998年版，第7页。

门或机构"。① 自从 1954 年撤销大行政区委员会起,中央人民政府就在全国范围内确立了加强行政机关各职能部门,以部门管理为中央政府领导地方政府的基本领导体制。"条条"管理借此得以发展和兴盛。"条条"管理的优势和特征在于,政府"条条"可以就自己管理的专门事务自上而下地推动,克服地方保护主义,从而保证管理事务的通达无阻。一定程度上可以说,"条条"管理体现了地方政府责任的向上导向性,这种责任本质上是一种建立在科层制基础上的纵向权责关系。"块块"管理一方面体现了行政管理综合化的要求,因为"块块"相叠加使得行政机关能够综合协调各种公共事务;另一方面,"块块"管理体现了属地管理原则,地方政府"块块"管理强调的是保护地方利益和地方发展。某种程度上也可以说,"块块"管理体现了地方政府责任的向下导向性,这种责任其本质是"公仆的责任",是建立在人民代表大会制度上的政府对于公民的责任。

如何协调好上述两种关系,最简单的办法是将二者的权界划分清晰,各司其职。"基层政府乃建立在同级人大同意的基础之上,至少承担着两种不同类别的职责,一是执行上级的命令,一是自主的处理本行政区内的'地方'事务。这二者之间,本身即是一个权力分配的问题。对于上级的命令,当然不可随意拒绝,这里包含着下级对上级的服从,但对于本行政区内的'地方'事务,则可自由地作判断,甚至要排除上级的'指手画脚'。"② 如果上下级治理机关出现了权界纠纷,它们应该诉诸宪法法院或最高裁决机构,以定纷止争。"在相当多的国家,纵向的职权争议构成了违宪审查的一个重要内容,即不同统治团体之间对权力分配出现争议时,通过寻求宪法的解释来实现权力分配的明确性。"③

基于这种政治考虑,我国现行的政治制度安排充分体现了上下联动、条块平衡。一方面,政治体制存在着以各级人民代表大会为基础的行政外部委托—代理关系,它是政治性责任生成的基础和依据,这种体制从理论上决定了地方政府责任导向的向下性。另一方面,政治制度中又有以中央政府为核心的各级政府委托—代理关系,它是行政性责任生成的基础和依据,这种以

---

① 谢庆奎:《中国地方政府体制概论》,中国广播电视出版社 1998 年版,第 7 页。
② 秦前红、叶海波:《基层政权建设的若干思考》,《暨南学报》(哲学社会科学版)2007 年第 3 期。
③ 同上。

中央政府为核心的自上而下行政授权为主要内容的内部委托—代理关系，决定了地方政府责任导向的向上性。这种理想范式下的双重委托代理关系参见图 7-3。

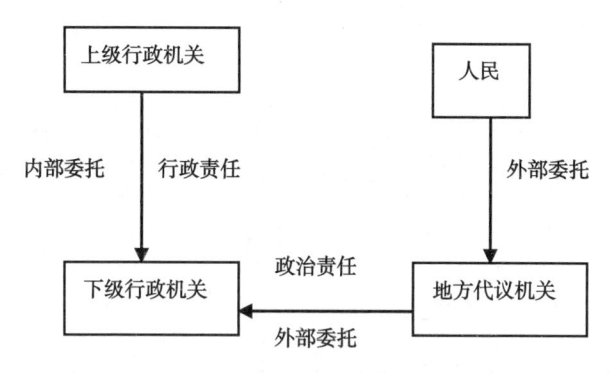

图 7-3　理想范式下的双重委托代理关系

然而，大量的实践证明，不是政治实践服从政治逻辑，而是政治逻辑服从政治实践。在纷繁复杂的社会生活中，上述理想的政治逻辑往往折射成两种变异的政治实践：其一，"条条"压迫"块块"，即下级行政机关只能选择对上负责，调动一切资源来完成上级下达的各项指标任务，从而无暇顾及本辖区的公共物品需求。最极端的现象是"对下收钱，对上服务"，这种情形可被称为"条条专政"。其二，"块块"架空"条条"，即下级行政机关图囿于地方保护主义，以肥本地之私而破坏全局性的、整体性的公益事业。

当下，"条条"压迫"块块"现象较为严重，它直接导致地方政府责任导向唯上不唯下。究其原因，一方面，前文论析的我国各级代议机关缺乏问责行政机关的职权，使得各级地方政府向地方代议机关和地方民众承担责任的动力机制不足。另一方面，我国形成了党全面管理的一元化领导方式。党全面管理的最大特点在于范围广泛。范围广泛体现在现有的干部管理体制中，组织部管理着党群系统、政府部门、人大、政协等所有担任领导职务的各级干部。在这样的管理模式下，理论上是由人民群众选举的人民代表，在实践中也是由党负责挑选的。党的全面管理实现了集权，所有干部的责任和权力全部由委任者进行安排，从而实现了自上而下的选任和管理方式，领导干部在工作中首先要对上负责。这样，上述理想的双重委托代理关系就转变为单向度的委托代理关系（见图 7-4）。

一切责任从根本上源于责任主体与责任客体之间的委托契约关系。正是

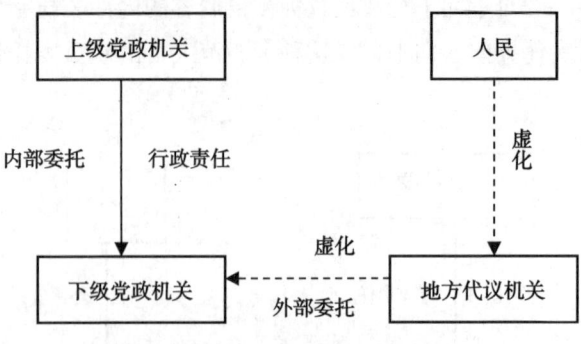

```
        上级党政机关                    人民
             │                          ┊
   内部委托  │ 行政责任                 ┊ 虚化
             │                          ┊
             ▼         虚化              ▼
        下级党政机关 ◄┈┈┈┈┈┈  地方代议机关
                      外部委托
```

图 7-4 现实状态下的委托代理关系

单向度的委托代理关系使得地方政府责任导向唯上不唯下。

三 地方服务型政府责任追究渠道短路

地方政府责任导向的唯上性，会导致地方政府责任追究体系的封闭与短路，它的直接表现是政府体系内部的问责风暴在中国的盛行。自 2003 年春天"SARS"事件后，暴风骤雨式的政府问责风暴开始在政府体系外部即中国社会持续进行，[①] 当代中国的"政府问责风暴"具有如下两大特征：

第一，同体问责权一枝独秀，异体问责权尚处于休眠中，导致地方政府责任追究体系的封闭。

政府问责包括同体问责和异体问责。所谓同体问责是指党政系统对其党政干部的问责，所问责的内容为五大涉宪主体之间的问责制。异体问责则主要包括人大代表对政府的问责、民主党派对执政党和政府的问责、新闻媒体对执政党和政府的问责、法院对执政党组织和政府的问责。目前，我国盛行的政府问责风暴主要是同体问责，即由党委和政府来实施行政问责，问责的制度依据主要是党的文件和行政机关的行政法规、规章及其他规范性文件。由于异体问责权行使主体对政府及其官员的责任追究缺乏具体规范和操作程

---

① 学术界认为，当代中国的政府问责制发端于 1995 年颁布的《党政领导干部选拔任用工作暂行条例》。此暂行条例被评价为"在干部选拔任用工作方面第一个比较全面、比较系统的文件"，并最早引入了责令辞职这种形式。政府问责风暴则起源于 2003 年，这一年是新中国历史上首次在突发灾害事件中，短时间内就同一问题连续地、大范围地追究官员责任。此后，"问责风暴"持续发力，2008 年更是被称为行政问责年。截至 2010 年 1 月 31 日，以"问责风暴"为关键词，BAIDU 搜索引擎提供了 670000 篇相关网页；GOOGLE 搜索引擎提供了 687000 篇相关网页。

序，行政问责缺乏有效的异体问责。而行政问责制重在异体问责，因为政府的责任，首先表现为对公民负责。政府的一切公共行政行为，都必须符合和有利于公民的意志、利益和需求，都必须对公民承担责任。政府所承担的这种责任实质上是公仆对主人的责任。政府官员经过公众授权而拥有公共权力，从根本上说，问责的主体就是人民群众。当前我国异体问责权行使主体缺位主要表现为：一是人大问责缺位。人大往往是政府进行问责后才介入，属于事后问责，这种问责常常流于形式。虽有人大质询制度，在实际政治生活中却很少启动。虽有罢免制度，也主要是对已有违法犯罪行为的官员才实行，严重影响了行政问责的效果。二是公民问责缺位。我国法律中尚未建立完备的公民问责的途径，对公民的知情权和话语权尊重还不够，在很大程度上限制了公民对政府行使权力的问责。地方政府责任追究体系封闭的主要原因在于上述当代中国抽象的人民主权思想压倒了具体的民本思想。抽象的人民主权原则使得中国民主政治更倾向于革命—动员型民主进程，而放松了法理—程序型民主建设。结果，执政党和政府作为人民的代表虽然要向人民负责，但现实的人民总是缺乏追究它们责任的有效渠道。

第二，同体问责目前处于刚柔尚未相济阶段，尚未进入法制化，容易导致地方政府责任追究体系的短路。

从问责的发动机制而言，政府问责风暴缺乏一种"失职就须担责"的制度驱动机制，而是经常依赖于媒体和舆论的外在驱动。这种外在驱动的机理在于媒体报道与舆论传播，打动了一些关注舆情的行政首长，行政首长为"平民愤"直接或间接启动政府问责。显然，这种政府问责会因"领导人的改变而改变，因领导人看法和注意力的改变而改变"。换言之，中国社会的各种问责大都取决于行政首长是否关注及社会舆情严重程度。当严重的社会舆情促使行政首长高度关注时，问责风暴雷霆万钧，河清海晏的责任政府似乎在问责风暴的"秋后算账"中迅速建立起来。但即使这样，也存在东边大雨西边日出的问责死角，换言之，行政首长勤勉如堂吉诃德，也未能用手中的矛刺穿天下所有劣政。至于行政首长有所懈怠时，或者陶醉于天下大乱导致天下大治的历史规律中时，各种劣政更是犹如原上野草疯狂生长起来。此时的责任政府和行政问责已成为斑驳墙壁上的一句陈年标语，整个地方政府责任追究体系陷入短路而无法运作的困境。

事实上，这种建立在地方政府责任追究封闭体系基础上的问责风暴也征兆了当代中国的治理危机。首先，正是责任机制不健全才导致问责风暴的盛行。问责机制不健全致使政府权力受不到有效制约；权力受不到有效制约致使官民矛盾大量发生并激化；官民矛盾激化致使人民群众通过不断上访、制造群体性事件等方式逼迫政府内部实施同体问责，① 问责风暴就此刮起。其次，问责风暴不能从根本上解决问题。问责风暴能够解决的问题何其之少，不过冰山一角。这与人民群众渴望的责任政府相差甚远，于是，群众又以新一轮的无序政治参与激发政府掀起问责风暴，这几乎是一个恶性循环。

四 地方服务型政府责任承担的"自利与短视"

改革开放以来，我国进行了四次较大规模的财政管理体制改革，逐步改变了过去财政高度集中的状况，调动了各级地方政府的积极性。特别是1994年进行的分税制改革，"进一步打破了财政分级包干体制，建立了以增值税为主、营业税和消费税为辅的流转税制，统一制定了企业所得税率和个人所得税上缴办法"。② 这直接刺激了地方政府增加收入的主动性和积极性，推动了政府责任重点向经济建设的转变。

因此，从中央到地方的分权让利改革与分税制改革，使得地方政府由原来的中央政府在地方的代理人与执行人转变为具有一定独立性的利益主体，这不仅改变了地方政府在我国整个行政管理体制中的角色定位，也改变了地方政府的利益结构与效用偏好，从而使中国经济增长的重心由中央政府下移至地方政府。这便重新构造了地方政府行为选择的激励结构与约束条件。地方政府的自利与短视被前所未有地放大。地方利益以及政府自身的利益成为政府行为选择的重要变量，实现约束条件下的政绩最大化和地方利益最大化成为地方政府的重要行为准则。也就是说，地方政府像"企业家"那样深入参与到经济增长的各个环节之中，在刚性不足的责任体系以及其基于现实存在自主性空间之中，凸显了责任承担的"自利与短视"。

第一，行政分权改革为地方政府的"自利与短视"提供了制度空间。

---

① 有学者将当代中国的问责风暴称为"以群体性事件倒逼问责"。群体性事件中民众的逻辑是："通过正当途径和在法律框架中维权是没有用的，政府是不会理的，只有把事情闹大，整出群体性事件，闹出社会影响，以引人注目的方式把事情推向媒体并引发舆论同情，这样才能触及相关部门的痛感，逼他们以答应民众要求的方式平息民愤。"参见曹林《以群体性事件倒逼问责的后遗症》，《珠江晚报》2009年8月3日。

② 陈东琪：《新政府干预论》，首都经济贸易大学出版社2000年版，第86页。

随着中央政府将众多经济管理权限下放到地方，地方政府从而拥有一定的经济决策权。"这种权力下放使得地方政府的利益与当地经济发展水平休戚相关。"[①] 因此，地方政府通过成立各种招商引资中心，凭借行政权力压低经济增长的基本要素如土地、劳动力、税收等的价格，并利用商业银行总分行管理体制的缺陷控制银行信贷资源，企业的发展提供廉价资本，从而来发展地方经济。因而，我们可以看到，由此导致大量的环境污染问题、暴力拆迁问题、普通劳动者合法权益受损问题、产能过剩问题甚至是地方政府"寻租"问题。随着人口红利出现拐点且土地、劳动力等要素价格不断上涨，地方经济的可持续增长遇到了制约瓶颈，而进行地方产业升级与经济结构调整成为地方政府必须承担的责任。

第二，分税制改革为地方政府的"自利与短视"提供了激励机制。一方面，分税制改革使得地方政府可以与中央政府分享财政收入，"增值税和土地租赁收入成为地方政府的主要收入来源，而这两者都取决于地方经济的增长"。[②] 由此地方政府更有激励去寻求一切可能的资源来进行投资，推动地方经济增长，以便实现自身利益最大化。所以，我们既可以看到以土地财政为基础的房地产业的飞速发展以及与之相伴的房价飞涨，又可以看到在存在地方保护和市场分割的情况下，中国经济还能保持高速增长。但这是以牺牲统一市场的形成、要素的自由流动以及正常价格生成机制的形成为代价的。另一方面，分税制改革使得地方政府通过增加预算外收入来增强政府的财政能力。1984年以来，中央政府颁布了一系列允许地方政府及其附属机构和事业部门收费的规定。于是，预算外资金急剧膨胀。[③] 1994年的分税制改革，虽然划清了中央与省的收入，但省以下各级政府的收入并没有明确划分，预算外收入依然在地方政府收入中占据很大比重。预算外资金的膨胀是在国家财力紧张以及预算过程缺乏严格约束的情况下出现的，反映了经济建设速度过快以及预算管理滞后的客观现实。其影响是双重的：在积极方面，它为地方政府改善本地区环境提供了激励，从而避免了在其他转轨国家中出

---

① ［美］约瑟夫·斯蒂格利茨：《发展与发展政策》，纪沫等译，中国金融出版社2009年版，第523页。
② ［英］罗纳德·哈里·科斯、王宁：《变革中国：市场经济的中国之路》，徐尧、李哲民译，中信出版社2013年版，第226页。
③ 杨之刚：《中国政府资金分析》，《经济社会体制比较》1998年第5期。

现的财力下降导致的公共基础设施退化和社会服务质量的下降。① 在消极方面，收费项目的泛滥冲击了正规的预算体系，软化了各级政府的预算约束，诱导各个部门更倾向于"费"而非"税"强化了部门利益，为个人滥用权力提供了机会。②

第三，现有的政府绩效考核体系为地方政府的"自利与短视"提供了一定的"正当性"。以 GDP 增长为核心的地方政府绩效考核体系使得地方政府处于"晋升锦标赛"之中，这便在地方政府之间引入了竞争机制。③ 地方政府的政绩与地方经济的发展休戚相关，地方官员能否晋升、什么时候晋升、晋升到什么级别都与其主政时期的经济增长率密切相关。因此，地方政府间竞争的内在逻辑清晰可见：地方政府间的竞争主要表现为地方政绩竞争，地方政绩竞争主要表现为经济增长竞争，经济增长竞争主要表现为投资竞争，投资竞争主要表现为地方政府对企业家支持的竞争。事实上，在当前的政绩语境下，对企业的支持与地方政府的责任密切相关。"首先，地方政府可以使用当地的社会资本和其他相关资源，来为当地企业提供必要的公司治理。其次，对无效率企业进行补贴以维持就业，同时，利用稀缺资金去创建新企业，从而创造出新的就业岗位。最后，地方政府动用储蓄资金为新企业融资。"④ 因此，地方政府像一个"企业家"那样，利用所掌握的行政权力争夺金融资源盲目投资，力求广撒网全覆盖，结果便是经济增长与产能过剩和重复建设相伴随。虽然地方政府间的趋利性竞争在客观上促进了产权的保护（这被经济学家视为提高经济绩效的前提），"以行政的方法撬动市场经济"，⑤ 但是"对经济资源的行政支配权不但会造成经济效率的损失，还会造成政治上的破坏"，⑥ 致使公民的社会福利受损，甚至导致地方政府为其行为的越位、缺位与错位寻找合理性支撑。

---

① 黄佩华：《费改税：中国预算外资金和政府间财政关系的改革》，《经济社会体制比较》2000 年第 6 期。

② 杨雪冬：《变革社会中的政府责任：中国的经验》，《中国人民大学学报》2009 年第 1 期。

③ 张军、周黎安：《为增长而竞争：中国增长的政治经济学》，格致出版社、上海人民出版社 2008 年版，第 125 页。

④ ［美］约瑟夫·斯蒂格利茨：《发展与发展政策》，纪沫等译，中国金融出版社 2009 年版，第 521 页。

⑤ 沈荣华：《昆明样本：地方治理创新与思考》，清华大学出版社 2013 年版，前言第 1 页。

⑥ 吴敬琏：《中国增长模式抉择》，上海远东出版社 2006 年版，第 178 页。

第三节　地方服务型政府责任体系完善

地方服务型政府责任体系的完善是一个系统工程,需要在转变地方服务型政府制度性责任形式的基础上,明确地方服务型政府责任体系的目标与指标体系,从而构建地方服务型政府责任追究的体系结构。

一　实现地方服务型政府制度性责任的三个转变

现代政府责任首先是一种建立在特定政治原则之上的责任政府制度体系。由于不同的时期对政府分内的事情的理解不同,以及社会经济发展带来的国家社会关系的变迁,地方政府的制度性责任一直处在不断的更迭变迁之中。纵观整个变迁轨迹,地方政府制度性责任实现了或正在实现三个转变。

(一) 从全能责任到有限责任

在西方自由资本主义时期,在个人权利至上的理念下,政府的角色被称为"守夜人",政府的责任被限定在几个有限的领域内,如公安、国防、税收等。但是,20世纪二三十年代以来,在凯恩斯主义思想的影响下,政府的全能责任开始被提出来,认为政府应该更加主动地承担更多的责任,政府由原来的"守夜人"角色转变为"保姆"角色,政府开始承担全能责任。责任内容发生很大的转变,负责任的政府意味着应该为普通公民提供"从摇篮到坟墓"的全能责任,为他们提供教育、就业、培训、住房、医疗、养老等各种保障。为了确保政府承担这种全能责任,西方国家的立法机关纷纷通过了各种相关的法律和法令,其中最重要的就是社会保险法,在此基础上形成了社会保障制度。这种以福利主义为基本体现的政府全能责任,对于保障公民的基本权利和消除经济自由竞争所带来的种种社会冲突起到了积极的作用。到了20世纪中期,西方各国基本上都进入福利国家的阶段,标志着全能责任观念在西方政府中得到了全面确立。

然而,进入70年代以来,经济形势愈来愈复杂,竞争日趋激烈,对于政府来说尽其所能采取一切办法提高行政效率是当务之急。平民主义者对日益扩大的财政开支的不满,对提供社会和经济服务的庞大管理机构提出了猛烈的批评,强烈要求改变官僚机构反应迟钝、效率低下和对服务对象充满敌意的运行模式。全能责任的观念受到了严峻的挑战,公众对政府的生产力低下正在失去耐心。两条变革途径似乎正在交叉:一是高举民营化大旗,利用民间部门高效率、低成本地提供公共服务；二是公共部门提出一系列创新方案，改善对公众的服务并重新获得公众的信任。① 很显然，由对社会事务全面干预进而全面承担责任，开始转变为在与公共部门和私人机构分担治理任务的前提下承担有限责任，要求政府责任在有效范围内收缩，成为改革的基调与呼声。

从全能责任到有限责任的转变，一个关键变量就是如何确定政府的责任边界。两条标准为大家所普遍认同：一是来自效率的考虑，认为凡是市场或社会承担更为有效率的事务，不应该成为政府的责任范围，政府的责任范围应该是市场失灵的领域；二是来自公正的考虑，由社会或市场来承担可能带来公正问题的事务，应该成为政府的责任范围。诺齐克说，以不侵犯个人权利作为行为的"边际约束"，将政府职责限制在他所谓的"最弱意义上的国家"。② 效率和公正就为政府有限责任设定了基本的原则，正如世界银行指出的那样，"市场失灵和社会公正是公共责任的规范理由——它们说明了政府应当介入的理由"。③ 随着西方新公共管理、治理理论等新思想的兴起，建立有限责任的政府已经成为各国行政改革的重要目标之一。以20世纪英国撒切尔夫人的民营化改革为序幕，西方各国纷纷推动了以市场化、民营化、放松管制和政府再造为核心内容的行政改革，政府的责任范围大为缩小，政府承担责任的方式和承担责任的标准也在新的环境下被赋予新的含义。

（二）从过程责任到结果责任

传统的政府责任是建立在政治—行政二分法和官僚制基础上的。在这种责任模式中存在两种不同的责任体系：政治责任和官僚责任。政治责任就是通过选举的方式产生的政治官员对选民的责任，而官僚责任在韦伯官僚制体系中是下级官僚对上级官僚的责任。在这里，等级结构保证了贯穿于各层级的正常的责任机制的实施。官僚通过行政部门的等级结构，在技术上对政治领袖负责，并最终对人民负责。在这种官僚组织中，官僚的责任是严格遵守

---

① ［美］萨瓦斯：《民营化与公司部门的伙伴关系》，周志忍等译，中国人民大学出版社2002年版，前言第2页。

② ［美］罗伯特·诺齐克：《无政府、国家与乌托邦》，何怀宏译，中国社会科学出版社1991年版，第35页。

③ 世界银行：《让服务惠及穷人：2004年世界发展报告》，本报告翻译组译，中国财政经济出版社2004年版，第34页。

法规和程序，层层对上级负责。公众能够通过他们选举产生的代表有效地界定公共利益，非选举产生的官员应该严格受到制度、规章、标准的操作程序的铁笼的制约。行政官僚只要严格遵守程序，即使出了问题，官僚个人也不承担任何责任，而是由制度或政治官员负责。因此，这种官僚责任实质上是一种程序责任或过程责任，并不关注结果，事实上，官僚也不需对结果负责。

在实践层面上，这种过程责任却面临着许多难以避免的困境[①]：第一，官僚组织中的公务员实际上是逃避责任或不负责任的。实践中，公务员是中立的、匿名的，且与任何特定政策无关，他们只是负责认真地执行政策而不负任何责任，只有政治官员才真正负责。如果出了问题，那就是政治官员的过错，行政官僚可以通过匿名的方式躲避责任。这就导致了传统行政中的官僚主义、效率低下和人浮于事的怪现象。第二，在责任机制方面，政府的政治部分与行政部分实际是难以截然分开的，必然会有交叉。这种交叉是问题产生的根源，因为它们各自具有不同的理性标准和责任机制。在议会制中，部长和部门主管之间的关系至关重要。由于双方所遵守的游戏规则的性质不同，因此在执行政策的过程中，必然会产生某种不连贯性。政府的官僚部分就与其政治部分必然相遇，常规理性就和部长的政治理性直接接触与碰撞。由于两者的角色很难精确区分，致使两者的关系总是问题重重。第三，传统模式的责任机制是一种消极的责任机制。在这种责任机制中，虽然由谁最终负责是十分清楚的，但它却是一种对错误负责而非对成就负责的责任机制。这种责任机制的目标设定，实际效果就是鼓励逃避风险，其结果往往会导致责任行为人规避责任。

这种僵化的责任模式愈来愈受到人们的普遍质疑。在新公共管理和新公共行政看来，这种只对过程负责的责任模式很显然无法适应外界的要求，官僚，特别是底层官僚，由于直接面对行政服务的对象，更加了解公众的需求，掌握更多的信息以及更容易受到各种社会力量的监督和制约，让其参与相关的决策过程和承担自身的行为责任更为合适。于是，新的责任模式产生了。新的责任模式强调个人的管理责任，公共行政人员自主地根据自身顾客的要求做出行动，并对这些行动负责。这就意味着公务员不仅要关注规则和程序，而且要关注产出和结果。这种官僚责任更具有实质性含义，官僚必须

---

① 张强：《政府责任模式的演变及其启示》，《华南师范大学学报》（社会科学版）2004 年第 5 期。

对其行为的结果承担各种责任。在这种责任观的影响下，一些国家开始尝试新的改革，通过放松对下级官僚的管制、下放决策权和引进市场竞争的方式来强化行政官僚对自身行为结果的责任意识。把责任赋予能干的管理者，然后评估他们的绩效，这成为很多国家强化这种结果责任的普遍做法。

（三）从政治责任到执行责任

依照西方对政府权力合法性来源进行系统论述的契约主义观点，政府是一种"必不可少的恶"。面对利益冲突，通过共同授权的公共权力机关以公平裁决方式来实现公共利益是一种现实的选择。政府是为了防止某些人和某个人将自身的利益强加于别人身上，防止暴力性的掠夺，当出现利益冲突时而作为一个公正的仲裁者做出裁决。政府的政治责任就是维护共同的秩序，保护公民的基本权利和维持基本的公正。洛克指出："人们参加社会的理由在于保护他们的财产；他们选择一个立法机关并授予权力的目的，是希望由此可以制定法律、树立准则，以保卫社会一切成员的财产，限制社会各个部分和各成员的权力并调节他们之间的统辖权。"[①] 政治责任的中心是政治责任的范围和政治责任的制约机制。其实，西方宪政体系的核心问题就是政府政治责任的实现和维护问题。

随着"二战"的结束，政治学的关注中心逐渐从权力的合法性转向了权力的合理性，并使之与责任相联系。把政府的责任更多地理解为政府的执行责任。可以根据三个原则来衡量政府的执行责任：政府权力行使的效率、政府权力行使的效果与政府权力行使的效能。所谓政府权力行使的效率是指要以最小的资源消耗获取最大的效益。效率原则的提出源于市场规则与企业家精神对政府履责的渗透。地方政府在权力行使过程中，都必须进行成本—效益分析，以期获得最大的经济与社会回报。政府权力行使的效率可分为三个层次：组织效率，即高级决策层所表现的效率；管理效率，即中间管理层所表现的效率；以及工作效率，即基层工作人员所表现的效率。所谓政府权力行使的效能是指地方政府在权力行使过程中，以较小的资源投入来取得最佳的工作目标，实现资源配置的最优状态。效能原则要求地方政府在日常管理活动中，以合法性、有利性为原则，以满足最广大人民群众的根本利益为宗旨，严格依法行政，科学决策，以战略性的思考、民主性的行动来促进经济社会的协调发展。政府权力行使的效果是指地方政府通过强制性权力而达

---

① ［英］洛克：《政府论（下篇）》，叶启芳、瞿菊农译，商务印书馆2004年版，第133—134页。

成目标的实际结果。效果原则要求地方政府要以结果为导向来进行相关的资源配置。如果说效率原则侧重的是达成目标的成本—收益分析、效能原则强调的是达成目标的最佳资源配置状态，那么效果原则着重的是目标达成的实际结果。地方政府的执行责任具体表现为三个方面：

首先，执行责任体现的是一种政治执行力。它强调地方政府对党委和地方权力机关所负的责任，即地方政府必须执行党和人民的意志，地方政府公共政策的制定和执行必须符合党的路线方针政策和人大的决议。其次，执行责任体现的是一种法律执行力。它强调地方政府对立法机关和司法机关所负的责任，即地方政府必须遵循宪法和法律，地方政府制定的法规和规章不得与国家的宪法和法律相矛盾。地方行政机关要保证在自己的管辖范围内有效实施宪法和法律，并主动接受国家立法机关和司法机关监督。提高法律执行力的关键是规范行政权力的运行，防止其偏离公共利益的轨道，避免执法不严、执法不公行为的发生。最后，执行责任体现的是一种行政执行力。它强调地方政府内部下级对上级所负的责任。从中央政府到地方政府是一个统一的公共行政体系，地方政府内部也具有明确的行政层级，为了保证政令的统一和畅通，下级对上级负责，不得各行其是。

对于我国来说，尽管在政治体制上与西方国家存在着本质的差别，但是由于面临着共同的外界环境的变迁以及共同的问题，在政府的责任形式的更迭上也存在着类似的变化。我国同样存在着政府全能责任向有限责任的转变过程，原有的计划经济体制其实就是政府全能责任的体现，在经历了40年的改革开放后，我国政府原来承担的大量事务逐渐转由市场和社会来承担，政府更多的责任体现在提供公共物品方面；就过程责任向个人责任的转变而言，我国同样存在这种趋势，原有的计划体制下中央高度集权的体制在很大程度上体现的就是一种过程责任，对地方政府和地方官员来说，只要被动地执行上级政府或中央政府的指令就可以了，不需要为这种指令的具体效果承担责任。但是，随着中央分权让利改革的实施，地方政府和地方官员获得了更多的有关地方经济和社会发展方面的自主权限，并自主承担了自身行为的个人责任；就政治责任向行政责任的转型来说，我国过去强调的"政治挂帅"其实是把政治责任常常视为政府责任的核心的内容，成为衡量地方政府官员的最为重要的标准，强调的是"又红又专"。但是改革开放以后，地方官员自身的治理能力，推动地方经济和社会发展的能力成为更为重要的标准，地方官员在坚持社会主义方向和党的基本路线方针的同时，在基于本地实践和地方民众需求的基础上提出更为有效的政策和措施是社会主义市场经济条件下对地方政府责任的基本要求，这种责任也可以说是一种执行责任。

二 突出地方服务型政府责任的本质内涵

地方服务型政府责任体系的目标是通过责任体系的规范与约束，如何更好地构建地方服务型政府。地方服务型政府责任体系与构建地方服务型政府是过程与目标的统一。地方服务型政府责任体系侧重于过程的制度安排，其最终目标是构建地方服务型政府。也就是说，地方服务型政府责任体系的目标是，更加明确地方服务型政府是一个什么样政府，具备哪些特征的地方政府才是地方服务型政府以及地方服务型具有哪些价值取向。

地方服务型政府是指将以人为本作为基本价值取向，遵从民意要求，实现民意期盼，在政府工作的目的、内容、程序和方法上，为公民、社会组织提供方便、周到和有效的帮助，为民兴利、为社会稳定与发展尽力。地方服务型政府的服务主体是各级地方政府，服务对象是公民与社会组织，服务的宗旨是为民兴利，促进社会的稳定发展，服务的内容是遵从民意要求、实现民意期盼，服务的方式是公开、透明与坦诚。

地方服务型政府是权力范围、能力所及都有限的政府，不能超越这个界限就是地方服务型政府最大的责任。在传统行政模式中，存在着两种不同的责任体系：政治责任与官僚或管理责任。[①] 第一种是经民主选举产生的政府对选民的责任；第二种则是官僚制组织对选举产生的政府的责任。在这两种责任体系的合力下，行政组织和行政人员不直接向公民负责，只需机械地执行来自政治官员的决策，其责任主要表现为公务员通过各个部门的等级结构，在技术上对政治领袖负责，并最终在道义上对人民负责。可以看出，在传统公共行政模式中，存在着基本的责任错位：公共行政组织直接面对公民却不对公民负责，而真正的决策组织由于不直接面对公众而无法实现契约意义上的责任。这就不可避免地导致政治官员和行政人员逃避责任与规避风险。

20世纪90年代以后，随着新公共管理理论的式微，服务行政作为一个核心概念，引起了各国普遍关注，传统行政模式的责任机制受到了强烈的质

---

① ［澳］欧文·E. 休斯：《公共管理导论》，彭和平等译，中国人民大学出版社2001年版，第22页。

疑。服务行政在责任方面的基本理念主要表现为三方面：一是公务员由传统机械执行决策转变为积极、灵活、创新和有效率地执行决策，从而强调公务员对自身行为的结果负责，公共管理者应为自己的行为及所属机构的行为负责；二是组织行政和人员由过去间接向公众负责转变为对公众直接负责。使行政部门像企业关注顾客一样关心公众需求，有针对性地为不同公众群体提供又好又快的服务，以满足今天多元的社会需求；三是责任范围的变化。长期以来，政府为消极的"守夜人"，职责主要限于维持公共秩序，处理国防、外交等事务。自 20 世纪以后，行政已不再是"公共权力"的代名词，政府不仅仅在于维护社会的普遍公平和正义，而且还意味着满足公众不断变化的各种现实的需求。服务行政在对传统全能主义批判的基础上，重新界定政府的责任范围，那就是为公众提供优质的服务，主要为公众提供有效的公共物品。政府的事务已经超出了提供司法、警察和战争防御的范围，人们要求它履行各种其他职能，"必须从事那些对于促进个人在体能、智能和精神方面的福利，以及国家的物质繁荣所必需的事物"，"……包括公共教育、济贫、公共工程、照明、邮政电报电话，以及铁路运输"。[1]

然而，自从服务行政作为一个新的概念在西方兴起时，就面临着来自各方的争论，其焦点就在于政府所承担的两种责任的地位和关系问题。服务行政意味着政府管理责任对政治责任的某种程度的替代，这是传统自由主义者不能容忍的，认为这是对公民基本权利的一种危害。最早提出服务行政概念的德国学者厄斯特·福斯多夫在 20 世纪 30 年代就发表《作为服务主体的行政》一文。认为，自由人权思想、个人主义、私法自治以及契约自由这些观念都已经过时，是令人无法忍受的过去时代（以扩张个人自由、限制国家权力为特征的自由主义法治时代）的产物；随着时代的发展，人们不再依赖于传统的基本人权（自由权和财产权），而是依赖于新的人权：经济上的分享权。时代已由个人照顾自己的"自力负责"，转变为由社会力量来解决的"团体负责"，进而发展由党和国家政治力量提供个人生存保障的"政治负责"。福斯多夫提出了一个独特的"生存照顾"概念。[2] 构成生存照顾的要件有两个：其一是服务关系的双方性；其二是个人对此等服务关系具有依赖性。政府负有向民众提供广泛的生存照顾

---

[1] ［法］莱昂·狄骥：《公法的变迁》，郑戈、冷静译，春风文艺出版社 1999 年版，第 38 页。

[2] 转引自陈新民《服务政府及生存照顾概念的原始面貌》，陈新民《公法学札记》，中国政法大学出版社 2001 年版，第 47—48 页。

的义务,唯有如此,才可免于倾覆。人们的生存已经强烈地依赖于行政权力的生存照顾,个人已经无法自行解决生活所需之事物。因而,行政权力必须介入私人生活,认为国家干预愈少就愈好的时代已经一去不复返。个人生存已经和国家行政行为密切相关,而且还应该结合得更为紧密。人们依赖国家生存照顾不仅没有羞耻感,反而成为其政治自觉。

从以上西方对过去公共行政责任模式的批判说明,由于人们忽略或漠视隐藏在其背后的实质性的责任内涵,从而造成行政权力责任的错位和缺失,最终导致公共权力的严重扭曲。

地方服务型政府承担责任的最好路径是法治。马克斯·韦伯认为,现代化是西方文明的特殊产物,由其自身的制度、结构和文化传播促成的,其间关键是社会经历了法治与政治民主化进程。资本主义是在一个特殊的地理区域和文化环境出现的一个宏伟运动,是一种有共同精神的人创造的东西。这种精神就是加尔文教和清教所体现的"新教伦理",其中,充分注入了对个人权利的关注。其间经过古希腊到近代学者的不断阐释,这些理念已植入西方社会的骨髓。[①] 总的来说,在这样的历史发展中,个人权利是第一性的,是原生性的;国家权力是第二性的,是从属性的。这种结构来源于丰厚的历史资源,表现为内生性与内源性。内在性从历史传统中表现出来,传统使人们形成习惯与原则;内在性从理论的传承中表现出来,理论的独立性与影响力给社会造就精神基础与心理储备;内在性从制度中表现出来,这种制度通过自然演化,连统治者自身都无法抗拒,并构成结构性的内连,构成对人们心理的笼罩与行为的支配。内源性外化为一种逻辑:国家权力来自人民的委托,国家的价值主要是为了维护公共秩序,保障人民权利,因此,如果它不能有效地维护公共秩序,那就是一个失职的政府;如果它侵犯人民的权利,那就是一个非法的政府,人民有权罢黜、另组新的政府。内源性在内容上表现为法律与人民权利的关系。不是法律赋予人民各项权利,而是人民的天赋权利产生宪法和法律;不是统治者造就法律,而是法律造就统治者;统治者只能遵循法律而不能左右法律;要求人民守法,政府官员首先守法。只有把地方政府规制在法律的轨道上运动,政府才能成为有责任的政府,来承担公共性、公平性、公益性、公开性的责任。

政府的公共性是不言而喻的,公共性是服务型政府建立的价值基础,

---

① [德] 马克斯·韦伯:《新教伦理与资本主义精神》,赵勇译,陕西人民出版社2006年版。

其服务的范围是公共领域，其服务的内容是提供公共产品，使社会所有公民共同消费、平等享受。公平性是政府公共服务的出发点，无论城市居民还是农村居民、无论男女老少、贫富贵贱、能力高低，都拥有平等的权利和发展机会，每位公民享受政府提供的公共产品和公共服务的权利都能得到尊重。公益性是服务型政府的行为品质，公益性要求政府只能为社会谋取公共利益，而不能为政府及公务员谋取部门利益和个人私利。因此，"以权谋私""假公济私"都是违背公益性要求的，必须予以制度性矫正。地方服务型政府的公开性是政府提供公共服务的重要前提，政府作为公仆的责任，就是落实公民的知情权。[①] 公开性理念要求政府树立人民是国家主人，政府是人民仆人的理念，将公共服务的依据、内容、过程和结果向社会公开，让公民知悉。这就需要破除恩赐观念和秘密行政观念，远离政府服务的随意性，促进政府服务的规范性，从而保证政府服务长期性、持续性和稳定性。

三　完善地方服务型政府责任体系的指标结构

地方服务型政府责任体系的指标结构是指地方服务型政府必须承担的最低限度的责任种类的构成，它既意味着地方服务型政府承担的最为本质的责任，也是评价一个地方政府是否是服务型政府的最为关键的要素指标。地方服务型政府责任体系的指标结构不同于地方服务型政府的绩效评估。地方服务型政府绩效评估是对政府公共部门管理过程中投入、产出、中期成果和最终成果所反映的绩效进行评定和划分等级，以期改善政府行为绩效和增强控制的活动。[②] 它是在特定责任、原则评价指标的基础上对政府行为结果的定量考评。而地方服务型政府责任体系的指标结构是对地方服务型政府的定性分析，旨在为地方服务型政府的评判提供最为核心的分析要素。因此，可以说，地方服务型政府责任体系的指标结构为地方服务型政府绩效考核提供责任方向，而地方服务型政府绩效考核则为这种责任的具体落实提供注明。

地方服务型政府责任体系的指标都包括哪些内容呢？目前，学术界的观

[①] 万鹏飞、饶诗韵：《美国联邦政府政务公开制度的实践及启示》，《经济社会体制比较》2006年第2期。

[②] 胡淑晶：《政府绩效评估的理论和方法》，《甘肃社会科学》2005年第6期。

点不一：有的认为地方政府责任体系的内容主要包括：社会建设责任、经济建设责任、文化建设责任以及行政能力建设责任；[1] 有的认为政府责任包括伦理责任、政治责任、行政责任、法律责任；[2] 有的认为政府责任包括宪法责任、政治责任、行政法律责任和行政道德责任；[3] 有的认为政府责任包括道德责任、政治责任、行政责任、诉讼责任和赔偿责任；[4] 有的认为政府职责体系的认定需要跳出"政府中心"的范式，把政府置于与市场、企业、社会、公民和政府等五个活动主体的关系之中，经由责任的重构、重释、重建、重塑与重理，来构建既顺应现代市场经济的要求又符合法治精神的政府职责体系；[5] 有的从服务型政府建设公众视角、企业视角和基本公共服务等三个维度，对中国各地服务型政府建设情况进行测评，责任种类包括公共服务、公众参与、信息公开、政府效能、政府信任、经商环境、企业参与等方面；[6] 有的从国家审计鉴证的视角出发，根据可持续性常态责任与基础性业务责任的划分，将我国政府责任指标概括为经济发展状况指标、生态环境与安全指标、教科文卫公益事业指标、人民生活社会保障指标、行政成本与绩效指标、社会治安综合治理指标。[7]

以上研究从宏观方面（例如有学者提出的宪法责任、政治责任、行政法律责任、行政道德责任）与微观方面（例如有学者提出的经济社会发展状况指标、科教文卫公益事业指标、行政成本与绩效指标等）方面对地方服务型政府责任体系指标的确定提供了启示。但是，我们认为，确定地方服务型政府责任体系的指标结构还需要结合以下几点综合考虑：第一，地方服务型政府责任体系指标的本质。地方服务型政府责任体系指标是对地方服务型政府所具备要素的最为本质的定性分析，指明了地方服务型必须承担的最低限度的责任范围。第二，地方服务型政府责任体系指标的稳定性。政府责任是一

---

[1] 邓强：《地方政府责任体系建设探讨》，《领导科学》2009年第17期。
[2] 田文利、张艳丽：《试论构建我国科学完整的政府责任体系》，《探索》2008年第2期。
[3] 蔡放波：《论政府责任体的建构》，《中国行政管理》2004年第4期。
[4] 张成福：《责任政府论》，《中国人民大学学报》2000年第2期。
[5] 陈国权：《责任政府：从权利本位到责任本位》，浙江大学出版社2009年版，第67页。
[6] 新加坡南洋理工大学南洋公共管理研究生院课题组：《完善服务型政府体系，实现全面均衡发展》，《经济研究参考》2013年第10期。
[7] 孟焰、孙永军：《服务型政府责任要素及国家审计鉴证指标体系框架研究》，《审计与经济研究》2014年第2期。

个逐渐演化的过程，政府责任的内涵也在不断地调整与变化之中。但是就政府权力的来源而言，作为代理人的政府终究是要为委托人服务的，也就是说提供公共服务是政府存在的价值，这具有相对的稳定性。第三，地方服务型政府责任体系指标的可评估性。与私人部门的产出可以通过价格以及质量管理标准来进行测量，公共部门的产出通常是难以测量的，其成本收益分析通常是难以量化的。但难以测量并不意味着难以评估。地方政府有没有承担责任，承担了什么样的责任，是能够通过问卷调查等数据统计进行评估的，能够捕获到公众的主观感受"好还是不好、一般还是差劲、是履责还是失责"等。也就是说，地方政府责任体系指标能够将公众对地方政府公共服务供给的满意度进行分类与评估。第四，地方服务型政府责任体系指标的权威性。权威性意味着要有公信力。地方服务型政府责任系指标的确定，依据《中华人民共和国地方各级人民代表大会和地方各级人民政府组织法》①《全面推进依法行政实施纲要》②《国家基本公共服务体系"十二五"规划纲要》。③ 这也是地方服务型政府责任体系指标具有一定约束力的原因所在。第五，地方

---

① 《中华人民共和国地方各级人民代表大会和地方各级人民政府组织法》第五十九条对县级以上的地方各级人民政府的职权作了以下规定：（1）执行本级人民代表大会及其常务委员会的决议，以及上级国家行政机关的决定和命令，规定行政措施，发布决定和命令；（2）领导所属各工作部门和下级人民政府的工作；（3）改变或者撤销所属各工作部门的不适当的命令、指示和下级人民政府的不适当的决定、命令；（4）依照法律的规定任免、培训、考核和奖惩国家行政机关工作人员；（5）执行国民经济和社会发展计划、预算，管理本行政区域内的经济、教育、科学、文化、卫生、体育事业、环境和资源保护、城乡建设事业和财政、民政、公安、民族事务、司法行政、检查、计划生育等行政工作；（6）保护社会主义的全民所有的财产和劳动群众集体所有的财产，保护公民私人所有的合法财产，维护社会秩序，保障公民的人参权利、民主权利和其他权利；（7）保护各种经济组织的合法权益；（8）保障少数民族的权利和尊重少数民族的风俗习惯，帮组本行政区域内各少数民族聚居的地方依照宪法和法律实行区域自治，帮组各少数民族发展政治、经济和文化的建设事业；（9）保障宪法和法律赋予妇女的男女平等、同工同酬和婚姻自由等各项权利；（10）办理上级国家行政机关交办的其他事项。
② 《全面推进依法行政实施纲要》对依法行政的基本原则和基本要求、转变政府职能、深化行政管理体制改革、建立健全科学民主决策机制、制度建设质量的提高、理顺行政执法体制、加快行政程序建设、规范行政执法行为、探索高效便捷曾本低廉的防范化解社会矛盾机制、完善行政监督制度和机制、强化对行政行为的监督、不断提高行政机关工作人员依法行政的观念和能力以及加强对推进依法行政工作的领导等方面做出了原则性规定。
③ 《国家基本公共服务体系"十二五"规划纲要》确定了政府基本公共服务的范围：公共教育、劳动就业服务、社会保障、基本社会服务、医疗卫生、人口计生、住房保障以及公共文化等领域。

服务型政府责任体系指标的枢纽性。政府责任的宏观分类为地方服务型政府责任的落实提供方向，但其较高的视野导致责任难以落实。而微观的政府责任指标虽然为衡量政府绩效提供了可能，但基于具体某一项目的经济分析往往会陷入成本收益的单一视角中，而忽视了政府责任的公共性。因此，居于中观层面的地方服务型政府责任体系指标要将宏观责任与微观责任指标相连接，也就是说既有利于宏观政府责任的落实，又可以避免绩效评估的狭隘视野，从而起到枢纽性作用。第六，地方服务型政府责任体系指标的层次性。如前所述，我们将地方服务型政府的责任分为制度性责任、体制性责任与及机制性责任，从而能用一种更具学理性的视角来分析地方服务型政府应承担的责任。因此，地方服务型政府责任体系的指标也与这种责任类型划分相适应，从而具有鲜明的层次性。

根据以上分析，我们确立了地方服务型政府责任体系的指标结构（见图7-5）：

制度性责任指标包括：（1）地方政府与地方党委：党政职能合理分工；地方政府贯彻落实地方党委的决策，坚持地方党委的政治领导、思想领导与组织领导；地方政府接受同级与上级党的纪律检查委员会的监督。（2）地方政府与地方人大：地方政府接受地方人大监督；地方政府的经济建设、文化建设与公共事业建设计划接受人大审查；向人大报告地方国民经济与社会发展规划并接受审议；向人大报告预算并接受审议；地方政府首脑由人大选举与罢免；执行人大的相关法律法规与相关决议；地方政府的决定与命令受人大监督。（3）地方政府内部管理：政府决策（公共决策程序的科学化与民主化程度）；政府人力资源管理（行政管理人员、职责与激励程度；人力资源管理水平、培训、评价、考核建设情况）；政府守法与运转程序（政府部门遵守、程序、手续等有关的法律法规情况；政府行政程序的法律监管效果以及政府信息透明、公开、公平的法律措施和民主程序）；政府间关系（上下级制度走访、互动并及时处理基层情况）；政府产出（政府管理投入与产出、效果与效率、服务质量与廉政情况）；地方政府透明度程度（信息公开、信息共享、信息安全）；政府领导体制（民主集中制与行政首长负责制）；政策执行（执行中的运转协调、统一畅通）；行政监督（内部层级、监察、审计、司法监督）。

体制性责任指标包括：（1）经济调节（产能过剩与产业结构调整情况；城乡统筹、区域经济协调情况；地方资源优化配置情况；经济社会规划执行

第七章 地方服务型政府的责任

地方服务型政府责任体系指标结构		
制度性责任	地方政府与地方党委	党政职能合理分工；地方政府贯彻落实地方党委的决策，坚持地方党委的政治领导、思想领导与组织领导；地方政府接受同级与上级党的纪律检查委员会的监督
	地方政府与地方人大	受地方人大监督程度；地方经济建设、文化建设与公共事业建设计划接受人大审查；向人大汇报地方国民经济与社会发展规划并接受审议；向人大报告预算计划并接受审议；地方政府首脑由人大选举与罢免；执行人大的相关法律法规与相关决议；地方政府的决定与命令受人大监督
	地方政府内部管理	政府决策（公共决策程序的科学化与民主化程度）；政府人力资源管理（行政管理人员、职责与激励程度；人力资源管理水平、培训、评价、考核建设情况）；政府守法与运转程序（政府部门遵守、程序、手续等有关的法律法规情况；政府行政程序的法律程序效果以及政府信息透明、公开、公平的法律措施和民主程序）；政府间关系（上下级制度走访、互动并及时处理基层情况）；地方政府管理投入与产出、效果与效率、服务质量与廉政情况）；地方政府透明度（信息公开、信息共享、信息安全）；政府领导体制（民主集中制与政府首长负责制）；政策执行（执行中的运转协调、统一畅通）；行政监督（内部监督、监察、审计、司法监督）
体制性责任	经济调节	产能过剩与产业结构调整情况；城乡统筹、区域经济协调情况；地方资源优化配置情况；经济社会规划执行情况；科技进步与发展、产学研结合情况；经济开放性程度；国资、民资、外资投资程度；政府预算执行可实现效益程度
	市场监管	价格监督，土地、能源、原材料、劳动力、大宗商品等；资源使用监管，资金、土地、产业政策、行业政策等；生产要素流动性监管，资本、劳动力、技术等；市场主体与市场行为监管，市场准入、市场竞争、垄断、市场秩序、交易行为、消费者权益、保护等
	社会管理	社会公平度、社会互助实现度、社会危机管理水平、群体性事件与突发事件处理水平、经济社会协调发展程度、社会失误弥补水平等
	公共服务	公共教育、劳动就业服务、社会保障、基本社会服务、医疗卫生、人口计生、住房保障以及公共文化等
机制性责任	行政复议	对行政主体作出的警告、罚款、没收违法所得、没收非法财物、责令停产停业、暂扣或者吊销许可证、暂扣或者吊销执照、行政拘留等行政处罚决定不服的；对行政主体作出的限制人身自由或者查封、扣押、冻结财产等行政强制措施不服的；对行政主体作出的有关行政许可、执照、资质证、资格证行政证书变更、中止、撤销的决定不服的；对行政主体作出的关于确认土地、矿藏、水流、森林、山岭、草原、滩涂、海域等自然资源的所有权或者使用权的决定不服的；认为行政主体侵犯合法的经营自主权的；认为行政主体变更或者废止农业承包合同是侵犯其合法权益的；认为行政主体违法集资、征收财物、摊派费用或违反要求履行义务的；认为符合法定条件，申请行政许可机关颁发许可证、执照、资质证、资格证等证书，或者申请行政机关审批、登记有关事项，而行政主体没有依法办理的；申请行政主体履行保护人身权利、财产权利、教育权利的法定职责，而行政主体没有依法履行的；申请行政主体依法发放抚恤金、社会保险金或者最低生活保障费，而有权行政机关没有依法发放的；认为行政主体的其他具体行政行为侵犯其合法权益的
	行政诉讼	对拘留、罚款、吊销许可证和执照、责令停产停业、没收财物等行政处罚不服的；对限制人身自由或者对财产的查封、扣押、冻结等行政强制措施不服的；认为行政机关侵犯法律规定的经营自主权的；认为符合法定条件申请行政机关颁发许可证和执照，行政机关拒绝颁发或者不予答复的；申请行政机关履行保护人身权、财产权的法定职责，行政机关拒绝履行或者不予答复的；认为行政机关没有依法发放抚恤金的；认为行政机关违法要求履行义务的；认为行政机关侵犯其他人身权、财产权的
	行政赔偿	侵犯人身权：违法拘留或者违法采取限制公民人身自由的行政强制措施的；非法拘禁或者以其他方法非法剥夺公民人身自由的；以殴打等暴力行为或者唆使他人以殴打等暴力的行为造成公民身体伤害或者死亡的；违法使用武器、警械造成公民身体伤害或者死亡的；造成公民身体伤害或者死亡的其他违法行为侵犯财产权的：违法实施罚款、吊销许可证和执照、责令停产、停业、没收财产等行政处罚的；违法对财产采取查封、扣押、冻结等行政强制措施的；违反国家规定征收财物、摊派费用的；造成财产损害的其他违法行为

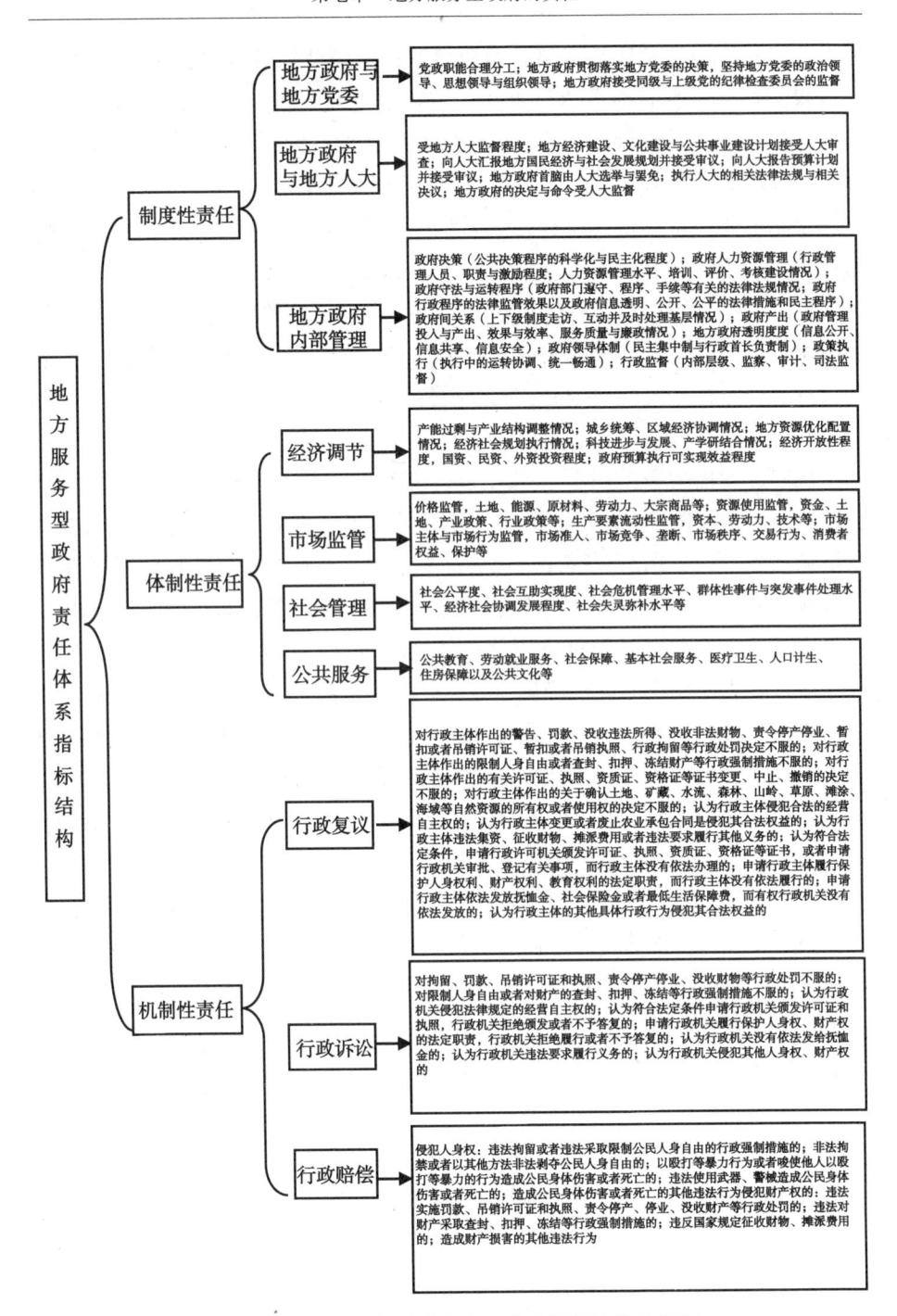

图 7-5 地方服务型政府责任体系指标结构示意图

情况；科技进步与发展、产学研结合情况；经济开放性程度，国资、民资、外资投资程度；政府预算执行可实现效益程度）。（2）市场监管（价格监管，土地、能源、原材料、劳动力、大宗商品等；资源使用监管；资金、土地、产业政策、行业政策等；生产要素流动性监管，资本、劳动力、技术等；市场主体与市场行为监管；市场准入、市场竞争、垄断、市场秩序、交易行为、消费者权益、保护等）。（3）社会管理（社会公平度；社会互助实现度；社会危机管理水平；群体性事件与突发事件处理水平；经济社会协调发展程度；社会失灵弥补水平等）。（4）公共服务（公共教育；劳动就业服务；社会保障；基本社会服务；医疗卫生；人口计生；住房保障以及公共文化等）。

机制性责任指标：（1）行政复议（对行政主体作出的警告、罚款、没收违法所得、没收非法财物、责令停产停业、暂扣或者吊销许可证、暂扣或者吊销执照、行政拘留等行政处罚决定不服的；对行政主体作出的限制人身自由或者查封、扣押、冻结财产等行政强制措施不服的；对行政主体作出的有关许可证、执照、资质证、资格证等证书变更、中止、撤销的决定不服的；对行政主体作出的关于确认土地、矿藏、水流、森林、山岭、草原、滩涂、海域等自然资源的所有权或者使用权的决定不服的；认为行政主体侵犯合法的经营自主权的；认为行政主体变更或者废止农业承包合同是侵犯其合法权益的；认为行政主体违法集资、征收财物、摊派费用或者违法要求履行其他义务的；认为符合法定条件，申请行政许可机关颁发许可证、执照、资质证、资格证等证书，或者申请行政机关审批、登记有关事项，而行政主体没有依法办理的；申请行政主体履行保护人身权利、财产权利、教育权利的法定职责，而行政主体没有依法履行的；申请行政主体依法发放抚恤金、社会保险金或者最低生活保障费，而有权行政机关没有依法发放的；认为行政主体的其他具体行政行为侵犯其合法权益的）。（2）行政诉讼（对拘留、罚款、吊销许可证和执照、责令停产停业、没收财物等行政处罚不服的；对限制人身自由或者对财产的查封、扣押、冻结等行政强制措施不服的；认为行政机关侵犯法律规定的经营自主权的；认为符合法定条件申请行政机关颁发许可证和执照，行政机关拒绝颁发或者不予答复的；申请行政机关履行保护人身权、财产权的法定职责，行政机关拒绝履行或者不予答复的；认为行政机关没有依法发给抚恤金的；认为行政机关违法要求履行义务的；认为行政机关侵犯其他人身权、财产权的）。（3）行政赔偿（侵犯人身权的；违法拘留或者违法采取限制公民人身自由的行政强制措施的；非法拘禁或者以其他方法非法剥夺公民人身自由的；以殴打等暴力行为或者唆使他人以殴打等暴力的行为造成公民身体伤害或者死亡的；违法使用武器、警械造成公民身体伤害或者死亡的；造成公民身体伤害或者死亡的其他违法行为。侵犯财产权的：违法实施罚款、吊销许可证和执照、责令停产、停业、没收财产等行政处罚的；违法对财产采取查封、扣押、冻结等行政强制措施的；违反国家规定征收财物、摊派费用的；造成财产损害的其他违法行为）。

四 健全地方服务型政府责任追究主体

地方服务型政府责任追究主体的完善是确保地方服务型政府责任体系落到实处的重要因素。当前，需要完善六种责任追究主体：

第一，党发动的政治责任追究。党发动追究是指县级以上各级地方党委对国家机关中由其管理的干部应承担的政治责任发动的追究。在我国，执政党是发动政治责任追究的最有效主体。各级党委的组织部门和纪律检查委员会通过检查工作或调查研究、受理控告或举报等方式，发现不能与党保持一致或言行有悖于民意的政治官员，认为需要追究其政治责任的，即报告同级或上级党委决定。党的追究方式有：责令辞职、迫其引咎辞职和向国家机关提出免职、撤职或罢免的建议。

第二，权力机关发动的法治责任追究。权力机关追究是指地方各级人大及其常委会对其选举、任免的干部应该承担的责任发动并实施的追究。地方人大及其常委会追究责任的方式有罢免、决定免职、决定撤职和接受辞职。人大特有的发动责任追究的手段有：特定问题调查；询问与质询；听取工作报告等。罢免是地方各级人大通过对大会主席团提交的相关议案进行表决，依法解除违法违纪或不称职的由其决定或选举的责任主体职务的权力。关于罢免的理由，宪法和法律没有做出明确的规定，从实践来看，决定免职是县级以上地方各级人大常委会在本级人代会闭会期间，根据法律规定的由他人提请而依法解除责任主体职务的权力。免职是人大常委会根据他人提请而实施的程序性行为，是被动而非主动的行为。免职的理由多种多样，政治责任、行政责任、刑事责任、职务变动等都可能导致免职。决定撤职是县级以上地方各级人大常委会在本级人代会闭会期间，通过对主任会议提交的议案进行表决，而依法撤销违法违纪或不称职的由其选举或任命的责任主体职务的权力。与免职不同，撤销职务通常是人大常委会的主动行为。但在现实政治生活中，撤职同罢免一样，更多的是基于违法违纪的理由。接受辞职是县级以上地方各级人大及其常委会根据选任官员本人的提请，依法接受由本级人大选举产生的官员辞职的权力。党委的责令辞职、个人的引咎辞职、纯粹个人原因的辞职等都可以成为辞职的理由，责令辞职和引咎辞职大多为承担责任的辞职。在被动性这一点上，人大接受辞职与决定免职是一致的。特定问题调查、询问与质询、听取工作报告是人大行使监督职责的三种方式，也可以成为责任追究的手段，但问题在于，如果调查的结果没有发现违法违纪情况，但工作不称职或有违反民意的言行，代表对地方官员就询问或质询问题的回答不满意，工作报告没有被通过，能不能启动罢免或撤职程序，能不能迫其辞职以追究其责任，法律上对此没有明确的规定。根据依法治国的与责任的有关精神，若出现上述情况，相应的国家机关的负责人应该引咎辞职，或向地方人民代表大会或其常委会提出辞职，否则就应当撤销其职务或者给予罢免。权力机关具有监督职能，理应成为责任追究的核心主体，但现实情况与人们的期望存在着较大的差距，主要问题是权力与程序虚置，更很少适用。形成这种状况的原因固然很多，但核心是体制不顺、职权不清、缺乏完善的制度安排。

第三，上级行政机关发动的行政责任追究。上级机关追究是指在科层制的政府结构中，上级行政机关对下级官员所承担的责任发动的追究。上级追究是政府机关中普遍使用的追究责任的发动形式，在上级追究方式中，上级在其任免权范围内，可以通过责令辞职、迫其引咎辞职、免职等手段追究下级的责任；对于不在其任免权范围内的下级，可以通过提出免职建议或罢免建议等手段发动对下级责任的追究。上级追究属于政府内部追究，应特别注意两种不良的倾向：一是包庇或者袒护下级，即对于不认真履行职责或者言行违背民意的下级严肃追究其责任，或者避重就轻，用追究行政责任的方式代替追究刑事责任；二是滥用职权或者越权实施责任追究，借机打击报复"不听话"的下级。这两种不良倾向都不同程度地存在于我国各级政府机关中，建立健全外部监督制度和申诉制度就显得十分必要，将有利于扭转这两种不良影响。

第四，司法机关发动的法律责任追究。违纪行为达到一定程度，就构成犯罪，就需要追究刑事责任。刑事责任是司法机关根据刑法和刑事诉讼法的规定对触犯刑法的公职人员给予处罚的一种责任形式。这里的触犯刑法的行为是指公职人员的职务犯罪行为和准职务犯罪行为。公职人员有违纪行为，尚未构成犯罪，或者虽然构成犯罪但是依法可以不追究刑事责任的，就应当给予处分；如果违纪行为情节轻微，经过批评教育后改正的，也可以免予处分。追究刑事责任的，应该在违纪责任的追究阶段上，就撤销或罢免其职务并给予开除。

第五，政府自我发动的内在责任追究。这主要是一种政府内部的责任追究。自我追究是指地方政府领导对其履行职责的情况或其言行进行自我评价，对认为没有认真履行职责或违背民意的行为进行责任的内部自我追究。自我追究责任的方式通常有道歉和引咎辞职两种。责任感和责任评价是政治官员实施自我追究的两个内在条件，建立在此基础上的自我追究是"凭良心"的自我追究。要想在现实政治生活中实现政治官员的自我追究，必须有权力制约制度和自由的舆论环境作为外在压力条件。而且，还必须在权力对舆论环境予以充分尊重，且舆论环境能够独立、负责任地参与和介入到公共领域的事务中来；任何权力的独断与舆论的纯粹感性，都难以建置起实行政府自我责任追究的机制来。

第六，社会发动的公共责任追究。社会追究是地方民众对应该承担责任的地方官员直接发动的追究。社会监督也是一种经常性的责任追究方式。常见的社会监督有利益集团或大众传媒监督两种途径。在西方国家，利益集团通过各种各样的活动对议会或政府施加影响，促使其制定或执行对己有利的公共政策，一旦制定或执行对己不利的公共政策，他们就会对之进行批评，甚至组织游行、示威、罢工，以示抗议，表达对责任主体的不信任和不满，从而形成一种有效的社会监督。在当代，基于自由和民主理念的大众传媒的责任追究功能日渐突出，大众传媒通过披露政治官员的违法失职或不合理行为、评价其决策活动或施政方针，引起社会的广泛关注，促进社会舆论的形成，从而对地方官员构成政治压力。在中国，大众传媒的社会监督功能还有待进一步发挥其责任追究的作用。

习近平强调"中央和国家机关有关部门的改革的责任主体，是推进改革的重要力量。各部门要坚决贯彻落实党中央决策部署，坚持以解放思想、解放和发展社会生产力、解放和增强社会活力为基本取向，强调责任担当，以自我革命的精神推进改革"，[①] 这是对地方服务型政府责任的总体概括与总体要求。

[①] 《习近平谈治国理政》第二卷，外文出版社2017年版，第105—106页。

第八章 地方政府服务质量检验

科学的绩效评估是现代政府治理体系中必不可少的环节，也是观察政府治理能力现代化的窗口。党的十八大报告指出，要"创新行政管理方式，提高政府公信力和执行力，推进政府绩效管理"。十八届三中全会通过的《中共中央关于全面深化改革若干重大问题的决定》也把绩效管理作为加快转变政府职能、优化政府组织结构的重要内容，明确要求，"严格绩效管理，突出责任落实"。服务型政府建设更加离不开科学的绩效评估体系。在西方，一种以政府绩效评估为核心的治理范式正在推行，一些人惊呼，现代的"评估国家"正在取代传统的"行政国家"。近年来，我国地方政府在公共服务方面，也开始引入绩效评估机制，取得了明显的成绩，当然，问题依然存在。如何完善并规范地方政府服务评价体系，对于建成地方服务型政府具有重要的意义。

第一节 地方政府服务真实性与绩效评估

政府服务真实性主要指政府所提供的服务能真正满足公众需求，侧重于工具性和价值性两个维度的测量。前者强调技术手段，后者强调公众的认同感知。政府服务绩效评估是衡量政府服务真实性的有效手段，通过政府产出的质量来评价政府公共服务效果，关注的是政府服务供给的结果和质量。公共服务绩效评估是根据政府公共服务的效率、能力、质量、公共责任和社会公众满意度等方面的分析与判断，对政府部门公共服务过程中投入产出状况、中期成果和最终成果所反映的服务绩效进行评定和划分等级的过程。[1]绩效评估体系是服务型政府建设中不可或缺的内容，缺乏科学合理的绩效评估体系，地方政府公共服务提供的目标价值可能产生扭曲，服务过程缺乏有

---

[1] 田华：《论政府社区公共服务绩效评估体系的构建》，《理论界》2007年第8期。

效的规范，最终的结果也就可能落空。可以说，有什么样的绩效评估就会导致怎样的服务效果，绩效评估是服务型政府的核心，是导向，是保障，也是规约。优质高效公共物品和公共服务，不断满足公民公共需求的政府必须建立科学合理的绩效评估体系。

一 地方政府服务评估的工具与价值

政府服务的绩效评估是指为了达到政府公共目标，通过持续开放的沟通过程，形成政府和公众的预期，推动政府及其工作人员做出有利于目标达成的行为。美国学者罗伯特·巴克沃（Robert Bacal）认为，绩效评估是"一个持续交流的过程，该过程由员工和其直接主管之间达成的协议来保证完成，并在协议中对未来工作达成明确的目标和理解，并将可能受益的组织、管理者及员工都融入到绩效管理系统中来"。[1] 罗伯特·巴克沃讲的是企业绩效问题，同样适用于政府管理。政府公共服务的绩效评估，就是从效率、能力、服务质量、公共责任和社会公众满意程度等方面，对政府公共部门管理过程中投入、产出、中期成果和最终反映的公共服务及其等级进行评定、判断和划分的管理过程。政府服务绩效评估以绩效为载体，以服务质量和社会公众需求的满足为第一评价标准，以促使政府在管理公共事务、传递公共服务和改善生活质量等方面具有竞争力和责任心为评估目的。评估活动主要通过对政府公共管理活动的花费、运作及其社会效果等方面的测定来划分不同的绩效等级，提高政府公共管理绩效。因此，政府公共服务绩效评估并不是一个单一的行为过程，而是由许多环节、步骤所组成的行为系统。在这一系统中，包含着两个同等重要、不可偏废的方面：工具性与价值性。所谓工具性指的是政府服务绩效评估体系，在多大程度上实现了政府服务的效率、水平和质量；价值性指的是绩效评估体系内含的价值逻辑，也就是政府治理秉持的基本理念和思维。绩效评估的价值理性决定工具理性的成长与成熟，而工具理性反过来会推动价值理性的实现与转型。

（一）地方政府服务绩效评估的工具理性

政府绩效评估是在西方国家"新公共管理运动"中孕育和发展起来的一种提高政府公共部门及公务员主动性、创造性和工作质量的激励制度与管

---

[1] ［美］罗伯特·巴克沃：《绩效管理：如何考评员工表现》，陈舟平译，中国标准出版社2002年版，第4页。

理方式。① 从绩效评估引入到政府管理的那一刻起，必然带有浓厚的工具主义色彩，因为政府绩效评估就是把企业管理主义的手段运用到政府管理中来，即在政府治理中引入企业的工具和手段，依据一定的评估指标体系，运用严格的程序和科学方法，对政府部门履行职能、公务人员履行岗位职责和项目实施与执行的情况进行测量。这种工具性通过科学管理的原则，最终化简为一整套可供操作的具有普遍意义的标准、程序和技术，聚焦的是绩效评估本身的科学化、精确化与专业化，强调评估指标的科学设计、评估程序的合理性、测量的精确性以及误差的处理、专业化的评估报告等等。② 地方政府公共服务绩效评估体系是否合理科学，主要依据评估体系本身的工具，是否符合现代社会对政府绩效评估的规范性、制度性与操作性要求。

政府服务绩效评估的工具性，具有一定的价值中立性特征，强调的是评估过程的科学性和规范性，代表的是专业化，评估的主体是专业人员或团体，这是政府绩效评估从传统走向现代的重要转身，其意义不言而喻。传统政府绩效评估方法，要么单纯凭借评估主体的主观印象、经验和感情等，采取主观定性的方法，从宏观上对绩效水平进行估计，要么仅仅运用具体、客观的定量分析方法，却缺乏来自外部对政府服务公众满意度的参与。

(二) 地方政府服务绩效评估的价值理性

政府绩效评估蕴含着重要的治理理念和价值思维，抽离这种价值性来审视政府服务评估体系会产生严重的行为偏差。价值性首先是公众导向的责任理念体现，库普尔（T. Cooper）把这种责任的含义概括为：一是"经济学的效率假设"；二是"采取成本—收益的分析方式"；三是"按投入和产出的模式来确定绩效目标，注重的是对产出的评估"；四是"以顾客满意为基础来定义市场责任机制。这种定义方法是把公民视为消费者"。③ 政府服务绩效评估本质上就是消费者对公共服务的直接评判与选择，就是公共部门对消费者负责。没有消费者的选择就无法形成市场机制，就不能激发公共服务供给者的积极性，最终也就使公共责任机制变成空话。其次，政府服务绩效评估是一种民主参与的体现。民主的价值取向是一种解决各种社会关系和利

---

① 蔡立辉：《政府绩效评估：一项科学的管理方式》，《南方日报》2008年2月8日第7版。
② 刘春萍、徐露辉：《地方政府绩效评估与责任政府建设》，《社会科学战线》2007年第5期。
③ Terry L. Cooper, *The Reoible Administrator An Aroachto Ethics for Adiministrative Role.* SanFrancisco: Oxford, 1990, p. 228.

益冲突的互动模式，反映了社会对政府管理的质量要求。现代政府服务评估体系强调评估过程的公众参与性，公众对政府服务的认知感知和满意度，是政府公共服务水平和能力的重要依据。最后，政府服务绩效评估是一种社会公平理念的体现。登哈特说，"政府与公民之间的关系不同于工商企业与其顾客之间的关系……在政府中，公平和平等方面的考虑在服务供给中起着重要作用"，[1] 政府在实施公共服务过程中，社会资源及利益分配是否公平，是衡量政府公共服务绩效优劣的根本标准。公平可以用实际分配的财物、服务或利益的划分标准来体现，公平关心接受服务的团体或个人得到的待遇是否均等，弱势群体是否得到更多的倾斜政策和得到更多服务，这种价值性体现的是政府在公共服务中的公平程度。

（三）地方政府服务评估工具性与价值性的统一

政府服务评估体系必须实现工具性与价值性的有效统一。政府服务绩效评估体系的价值性是核心和本质，而工具性是这种价值性的表现形式、保障手段和落实机制。离开价值性，工具性也就是无源之水和徒有其表的空中楼阁，离开工具性，价值性也就失去有效的呈现形式和落实机制。1993年美国颁布了《政府绩效与结果法案》，这一法案开宗明义指出，进行政府绩效评估和颁布该"法案"的目的，在于提高政府效率和管理能力的同时，提高公共服务的质量，建立和发展公共责任机制，提高社会公众的满意程度，改善社会公众对政府公共部门的信任。政府服务评估体系无非是更好地服务于公众，满足公众需求，接受公众监督，对公众负责的评价模式和约束机制，这也算是现代国家对政府与公民公平关系的诠释。建立现代政府服务评估体系必须首先确立一切来源人民，一切为了人民的理念。在此基础上，才是建立现代科学的评估指标体系、规范的评估过程和先进的评估机制等工具性的问题。政府服务绩效评估体系中工具性与价值性的统一如图8-1所示。

近几年来，我国不少地方政府积极引进政府服务评估体系，并取得了一些成绩，但是，"我国政府绩效评估体系的设计和实施往往将评估的工具理性置于价值理性之上，把政府绩效评估局限于政府内部微观管理之中，带有明显的控制、惩罚性质，由此造成管理者与被评估者的对立，评估的功效未

---

[1] [美]罗伯特·B. 登哈特、珍妮特·V. 登哈特：《新公共服务：服务，而不是掌舵》，丁煌译，中国人民大学出版社2002年版，前言第8页。

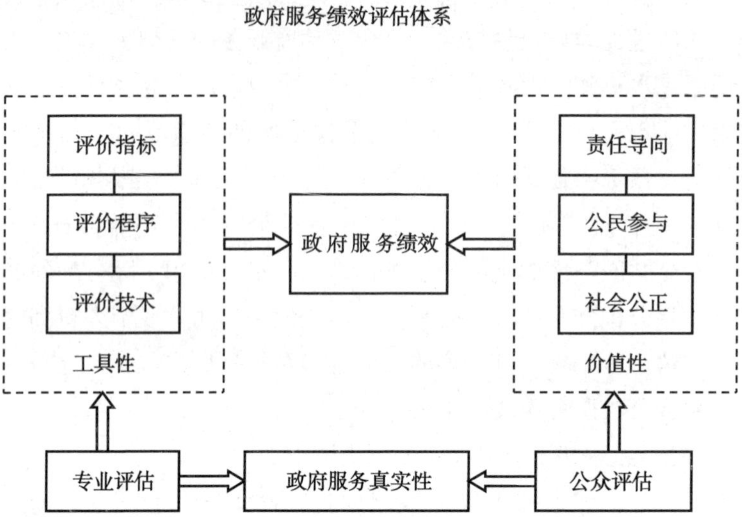

政府服务绩效评估体系

图 8-1　政府服务绩效评估体系的工具与价值

充分发挥"。[①] 评估体系内在的工具性与价值性有所割裂。

二　服务评估体系的三层结构：制度、机制与技术

从实践运行的角度来说，地方政府服务评估体系要有效地发挥测量政府服务的真实水平和能力，提升政府服务质量，必须具备三个基本的要素：一是制度层面，也就是说评估体系必须具备与之相契合的制度体系；二是机制层面，在评估过程中必须凭借有效的运行机制和互动行为；三是技术层面，必须具备现代的评估技术，依托科学化的技术支撑。

（一）服务评估体系的制度关系

从宏观层面上来说，地方政府服务的评估体系很显然不是一个纯技术问题，而是紧密地嵌入相关的制度体系之中。就我国地方政府的服务评估来说，这种制度体系主要包含以下几个方面：

1. 中央地方制度体系

在中国，任何与地方政府相关的问题如果脱离中央与地方关系的制度体系，都会变得无法理解，基于制度的逻辑才能真正把握问题的实质。地方政府服务供给行为是否公平，取决于内部的权限能力以及外部的制度环境约

[①]　陈国权、王柳：《基于和谐社会构建的政府绩效评估》，《公共管理学报》2005 年第 4 期。

束，这是地方政府根据自身权限能力，选择性履行职责和追求目标过程中表现出来的规律性现象。从内部维度来说，改革开放以来，以分权让利为主线的中央地方关系改革，使地方政府拥有了大量的自主权，也拥有了依照自身的意志达成其特定目标的自主性的能力，在社会管理过程中，这种自主性大大放大了选择服务供给目标与方式的自我功利性。从理性的角度来看，地方政府刚性化的制度空间既能够有效地约束也能够有效地规范其行为，是形塑地方政府理念、角色和行为的重要因素，地方政府自主性权力并不必然会导致地方政府服务供给行为的扭曲。但是，改革开放以来，中央政府在下放大量权力的同时，有效的刚性制度并没有马上跟进，缺少有效的反应机制和规范化的程序，这就给地方政府实际灵活安排行为方式的空间。这种制度空间的模糊性，也让地方政府在把握正式制度与非正式制度之间，往往由于眼前利益而产生"不经意"的随意性行为，在实践中还屡见不鲜。

2. 纵向问责制体系

改革开放以来，中央政府对地方的分权，允许地方政府一定程度上独立行事，很大程度上是为了激发地方政府积极主动，这是一种效率主义的分权取向。中央政府改变了计划经济时代的全程监督模式，侧重强调重结果的事后问责，这种重效率的分权逻辑与重结果的事后监督模式，竟使地方政府在公共服务供给方面并不积极，甚至是有意忽略，这就导致地方政府服务供给不足的重要原因。效率主义的分权取向的结果是，地方政府把更多的精力放在完成上级指标和经济发展方面，而公共服务供给，既劳民又伤财，有的投入后成效难以立刻呈现，于是，地方政府在公共服务供给方面有可能采取权宜性态度。

3. 地方公民监督体系

在我国，地方官员的任期制度与异地交流制度有机地结合，是我国政治体制中有特色的内容。改革开放以来，这一特色在不断规范与完善中运行良好。对于地方政府官员而言，任期有限的硬约束，都面临着巨大的晋升压力，唯有在有限的任期内更加积极、更加有作为，才可能脱颖而出，于是，地方官员都会把更多的精力投入到短期内看得见摸得着的领域。地方公共服务供给却很难在短期内显现效应，自然就难以获得地方官员的青睐。除此之外，更为重要的是现阶段，由于权力运行中地方民众对地方政府的约束机制并没有完全建立起来，在政府公共权力从决策到执行的整体过程中，缺乏引导公民参与的有效机制，从而呈现出公民约束的松散化特征。一方面是硬性约束，另一方面是柔性约束，导致地方政府在公共服务供给中的随意性与非规范性。这就需要建立宏观的评估制度，通过立法，制定政府绩效评估的法律法规，使政府绩效评估有法可依。通过立法，使政府绩效目标、绩效标准、政府服务质量标准与行为规范，以及一些绩效管理措施用法律固定下来，取得一体遵行的法律效力。

(二) 服务评估体系的机制关系

从中观层面上来说，地方政府服务绩效的评估是在现代政府治理理念和价值的指引下，通过与之相适应的各种机制，保证体系的各个环节和各个要素能与体系的宏观使命保持高度一致，以实现服务型政府绩效评估整个体系的灵活运转。通常来说，地方政府服务评估体系的机制包括以下几个方面：

1. 组织动员机制

地方政府服务绩效的评估离不开政府自身自上而下的组织动员，面临来自国内政治、经济、社会方面的种种压力，面对公众对政府自身日益增长的期望和需求，各级政府就必须自觉考虑政府自身服务能力对外界环境的回应性问题。在欧洲和美国等国家，都是通过政府自身主动组织推动有效的评估活动，英国政府的行政改革从撒切尔夫人上台直至布莱尔政府执政，其间从未间断过，每一阶段都有其改革的重点与成果，而政府机关服务绩效评估作为政府改革的一项重要内容也伴随英国政府的改革发生了历史性的变化。美国20世纪60—90年代，几乎每任总统都出台相应的改革措施，甚至出现了"评估国家"的说法。[1] 服务型政府绩效评估体系实施的组织动员机制，主要是指政府理性认清环境变化，主动了解公众需求，了解服务对象对政府服务质量的预期以及现有的满意程度；借鉴企业的最佳标准，制定服务标准，并将服务标准公之于众；增强政府服务在资源配置与供给方式上的选择余地，建立便捷的信息服务系统，畅通顾客意见表达的渠道。在政府引进和推行服务型政府绩效评估体系和流程时，既要考虑到战略措施的推动，又要保证政府部门的密切配合，还要强调和寻求上级组织和高层管理的明确推动意愿，必要时应以正式文件和规章的形式将绩效评估制度化和程序化。目前我国政府绩效评估体系实施的组织动员机制的主要原动力，包括各省（直辖市）、市（区）、县及其直属部门推行的政府绩效评估工作方案和实施意见，都是在上级政府或者本级政府绩效评估机制的推动下而实施的。对服务型政

---

[1] 周志忍：《公共组织绩效评估——英国的实践及其对我们的启示》，《新视野》1995年第5期。

府绩效评估体系要有清楚的认识，需要在政府及其部门内创造有利于服务型政府绩效评估体系实施和绩效提高的组织氛围，从制度、指标、业务行为等各方面推进服务型政府绩效评估反馈循环的不断深入，引导建立一种适应新机制的组织文化和价值观，从而实现服务型政府绩效评估的制度化。

2. 公众参与机制

在治理理念更新、政府更注重自身与公民关系的背景下，政府绩效评估从单纯关注政府自身行为的成效性向推动政府负责的有效性转变，因此，现代政府绩效评估更强调公民导向，以服务对象的满意度为最终衡量标准，以评估过程中公民成熟而有效的参与作为有力支撑，是行政管理的一场"静悄悄的革命"。[①] 公众参与地方政府绩效评估是公众通过评估地方政府绩效的优劣向地方政府表达其意愿和态度的过程，它意味着信息在绩效评估对象地方政府与绩效评估主体公众之间交流与沟通。在这一过程中社会公众对地方政府绩效的感知反馈给地方政府，为地方政府绩效提升提供了现实依据，从而可以达到社会公众与地方政府之间的良性互动。通过公众参与政府绩效评估把政府部门的工作置于阳光之下，真正实现政务透明，更有助于广大人民群众和社会了解、监督政府工作，从而增加公众对政府工作的理解和支持，更有利于地方政府绩效的提高和改进。通常来说，公民参与政府绩效评估主要体现在几个环节：一是鉴别要评估的项目，共同决定是否实施绩效评估；在评估对象（项目或部门）的选择上具有发言权；二是和政府部门一起，制定政府部门的使命、愿景、战略规划和重要目标；三是与公共部门管理者一起确定评估指标体系，包括投入、能力、产出、结果、效率和生产力等；四是与管理者一起确定目标实现程度的评价标准，即如何确定所陈述的有效性及质量标准是否达到；五是与管理者一起系统地、周期性地监督项目或部门绩效，寻求采取纠正措施的机会；六是对绩效报告进行监督；七是与管理者一起确认优势、缺点和改善机会。具体情况如表8-1所示。

表 8-1　　　　公民参与政府绩效评估与绩效改进的方式和内容

绩效评估的环节	公民参与的方式和内容
鉴别评估项目	共同决定是否实施绩效评估；在评估对象（项目或部门）的选择上具有发言权

---

① 桑助来：《中国政府绩效评估报告》，中共中央党校出版社2009年版，第30页。

续表

绩效评估的环节	公民参与的方式和内容
陈述目标、界定期望结果	和政府部门一起，制定政府部门的使命、愿景、战略规划和重要目标
选择衡量标准	与公共部门管理者一起确定评估指标体系，包括投入、能力、产出、结果、效率和生产力等
设置绩效和结果标准	与管理者一起确定目标实现程度的评价标准，即如何确定所陈述的有效性及质量标准是否达到
监督结果	与管理者一起系统地、周期性地监督项目或部门绩效，寻求采取纠正措施的机会
绩效报告	绩效资料的表述应立足于公民；绩效报告公开化以利公民的监督
使用结果和绩效信息	与管理者一起确认优势、缺点和改善机会，从而改进和完善绩效规划、资源配置和内部管理

资料来源：周志忍：《政府绩效评估中的公民参与：我国的实践历程与前景》，《中国行政管理》2008年第1期。

3. 信息沟通机制

信息交流与沟通的缺乏会使得政府绩效评估名不副实。政府绩效评估的这种信息交流与沟通主要体现在中央政府所属各部门之间、中央政府与地方各级政府之间、政府与公众之间。在政府绩效评估的过程中，政府部门应建立与完善政府与公众的信息交流和沟通机制，让一切消费者了解政府部门工作绩效的详细情况，包括了解输入与输出的情况，如实公布工作绩效的信息、社会对其工作的反馈信息、详细的工作记录、各类报表和统计数字、绩效等级的评定结果等。在这一过程中，政府尤其扮演着重要角色，如何发挥这种角色的积极作用、遏制其消极作用和消除原有体制中的信息沟通障碍，是保证政府绩效评估公正与客观的重要一环。另外，绩效评估中的信息沟通还包括不同评估主体、评估对象以及相关方面的信息沟通，包括组织、召集和开展有各方面代表参加的、多种形式的听证会和讨论会，集思广益，听取各方面意见，开展积极有效、形式多样的绩效评估活动。汇总各类评估主体的政府绩效评估意见和指导政府绩效评估活动的开展，从而促进和监督政府绩效评估活动的正常进行。

（三）服务评估体系的技术性关系

服务型政府绩效评估体系的技术整合是指依托于电子政务、信息网络等技术，实现服务型政府绩效评估体系各构成要素无缝隙整合、高灵敏衔接的一种途径，是充分利用各种电子政务信息技术、绩效信息统计技术、绩效信息处理技术，实现绩效评估体系的工具目的和保障与增进公众利益的价值目标。政府绩效评估在很大程度上就是"一个信息的收集、加工和处理的过程。绩效评估信息的真实,是政府绩效评估的生命"。① 美国将绩效管理定义为"利用绩效信息协助设定同意的绩效目标,进行资源配置与优先顺序的安排,以告知管理者维持或改变既定目标计划,并且报告成功符合目标的管理过程"。② 美国"责任和绩效中心"(CAP)把基于绩效的信息系统的作用归结为三个方面:增进责任性、改善管理以及更好的资源配置。电子政务可以为服务型政府绩效评估迈向科学化、标准化和制度化提供了多方面支持,既可以使政府广泛而深入到所有服务对象,也可以使服务对象广泛而深入地参与到政务活动中来,从而构建一个全新的、双向沟通的便捷式参与管理体系,形成政府与公民之间更为密切的动态互动效应。但是,在实际运用中还存在不少问题:如缺少完整的评价决策功能、不能同时满足事务处理与分析处理的需要、缺乏集成数据源的能力、难以适应各类用户对数据综合程度的不同要求。当务之急是借用数据库发展所提供的技术支持,设计与开发一套地方政府绩效评估决策支持系统与整合模式,用于服务型政府绩效评估系统。

三 评估模式创新与地方政府服务质量提升

党的十八大报告明确指出"建设职能科学、结构优化、廉洁高效、人民满意的服务型政府"是我国政府行政体制改革的重要目标。服务型政府要以提供全社会必要的优质公共服务为目的,以政府自身的职能科学定位、结构优化组合、施政廉洁高效为手段,以公众的满意与获得感为归宿。我国服务型政府建设的口号的提出由来已久,不少地方政府在提升自身服务水平和服务能力方面,进行了不少的尝试和努力,但是,总体来说,其服务质量与水平跟公众的期待依然有差距。究其原因,这跟地方政府公共服务绩效评估活动缺乏相应的制度保障直接相关,一直没有形成统一的、规范的绩效评估制度,随意性较大、主观性较强,因此,地方服务型政府建设一大任务是把绩效评估体系建设放在关键环节。

绩效评估体系的一个核心问题,是怎样有效认识政府绩效评估的价值,进而探寻适合中国国情的绩效评估方法,以往我们主要简单照搬西方

---

① 彭国甫:《地方政府公共事业管理绩效评价研究》,湖南人民出版社2004年版,第264页。
② CAP, *Performance Measurement*: *Concepts and techniques*. Washington D. C: ASPA, 2000, p. 5.

的经验。我们认为，要真正提升地方政府的服务质量，应该跳出单纯的技术性范畴，要结合价值层面与制度层面来审视绩效评估体系的创新问题。地方政府体制创新是中国行政管理体制改革中的重要内容，关系到民众的切身利益，也是中国行政改革的难点。因为地方政府体制改革的核心与政府绩效评估紧密相连，而且，政府绩效评估是各级地方政府体制改革的基本动力。很多学者的相关性思维是，将公民参与主要定位在献计献策。问题是，为什么现实中公民参与不积极？有人归结为政府体制问题，法治薄弱问题、文官制度问题等等，应该说，这些都是原因，但是，不够直接。关键是地方政府体制改革的核心内容与政府绩效评估的动力机制，竟然难分难舍、纠缠不清。

第二节 地方政府服务质量的评价模式与机制

地方服务型政府的绩效评估体系，既包含静态结构，也包括动态参与过程，不同国家、不同地区的具体评估模式和机制，也存在着较大的区别，但是，万变不离其宗，其区别主要体现在评估主体、评估过程与评估形式上。

一 地方政府服务多元评价主体分析

地方服务型政府绩效评估主体，是指组织实施绩效评估活动的机构，包括绩效评估的领导机构、实施机构和审核机构，绩效评估主体在政府绩效评估中处于重要的位置。由于政府绩效评估涉及政府的各个部门，贯穿政府管理的整个过程，直接关系到政府机关和人员的权与利，责任重大。一般来说，都设立一个由政府主要领导牵头的专门机构，来全面领导和管理政府绩效评估工作，同时设立一个办公机构，负责绩效评估的具体实施和日常管理。绩效评估主体各国各有差异，英国各地绩效评估主体是审计委员会，该委员会隶属于副首相办公厅，对副首相负责并报告工作，这就使该委员会具有很高的权威性。审计委员会的活动与预算，均由议会通过立法确定，这就使审计委员会具有很强的独立性。各行业规制组织，作为独立的法定机构，这种绩效评估主体由于具有专业性，这就使行业规制组织因专业性而具有相当的技术性。英国地方绩效评估主体中还包括若干绩效改进咨询机构，如地区卓越绩效中心、改进和开发署等，绩效评估主体的多元性，一定程度上可以保证绩效评估的质量。

在联邦制国家，州政府及地方政府享有较为充分的自治权。在美国，联邦以下政府层级不存在统一的绩效评估主体，各州和地方根据自身实际，自主灵活地进行选择，在绩效评估主体上各具特色。如弗吉尼亚州费尔法克斯县的政府绩效评估工作主要由县政府管理与预算局负责；爱荷华州的德莫因等9个城市的绩效评估主体主要以公民绩效小组为核心，该小组由市议会成员、行政官员（通常为市经理或市经理助理）和公民代表组成；凤凰城甚至没有成立专门的高层机构来强制性地组织全市的评估，仅要求部门自主开展绩效评估和扩大公民参与。韩国的绩效评估主体，由总理领导的绩效评估管理机构——政策评估委员会承担，政策评估委员会的主要职责就是对地方政府绩效评估进行审查，在地方政府绩效评估中发挥主导作用。同时，政策评估委员会下设隶属于总理的政府绩效评估咨询会议，负责商议和协调与绩效评估有关事项。[①] 另外，地方政府也设立自我绩效评估委员会，对本级政府的服务绩效评估计划、结果和主要项目进行审查。

在我国，地方政府绩效评估主体并不完全统一。有的地方由政府人事厅（局）主管，有的地方成立了政府绩效评估委员会，办公室设在监察局，有的地方由直属机关工委负责，在直属机关工委之下设立目标考核办公室，还有的地方在市委市政府之下设立了综合考评委员会办公室等等，呈现出地方政府绩效评估主体多元化，必然导致评估标准与评估程序不统一，从而为地方政府绩效的横向比较带来困难。

总体上说，我国地方政府绩效评估主体，分为内部评估主体和外部评估主体。内部主体主要由本部门、同级部门、下级部门和上级部门构成，在权重比例上，上级部门评估为大，这倒并不是因为上级部门顾全大局、顾虑小，关键是行政组织的层级性，再加上下级政府部门的绩效指标，本身就是来自上级政府目标的分解。从体制来讲，上级部门的评估主要来自两个方面：一个是直属上级部门的纵向评估，另一个是职能部门的横向评估。外部主体包括作为服务对象的公民、实施操作的权威专家和大众传媒。第一类是作为服务对象的公民，也就是评估公民对政府服务满意度指数的主要来源，公民是政府服务绩效评估的天然主体；第二类是实施操作的权威专家和社会中介机构的评估。发达国家政府服务绩效评估的通行做法之一是聘请科研单位进行评估，这是提高评估信度、效度、区分度的有效手段。邀请在组织评估和评

---

① 薄贵利：《建立和推行地方政府绩效管理制度》，《国家行政学院学报》2009年第3期。

估技术方面受过训练的专家顾问加入政府的绩效评估，汲取外部的看法和评价是西方发达国家绩效评估的常规操作。而政府自身为主体的评估往往会导致地方政府基于自身利益诉求重视上级，不重视下级；重视内部，不重视外部服务对象。一个独立于政府的专业性绩效评估机构，也就是通常说的第三方独立机构，比如独立的民意调查机构、大学科研机构和媒体，以及由不同利益群体组成的独立评估委员会等，一定程度可以解决评估的公正性问题。

除此之外，大众传媒也在政府绩效评估中扮演着重要角色，大众传媒不仅是政府意志的表达平台，同时也是公民利益诉求的输入窗口。大众传媒在一定程度上影响着公众的态度，不仅对积极和消极两端有影响，而且对中立者的态度也会产生影响，在政府绩效评估中可以发挥重要作用。地方服务型政府绩效评估主体的结构关系如图 8-2 所示。

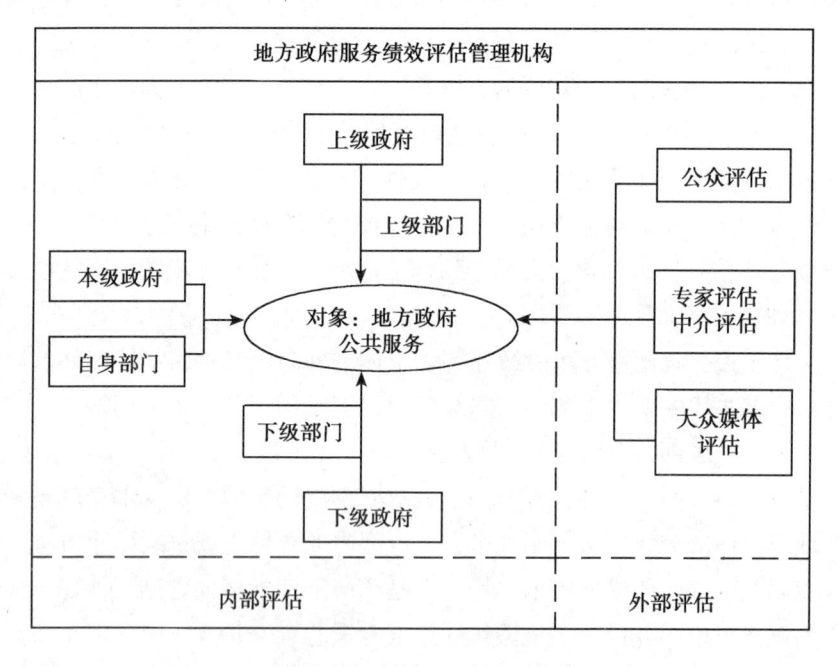

图 8-2 地方服务型政府绩效评估主体结构图

二 政府为主体的评估模式：服务品质奖

尽管政府内部的评估多种多样，有常规性评估也有临时性评估，但是，政府服务质量奖往往是主管机构组织的自上而下的评估活动，旨在鼓励和推动地方公共部门不断提升自身服务质量。在美国，早在 1987 年开始就设立了马尔科姆·波多里奇国家质量奖，从 1988 年开始分为企业、健康卫生和教育机构三类，每年度颁奖，且由美国总统颁发奖励，奖励的高低以直接奖励资金多少来体现，该奖在美国质量界是一项非常重要的质量奖项。该奖以美国商务部前部长 Malcolm Baldrige 的名字命名，Malcolm Baldrige 任职期间曾经提出："质量管理是保持美国国家持续繁荣和长期强大的关键"，随着该奖项的广泛推广和应用，美国相关企事业机构也越来越重视质量的提高，并以该评价体系为标准，逐步统一考评指数。

三 中介机构为主体的评估模式：满意度指数

中介机构评价模式，是指通过第三方专业评估机构或专业人士，依照标准化和专业化的程序对地方政府服务质量的评估。当今世界各国、各地区的政府服务绩效评估中，一般将这种方式视为最重要、最权威的方式，具有较高的公信度。其中美国的顾客满意度指数（American Customer Satisfaction Index，ACSI）影响力最大，最具有代表性。ACSI 模型最早是用于对企业产品和服务质量的评价，是 1994 年由卡莱斯·福纳尔（Claes Fornell）教授领导的设立在美国密西根大学商学院的国家质量研究中心的全体成员共同创立。ACSI 模型是用来测评指数的一个方程组模型，其基本结构如图 8-3 所示。

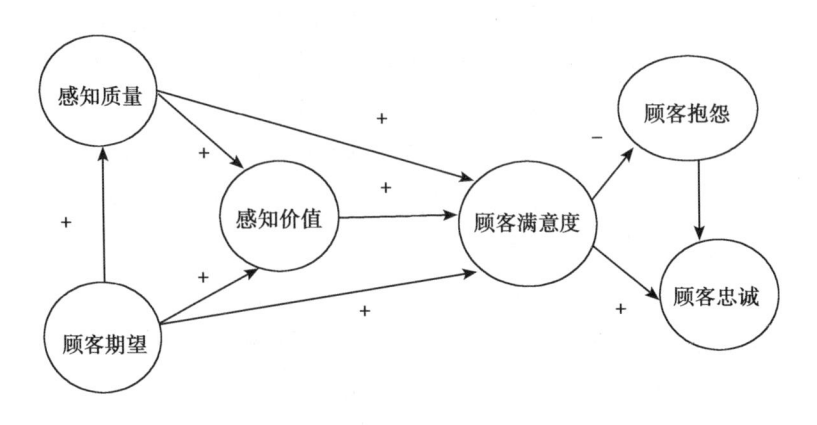

图 8-3 顾客满意度 ACSI 模型

ACSI 模型是一系列因果方程式，由 6 个变量组成，它将顾客期望、感知质量和感知价值与顾客满意度联系起来。而顾客满意度又与结果联系起来，结果是通过顾客抱怨和顾客忠诚来评价的。其中顾客忠诚具体表现为对价格的耐受能力和顾客保持能力。在图8-3中，箭线旁的符号反映了两个变量之间的相关关系，如感知质量和感知价值之间的符号"+"代表感知质量和感知价值之间为正相关关系，当顾客感知到的质量越高时，则感知到的价值也就越高。而顾客满意度与顾客抱怨之间的符号"-"代表顾客满意度与顾客抱怨之间是负相关关系，即顾客满意度越高则顾客抱怨就越少。顾客抱怨和顾客忠诚的箭线之间的关系比较复杂，没有用"+"或"-"来标示。这是因为顾客抱怨和顾客忠诚之间的关系是变化的，它可能表现为正相关关系或负相关关系：在一般意义上抱怨的顾客越多，则顾客对公司的忠诚就越低，表现出一种负相关关系；当公司能够将抱怨的顾客转换为忠诚的顾客时，这时顾客抱怨和顾客忠诚之间是正相关关系。[①] 模型中的6个变量都是不可直接测量的潜变量，在测量之前需要对6个变量进行详细分解并最终转化成为调查问卷，将问卷调查获得的数据代入由模型转化成的数学方程中，经过变量权重的处理，利用偏最小二乘法等数学方法便可计算出顾客满意度指数。

20世纪80年代以来，如何提升政府服务的质量，越来越成为西方国家的迫切问题。于是，一些国家把过去用于衡量企业的顾客满意度的ASCI模型引入进来，建立了政府公共服务满意度指数模型。由于政府的特征与私营部门有着很大的差别，因此，在引入ASCI模型的时候，相关的第三方评估机构对原有的模型进行了修正。一是模型中只是对公共服务的满意度进行测量，这种公共服务基本上由每个政府部门所提供的三项行为或活动（activity），即过程、信息和客户服务来决定；二是顾客忠诚被顾客信任所取代；三是去除了感知价值这一变量，其原因主要是绝大部分公共物品及服务是免费提供，且政府服务成本具有难测性，所以在此模型中没有考虑价格因素。[②] 具体情况如图8-4所示。

政府服务满意度的整个测量过程，都是由专业的第三方权威机构来执行的，最常见的方法是通过构建一套完整的满意度分析指标体系，采用顾客抽样调查的方法，来评价顾客对政府公共服务的满意程度，从而使得整个过程

[①] 朱国玮、胡伟：《ACSI用于评价政府部门顾客满意度》，《美中公共管理》2004年第1期。
[②] 吴建南、张萌、黄加伟：《基于ACSI的公众满意度测评模型与指标体系研究》，《广州大学学报》（社会科学版）2007年第1期。

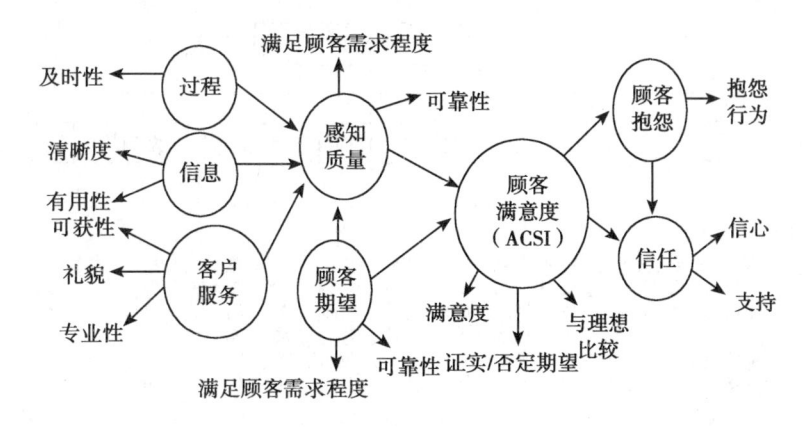

图 8-4　政府服务顾客满意度指数模型

更加科学权威和客观。美国顾客满意度的测量由权威的中立机构进行，如密歇根大学工商管理学院的国家质量研究中心专门负责政府机构满意度的研究与结果分析，这样不仅使测量过程更加规范、标准，而且能够有效避免"暗箱操作"等不公正现象。除了 ASCI 模型以外，瑞典顾客满意度晴雨表 SCSB（Sweden Customer Satisfaction Barometer）也同样具有代表性，这些模型已经在各国政府服务绩效评估中得到广泛应用。

受到西方政府服务满意度模型的影响，在我国一些学术机构和学者也开始研究构建中国地方政府公共服务的顾客满意度指标体系及测量模型，并开始对中国地方政府的服务水平进行评估。吴建南在借鉴 ASCI 模型的基础上，结合我国政府服务的一些具体情况，构建了我国政府服务满意度模型，设立了四层评价指标体系，如图 8-5 所示。

近几年来，作为第三方评估机构，绩效评估方面影响比较大的要算"连氏中国服务型政府指数"。2010 年在新加坡"连氏基金"的支持下，新加坡南洋理工大学南洋公共管理研究生院携手厦门大学公共事务学院，推出"连氏中国城市公共服务质量指数"，并对中国 32 个主要城市的公共服务质量进行了测评，于 2010 年 9 月在广州举办的新闻发布会上，联合公布了中国首次城市公共服务质量排名，从而在社会上产生较大的影响。在此基础上，上海交通大学国际与公共事务学院与新加坡南洋理工大学合作开发了"连氏中国服务型政府指数"，对中国 32 个主要城市（直辖市、省会城市、计划单列市和部分重要城市）的服务型政府建设的情况进行了测评。

连氏中国城市服务型政府指数由三大维度构成，即服务型政府公众视

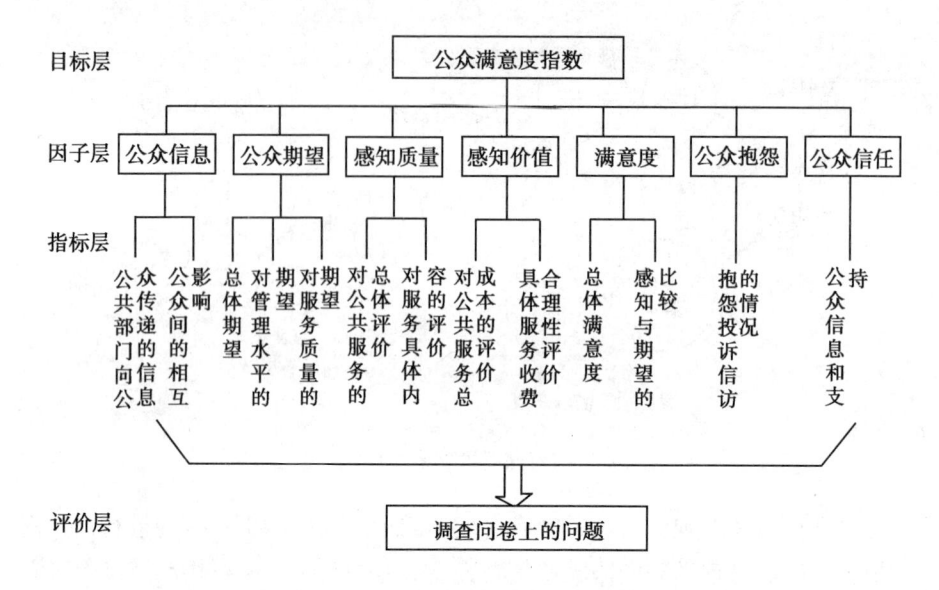

```
目标层            ┌─────公众满意度指数─────┐
因子层    公众信息 公众期望 感知质量 感知价值 满意度 公众抱怨 公众信任
指标层    ...
评价层            调查问卷上的问题
```

图 8-5　我国公众满意度测评指标体系层次图

资料来源：吴建南、张萌、黄加伟：《基于 ACSI 的公众满意度测评模型与指标体系研究》，《广州大学学报》（社会科学版）2007 年第 1 期。

角、服务型政府企业视角和基本公共服务。公众视角包含五个维度：公众公共服务满意度、政府效能、政府信息公开、公众参与和政府信任。公众公共服务满意度是指公众对包括公共教育、医疗卫生、住房与社会保障在内的八项与老百姓生活息息相关的重要公共服务领域的主观感知和满意度。服务型政府的企业视角包括企业公共服务满意度、企业经营环境、企业参与以及政府效能四个维度。企业公共服务满意度对其经营和发展所需包括基础设施、交通运输、公共安全、就业服务、环境保护、信息服务在内的公共服务质量的满意度；企业经营环境指企业对企业工商登记年检服务、税收服务、知识产权保护等十项重要的经营环境要素的满意度。企业参与是企业对多大程度上可以参与到政府制定和执行商业政策的过程中的感知和满意度。政府效能是指企业对政府提供所需服务的能力和效率的认知和满意度。服务型政府指数的基本公共服务维度，涵盖以下 10 个公共服务领域：就业服务、住房保障、公共安全、公共教育、医疗卫生、环境保护、社会保障、基础设施、公共交通和文体休闲。在具体的测量指标选择上，在参考国际通行的指标体系建构方法和相关研究成果的基础上，结合中国国情和研究的实际，结合统计年鉴、政府文件和报告中统计数据的可比性和可获得性，最终确定了包含

75个测量指标在内的"连氏中国服务型政府指数"。① 通过对各个指标标准化和加权赋权后将城市公共服务指数采取10分制。在对32个城市进行大规模的问卷调查的基础上获得相关数据最后得出各城市服务型政府指数得分。

```
企业 ──┬── 公众 ──┬── 公共服务满意度 ── 公共教育
        │          │                      医疗卫生
        │          ├── 政府效能            住房与社会保障
        │          ├── 政府信息公开        公共安全
        │          ├── 公众参与            基础设施
        │          └── 政府信任            文体设施
        │                                  环境保护
        │                                  公共交通
        │
        ├── 企业 ──┬── 公共服务满意度 ── 基础设施
        │          │                      交通运输
        │          ├── 企业经营环境        公共安全
        │          ├── 企业参与            就业服务
        │          └── 企业效能            环境保护
        │                                  信息服务
        │
        └── 基本公共服务 ───────────── 就业服务
                                         住房保障
                                         公共安全
                                         公共教育
                                         医疗卫生
                                         社会保障
                                         基础设施
                                         公共交通
                                         文体休闲
```

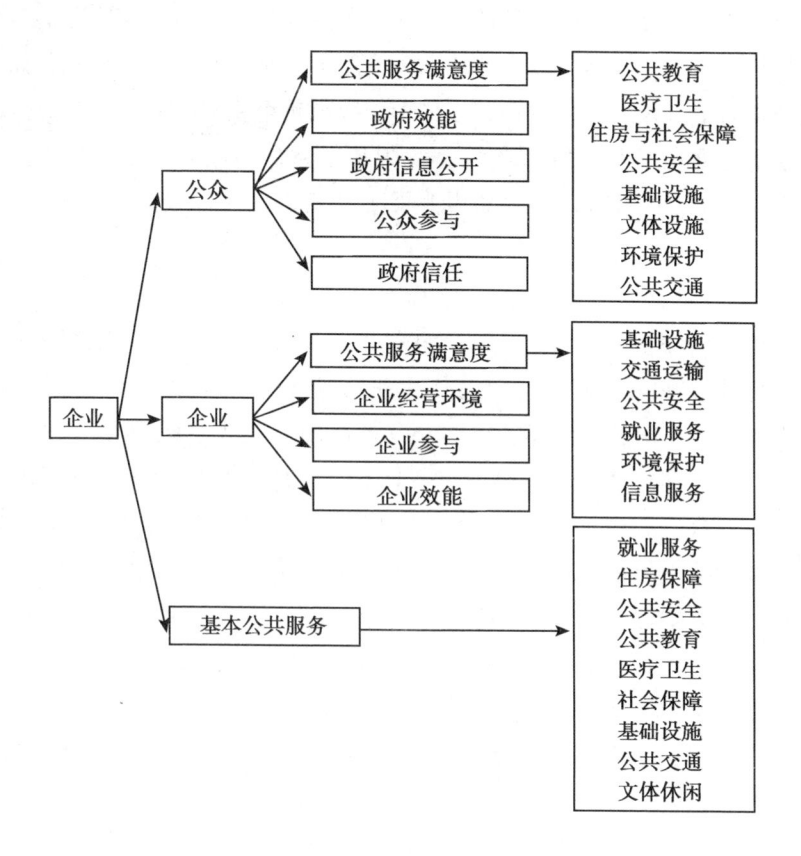

图 8-6 连氏中国服务型政府指数指标体系

连氏中国服务型政府指数是我国目前规模最大、权威性与影响力都较大的第三方政府评估体系，它为我国地方政府服务绩效的评估提供了较好的参考。目前，我国相对独立和权威的第三方评估机构并不发达，还依然处于起步阶段。随着我国服务型政府目标越来越凸显和政府服务能力建设的不断推进，第三方评估模式将日益会成为服务型政府绩效评估的主要形式。

---

① 于文轩、林挺进、吴伟：《提升政府治理水平，打造服务型政府——2011连氏中国服务型政府指数及中国城市服务型政府调查报告》，《华东经济管理》2012年第7期。

四 属地公众为主体的评估模式：万人评议

根据属地公众主观感知来衡量政府绩效、直观反映政府服务的认知与认可程度，就是一度流行的一种评估方式。公众是地方政府公共服务的对象与最直接的感受者，自然可以成为地方政府服务质量和水平的评估者，如果大多数公众对地方政府服务过程和结果十分冷漠甚至反对，那么，这种公共服务也就毫无意义。进入21世纪后，我国越来越多的地方开展公共评议和万人评政府的活动，在我国一些城市开展了"百万市民评政府""万人评议"活动。

（一）评议主体

属地公众评估模式最大的特点就是评议主体的广泛性，在具体评议实践中，各地存在一定差异，但总体上来说主要由人大代表（包括全国人大、省人大和本级代表代表）、党委及人民团体代表、政协委员和民主党派代表、政府部门代表、企事业单位代表、个体工商户、基层政府机关代表、各界群众代表和纪委代表等等，人数往往达到1万人左右。珠海市测评主体由五类人组成：市领导、"市两代表一委员"（市党代会代表、人大代表和政协委员）、企业（协会）、机关（基层）干部和群众。并通过专家论证、问卷调查等形式决定不同主体的权重。2004年之前珠海市万人评议的评议主体是包括一个专业性评议团，鉴于发现评议团曾被评估对象"捕获"过，为提高评议质量、保证评议结果的客观性，2004年之后将其取消了。之后由"三类代表"和机关干部作为体制内评议主体，企业和公民为体制外评议主体，"三类代表"指党代表、人大代表和政协委员。[①] 杭州市通过不断探索和调整，把参评人员确定为9个层面，并按照群众认可，即在权重配置上对象确定不同的评估主体，或者调整评估主体评估中所占的权重，以期增强评估主体与评估对象的匹配度，提高评议的客观性和准确性，并适当增加与人民群众联系比较密切的部门投票的权重比重。具体如表8-2所示。

---

① 付景涛、曾莉：《对主观型政府绩效评估结果的统计分析——以珠海市"万人评议政府"为个案》，《学术论坛》2010年第2期。

表 8-2　　　　　　　　杭州市万人评议主体权重一览表

权重设置 投票层面	综合考评单位分类		
	社会服务相对较多的政府部门	社会服务相对较少的政府部门及其他单位	党群部门
1. 市党代表	10%	12%	12%
2. 市人大代表	10%	12%	12%
3. 市政协委员	10%	12%	12%
4. 省直机关、老干部、专家学者和市行风评议代表	9%	9%	9%
5. 区、县（市）四套领导班子成员	8%	11%	11%
6. 区、县（市）的部、委、办、局及街道（乡镇）党政（包括人大）负责人	8%	8%	9%
7. 社会组织代表（含社区党组织和居委会负责人、行业协会负责人、民办非企业单位负责人）	8%	8%	9%
8. 企业代表	12%	8%	6%
9. 市民代表（含城镇居民、外来务工人员、农村居民）	25%	20%	20%
合计	100%	100%	100%

（二）评议方式

公众评议旨在体现充分参与和民主特征，通常来说，万人评议由政府综合考核办或机关工委或纪委监察局等统一领导。由于涉及不同的领域和部门代表，在具体的操作过程中，出于便利性的原则，会由对应的具体部门分块组织，实施评议。从评议代表的产生、评议过程的组织和评议结果的统计等在不少地方基本上是有对应的组织机构来分块承担的。如 2012 年甘肃省庆阳市，评议代表共有 7 类，依照归口管理的原则由 7 个部门单位分块牵头组织。牵头实施民主测评的部门单位，组织召开测评大会，宣读测评内容和测评要求，翻印并发放测评表，组织评议人员认真填写，现场收回并汇总统计得票总数，交市纪委监察局统一计算得分。各牵头组织部门单位将测评中提出的意见建议如实登记，分类归纳梳理，经主要负责人签字、单位盖章后，与测评汇总表、测评表原件一并报送市纪委监察局执法监察室，如表 8-3 所示。

表 8-3　　甘肃省庆阳市万人评议评议代表和责任机构一览表

代表领域	代表人数（人）	责任部门
市委部门及人民团体干部	330	市纪委党群纪工委
人大代表及市人大机关干部	370	市人大办
政协委员、民主党派代表及政协机关干部	370	市政协办
市政府组成部门、事业单位、国有企业、中央及省驻庆单位干部职工	3105	市直各部门、单位，各企业
民营企业家、个体工商户	300	市工商局
县区机关部门干部代表	3200	各县区纪委
各界代表	2400	各县区纪委
合计	10075	

在具体的计分方面，大多采用百分制，对政府服务和效能划分为"满意""较满意""一般""不满意"和"不了解"5个选项，或"满意""比较满意""一般""不太满意""不满意""不清楚"6个选项评议，代表只需要在评价选项栏内选一个评价选项，多选或不选的按废票处理。最后的评价总分的计分方法一般是依照各选项得票数与相应的权重相乘再加总，具体权重和方法各地并不一样。甘肃庆阳市的计算方法为：民主测评得分＝（"满意"票数×100＋"较满意"票数×80＋"一般"票数×60＋"不满意"票数×40）÷总有效票数。杭州市的计算方法为：民主测评得分＝平均满意率×100 分＋平均比较满意率×80 分＋平均基本满意率×60 分＋平均不太满意率×30 分＋平均不满意率×0 分。珠海市 2009 年实行四级档次：非常满意赋值 95 分、满意赋值 80 分、基本满意赋值 65 分和不满意赋值 50 分。计算公式如下：$Sa = (X1×95) + (X2×80) + (X3×65) + (X4×50) / (X1+\cdots+X5) ×Wa$。其中，Sa 代表某一个评估对象出自评估主体 a 的得分，X1-5 分别表示各个档次的得票数，Wa 代表该评估主体所占的实质权重，那么某被考评单位 a 项的得分就等于所得票数的加权平均值，再乘以该评估主体所占的实际权重。近年来，一些地方政府为了扩大民主评议的参与性和影响力，同时也开辟了网上评议活动，并在计分方法上进行了重新的设计。在一些地方，评议代表可以以明察暗访的形式到参评机关进行检查，并作为万人评议的重要依据。一些地方也开通投诉热线和邮箱，全天候受理群众投诉，及时调查处理企业和群众反映的问题。还有些地方采取的是广场评议和电视评议的方式。

（三）评议结果

万人评议的结果会按综合得分高低依次排名，在有关媒体公告，纳入部门单位当年党风廉政建设和综合目标管理考核，并成为部门奖惩的重要依据，如果列为排序末位，将被确定为"机关作风建设重点整顿单位"；如果被评为"不满意"，不仅要限期整改，还要述职复评；复评排名后3位的单位，将予以通报批评。评议结果和年度机关考核、党风廉政建设责任制考核挂钩。连续两年排名后3位或整改不到位的单位，其主要负责人将受到调整岗位、责令辞职、引咎辞职、免职等组织处理，其主管单位分管领导也将被追究责任，以进一步强化评议工作的刚性约束力。在珠海市，这种奖惩主要包括物质和人事两类。对于评议结果经济方面的奖励措施为：对于排名靠前的优秀单位，该单位最高领导的奖金增加50%，单位副领导的奖金增加30%，单位其他工作人员的奖金增加10%；惩罚措施为：对于得分排名最后的不合格单位，扣除该单位最高领导年度全部岗位责任制奖金，对于副职领导扣除50%奖金。人事奖励措施为：对于排名靠前的优秀单位，在年度考核中单位领导成员中可有1人被评为优秀，并且该单位工作人员优秀比例可提高到20%；惩罚措施为：对于不合格单位，优秀比例在年度考核中不得超过5%。

公众评议模式曾对提升地方政府的服务绩效具有一定的约束力和推动力，但是，长效到底如何，还需要验证过程。在实践中，不少地方的评价计分和结果处理，都存在着诸多的问题。如有些地方政府的评议结果居然100%满意，而不少地方的满意率最低也是90%，令人费解。

第三节 地方政府服务绩效评估困境及其对策

地方服务型政府绩效评估深受体制滞后的影响，不少地方政府服务绩效追求的仅仅是本身工具理性和工具价值，忽视了对价值理性的考虑，没能回答绩效评估"应当是什么"以及"怎样才能更好"的问题。要厘清上述两个问题，必须将地方服务型政府绩效评估的问题与行政管理体制缺失相联系。我国的服务型政府绩效评估还处于自发、半自发状态，缺乏统一的、相应的制度和法律作保障，缺乏系统的理论作指导。照搬西方国家政府或企业绩效评估措施的现象普遍存在，具有相当的盲目性，为评估而评估、评估结果与之后的政府体制改革职能转变并没有何实质的关联，对于政府治理体系和治理能力现代化这一核心主题，并不具备相关性。

一、当下我国地方政府服务绩效评估的主要困境

总体来看,我国地方服务型政府绩效评估主要存在以下几个方面的困境。

(一)制度不健全、法治化水平不高

现代社会,法治政府是服务型政府的前提和保障。一个法治化程度高的政府,必然是合理、透明和开放的,服务质量和水平的提升也是通过法律这一核心的手段来实现和保障的。现代服务型政府的建设过程就是制定相应法律、法规,用法治保障、规范政府服务提升的过程。美国从里根政府时期,就开始致力于制定有关政府绩效管理方面的统一立法。1993年通过的《政府绩效与结果法案》(GPRA),首次以立法的形式确立了对行政管理进行绩效评估的法律制度,并使绩效评估制度逐渐深入政府的日常工作当中,为政府改革的顺利实施提供了坚实的法律基础。国会及时清楚地得到政府相关的绩效信息,了解政府工作的真实情况,从而能够及时制定政策,指导各政府机构的行为,改进政府工作的绩效。美国的政府绩效改革得以迅速推进,为其他国家政府绩效管理的立法提供了典范。英国从1979年的"雷纳评审"、1982年的"财务管理新方案",一直到2003年的"全面绩效评估",使绩效评估过程逐步规范化、制度化。澳大利亚、韩国和日本等国也纷纷通过相关法律,推动政府绩效评估的制度化和规范化。

我国政府服务绩效评估也必须加快法治建设的步伐,完善评估主体的制度建构,摆脱上级评下级、自己评自己的局面,避免评估形式化。

(二)评估指标不精细、脱离实际

绩效评估的指标不能是单一的,而是由多个相关评估指标构成的评估指标体系,包括数量方面的指标、质量方面的指标、时效性方面的指标、成本和产出方面的指标等。我国地方服务型政府绩效评估指标缺乏科学性,评估内容存在片面性甚至误导性,没有真正起到引导政府工作向科学化、理性化方向发展的作用。在我国具体的地方政府治理中,绩效评估几乎是"指挥棒",指引政府工作的方向与工作重点,上级政府的绩效导向决定着下一级政府的具体工作方向,是下级政府开展工作时必须遵循的行为准则。[1] 我国

---

[1] 倪星:《地方政府绩效评估指标的设计与筛选》,《武汉大学学报》(哲学社会科学版)2007年第3期。

地方政府长期片面强调GDP，没有将政府服务质量作为关键性指标，长官意志助长了绩效评估表面化、形式化，不考虑公共服务的质量，不注重公众对于政府服务的满意度，其误导作用十分明显：一是助长了政府过多、过细参与或干预微观经济活动，淡化了企业的市场竞争意识和市场竞争能力，阻碍了现代企业制度和市场经济体制的建立；二是助长了一些政府部门及公务人员只对上负责、不对人民负责的从政理念，降低了政府的服务意识和服务质量；三是助长了地方政府弄虚作假和浮夸风，损害了政府的形象，损害了人民的根本利益。

（三）评估主体单一、评估流程封闭

有效的公民参与是政府服务质量的前提，但是，长期以来管制一直是地方政府的工作模式，没有建立起有效的公民参与机制，因此，政府绩效评估就是上级控制下级的工具，或者是地方政府封闭的内部自娱自乐的游戏。作为权力机关的地方人大，对政府监督不力已经不是新闻，审计部门也难以发挥应有的作用。从法治角度看，我国至今缺乏统一的法律法规，导致政府绩效评估的有效性大打折扣。由谁主持评估、评估主体如何产生、如何开展评估、如何界定评估主体的权利与义务、评估主体违反准则如何承担责任等，都相对比较模糊。由于不同的评估主体价值观、利益取向及知识经验都各不相同，知识结构、专业结构、年龄结构和行业结构更是具有明显的区别，必然会自觉不自觉带有自己的评估视角与倾向，各有一定的局限。但是，不同的评估主体又有着各自不可替代的作用，因此，只有通过各类评估主体的相互补充、相互对话，才能获得基本公正客观的评估结果。目前，大多数省市都认识到要坚持"公开"原则，但大多没有向社会公开，即使有的地方政府承诺向社会公开，但又在公开的范围、形式、程序等方面加以限制，也没有专业化的政府服务绩效评估机构，这些，都是很大的缺陷。

如何建立一个类似企业绩效评估的"360°"评估体系，建立包括政府权力机关评估、政党组织评估、机关自我评估、上级评估、专家评估、中介"第三方"评估、公众评估参与的开放评估机制，逐步实现行政系统内部评估与外部评估结合、官方评估与民间评估并举的多元、开放的评估方式，乃是当务之急。

（四）评估结果软质化、随机性明显

评估结果应该产生刚性化的约束，才能真正发挥评估的价值，但是，我国目前地方政府服务绩效评估的结果，约束力柔弱、随机性明显，奖重罚轻、问而不责的现象比较普遍。有的地方将政府绩效评估结果分为一、二、三等奖和不达标四个类别,结果80%以上达标、80%以上获奖。对于不合格单位,只要求书面说明原因,对其主要负责人诫勉谈话也是小心谨慎、鼓励为主;即使连续两年绩效评估"较差"的,虽然有通报批评、对领导班子成员诫勉谈话、责令整改、限期完成,但实际操作起来,也只是草草过场。老百姓将这种"问责"形容为"板子高高举起,实际轻轻落下"或举而不落,不痛不痒,这种绩效评估形式,与其有,还不如没有,得不到公众认可的绩效评估,根本无法形成有效的公共服务责任与约束机制,必然导致制度空悬,政纪松弛,精神懈怠。[①] 绩效评估软化,使不少地方政府把公共服务评估看成是一种运动,一种跟风式的自我表扬机会,风吹过后,一切照旧。

二 地方政府服务绩效评估的改进

政府绩效评估必须发挥有效作用,这是世界的潮流,不可阻挡。尽管各国政治文化背景、经济发展水平、国内主要矛盾、政府公共管理能力等方面存在较大差异,政府部门绩效内涵也会存在文化、理念、体制机制上的差异,但是,对于我们现有的地方服务型政府评估现状,主要着眼于立足国情、转变观念、消除体制障碍。

(一) 树立以民为本的评估理念

有效落实公众导向,是我国地方服务型政府绩效评估中首先必须解决的最根本性问题。服务型政府根本原则是一切为了民众、一切从民众需求出发,谋民生之利,解民生之忧,解决好人民最关心最直接最现实的利益问题,把公众需求作为地方政府工作最重要的出发点和着力点。服务型政府绩效的评估必须把公众需求作为第一原则,将顾客至上、最大可能满足公众需求为第一标准。一个组织的绩效是由组织外部决定的,应由组织的服务对象——用户来评价。对服务型政府绩效评判的最好选择是赋予服务对象的评判权,"人民满意不满意,人民答应不答应,人民赞成不赞成"就是地方服务型政府绩效评估的最高准则,就是以顾客为中心,以顾客的需要为导向,确立公民取向绩效观。在具体内容上,政府绩效评估应该逐步从"3E"(效率、效益、效能)评估转变到"4E"评估,其中新增加的"E"就是公平。

---

① 薛刚、薄贵利、刘小康、尹艳红:《服务型政府绩效评估结果运用研究:现状、问题与对策》,《国家行政学院学报》2013年第2期。

公平指标关注的是绩效指标设计的外向特征和多样化的满意度调查，强调社会组织对政府部门评价和审视的独立性。政府要在服务标准、服务流程和服务质量中充分体现公众的利益和意志要求，并上升为国家意志的法律规范。习近平同志指出，"保障和改善民生没有终点，只有连续不断的新起点，要采取针对性更强、覆盖面更大、作用更直接、效果更明显的举措，实实在在帮助群众解难题、为群众增福祉、让群众享公平"，[1] 这是对地方服务型政府建设的最强指令。

(二) 完善科学合理的评估体系

政府绩效评估必须学会系统性思维，将系统理论运用于评估是提升绩效评估有效性的重要保障，有益于绩效评估指标体系的完善。

指标体系需要软硬结合。硬指标就是以统计数据为基础与主要评估信息，通过数学模型，以数学手段求得评估结果，并以数量表示评估结果的评估指标体系。量化与定量指标是硬指标的主要特征。软指标就是通过评判人的知识、经验进行判断和主观评估得出评估结果的评估指标体系，往往表现为专家评估，评估结果往往以模糊性为特征，如打分为很好、好、一般、不太好、不好，这是我们以往常用的方法。要建立科学的评估体系，一般在数据比较充足的情况下，以硬指标为主，辅以软指标；在数据比较缺乏的情况下，则以软指标为主，辅以硬指标。对于硬指标，也需要有定性分析的过程；对于软指标，也要应用模糊数学进行定量化的换算。总之，坚持定量指标与定性指标相结合，尽量做到量化；客观指标和主观指标并举，尽量客观指标优先。既要防止设计过简，又不要搞得过繁，要尽可能注重指标的可操作性，难易适中，先易后难。地方服务型政府绩效评估体系具体应包括：评估指标体系、绩效评估标准、评估方式体系、评估程序体系、评估组织体系、评估制度体系、评估信息系统等，同时致力于建立一套开放性和竞争性的公共资源配置机制，通过有效的信息提供，引导公共资源的有效配置和合理流动。从预算的高度，约束和提高公共财政资源的配置效率和利用效率；从人力资源配置的高度，提高人力资源配置、岗位设置的科学性和有效性，从而推进公共管理型和服务型政府的建设进程。

合理设置指标权重同样重要。权重被运用在评价过程中，是被评价对象的不同侧面的重要程度的定量分配，是对各评价因子在总体评价中的作用进

---

[1]《习近平谈治国理政》第二卷，外文出版社 2017 年版，第 362 页。

行区别对待。事实上，没有重点的评价就不算是客观的评价。地方服务型政府绩效评估指标中，在行政能力、服务质量和行政责任方面基本相同或者相似，但是，不同层级的政府、同一层级政府的不同部门、同一层级的不同地方政府以及不同的工作岗位，它们在职能配置、行政目标和工作任务方面都存在着差异，每一个政府部门提供的公共服务种类和管理的公共事务性质都不尽相同，这就必然要求政府部门绩效评估应根据职能、职责的不同来确定具体不同的绩效目标、评估指标和绩效标准。因而，不仅要考虑共同性的基本需求，而且还要考虑差异性的特殊需求。调查与审视公众的不同需求，是地方服务型政府提高公共服务质量、提升公众满意度、确定划分绩效等级标准的主要依据。评估指标的权重设置，还应考虑社会企事业组织的发育、独立和成熟的程度，社会群团组织的独立程度和参与意识，大众传播媒介对社会的介入程度和自身现代化程度以及公众综合素质的发展成熟度。除此之外，还要充分考虑不同地区的差异性。

（三）注重绩效奖惩机制的制度安排

要使绩效评估形成长效机制，关键在于为政府官僚机构和公务员提供有效的奖惩机制，现行政府绩效管理的奖惩规则却在制度上表现得相当不足。如果绩效管理将使当事人承担被降职、裁员的风险成本，这就给绩效管理带来内部动力不足的障碍。现有的奖惩机制没有规范化、程序化、不透明，表现出很大随意性，地方服务型政府绩效管理中奖惩机制缺乏公平，是政府绩效管理最大的障碍，需要通过完善绩效评估立法，解决评估奖惩机制中的缺陷，制定成熟稳定的制度保障。这个制度包括客观对应的奖惩条例，定期公开奖惩结果，有公正的监督力量以及来自政府内部，以及公民、新闻媒体和其他外部的监督机制，是衡量绩效评估系统是否良性的标志。作为政府内部管理工具的绩效报告应当公开化，报告内容要清晰表述取得结果的代价。通过结果的公正与结果的公开，真正推动政府供给公共物品质与量的提高。

（四）推动评估机制的相对独立性

评估机制的相对独立性，主要是指评估主体一部分由独立于政府及其部门之外的第三方组织实施，并不断强化公众与社会组织参与评估的过程透明化与社会化。评估机制相对独立性也称外部评价，主要由独立的第三方评价或者委托独立的第三方承担，第三方的独立性与专业性，是评估结果易于得到各方面认可的主要资质，"大多数评估专家赞同评估由组织中负责项目的最高层委托和支持,为了制衡起见,由外部机构或是第三方来进行评估也是可取的"①。美英等一些发达国家的政府绩效评估,大多是由民间机构独立进行的,这些民间机构往往在大的基金会资助下,由大学、研究机构或媒体组织进行,它们在政府绩效评估中发挥了非常重要的作用。如美国的马斯维亚学院,从1999年开始,对美国各州府和大城市进行排名,这对促进政府绩效管理起到了非常好的作用。美国的民间机构锡拉丘兹大学坎贝尔研究所自1998年以来就与美国《政府管理》杂志合作,每年对各州或市的政府绩效进行评估,并发布评估报告,受到政府与民众的广泛关注。

目前我国专业从事政府绩效评估的独立民间机构还比较少,如何培养中立的评估机构是当务之急。兰州大学中国地方政府绩效评价中心受甘肃省政府委托,组织实施的非公有制企业评价政府绩效活动,开创了我国第三方独立机构评价政府绩效的先河。如何促进第三方评估的发展,需要加强相应的制度建设。首先,加强法律和政策支持,为专业评估机构的健康发展提供保障,其中包括明确独立评估机构的政府绩效评估的法律地位,规定其法定权力与法律责任,规定其参与的形式与程序,明确其参与的范围与层次。其次,加强独立评估机构自身建设,增强其独立性、公正性与权威性。如何完善独立评估机构的组织与决策机制,虽然是其内部事务,却关乎其自身的组织能力与评判能力,更关系到其公信力与权威性。因此,第一需要提高独立评估机构人员的专业化水平,定期进行政府绩效评估业务和技能培训,第二需要鼓励社会专业人士的参与,第三需要建立透明廉洁的财务制度,杜绝贪污浪费;最后,运用招标等方式公开选聘评估机构。竞选的方式可以实现选聘公平,提升选聘机构参与评估活动规范性,还可以降低评估活动成本,减少政府财政支出。

第四节 台湾地区提升公共服务品质历程

我国台湾地区提升公共服务品质的改革,至今已有30多年历史。自20世纪80年代以来,从关注单方面服务品质的提升到注重全面服务品质的提

---

① [美]尼古拉斯·亨利:《公共行政与公共事务》,张昕等译,中国人民大学出版社2002年版,第320页。

升,台湾地区行政部门的服务品质改革取得了积极成果。目前,顾客至上的服务理念已经深入台湾行政人员头脑,并视为提升服务品质的核心任务之一。纵观台湾地区服务品质提升的历史和实践,其取得较大成功的原因,与台湾地区相关部门的理念与做法有密切关系,其中一些做法,可以成为我们地方服务型政府建设的有益借鉴。

一 台湾地区政府服务品质提升历史

1971年2月,台湾地区相关部门颁布了"各级行政机关推行便民工作实施要点",作为各行政机关推行为民服务工作的指导性原则。为了使得这些指导原则落到实处,各行政部门还制定了具体的操作性的改革细则。1973年3月,相关部门又制定了"行政机关柜台服务工作及服务态度改进要点",规定各行政机关应视需要设立联合服务中心或服务台(柜台),以便为民众提供更亲切更便捷的申办服务。当时,在国民党权威体制的政治环境下,台湾地区行政部门的服务意识整体还不是很强烈,改革措施断断续续,缺乏系统性。到20世纪70年代末,随着政治经济环境变化,台湾地区开始把为民服务、提升为民服务的品质,作为行政部门改革的重要目标。1978年8月,台湾成立了"'行政院'加强为民服务工作督导小组",标志着把提升为民服务的品质这一任务提上日程。台湾最高行政机构于1980年通过了"提高行政效率加强为民服务方案",同时在行政机构内进行有计划的系统训练,同年10月,相关部门制定和颁布了"'行政院'所属各级机关推行为民服务工作考核与奖惩要点",作为对行政机关为民服务绩效考评和奖励的依据。自20世纪80年代末期以来,台湾地区明显加大了对行政部门为民服务品质的考核力度,包括本级机关的平时考核、主管机关的不定期考核以及台湾地区最高行政部门的实地考核。1993年,台湾相关部门推动了"行政改革方案",以建立"廉能"的行政机关为总目标,进行了"便民""肃贪""效能"三大方面的改革。1997年,台湾地区最高行政部门陆续将"加强为民服务""一处收件,全程服务""落实制度变革,加强为民服务""提升服务品质,加强为民服务"等为民服务的工作,列为以后各年度的实施的重点,以提升各机关改革服务品质。[1]

---

[1] 廖俊松:《服务型政府及其执政经验》,《和谐社会:两岸地方治理比较》论文集,江苏苏州,2006年3月。

经过20年的改革，台湾行政部门在服务理念和服务态度方面都有了明显的改观，其内涵主要包括内部"提高行政效率"和外部"改善服务环境"。行政效率包括整理修订法规、缩短作业流程、简化申请书表、运用科技信息、强化柜台作业、重视民情舆情等等；服务环境则包括服务设施、环境整洁、员工服勤管理、应对礼节及电话礼貌、员工训练考核等。但是，为民服务改革的对象仅仅限于行政部门，其他公共部门涉及较少，基本是一种"单兵突进"的改革方式。

进入90年代末期，台湾相关部门在推进为民服务方面显然幅度和速度大为加强，并从原来的"单方面"向"全方位"转变，提出了全面提升服务品质的改革目的。1996年之后，开始积极参考西方国家在这方面的成功经验，引进"全面质量管理"概念，以"全面检讨改进服务质量""建立顾客为导向的服务""结合社会资源协助政府提供服务"，通过了行政部门再造纲领，分别从组织再造、人力及服务再造、法制再造三方面同时推动。为提升为民服务的质量，行政部门研究拟订了"全面提升服务质量方案"，于1996年12月通过，1997年1月起正式颁布并在所属各机关正式实施。2000年之后，台湾地区当局扩展了提升行政机关服务品质的改革，实施对象已经非常广泛，包括各"部"、会、局、署、市、县（市）所辖的为民服务业务的各承办机关（单位），也包括各公营事业单位。经过10年的实践，民众对公共部门的满意度逐年提升，达到了七成以上。2007年之后，在前一阶段服务品质提升的基础上，台湾地区相关部门提出了"政府服务创新精进方案"，以实现公共部门从"品质管理"向"品质创新"的转变。

二 台湾地区服务品质奖的组织过程和形式

台湾地区政府全面提升服务品质的形式与方法丰富多彩，概括起来，组织考评主要包含以下几个方面：

1. 设立服务品质标准

全面提升服务品质核心在于提高公众对行政部门工作的满意度，在于提升行政机关的公信力，由于服务本身具有无形性，正如顾客对企业服务是否满意往往由以下几个因素来决定一样——来自顾客的口碑、顾客个人的需求、顾客个人的经验、外在的沟通（包括各种直接和间接的信息）和价格——行政部门的服务是否得到公众认同，同样受到这几个方面的影响。台湾行政部门全面提升服务品质面临的首要问题是如何设立有效的标准，并依照这些标准指导各机关的改革，同时也作为考核各机关服务品质的重要依据。纵观"全面提升服务品质方案"的内容，台湾地区相关部门提出了"全面提升服务品质"的一系列标准，并在实践中不断加以调整和完善，2007年，在总结前面实践的基础上，最终形成了"政府服务创新精进方案"的五大方面和23小项（见表8-4）。

表8-4　台湾地区行政部门"服务创新精进方案"评估内容一览表

五大方面	具体内容
提升服务质量，深化服务绩效	（1）考虑民众的便利性及实用性，改造服务场所，合理充实更新服务设施； （2）建立服务人员的优质形象，主动协助民众申办、导引服务，并提供业务咨询； （3）善用传播媒体及公众场合，拟定营销策略，倡导施政措施及执行成效； （4）联合企业、社会团体办理或主动参与各项公益事务，扩散服务讯息及功能； （5）积极推展机关服务作为，争取民众认同及奖项殊荣肯定。
便捷服务程序，确保流程透明	（1）设置全功能柜台，提供单一窗口服务，促进机关内部横向联系，缩短民众等候时间； （2）彻底诊断简化作业流程、办理时限、申请书表等，订定明确作业程序及量化服务指针，建立标准作业规范； （3）检讨申办案件附缴书证誊本的必要性，并予以减量；配合推动电子誊本政策； （4）公开各项服务标准作业程序信息。在不违反信息公开规定及隐私权保护的前提下，提供民众了解案件处理流程及最新进度。
探查民意趋势，建立顾客关系	（1）建立民众抱怨处理机制，提供实时、有效之处理方式，减少处理时间成本，降低顾客抱怨频率； （2）广开民众建言管道，鼓励民众提供建言；重视民众兴革建议及陈情案件，确实依据有关规定，审慎、迅速、正确地处理问题； （3）建立新闻媒体及报章舆论快速响应机制及标准作业程序，主动为政策辩护或更正不实内容，以导正社会视听； （4）有系统地建立"常见问题集"（FAQ）管理机制，转换民众意见成为服务政策或措施； （5）定期办理民众意见调查，分析调查结果，改进服务缺失。
丰富服务信息，促进网络沟通	（1）主动规划公开机关基本数据、核心政策、执行计划、服务措施及预决算情形等重要信息； （2）机关网站或网页设计应符合国际评比； （3）规划建置多元化电子参与管道，简化相关互动及操作方式，以提供民众友善网络沟通环境； （4）推动网站（在线）申办业务及服务项目，提高在线申办使用率； （5）鼓励建建立跨机关信息整合平台，提升政府信息资源共享及使用效率。

续表

五大方面	具体内容
创新服务方式，整合服务资源	(1) 强调主动检讨，发掘服务递送过程及提供方式的问题，规划创新性、整合性的措施以解决服务问题； (2) 着眼于服务产出的目的与结果，力求有价值创新服务形态与方式多元化； (3) 鼓励机关勇于突破现行机关（单位）间的隔阂，从服务资源整合及共享角度出发，规划跨机关水平整合服务或业务体系垂直整合服务。

资料来源：台湾地区"研究发展考核委员会"网站（http://www.rdec.gov.tw）。

2. 提升服务品质运动的组织和推动

表8-4中所列提升行政部门服务质量的评估内容，是台湾地区各行政部门改善服务的指导性文件，在最高行政部门的推动和组织下，每年度各行政部门主管机关都要依据以上方案研究制订本机关具体的实施计划，并推动所属执行机关依据各主管机关制订的实施计划，分别监督执行计划以便进一步落到实处。各主管机关的实施计划或执行计划的内容，都是对照"全面提升服务品质方案"和"政府服务创新精进方案"实施项目所列的项目，并从自身的实际出发，对可能有所突破或重点努力的方面进行的阶段性工作作出说明，制订计划。计划书有统一的内容和格式要求，要求以列表的方式，对照各实施项目的推动做法，完成期限，承办机关，预期效益等，都要分别作出说明。为了更好反映各方的意见和需求，在制订实施计划或执行计划的过程中，尽量邀请为民服务业务相关人员参与，并先行搜集各项民意调查结果，舆论反应等资料，或邀请学者、专家、民间团体等座谈研讨，广泛征求各方意见，倾听民众心声，了解民众期望及需求。主管机关针对所属机关执行的服务方案的情况进行指导，并进行定期和不定期的检查，发现问题及时纠正。为了便于指导和监督，各主管机关的便民服务实施计划，一般是按照所辖各类为民服务的业务，分门别类整合成汇编，并于每年一月送达最高行政部门"研考会"备案。

3. 对服务品质的考评

台湾地区各相关机关之所以对提高为民服务质量显示出了很大热情，并且在工作中认真落到实处，其中一个重要原因是台湾地区最高行政部门每年都进行声势浩大的、组织严密的针对性评奖活动。台湾地区最高行政部门于1998年组织推行了"服务品质奖评奖实施计划"，设定了绩效考评指标，并依据这些指标每年评选出服务优秀的机关，加以表扬，从而树立服务品质效能改革的榜样，这项奖励成为各机关的至高荣誉。自1999年2月首次颁发"服务品质奖"以来，到2007年，这种评奖活动共举办了9届。自2008年起，配合"政府服务创新精进方案"的实施，这一奖项变更为"政府服务品质奖"，并把评奖对象划分为"一线服务机关"和"服务规划机关"两大类。这是台湾地区公共部门参与的规模最庞大的评奖项目，也是推动行政部门服务品质提升的主要驱动力。

以2010年第三届"政府服务品质奖"评奖实施计划中针对一线机关的评价指标为例，这些详细而具体的指标分为三大方面：优质便民服务（600分）、信息流通服务（200分）及创新加值服务（200分），总分最高为1000分，每一方面又划分为若干项目，每一项目通过若干指标来加以衡量，服务品质奖的评审组织是由台湾地区最高行政部门"研考会"聘请的专家学者担任，筹组"评审小组"，评审程序主要分为初审、复审、决审，具体的评价指标每年都会进行调整（具体见表8-5），奖项每年都有所差别，依照每年的考核重点而有针对性地设立一些奖项。

表8-5　台湾地区2010年第三届"政府服务品质奖"评奖指标一览表（一线机关类）

考评方面	考评项目	考评指标
优质便民服务（600分）	服务流程（280分）	服务流程便捷性（180分）
		服务流程透明度（100分）
	机关形象（170分）	服务场所便利性（50分）
		服务行为友善性与专业性（90分）
		服务营销有效性（30分）
	顾客关系（150分）	民众满意度（80分）
		民众意见处理有效性（70分）
信息流通服务（200分）	信息提供及检索服务（100分）	信息公开适宜性与内容有效性（50分）
		信息检索完整性与便捷性（50分）
	在线服务及电子参与（100分）	在线服务量能扩展性（50分）
		电子参与多样性（50分）
创新加值服务（200分）	创新（意）服务情形（200分）	有价值的创意服务（130分）
		服务措施延续性及标杆学习推动效益（40分）
		服务措施执行方法效能性（30分）

资料来源：台湾地区"研究发展考核委员会"网站（http://www.rdec.gov.tw）。

三　自上而下、有组织的、系统的政府推动

1971年2月，台湾地区相关部门颁布了"各级行政机关推行便民工作实施要点"，作为各行政机关推行为民服务工作的指导性原则。为了使得这些指导原则落到实处，各行政部门还制定了具体的操作性的改革细则。1973年3月，相关部门又制定了"行政机关柜台服务工作及服务态度改进要点"，规定各行政机关应视需要设立联合服务中心或服务台（柜台），以便为民众提供更亲切更便捷的申办服务。到了20世纪70年代末，随着政治经济环境的变化，台湾地区有关部门开始把为民服务作为一个非常重要的概念，并把提升为民服务的品质作为行政部门改革的重要目标。为了凸显这种改革的重要性，1978年8月，台湾成立了"'行政院'加强为民服务工作督导小组"，开始把提升行政部门为民服务的品质这一任务提上日程，以期从具体工作形式和态度上树立行政部门的新形象。台湾最高行政机构于1980年召开了"行政会议"，通过了"提高行政效率加强为民服务方案"，决定在行政机构进行有计划的和较为系统的为民服务训练。为了更为有效地推动这一方案，同年10月，相关部门制定和颁布了"'行政院'所属各级机关推行为民服务工作考核与奖惩要点"，并依此对行政机关为民服务的绩效进行考评和奖励。20世纪80年代末期以来，台湾相关部门明显地加大了对行政部门为民服务品质方面的考核力度，包括本级机关的平时考核、主管机关的不定期考核以及台湾地区最高行政部门的实地考核。1993年，台湾相关部门推动了"行政改革方案"，以建立"廉能"的行政机关为总目标，进行了"便民""肃贪""效能"三大方面的改革。1997年，台湾地区最高行政部门陆续将"加强为民服务""一处收件，全程服务""落实制度变革，加强为民服务""提升服务品质，加强为民服务"等为民服务的工作，列为以后各年度的实施的重点，以提升各机关改革服务品质。

21世纪以来，为了全面提升行政部门的服务品质，台湾地区掀起了一场声势浩大的"全面提升服务品质"的运动，台湾相关部门更是不遗余力。纵观台湾地区全面提升服务品质运动的全过程，我们发现，在每一阶段都可以找到最高行政部门作为"推手"的影子。以台湾地区1998年开始推行的"全面提升服务品质方案"重要内容之一的单一窗口化运动为例，1998年初，台湾地区最高行政部门就通过行政机关再造纲领，并分别从组织再造、人力及服务再造、法制再造三方面同时推动。"研考会"与人事行政部门分

别研究拟订了相关的因应方案。在"研考会"方面，为了达到提升为民服务品质的目的，研究拟定了"全面提升服务品质方案"及推动建立电子化政府等计划。为推动全岛行政单一窗口化运动，相关推动方案于1997年12月由台湾地区最高行政部门正式核定，并在所属各机关正式推行实施，由各机关负责组织和推动本机关的单一窗口化革新运动。为了进一步推动这一活动，相关责任部门还在1999年6月举办了行政单一窗口研讨会，邀请相关实施部门的负责人进行专题报告。从1997年到2010年的10多年中，最高行政部门的"研考会"在整个服务品质提升运动过程中扮演了非常关键的角色，从方案的拟订、宣传到考评的各个环节都是在"研考会"强力的组织推动下进行的，并监督和推动各主管机关负责规划、协调所属机关更积极参与到这一过程中来。

在最高行政部门的推动和组织下，每年举行全台的服务品质评奖运动。在台湾地区，各相关机关十多年来之所以对提高为民服务的改革显示出了很大的热情，并且在工作的方方面面认真落到实处，其中一个非常重要的原因是台湾地区最高行政部门每年都进行声势浩大的、组织严密的针对各机关的评奖活动。台湾地区最高行政部门于1998年组织推行了"服务品质奖评奖实施计划"，设定了绩效考评指标，并依据这些指标每年评选出服务绩效表现优秀的机关，加以表扬，从而树立服务品质效能改革的榜样。获得这种奖项成为各机关的至高荣誉。自1999年2月首次颁发"服务品质奖"以来，到2007年，这种评奖活动共举办了9届。自2008年起，配合"政府服务创新精进方案"的实施，这一奖项变更为"政府服务品质奖"，并把评奖对象划分为"一线服务机关"和"服务规划机关"两大类。这是台湾地区公共部门参与的规模最庞大的评奖项目，也是推动行政部门服务品质提升的主要驱动力。

四 运用民间资源提升政府服务质量

激发行政机关与民间社会的"资源联结"与"组际学习"的西方新"公共哲学"，"善用社会资源"已经成为台湾地区行政部门改革的一种重要思维方式。进入20世纪80年代后，随着台湾地区经济的高速增长，与国际市场的联系日益密切，国外资本要求解除管制，开放岛内市场；随着民营企业的壮大，它们要求获得平等发展的机会。另外，台湾当局为促进经济发展及舒缓财政困境，大力引进民间企业界的充沛资源与活力来参与建设，以达到财力"以少带多"的放大效应。1989年台湾当局成立"公营事业移转民营推动小组",制定了包括《公营事业移转民营条例》《公营事业移转民营条例实施细则》等一系列公营企业民营化的法规,由此,台湾民营化进入了新的阶段。台湾地区自20世纪90年代中期开始陆续引进欧美国家的所谓"兴建–营运–移转"的模式参与公共服务的供给,1994年年底台湾地区颁行《奖励民间参与交通建设条例》后才算正式启幕。奖励包括协助取得土地开发利用、融资与税捐优惠以及补贴利息等,翌年8月还选定了高速公路、高速铁路、城市捷运、工业区、观光游戏、购物中心、电厂、焚化炉(垃圾焚烧)、车站、停车场等22项重大公共建设拟采用BOT模式来吸引民间参与投资。为了鼓励各部门充分运用社会资源,台湾地区在服务品质奖的评价指标中特别强调善用社会资源这一内容。台湾相关行政部门的一些日常性的行政服务中,为了更好地节约资源,提升服务效率,也都纷纷注意把社会资源有效地引入到公共服务中来。提升服务品质的核心在于提高行政效率,把一些业务和项目采用委托外包的方式,就是提升服务品质的一种选择。为加速促进行政部门与民间产业的结合,台湾相关部门于2001年1月17日通过了"推动行政部门业务委托民间办理计划",同年5月通过"各机关推动业务委托民间办理实施要点",以作为台湾地区各行政机关推动委外办理的主要依据,各行政机关依照实施要点中的相关规定对照推行实施。此后,台湾积极扩大外包行政业务的范围,把外包引申至行政服务、行政职能、公务建设。在提升行政机关服务品质运动中,相关部门收集了现阶段及未来计划委托民间办理行政机关的业务项目、各机关业务整理委托民间办理所适用的作业规范(办法、要点或其他说明)、契约书及其他相关数据,并完成了汇整。在台湾,在全面提升服务品质运动中,各相关部门都非常重视充分发挥民间社会的功能,往往要思考的是行政任务是否由私人组织执行较佳,在服务方案的制订、服务行为的改进、服务项目的宣传以及具体服务活动中,都可以看到社会组织的影子。

五 发挥公众在公共服务提升中的积极功能

为了得到公众的认可,台湾地区吸纳公众进入公共服务过程就是一个重要的手段。公共服务不论是基层一级的社区,还是各级各部门的行政服务供给,都充分地展示了公民在其中重要而又独特的功能。例如在社区一级,由社区居民组成的居民委员会是最重要的公共服务决策制定与执行机构,负责小区环境、警政、公共事业、消防、卫生、公园与娱乐等公共事务的执行。而行政人员的角色转变为协助小区公民了解小区议题、服务与决策，协助他们对公共计划做出非正式的决策，执行日常事务，因此，行政人员不是一个控制与排斥公民的专家，而是一个鼓励民众参与的支持者。为了鼓励公民参与到各部门的行政服务供给过程，台湾地区强调"探查民意趋势，建立顾客关系"，强调建立民众抱怨处理机制，提供实时、有效的处理方式，减少处理时间成本，降低顾客抱怨频率。另外包括广开民众建言渠道、鼓励民众提供建言，审慎、迅速、正确地处理问题，有系统地建立"常见问题集"（FAQ）管理机制，转换民众意见成为服务政策或措施，定期办理民众意见调查，分析调查结果，改进服务缺失，等等。为了更好地吸引公众，相关部门积极深入社区邻里进行宣传，邀请公众与行政部门一起提供公共服务，并不断征求公众对公共服务提供过程中的相关建议和对策，旨在建立政府与公众之间的良好互动。台湾地区的公共服务建设，在以下四个方面具有启示意义：

第一，充分考虑民众诉求，建立完善服务体系。台湾地区的经验显示，政府公共服务建设必须及时回应社会需求。大陆公共服务体系的市场化、社会化改革尚处于起步阶段，立足于社会需求，构建舆情民情的联通机制来吸纳民意，对完善公共服务体系具有指向性作用；第二，充分激活政府—市场—社会的多元治理结构。既不全面依赖政府提供公共服务，也不盲目信任市场的作用，而是选择政府主导、多元协同的发展路径；第三，充分尊重地方及社区的自治传统。台湾地区的社区自治经验，对我们大陆的公共服务体系建设，具有很大的借鉴意义；第四，不断推进服务品质的提升。公共服务建设必须适应时代的变化，不断地进行组织和体制变革，才是公共服务体系生命力所在。

目前，台湾地区的顾客至上服务理念，已经深入每一个行政人员的头脑中，提升服务品质成为台湾行政机关的核心任务之一。台湾全面提升服务品质运动具有一定的特色，主要体现为以下三大方面：一是采取自上而下、有组织、系统的行政推动方式。台湾在每一阶段都可以找到最高行政部门作为"推手"的影子。以台湾地区1998年开始推行的"全面提升服务品质方案"重要内容之一的单一窗口化运动为例，1998年初，台湾地区最高行政部门就通过行政机关再造纲领，并分别从组织再造、人力及服务再造、法制再造等三方面同时推动。在"研考会"方面，为了达到提升为民服务品质的目的，研究拟订了"全面提升服务品质方案"及推动建立电子化政府等计划。为推动全岛行政单一窗口化运动，1997年12月台湾地区最高行政部门正式推行，实施单一窗口化革新运动。为了进一步推动这一活动，相关责任部门还在1999年6月举办了行政单一窗口研讨会，邀请相关实施部门的负责人进行专题报告。从1997年到2010年的10多年中，最高行政部门的"研考会"在整个服务品质提升运动过程中扮演了非常关键的角色，从方案的拟订、宣传到考评的各个环节都是在"研考会"强力的组织推动下进行的，并监督和推动各主管机关负责规划、协调所属机关更积极参与到这一过程中来。二是充分运用民间社会的资源，激发行政机关与民间社会的"资源联结"与"组际学习"，"善用社会资源"已经成为台湾地区行政部门改革的一种重要思维方式。自20世纪80年代末期以来，把一些业务和项目通过委托外包的方式，就是提升服务品质的重要选择。为加速促进行政部门与民间产业的结合，台湾相关部门于2001年1月17日通过了"推动行政部门业务委托民间办理计划"，同年5月通过"各机关推动业务委托民间办理实施要点"，以作为台湾地区各行政机关推动委托办理的主要依据，各行政机关依照实施要点中的相关规定对照推行实施。此后，台湾积极扩大外包行政业务的范围，把外包引申到行政服务、行政职能、公务建设中。[1] 相关部门收集了现阶段及未来计划委托民间办理行政机关的业务项目、各机关业务委托民间办理所适用的作业规范（办法、要点或其他说明）、契约书及其他相关数据，并完成了汇整。在台湾，往往需要考虑的一个问题是行政任务的执行是否由私人组织执行较佳。往往在全面提升服务品质运动中，台湾各相关部门都非常重视充分发挥民间社会的功能，在服务方案的制订、服务行为的改进、服务项目的宣传以及具体的服务活动中，都可以看到社会组织的影子。三是充分发挥公众在提升行政部门服务品质中的积极功能。在我国台湾地区，公众已经成为影响公共服务提供效率和质量的重要因素。为了更好地吸引公众的参与，相关部门积极深入社区邻里进行宣传，邀请公众和行政部门一起共同提供公共服务，并不断征求公众对公共服务提供过程中的相关建议和对策，通过一系列政策和机制，建立了行政部门与公众之间的良好的互动。很多机关都非常重视"舆情民情"，设立了各种公众参与的制度和渠

---

[1] 张文郁：《中国台湾地区行政机关及公营企业民营化之法律规制》，《宪政与行政法治评论》2009年第1期。

道，每天都派专人收集媒体意见和民众的反映，设立了专门的咨询机制，定期或不定期举办各种说明会，公开行政首长信箱，并积极深入社区引导和宣传居民积极参与到相关的活动中来，等等。

当然，台湾地区的行政机关服务品质考评过程中，由于长期以评奖作为鞭策手段，也会出现各主管部门为了获得奖项而更加注重外在形式，把更多的时间花费在编制提升服务品质方案的实施计划与绩效报告的制作上，这正是我们需要避免的。

第九章　地方服务型政府法治保障

从本质上说，服务型政府必须是法治政府，政府法治化已经成为当下中国政府努力建设的目标。党的十八届四中全会史无前例地专门论述法治中国的重大时代意义，为中国特色社会主义法治建设指明了航向。习近平同志明确指出，"这次全会部署全面推进依法治国，是我们党在治国理政上的自我完善、自我提高"，[①] 这就给我国地方服务型政府构建，提供了系统法治化的建设前景。

第一节　地方服务型政府法治化的理性标准

地方服务型政府法治化是实现政府管制型向服务型转型转变的基本通道，也是地方服务型政府完善的制度保证。法治意味着有正义的秩序与公正的价值，也意味着有理性的思维与规范的行为，这是衡量地方服务型政府法治化的基本指标。

一　地方服务型政府法治化的理论要求

地方服务型政府从本质上讲是法治政府，建设法治型政府就是为构建地方服务型政府提供制度保障。没有法治化作保障，地方服务型政府构建不仅会在政治实践中流于形式，更会白白浪费政府改革的社会资源。党的十八届四中全会提出了全面推进依法治国的总目标，在此基础上，党中央提出"四个全面"（即全面建成小康社会、全面深化改革、全面依法治国、全面从严治党）的总要求，从而把法治化提升到史无前例的高度。

地方服务型政府法治化是地方服务型政府构建中的重要内容。如果把地方服务型政府当作一项系统工程，运行机制的法治化是其中的重点，这主要

[①]《习近平谈治国理政》第二卷，外文出版社2017年版，第114页。

体现在政府的责任建设与监督体系上。唐铁汉、李军鹏认为,通过健全政府责任体系和行政监督机制,来实现健全决策、执行、监督既相协调又适度分离的运行机制构建。沈荣华等认为,政府责任体系的完善可以解决政权合法性与运行结构合理性的双重问题。傅思明在依法行政的视角下从政府行政理念、活动、行为、责任等方面来探究地方服务型政府的法治化问题。程雁雷认为,法治化是服务型政府的法律特征。

学界对地方服务型政府法治化的研究,已形成如下共识:一是法治化是服务型政府的基本内涵之一;二是法治化是推动服务型政府构建的重要路径;三是规范政府权力与完善监督体系是具体思路。然而,在关于如何规范政府权力与完善监督体系的具体构思上还需要人们更多更深的学理思考。

首先,法治化为服务型政府规定了权力边界和规则体系。这是规范政府权力的具体思路,我们所要关心的现实问题是服务型政府的公共权力边界如何界分?划分标准是什么?提供这种政治规则体系又是什么?依孟德斯鸠之言:"从事物的性质来说,要防止滥用权力,就必须以权力约束权力。我们可以有一种政制,不强迫人去做法律所不强制他做的事,也不禁止任何人做法律所允可的事。"[①] 弄清楚这个问题后地方服务型政府的法治化才能有的放矢。

其次,法治化为服务型政府架构了监督框架。"法治的主要功能在于防止与束缚专横的政治权力,不论掌权者在行使专横权力时的动机是多么高尚,任何权力都不可能完全免于专横之虞",[②] 所以要让权力真正遇到边界依据规则自动停止下来,就必须有一个能让服务型政府在公共权力行使过程当中实现自律向他律转化的政治举措。

再次,法治化为服务型政府设定了责任体系。服务型政府的本质是为民众提供公共服务,且在服务提供过程中注重公民参与和自主管理的实现,核心任务是建立责任政府。政府责任在任何时候与它所掌握的公共权力是成正相关的规则系统,法治化意味着政府拥有多大权力就同时需要承担多大的责任,在服务型政府构建过程中更深刻地寓意为促使政府为人民服务的责任设定,因此,"在法律创制的过程中,有必要让公共权力以法律责任的方式表

---

① [法] 孟德斯鸠:《论法的精神》(上册),张雁深译,商务印书馆1961年版,第154页。
② 《沈栖在〈撰文谈——法治与"有限政府"〉》,《上海人大月刊》1999年第9期。

现出来"。①

最后，法治化为服务型政府构建提供了正义的秩序。"法治"的特别之处在于强调"形式正义"和"程序正义"的双重正义概念，这就决定了法治化最为显著的功能是为政治和社会提供一个正义与公平的秩序环境，这也正暗合了服务型政府的人本内涵，促使政府能够高效地为民众提供优质的公共服务。

为了实现上述理念，地方服务型政府法治化还需要慎重处理内在的两大辩证关系：其一是民主与法治之间的辩证关系。服务型政府在内涵上已经包含了这两大制度因子，二者在实际的制度构建过程中形成了辩证统一关系，既将民主寓于法治之中，又将法治寓于民主之中；其二是自由裁量权与限制公共权力之间的辩证关系。服务型政府在运行机制的建设过程中，规范政府权力不只是限制公共权力，还要授予政府合理的权力有限自由空间，从而让政府能够实现高效运作。

地方服务型政府法治化的理论要求，是对地方服务型政府构建的内涵深化与外延拓展，也启示我们深入思考地方服务型政府构建的实践路径。一言以蔽之，地方服务型政府法治化的理论要求就是：地方政府在法律规制自身权力的前提下为公众提供优质的公共服务，并最大限度地令公众满意及认同政权的合法性。

二 地方服务型政府法治化的价值目标

宪法总纲的第五条规定："中华人民共和国实行依法治国，建设社会主义法治国家"，这为我国地方服务型政府法治化提供了法理依据。地方服务型政府法治化作为服务型政府构建中的重要环节，也昭示了服务型政府的基本公共职能。法治作为服务型政府的内在属性要素，它内含的价值理念实质上与服务型政府一脉相承。并且，法治以自身的权威性为服务型政府的服务行动铺垫好了规则基础，使得服务型政府可以实现自身价值目标。

为公众持续地提供高效、优质的公共服务是服务型政府的既定目标，在现实中表现为两个方面：一是不断增进社会福祉，二是保障人民合法权益。在内涵上须追求镶嵌着其理论要求的价值目标，主要包括以下方面：

---

① 钱大军、武红羽：《公共权力的法学阐释》，《求是学刊》2006 年第 5 期。

第一，良法之治。恰如亚里士多德所言，法律应该能够得到全社会的认同和维护，这是因为"依法统治则是由自由民和地位同等的人组成政府"。① 法治是一种能令众人服从的良法之治，正因为是良法之治所以政府与民众才能够心悦诚服于这种被认为是反映社会公共意志的法律。服务型政府最基本的特征是为民众高效服务，如果良法就是要求地方政府为民众高效提供公共服务，那么这时服从于良法的地方政府也必然被认为是服务型政府，它的各种行政管理活动也会得到民众的诚心拥护。

第二，正义之序。政府最大的公共职能是为社会和市场提供正义的秩序，以凝聚民心、维系社会稳定。罗尔斯说，"正义是社会制度的首要价值"，② 而且正义的实现本来就是存在无知之幕的干扰，"哲学家宣称正义是人类社会与政治最坚固的时候，社会与政治生活却充满着压迫、腐败与不义"。③ 若要形成一种良好的政治秩序，就需要政府出面履行这个社会和市场无法取代的独一无二的职能。正义也是人类社会的永恒价值追求，服务型政府作为当代最理想的政府类型，也自然内卷这种永恒的政治价值。

第三，公平之求。服务型政府天然地以社会公平正义为理念追求，具有公共性、公平性、公益性和公开性的价值取向，而且它还与在法治架构下才能保证政府服务行为的规范性、减少主观随意性以更好地为社会提供公共服务的服务行政有着千丝万缕的联系。而且，在社会公共资源极为有限的今天，马克思主义理论的经典作家所设想的"按需分配"的共产主义社会理想是很难在人类社会生产力水平低下的条件下实现。因此，所谓的社会公平不可能是那种理想化状态的绝对公平。服务型政府需要为社会创造一种能让民众认同的相对公平的环境，摒弃过去计划时代管制型政府的"大锅饭"思维，而理性遵循市场价值规律，这也将为转型期政府行政体制改革指明转变方向。

第四，和谐之本。从理论上看，服务型政府职能配置上更加偏重于社会公共职能，然而服务型政府在本质上最不可忽略的政治职能是创造和维系有

---

① ［古希腊］亚里士多德：《政治学·亚里士多德全集》（第9卷），苗力田主编，中国人民大学出版社1994年版，第14页。

② ［美］约翰·罗尔斯：《正义论》，何怀宏、何包钢等译，中国社会科学出版社1988年版，第3页。

③ ［法］路易斯·博洛尔：《政治的罪恶》，蒋庆译，改革出版社1999年版，第112页。

利的政治统治秩序。党的十六届四中全会通过的《中共中央关于加强党的执政能力建设的决定》首次完整提出了"构建社会主义和谐社会"的概念，党的十八大还将和谐社会视为"中国特色社会主义的本质属性"。和谐社会是中国政府一直以来致力于营造的政治目标，服务型政府也理所当然地包容了这样的理论内涵，实现政治和谐也是反映服务型政府法治化程度的重要指标。

第五，善治之道。良善之治，简称善治，是政府公共管理活动中最为理想的治理状态，与中国传统术语"仁政"异曲同工。善治的原则与僵化的市场主义教条不同，它并不敌视国家及其公共部门，反而可以根据一般性的新自由主义议程来开展相对灵活的政府改革。作为一种重要的政府改革，服务型政府蕴含着政府在法律规制自身公共权力的前提下为公众高效提供优质的公共服务的理论内涵，其实质与善治理念不谋而合。

第六，理性之举。法治化就是从根本上使政府从人治状态中（即依靠人的意志来行使权力）摆脱出来，从而演化到权力理性运作（即依靠法律规范来行使权力）的法治阶段，服务型政府首先要实现政府的法治化才能规范政府的公共供给行为。休谟是这样解释理性的，"两个邻人可以同意排去人们所共同的一片草地中的积水，因为他们容易相互了解对方的心思，而且每个人必然看到，他不为执行自己任务的直接后果就是将整个计划抛弃了。但是要使得一个人同意那样一种行为，乃是很困难的，而且的确是不可能的；他们对于那样复杂的计划难以同心一致，至于执行那个计划就要更加困难了，因为个人都在寻找借口，要想到自己省却麻烦和开支，而将全部负担加载他人身上。政治社会就容易补救这些弊端"，[1] 由代表公共理性的政府，以法治规定的理性运作方式处理公共事务，正是服务型政府的真谛。

服务型政府建设已经成为行政管理体制改革的目标：通过创新政府管理和服务方式，扩大公众参与公共事务管理，构建覆盖全民的公共服务体系以及建设廉洁、公正、透明、责任政府，全面增强公共服务能力，有效回应公共服务需求，为人民群众提供良好的公共服务。地方服务型政府法治化的价值目标是衡量其法治化程度的重要标志。它不仅从内涵上昭示了地方政府的公共职能配置或转变的方向，也还在本质上规范了地方政府的公共行政行为，使得地方政府在行政体制改革过程中的有的放矢。

---

[1] ［英］休谟：《人性论》（下册），关文运译，商务印书馆1980年版，第578—579页。

三 地方服务型政府法治化的现实需求

地方服务型政府法治化的现实需求，是地方政府在实现服务型政府法治化进程中所需要克服的各种问题，它能反映地方服务型政府法治化过程中的现实障碍。我国自2005年提出服务型政府理念以来，在实现人本价值回归与服务理念转变之后，法治化进程出现了一些变化，既给地方服务型政府构建带来了契机，同时也埋下了危机。

首先，服务理念还未彻底嵌入政府现实思维中。服务理念是一种将民主平等意识嵌入公共服务行动之中的文化观念集合，政府的服务理念从建国时候的"全心全意为人民服务"到今天的"服务行政"，历经了几十年政府改革背景下的文化嬗变。服务理念的外化体现，从最初邓小平同志提出的"微笑服务"到简政放权，到行政审批制度改革，到行政服务中心建设，到权力清单改革，这些都是将市场经济下的服务理念替代计划经济下的管制思维，政府服务理念应当从两个方面来进行理解：一是破除政府的衙门心理，二是引入民众公共参与。现实情况是政府部门"踢皮球""打擦边球""官老爷心态"等官僚主义弊病丛生，这不仅使政府法治化面临的重大难题，也是服务型政府构建的巨大瓶颈。只有政府部门彻底转变了工作作风，洗尽了官僚习气，地方服务型政府法治化才可以在现实中找到文化依托。

其次，效率理念也未有效塑造政府公共服务行为。一般来讲，政府的效率观取决于其离市场的远近，离得越近的部门，如招商局、中小企业局、行政服务局、社保局等，相对而言，就因为处于与企业和民众直接打交道的第一线而显得效率较高些。而离的远的一些部门，如劳动局、文化局、档案局等，就表现得更加"人浮于事"，效率观不强。此外，这种效率观是从市场经济中衍生出来的，与传统意义上的政绩高压下政府高行政率则是两码事。对于服务型政府而言，盲目追求GDP肯定不是其真谛，"大多数政府机构要完成日益复杂的任务，所处的各种环境竞争性强，变化迅速，顾客要求质量和有选择余地"，[①] 所有的效率行动在服务型政府情形下都要直接指向"为人民服务"而非简单地"为政绩服务"，况且，政府法治化也更寓意于约束政府权力和规范政府行为，在一定程度上是一种反效率观，也就是通过依法

---

① ［美］戴维·奥斯本、特德·盖布勒：《改革政府：企业家精神如何改革着公营部门》，周敦仁等译，上海译文出版社2006年版，序第13页。

引导政府公共行政活动，朝法律内生的民众公共意志方向发展的有条件的效率主义，这就是在市场经济下服务型政府构建所需要倡导的效率取向。在人本价值导向引领下的效率观，需要使地方政府意识到高效是针对公众所需要的公共服务而言，现实中地方政府还无法适应这种思维。

再次，服务型政府构建的法律制度体系尚需健全。健全的法制是法治化的基本前提，作为一种现代政府行为模式，服务型政府通过法治化完善自身的行为规则框架，把科学化、技术化追求与价值追求统一起来，甚至让科学化技术化追求从属于和服务于价值理念。与服务型政府相适应的法律制度体系应当包括政府的服务大部制规则、政府的服务行为规范标准、政府服务行动效益考核规则、政府服务责任的监督及追究机制等。我国政府还需通过强有力的立法措施来不断完善与服务型政府相适应的法律制度体系。然而，在现实中，这些法律制度体系的建立与完善还有很长一段路程要走。

最后，服务型政府的运行机制也需要尽快建立起来。服务型政府的运行机制其实是一种关于政府公共权力如何使用的制度体系，目标是驱使政府行使公共权力提供公共服务，效果是高效的服务行为与优质的公共服务。地方服务型政府的法治内涵也昭示了地方政府在服务行政运行机制的驱使下能够自动、规范地运用手中的公共权力来实施服务行政。服务型政府的运行机制包括：规范服务型政府的府际关系（包括部门关系）、权力行使规则等都需要配套起来，这些运行机制主要包括公共服务的供给制度、民意表达机制、信息公开制度、公务员制度（权力约束与行为激励），以确保服务型政府在现实中能以法治化的理性方式运行起来。

地方服务型政府法治化的现实需求，是在地方服务型政府构建过程中法治化活动所必然遇到的现实阻碍，同时也充当了评价地方服务型政府实现法治化程度的具体表现。服务型政府构建需要一个与之密切匹配的法治化环境，这需要通过各种由服务型政府内涵寓意的法治改革措施来得到切实实现。

第二节　地方服务型政府法治化现状

地方服务型政府一直以来是中国政府体制建设的基本目标，早在 2005 年国务院的政府工作报告提出"服务型政府"理念以来，时至今日我国地方服务型政府建设已经历了十几个年头。追根溯源，自 1949 年中华人民共和国成立以来,中国政府建设目标是"人民政府",即倡导"全心全意为人民服务"宗旨的政府,尽管历史进程曲折,但是这种政府体制的建设目标从未动摇过。在新世纪转型期"服务型政府"理念的提出从本质来看是一种我国既有的政府宗旨的回归和政府现实形态的纠偏。地方服务型政府的建构之路漫漫其修远兮,现实中已取得的建设成绩需要法治化来保障和巩固,当前的体制改革瓶颈也亟须法治化的突破和推进。

一 地方服务型政府法治化演进历程

美国制度主义大师道格拉斯·诺斯毕生坚信:"历史是至关重要的。它的重要性不仅仅在于我们可以向过去取经,而且还因为现在和未来是通过一个社会制度的连续性与过去连接起来。"[1]魏昂德(Walder)近期对苏联国家转型的研究表明,政治转型过程中,旧制度、旧环境不仅影响转型的后果,也影响转型的具体过程。[2]也就是说,过去的"历史遗产"在一定程度上塑造了社会后续发展的轨迹。莱利(Riley)的另一项研究也与之不谋而合。可见,正如路径依赖理论所揭示的,历史既形塑转型,又是转型本身的一部分。

中国的服务型政府建设应当追溯到1949年中华人民共和国成立以来,从提出"全心全意为人民服务"到"服务型政府"理念确立,再到"地方服务型政府全面建设",历经了道路曲折、前景光明的摸索与试验,主要可以分为四个阶段:

第一个阶段是中华人民共和国成立至"文化大革命"结束(1949—1977年)。时任中华人民共和国主席的毛泽东在开国大典上宣告新中国成立以后,自中央到地方迅速建立起自上而下的垂直统属的政府体制,由于新中国成立后人民拥护新中国的热情空前高涨,使得中国各级政府已经具备了以往历代政府所不具有的鲜明的人民性,此时政民互动紧密,这时的人民政府,虽未曾冠名,却早已成为名副其实的"服务型政府"。然而,美中不足的是宪法直到1954年第一届全国人大召开时才确立起来,这离1949年建国

---

[1] [美]道格拉斯·诺斯:《制度、制度变迁与经济绩效》,刘守英译,上海三联书店1994年版,第1页。

[2] A. G. Walder, "Affer state Socialism the Political Origins of Transitional Recessions", American Socidogical Review, 2015, 80 (2): 444-468.

已有 5 个年头了。作为国家立法机关的全国人大，从 1957 年开始就不能正常工作了，第二届全国人大第二次会议与第三次会议，间隔竟长达 28 个月之久。从 1966 年 7 月到 1975 年 1 月长达 8 年多的时间中，全国人大几乎完全处于停顿状态，从未举行过一次会议，更未审议颁布过一部法律，以致新中国急需的基础法律迟迟不能制定颁布，只能大量借用党和政府的各种条例来代替法律。加之当时革命年代遗留下的"法制虚无论"和"文革"时期的"资产阶级法权观批判"的极"左"思潮干扰，中国的法制体系一直处于不健全状态，更难奢望为"服务型政府"配套法制基础。

第二个阶段是打倒"四人帮"后改革开放的前二十年（1978—1997年）。"四人帮"在"文革"中大搞阶级斗争路线，已经严重妨碍了中国的政治、经济、文化建设，十年浩劫导致中国基本处于"政府虚无主义状态"，这就大大偏离了服务型政府的制度目标。20 世纪 80—90 年代，由于发展主义意识形态的影响，追求经济增长成为各级政府的核心任务，从而相对忽视了其公共服务职能和社会建设投入，加上公共服务体系整体改革和建设的相对滞后，带来了比较突出的公共服务供给不足和供给不均问题。直到邓小平复出后全国拨乱反正，人民政权建设正常化才给政府的服务型内涵提供了契机。一些地方推行了"两公开，一监督"，即公开办事制度、公开办事结果、接受群众监督，基层"三公开"，即政务、村务、厂务公开，这些民主创新举措，促进了我国服务型政府建设的萌芽。同时，自八二宪法制定以后，国家作出了许多具有重大历史意义的法制修订工作，这也为地方服务型政府法治化铺平了康庄大道。

第三个阶段是改革开放深化时期。中国进入 21 世纪以来，服务型政府的理念首次在中央政府工作报告中确立起来，以后在历次党的文件和政府工作报告中也都频繁出现。这一时期地方服务型政府的法治化，随着中国不断的立法努力而全面铺展开来。早在党的十五大报告中，已经确立法治作为国家政治建设的长远目标。在十六大上，中国又进一步提出建设法治政府的要求。2002 年，党的十六大报告明确提出了转变政府职能的目标要求，首次界定了政府的经济调节、市场监管、社会管理和公共服务四项基本职能，并突出强调要强化社会管理和公共服务职能。2004 年国务院发布《全面推进依法行政实施纲要》，提出用 10 年左右时间实现法治政府的目标，还同时提出建设服务型政府，强调在社会主义市场经济条件下，政府主要职责就是为各类市场主体创造机会均等、公平竞争的市场与社会环境，为全体人民提供良好的公共服务,保障和促进社会公平、正义。在 2005 年的政府工作报告中,温家宝总理明确提出了"建设服务型政府"的要求。党的十七大提出加快行政管理体制改革,建设服务型政府。党的十七届二中全会通过的《关于深化行政管理体制改革的意见》确立了深化行政管理体制改革的总体目标:实现行政运行机制和政府管理方式向规范有序、公开透明、便民高效的根本转变,建设人民满意的政府。党的十七届五中全会通过的《中共中央关于制定国民经济和社会发展第十二个五年规划的建议》第八部分"改善民生,建立健全基本公共服务体系"指出:"坚持民生优先,完善就业、收入分配、社会保障、医疗卫生、住房等保障和改善民生的制度安排,推进基本公共服务均等化,努力使发展成果惠及全体人民。"

第四个阶段是当下全面建设法治政府时期。改革进入深水区的关键期,新中国成立以来积累的各种改革难题也全部堆积到一起,改革试验触雷碰礁的风险也比改革前三十年要高出数倍。地方服务型政府建设除了基于中国国情,有选择性地引进和借鉴西方发达国家的改革经验之外,就是冒着触雷碰礁的风险推行各种改革试验而积累下的具有鲜明中国特色的宝贵施政经验。十八届三中全会强调,"改革开放的成功实践为全面深化改革提供了重要经验,必须长期坚持",并且还"必须切实转变政府职能,深化行政体制改革,创新行政管理方式,增强政府公信力和执行力,建设法治政府和服务型政府"。与之密切相关的法治化建设,随着法制基础不断完善而稳定推进,也面临着社会腐败而带来的各种在政治、经济、文化上的侵蚀,故在关键时期显现得任重道远。

地方服务型政府法治化的历史进程是曲折坎坷的,在自力更生的情形下取得这些经验,显得十分宝贵。服务型政府的法治化进程主要是伴随着中国的立法完善和体制健全的步伐展开的,总体来看,地方服务型政府法治化的历史进程主要有如下基本特征:

第一,在理念上,服务型政府通过回归人本观念,坚持贯彻全心全意为人民服务的宗旨来拓展本质的服务内涵。这是一个政府对服务的认识的形成与深化的过程,从真理到谬误又回到真理,否定之否定的历史逻辑支配着中国政府对服务理念的法治观。如果以人民为本,则地方政府在法治化过程中贯彻为民服务的宗旨;如果以阶级斗争为纲,则地方政府不但不能实现法治化,还会蜕化变质;如果坚持服务规范、服务有序,那么地方服务型政府,必然会步入现代法治的轨道之中。

第二，在结构上，具有悠久中央集权传统的中国，政府体制不仅需要一个强大的中央政府，也需要在地方上灵活自如的各级政府，从而彼此发挥各自优势特长。各得其所是一种结构理性的境界，它需要章法、制度来规范。服务型政府这种价值目标可以表现为一定的结构理性，包括主体结构理性、权力运行结构理性及责任结构理性三大方面，这对政府的公共服务行动具有决定性影响。

第三，在功能上，近些年来，中国地方政府一直主要在政治维稳功能、经济招商功能、文化宣传功能之间徘徊游弋。在一定时期，哪类社会问题突出就给政府优先配置相应的公共职能，这对于在本质上要求稳定和统一的法治化而言，就会出现因人而异与因时而异的非法治化现象。

第四，在行为上，中国政府从家长制的主导形态逐步转变为市场制下的对话形态。地方服务型政府的法治化需要一种顺畅的政民互动作为社会基础，也就是说政府想要把服务行为实施好就要摒弃过去的"自己点菜公众吃"的威权作风，并逐步适应新时期的"公众点菜政府做菜"的民主风格，即中央一直号召的群众路线，这真实反映了中国地方服务型政府法治化的现实特征及未来走向。

二　地方服务型政府法治化建设成就

地方服务型政府是中国政府体制改革的重要目标，新时期在党中央与国务院的统筹安排下，地方各级政府不断在中央政策方针指导下，结合本地具体社会风俗，因地制宜，取得不少宝贵的改革经验。其中，突出体现地方政府法治化努力主要表现为：

第一，政府大部制改革。部门的零散碎片化是计划经济时代管制思维下遗留下来的政治弊端，与新时期政府服务高效化与优质化的目标大相径庭，因此，整合政府部门，凝聚行政资源，增进管理效率，对于整个服务型政府建设至关重要。法治化也必须围绕着这个制度目标而配套运作。2008年开始的国务院机构改革是我国第八次中央政府改革，是在改革开放以来前四次改革的基础上进行了深化，对政府职能进行了再次的以"大部制"为改革方案的职能调整。2008年的国务院机构改革在探索大部门体制改革方面取得了初步成就，重新组建了人力资源和社会保障部、环境保护部、住房和城乡建设部、交通运输部、卫生部（涵盖医疗卫生、食品安全）等大部制国务院机构。在地方上，广东顺德将原有的41个机构，大规模地整合为 16 个机构；深圳市将政府部门由 46 个精减为 31 个；珠海市政府工作部门由 36 个减为 27 个。还有广东省为强化基层公共服务职能，在佛山、东莞开展简政强镇事权改革试点，将一些管理和服务事项放权给社会。这些改革措施，加强了地方政府的公共服务职能，促进了县镇经济社会发展。

第二，公务员制度改革。服务型政府建设需要一支精干有力的公共服务人才队伍，从而需要扫除传统管制政府"人浮于事，机构臃肿"的弊端。从 2005 年的《国家公务员法》制定以来，还有《行政监察法》（2010 年 6 月）、《行政监察法实施条例》（2004 年 4 月）、《行政机关公务员处分条例》（2007 年 4 月）等法案配套施行。在地方上引人注目的试点是深圳的聘任制改革，初衷是直接通过打破公务员的铁饭碗来倒逼行政机关来高效提供优质公共服务，这对于地方服务型政府建设具有长远的政治发展意义。

第三，探索服务新方式。不少地方都在探索公共服务供给的政社合作机制，通过政府购买公共服务等方式，实现基本公共服务供给方式的多样化，NGO 越来越多地参与到公共服务建设中来，发挥了较好的作用。如北京、上海、深圳、无锡、青岛、厦门等，越来越多的地方政府尝试向社会购买公共服务，涉及的项目有环卫、城市绿地养护、城市照明、养老、扶贫、社区服务，等等。

第四，公共权力的限制。从邓小平废除领导干部终身制以来，中国政府的公共权力限制与规范已促使地方服务型政府开始步入法治化阶段。建立起权力规范运行机制对于规范政府公共权力行使具有重大的意义，从中央到地方的领导干部的差额选举到地方直选试点，还有国务院在 2014 年推行的权力清单改革，用意在确定"权力边界"，继续深化改革。在规范权力的法律体系中，主要包括《行政处罚法》（2009 年 2 月修正案）、《行政许可法》（2003 年 8 月）、《行政复议法》（1999 年 4 月）、《突发事件应对法》（2007 年 8 月）、《档案法》（1996 年 7 月修正）、《保守国家秘密法》（2010 年 2 月修订）、《中华人民共和国政府信息公开条例》（2007 年 4 月）、《信访条例》（2005 年 1 月）等。

第五，行政服务中心建设。这是最能体现中国地方服务型政府建设的突出成绩。2000 年，浙江省率先进行了综合行政服务机构建设的试点，2001 年国务院下发《关于行政审批制度改革实施意见的通知》后，全国各地陆续开始成立综合行政服务机构。由于在江浙经济发达地区成功试验的示范性，现在行政服务中心已在全国各地如火如荼地推行开来。代表的有最早的深圳"外商投资服务中心"（1995）、浙江金华的政务超市（2000）、吴江行政服务局（2011），等等。

第六，地方服务型政府建设全面铺开。在地方试点的基础上，已逐步向全国体制性改革展开。这不仅在党和国家的中央政策文件中体现出来，而且还通过法治化建设来推动服务型政府的全面建设。党的十八大报告提出："深入推进政企分开、政资分开、政事分开、政社分开，建设职能科学、结构优化、廉洁高效、人民满意的服务型政府。"① 这为我们全面建设服务型政府指明了政治方向。地方服务型政府建设已不再是哪一个地方需要独自突出的政绩，而已然上升到全国地方政府共同致力的行政体制改革目标和任务。

三 地方服务型政府法治化存在的问题

成绩背后通常会隐藏着潜在的困境和障碍，这些都是我国地方服务型政府建设的"瓶颈"。这不仅在于服务型政府的制度设计上存在缺失，也表现在我国法治化建设远远滞后于地方服务型政府构建工程的进度。这主要分为以下三个方面：

第一，地方服务型政府的制度保障还严重不足。地方服务型政府建设所需要的包含政府集分结构体制、政府服务行为规范标准、政府公权理性运作机制以及政府责任监督机制等内容在内的制度设计，还未能通过全面的行政体制改革得到全面确立。仅仅是依靠当前的行政服务中心机制还远未能适应全面建设地方服务型政府的运行需要，况且行政服务中心还存在着权力解构与剥离不彻底的制度性问题。在地方上，诸如政务公开、信息透明、行政听证、财务公开、公众参与等方面的配套措施也还未能实现有效的制度化，一时的权宜之策很容易将制度建设退回到人治。在人事上，公务员制度、政绩考核制度以及问责制度还存在许多体制性漏洞。这些都制约着地方服务型政府法治化的进程。

第二，地方服务型政府的法治氛围还比较稀缺。中国的法治化建设本身就是历史遗留下来的制度性难题，在法治资源稀缺的情形下，中国社会法治

---

① 《中国共产党第十八次全国代表大会文件汇编》，人民出版社 2012 年版，第 26 页。

信仰缺失、潜规则盛行及政民互动不畅等诸多困扰，这对地方服务型政府建设不啻为一个严峻的挑战。"凡法律从属于某种其他权威、自己一文不值的地方，以我之见，国家的溃败就不远了；但是，如果法律是政府的主人、政府是法律的奴仆，那么，形势就充满了希望，人们沐浴着神赐予国家的一切福分。"① 中国的政府法治化还处于萌芽阶段，诸如暴力执法、强制拆迁、堵截信访等非法治问题都有待于一个良好的制度解决办法。

第三，地方服务型政府建设还缺失一个以倡导公平、正义、法治、公正、和谐等内涵的社会主义核心价值观为底蕴的社会人文土壤。地方服务型政府建设是一个历史性和体制性的政治改革大工程，离不开全方位的政治、经济、文化等社会基础。美国法学家伯尔曼（Harold J. Berman）说过，"没有信仰的法律将退化成僵化的法条；而没有法律的信仰将蜕变为狂信。"② 以社会公平正义为基本内涵的社会主义核心价值观能否融入到法治信仰之中，对于完善社会主义法治国家具有重大的历史意义，这也将反过来推动地方服务型政府建设。现实情况是国家的政治宣传还不能迅速深入人心，地方服务型政府建设缺乏一个人文社会的发展土壤。

四 地方服务型政府法治化缺失的原因分析

地方服务型政府法治缺失的表象原因，简单而言是中国法治建设的滞后，而从深层次来看，则是由于法治本身与服务型政府建设之间的制度衔接失序造成的。这主要可以从法治化与服务型政府之间衔接的形式、效果、手段、内容、层次五个方面来分析：

首先是衔接形式的问题。地方服务型政府建设与法治之间的衔接形式主要是通过服务型政府体制的法治化来实现的，服务型政府需要经过政治家远见卓识的制度设计来实现体制更新，这些制度设计既不能停留在地方试验的机制层面，也不能纯粹通过政治空想来凭空创造，必须使得这些关于服务型政府的制度设计，真正步入法治化进程中。"在很多地方的制度创新不具有复制性，也就难以制度化，因为很多举措都是把既定的制度结构撇在一边。"③ 在很多地方，尽管试点很成功，比如深圳的行政三分改革、广东省

---

① ［古希腊］柏拉图：《法律篇》，张智仁译，上海人民出版社2001年版，第133页。
② ［美］伯尔曼：《法律与宗教》，梁治平译，中国政法大学出版社2003年版，第38页。
③ 杨光斌：《中国当下法治体系的问题与出路》，《探索与争鸣》2010年第1期。

以信息化助推服务型政府建设、湖南省制定《湖南省行政程序规定》及其配套规章和《湖南省规范行政裁量权办法》等等，都表明了地方政府能够因地制宜，结合本地的政治经济社会发展情况来推行服务型政府建设，可是，这样的试点经验，要么由于地方政府级别过低缺乏行政立法权而无法有效地进入法治渠道，要么由于各地之间发展差异较大而无法从地方试点样本上升到全国普遍性的改革方案，这都足以使得地方试点的方式不能够真正较好地把地方服务型政府建设与法治化衔接起来。

其次是衔接效果的问题。地方服务型政府建设从本质来看是一个对传统管制型政府体制进行调整的制度创新活动，而法治化却是一个制度固化、常态化的过程，这需要国家在服务型政府立法创制进程中，实现从制度解构到建构再到定构的良序循环。在现实中，诸多反腐或群众事件都是非法治化的：宁波PX事件、广州的"水泥锥针对谁"、湛江"钢铁梦背后两种泪"、青岛"种树风波"、启东事件、北京暴雨事故、永州劳教案、周口"平坟运动"等等。究其原因，大多是地方政府想做点实事追求点政绩，可是所做之事却并不符合民众的意愿，不能让民众高兴、满意，民众就不会答应政府的"胡乱折腾"，这主要是由于政府与民众之间缺乏真切有效的沟通造成的。另外，还有贵州省委书记李军的"生态书记"称号、云南省委副书记仇和的"拆迁大王"，等等，后来这些显赫一时的政治人物都淹没在中央的反腐风暴之中，他们的改革方案也被彻底否定掉了。地方服务型政府与法治化之间本来是存在一个辩证联系，缺乏法治化则地方服务型政府失去制度基础，缺乏地方服务创新则法治化失去制度目标。

第三，衔接手段的问题。怎么将地方服务型政府与法治化形成良好的衔接，需要采取一定的策略和手段，比如试点、推广、宣传、论证、指导、诱导，等等。在过去的几年里，地方围绕着服务型政府建设做出了许多机制创新的努力，比如，皖浙新安江跨省生态补偿试点、浦东"维稳妈妈"、南海"小政协"破冰、武汉治庸"电视公考"、三门峡"大纪检组制"、武汉农村产权交易改革、浙江防止利益冲突试验、"法治湖南"叫响全国、浙江"小城市试点"探路、淮北"群众说事室"，这些机制创新活动，有的在全国范围都很有影响力，还有的流于形式，我们的创新不能像革命年代打游击那样，放一枪就跑到别的地方再放枪。这也说明地方服务型政府与法治化之间的衔接需要采取更多更好的办法，最终实现机制创新升华到制度变革的改革立足。

第四，衔接内容的问题。地方服务型政府建设与法治之间衔接的内容，在理论上看，仍然是地方服务型政府体制制度化和地方服务型政府的法治规范的框架构造。中央编译局每年都要评比一些典型的地方创新实例，以2012年情况为例，选择了深圳市委书记许勤高喊没阻力不叫改革、市委书记陈伟与枣庄转型、徐州市委书记曹新平被称为"零障碍"书记、湖北鹤峰县委书记杨安文易重典治官、温州市委书记陈德荣搏击金融风暴、上海浦东新区高东镇黄建忠成为"公推直选"试水者（从镇长到镇党委书记）、徐州贾汪区吴新福与官员财产公开、沭阳县的改革书记蒋建明、广东佛山市南海区区委书记邓伟根被称为"行思者"。这些地方试点，一方面把改革焦点集中在当地的一把手身上，另一方面又昭示了随着地方领导人的兴趣侧重点不同而试点的改革方向也大相径庭。地方上各有各唱的戏本，你方唱罢我登台。而且，没有地方领导人作为核心行动者的政治推动，试点也是难以产生的，这既是一种历史的偶然，也是历史的必然。但是，这样也难免会导致人走政息，人治的弊端随时可能暴露出来，对地方服务型政府法治化产生了极其不利的影响。

第五，衔接层次的问题。地方服务型政府与法治化建设在什么层次上实现对接，也对地方服务型政府法治化产生了至关重要的影响。理论上，我们把这个衔接层次分为三个：一是低级的立法辩护阶段，即地方政府先行服务机制的试点，然后再通过立法形式保存改革经验，但这样容易导致人治；二是中级的立法依据阶段，虽然地方政府先通过立法以各种法律规范形式来制定符合自己意愿的制度设计方案，然后再比照实施，这在一定程度上具有了较高的合法性，但是唯恐政府的制度设计出现一厢情愿的情形；三是高级的理性立法阶段，这就要求国家对制度改革的立法不仅要提升到中央层次，以确保法治的统一性，还要改革政府单向立法的局面，防范政府在服务责任设定上"拈轻怕重"。上述地方各类关于服务型政府的试点都是关于某一方面的创新想法，需要由对之特别关注的地方领导人鼎力支持才能推动改革。当然，这容易造成既缺乏中央的全国统一部署的立足，又缺乏民众的公共参与的"悬浮式"改革局面，最终导致地方服务型政府建设与法治化之间衔接还有一大段差距。

当前中国地方服务型政府法治化的困境，主要表现在地方服务型政府与法治化建设之间衔接缺陷上，形式上衔接不好会导致地方服务型政府建设无法突破单一的机制层面创新，效果上衔接不好会导致民众不认同地方政府的创新举措，手段上衔接不好会导致破坏中央的统一部署，内容上衔接不好会导致非法治化的人亡政息，层次上衔接不好还会导致法治化滞后于地方服务型政府建设的悬浮式改革。没有法治化，地方服务型政府就缺少一个合法的政府体制框架。没有地方服务型政府，法治化就缺少一个合理的制度建设目标。地方服务型政府的法治缺失，虽然给我国服务型政府建设带来了不少的困难与障碍，但是，值得注意的是，服务型政府建设与法治化是存在着共同的人本导向的价值吻合，这决定了地方服务型政府建设与法治化之间本身就存在衔接的立足点，只要能够有效克服上述衔接不足的问题，中国当前不遗余力的法治化努力，将会极大地夯实地方服务型政府建设的制度基础。

第三节 地方服务型政府法治化路径

地方服务型政府法治化不足的问题，通常体现为地方服务型政府建设与法治化之间的衔接不畅。通过法治化途径来构建涵盖服务机制、责任制度、绩效体系、服务人才队伍、公共参与机制、公共财政体制等内容在内的地方服务型政府的体系框架，是实现地方服务型政府法治化的基本思路。要解决这个问题，我们从多方面角度来构思突破路径。

一 正确处理地方服务型政府法治化与自主创新的关系

所谓自主创新是指政府依靠自身力量对体制中各种现实弊端进行的机制调适与制度革新的活动。自主创新的价值目标是实现政府的自我更新，行动手段是自我革命与机制试验，成功的标准是机制试验向制度改革升华，并直接触及体制内核。从内涵来看，自主创新是制度创新的一种有效的行动方式。

地方服务型政府法治化的顺畅实施，有赖于地方服务型政府构建与法治化建设之间的对接，这在一定程度上可以通过自主创新来实现。政府通过自主创新来进行各种服务机制的试验和创新，再通过法治化途径来推广，最终形成行政体制中的重要制度，这需要通过自主创新与地方服务型政府法治化之间关系调和。

地方政府可以及时了解来自个人和团体自发产生的创新意图及其新制度的预期收益，使新制度安排在没有获得全面合法性之前产生一定的局部合法性；地方政府作为中央政府与社会之间的联系中介，也是诱致性制度变迁与来自中央政府的强制性制度变迁之间转化的桥梁。构建服务型政府的关键在于行政管理活动的法治化，同时，作为中央政府上位政策具体执行者的角色以及地方核心行动者与地方政府，要保持对市场经济与政治改革的双重敏感度，时刻调和自己本辖区自主创新试点中的机制创新与体制改革之间的辩证关系，既要考虑到大胆突破旧体制对新机制的干扰影响，又要自觉回归到体制环境之中，争取中央的权威认可和民众的合法认同。

地方服务型政府法治化从本质而言，需要实现制度设计的固化，而自主创新则是一个制度设计的政府自我革新活动，二者之间存在着一定的矛盾，但这并不是不可调和的。只要正确把握前者与后者之间的相互搭配关系，地方服务型政府法治化就可以从政府的自主创新活动受益良多。

地方政府自主创新的内容可以包括很多方面，比如：公共服务的市场化运作机制、公共服务的社会化运作机制、公共服务的财政支持制度、政府服务全面质量管理制度、公共服务的民主评价机制、政府信息公开制度，通过创新活动来妥善处理好政府与社会、市场之间的关系，实现地方政府从传统的管制型政府向服务型政府的制度转变。

地方政府是服务型政府建设最活跃的创新主体，地方政府的这些制度创新活动，就是地方政府自主决定改革试点的方式、内容，以期达到初衷的效果的综合。但是，地方政府在服务型政府建设上的自主创新，需要争取中央政府的政策支持和社会民众的认同拥护，两者缺一不可，这样法治化才会因为政通人和而顺利实现，为地方服务型政府建设铺垫制度基础。

二　正确对待地方服务型政府法治化的内容与形式关系

地方服务型政府法治化的内容是指地方服务型政府体制的改革与创新活动目标，主要包括政府服务行为规范标准、服务责任机制、政府公共服务的权力监督机制、政府服务效果的评价机制等等，而且还要形成一个紧密衔接的制度体系，这些内容都是地方服务型政府法治化的重要对象。

地方服务型政府法治化的形式是指地方服务型政府建设与法治化进程之间衔接的具体方案及其行动策略。地方服务型政府建设与法治化之间的辩证关系是地方服务型政府需要一个与之密切匹配的法治化大环境，法治化进程中法治型政府的建立也最终要朝服务型政府的目标演进。

早在2001年，南京"万人评议政府机关"活动就是一种服务型政府建设的重要形式，直接引导本地的公众参与，希望通过引入和扩大公众参与，来倒逼地方政府真心实意地为公众提供优质公共服务。但是，万人评议的制度缺陷在于政府全程主导评议活动，难免掺杂评议过程"形式化"、评议结果无效化、评议方式非科学化等问题。南京一再表示，这种服务机制形式还需要进一步推行和实施下去，但是作为一种地方政府的自主创新活动，还需要更加注意把形式与内容结合起来，让创新形式更加真实反映本质内容。

苏州也在 2009 年开始推行服务承诺制，苏州通过服务承诺制的创新，来倒逼政府机关在法律规定的要求下按时按质按量作出审批服务的承诺，并依法承担承诺责任。苏州工业园区管委会制定了《社会服务承诺制（试行）》，来保证服务承诺制从创新走向合法。从行政法角度来看，苏州的服务承诺制隐藏着行政指导的因素，在当今政府服务信息不对称的情形下，政府部门的主动提供和热情服务，对于公众及时获得优质公共服务有重大的政治意义。这一创新案例也启示我们：服务机制的创新形式虽好，也要注意实现其中贯彻的制度内容的法治化。

与苏州的情况有所不同，南通行政审批服务中心 2002 年成立，本来在行政服务中心全国遍地开花的情形下毫无新意可言。南通却在被动的行政审批服务过程中增添了主动的"三送三带三新"活动，这也算是一种不经意的创新行为，在一定时期里取得了一定的社会效果。这种创新形式从本质来看是一种行政给付行为，"授人以鱼，不如授以渔"，服务型政府的人本内涵并不是要让地方政府去做慈善家，而是要依据市场规律和政治原则去治理好一个地方。

地方服务型政府法治化的内容与形式之间，构成了一个手段与目标之间的辩证范畴，指向实际构成了形式的行动目标，确保地方服务型政府法治化过程中有的放矢，而形式所包括的行动方案则可以有效地服务于内容，确保内容中的行动目标得以实现。因此，地方服务型政府法治化需要正确对待其中的内容与形式之间的关系，确保地方服务型政府建设与法治化之间形成有效对接。

三　正确把握法律适用权威性与权力监督制度性关系

地方服务型政府法治化的法律适用权威性，是指政府依据法律来实施服务行政，从而体现出命令的有效性和公众对规则的服从性，它本身受到政府服务效果、公众对服务的评价、法律的源头优良与否及统一和稳定性等相关因素的影响。法律适用权威性的程度高低，对地方服务型政府法治化产生直接影响。

如果说法律适用权威性是一定程度上对政府提供公共服务时权力合法使用的保障机制，那么，权力监督制度性则就是与之相适应的制约机制。政府权力是把"双刃剑"，从保障和制约的角度出发，才能真正做到政府公共权力行使的规范化，这也正好符合地方服务型政府法治化的价值要求。地方服务型政府法治化过程中要处理好法律适用权威性与权力监督制度性的关系，就是要合理授予政府自由裁量权与规范政府公共权力行使之间的辩证内容，确保地方政府通过法治化途径实现服务型政府转变，并迅速体现出服务型政府内在的责任政府、正义政府、透明政府、民主政府之要义。

当然，法律适用权威性与权力监督制度性之间关系并不意在争论权法之间的高低问题，也不在于政府权力的授予与制约之间的多少问题，归根结底，不能认作是一个可量化的比例问题，需要审慎把握其适度分寸，对地方服务型政府法治化具有长远促进作用。

服务型政府建设是一项浩大的系统工程，既需要解决人们的观念和认识问题，又需要转变政府职能，深化行政管理体制改革，还需要改革传统的行政监督、政府管理模式。服务型政府的法律适用权威性的基础是对权力监督调适。权力监督作为服务型政府法治基础的核心要素，既是政府供应公共服务的重要手段也是政府始终不偏离公共服务导向的制约因素。正如美国法律哲学家博登海默（Edgar Bodenheimer）所言："法律的基本作用之一仍是约束和限制权力，而不论这种权力是私人权力还是政府权力。在法律统治的地方，权力的自由行使受到了规则的阻碍，这些规则迫使掌权者按一定的行为行事。"[1] 只有保证了政府公共权力能够保持在公共服务责任约束之中运作，地方服务型政府的法治化才能得到有效实现。

四　建构法治化理念与服务成效相结合的实施制度

地方服务型政府法治化的现实立足，在于高效地把法治理念与服务成效这两个价值内涵紧密结合起来，并设计与建构在此指导下的实施制度，从而实现地方服务型政府建设与法治化之间有效衔接的制度目标。创新政府管理方式和手段是解决行政低效问题、创建地方服务型政府的重要途径，也是加

---

[1] [美] E. 博登海默：《法理学：法律哲学与法律方法》，邓正来译，中国政法大学出版社1999年版，第358页。

快行政管理体制改革，建设服务型政府的题中之意。

法治化理念包括依法行政、依法控权、权责一致、理性规则等基本内涵，是引领地方服务型政府法治化的价值导向。服务成效机制是在打破计划时代政府漠视行政结果的管制思维定式，从而快速转变为重视绩效结果的服务理念思想提炼，归纳各种地方试点经验而转化过来的创新机制体系，是对服务型政府内涵外化的政府行动表现。地方服务型政府法治化要求快速将法治化理念与服务成效机制高效结合起来，使得各类创新机制能够迅速升华到制度变革层面，深深触动我国行政体制的深核，为未来的政治改革作好经验铺垫。

法治化理念与服务机制之间存在着一种紧密结合的联系，一方面，"制度问题不解决，思想作风问题也解决不了"；[1] 另一方面，理念作为上层建筑需要引导机制创新活动，最终实现服务型政府的全面建设。法治理念与服务成效高效结合的实施制度，应当是一种将政府的服务行动标准、服务行动评价机制、服务责任设定及违法责任追究机制，通过法治化途径表现出来的行政制度框架，使得地方政府在向公众提供公共服务的时候，养成良好的法治思维习惯，严格依照法律的规定办事，并时刻警惕自己不能超越法律的雷池半步，否则，违法必究、究责必严。

综上所述，地方服务型政府法治化是一种为了顺畅建构地方服务型政府而实施的与之配套的法治化活动，主要行动目标是从二者共同的人本价值导向立足开始，向形式、效果、手段、内容、层次等方面的深化衔接，最终通过理性的推行来实现之。地方服务型政府是中国行政体制改革的重要制度目标，它的成败取决于法治化进程，这也使得法治化成为地方服务型政府构建的根本保障。

第四节 当下地方服务型政府前沿创新

处于行政改革前沿的权力清单制度改革，在实践与理论上都已成为热点话题，政府积极主动，学界满腔热情。但是，在全面推行之余我们发现，权力清单都以现有权力体系作为合法性前提，大多没有真正梳理到权力的边界，没有穷尽全部权力家底，或简单罗列，或避重就轻，或侧重形式，没有

---

[1] 《邓小平文选》第二卷，人民出版社1994年版，第328页

明确细分权力的主辅,也没有明晰权力的核心,更没有将法治体系镶嵌在权力清单之中。当下学界普遍从"控权"的角度高度肯定权力清单的意义,很少从法治的角度探讨权力清单的真正价值。笔者以为,权力合法性是权力清单的起点,但创新总不能始终停留在起点;权力合理性是权力清单的重点,真正推动确权合理、控权合理、分权合理。党的十八届四中全会规定了依法治国的理性结构,其中依法行政是重中之重。权力清单作为"建设法治政府、创新政府、廉洁政府"的创新手段,唯有法治嵌入与法治完善,才能完成权力清单的使命。

一 权力清单的法治解读

行政权力清单改革发端于2004年的河北省邯郸市,经过多年的持续推进与仿效,已在全国蔚然成势。浙江省行政权力清单改革经过大量的调研与研究,请著名专家进来,让工作人员下去,以"四张清单一张网"为总抓手,对政府权力进行了系统的一揽子梳理,凸显了确权、晒权、制权、分权思路,宣示了浙江省政府内部理权、向市场让权、向社会交权的诚意,在理论研究和实践操作上成为全国的样本,为我国行政权力清单改革提供了"浙江经验"。其他地方政府也同样将行政权力清单改革作为转变政府职能的契机,相似地将权力公开,从而展示进一步改革的姿态。有的以统计政府权力为重点,有的以制约权力为难点,有的以划分政府权力类型为特点,有的以分流部分政府权力为亮点。

如火如荼的行政权力清单改革,展示了地方政府改革的积极与创意。但是,在实践运作中,基本上仍以现有权力体系为基础,大多没有穷尽全部权力家底,没有厘清法定权力与现实权力的差异,没有考虑现实权力的理性容量与法定权力的客观边界,没有明确权力需要保留的理由与根据、权力需要分流的流程与形式、权力需要移交的条件与可能。一句话,行政权力清单改革进程中,还欠缺法治的镶嵌与理性的定位。

理论界对"行政权力清单改革"的解读颇多,董克用说,"行政权力清单改革是建立阳光政府的重要步骤,让权力真正在阳光下运行"[①];孙柏瑛认为,行政权力清单改革是"按照一定分类标准,对政府及其部门行使的

---

① 《中央政府首次"晒"出权力清单亮出"家底"》,http://news.youth.cn/sz/201402/t20140221_4719332.htm。

行政职权名称、依据、实施主体、流程等重要信息进行梳理，逐项列举形成的清单"①；李和中认为，"行政权力清单改革是指各级政府及政府部门采用清单的方式列举出自身行使的各项职能以及相应的权限，并采取各种方式公示，让社会公众知晓"②；程文浩认为，"行政权力清单改革就是对于各级政府及其各个部门权力的数量、种类、运行程序、适用条件、行使边界等予以详细统计，形成目录清单，为权力划定清晰界限"③。上述学理解读，基本侧重于行政权力清单改革的行使主体、职权分类与实施形式，但是，不足之处在于没有清晰解读政府权力现状的合理程度、权力边界的清晰程度、权力分流的规范程度、权力移交的真实程度；大多从"控权"的角度肯定行政权力清单改革意义，没有从规范性角度审视行政权力清单改革的建设性价值。

李克强在 2015 年省部级主要领导干部学习贯彻十八届三中全会精神全面深化改革专题研讨班上作报告时指出，要"逐步建立各级政府的行政权力清单改革制度"；《全面深化改革若干重大问题的决定》明确提出，要"依法推行地方各级政府及其工作部门行政权力清单改革制度建设"；中央机构编制委员会办公室负责人曾对接受采访的记者表示，行政权力清单改革的目的，是"形成中央政府行政审批事项目录，锁定改革的目标，让全社会监督，构成推进整个行政审批制度改革工作的起点"。概括高层指导要点：起点是限制审批权力，重点是完善权力系统，难点是监督权力运行。由此可见，各地实践尝试与部分学理解读，都没有准确深入行政权力清单改革的本质含义。

权力公开可能只是部分公开，不等于家底亮相；权力晒出，可能还有背光之处，不等于制约权力。行政权力清单改革的真正蕴意，不仅仅是对现有权力体系的技术性处理，更是改革权力运行的制度性结构，其核心是政府职能转变，重点是行政功能再造（即政府系统应该发挥何种功能），实质是体制机制重构（政府对公共事务是直接控制还是间接治理，实质是政府行为

---

① 孙柏瑛、杨新沐：《地方政府权力清单制度：权力监督制约的新探索》，《行政科学论坛》2014年第4期。
② 李和中、刘孀毅：《加强建立和完善行政权力清单制度》，《广州大学学报》（社会科学版）2014年第9期。
③ 程文浩：《国家治理过程的"可视化"如何实现》，《学术前沿》2014年第5期。

模式的变化)。

权力合法性是行政权力清单改革的出发点,但是,创新不能始终停留在合法性的起点;权力合理性是行政权力清单改革的着力点,但是,合理性必须具体落实在确权合理、分权合理、移交合理,保证权力的理性逻辑与现实运行之间减少张力与摩擦,使行政权力清单改革成为"建设法治政府、有限政府、廉洁政府"的创新手段。显然,如果没有法治嵌入与法治完善,改革仍然有可能半途而废、无功而返。

二 行政权力清单改革的法治镶嵌

行政权力清单改革的法治镶嵌就是将权力范围、权力结构、权力运行全部法治化,具体而言,就是将全部实际运行的行政权力(包括行政系统现有全部权力以及附属于政府系统之上的其他职权),通过公开的方式向社会列举,辨析法内权力、法外权力,进而将法内行政权力合理化、将法外行政权力规范化,并将法治原则与法治精神贯彻行政权力清单改革的全过程,从中嵌入法治观念、法治原则、法治逻辑。所谓法内行政权力合理化,就是从改革的已有成果出发,将需要坚守的权力进一步完善并严格执行程序、将需要变更的权力说明理由并明确变更流程、将需要废止的权力规定清理日程并确定废止步骤;所谓法外行政权力规范化,就是从改革实际需要出发,对已经颁布的地方政府规章与规范行文件、已经在实践中发生了法律效力的这些法外权力,明确其非法律属性的现状,追查当时出台的背景与原委,认清当下实际运用的价值与走向,在精准把握的基础上,明确是确认还是停止、废除。该确认的尽快通过立法程序加以完善、该停止的及时出台通告宣告停止、该废除的立即明确废除日期。全面盘点现存权力,在合法性的基础上重塑行政权力整体结构的合理性。具体包括以下几个方面:

(一)观念嵌入:用法治理念洗刷政府灵魂,确立法律至上权威

法律至上是法治中最基本的核心原则,规定了法治在整个社会规范体系中的至尊地位,其他任何原则都无法攀比,更不能与之冲突,具有无与伦比的权威性,是法治品质的第一元素。法律至上最根本的核心是良法至上。党的十八届四中全会通过的《中共中央关于全面推进依法治国若干重大问题的决定》,强调在中国共产党领导下完善良法体系的使命。良法是人民意志的完整、准确体现,是以制约权力为重点、保护公民权利为目的,是符合本

国国情、紧跟社会发展、接轨世界文明为本意的法律体系。法律体系不同于法律文件，良法的内容主要侧重于整体方向把握、根本价值定位、本质内涵界定、主流原则明晰，其形式却具有多元性特点；法律文件是调整特定社会关系的具体规范，主要内容侧重于权利义务关系的规定性，不与上位法相抵触、不与横向法律相矛盾。良法是法治的主宰与灵魂，法律文件是法治的规则与依据。

法律至上的核心价值否定权力至上。一个政权的取得，不管是通过革命途径还是和平形式，其权威不管是表现为刚性还是柔性，都得遵守法律规范，服从法治精神。如果权力高居于法律之上，法治就会沦落为权力的玩物与附庸。

法律至上的重要价值否定道德至上。一个国家若将法治与德治都定位最高权威，那么，势必削弱真正的最高权威，这将形成深刻的战略性矛盾。中国几千年的历史证明，德治无法成为长治久安的治国方略。法治与道德是方略与规范的关系，处于两个不同层面，法治规定社会规则的总体方略，道德规定社会行为的具体准则，两者相互联系、相互补充、相得益彰。法律与道德是规范与规范之间的平行关系，处在同一个层面，分别在不同的领域发挥各自的作用，适宜由道德调整的社会问题，法律不必取而代之；适宜由法律调整的社会问题，道德无法取而代之，两者相互独立、相辅相成，共同推动社会有序发展。

法律至上的导向维护民主政治制度。中国共产党的宗旨是建设人民民主制度，与法律至上的价值观完全一致。在我国，法律至上内含了任何主体都必须在宪法和法治范围内活动的本质要求，包括政党、武装力量、社会团体或其他组织，这是我国宪法规定的，也是中国共产党党章规定的。共产党以人民的利益为宗旨，法治是以人民意志为本源。法律至上与中国共产党的宗旨之间品质同构、目标同向、价值同一。我国在法治缺失的历史条件下，作为执政党的政策发挥了准法治的作用，经过改革开放及其相伴随的法治推进，党的政策正逐步让位于法治，这就明确体现了中国共产党的领导自信，也进一步巩固了中国共产党的领导地位。

（二）原则嵌入：用公开承诺的列举，锁定政府权力与公民权利的边界

权利是权力的源泉，"政治权力是每个人交给社会的他在自然状态中所有的权力，由社会交给它自己设置的统治者，附以明确的或默许的委托，即

规定这种权力应用来为他们谋福利和保护他们的财产"①,诺斯说,"制度作为人类相互交往的框架,通过为人们提供日常生活的规则来减少不确定性"②。制度的确定性价值就是锁定政府权力与公民权利的边界,控制政府的权力范围,防范权力越界,为市场留出空间,为公民保障自由。党的十八届四中全会要求"全面推进政务公开,坚持以公开为常态、不公开为例外原则,推进决策公开、执行公开、管理公开、服务公开、结果公开"。党中央的制度设计,一是要求政府采用列举式与概括式的方式将政府的机构、职能、权限公之于众,使权力信息公开成为政府的义务;二是要求扩大政务信息公开的范围,包括权力运行的形式与细节,使权力行使公开成为政府的责任;三是要求规范政府信息公开的程序,使公民便利了解政府权力运作的内情,也有利于公民权利救济的兑现,使权力公开不至于流于形式、变成空话。这就是说,政府行政权力清单改革除了承载规范、压缩权力的意义之外,还是政府向社会的一份公开承诺,其中,内含了制约权力的法治走向与回归权利的法理张扬。

各地行政权力清单改革实践,显示了地方政府的改革自信与制度自信,但是,能否以此为契机,提升人民主体性地位,消解"绑架"民意的潜在风险,这需要进一步追问行政权力清单改革的正当性问题。第一,人民作为权力的委托者,收回委托权的时机是否成熟,是否真像卢梭说的,"主权者的官吏,是以主权者的名义在行使着主权者所托付给他们的权力,而且只要主权者高兴,他就可以限制、改变和收回这种权力";③ 第二,如果政府违背委托者意志,随意处置权力,是否做好了人民收回委托权的惩戒与救济的制度安排;第三,在行政权力清单改革中,需要进一步明确人民把委托的权力收回多少算是适量,什么时候收回算是适时,以什么方式收回算是适当。公开列举方式是不是就能保证法治落地,从而保证行政权从失范转向规范,显然,需要法治原则的始终追随。

(三)核心嵌入:把握基本要点,否定政府全能主义权力体系

我国政府全能主义模式长期独占地方治理的主流空间,地方政府往往集

---

① [英]洛克:《政府论(下篇)》,赵伯英译,陕西人民出版社2006年版,第202页。
② [美]道格拉斯·诺斯:《制度、制度变迁与经济绩效》,杭行译,上海人民出版社2008年版,第4—5页。
③ [法]卢梭:《社会契约论》,何兆武译,商务印书馆1996年版,第77页。

立法者与执法者、规则维护者与改革创新者于一身,这种特殊身份保证了地方政府改革的有效性。但是,社会与时代发展到今天,已经面临着明显的挑战,进一步深化改革是必需的。问题是,改革的动力是继续借助行政手段,还是依靠社会内生的萌动力?一般而论,一项新制度如果缺乏自我完善、自我调整的基因,缺乏社会认同、社会支持的基础,往往很难对社会变迁有所作为。行政权力清单改革要打破仅仅满足于对现有权力的列举、分类,这需要将法治的三个核心要点全方位嵌入:第一,政府合法性前提是"人民的同意",[①] 其根本来源就是人民的认同。从这个逻辑出发,政府不应该自己思考、自己运作,而应该从"权力本位"中解脱出来,追求民众同意,体现公共理性;第二,政府正当性源于人民的协议,而不是"克里斯玛"式权威,其中需要民主的原则、民主的进程与民主的气质。也就是说,行政权力清单改革的法治镶嵌,不仅要有刚性的规范式构造,还需要有参与性的民主嵌入,这才有助于创造公共利益、生产公共物品以及培养积极的公民;[②]第三,政府合理性的基础是权力结构的完善,目的是为了更好为社会提供服务。行政权力清单改革作为政府权力体系的重新洗牌,需要公民提前参与乃至全程介入,在一定程度上保证决策层面的主体平等。

(四)逻辑嵌入:规范权力流程,引领政府改革的路径与走向

博登海默说,"法律的进步作用之一乃是约束和限制权力。在法律统治的地方,权力的自由行使受到了规则的阻碍,这些规则迫使掌权者按一定的行为方式行事"。[③] 权力的行使总是少数人的事情,每一个行使权力的主体都会独立思维,都有个体利益,这就客观存在着背离公众意志与公共利益的可能。公共权力主要有立法权、司法权、行政权三部分组成,立法权具有相对抽象性与间接性,司法权具有相对具体性与被动性,只有行政权具有相对全面性与主动性。制约权力主要是制约行政权,法治是最有效的制约机制,法治规定了制约权力的总规则,法律把制约权力的总规则具体化、细则化。

问题是,后发型国家的法治建设往往一时很难从社会内部获得源泉,只

[①] [德]哈贝马斯:《合法化危机》,曹卫东等译,上海人民出版社2000年版,第45页。

[②] Benjamin Barber., Strong Democracy: Participatory Politics for a New Age. Berkeley: University of California Press, 1984, p. 198.

[③] [美]博登海默:《法律学——法律哲学与法律方法》,邓正来译,中国政法大学出版社1999年版,第358页。

能暂时依仗政府主导与政府自省。在现实中，政府主导极易导致政府主宰，无论主观上多么警觉与警戒，权力膨胀总会顺理成章地推进。因此，行政权力清单改革中的法治逻辑镶嵌，只能从政府权力运作流程着手，其中，需要政府从起点就对法律制度持以高度的尊重；需要准确把握改革与法律之间内在关联，抛弃改革就是主动、法律就是被动的观念，因为改革的自主性不能取代法律的至上性；还需要严肃面对政府自由裁量权，把政府自由裁量的权力范围、种类、时间、空间都具体化、细则化。能不能详细限制自由裁量权，这是制约政府任意、任性的关键，也是把公权力关进制度笼子里的关键。在明晰政府权力空间的基础上，才会将回归社会的那一部分权力真正落实到人民的手里。

三　行政权力清单改革的法治提升

行政权力清单改革不是单兵突进的线性行动，而是一个系统的大工程，不是权力图谱的简单构想，而是以公开替代封闭、规范替代任性、创新替代守旧的模式转型。这需要从完善立法流程开始，因为依据不到位，内容再合理，也无法支撑改革的合法性；更需要从体制完善着手，法律责任不到位，政府权力即使重组，翻新依然循旧，无法展现改革的合理性。行政权力清单改革的法治完善，需要着力推进依据完善、责任完善与程序完善。

（一）依据完善：权威性的立法跟进与应时性的立法补充相辅相成

我国并不缺少法律规范。在立法数量上，我们用将近40年时间完成了西方300多年的立法体量，成就是巨大的。但是，显然还没有建成一个完善的法律体系，主要表现在四个方面：第一，立法主体结构碎片化。从理论上讲，无论是中央还是地方，权力机关与行政机关两大系统之间的立法原则是明确的，但实践中，行政立法如何从属于权力机关立法？地方立法如何服从于中央立法？往往表现为各自为政、法出多门，没有真正实现法律规范一体化。条线纵向格局中出现立法封闭，块块横向格局中出现立法狭隘，规范之间不协调、不统一、不配套，导致部门诉求法律化、地方利益合法化；第二，立法内容不平衡、不对称。现有的法律规范往往注重权力的行使、忽视权力主体的责任，注重权利主体的义务、忽视权利主体的权利，而且这些现象至今仍然十分普遍；第三，立法主题不适时、缺乏时代跟进。面对社会进步与改革发展，法律体系显得滞后、脱节，动作显得缓慢、凌乱，缺乏对重大现实问题的正面回应。特别严重的是，与国际文明规则相脱离、与市场文明原则相背离的文件没有完全清理,该接轨的没有及时制定,该废除的没有完全废止;第四,立法程序不规范、不严谨。在立法主体多元格局暂时难以改变、立法意志与行政意志耦合一时难以撬开的情况下,立法程序的正当性就显得尤为珍贵,然而,这方面我们还仍然是空白。

要提升法治权威性,需要立法规范性与改革应时性相辅相成,这就需要从行政体制改革的源头出发,从法律时效性角度入手。我国《立法法》2015年3月15日的修改,对行政权力清单改革具有三点直接引领意义:(1)新《立法法》第六条要求"适应经济社会发展和全面深化改革的要求"立法,印证了行政权力清单改革的必要性,这正是适应经济社会发展和全面深化改革的需要,也是适应党中央全面深化改革要求的需要,这是行政权力清单改革的逻辑性应对;(2)新《立法法》第八十二条规定,省、自治区、直辖市和设区的市、自治州的人民政府,可以根据法律、行政法规和本省、自治区、直辖市的地方性法规,制定规章。应当制定地方性法规但条件尚不成熟的,出于行政管理的迫切需要,可以先制定地方政府规章。新《立法法》第八十二条还规定,设区的市、自治州的人民政府有权制定地方政府规章。中国设区的市现有293个,享有地方立法权的市已有49个,新《立法法》将原来没有地方立法权的其余市政府都授予了地方立法权,这为行政权力清单改革提供了合法性依据;(3)新《立法法》第八十条规定,没有法律、行政法规、地方性法规的依据,地方政府规章不得设定减损公民、法人和其他组织权利或者增加其义务的规范。这就是说,制约政府权力,不仅不能减损公民、法人和其他组织的权利,不能增加公民、法人和其他组织的义务,还必须有利于保护与扩大公民、法人和其他组织的权利,这是行政权力清单改革的价值性追求。

马克思说,法律就是将现状加以神圣化,"只要现状的基础即作为现状的基础的关系的不断再生产,随着时间的推移,取得了有规则的和有秩序的形式,这种将现状神圣化的情况就会发生",[①] 法治是"使人类行为服从规则治理的事业"。[②] 新《立法法》给行政权力清单改革注入了法治活力,这就是在公开的平台上,明确政府权力的细目分类与总体走向,验证政府权力体系与现实运行之间的客观差异,在梳理全部权力家底的基础上,进行确

[①] 《马克思恩格斯选集》第2卷,人民出版社1972年版,第538页。
[②] Lon Fuller, The Morality of Law, New Haven: Yale University Press, 1969, p.106.

定、调整、规范、废除与终止，真实使政府权力的内容与面貌全部公开。行政权力清单改革的依据完善，起码包含七方面元素：第一，在制定主体上，应尽快由地方政府向地方人大常委会移交，由规章形式向地方性法规形式过渡；第二，在权力总量上，兜底穷尽政府职能总量，不隐瞒、不遗留，后续更不派生、不扩张；第三，在权力内容上，明细分类政府的核心权力、辅助权力、形式权力、实体权力，划定政府继续履行、不需由政府直接履行、移交社会组织承接的政府职能的明细表；第四，将原来政府行使、现在需要让渡给社会的权力，一律补全法律依据，一时来不及补全的，必须详细说明内含的法治本质，准确解释内含的合理价值，并在规定的时间内交由权力机关上升为法律规范；第五，在法理鉴定上，解释直接履行、转移社会、委托他人、完全放弃的理由，明确政府应该管什么、只能管什么、应该放弃什么；第六，地方政府的一切权力向社会公开，便于任何社会组织和个人查询和对照。内部文件将不再继续存在，并列出消退的清单与时间表；第七，强化社会监督，从完善公民个人参与、健全行政诉讼的程序着手，抵制权力流失、杜绝权力任性。

(二) 责任完善：网状问责循环系统保障行政权力清单改革到位

行政权力清单改革同时包含三张清单，其中，"制约清单"是专给政府构筑法治笼子的原则，"负面清单"是专给市场主体松绑的通道，"责任清单"是具体落实政府责任的条款，其实质是将政府权力与政府责任链接，实现权力本位向责任本位全面转变，这是政府责任定位的强调，而不是政府责任的推卸。问题是，单线条式问责制的成效常常遭受实践的拷问，事实已经反复证明，单线条式问责制不是天使，反而往往使问责流于形式。要摆脱这种模式的困境，需要建立一个网状交叉的问责循环系统，具体落实在以下四个方面：

第一，人民代表"问责"代议机关、代议机关"问责"人民代表。现有的行政权力清单改革，虽然高度关注权力边界，但是，还需要进一步界定政府作为性权力不作为违法、政府不作为性权力作为违法的内容。将政府权力谱系刚性化是代议机关的一大使命，政府有作为义务的，必须尽心尽责、全心全意，避免懒政、庸政；政府有不作为责任的，必须谨守规则、严于律己，避免乱政、滥政。代议机关有权力、有责任密切关注政府作为义务的不作为责任。代议机关如果审视眼光不聚焦，人民代表有权在专门会议上追究代议机关的监督缺位责任。如果人民代表对政府权力边界的监督不关注、不用心、不尽力，代议机关有权以"问责权行使主体"资格，对人民代表实施"问责"，伴以告诫、公示失职记录等监督环节，这是在人民代表资格撤销之前的监督提前与监督补充，旨在唤起其他人民代表的参政责任与参政热情。

第二，代议机关"问责"清单制定者、清单制定者"问责"代议机关。行政权力清单改革，是发自于地方政府自觉的内心真诚，是地方政府响应中央政府号召的行动付出。行政权力清单改革方案的制定者，往往肩负着地方政府体制改革的使命，承载着地方政府权力梳理、疏通与舒展的责任，在清理权力数量、明确权力类型的具体工作中，卓有成效，取得了初步的成功。但是，还需要进一步防范隐形权力、附带权力的叠加，防范权力外溢、权力推定的延续。也就是说，对地方政府权力的制约，不是一份清单就能全部解决的，需要代议机关进一步对清单制定者置于"问责"状态，通过代议机关和上级行政机关的相互协同，在行政权力清单改革不断完善的轨道上，规范主体结构，规范监督环节，提升监督质量。当然，权力清单制定者也有权拷问代议机关的指导与引导，并可以定期质询代议机关反应迟钝、决策迟缓、监督无序的政治责任。

第三，地方政府"问责"社会组织、社会组织"问责"地方政府。行政权力清单改革的一个亮点，是将一部分权力移交给社会组织，由社会组织承担一定的公共管理职责。在当下实践中，一部分社会组织已经开始承接一定的公共管理任务，并已经发挥相当的治理功效。问题是，大多数社会组织承接的政府职能，往往是那些政府执行有难度的，或者是没有多大获利的，或者是政府自己无力承担的。而且，权力移交大多没有规范，没有配套制度，尤其严重的是，政府移交权力的信息资源共享有限，社会组织角色转换的心理准备与组织准备有限。显然，随着地方政府权力移交的铺开，必然出现另一方面的问题，突出表现为三个关系的模糊：一是政府移交权力，需要明确规定相应的移交责任，如果不当移交、虚假移交，政府应该承担怎样相应的责任；二是政府移交权力，必须有社会组织接盘，如果地方政府明里移交、暗中阻碍，从而侵害社会组织承接的合法权益，或者地方政府放松甚至放弃对社会组织的监管，那么，地方政府如何承担"谁侵权谁担责"的法律后果，社会组织如何追究政府的责任，社会组织如何通过上访申诉、行政复议、行政诉讼来保护自己的合法权益；三是社会组织如果忘却承接政府职能的公共性与服务性，无视职能承接的有限性、责任性，甚至表现出管理任性、滥用权力、无法无天,那么,如何追究社会组织违法的民事责任,又如何追究社会组织犯法的刑事责任?这些模糊必须驱散。

第四,代议机关从制度上保证党的领导、党组织从法治上强化对代议机关的"问责"。中国共产党的领导地位与领导能力,早已经受到历史与现实的考验,在人们心中确立了永恒的丰碑,从而奠定了中国共产党对代议机关问责的权威。地方政府体制改革凭借什么依据继续推进、行政权力清单改革根据哪条分流继续深入、地方政府如何借权力清单形式重组权力、分流权力、移交权力,代议机关必须正视、责无旁贷。如果代议机关放弃或者疏于完善法律依据、放弃或者滞后决策与监督职能,代议机关中的党组织可以通过调查、质询、听取工作报告等方式,来追究代议机关的无序作为、疏怠行为、软弱作为。党组织在代议机关中直接过问行政权力清单改革过程,如果发现代表质询代议机关对行政权力清单改革处置的提案,有不同意、不满意,党组织有权过问,并关注事后对提案的处置;如果发现代议机关中有人违法违纪,党组织有权指派专门机关追查,并关注事后对违法违纪的处置;如果代表大会或者代表会议没有通过代议机关的工作报告,那么,代议机关有关负责人应该引咎辞职,或者遭受罢免,以避免代议机关决策与责任的割裂。

上述四种监督流程,构成网状交叉监督体系与循环监督组合,旨在保证各个监督主体恪遵职守,保证整体监督效应,督促行政权力清单改革遵循法治轨道。

(三)程序完善:从机制上保证权力本位向责任本位转变

行政权力清单改革的程序完善,就是在一定的时间与空间内,按照一定方式,沿着设定的步骤与顺序推进的有序过程,目标在于通过立法完善,杜绝改革指标的虚假性,避免朝令夕改的随意性。从程序上完善行政权力清单改革,需要把握几个关键的节点部位,进行改革的规范性把关。

第一,正本清源,着力考虑权力清单制定主体的准确定位。从现实的角度看,权力清单制定主体一般都是地方政府,严格讲,目前是由地方政府法制办提交提案。正本清源,就是将制定行政权力清单主体的资格问题,正式纳入地方政府规章的立法程序,并在确定的程序设定下,报送设区的市的人民代表大会常务委员会审议批准。条件成熟的地方,应将行政权力清单的制定,正式纳入地方性法规的立法程序,及时提升到地方性法规立法层级,从而确保权力清单制定主体从地方政府提升到地方人大及其常委会。其中,需要着重注意以下几个问题:(1)确保权力清单制定者与执行者的分离;(2)行政权力清单不得与本省、自治区政府的其他相关规章抵触,更不能同地方性法规、国务院部门规章或国务院制定的行政法规相抵触;(3)当全国权力清单改革步调接近一致时,改由高层有关部门作为制定主体,归总为各级地方政府职能转变的行政法规或法律,引领全局。

第二,充实团队,完善权力清单制定主体的代表性、全面性。行政权力清单制定者,除了需要由地方政府法制办牵头、协调以外,还需要明确规定专家、学者、当事人及其他相关人的参与程序,通过征求意见、座谈讨论、沟通协商、张榜公布、审议通过等,突出行政权力清单制定的严肃性。同时,明确规定公民与社会组织参与程序的便利性,着重关注制定者与参与者之间的平等对话,体现灵活性,突出行政权力清单改革的公共性。

第三,张扬宗旨,着力厘清权力清单制定程序的价值目标。日本三月章认为,程序法则毫无疑问将顺应法的安定性作为一大特点[①]。安定是指生活状态与社会状态平静正常、稳定有序。在这里,制定程序的安定性包含程序规范的安定与程序结果的安定,其基本要素是程序有序性、程序顺向性、程序科学性与程序终结性。这些程序的安定要素,与权力清单执行的质量审定、真实审查、创新流程的各个程序节点相匹配,特别在地方政府职能体量、职能分流、职能走势中,突出程序价值的民主性(与专断对立)、理智性(与任性对立)、公开性(与秘密对立)、文明性(与野蛮对立)、中立性(与偏私对立),在坚持行政权力清单改革的程序中,自始至终张扬行政权力清单改革的价值理性。

习近平同志指出,"法治是人类文明的主要成果之一,法治的精髓和要旨对于各国国家治理和社会治理具有普遍意义"[②]。作为一种政治文明,法治不仅具有微观行为中的解释意义,更具有宏观结构上的引领价值。行政权力清单改革的意义,在于推动地方政府职能转变,行政权力清单改革的不

---

① [日]三月章:《日本民事诉讼法》,汪一凡译,台湾五南图书出版有限公司1997年版,第29页。
② 中共中央宣传部:《习近平总书记系列重要讲话读本》,学习出版社人民出版社2016年版,第91页。

足,主要源于动力源泉中的行政直接介入,以及政府与社会之间的协同缺失。行政权力清单改革的完善,需要借助十法律依据的完善、法律责任的完善、法律程序的完善,其中,关键是集中公众意志,克服改革任性,实现改革稳定,从而保证行政改革的法治品性。

四 "最多跑一次"实施与反思

(一)"最多跑一次"的基本内容

2018年中央政府工作报告把"着力抓改革促活力"列为第一条,把"大力推动'最多跑一次'改革"作为第一项,凸显了政府工作的最大亮点。

一般人以为,"最多跑一次"又是一场作秀,哗众取宠,要办理审批,怎么可能只跑一次呢?什么是"最多跑一次"?这里包含三种类型的申请情况,第一种是或者"审批最多跑一次"。所谓"不见面"是指不影响他人利益和社会秩序的申办事项,按照放权原则,依据"法无禁止即自由"的法治精神,明确"不用申请",放手让企业或社会组织自行决定;第二种是指"不见面就办完审批",即全程网上办理,或者通过邮政EMS收取材料并送达审批结果,申请人与窗口之间不需要见面就可以办理的审批事项与服务项目。

这第一、二种情况在此不做讨论,侧重谈第三种"最多跑一次"。这是指申请事项属于政府职能范围,法定申请人必须到场,与审批窗口最少要见一次面才能办理的审批与服务事项。这是从审批流程入手的改革,采取明晰受理条件,完整告知受理所需材料以及申请渠道,让群众一目了然、一次性顺利办妥,消除双方因信息不对称而造成的"白跑"现象。这其中涉及行政理念、行政作风的深层次变革,通过减少政府审批事项,在必须办理的审批事项中,尽量使群众付出最少、主要由政府协助承担办理流程,从而实现政府办事高效、政府服务优化、群众和企业获得感最强的效果,根本目的是建设人民满意的服务型政府。

"最多跑一次"首先要求科学界定政府权力边界,申请人只跑一次,并不意味着一次申请就可以解决全部流程,而是要求尽可能明晰政府职能配置,尽可能减少政府对资源的直接干预。这就要求合理调整政府系统的权力结构,优化政府运行程序,打破条条分割、各自为政的"信息孤岛"状态,通过数据共享,来消解旧体制下的繁文缛节。

（二）"最多跑一次"的主要价值

"最多跑一次"是站在群众的角度，用群众的语言设定的改革，主要解决的是与群众生产、生活关系密切的领域和事项，从群众反映最强烈、最渴望解决、最难办的事情上突破，体现以人民为中心的价值取向和执政为民的根本宗旨。

"最多跑一次"是政府自我革命、自加压力的担当，从突破利益固化的藩篱入手，以实际行动来规范政府行为，以自我担当来挑战旧体制藩篱的阻隔，以优化办事程序来撬动部门权力的奶酪。

"最多跑一次"在冲破旧流程中，挑战"信息孤岛"，在推动政府流程完善中探索规则引领、标准先行，并思考跨部门、跨地区、跨层级的工作协调机制，积极推进政务服务。

"最多跑一次"把完善行政流程与改革受益者的评判直接挂钩，通过为群众代理审批流程诸环节，实际上就是把群众的满意度作为验收的标准，使人民群众在获得感中，转身为改革的推动者与监督者，从而使改革保持正确的方向，不被自娱自乐、自说自话所误导。

"最多跑一次"审批，意味着加大电子政务、"云上政府"的建设力度，构建网上网下融合的政务服务体系，争取"条条"沟通，打破部门壁垒，落实跨系统数据对接，最大限度地实现公共数据共享开放，推动信息系统全面整合，充分做到能够网上申请、受理、办结、回复，真正实现一次不用跑。

"最多跑一次"审批，意味着"窗口后"改革的系统推进。这需要制度性地安排熟悉办事渠道和部门职责权限的代办员、专员"替跑"，一是为了减轻企业和百姓的负担，二是为了提高办事效率，更是为了深入系统推进"窗口后"的改革。"窗口后"的代办构成，是一个发现问题、解决问题的磨合过程，它必将涉及多个部门多个层级的权限与职责，这是倒逼职能必须明确、内部程序必须简化、审批行为必须标准化规范化。

"最多跑一次"是一场不忘初心、履行宗旨的行政教育。它时时刻刻提醒地方政府必须把人民放在最高位置，坚持人民主体地位，坚持党的群众路线，问政于民、问需于民、问计于民、问效于民，抓住老百姓最急最忧最怨的问题，真正做到改在民生的关键处，改到人民的心坎上。一定程度体现了地方政府自我革命、勇于担当的服务意识、法治意识、全局意识、协调意识。由"最多跑一次"出发，必将推进系统行政改革，通过变"盆景"变

"风景",以立"军令状"的形式,落实党中央的改革部署,完成中央的改革试点任务,发挥引领、示范和推动作用。

(三)"最多跑一次"的反思

"最多跑一次"不是完璧无瑕,还是有不少地方值得深思。

第一,可能将改革拖入歧途。从形式上看,这是一个数字上的改革,为人民服务的热心毋庸置疑,但是,行政审批毕竟有内在的规则与流程,如果以一当十,一叶障目,难免将改革落入简单化的窠臼。

第二,可能对行政流程本身构成挑战。不管旧流程有多么不合理、不合规,但是,毕竟不需要全盘否定,改革只是完善,只是将其中的不合理处合理化。现在,如果将"最多跑一次""不见面"推而广之,那么,改革将会使正常行政秩序搅乱。

第三,可能挑战行政职能应有的权威。现在,老百姓办理审批可以只到场一次,甚至可以不到场,有可能会产生这样的后果,一是申请者不知道窗口后台代劳过程中的协调、互动、奔波辛劳,二是即使知道后面的辛苦,也可能认为理所应当。实际上无意中抽取了政府在民众心中拥有的权威。

第四,可能挑战行政法治的核心。"最多跑一次"的初衷是便利民众、刻苦政府自己,这符合改革的基本精神。但是,依据是什么?合理性在哪里?跑二次算不是不符合改革本质?是不是透露出主观性的随意?创新倒底应该怎样处理好与规范性的关系?这些问题都值得深思。这是改革中瑕疵与疏漏,如果蔓延或者泛滥,无疑将成为冲击改革的阻力,搅乱改革的进程与方向,应该引起重视。

结束语　提升地方政府服务能力的五重逻辑

地方政府服务能力关系到国家政权的稳定与人民的福祉，如何有效提升地方政府服务能力，与政府系统内部的纵横结构理性化逻辑具有内在的相关性，与市场经济发展的逻辑具有本质的相应性，更与社会法治建设、社会组织发育与公民意识生成逻辑具有直接的协同性。随着政府体制改革、市场经济机制推进以及法治进步，地方政府服务能力将在自身理念提升理智逻辑、与政府、市场和社会的理性逻辑与协同逻辑中日趋完善，并与整体改革进程同步、同向。

一　公务人员服务理念根植的理智逻辑

地方政府提升服务质量的首要条件，是将服务理念根植于政府人员的脑海。地方服务型政府服务是由具体人员实施的，他们的服务意识直接决定政府服务的真假与高低。因此，再造行政人员理念、提升公务人员道德水准，是建设服务型政府的首要条件。

第一，破除官本位意识，取消"官"的称谓。官本位意识同政府相伴相生、历史悠久，官本位意识主要表现为：唯官为大、唯上是从、唯权噬命。而且，官本位意识已经不再是官场特有，已经成为一种社会意识。古语云："书中自有黄金屋，书中自有颜如玉，书中自有千钟粟"，万般皆下品，唯有读书高。这其实不是在劝学，而是在传递着一个强烈的信号：只有读书才能入仕、只有读书才能出人头地，做了官就可以管人。一言以蔽之，官本位意识就是官等同于管，管人者岂能服务他人，只能人家伺候他。

要根除官本位意识，唯有釜底抽薪，具体在以下四个方面做出努力：（1）取消官的称谓。"官"是相对于"民"而存在的，其角色本应是"人民公仆"。多少年来，一些地方官员将"父母官"视为为民负责、为民做主的代名词，殊不知这是一个长期被沿用的、带有明显封建色彩的伪命题，是将公共领域的管理人员异化为血缘关系的长辈。2014年1月19日，中国前外交部长李肇星在一个公开场合表示，"我特别反感一些人把县级以上的干部称作父母官。我走了世界 183 个国家深刻地感觉到，这个世界上最重要的人就是老百姓，老百姓才是我们所有人的衣食父母"；（2）从增强服务理念入手，来根除官本位意识。就是在体现人民愿望、满足人民需要、维护人民利益、尊重人民的主体地位中，逐步根除官本位意识；（3）从增强法治理念出发，在增长控制和约束自己手中公共权力的意识中，抛弃官本位意识；（4）从增强诚实信用理念出发，抛弃官本位意识，核心是确立正当性和合法性意识，从制度执行的严肃性、兑现承诺的准确性以及承担责任的及时性，提高洁身自好的意识。

第二，取消政府工作人员的特权。现在有一种怪现象，公务员常常抱怨工作高危、高压、工资低，然而，每次公务员招聘，"千军万马过独木桥"的现象仍然基本不变，何以如此？无非是身份与福利都含有特权。一些政府机构和部门，拿着"房补"继续搞福利分房、拿着"车补"继续使用公车、拿着"饭补"继续"白吃饭"，仅"变相福利分房"一项，就是工薪族几年甚至十几年的工资总和。再加上我国公务员几乎没有明确的退出机制，公务员的进退机制不改革，其特权就难消退。当前实行"阳光工资法案"，将公务员的岗位工资、职级工资、津贴标准、福利等公开透明，便于权力机构与公众进行有效监督，其中，消除特权，杜绝"隐形收入"和"灰色收入"，是公务员改革的实质性步骤。2012 年"八项规定"后，严治公务员的各种灰色收入，公务员的含金量大幅缩水。显然，剥离公务员手中特权，褪去公务员头上的权力光环，回归社会本色，有助于淡化公务员特权的氛围。习近平同志强调做官不要想发财，想发财就不要做官的理念，更是从为官从政的目的性高度，提出了根除特权的要求。

第三，推进政务公开制度。政务公开，就是将政府职能部门的重大决策、行政标准、办事结果、政策性文件向社会公开，能逐步改变政府拥有相关信息的垄断地位。奥罗姆（Anthony M. Orum）说："政治参与要求接收一般的和特殊的信息，那些获得这种信息的人，即在效应和心理上更多介入的人，就更有可能参与政治。反之，那些没有得到这种信息的人，则无动于衷，缺乏心理上的介入。因此，也就很少有可能参与政治生活。"[①] 服务型

---

① ［美］安东尼·奥罗姆：《政治社会学导论》，张华青等译，上海人民出版社 1989 年版，第 293 页。

政府主要职能是为社会、为民众服务，政务不公开就等于服务没有诚意。把政务的内容、程序、方法公开，既方便公民关注与自身紧密相关的公共事务，也可以及时了解重大公共决策的事前、事中、事后进展，这些都与服务品质与服务质量的提升密切相关。

第四，通过实现从管制到服务的体制改革来固化公务员的服务品德。这需要实现两个转变：(1) 从革命到建设的理念转变，把服务型政府建设纳入到遵循社会发展的规律上来。当下，科技发展突飞猛进，社会生活丰富繁杂，经济增长中正负因素交替，政府必须逐步摒弃习惯性的行政命令方法和动员性治理手段，摒弃革命的浪漫主义色彩，通过政府服务职能到位，向社会良治推进；(2) 从"唯政治"到"唯实际"的姿态转变。中国曾经的"唯政治"情结与经久不变的劳作方式和生产结构关系紧密相关，随着市场化快速推进，市场机制在社会资源配置中的决定性作用日渐明了，这就需要改变以政治衡量为权重、以政治手段为法宝的管理模式，克服政治与经济不分、权力逻辑与资本逻辑混同的窘态，这是时代所赋予的神圣使命。时代推动政府前行，政府改革推动公务员的服务品格提升，并在服务绩效管理与对政府人员服务工作的考核中，增强政府各职能部门为民服务的自觉性和能动性。

二 政府系统纵横结构的理性逻辑

地方政府与中央政府之间，由纵向权力线和横向关系线组成网络结构。纵向结构基于权力服从关系，横向结构基于行政协同关系，其中，纵向结构的核心是执行中央顶层决策，依仗的是地方政府的理解力、判断力、执行力、纠错力和创新力等能力要素。所谓地方政府的理解力就是吃透上情的能力。由于所处地域的局部性，明白顶层设计的宏观性与整体性是前提。地方政府的领导人都应该认真学习中央的路线方针政策与法律的条文规定，吃透法律的出发点及其精神实质，只有理解得准与深，才可能执行好。现实中，很多望文生义、断章取义、随意解释、任性发挥，往往导致以偏概全，甚至背离顶层设计，歪解中央精神，这样的理解力无法形成实际工作中的有所为、有所不为；所谓地方政府的判断力就是准确把握实情的能力，就是摸清群众实际情况，了解他们真实想法和需求的能力。要确保政策落实不走样、执行法律不变味，准确判断本地实际是根本。地方政府工作人员不能整天待在楼里、泡在会议里，不能只听汇报，不能"蜻蜓点水""到此一游"，而要勤下基层、常进社区、深入调研。这需要政府人员放下架子、扑下身子，与群众坐在一条板凳上，听乡音、唠家常、说真话、道实情。佛山市南海区成立的全国首个"社会政策观测站"，① 构建了一个连接政府和社会的桥梁，成为探寻社情民意的"雷达站"、感知社会冷暖的"温度计"，这种零距离触摸社会的经验值得推广；所谓地方政府的执行力就是有效协调中央决策统一性与地方执行灵活性的能力。中国幅员辽阔，中央决策的权威性是国家治理的根基，各地政府差异执行的灵活性是国家治理的源泉，这种因地制宜的灵活性和适应性，具体表现为地方政府结合本地实际情况有效摆正决策一统性和执行具体性的"变通"，或者以正式权力的非正式运作来有效完成上级任务的应对之策。② 这里的"变通"仅仅指"绕道走"，而非"更改目的地"。提升地方政府执行力一靠寻求执行手段的有效性，二靠注重方法的灵活性，三靠监督政策执行的公正性，四靠防范"变通"中非人格化的及时性；所谓地方政府的纠错力就是自我纠偏纠错的能力。人无完人，政府亦难免犯错。地方政府在自主灵活的同时，隐藏着偏离中央目标的可能性，中央一统性越强，执行灵活性的呼声越高，偏离的可能性就可能越大。有效预防、及时纠偏，需要建构决策民主化、决策责任终身化的制度。决策民主化侧重遵循协商式民主基本原则，充分听取政策客体的意见和建议，坚持利益相关者博弈基础上的真实参与，也包括充分依靠智囊团、思想库的智力支持。决策责任终身化追究制的核心是谁决策谁负责，并负责到底。防错纠偏还需要地方政府形成敢于认错的勇气与认错改进的能力，地方政府自我纠偏纠错不能老是在矫枉过正的"钟摆现象"模式中延伸，这需要政务公开，引进社会监督纠错机制，通过扩大公民有序政治参与，来倒逼地方政府纠错能力；所谓地方政府的创新力就是制度创新能力。党的十六大报告强调"创新是民族进步的灵魂，是国家兴旺发达的不竭动力，也是政党永葆生机的源泉"。我国采取"分级制试点"的渐进式改革模式，地方政府是重要的创新主体。创新力考验地方政府政治智慧、政策水平、治理能力。地方政府的创新力需要积累与提升，需要边干、边试、边总结，允许地方政府试对、试错，创新不是统一设计出来的，而是地方政府试出来的。"中国模式"的

---

① 《让政府零距离触摸社会》，《人民日报》2013 年 8 月 23 日。
② 孙立平、郭于华：《"软硬兼施"：正式权力非正式运作的过程分析》，参见《清华社会学评论》（特辑 2），鹭江出版社 2000 年版，第 21—47 页。

奥秘在地方，地方试验是中国成功的秘诀之一。地方政府创新的奥秘在于中央政府释放的空间与包容，也在于地方核心行动者的积极探索，他们是地方利益的代言人和推动地方经济社会发展的主导力量，他们在制度刚性与制度弹性之间的创新热情和改革魄力，几乎是解读地方政府创新的密码钥匙，①我国地方治理创新与地方核心行动者的作用不无关系。

当下，中国地方政府相当程度呈现着服务信息碎片化、功能碎片化、权威碎片化、治理碎片化现象，在社会治理难题频发的时段，越发凸显地方政府服务能力的重要。很多问题如交通、税收、犯罪和环境保护等综合性、跨域治理难题，根本无法由单个政府或单个部门完成。破除地方治理碎片化，协调地方政府关系，成为考验地方整体治理能力的当务之急，其横向关系理性化逻辑的核心是如何从分治走向合治，关键是提升由地方政府沟通力、合作力、协作力、竞争力构成的地方政府合作治理能力，并越来越成为时代的一种趋势。21世纪，"协作管理有补充甚至在一些情况下取代官僚过程的趋势"，② 协作是在横向多元主体组织互动中的促进与运行过程，以解决单个组织不能解决或者不易解决的问题。沟通力是指地方政府之间的有效信息共享，为解决难题而互相帮助，为解决难题而消除隔阂的能力。合作力与协作力不同，合作是为了某个目标而与他人共同工作，它不一定涉及为了这个目标而共同寻找解决问题的办法。协作需要与更多的组织"参与到有目的的官方伙伴关系合作契约安排中"，"协作管理内容非常丰富，小到简单的获取信息，大到旨在达成大型项目的谈判协定"，"包括制定政策、计划和实施项目，以及管理现金"。③ "跨政府的管理包括在一个复杂的规则、规定和标准的系统中协作以及对各种机会的利用"，上级政府"通过设定政策环境、提供重要的项目资源、调整制约地方行为的框架而使重要的地方行为得以运行。政府间的交往随着项目和规制的增加而不断扩展"，④ 这种协作导致超越原地方政府建构之上的决策机构应运而生。美国切萨皮克湾项目在横跨两大州、300多公里长的海湾治理中，马里兰州、弗吉尼亚州、宾夕法尼

---

① 沈荣华：《地方政府改革与深化行政管理体制改革研究》，经济科学出版社2013年版，第335页。
② ［美］罗伯特·阿格拉诺夫等：《协作性公共管理：地方政府新战略》，李玲玲等译，北京大学出版社2007年版，第2页。
③ 同上书，第4—5页。
④ 同上书，第27页。

亚州、哥伦比亚特区以及代表联邦政府的美国环保局与其他参与性咨询群体作为参与主体，协商成立切萨皮克执行会议作为切萨皮克湾项目的领导机构，切萨皮克湾委托委员会作为执行会议的下属常设机构便是很有说服力的实证案例。[1] 该项目通过有规则供给、组织机构建制与府际间财政补助，协调了海湾治理中各参与主体的管理权限与财政责任，从而建构了联邦与州之间的协调体制，履行了原政府机关之间无法完成的使命，为美国和世界其他海湾的整治提供了一个典范。相比我国昆明滇池治理，其成效之间的差异，关键在于对原政府机关之间权限梳理的体制重构与机制运行没有到位。

当下，我国地方服务型政府建设的核心使命是从破碎结构走向整体建构，主要着力建设整体性政府。什么是整体政府？波利特认为，整体政府是一种强调协调与协作的政府治理模式，它包括：政府之间的精诚合作；稀缺资源的合理调配；利益共同体的团结协作；无缝隙服务。[2] 在我国，要破解地方治理碎片化倾向，最好的路径是实现体制创新与机制跟进，由结构重组和外部协作来担当地方政府治理能力优化：第一，价值性与工具性。"治理是一种偏重于工具性的政治行为，也是一种价值性的政治理念"，[3] 地方政府治理能力属于国家价值和市场导向的工具性能力。地方政府治理能力越强，就越能满足人们的物质和精神需求；第二，能动性与他律性。地方政府治理能力是一个自变量，它有一定的自主发生、发展、衰变和转化转换的轨迹。但是，地方政府的自主性是有限度的，不能脱离市场规律，不能脱离生态环境，因此，又是因变量，具有他律性的特征；第三，秩序性与公共性。地方政府治理能力实质上就是维持秩序的能力，但又关系到社会全体成员的根本利益。政府只有为整个社会的公共利益，才能巩固秩序，地方政府的政策设计与具体行为，必须尽可能考虑多样性和差异性的偏好与需求，才能促进社会的协调进步和均衡发展；第四，管制性与服务性。在公共生活中，地方政府治理是对管制模式的超越，表现为规范高效的公共服务。现代化越发展，社会对政府执政方式和执政效果的要求也就越高，这也需要政府不断提

---

[1] 切萨皮克湾项目机构设置图来源于 U. S. EPS. Regional Center For Environmental Information：EPA Report Collection- "Who's Who" in the Chesapeake Bay Program。

[2] Christoppher Pollit. Join-up Government：a Survey, Political Studies Review, 2003 (1): 34-49.

[3] 唐天伟等：《地方政府治理现代化的内涵、特征及其测度指标体系》，《中国行政管理》2014 年第 10 期。

升透明、可预期的治理能力。

三 地方政府服务与市场经济发展的适应逻辑

市场经济是当下我国必须直面相迎的客观场景与时代要求，政府治理能力必然要在处理与市场的关系之中通过检验。十八届三中全会强调："经济体制改革是全面深化改革的重点，核心问题是处理好政府和市场的关系，使市场在资源配置中起决定性作用和更好发挥政府作用。"同时，全会还指出，"建设统一开放、竞争有序的市场体系，是使市场在资源配置中起决定性作用的基础"。从"基础性作用"到"决定性作用"，一词之差，凸显了党的认识新高。市场经济的"基础性作用"意味着政府仍然扮演重要角色，"决定性作用"则意味着政府仅仅是弥补市场失灵的角色，凡是市场能发挥作用的领域政府全身退出，不该管的微观经济活动坚决不管，该管的公共领域坚决管好。从今以后，在经济生活中实行市场主导下的政府有效性，而不是政府主导下的市场有限性，这是一个具有里程碑意义的转变，要真正实现这一目标，关键是规范政府的职能。

有人说，中国40年经济增长奇迹，就在于政府主导的高速增长体制。有人针对地方政府"公司化"，通过对县域正在发生的大规模城市化项目经营现象的考察，提出"行政—政治—公司"三位一体统合治理分析框架，肯定了地方政府的作用。[①] 实践中，地方政府扮演着资源配置者的角色，几轮改革基本没有实质性转变，没有将政府服务市场的政治动员式的甚至是运动式的策略转变过来，没有以法律的形式界定政府与市场的边界，没有用市场规则来思考政府的越位、缺位和错位。党的十八届四中全会突出强调依法治国以及市场决定性作用，两者叠加给转变政府职能提供了新的契机。第一，确立市场主体的法人地位，凸显主体人格的独立与主体意志的尊严，保障市场交易的自由与平等；第二，规制政府对市场干预的边界，推进资源性产品价格市场化改革，由市场最终决定，让环境成本落实到企业成本之中；第三，提供交易各方共同遵循的规则，确立了诚信价值，为资源流动注入润滑剂；第四，明确"法无规定即自由"的市场经济法则，在推行"负面清单"基础上，推动行政审批制度的深入改革；第五，消除市场壁垒，杜绝行业垄断，形成公平竞争格局，促成市场主体追求技术进步、产品创新的活

---

① 折晓叶：《县域政府治理模式的新变化》，《中国社会科学》2014年第1期。

力与动力;第六,推动地方政府由管制型向公共服务型的角色回归。过去围绕 GDP 做足了文章,成为地方政府广泛、深度干预市场的根源。地方政府 GDP 竞争性不变,市场经济就不会成熟,地方政府职能转变就不能到位,政府在市场中真正的角色就不能发挥作用。

考察地方政府在市场经济发展中的服务能力,除了准确解读政府与市场的界限,还必须明确地方政府与市场经济发展的适应性逻辑。以往分析政府与市场关系,往往从政府系统内部的角度切入,关注中央政府放权,关注地方政府扩权,总是将转变政府职能寄希望于政府的自我克制、自我完善。唯独没有分析政府服务如何适应市场发展,政府服务方式转变如何与市场运行推进的空间相应对、相匹配。笔者以为,在定位市场的决定性作用下的地方政府角色相配,需要从以下四个方面着手考虑:

第一,依法界定政府与市场的"边界效应"。政府和市场能不能有效运作,关键取决于政府服务边界的确定,重点是约束政府停不下来的手。政府与市场的边界关键取决于政府的角色定位,政府角色"越位"或"缺位"是市场秩序混乱的根源。[①] 市场经济本质上是法治经济,重构政府与市场的关系,"不是把市场与政府对峙起来,而是在二者之间保持恰到好处的平衡",[②] 让政府出定力、市场出活力,使政府和市场既明晰各自的职能和作用,在法治的基础上建构政府有效性与市场有效性的共生关系、分工互补关系,而不是政府与市场的对立与分离。

第二,依法明确市场的"加法效应"。市场在资源配置中的决定性作用就是要给市场做"加法",激活市场,使市场有为、有效。"加法效应"遵循的是法无禁止即自由的原则,这需要地方政府在宪法和法律允许的范围内,结合本地具体情况,通过负面清单,提高市场主体的主动性与能动性,真正做到"海阔凭鱼跃,天高任鸟飞"。

第三,依法明晰政府经济职能的"减法效应"。市场的"加法效应"必须有政府的"减法效应"跟进。政府该管的必须管好,政府不该管的必须放手,还权于市场。2013 年 3 月 17 日,李克强承诺在本届政府任期内,把现有 1700 多项行政审批事项削减三分之一以上。在《国务院关于取消和下

[①] 纪宝成:《转型经济条件下的市场秩序研究》,中国人民大学出版社 2003 年版,第 144 页。
[②] [美] 约瑟夫·斯蒂格利茨:《社会主义向何处去:经济体制转型的理论与证据》,周立群等译,吉林人民出版社 2011 年版,第 23 页。

放一批行政审批项目的决定》中对具体行政审批项目列出清单。2014年2月7日国务院批准《注册资本登记制度改革方案》，强调改革工商登记制度，推进工商注册制度便利化，放松市场主体准入管制，从而打通了羁绊企业的"最后一公里"切入口。

第四，依法规定政府公共服务的"加法效用"。政府放权不是一放了之，而是转而加强市场监管。波兰尼的"双向运动"理论揭示，在关注市场高效性的同时，不能忽视市场的不足，市场的正常运转需要政府的适度干预。① 在减少政府对微观经济活动直接干预后，有可能出现市场竞争的无序化和异化，因此，增加政府对市场的监管、增加安全有效的产权保护措施、增加公平竞争的市场环境保护制度，完全符合市场公平竞争秩序的规律。以往的政府服务市场模式，有青木昌彦提出的"市场增进型政府"，奥尔森提出的"市场强化型政府"，查默斯·约翰逊提出的"发展型政府"，都把政府作为推动经济发展的主体力量，并以经济增长来增进政治合法性。我国现阶段的主要任务是从政府主导发展逐渐转变为政府主导服务。

当然，界定政府与市场关系，不能理想化与简单化，也不是一味去政府化。地方政府退出市场需要一个过程，在地方政府退出资源配置主体角色的宏观定位过程中，还必须在策略上继续介入市场经济。中国国家治理能力现代化之路，就是一个顶层设计与泥泞前行相结合的过程。② 由于长期与市场相互嵌入，地方政府与市场难舍难分、你中有我、我中有你，一旦断然强行分离，即使不会"伤筋动骨"，也会"藕断丝连"，引发双方都无法承受之痛。目前，大张旗鼓的权力清单改革看似策略上一大发明，旨在控制和规范政府权力，但是，实际运行中并没有预期的那么深刻、真切和有价值。大多表现为权力之间的"合并同类项"，或者"东家挪到西家"的物理变化，从数量上看，地方政府审批权确实减少了，但是，核心权力几乎没有少，本质上没有发生"化学变化"，它没有触动基本权力结构，也没有法治化的规范和社会化的参与与监督。

显然，寄希望通过政府权力清单来达到地方政府服务市场关系清晰定位的想法是过于理想化了。就目前操作层面来讲，要建构地方政府与市场经济

---

① [英]卡尔·波兰尼：《大转型：我们时代的政治与经济起源》，冯钢、刘阳译，浙江人民出版社2007年版，第136页。

② 薛澜：《顶层设计与泥泞前行：中国国家治理现代化之路》，《公共管理学报》2014年第4期。

的适度关系，可先借助地方财政能力来提升地方政府治理能力，政府由替代市场转向保护市场，在此基础上，逐步弱化地方政府对经济的直接介入和不当干预，逐步由市场填补和替代原本政府伸手之处，方能避免地方的抵触或反弹。

四 地方政府服务与社会发展的协同逻辑

政府与社会之间如何互嵌共构？这个问题其实不言而喻。政府所有的行为都嵌入社会结构之中，社会活动也离不开政府的身影。一般来讲，社会协同治理水平首先来自政府服务社会的能力，其次是社会发育程度。如果政府治理能力强、社会治理能力弱或者两者治理能力都弱，政府将顺其自然地或者竭尽全力地采取管控手段面对社会，价值判断将主要是社会稳定与秩序。如果政府治理能力强、社会治理能力也强，那么，将出现双方平等地位、对等对话，从而构成多元主体协作框架，形成协同治理的局面。

面对社会，地方政府服务能力提升的内涵是什么？

地方政府服务社会能力的提升集中体现在"反应性理政"向综合治理的转变。长期以来，西方学界的"中国模式"论，强调了地方政府强劲治理能力是中国发展奇迹的密码。国内有学者认为，中国治理尚无模式可言，只是一种"反应性理政"，只是根据社会变迁做出适时性反应和调整，核心是及时灵活调整政府与社会的关系。如果从社会发展的需求性逻辑出发，面对社会，我国的"反应性理政"模式必须完成向综合治理模式的转变，具体表现在四个方面：第一，转变服务理念。在以往的思维中，社会是被治理的客体，社会服从政府管制，政府管理与控制社会。在治理视角下，社会是能动的，社会主体自身也是社会管理主体，政府与社会主体共同治理社会，社会既能自我服务，也能参与社会治理，政府的角色是为社会主体提供制度引导和服务平台；第二，转变服务方式。服务社会无法由政府单一主体完成，需要政府与社会的功能互补、能力互强。如果将政府比作计算机，其治理能力就是计算机的性能，性能高低由 CPU 和其他软硬件共同决定。"CPU"是政府治理能力的核心部件，需要社会"软件"与"硬件"的匹配和兼容，否则，计算机就运转不起来；第三，转变服务路径。地方政府治理能力的提升必须"软""硬"相结合，硬实力是支配力、控制力，软实力是影响力、感染力。硬实力将呈现政府能力由强到弱的趋势，软实力将体现政府权力由弱到强的转变。硬实力往往有现实之"软","软实力常常比硬实力更有效"。① 政府公信力是地方政府软实力的核心，地方特色文化走向品牌是地方政府软实力走向完善的捷径。重塑地方政府公信力，必须依靠体制改革到位和政府职能转变到位；第四，转变服务方向。地方政府治理能力提升的前提是社会自治，社会自治力增强有利于政府自我约束强化与政府对社会控制弱化，这就是政府从单纯"治他"转向"自治"与"治他"相结合。地方政府社会治理完善的趋势，是政府与社会主体平等相处、互为补充，政府在管好、管住自己的同时，保护社会主体，规范社会发展，防范社会任意，引导社会方向，真正实现责任政府的转身。

面对政府，社会主体治理能力提升的内涵是什么？

地方政府治理能力的提升不能忽视社会主体性与自治性的回归。政府治理的最终目标是国家回归社会，社会自我组织起来，社会主体参与整合政治、经济和社会资源，保护社会组织，争取公民权利，未来社会治理必将越来越依赖社会主体的参与。面对政府，社会主体治理能力提升具体包括三方面内容：第一，法治社会建设；第二，社会组织发育，第三，公民意识生成。

所谓"法治社会"就是能够享有法治权利、履行法治义务、承担法治使命、认同法治权威、实现法治目标、配合法治推进、内化法治价值的社会。在法治社会中，公民一方面从法治中自然获得合法权益、正常保障合法权益、有足够的平台与途径与侵害自己合法权益现象做斗争；另一方面在法治推进中明白自身的法治角色，增强遵法自觉，提升守法责任，恪守法律底线、维护法律权威、促进法律完善。从上述概念界定可知，法治社会与法治公民都是法治资源的权利人与法治责任的义务人，他们具有参与公共事务、监督政府权力的资格，他们在与政府对立、对峙、对话中，坚守人民主体地位，改善民生、保护民利、维护民权、反映民愿、表达民意，热忱参与社会治理。

所谓社会组织发育就是按照社会组织自身发展规律，通过提高社会的凝聚力，将原来分散冷漠的个体组织起来，通过打破"政强社弱"的逻辑，使原来孱弱的社会组织壮大起来，通过社会组织的发展，使社会秩序真正从根本上稳定下来。长期以来，我国对社会组织采取的是政府单向培育的模

---

① [美]约瑟夫·奈：《权力大未来》，王吉美译，中信出版社2012年版，第119页。

式，实践证明这种模式成效低微、事与愿违。社会组织既不能完全靠政府培育，也不能在脱离规则下自由发展，我国社会组织发展必须走发育与培育相结合的道路。社会组织成熟关键是自身素质的成熟，衡量一个社会组织自身素质是否成熟，主要有六个方面的标准：一是责任性，就是把社会公益事业责任内化，确保其出发点的公益性；二是自律性，即有约束自身行为、履行公共服务的自觉性，包括组织结构制度化、规章制度健全以及人员选用标准等；三是专业性，具备专业知识的专业人员，并具有专业管理经验；四是透明性，具备接受社会监督的心理准备，具有接受社会监督的制度安排，并提供社会监督的制度便利与操作平台；五是市场性，社会组织要有自力更生的能力和动力，通过市场机制展示自己活力，运用市场化思维做好社会事业，适度获取经费来源却不以营利为目的；六是适应性，不搞行政化，更不搞集权化，使自己始终具备积极的应变能力、快速的反应能力、灵活的应对能力，适应和融入社会环境，不断提高自身基本素质和服务能力。

所谓公民意识生成一方面是指政府权力来源于公民私权利的普遍理念。西方早期的社会契约论假设了公民与国家关系对峙格局的新型模式，近代西方启蒙思想家们正是以社会契约论为基础构筑了现代社会制度。公民意识就是指限制政府权力、保障公民权利的现代文明的永恒价值诉求。这样的价值导向必然保证公民尊重法律成为由内而外、心甘情愿的习惯。简单地讲，公民意识塑造了公民人格，公民人格源自从身份到契约的转变，契约奠定了公民主体性地位，必然顺理成章地在保障权利、制约权力的制度中推进公民自觉；公民意识的另一方面内容是指公民对法律的责任。公民守法既需要从内在说服力内生为公民的守法自觉，也必然从外在强制力约束自身行为，借助"一种表面上驾于社会之上的力量"。[1]产生被普遍遵守的强制力。在我国法治推进的当下，法律权威的奠定需要不断推进管理体制改革，严肃执法机制，强化监督机制、完善诉求机制、推进奖惩机制，从而使公民守法与法律约束力相呼应。总之，公民意识是法治的心理根基，它将法律精神和守法意识内化成公民的心智理念，成为人们日常行为和公共生活中的自我要求。当公民都成为法治的崇尚者、遵守者与捍卫者，无疑都会成为政府治理最强劲支持者，地方政府治理能力就是在公民意识生成下得以正常发挥的。

地方政府服务能力在法治社会建设、社会组织发育、公民意识生成中提

---

[1]《马克思恩格斯选集》第4卷，人民出版社1972年版，第166页。

升，地方政府的服务为社会组织营造新环境，促使社会组织在提升自治能力的同时，也提升了参与能力，"市民社会被国家建构，同时也建构了国家"，① 地方政府服务在政府与社会动态均衡发展中协调发展。当下，我国地方政府在还权于基层自治组织、向基层购买服务中探索政府与社会治理新框架，尝试着走向治理3.0版本新探索。

五　党对地方服务型政府的领导逻辑

在我国，地方党组织领导，直接关系到地方服务型政府建设的方向，关系到地方政府服务社会的姿态与能力。问题相伴存在。在现实生活中，不少地方党组织现状堪忧，有的经不起利益的诱惑，有的贪污腐化，有的权力滥用，这就是说，特别需要完善地方党组织建设，才能完善党对地方服务型政府的全面领导。

（一）完善地方党政关系的主要渠道

改善地方党政关系，实质上就是地方党政关系法治化，就是确立地方党委在地方服务型政府建设中，地方政权之间政治关系的科学化、规范化与透明化，并不受领导人的改变而改变。地方党政关系法治化主要指法治意义上的党政关系，具体包含以下五个方面：

第一，地方党组织与地方政府的角色定位明晰化。这需要明确各自的属性、任务与工作侧重点。地方党组织是地方公共事务的领导核心，地方政府是地方公共事务的管理核心；地方党组织要保证地方事务不偏离人民的意志，地方政府要把准确代表人民意志的事务完成好；地方党组织主管宏观方向，地方政府主管具体执行；地方党组织更多关注人们的精神生活，地方政府主要关注人民的物质生活。各有侧重，各有区别，有交叉也有重合。交叉与重合之处就是关注人民追求的目标、弄清人民喜恶的对象、明白人民担忧的内涵、把握人民向往的未来。

第二，地方党组织为地方政府提供的原则逐步规范化。地方党组织的使命是将党和国家的总体原则演化为符合当地实际的具体原则，上升为地方政府工作人员的行为准则，并将行为准则细则化、规范化。具体表现在地方政府产生与运作的程序的合法化，并在保障地方政府了解和实现人民意愿与需

---

① ［美］斯梅尔瑟、［瑞典］斯威德伯格：《经济社会学手册》，罗教讲、张永宏译，华夏出版社2009年版，第568页。

要的基础上,演化为详细的规范性条文,进一步落实地方政府的行动计划。

第三,地方党组织监督地方政府决策逐步制度化。决策必须有严格的程序与流程,主体不能混淆、步骤不能缺少、顺序不能颠倒。地方党组织为地方政府决策提供法治监督不能因人而异、因事而异、因时而异,不能随心所欲、急功近利、投机取巧,应该将社会主体对地方政府决策全过程的监督具体化与制度化,及时发现问题,及时提出指导性建议。

第四,地方党组织向地方政府推荐干部流程公开化。地方党组织通过规范化程序培养、教育、考察干部,并负责向地方政府输送人才,要排斥任人唯亲、长官意志、个人专断、暗箱操作,推荐的条件与标准是关键。地方党组织坚持党的用人标准,其中政治素质包括政治立场、政治态度、政策水平,并明晰三者权重:政治立场的权重为3,政治态度的权重为3,政策水平的权重为4;业务条件包括专业学力、专业能力、专业潜质与动手能力、操作水平,并明晰四者权重:专业学力的权重为2,专业能力的权重为3,专业潜质的权重为2,动手能力的权重为3;身体状况包括心理健康状况、身体健康指数、吃苦耐劳能力与素质。心理健康状况的权重为3,身体健康指数的权重为3,吃苦耐劳能力与素质的权重为4;年龄界线不是以生理年龄为唯一标准,主要看心理年龄与健康状况。

服务型地方政府建设中,地方党组织主要对地方政府服务有因、服务有据、服务有果、服务有序、服务有度的把关。服务有因强调地方党组织承载公仆的使命感,坚持把服务群众放在首位,急群众之急、想群众之想;服务有据明确地方党组织的章程规范服务的制度化,从而凝聚党心;服务有果强调地方党组织服务群众的有效性,做到言必信、行必果,以实际行动召回民心;服务有序是指地方党组织继承党的优良传统,不断适应社会需要、顺应社会规律,与时俱进;服务有度是指地方党组织服务群众的有限性,以便让群众明晰服务内容,预知服务顺序,不致失望与奢望。

(二) 完善我国地方党组织监督的基本结构

"地方党组织监督"主要移植于"行政监督","行政监督"在行政法学界已经俗成地界定为国家权力机关、国家司法机关、国家监察机关、政党、专门行政监督机关及国家系统外部的个人、组织,依法对行政机关及其工作人员行使行政职权行为和遵纪守法行为的监督。地方党组织监督具有十分重要的现实意义,具体表现为以下三个方面:

第一,地方党组织监督可以有助于地方党组织决策科学化。地方党组织是地方区域中的领导机构，担负着地方经济、文化、社会事务发展的重大职责，是地方发展的核心领导。核心领导在决策过程中的任何一个微小失误，都可能给事业带来极大的损失，因此，决策失误也是一种腐败。决策并不是人人都会，这就需要不断提升地方党组织决策的科学化程度，其中，加强对地方党组织决策行为的监督，可以减少决策失误。

第二，地方党组织监督可以有助于提升党组织的执政效率。党中央提出了要实现"又好又快"的发展战略，全国看地方，地方发展决定全国成就，地方发展取决于地方党组织的精神面貌。如果地方党组织官僚主义作风严重，必然影响党的执政效率。要克服官僚主义，单靠地方党组织自身努力无济于事，必须构建完善的地方党组织监督体系，借用外力来催使官僚主义的瓦解。

第三，地方党组织监督可以有助于促进地方党组织的廉洁。中国共产党是广大人民根本利益的忠实代表，是全心全意为人民服务的组织，廉洁是对各级党组织的最起码要求。但是，廉洁不会自然而成，必须通过对权力的制约，形成对权力的直接监督，方能确保地方党组织廉洁。

地方党组织监督的内容与形式，是相互依赖、相互制约的关系。一方面，内容制约形式，形式以内容为基础；另一方面，形式也制约内容，表现为形式结构对内容要素的组合、性质和变化起着重要的决定性作用。地方党组织监督结构主要由四个方面的内容组成，即对地方党组织"一把手"的监督、对地方党组织常委会的监督、对地方党组织各组成部门的监督、对地方党组织下属工作委员会的监督。地方党组织监督结构包括方向性监督与政策性监督、内部监督与外部监督、层级监督与动态结构、事前监督、事中监督与事后监督。方向性监督依据党和国家的大政方针，检查地方党组织是否符合党章、党纪和法律法规；政策性监督的主要内容是将大政方针落地的具体规定；内部监督主要由地方党组织纪律检查部门对党的日常工作的监督；外部监督包括国家权力机关、地方政府、地方民主党派、新闻媒体监督和人民群众对地方党组织的监督；层级结构由省—市—县—乡镇等层级监督组成，地方党组织监督层级越多，其监督范围越小；动态监督就是指决策、执行、反馈等阶段的监督过程；事前监督主要是采用预测方法，预测地方党组织活动的前景，选择地方党组织活动的最优方案；事中监督是在地方党组织活动中，依据监督标准，采用专门方法，对发生的地方党组织活动进行控制，以保证地方党组织活动顺利进行；事后地方党组织监督主要是检查地方党组织活动的完成情况,以便总结经验教训,挖掘内部潜力。

总的来说,地方党组织监督结构应该具有稳定性、有序性、层次性与开放性。稳定性主要表现在一定时期内,党的大政方略和制度相对稳定,党中央对于监督的要求不会发生显著改变,从而使得地方党组织监督结构基本不会发生显著变化。由于我们党是一个有着八千多万名党员的大党,党组织覆盖全国各地,不同地区党组织监督的具体方式上不应该千篇一律;有序性是指在基本法律的作用下呈现出合理的布局,有效预测和科学安排地方党组织监督的良好秩序;层次性主要来源于省(自治区、直辖市)、市、县、乡(镇)四级结构,表现为各级地方党组织职能范围与职能方式的差异性,从而保证各级地方党组织监督的准确性与深刻性;开放性是指党外各种监督主体与监督力量相互联系、相互配合、相互协同的一种监督状态,也指地方党组织虚心接受各界监督的一种心态与制度安排。

(三) 健全我国地方党组织的自身建设

在现实实践中,我国地方党组织领导的有效性还显不足,主要表现为地方人大对地方党组织监督比较"软弱"、民主党派对地方党组织监督比较"松散"、新闻媒体对地方党组织监督比较"凌乱"、人民群众对地方党组织监督比较"脆弱"。

从逻辑上讲,地方党组织自身建设应该包含法治精神、法治要件及法治运作三大要素。完善地方党组织自身建设要求将法治精神作为其首要元素与动力元素,要求地方党组织不仅要遵循法制,更需要用法治精神来约束自己,用法治精神指导一切制度建构,并贯穿于地方党组织自身建设之中;法治要件就要将党章党纪与国家司法体系形成无缝隙衔接,实现党员守法身份、党员权利救济(申诉)与社会公共检举机制的效力整合;法治运作需要有社会全体民众(包括党员)对法治的拥护和认同为前提,当民众将遵纪守法积累成为个人习惯时,法治运作必将高效顺畅,地方党组织自身建设与高效法治运作相辅相成、高度耦合。显然,法治是完善地方党组织自身建设的关键性钥匙。

健全了地方党组织领导,主要通过发挥党组织自觉性和人民群众能动性,来完善地方党组织领导的有效性。笔者以为,党内监督必须直接纳入法治框架之中,具体讲就是将地方党组织的决策、领导、协调、审理、制裁和激励等方面的权力纳入党员干部的个体监督、党员代表的集中监督、党委组织的集体监督之中,并以个体监督推动集中监督、以集中监督推动集体监督，方能逐步实现党的建设法治化。这里，第一需要构建以司法系统为核心的政党监督体系，第二需要构建以党内民主为导向的党代会监督机制，第三需要构建"倒置漏斗型"的党代会交叉监督机制。为了确保个体监督、集中监督、集体监督的有效构建与协调，中央高层制定统一的制度体系是根本要件。地方党组织的领导只有获得中央高层的支持，才能在巨大权威的关注中推进。"试验不若规划"，从上而下的整体性规划要比应急性、投机性的试验更能取得"步步为营"的渐进性效果。当地方党组织从自以为是、自娱自乐的逻辑中走出来，步入上下互动、内外互联的制度建设中，地方党组织的领导权威方能真正构建起来。

地方服务型政府的法治化完善，是一个系统概念，其中，必须在中央向地方合理下放权力进程中，保证地方政府找准自己的定位。地方政府服务能力不能脱离市场经济规律的本质要求，也不能脱离社会组织的成熟、承接与参与。地方政府服务能力将在自身体系、与市场和社会的互动逻辑中日趋完善，并在党组织的监督下日趋自觉。

上述五大逻辑，归根结底要遵守规矩。习近平同志说，"人不以规矩则废，党不以规矩则乱"[1]，同样道理，地方服务型政府建设不坚守规矩则一切都会变味。遵守规矩就是遵守政治纪律与政治规矩，习近平同志强调重点要做到五个方面，一是必须维护党中央权威，二是必须维护党的团结，三是必须遵循组织程序，四是必须服从组织决定，五是必须管好亲属和身边的工作人员。[2] 在这同时，习近平同志强调要把党风廉政建设与反腐败斗争取得新成效，具体做到：第一，尊崇党章，严格执行准则与条例，勿以善小而不为，勿以恶小而为之；第二，坚持把党的作风建设抓到底；第三，坚决遏制腐败现象滋生蔓延势头；第四，推动全面从严治党向基层延伸；第五，标本兼治，净化政治生态。这是地方服务型政府建构路径中的核心、灵魂与方向。

---

[1] 《习近平谈治国理政》第二卷，外文出版社 2017 年版，第 154 页。
[2] 同上书，第 154—155 页。

参考文献

一 中文文献

《马克思恩格斯全集》，人民出版社1995年版。
《马克思恩格斯选集》第1—4卷，人民出版社1995年版。
《列宁选集》第1—4卷，人民出版社1995年版。
《毛泽东选集》第1—4卷，人民出版社1991年版。
《邓小平文选》第1—3卷，人民出版社1994年版。
《人民政协重要文献选编》，中央文献出版社2009年版。
《中国共产党第十八次全国代表大会文件汇编》，人民出版社2012年版。

[澳]欧文·E.休斯：《公共管理导论》，彭和平等译，中国人民大学出版社2001年版。

[德]哈贝马斯：《合法化危机》，曹卫东等译，上海人民出版社2000年版。

[德]柯武刚、史漫飞：《制度经济学——社会秩序与公共政策》，韩朝华译，商务印书馆2003年版。

[德]魏伯乐、[美]奥兰·杨、[瑞士]马塞厄斯·芬格：《私有化的局限》，王小卫、周缨译，上海三联书店、上海人民出版社2006年版。

[法]狄骥：《公法的变迁——法律与国家》，郑戈译，辽海出版社1999年版。

[法]卢梭：《社会契约论》，何兆武译，商务印书馆2003年版。

[法]路易·博路尔：《政治的罪恶》，蒋庆等译，译林出版社2014年版。

[法]孟德斯鸠：《论法的精神》，张雁深译，商务印书馆1997年版。

[法]米歇尔·福柯：《规训与惩罚》，刘北成等译，生活·读书·新知

三联书店 2007 年版。

［法］米歇尔·克罗齐埃：《科层现象》，刘汉全译，上海人民出版社 2002 年版。

［法］米歇尔·克罗齐耶：《法令不能改变社会》，张月译，格致出版社、上海人民出版社 2008 年版。

［法］皮埃尔·卡蓝默：《破碎的民主——试论治理的革命》，高凌瀚译，生活·读书·新知三联书店 2005 年版。

［法］让·皮埃尔·戈丹：《何为治理》，钟震宇译，社会科学文献出版社 2010 年版。

［古希腊］亚里士多德：《政治学》，颜一、秦典华译，中国人民大学出版社 2003 年版。

［韩］金正吉、金荣坪：《地球村时代的韩国》，汉城 NANAM 出版社 1998 年版。

［韩］李大英：《行政公共服务改革》，地方行政研究所 1992 年版。

［加拿大］查尔斯·泰勒：《承认的政治》，汪晖译，生活·读书·新知三联书店 1998 年版。

［美］E. S. 萨瓦斯：《民营化与公私部门的伙伴关系》，周志忍译，中国人民大学出版社 2002 年版。

［美］R. 科斯、A. 阿尔钦、D. 诺斯等：《财产权利与制度变迁》，刘守英等译，上海三联书店、上海人民出版社 1994 年版

［美］阿瑟·刘易斯：《经济增长理论》，周师铭等译，商务印书馆 1983 年版。

［美］埃莉诺·奥利特洛姆等：《制度激励与可持续发展》，陈幽泓等译，上海三联书店 2000 年版。

［美］巴林顿·摩尔：《民主与专制的社会起源》，拓夫译，华夏出版社 1987 年版。

［美］保罗·C. 莱特：《持续创新：打造自发创新的政府和非营利组织》，张秀琴译，中国人民大学出版社 2004 年版。

［美］伯尔曼：《法律与宗教》，梁治平译，中国政法大学出版社 2003 年版。

［美］博登海默：《法理学：法律哲学与法律方法》，邓正来译，中国政法大学出版社 1999 年版。

[美] 布雷恩·Z. 塔玛纳哈：《论法治——历史、政治和理论》，李桂林译，武汉大学出版社 2010 年版。
　　[美] 布鲁斯·宾伯：《信息与美国民主：技术在政治权力演化中的作用》，刘钢等译，中国人民大学出版社 2004 年版。
　　[美] 查尔斯·沃尔夫：《市场或政府：权衡两种不完善的选择》，谢旭译，中国发展出版社 1994 年版。
　　[美] 查尔斯·林德布洛姆：《政治与市场：世界的政治—经济制度》，王逸舟译，上海三联书店、上海人民出版社 1996 年版。
　　[美] 戴维·奥斯本、特德·盖布勒：《改革政府》，周敦仁等译，上海译文出版社 1996 年版。
　　[美] 戴维·伊斯顿：《政治生活的系统分析》，王浦劬等译，华夏出版社 1989 年版。
　　[美] 戴维·奥斯本：《摒弃官僚制：政府再造的五项战略》，谭功荣、刘霞译，中国人民大学出版社 2002 年版。
　　[美] 戴维·罗森布鲁姆、罗伯特·克拉夫丘克：《公共行政学：管理、政治和法律的途径》，张成福译，中国人民大学出版社 2002 年版。
　　[美] 道格拉斯·诺斯：《经济史中的结构与变迁》，陈郁、罗华平译，上海三联书店、上海人民出版社 1994 年版。
　　[美] 道格拉斯·诺斯：《制度、制度变迁与经济绩效》，杭行译，上海人民出版社 2008 年版。
　　[美] 杜赞奇：《从民族国家拯救历史——民族主义话语与中国现代史研究》，王宪明等译，江苏人民出版社 2009 年版。
　　[美] 杜赞奇：《文化、权力与国家：1900—1942 年的华北农村》，王福明译，江苏人民出版社 2004 年版。
　　[美] 菲利普·库珀：《合同制治理——公共管理者面临的挑战与机遇》，竺乾威、卢毅、陈卓霞译，复旦大学出版社 2007 年版。
　　[美] 费勒尔·海迪：《比较公共行政》，刘俊生译，中国人民大学出版社 2006 年版。
　　[美] 费正清：《剑桥中华民国史：1912—1949》，杨品泉、刘敬坤译，中国社会科学出版社 1998 年版。
　　[美] 费正清：《伟大的中国革命》，刘尊棋译，世界知识出版社 2000 年版。

［美］弗兰克·古德诺：《政治与行政》，王元等译，华夏出版社 1987 年版。

［美］弗雷德里克森：《公共行政的精神》，张成福等译，中国人民大学出版社 2003 年版。

［美］盖伊·彼得斯：《政治科学中的制度理论："新制度主义"》，王向民、段红伟译，上海世纪出版集团 2011 年版。

［美］盖伊·彼得斯：《官僚政治》，聂露等译，中国人民大学出版社 2006 年版。

［美］盖伊·彼得斯：《政府未来的治理模式》，吴爱明、夏宏图译，中国人民大学出版社 2001 年版。

［美］格林斯坦·波尔斯比：《政治学手册精选》，储复耘译，商务印书馆 1996 年版。

［美］格罗弗·斯塔林：《公共部门管理》，陈宪等译，上海译文出版社 2003 年版。

［美］哈罗德·D. 拉斯韦尔：《政治学：谁得到什么、何时和如何得到？》，杨昌裕译，商务印书馆 1992 年版。

［美］加布里埃尔·A. 阿尔蒙德等：《比较政治学——体系、过程和政策》，曹霈林等译，东方出版社 2007 年版。

［美］简·芳汀：《构建虚拟政府：信息技术与制度创新》，邵国松译，中国人民大学出版社 2004 年版。

［美］孔飞力：《中国现代国家的起源》，陈兼、陈之宏译，生活·读书·新知三联书店 2013 年版。

［美］莱斯特·M. 萨拉蒙：《公共服务中的伙伴——现代福利国家中政府与非营利组织的关系》，田凯译，商务印书馆 2008 年版。

［美］李侃如：《治理中国：从革命到改革》，胡国成、赵梅译，中国社会科学出版社 2010 年版。

［美］罗伯特·阿格拉诺夫、麦圭尔：《协作性公共管理：地方政府新战略》，李玲玲、鄞益奋译，北京大学出版社 2007 年版。

［美］罗伯特·达尔：《论民主》，李伯光、林猛译，商务印书馆 1999 年版。

［美］罗纳德·奥克森：《治理地方公共经济》，万鹏飞译，北京大学出版社 2005 年版。

［美］罗斯科·庞德：《通过法治的社会控制》，沈宗灵译，商务印书馆 2010 年版。

［美］罗兹曼：《中国的现代化》，"比较现代化"课题组译，江苏人民出版社 1998 年版。

［美］迈克尔·罗斯金：《政治科学》，林震等译，中国人民大学出版社 2009 年版。

［美］迈克尔·D. 麦金尼斯：《多中心治道与发展》，王文章译，上海三联书店 2000 年版。

［美］麦克法夸尔、费正清：《剑桥中华人民共和国史（1949—1965 年）》，谢亮生等译，中国社会科学出版社 1990 年版。

［美］曼纽尔·卡斯特：《认同的力量》，曹荣湘译，社会科学文献出版社 2006 年版。

［美］曼瑟·奥尔森：《国家兴衰探源》，吕应中等译，商务印书馆 1993 年版。

［美］曼瑟·奥尔森：《集体行动的逻辑》，陈郁、郭宇峰、李崇新译，上海人民出版社 2005 年版。

［美］尼古拉斯·亨利：《公共行政与公共事务》，张昕等译，中国人民大学出版社 2002 年版。

［美］乔治·萨拜因：《政治学说史》，邓正来译，商务印书馆 1986 年版。

［美］塞缪尔·亨廷顿：《变化社会中的政治秩序》，王冠华等译，上海世纪出版集团 2008 年版。

［美］斯蒂芬·戈德史密斯：《网络化治理——公共部门的新形态》，孙迎春译，北京大学出版社 2008 年版。

［美］斯考切波：《国家与社会革命》，何俊志、王学东译，上海人民出版社 2007 年版。

［美］唐纳德·凯特尔：《权力共享：公共治理与私人市场》，孙迎春译，北京大学出版社 2009 年版。

［美］威廉·N. 邓恩：《公共政策分析导论》，谢明译，中国人民大学出版社 2002 年版。

［美］威廉姆·尼斯坎南：《官僚制与公共经济学》，王浦劬译，中国青年出版社 2004 年版。

［美］维托·坦茨：《政府与市场——变革中的政府职能》，王宇译，商务印书馆2014年版。

［美］文森特·奥斯特罗姆、D. 菲尼、H. 皮希特：《制度分析与发展的反思——问题与抉择》，王诚等译，商务印书馆1992年版。

［美］沃尔特·鲍威尔、保罗·迪马吉奥：《组织分析的新制度主义》，姚伟译，上海人民出版社2008年版。

［美］约瑟夫·奈：《权力大未来》，王吉美译，中信出版社2012年版。

［美］约瑟夫·施蒂格利茨：《社会主义向何处去：经济体制转型的理论与证据》，周立群、韩亮、于文波译，吉林人民出版社1998年版。

［美］约瑟夫·斯蒂格利茨：《不平等的代价》，张子源译，机械工业出版社2013年版。

［美］约瑟夫·斯蒂格利茨：《发展与发展政策》，中国金融出版社2009年版。

［美］詹姆斯·M. 布坎南：《自由市场和国家》，吴良健等译，北京经济学院出版社1988年版。

［美］詹姆斯·R. 汤森：《中国政治》，顾速等译，江苏人民出版社1996年版。

［美］珍妮特·登哈特、罗伯特·登哈特：《新公共服务：服务，而不是掌舵》，丁煌译，中国人民大学出版社2010年版。

［英］查兰·沃尔奇：《关键管理指标》，何瑛、汪玉梅、龙成凤译，经济管理出版社2005年版。

［英］达霖·格里姆赛、［澳］莫文·刘易斯：《公私合作伙伴关系：基础设施供给和项目融资的全球革命》，济邦咨询公司译，中国人民大学出版社2008年版。

［英］戴维·米勒、韦农·波格丹诺：《布莱克维尔政治学百科全书》，邓正来编译，中国政法大学出版社2002年版。

［英］哈耶克：《致命的自负》，冯克利等译，中国社会科学出版社2000年版。

［英］哈耶克：《自由秩序原理》，邓正来译，生活·读书·新知三联书店1997年版。

［英］卡尔·波兰尼：《大转型：我们时代的政治与经济起源》，冯刚、刘阳译，浙江人民出版社2007年版。

[英] 克里斯托弗·胡德：《国家的艺术》，彭勃等译，上海人民出版社 2004 年版。

[英] 罗纳德·哈里·科斯、王宁：《变革中国：市场经济的中国之路》，徐尧、李哲民译，中信出版社 2013 年版。

[英] 洛克：《政府论》，叶启芳、瞿菊农译，商务印书馆 1996 年版。

[英] 米切尔·黑尧：《现代国家的政策过程》，赵成根译，中国青年出版社 2004 年版。

[英] 亚当·斯密：《国民财富的性质和原因的研究》，郭大力、王亚南译，商务印书馆 1997 年版。

[英] 边沁：《政府片论》，沈叔平等译，商务印书馆 1995 年版。

薄一波：《若干重大决策与事件的回顾》，中共党史出版社 2008 年版。

蔡立辉：《电子政务应用中的信息资源共享机制研究》，人民出版社 2012 年版。

陈国权等：《责任政府：从权力本位到责任本位》，浙江大学出版社 2009 年版。

陈振明：《公共管理学》，中国人民大学出版社 2005 年版。

丁煌：《政策执行阻滞机制及其防治对策》，人民出版社 2002 年版。

费孝通：《乡土中国》，北京大学出版社 2012 年版。

冯兴元：《地方政府竞争：理论范式、分析框架与实证研究》，凤凰传媒出版集团 2010 年版。

何俊志等：《新制度主义政治学译文精选》，天津人民出版社 2007 年版。

何显明：《市场化进程中的地方政府行为逻辑》，人民出版社 2008 年版。

胡鞍钢：《中国集体领导体制》，中国人民大学出版社 2013 年版。

胡税根、黄天柱：《政府管理与公共服务标准化创新研究》，浙江大学出版社 2013 年版。

纪宝成：《转型经济条件下的市场秩序研究》，中国人民大学出版社 2003 年版。

金观涛、刘青峰：《兴盛与危机：论中国社会超稳定结构》，法律出版社 2011 年版。

金耀基：《中国的现代转向》，牛津大学出版社 2004 年版。

靳江好：《服务型政府建设》，社会科学文献出版社 2012 年版。

井敏：《构建服务型政府：理论与实践》，北京大学出版社 2006 年版。

蓝蔚青：《走向善治——政治学视角下的杭州模式》，浙江大学出版社 2015 年版。

李辉：《腐败、政绩与政企关系——虚假繁荣是如何被制造和破灭的》，复旦大学出版社 2011 年版。

李军鹏：《公共服务型政府》，北京大学出版社 2004 年版。

李军鹏：《责任政府与政府问责制》，人民出版社 2009 年版。

李泉：《治理思想的中国表达：政策、结构与话语演变》，中央编译出版社 2014 年版。

李韶鉴：《可持续发展与多元社会和谐：新加坡经验》，四川大学出版社 2007 年版。

林尚立：《当代中国政治形态研究》，天津人民出版社 2000 年版。

林尚立：《建构民主——中国的理论、战略与议程》，复旦大学出版社 2012 年版。

林毅夫：《新结构经济学》，北京大学出版社 2012 年版。

刘建军：《古代中国政治制度十六讲》，上海人民出版社 2009 年版。

吕元礼、陈家嘉：《新加坡研究（2013 卷）》，社会科学文献出版社 2014 年版。

吕元礼、刘歆、刘宇红、曾园俐：《问政李光耀：新加坡如何有效治理》，天津人民出版社 2015 年版。

马长山：《法治的社会基础》，中国社会科学出版社 2003 年版。

彭国甫：《地方政府公共事业管理绩效评价研究》，湖南人民出版社 2004 年版。

钱乘旦、陈意新：《走向现代国家之路》，四川人民出版社 1987 年版。

钱穆：《中国历代政治得失》，生活·读书·新知三联书店 2001 年版。

钱颖一：《现代经济学与中国经济改革》，中国人民大学出版社 2003 年版。

瞿同祖：《中国封建社会》，上海世纪出版集团 2005 年版。

荣敬本等：《从压力型体制向民主合作体制的转变》，中央编译出版社 1998 年版。

荣敬本等：《再论从压力型体制向民主合作体制的转变》，中央编译出版社 2001 年版。

桑助来:《中国政府绩效评估报告》,中共中央党校出版社 2009 年版。

沈荣华、钟伟军:《中国地方政府体制创新路径研究》,中国社会科学出版社 2009 年版。

沈荣华:《昆明样本:地方治理创新与思考》,清华大学出版社 2013 年版。

沈荣华:《现代法治政府论》,华夏出版社 2000 年版。

沈荣华等:《地方政府改革与深化行政管理体制改革研究》,经济科学出版社 2013 年版。

盛明科:《服务型政府绩效评估体系构建与制度安排研究》,湘潭大学出版社 2009 年版。

孙柏瑛:《当代地方治理:面向 21 世纪的挑战》,中国人民大学出版社 2004 年版。

唐世平、王凯:《历史中的战略行为:一个战略思维教程》,北京大学出版社 2015 年版。

汪伟全:《地方政府竞争秩序的治理》,世纪出版集团、上海人民出版社 2009 年版。

王沪宁:《比较政治分析》,上海人民出版社 1987 年版。

王焕祥:《中国地方政府创新与竞争的行为、制度及其演化研究》,光明日报出版社 2009 年版。

王丽莉:《服务型政府:从概念到制度设计》,知识产权出版社 2009 年版。

王浦劬、[美] 莱斯特·M. 萨拉蒙:《政府向社会组织购买公共服务研究》,北京大学出版社 2010 年版。

王绍光、胡鞍钢:《中国国家能力报告》,辽宁人民出版社 1993 年版。

王伟等:《法治:自由与秩序的平衡》,广东省出版集团 2012 年版。

王亚南:《中国官僚政治研究》,商务印书馆 2010 年版。

王永钦:《大转型:互联的关系型合约理论与中国奇迹》,格致出版社、上海三联书店、上海人民出版社 2009 年版。

王昭光、樊鹏:《中国式共识型决策:"开门"与"磨合"》,中国人民大学出版社 2013 年版。

王昭光:《中国·治道》,中国人民大学出版社 2014 年版。

魏娜等：《当代中国政府与行政》，中国人民大学出版社 2009 年版。

吴国光、郑永年：《论中央—地方关系》，香港牛津大学出版社 1994 年版。

吴敬琏：《当代中国经济改革教程》，上海远东出版社 2010 年版。

吴敬琏：《中国增长模式抉择》，上海远东出版社 2006 年版。

吴元华：《新加坡良治之道》，中国社会科学出版社 2014 年版。

萧功秦：《中国大转型》，新星出版社 2008 年版。

萧华强：《图解知识六法政府采购法》，新学林有限公司 2009 年版。

谢立中：《结构—制度分析，还是过程—事件分析？》，社会科学文献出版社 2010 年版。

谢庆奎等：《中国地方政府体制概论》，中国广播电视出版社 1998 年版。

徐湘林：《渐进政治改革中的政党、政府与社会》，中信出版社 2004 年版。

燕继荣：《服务型政府建设：政府再造七项战略》，中国人民大学出版社 2009 年版。

杨光斌：《中国政治发展战略选择》，中国人民大学出版社 2011 年版。

杨宏山：《府际关系论》，中国社会科学出版社 2005 年版。

姚洋：《作为制度创新过程的经济改革》，格致出版社、上海人民出版社 2008 年版。

俞可平、[美] 李侃如：《中国的政治发展——中美学者的视角》，社会科学文献出版社 2013 年版。

俞可平、托马斯·海贝勒、安晓波：《中共的治理与适应：比较的视野》，中央编译出版社 2015 年版。

喻中：《权力制约的中国语境》，法律出版社 2013 年版。

张静：《基层政权——乡村制度诸问题》，浙江人民出版社 2000 年版。

张军、周黎安：《为增长而竞争》，格致出版社、上海人民出版社 2008 年版。

张康之：《寻找公共行政的伦理视角》，中国人民大学出版社 2012 年版。

张千帆、[美] 葛维宏：《中央与地方关系的法治化》，凤凰出版集团、译林出版社 2009 年版。

张志红:《当代中国政府间纵向关系研究》,天津人民出版社 2005 年版。

赵树凯:《乡镇治理与政府制度化》,商务印书馆 2010 年版。

钟伟军:《利益冲突、沟通梗阻与地方协调机制建设》,中国社会科学出版社 2009 年版。

周冰:《过渡性制度安排与平滑转型》,社会科学文献出版社 2007 年版。

周飞舟、谭明智:《当代中国的中央地方关系》,中国社会科学出版社 2014 年版。

周国雄:《博弈:公共政策执行力与利益主体》,华东师范大学出版社 2008 年版。

周黎安:《转型中的地方政府:官员激励与治理》,格致出版社、上海人民出版社 2008 年版。

周亚越:《行政问责制研究》,中国检察出版社 2006 年版。

周振鹤:《中国地方行政史》,上海人民出版社 2005 年版。

朱光磊:《当代中国政府过程》,天津人民出版社 2006 年版。

朱光磊:《我国政府发展研究报告——服务型政府建设(第 2 辑)》,中国人民大学出版社 2010 年版。

竺乾威等:《公共行政学》,复旦大学出版社 2008 年版。

[德] 托马斯·海贝勒:《关于中国模式若干问题的研究》,《当代世界与社会主义》2005 年第 5 期。

[韩] 崔美慧:《梦想"无语言障碍"世界的韩国 IT 自愿服务——韩国的 BBB 运动》,《当代韩国》2007 年夏季号。

[美] 托尼·赛奇:《中国地方政府分析:盲人摸象》,《经济社会体制比较》2006 年第 4 期。

包国宪、刘红芹:《政府购买居家养老服务的绩效评价研究》,《广东社会科学》2012 年第 2 期。

薄贵利:《构建服务型政府绩效管理体制》,《中国行政管理》2012 年第 10 期。

薄贵利:《建立和推行地方政府绩效管理制度》,《国家行政学院学报》2009 年第 3 期。

参考文献

薄贵利:《准确理解和深刻认识服务型政府建设》,《行政论坛》2012年第1期。

卜勇力:《大部制改革对建设服务型政府的意义》,《人民论坛》2014年第17期。

陈国权、王柳:《基于和谐社会构建的政府绩效评估》,《公共管理学报》2005年第4期。

陈天祥:《政府绩效评估指标体系的构建方法——基于治理过程的考察》,《武汉大学学报》(哲学社会科学版)2008年第1期。

陈天祥:《中国地方政府制度创新的利弊分析》,《天津社会科学》2002年第2期。

陈雪莲、杨雪冬:《地方政府创新的驱动模式》,《公共管理学报》2009年第7期。

陈振明:《中国地方政府改革与治理的研究纲要》,《厦门大学学报》(哲学社会科学版)2007年第6期。

程倩:《行进中的服务行政理论——从2001年到2004年我国"服务行政"研究综述》,《中国行政管理》2005年第4期。

程文浩:《国家治理过程的"可视化"如何实现》,《人民论坛·学术前沿》2014年第5期。

程雁雷:《服务型政府的法治基础》,《上海政法学院学报(法治论丛)》2008年第6期。

楚迤斐:《内涵逻辑论域的服务型政府结构体系》,《郑州大学学报》(哲学社会科学版)2015年第3期。

楚迤斐:《政府职能的进化:逻辑与历史统一的维度》,《河南师范大学学报》(哲学社会科学版)2015年第1期。

崔晶、张梦中:《公共服务视角下的新加坡政府改革》,《中国行政管理》2011年第2期。

戴长征:《国家权威碎裂化:成因、影响及对策分析》,《中国行政管理》2004年第6期。

邓金霞:《地方政府购买公共服务"纵向一体化"倾向的逻辑——权力关系的视角》,《行政论坛》2012年第5期。

邓雪琳:《整体政府与我国行政服务中心建设研究——以广东省中山市为例》,《财经问题研究》2010年第8期。

丁社教:《中国地方政府制度创新研究综述》,《西南农业大学学报》(社会科学版) 2009 年第 2 期。

杜燕翔:《技术+管理:东莞构建图书馆公共服务体系的实施战略》,《图书情报工作》2009 年第 1 期。

杜赞奇:《从历史和比较的观点看中国改革》,《开放时代》2009 年第 8 期。

范逢春:《全球治理、国家治理与地方治理:三重视野的互动、耦合与前瞻》,《上海行政学院学报》2014 年第 4 期。

冯丽娟:《积极稳妥推进行政体制改革》,《山西财经大学学报》2015 年第 1 期。

付景涛 曾莉:《对主观型政府绩效评估结果的统计分析——以珠海市"万人评议政府"为个案》,《学术论坛》2010 年第 2 期。

傅思明:《服务型政府理念下的法治政府建设刍议》,《理论视野》2009 年第 1 期。

高海虹、邢维恭:《服务型政府建设与公共服务有效供给》,《东岳论丛》2015 年第 4 期。

顾丽梅:《英、美、新加坡公共服务模式比较研究——理论、模式及其变迁》,《浙江学刊》2008 年第 5 期。

桂萍、黄学贤:《论服务型政府语境下的"政社互动"——以"太仓模式"为例》,《云南行政学院学报》2013 年第 4 期

郭金云、李翔宇:《整体政府:服务型政府建设的治理方向》,《上海行政学院学报》2014 年第 1 期。

郭小聪:《中国地方政府制度创新的理论:作用与地位》,《政治学研究》2000 年第 2 期。

何俊志:《新制度主义政治学的流派划分与分析走向》,《国外社会科学》2004 年第 2 期。

贺雪峰、刘岳:《基层治理中的"不出事逻辑"》,《学术研究》2010 年第 6 期。

洪银兴:《关键是厘清市场与政府作用的边界——市场对资源配置起决定性作用后政府作用的转型》,《红旗文稿》2014 年第 3 期。

胡重明:《再组织化与中国社会管理创新——以浙江舟山"网格化管理、组团式服务"为例》,《公共管理学报》2013 年第 1 期。

黄国琴：《服务型政府回应性的构建途径——兼对两种范式的回应模式述评》，《中共贵州省委党校学报》2012年第4期。

黄宗智：《中国发展经验的理论与实用含义：非正规经济实践》，《开放时代》2010年第10期。

贾建平：《服务型政府建设中的权力异化及其控制》，《人民论坛》2013年第20期

姜晓萍：《成都市的"规范化服务型政府"建设》，《中国行政管理》2004年第11期。

金美仙：《韩国公共服务型政府建设研究》，《甘肃联合大学学报》（社会科学版）2007年第4期。

康晓光：《90年代中国大陆政治稳定性研究》，《二十一世纪》（香港）2002年8月号。

课题组：《国外公共服务体系建设与我国建设服务型政府》，《中国行政管理》2011年第2期。

李春霞等：《体制嵌入、组织回应与公共服务的内卷化——对北京市政府购买社会组织服务的经验研究》，《贵州社会科学》2012年第12期。

李和中、刘孀毅：《加强建立和完善行政权力清单制度》，《广州大学学报》（社会科学版）2014年第9期。

李晓霞：《新加坡21世纪公共服务体系建设及对我国的启示》，《东南亚纵横》2002年第4期。

李永友：《公共服务型政府建设与财政支出结构效率》，《经济社会体制比较》2011年第1期。

李志明、邢梓琳：《新加坡社会救助制度：兜住社会"底线公平"的"安全网"》，《中国民政》2014年第11期。

梁平、李国栋：《论服务型政府建设中的若干误区》，《晋阳学刊》2006年第4期。

林尚立：《有效政治与大国成长——对中国三十年政治发展的反思》，《公共行政评论》2008年第1期。

林雪霏：《政府间组织学习与政策再生产：政策扩散的微观机制——以"城市网格化管理"政策为例》，《公共管理学报》2015年第1期。

刘春萍，徐露辉：《地方政府绩效评估与责任政府建设》，《社会科学战线》2007年第5期。

刘熙瑞:《服务型政府三种观点的澄清》,《人民论坛》2006年第5期。

刘熙瑞:《切实加强积极服务型政府的研究和建设》,《新视野》2004年第2期。

刘昕、柴茂昌、董克用:《新加坡公务员薪酬平衡比较机制及其启示》,《经济社会体制比较》2014年第4期。

卢海燕:《我国服务型政府绩效评估的探索——基于F市服务型政府绩效评估的实践》,《行政论坛》2013年第5期。

孟焰、孙永军:《服务型政府责任要素及国家审计鉴证指标体系框架研究》,《审计与经济研究》2014年第2期。

苗红培:《政府与社会组织关系重构——基于政府购买公共服务的分析》,《广东社会科学》2015年第3期。

倪星:《地方政府绩效评估指标的设计与筛选》,《武汉大学学报》(哲学社会科学版)2007年第3期。

欧黎明、朱秦:《社会协同治理:信任关系与平台建设》,《中国行政管理》2009年第5期。

潘福能:《新加坡公务员培训模式及对我国市级干部培训的启示》,《唯实》2003年第7期。

彭向刚、程波辉:《服务型政府绩效评估问题研究述论》,《行政论坛》2012年第1期。

容志:《地方政府竞争与服务型转向——基于长三角地区的实证研究》,《学习与实践》2011年第12期。

沈荣华、鹿斌:《我国地方服务型政府的建构与调整》,《上海行政学院学报》2014年第3期。

沈荣华、鹿斌:《增量改革与地方政府服务价值拓展》,《理论探讨》2014年第5期。

沈荣华、王扩建:《地方核心行动者行为空间的拓展与异化》,《南京师大学报》(社会科学版)2011年第1期。

沈荣华、王扩建:《我国服务型政府研究览析》,《行政论坛》2010年第4期。

沈荣华、王荣庆:《从机制到体制:地方政府创新逻辑——以行政服务中心为例》,《行政论坛》2012年第4期。

沈荣华、杨国栋:《一站式服务与行政管理体制改革》,《中国行政管理》2006 年第 10 期。

沈荣华、钟伟军:《论服务型政府的责任》,《中国行政管理》2005 年第 9 期。

沈荣华:《场景式治理的正向价值与反思》,《江苏行政学院学报》2013 年第 6 期。

沈荣华:《地方政府应掌握公共服务的度》,《人民日报》2012 年 4 月 23 日。

沈荣华:《地方治理中的核心行动者》,《学习与探索》2013 年第 12 期。

沈荣华:《服务型政府论要》,《行政法学研究》2008 年第 4 期。

沈荣华:《论服务型政府的法治架构》,《中国行政管理》2004 年第 3 期。

沈荣华:《论服务型政府的结构理性》,《行政论坛》2014 年第 5 期。

沈荣华、王宇灏:《以人为本:我国政府的价值定位》,《中国行政管理》2008 年第 12 期。

沈荣华:《由表及里:地方服务型政府建构向度研究》,《苏州大学学报》(哲学社会科学版) 2011 年第 5 期。

沈亚平、李洪佳:《人民满意的服务型政府及其建设路径研究》,《东岳论丛》2014 年第 3 期。

沈亚平、王阳亮:《服务型政府建设的逻辑》,《理论探讨》2015 年第 3 期。

沈亚平、卓杰:《基于服务型政府理念的地方政府竞争力研究》,《内蒙古大学学报》(哲学社会科学版) 2012 年第 2 期。

苏明、贾西津、孙洁、韩俊魁:《中国政府购买公共服务研究》,《财政研究》2010 年第 1 期。

孙柏瑛、杨新沐:《地方政府权力清单制度:权力监督制约的新探索》,《行政科学论坛》2014 年第 6 期。

孙杨杰、邓剑伟:《新加坡 21 世纪公共服务计划研究:背景、内容和启示》,《东南亚纵横》2014 年第 5 期。

孙迎春:《国外政府跨部门合作机制的探索与研究》,《中国行政管理》2010 年第 7 期。

邰鹏峰:《政府购买公共服务的评估困境破解——基于内地评估实践的

研究》,《学习与实践》2013 年第 8 期。

谭志军:《地方政府绩效评估中存在的问题及对策思考》,《企业家天地》2009 年第 5 期。

唐琦玉:《建设服务型政府的主要路径论析》,《中州学刊》2015 年第 4 期。

唐铁汉、李军鹏:《加快行政管理体制改革的战略思考》,《国家行政学院学报》2007 年第 6 期。

唐晓英:《论地方政府公共服务绩效评估的标准体系》,《学术交流》2011 年第 10 期。

汪朝霞、史巍:《新加坡政府的社会救助计划》,《国外社会科学》2009 年第 3 期。

汪来杰:《论我国服务型地方政府的职能定位》,《社会主义研究》2008 年第 3 期。

王锋:《服务型政府建设中公共行政的科学精神》,《江苏社会科学》2014 年第 1 期。

王丽平、韩艺:《创新政府管理和服务方式的原则和领域》,《中国行政管理》2008 年第 1 期。

王薇:《公共服务市场化过程中的政府责任研究》,《中国矿业大学学报》(社会科学版) 2012 年第 1 期。

王艳:《服务型政府的异化与转型:论建立新公共服务型政府》,《云南行政学院学报》2004 年第 4 期。

王雁红:《公共服务合同外包:一个研究综述》,《天府新论》2012 年第 2 期。

王志华:《论政府向社会组织购买公共服务的体制嵌入》,《求索》2012 年第 2 期。

吴德荣:《民主化过程中台湾行政改革的困局》,《公共管理评论》2006 年第 2 期。

吴刚:《韩国创建服务型政府的经验借鉴》,《山东经济战略研究》2015 年第 1 期。

吴敬琏:《中国改革进入深水区》,《绿叶》2010 年第 1—2 期。

项显生:《论我国政府购买公共服务主体制度》,《法律科学》(西北政法大学学报) 2014 年第 5 期。

项显生：《我国政府购买公共服务边界问题研究》，《中国行政管理》2015年第6期。

肖小霞、张兴杰：《社工机构的生成路径与运作困境分析》，《江海学刊》2012年第5期。

肖瑛：《从"国家与社会"到"制度与生活"：中国社会变迁研究的视角转换》，《中国社会科学》2014年第9期。

谢庆奎：《服务型政府：政府改革的目标选择》，《人民论坛》2006年第5期。

新加坡南洋理工大学南洋公共管理研究生院课题组：《完善服务型政府体系，实现全面均衡发展》，《经济研究参考》2013年第10期。

熊万胜：《基层自主性何以可能》，《社会学研究》2010年第3期。

徐晓日：《韩国行政改革与电子政府初探》，《内蒙古民族大学学报》（社会科学版）2007年第3期。

许小玲：《政府购买服务：现状、问题与前景——基于内地社会组织的实证研究》，《思想战线》2012年第2期。

许芸：《从政府包办到政府购买——中国社会福利服务供给的新路径》，《南京社会科学》2009年第7期。

薛刚、薄贵利、刘小康、尹艳红：《服务型政府绩效评估结果运用研究：现状、问题与对策》，《国家行政学院学报》2013年第2期。

薛澜：《顶层设计与泥泞前行：中国国家治理现代化之路》，《公共管理学报》2014年第4期。

严仍昱：《服务型政府：对公共治理模式的反思与超越》，《理论与改革》2014年第1期。

燕继荣：《社会管理创新与服务型政府建设》，《行政论坛》2012年第1期。

杨凤春：《论中国政府的服务性》，《北京行政学院学报》2015年第1期。

杨光斌：《我国现行中央——地方关系下的社会公正问题与治理》，《社会科学研究》2007年第3期。

杨瑞龙、杨其静：《阶梯式的渐进制度变迁模型》，《经济研究》2000年第3期。

杨瑞龙：《我国制度变迁方式转换的三阶段论——兼论地方政府的制度

创新行为》,《经济研究》1998年第1期。

杨善华、苏红:《从"代理型政权经营者"到"谋利型政权经营者"》,《社会学研究》2002年第1期。

杨雪冬:《变革社会中的政府责任:中国的经验》,《中国人民大学学报》2009年第1期。

于海燕:《公共治理视角的政府绩效评估主体多元化》,《重庆社会科学》2014年第6期。

于文轩、林挺进、吴伟:《提升政府治理水平,打造服务型政府——2011连氏中国服务型政府指数及中国城市服务型政府调查报告》,《华东经济管理》2012年第7期。

詹世友:《公共领域·公共利益·公共性》,《社会科学》2005年第7期。

张成福:《责任政府论》,《中国人民大学学报》2000年第2期。

张恒龙、洪丹丹:《中国建设服务型政府的理论与实践》,《江海学刊》2013年第3期。

张红星:《新加坡公共服务模式对我国的启示——基于网络化治理视角的分析》,《东南亚纵横》2013年第5期。

张键、吕元礼:《新加坡政府民意吸纳与反馈机制——以民情联系组为例》,《学习月刊》2014年第10期。

张乾友:《临时社会中的政府信任——兼论服务型政府中的信任建构》,《南京农业大学学报》(社会科学版)2015年第2期。

张文郁:《中国台湾地区行政机关及公营企业民营化之法律规制》,《宪政与行政法治评论》2009年第1期。

张贤明:《政治责任的逻辑与实现》,《政治学研究》2003年第4期。

张秀兰、徐晓新:《社区:微观组织建设与社会管理——后单位制时代的社会政策视角》,《清华大学学报》(哲学社会科学版)2012年第1期。

张志斌:《从生存到卓越:新加坡的行政改革》,《公共行政评论》2009年第4期。

赵成福:《社会转型与当代中国服务型政府构建》,《河南师范大学学报》(哲学社会科学版)2007年第1期。

中国行政管理学会课题组:《加快我国社会管理和公共服务改革的研究报告》,《中国行政管理》2005年第2期。

钟伟军：《地方政府在社会管理中的"不出事"逻辑：一个分析框架》，《浙江社会科学》2011年第9期。

周恩来政府管理学院课题组：《公共服务型政府建设问题研究分析》，《南开学报》（哲学社会利学版）2005年第5期。

周俊、沈永东：《政府购买行业协会服务中的非竞争性及其管理》，《中国行政管理》2012年第12期。

周黎安：《晋升博弈中政府官员的激励和合作——兼论我国地方保护主义和重复建设问题长期存在的原因》，《经济研究》2004年第6期。

周黎安：《晋升博弈中政府官员的激励与合作》，《经济研究》2004年第6期。

周黎安：《中国地方官员的晋升锦标赛模式研究》，《经济研究》2007年第7期。

周庆智：《基层治理：一个现代性的讨论》，《华中师范大学学报》（人文社会科学版）2014年第5期。

周雪光：《基层政府间的"共谋现象"》，《社会学研究》2008年第6期。

周雪光：《基层政府间的"共谋现象"——一个政府行为的制度逻辑》，《开放时代》2009年第12期。

周志忍：《公共组织绩效评估——英国的实践及其对我们的启示》，《新视野》1995年第5期。

周志忍：《认识市场化改革的新视角》，《中国行政管理》2009年第3期。

周志忍：《政府绩效评估中的公民参与：我国的实践历程与前景》，《中国行政管理》2008年第1期。

朱春奎、李燕：《政府2.0、开放式政府与服务型政府建设》，《上海行政学院学报》2014年第5期。

朱光磊：《"职责同构"批判》，《北京大学学报》（哲学社会科学版）2005年第1期。

竺乾威：《公共服务的流程再造：从"无缝隙政府"到"网格化管理"》，《公共行政评论》2012年第2期。

二 英文文献

Andrew G.Walder, Local government as Industrial Firm: An Organization Analysis of China's Transitional Economy, American Journal of Sociology, 1995.

Anthony B L Cheung, Public Service Reform in Singapore: Reinventing Government in a Global Age, in Anthony B L Cheung, Ian Scott, Governance and Public Sector Reform in Asia: Paradigm Shifts or Business as Usual, London: Routledge Curzon, 2003.

Argaret Wiley, Local Government in the Third World, Mawhood, 1983.

B.Guy Peters, and Frans K.M.Van Nispen, Public Policy Instruments: Evaluating the Tools of Public Administration, Cheltenham, Edward Elgar, 1998.

Benjamin barber. Strong Democracy: Participatory Politics for a New Age. Berkeley: university of California press, 1984.

Bill K.P.Chou.Civil Service Reform in China, 1993—2001: A Case of Implementation Failure.China: An International Journal, 2004, 2 (2).

Bredgaard T, Larsen F, Quasi-markets in Employment Policy in Australia, the Netherlands and Denmark: Do They Deliver On Promises?, Social Policy and Society, 2008, 76 (3).

CAP.Performance Measurement: Concepts and techniques.Washington D.C: ASPA, 2000.

Carsten Grave & Peter Kragh Jesperson, New Public Management and its Critics: Alternative Roads to Flexible Service Delivery to Sitizens? in Luc Rouban, Citizen and The New Governance: Beyond New Public Management, Amsterdam: IOS Press, 1999.

Christopher Hood, Paradoxes of Public-sector Manager, Old Public Management and Public Service Bargains, International Pubic Management Journal, 2003.

Christoppher Pollit.Joined-up Government: a Survey, Political Studies Review, 2003 (1).

Cooper L, Bryer A, Meek W, Citizen-Centered Collaborative Public Management, Public Administration Review, 2006, 66 (Supplement s1).

D. Robert Accenture, Leadership in Customer Service: Delivering on the Promise, The Government Executive Series, 2007.

David M.Van Slylce.The Mythology of Privatization in Contracting for Social Services.Public Administration Review, 2003, 63 (3).

Edin, Maria, Market Forces and Communist Power: Local Political Institutions and Economic Development in China, Sweden. Department of Government Uppsala University, 2000.

Hefetz A, Warner M E, Beyond the Market vs.Planning Dichotomy: Understanding Privatisation and its Reverse in US Cities, Local Government, 2007.

Henk J.de vries.Standardization-A Business Approach to the Role of National Standardization Organization, Dordrecht: Kluwer Academic Publishers, 1999.

Huxham Chris, S Vanern, Ambiguity, Complexity and Dynamics in the Membership of Collaboration, Human Relations, 2000 (53).

Huxham Chris, Pursuing Collaborative Advantage, Journal of Operational Research Society, 1993 (144).

Huxham Chris, S Vanern, Managing to Collaborate: the Theory and Practice of Collaboration Advantage, Rutledge: Abingdon, 2005.

Huxham Chris, Theorizing Collaborative on Practice, Public Management Review, 2003, 5 (3).

Jean.0i, Rural China Takes off: Institutional Foundations of Economic Reform, Berkeley: University of California Press, 1999.

Jeffrey L.Pressman and Aaron B.Widavsky, Implementation (2nd., ed). Berkeley: University of California Press, 1979.

Jing Y J, Chen B, Is Competitive Contracting Really Competitive? Exploring Government-Nonprofit Collaboration in China, International Public Management Journal, 2012, 15 (4).

Lecours Ander.New institutionalism: theory and analysis, Toronto University of Toronto Press, 2005.

Lieberthal, Kenneth and Lieberthal, K.G., Lampton, D.M.Bureaucracy, Politics, and Decision Making in Post-Mao China, Berkeley: University of California Press, 1992.

Lin Nan, Local Market Socialism: Local Corporatism in Action in Rural China.Theory and Society, 1995, 24 (3).

Linda keen and Richard scase, Local Government Management: The Rhetoric and Reality of Change, Open University Press, 1998.

Lon Fuller, The Morality of Law, rev.ed., Yale University Press, 1969.

Lucian W.Pye, Factions and the Politics of Guanxi: Paradoxes in Chinese Administrative and Political Behavior.In Jonathan Unger (ed).The Nature of Chinese Politics: From Mao to Jiang.New York: M.E.Sharpe, 2002.

Marc Blecher, Vivienne Shue, Tethered Deer: Government and Economy in a Chinese County, Stanford, CA: Stanford University Press, 1996.

Michael Hewlett and M.Ramesh, Studying Public Policy: Policy Cycles and Policy Subsystems, Oxford, Oxford University Press, 1995.

Murray Scot Tanner, China Rethinks Unrest. The Washington Quarterly 3, 2007.

Niskanen, William. Bureaucracy and Representative Government. Chicago: Aldine-Atherton, 1971.

O'Brien, Kevin and Lianjiang Li. "Accommodating 'Democracy' in a One- Party - State: Introducing Village Elections in China". The China Quarterly, 2000.

Qi, Jean, Fiscal Reform and the Economic Foundation of Local State Corporatism in China.World Politics, 1992, 45 (1).

Paul Pierson, Increasing Returns, Path Dependence, and the Study of Politics, The American Political Review, 2000, 94 (2).

Pfeffer J, Salancik G, The External Control of Organizations: A Resource Dependence Perspective, California: Stanford University Press, 2003.

Quah J, The Public Bureaucracy and National Development in Singapore, In Tummala K K, Administrative Systems Abroad, Washington D. C.: University Press of America, Inc., 1982.

Riley, D., Fernández, J.J.Beyond strong and weak: Rethinking postdictatorship civil societies.American Journal of Sociology, 2014, 120 (2).

Robert E.Goodin, Hans-Dieter Klingemann, A New Handbook of Political Science.Oxford University Press, 1996.

Robert Leach and Neil Barnett, Local Government Reorganization: the Review and its Aftermath, Edited by Steve Leach, Fran Cass London, 1998.

Samuel Humes Iv, Local Governance and National Power: A Worldwide Comparison of Tradition and Change in Local Government, New York, Harvestes Wheatsheaf, 1991.

Sharpe Fritz. Games Real Actors Play. Actor – Centered Institutionalism in Policy Research Bouleder and Colorado, Westview Press, 1997.

Shi Xuehua, Huang Jianhong, The Relations between the Theoretical Exploration and the Practical Development of Chinese Public Administration Since 1978. Revue Juridique et Economique Europe-Chine. Janv-Juin 2008.

Steve Leach, Local Government Reorganization Review and its Aftermath, Frank Cass, London, 1998.

Sundquist, James. Privatization: No Panacea for What Ails Government, Brooks, H., Liebman, L., Schelling C. S. New Opportunities for Meet Social Needs, Cambridge: Ballinger, 1984.

Susan H. Whiting, Power and Wealth in Rural China: The Political Economy of Institution Change, Cambridge: Cambridge University Press, 2001.

Susan Shirk. The Political Logic of Economic Reforms in China, Berkeley and Los Angeles: University of California Press, 1993.

Tomba, Luigi. "Residential Space and Collective Interest Formation in Beijing's Housing Disputes." The China Quarterly, 2005, 184 (Dec.).

Transparency International, Transparency International 2008 Corruption Perception Index, Berlin: Transparency International, 2008.

Vangen, Huxham, Nurturing Collaborative Relations: Building Trust in Inter-organizational Collaboration, Journal of Applied Behavioral Science, 2003 (39).

Vivienne Shue. The Reach of the State: Sketches of the Chinese Body Politic, Stanford: Stanford University Press, 1988.

Waener M E, The Future of Local Government: 21st Century Challenges, Public Administration Review, 2010, 70 (6).

Walder, A.G., Isaacson, A., Lu, Q. After state socialism the political origins of transitional recessions, American Sociological Review, 2015, 80 (2).

Warner M E, Hefetz A, Insourcing and Outsourcing: The Dynamics of Privatization among U. S. Municipalities 2002—2007, Journal of the American Planning Association, 2012, 78 (3).

Salem Press Inc, International Encyclopedia of Government and Politics, London, Volume I, 1996.

后　　记

本书是国家社科基金重大课题攻关项目的最后成果，批准号为09&ZD063。该重大项目于2009年12月30日下达批准书、2015年10月17日上交结项申请书、2015年11月19日收到全国哲学社会科学规划办公室颁发的结项证书，前后共历时近六年。

本书由首席专家沈荣华主持并撰写绪论、第一章、第三章、第七章与最后结束语，由沈荣华、鹿斌撰写第二章，由周定财、鹿斌撰写第四章，由周定财撰写第五章，由钟伟军撰写第六章、第八章，由孙文基、黄鹏、何瑞文撰写第九章。

本书有幸获中国社会科学出版社的关注与厚爱，尤其感谢许琳女士的直接帮助与指点。在出版社的指导下，首席专家三年中又独自将书稿全面修改四遍，题目从《地方服务型政府建构路径与对策研究》变更为《地方服务型政府建构路径研究》，篇幅从507653字浓缩为412861字，出版日期从2016年7月更改为2019年11月，最终由首席专家统一定稿，其中，不乏作者的辛劳与认真。尽管小心翼翼，但是，由于水平有限、能力不足以及后期跟踪调研缺失，在快速发展的地方服务型政府建设实践与全面深入的地方服务型政府理论研究面前，本书的缺点与不足随处可见，自惭形秽，还望读者批评指正。

本书的出版，要感谢苏州大学人文社科优秀学术专著资助，感谢江苏省新型城镇化与社会治理协同创新中心资助。还要感谢钟伟军、周定财、鹿斌的全程配合与协助，感谢葛建一、焦林、刘冰凌、祝志明、胡伟华、陆道平、郭峥嵘、王荣庆、黄建钢、孙红军、沈志荣、杨国栋、林萍、刘洋、王平、倪伟光、陈峰、万智慧、高峰、葛国曙等同志的帮助与支持。感谢许小雷、刘京、张士威、吕静宜、吴茜、沈丽娟、谈森以及江苏师范大学的袁静、嵇道虎、孙星、张秀秀等同学在文字校对上的贡献。